Verlag von Mayer & Müller in Berlin. Hel. u. Impr. Meisenbach Riffarth & Co, Berlin.

Ernst Schering

GESAMMELTE
MATHEMATISCHE WERKE

VON

ERNST SCHERING.

HERAUSGEGEBEN

VON

ROBERT HAUSSNER UND KARL SCHERING.

ERSTER BAND.

MIT ERNST SCHERING'S BILDNIS.

BERLIN.
MAYER & MÜLLER.
1902.

VORREDE.

Bald nach dem am 2. November 1897 in Göttingen erfolgten Tode von Ernst Schering sprachen mehrere seiner früheren Schüler und Freunde den Wunsch aus, dass seine wissenschaftlichen Arbeiten in einer Gesammtausgabe herausgegeben werden möchten. Ganz besonders ging die Anregung hierzu von Herrn Prof. Dr. G. Mittag-Leffler in Stockholm aus, der auch persönlich die Verhandlungen mit den Herren Verlegern einleitete.

Auf Wunsch der Wittwe, Frau Geheimrat Schering in Göttingen, haben die beiden unten Genannten die Herausgabe übernommen und sich in dieselbe so geteilt, dass R. Haussner die Arbeiten rein mathematischen Inhalts (in dem vorliegenden I. Bande die Nummern III bis XXII), K. Schering die mathematisch-physikalischen und biographischen Arbeiten (in diesem Bande die Nummern I und II) vor dem Abdrucke einer genauen Durchsicht unterworfen hat. Aenderungen des ursprünglichen Textes wurden nur vorgenommen, wenn es sich um Verbesserung von Druckfehlern und um kleinere stilistische Umstellungen zur Erleichterung des Verständnisses handelte. Zusätze im Texte oder Citate, welche von den Herausgebern herrühren, sind in eckige Klammern [. . .] eingeschlossen. Bei den Citaten der Gaussischen Werke ist der »zweite Abdruck« derselben zu Grunde gelegt worden.

Der Gesellschaft der Wissenschaften zu Göttingen, sowie den Akademien der Wissenschaften zu Berlin und Paris sei an dieser Stelle der gebührende Dank gesagt für ihre Bereitwilligkeit, mit welcher sie den Wiederabdruck der in ihren Nachrichten und Abhandlungen, Monatsberichten und Comptes rendus hebdomadaires veröffentlichten Arbeiten von Ernst Schering gestatteten. Der gleiche Dank gebührt den Verlegern der wissenschaftlichen Zeitschriften, in denen Ernst Schering Abhandlungen veröffentlicht hatte.

Voraussichtlich werden diese »Gesammelten Werke« zwei gleich starke Bände umfassen.

In dem hier vorliegenden ersten Bande sind die Abhandlungen, welche von Ernst Schering in den Jahren 1857 bis 1879 veröffentlicht waren, wieder zum Abdrucke gelangt und zwar nach der Zeit ihrer Veröffentlichung geordnet. An diese Abhandlungen schliessen sich einige »Bemerkungen«, auf welche hier hingewiesen sein möge, da im Texte der Abhandlungen dies nicht möglich war. Besonders hervorgehoben seien die Bemerkungen zu den Abhandlungen III, XIV—XVI und XVII. In den Bemerkungen zu III sind zwei bisher ungedruckte, aber druckfertige Artikel dieser Abhandlung enthalten, welche Ernst Schering seiner Zeit in Rücksicht auf den vorgeschriebenen Umfang der Arbeit hatte ausschalten müssen. Die Bemerkungen zu den Abhandlungen XIV—XVI und XVII enthalten auf diese sich beziehende briefliche Aeusserungen und Mitteilungen Ernst Scherings an Kronecker.

Der zweite Band, dessen Druck bereits begonnen hat, wird zunächst die Abhandlungen aus den Jahren 1880 bis 1897, in chronologischer Reihenfolge enthalten, ferner voraussichtlich einige nachgelassene wissenschaftliche Arbeiten und am Schlusse biographische Mitteilungen über Ernst Schering.

Die erste Korrektur ist stets von Frau Geheimrat Schering selbst gelesen, die übrigen von den Unterzeichneten.

Es ist den Herausgebern eine angenehme Pflicht, der Verlagsbuchhandlung für die äussere Ausstattung dieser Werke und für ihr bereitwilliges Eingehen auf die Wünsche der Herausgeber hier den Dank auszusprechen.

Robert Haussner — Karl Schering
Karlsruhe — Darmstadt

im April 1902.

INHALTS-VERZEICHNISS DES ERSTEN BANDES.

I.

ZUR MATHEMATISCHEN THEORIE ELECTRISCHER STRÖME.

Beweis der allgemeinen Lehrsätze der Electrodynamik insbesondere der Inductionslehre aus dem electrischen Grundgesetze.

Eine von der philosophischen Facultät der Georgia Augusta am 13. Juni 1857 gekrönte Preisschrift. Göttingen 1857.

Die von der philosophischen Facultät der Georgia Augusta [am 4. Juni 1856] gestellte Aufgabe lautet:*)

»Neumannus in dissertatione commentationibus Academiae Berolinensis a. 1847 inserta fluminum electricorum inductorum theoriam mathematicam ad regulam quandam generalem revocavit; quae regula, ut idem V. D. probavit, cum lege fundamentali electrica in commentatione Societatis Lipsiensis anni 1846 (Elektrodynamische Maassbestimmungen) exposita adeo congruit, ut vix ulla dubitatio relinquatur, quin regula illa eadem lege comprehensa sit atque ratione mathematica inde deduci possit. Haec deductio quum nondum facta sit, ordo philosophorum postulat ut deducatur et comprobetur ex lege fundamentali electrica regula illa a Neumanno de fluminibus electricis inductis proposita. Praeterea optatur, ut singula fluminis inducti elementa, qualem inter se rationem et actionem habeant, id quod e regula Neumanniana perspici non potest accuratius exponatur.«

Urtheil der Facultät:**)

Die Untersuchung ist im Ganzen zweckmässig und übersichtlich geordnet und man erkennt daraus, dass der Verf. Herr seines Gegenstandes von mathematischer wie auch von physikalischer Seite gewesen ist. Es ist sehr angemessen, dass die wichtigsten mathematischen Lehrsätze, deren der Verf. im Laufe der physikalischen Untersuchung bedarf, abgesondert vorausgeschickt worden sind, und es ist sehr lobenswerth, dass diese Lehrsätze nicht blos als Lehrsätze citirt, sondern auch in der Form, in welcher sie hier gebraucht werden, bewiesen worden sind.

---

*) [s. Göttinger Nachrichten 1856 S. 139].

**) [s. Festrede von Ernst Curtius zur akademischen Preisvertheilung. Göttingen am 13. Juni 1857.]

Hierauf ist in einem Artikel das schon bekannte Grundgesetz der elektrischen Wirkung, sowie die daraus sich ergebenden Ausdrücke der elektrodynamischen und elektromotorischen Grundkräfte, kurz und bündig ausgesprochen worden, und es schliesst sich sodann in den folgenden Artikeln der verlangte Beweis des Neumannschen Princips unmittelbar daran an.

Dieser Beweis besteht wesentlich erstens in der Transformation des eben angegebenen Differentialausdrucks der elektromotorischen Kraft, woraus der Integralwerth in einfachster Form, nämlich als partieller Differentialquotient einer Function P in Beziehung auf die Zeit, sich ergiebt. Diese Transformation ist neu und dem Verf. eigenthümlich; — zweitens in einer ähnlichen Behandlung des Differentialausdrucks der elektrodynamischen Kraft (in Ampère's Sinne), aus welcher die Componenten der elektrodynamischen Kraft in einfachster Form, nämlich als partielle Differentialquotienten einer Function Q in Beziehung auf die 3 Coordinaten des Raumes, sich ergeben; — diese Entwickelung stimmt mit der von Neumann gegebenen wesentlich überein. —

Das Neumannsche Princip folgt dann von selbst, indem die Functionen P und Q sich als identisch ergeben.

Was die in der Schrift ausgeführten oder nur angedeuteten Rechnungen betrifft, so hat die Prüfung und Wiederholung des grössten Theils derselben nicht nur keine Unrichtigkeit in der Abhandlung bemerken lassen, sondern auch die Ueberzeugung gegeben, dass der Verf. mit der höheren Analysis sehr vertraut ist und die Methoden derselben mit Sicherheit und Scharfsinn anzuwenden versteht. Hinsichtlich der Darstellung hat die Arbeit weniger befriedigt; sie liest sich sehr schwer und ermangelt an einzelnen Stellen so sehr der Durchsichtigkeit, dass man den Sinn erst nach grosser Anstrengung zu verstehen im Stande ist. Dieser Mangel hat ohne Zweifel zum grossen Theil wenigstens seinen Grund darin, dass der Verf. sich einer Sprache hat bedienen müssen, die ihm augenscheinlich wenig geläufig ist. Sollte sich dadurch der Verf. veranlasst finden, seine Arbeit in's Deutsche zu übersetzen, so würde dieselbe, selbst abgesehen von kleinen Redactionsänderungen, die sich ihm bei dieser Gelegenheit darbieten würden, ohne Zweifel an Verständlichkeit sehr gewinnen. —

Das von Neumann aus der Erfahrung entnommene und als Axiom an die Spitze der Theorie inducirter Ströme gestellte Princip ist nun also durch den vom Verf. gegebenen Beweis als ein aus dem Grundgesetze der elektrischen Wirkung abgeleitetes Theorem erfunden worden, und dieser Beweis bildet eine wesentliche Ergänzung der von Neumann selbst schon gegebenen Vergleichung seines Princips mit jenem Grundgesetze, worin er für die Lehre von den inducirten Strömen die Harmonie zwischen beiden in vielen Beziehungen nachgewiesen hatte, jedoch ohne diese Harmonie in allen Beziehungen, noch auch ohne den Grund derselben nachweisen zu können. In der That kann aber aus dem Neumannschen Princip nichts abgeleitet werden, was sich nicht auch aus jenem Grundgesetze ableiten liesse, weil eben bewiesen ist, dass dieses Princip selbst aus jenem Grundgesetze folgt.

Dagegen kann aus dem Grundgesetze Vieles, auch die Theorie inducirter Ströme Betreffende, abgeleitet werden, worüber das Neumannsche Princip keinen Aufschluss giebt, noch bei seiner Beschränktheit geben kann. Darum war in der Stellung der Preisfrage noch der Wunsch hinzugefügt, ohne es jedoch ausdrücklich zu fordern, es möchte die Theorie inducirter Ströme aus jenem Grundgesetze eine noch weitere Entwickelung erhalten, als aus dem Neumannschen Principe möglich ist, um dadurch einerseits die grössere Tragweite jenes Grundgesetzes ins Licht zu stellen, andererseits aber auch durch eine solche noch fehlende Ergänzung der Theorie inducirter Ströme den Kreis der praktischen Anwendungen dieser Theorie zu erweitern.

Dieser Wunsch ist unerfüllt geblieben; es kann aber daraus dem Verf. kein Vorwurf gemacht werden, da die von ihm gelöste Aufgabe schon allein ein hinreichend grosses und wohlbegrenztes Feld für eine solche Arbeit darbot; für die gewünschte weitere Entwickelung würde dagegen, wie aus dem Zusammenhang erhellt, die Untersuchung gleichsam von vorn wieder haben begonnen werden müssen, weil die vorausgeschickten Lehrsätze als Grundlage für die weitere Untersuchung nicht ausreichen.

Die Facultät hat dieser Abhandlung den Preis zuerkannt.

1.

Das Gesetz für die electrodynamischen Wirkungen galvanischer Ströme hat Ampère in seinem: Mémoire sur la théorie mathématique des phénomènes électrodynamiques (Mémoires de l'Académie des sciences de l'institut. Année 1823) aufgestellt und die mathematischen Folgerungen in grosser Ausdehnung entwickelt, so dass bisher nichts Wesentliches hinzugefügt worden ist. Auch hat er bewiesen, dass alle magnetischen Erscheinungen durch die Voraussetzung der Existenz electrischer Molecularströme erklärt werden. Zur Annahme dieser Voraussetzung nöthigte später die Kenntniss der diamagnetischen Erscheinungen, die sich aus der Annahme magnetischer Fluida nicht erklären lassen.

Mit Ampère's Gesetz zeigten die Neumann'schen Gesetze für die von Faraday entdeckte Induction galvanischer Ströme in einem Leitungsdraht durch andere galvanische Ströme gewisse Analogien (Abhandlungen der Berliner Akademie der Wissenschaften Jahrgang 1845: »Allgemeine Gesetze der inducirten electrischen Ströme« und Jahrgang 1847: »Über ein allgemeines Prinzip der mathematischen Theorie inducirter electrischer Ströme«). Die gemeinschaftliche Grundlage aber fanden die Inductionserscheinungen mit den electrodynamischen und electrostatischen in Weber's Fundamentalgesetz electrischer Wirkungen (Abhandlungen der Sächsischen Gesellschaft der Wissenschaften 1846: »Über electrodynamische Maassbestimmungen insbesondere über ein allgemeines Grundgesetz der electrischen Wirkung«).

Geometrische Hülfssätze.

2.

Bei der Wirkung eines bewegten electrischen Theilchens auf ein magnetisches sind drei Richtungen im Raume bestimmt, die Richtung der Bewegung des erstern, die der Verbindungslinie beider Theilchen und die Richtung der auf das letztere ausgeübten Kraft, welche normal zu der die beiden ersten Richtungen enthaltenden Ebene ist. Um also bei einer analytischen Behandlung der Theorie der electromagnetischen Wirkungen nicht nur die Grösse, sondern auch die Richtung der Kräfte vollkommen zu bestimmen, muss die Anordnung der zu Grunde gelegten Coordinatenaxen durch Vergleichung mit bekannten räumlichen Verhältnissen festgesetzt werden. Im Folgenden ist diese für die rechtwinkeligen Coordinaten x, y, z so angenommen, dass wenn wir uns die positive x-Axe nach Norden und die positive y-Axe nach Westen gehen denken, dann die Coordinaten z nach oben wachsen.

Für den Fall, dass die Bahn der bewegten Electricität eine geschlossene Curve bildet, spielen die stetig gekrümmten Flächen, die man sich von der geschlossenen Curve begrenzt denken kann, eine wichtige Rolle. Die beiden Seiten einer solchen Fläche verhalten sich entgegengesetzt, so dass man jeder Fläche eine positive und eine negative Seite zuschreiben muss. Dem Gebrauche des positiven Zeichens für das fingirte nordmagnetische Fluidum entspricht folgende Bestimmung über das Zeichen der Flächenseiten. Wird der Anfangspunkt der Coordinaten in einen Punkt der Bahn der Electricität, die positive y-Axe in die Richtung der Bewegung der positiven Electricität und die positive z-Axe tangirend an die Fläche gelegt, dann soll an dieser Stelle die Flächenseite, auf welcher die positiven x-Coordinaten sich befinden, die positive und die entgegengesetzte die negative genannt werden. Die beiden Seiten sollen in der Fortsetzung der Fläche von hier aus ihr Zeichen nicht ändern, und da die Fläche als stetig gekrümmt angenommen ist, so entsteht an keiner Stelle Unbestimmtheit im Zeichen.

Um den Fortgang der Entwickelung nicht zu stören, beweisen wir zum Voraus einige geometrische Lehrsätze, die wir zur Vergleichung der magnetischen Wirkungen mit denen der galvanischen Ströme gebrauchen.

3.

Erster Satz.

Es bezeichnen s und s' zwei geschlossene stetig gekrümmte Curven, die keine Verschlingung mit einander bilden. Für jede Curve sei ein besonderer Sinn des Fortschreitens in derselben bestimmt, in dieser Richtung werden ihre Elemente ds und ds', welche resp. die Punkte (x, y, z) und (x', y', z') enthalten, als positiv angenommen und in derselben die Integrationen in Bezug auf ds und ds' ausgeführt.

Irgend zwei stetig gekrümmte Flächen, die von den beiden Curven ganz begrenzt werden und keinen gemeinschaftlichen Punkt haben, seien λ, λ' und in den Punkten (ξ, η, ζ), (ξ', η', ζ') ihre Elemente $d\lambda$, $d\lambda'$. Bei diesen Flächen unterscheiden wir auch eine positive und eine negative Seite in der Weise, dass die Richtung der positiven ds oder ds' an die Stelle der Richtung der Bewegung positiver Electricität tritt.

Es sei r die Länge der vom Punkte (x, y, z) nach (x', y', z') in positivem Sinne gezogenen Geraden und N, N' Abschnitte auf den von $d\lambda$, $d\lambda'$ errichteten Normalen, die wir nach der positiven Seite der Fläche wachsend annehmen.

Ist die Function $\varphi(\xi'-\xi, \eta'-\eta, \zeta'-\zeta)$ für solche Werthe der Argumente, denen die Coordinaten von Punkten (ξ, η, ζ) und (ξ', η', ζ') in den Flächen λ und λ' selbst oder in deren Nähe entsprechen, mit ihren zweiten Derivirten endlich und genügt sie der Gleichung

$$\frac{\partial\partial\varphi}{\partial\xi^2} + \frac{\partial\partial\varphi}{\partial\eta^2} + \frac{\partial\partial\varphi}{\partial\zeta^2} = 0, \tag{1.}$$

so ist allgemein:

$$\int \frac{\partial\partial\varphi}{\partial N \partial N'} d\lambda\, d\lambda' = \int \varphi \cdot \frac{\partial(r\,\partial r)}{\partial s\,\partial s'} ds\, ds' = -\int \varphi \,.\cos(ds, ds')\, ds\, ds'. \tag{2.}$$

Das vierfache erste Integral erstreckt sich über die ganzen Flächen λ, λ' und für je zwei Elemente $d\lambda$ und $d\lambda'$ bezieht sich $\frac{\partial\partial\varphi}{\partial N \partial N'}$ auf Punkte (ξ, η, ζ) und (ξ', η', ζ') in diesen Elementen. In den andern beiden Doppeltintegralen, die über die ganzen Curven s und s' auszudehnen sind, nimmt φ nur die Werthe $\varphi(x'-x, y'-y, z'-z)$ von $\varphi(\xi'-\xi, \eta'-\eta, \zeta'-\zeta)$ an, die für die Punkte (x, y, z) und (x', y', z') der jedesmaligen Elemente ds und ds' gelten.

Beweis.

Es ist identisch

$$(3.)\quad \int \frac{\partial\partial\varphi}{\partial N \partial N'} d\lambda\, d\lambda' = \int \left(\frac{\partial\partial\varphi}{\partial N \partial \xi'} \frac{\partial \xi'}{\partial N'} + \frac{\partial\partial\varphi}{\partial N \partial \eta'} \frac{\partial \eta'}{\partial N'} + \frac{\partial\partial\varphi}{\partial N \partial \zeta'} \frac{\partial \zeta'}{\partial N'} \right) d\lambda\, d\lambda'.$$

Da $\frac{\partial \xi'}{\partial N'} d\lambda'$ nicht von ξ, η, ζ abhängt, so kann es bei der Integration nach λ als Factor vor das Integral treten, so dass vom ersten Gliede nur $\int \frac{\partial\partial\varphi}{\partial N \partial \xi'} d\lambda$ zu untersuchen bleibt, dieses ist aber

$$(4.)\quad = \int \left(\frac{\partial\partial\varphi}{\partial \xi \partial \xi'} \frac{\partial \xi}{\partial N} + \frac{\partial\partial\varphi}{\partial \eta \partial \xi'} \frac{\partial \eta}{\partial N} + \frac{\partial\partial\varphi}{\partial \zeta \partial \xi'} \frac{\partial \zeta}{\partial N} \right) d\lambda.$$

Für die Function $\varphi(\xi'-\xi, \eta'-\eta, \zeta'-\zeta)$ finden offenbar die Relationen Statt:

$$\frac{\partial\varphi}{\partial\xi} = -\frac{\partial\varphi}{\partial\xi'}, \qquad \frac{\partial\varphi}{\partial\eta} = -\frac{\partial\varphi}{\partial\eta'},$$

$$\frac{\partial\partial\varphi}{\partial\eta\,\partial\zeta'} = \frac{\partial\partial\varphi}{\partial\eta'\,\partial\zeta}, \qquad \frac{\partial\partial\varphi}{\partial\zeta\,\partial\xi'} = \frac{\partial\partial\varphi}{\partial\zeta'\,\partial\xi},$$

also ist auch

$$\frac{\partial\partial\varphi}{\partial\eta\,\partial\xi'} = \frac{\partial\partial\varphi}{\partial\xi\,\partial\eta'}$$

$$\frac{\partial\partial\varphi}{\partial\zeta\,\partial\xi'} = \frac{\partial\partial\varphi}{\partial\xi\,\partial\zeta'}$$

und in Folge der vorausgesetzten Differentialgleichung (1.)

$$\frac{\partial\partial\varphi}{\partial\xi\,\partial\xi'} = -\frac{\partial\partial\varphi}{\partial\eta\,\partial\eta'} - \frac{\partial\partial\varphi}{\partial\zeta\,\partial\zeta'}.$$

Mit Rücksicht hierauf wird aus (4.)

$$(5.)\quad \int \frac{\partial\partial\varphi}{\partial N \partial \xi'} d\lambda = -\int \left(\frac{\partial\partial\varphi}{\partial\eta\,\partial\eta'} \frac{\partial\xi}{\partial N} d\lambda - \frac{\partial\partial\varphi}{\partial\xi\,\partial\eta'} \frac{\partial\eta}{\partial N} d\lambda \right) + \int \left(\frac{\partial\partial\varphi}{\partial\xi\,\partial\zeta'} \frac{\partial\zeta}{\partial N} d\lambda - \frac{\partial\partial\varphi}{\partial\zeta\,\partial\zeta'} \frac{\partial\xi}{\partial N} d\lambda \right).$$

Diese Flächenintegrale lassen sich auf Curvenintegrale reduciren, indem die Integration über die unendlich schmalen Streifen der Fläche λ, welche zwischen zweien zu einer Coordinatenaxe normalen Ebenen liegen, allgemein ausführbar ist. Da hierbei die besondere Beschaffenheit von φ nicht in Betracht kommt, so wollen wir ψ für $\frac{\partial\varphi}{\partial\zeta'}$ setzen, wo ψ eine für jeden Punkt in der Nähe der Fläche λ gegebene Grösse ist, deren erste Derivirten nach den Coordinaten endlich bleiben. Unter dieser Voraussetzung ist nämlich:

$$(6.)\quad \int \left(\frac{\partial\psi}{\partial\xi} \frac{\partial\zeta}{\partial N} d\lambda - \frac{\partial\psi}{\partial\zeta} \frac{\partial\xi}{\partial N} d\lambda \right) = \int \psi \frac{\partial y}{\partial s} ds,$$

worin $\frac{\partial\psi}{\partial\xi}$, $\frac{\partial\psi}{\partial\zeta}$ des ersten Integrals sich auf einen Punkt des jedesmaligen Flächenelements $d\lambda$ und das ψ des zweiten Integrals auf einen Punkt des jedesmaligen Curvenelements ds bezieht.

Es seien $y =$ const. und $y + dy =$ const. die Gleichungen zweier Ebenen, die die Fläche λ schneiden. Ein einzelner zusammenhängender Streifen, der dadurch ausgeschieden wird, hat mit der ganzen Fläche zwei Curvenelemente von der Länge $\frac{ds}{dy}dy$ als Grenze gemeinschaftlich, ausserdem für sich die Durchschnittscurven, welche die Fläche mit den beiden Ebenen bildet, und welche wir resp. H, H_{I} nennen wollen. Die gemeinschaftliche Grenzlinie der Fläche und des Streifens kann nur dann von endlicher Ausdehnung sein, wenn ein Theil der Curve s an dieser Stelle parallel der ξ, ζ-Ebene ist, in dem Falle wollen wir aber den parallelen Theil als zu einer der beiden Linien H, H_{I} gehörig betrachten.

Der Streifen hat als Theil der ganzen Fläche eine bestimmte positive und negative Seite. In seiner Begrenzung nehmen wir einen solchen Sinn des Fortschreitens an, dass die Seiten ihre Zeichen behalten, dann bleibt in den Theilen der gemeinschaftlichen Begrenzung die positive Richtung ungeändert.

In irgend einem Punkte ξ, $\eta = y$, ζ der Curve H seien dH und dN positive Elemente der Curve H und der Normale zur Fläche. Das Linienelement, welches in der Fläche und winkelrecht gegen dH sich von jenem Punkte bis an die Curve H_{I} erstreckt, bezeichnen wir mit ΔY. Den besonderen Fall, dass die Fläche an dieser Stelle eine endliche zur Ebene ξ, ζ parallele Gerade enthält und also kein Element ΔY Statt hätte, dürfen wir hier ausschliessen, weil der Lehrsatz, auf den die hier abzuleitende Reduction angewandt werden soll, ganz unabhängig von der Lage der Coordinaten gegen die Flächen ist, indem die Gleichung (1.), wenn sie für irgend ein rechtwinkeliges Coordinatensystem gilt, auch für jedes andere rechtwinkelige Statt findet. Es kann nämlich entweder ein solches Coordinatensystem gewählt werden, dass keine gerade Linie in der Fläche parallel zu einer Coordinatenebene wird, oder doch wenigstens die Fläche in eine endliche Anzahl von Stücken zerlegt werden, für deren jedes ein geeignetes Coordinatensystem möglich ist, und wie später gezeigt wird, gilt der Satz für die ganzen Flächen λ und λ', wenn er für sämmtliche einzelne Theile derselben Statt hat.

Auf der das ΔY enthaltenden Berührungsgeraden an die Fläche sei dY ein in derselben Richtung wie ΔY positiv zu nehmendes unabhängiges Element. Da auch dN und dH unabhängige Differentiale sind, so bedeuten die partiellen Derivirten $\frac{\partial \xi}{\partial N}, \frac{\partial \xi}{\partial H}, \frac{\partial \eta}{\partial N}, \frac{\partial \eta}{\partial H}, \cdots$ die Cosinus der Winkel, welche die ξ, η, ζ-Axen mit den Richtungen von dN, dH, dY einschliessen.

Um diese neuen Veränderlichen in das zu betrachtende Integral einführen zu können, müssen wir uns die Kenntniss der Zeichen einiger dieser Derivirten verschaffen.

Da die ganze Curve H parallel der ξ, ζ-Ebene also winkelrecht zur η-Axe liegt, so ist $\frac{\partial \eta}{\partial H} = 0$. Es bedeutet $\frac{\partial \eta}{\partial Y}$ den Cosinus des Winkels zwischen der η-Axe und der Richtung von dY, derselbe Cosinus ist aber auch gleich dem Quotienten $\frac{dy}{\Delta Y}$ und da dieser positiv ist, so ist auch $\frac{\partial \eta}{\partial Y}$ positiv. Die Richtungen der dN, dH, dY sind zu einander normal, also finden zwischen jenen neun partiellen Derivirten dieselben Relationen Statt, wie zwischen den Coefficienten der Transformation rechtwinkeliger Coordinaten in einander, also auch folgende:

$$\frac{\partial \xi}{\partial N}\frac{\partial \xi}{\partial N} + \frac{\partial \xi}{\partial H}\frac{\partial \xi}{\partial H} + \frac{\partial \xi}{\partial Y}\frac{\partial \xi}{\partial Y} = 1$$

$$\frac{\partial \xi}{\partial N}\frac{\partial \eta}{\partial N} + \frac{\partial \xi}{\partial H}\frac{\partial \eta}{\partial H} + \frac{\partial \xi}{\partial Y}\frac{\partial \eta}{\partial Y} = 0$$

$$\frac{\partial \xi}{\partial N}\frac{\partial \zeta}{\partial N} + \frac{\partial \xi}{\partial H}\frac{\partial \zeta}{\partial H} + \frac{\partial \xi}{\partial Y}\frac{\partial \zeta}{\partial Y} = 0$$

$$\frac{\partial \zeta}{\partial N}\frac{\partial \xi}{\partial N} + \frac{\partial \zeta}{\partial H}\frac{\partial \xi}{\partial H} + \frac{\partial \zeta}{\partial Y}\frac{\partial \xi}{\partial Y} = 0$$

$$\frac{\partial \zeta}{\partial N}\frac{\partial \eta}{\partial N} + \frac{\partial \zeta}{\partial H}\frac{\partial \eta}{\partial H} + \frac{\partial \zeta}{\partial Y}\frac{\partial \eta}{\delta Y} = 0$$

$$\frac{\partial \zeta}{\partial N}\frac{\partial \zeta}{\partial N} + \frac{\partial \zeta}{\partial H}\frac{\partial \zeta}{\partial H} + \frac{\partial \zeta}{\partial Y}\frac{\partial \zeta}{\delta Y} = 1.$$

Die ersten drei Gleichungen der Reihe nach mit

$$\frac{\partial \eta}{\partial H}\frac{\partial \zeta}{\partial Y} - \frac{\partial \eta}{\partial Y}\frac{\partial \zeta}{\partial H}$$

$$\frac{\partial \zeta}{\partial H}\frac{\partial \xi}{\partial Y} - \frac{\partial \zeta}{\partial Y}\frac{\partial \xi}{\partial H}$$

$$\frac{\partial \xi}{\partial H}\frac{\partial \eta}{\partial Y} - \frac{\partial \xi}{\partial Y}\frac{\partial \eta}{\partial H}$$

multiplicirt und dann addirt ergeben, wenn

$$\frac{\partial\xi}{\partial N}\frac{\partial\eta}{\partial H}\frac{\partial\zeta}{\partial Y}+\frac{\partial\eta}{\partial N}\frac{\partial\zeta}{\partial H}\frac{\partial\xi}{\partial Y}+\frac{\partial\zeta}{\partial N}\frac{\partial\xi}{\partial H}\frac{\partial\eta}{\partial Y}-\frac{\partial\xi}{\partial N}\frac{\partial\eta}{\partial Y}\frac{\partial\zeta}{\partial H}-\frac{\partial\eta}{\partial N}\frac{\partial\zeta}{\partial Y}\frac{\partial\xi}{\partial H}-\frac{\partial\zeta}{\partial N}\frac{\partial\xi}{\partial Y}\frac{\partial\eta}{\partial H}=\varepsilon$$

gesetzt wird,

$$\varepsilon\frac{\partial\xi}{\partial N}=\frac{\partial\eta}{\partial H}\frac{\partial\zeta}{\partial Y}-\frac{\partial\eta}{\partial Y}\frac{\partial\zeta}{\partial H}.$$

Ebenso folgt aus den drei letzten Gleichungen mit denselben Grössen multiplicirt und dann addirt

$$\varepsilon\frac{\partial\zeta}{\partial N}=\frac{\partial\xi}{\partial H}\frac{\partial\eta}{\partial Y}-\frac{\partial\xi}{\partial Y}\frac{\partial\eta}{\partial H}.$$

Nach der Bestimmung, die wir über die Zeichen der Flächenseiten getroffen haben, besteht unter den Richtungen von dN, dH, dY dieselbe Reihenfolge wie unter den Axen ξ, η, ζ also ist nach Art. 2, VII der »Disquisitiones generales circa superficies curvas« auctore Gauss,*) der Werth von ε positiv und zwar $= +1$. Da wir auch $\frac{\partial\eta}{\partial Y}$ positiv und $\frac{\partial\eta}{\partial H}$ Null gefunden haben, so ersehen wir aus den beiden so eben aufgestellten Gleichungen, dass der Werth von $\frac{\partial\xi}{\partial N}$ mit $-\frac{\partial\zeta}{\partial H}$, und der von $\frac{\partial\zeta}{\partial N}$ mit $\frac{\partial\xi}{\partial H}$ gleiches Zeichen hat.

Den ganzen Flächenstreifen theilen wir durch Querlinien wie ΔY in Rechtecke mit den Seiten ΔY und dH. Das Rechteck bei dem Punkte ξ, η, ζ setzen wir für das bis jetzt beliebig gelassene Flächenelement $d\lambda$. Die Projection desselben auf die ζ, η-Ebene ist dann gleich dem absoluten Werthe von $\frac{\partial\zeta}{\partial H}dH\,dy$ und gleich dem von $\frac{\partial\xi}{\partial N}d\lambda$, also, da $\frac{\partial\xi}{\partial N}$ und $-\frac{\partial\zeta}{\partial H}$ gleichzeitig positive oder negative Zeichen haben, ist

$$\frac{\partial\xi}{\partial N}d\lambda=-\frac{\partial\zeta}{\partial H}dH\,dy.$$

Die Projection von $d\lambda$ auf die ξ, η-Ebene ergiebt sich gleich dem absoluten Werthe von $\frac{\partial\xi}{\partial H}dH\,dy$ und gleich dem von $\frac{\partial\zeta}{\partial N}d\lambda$, also, da $\frac{\partial\zeta}{\partial N}$ und $\frac{\partial\xi}{\partial H}$ zugleich positiv oder negativ sind, ist auch

$$\frac{\partial\zeta}{\partial N}d\lambda=\frac{\partial\xi}{\partial H}dH\,dy.$$

*) [Gauss' Werke, Bd. IV, S. 221].

Zufolge dieser Relationen wird

$$\frac{\partial\psi}{\partial\xi}\frac{\partial\zeta}{\partial N}d\lambda-\frac{\partial\psi}{\partial\zeta}\frac{\partial\xi}{\partial N}d\lambda = \frac{\partial\psi}{\partial\xi}\frac{\partial\xi}{\partial H}dH\,dy+\frac{\partial\psi}{\partial\zeta}\frac{\partial\zeta}{\partial H}dH\,dy$$

und, weil

$$\frac{\partial\eta}{\partial H}=0,$$

$$\frac{\partial\psi}{\partial\xi}\frac{\partial\zeta}{\partial N}d\lambda-\frac{\partial\psi}{\partial\zeta}\frac{\partial\xi}{\partial N}d\lambda = \frac{\partial\psi}{\partial\xi}\frac{\partial\xi}{\partial H}dH\,dy+\frac{\partial\psi}{\partial\zeta}\frac{\partial\zeta}{\partial H}dH\,dy+\frac{\partial\psi}{\partial\eta}\frac{\partial\eta}{\partial H}dH\,dy$$

d. i.

$$=\frac{\partial\psi}{\partial H}dH\,dy.$$

Um den Werth des Integrals zu erhalten, der sich auf den Flächenstreifen bezieht, haben wir $\frac{\partial\psi}{\partial H}dH\,dy$ für alle Elemente dH der ganzen Curve H zu summiren, wir erhalten dadurch $-\psi_{\rm I}dy+\psi_{\rm II}dy$ wenn $\psi_{\rm I}$, $\psi_{\rm II}$ die Werthe von ψ am Anfang und Ende der H bezeichnen.

In dem Punkte, wo die Curve H anfängt, muss, da überall in der Begrenzung des Flächenstreifens der Sinn der Fortbewegung derselbe sein soll, die Richtung in dem Elemente $ds_{\rm I}$ von dem Ende der $H_{\rm I}$ nach dem Anfang der H gehen, also hat hier, weil der $H_{\rm I}$ die Coordinate $y+dy$ und der H die y zukommt, $\frac{\partial y}{\partial s_{\rm I}}$ einen negativen Werth. Ebenso ergiebt sich, dass am andern Ende von H das $\frac{\partial y}{\partial s_{\rm II}}$ positiv ist. Die positive Grösse dy wird demnach $=-\frac{\partial y}{\partial s_{\rm I}}ds_{\rm I}$ und $=\frac{\partial y}{\partial s_{\rm II}}ds_{\rm II}$, also das über einen Flächenstreifen ausgedehnte Integral $=\psi_{\rm I}\frac{\partial y}{\partial s_{\rm I}}ds_{\rm I}+\psi_{\rm II}\frac{\partial y}{\partial s_{\rm II}}ds_{\rm II}$.

Trennen die Ebenen $y=\text{const.}$ und $y+dy=\text{const.}$ mehr als einen Streifen aus der Fläche, so erhalten die Integrale für die übrigen Streifen dieselbe Form, wie das so eben abgeleitete. Das über sämmtliche Streifen mit der Coordinate y ausgedehnte Integral wird daher

$$\psi_{\rm I}\frac{\partial y}{\partial s_{\rm I}}ds_{\rm I}+\psi_{\rm II}\frac{\partial y}{\partial s_{\rm II}}ds_{\rm II}+\psi_{\rm III}\frac{\partial y}{\partial s_{\rm III}}ds_{\rm III}+\psi_{\rm IV}\frac{\partial y}{\partial s_{\rm IV}}ds_{\rm IV}+\cdots$$

und die Summe aller dieser Reihen für sämmtliche Elemente dy ergiebt das gesuchte Integral. In der Summe tritt $\psi\frac{\partial y}{\partial s}ds$ für jeden Punkt der Curve s ein Mal und zwar nur ein Mal auf, also ist

$$\text{(6.)}\qquad \int\left(\frac{\partial\psi}{\partial\xi}\frac{\partial\zeta}{\partial N}d\lambda-\frac{\partial\psi}{\partial\zeta}\frac{\partial\xi}{\partial N}d\lambda\right)=\int\psi\frac{\partial y}{\partial s}ds.$$

Des einfacheren Ausdruckes wegen haben wir hier angenommen, dass die Curve s eine einzige in sich geschlossene sei, offenbar gilt das Resultat aber auch, wenn an die Stelle von s ein System von geschlossenen Curven und zugleich für λ eine eben so grosse Anzahl durch jene begrenzter Flächen tritt. Die Curvenintegrale sind dann über sämmtliche Curven und die Flächenintegrale über sämmtliche Flächen auszudehnen. In den folgenden Untersuchungen werden wir den allgemeinen Fall im Auge haben und deshalb von einem Curvensystem s oder s' und einem Flächensystem λ oder λ' sprechen.

Aus Gleichung (6.) wird, wenn wir $\frac{\partial\varphi}{\partial\zeta'}$ für ψ setzen,

$$\int\left(\frac{\partial\partial\varphi}{\partial\xi\,\partial\zeta'}\,\frac{\partial\zeta}{\partial N}\,d\lambda-\frac{\partial\partial\varphi}{\partial\zeta\,\partial\zeta'}\,\frac{\partial\xi}{\partial N}\,d\lambda\right)=\int\frac{\partial\varphi}{\partial\zeta'}\,\frac{\partial y}{\partial s}\,ds,$$

worin das $\frac{\partial\varphi}{\partial\zeta'}$ des Flächenintegrals sich auf die beiden Punkte (ξ, η, ζ) und (ξ', η', ζ') der Elemente $d\lambda$ und $d\lambda'$ bezieht, aber das $\frac{\partial\varphi}{\partial\zeta'}$ des Curvenintegrals auf (x, y, z) und (ξ', η', ζ') der Elemente ds und $d\lambda'$.

Lassen wir in (6.) die Coordinatenaxen ξ, η, ζ der Reihe nach in η, ζ, ξ, also y in z übergehen, und setzen $\frac{\partial\varphi}{\partial\eta'}$ für ψ, so erhalten wir

$$\int\left(\frac{\partial\partial\varphi}{\partial\eta\,\partial\eta'}\,\frac{\partial\xi}{\partial N}\,d\lambda-\frac{\partial\partial\varphi}{\partial\xi\,\partial\eta'}\,\frac{\partial\eta}{\partial N}\,d\lambda\right)=\int\frac{\partial\varphi}{\partial\eta'}\,\frac{\partial z}{\partial s}\,ds$$

und demnach aus Gleichung (5.)

$$\int\frac{\partial\partial\varphi}{\partial N\partial\xi'}\,d\lambda=\int\frac{\partial\varphi}{\partial\zeta'}\,\frac{\partial y}{\partial s}\,ds-\int\frac{\partial\varphi}{\partial\eta'}\,\frac{\partial z}{\partial s}\,ds \tag{7.}$$

und dieser entsprechend

$$\int\frac{\partial\partial\varphi}{\partial N\partial\eta'}\,d\lambda=\int\frac{\partial\varphi}{\partial\xi'}\,\frac{\partial z}{\partial s}\,ds-\int\frac{\partial\varphi}{\partial\zeta'}\,\frac{\partial x}{\partial s}\,ds$$

$$\int\frac{\partial\partial\varphi}{\partial N\partial\zeta'}\,d\lambda=\int\frac{\partial\varphi}{\partial\eta'}\,\frac{\partial x}{\partial s}\,ds-\int\frac{\partial\varphi}{\partial\xi'}\,\frac{\partial y}{\partial s}\,ds.$$

Durch Einsetzen dieser Werthe für die Flächenintegrale wird Gleichung (3.), wenn man die Glieder gehörig anordnet,

$$\int\frac{\partial\partial\varphi}{\partial N\partial N'}\,d\lambda\,d\lambda'=\begin{cases}-\int\left(\frac{\partial\varphi}{\partial\zeta'}\,\frac{\partial\eta'}{\partial N'}-\frac{\partial\varphi}{\partial\eta'}\,\frac{\partial\zeta'}{\partial N'}\right)\frac{\partial x}{\partial s}\,d\lambda'ds\\-\int\left(\frac{\partial\varphi}{\partial\xi'}\,\frac{\partial\zeta'}{\partial N'}-\frac{\partial\varphi}{\partial\zeta'}\,\frac{\partial\xi'}{\partial N'}\right)\frac{\partial y}{\partial s}\,d\lambda'ds\\-\int\left(\frac{\partial\varphi}{\partial\eta'}\,\frac{\partial\xi'}{\partial N'}-\frac{\partial\varphi}{\partial\xi'}\,\frac{\partial\eta'}{\partial N'}\right)\frac{\partial z}{\partial s}\,d\lambda'ds.\end{cases} \tag{8.}$$

Setzen wir in Gleichung (6.) φ für ψ und accentuiren die übrigen Grössen, so erhalten wir

$$\int\left(\frac{\partial\varphi}{\partial\xi'}\,\frac{\partial\zeta'}{\partial N'}\,d\lambda'-\frac{\partial\varphi}{\partial\zeta'}\,\frac{\partial\xi'}{\partial N'}\,d\lambda'\right)=\int\varphi\cdot\frac{\partial y'}{\partial s'}\,ds'$$

und hieraus, wenn wir die Coordinatenaxen ξ, η, ζ erst der Reihe nach in η, ζ, ξ und dann der Reihe nach in ζ, ξ, η übergehen lassen,

$$\int\left(\frac{\partial\varphi}{\partial\eta'}\,\frac{\partial\xi'}{\partial N'}\,d\lambda'-\frac{\partial\varphi}{\partial\xi'}\,\frac{\partial\eta'}{\partial N'}\,d\lambda'\right)=\int\varphi\cdot\frac{\partial z'}{\partial s'}\,ds'$$

$$\int\left(\frac{\partial\varphi}{\partial\zeta'}\,\frac{\partial\eta'}{\partial N'}\,d\lambda'-\frac{\partial\varphi}{\partial\eta'}\,\frac{\partial\zeta'}{\partial N'}\,d\lambda'\right)=\int\varphi\cdot\frac{\partial x'}{\partial s'}\,ds'.$$

Die Gleichung (8.) verwandelt sich mit Rücksicht hierauf in

$$\int\frac{\partial\partial\varphi}{\partial N\partial N'}\,d\lambda\,d\lambda'=-\int\varphi\cdot\left(\frac{\partial x}{\partial s}\,\frac{\partial x'}{\partial s'}+\frac{\partial y}{\partial s}\,\frac{\partial y'}{\partial s'}+\frac{\partial z}{\partial s}\,\frac{\partial z'}{\partial s'}\right)ds\,ds'.$$

Es sind $\frac{\partial x}{\partial s}, \frac{\partial x'}{\partial s'}, \frac{\partial y}{\partial s}, \cdots$ die Cosinus der Winkel, welche die Richtungen von ds und ds' mit den Coordinatenaxen bilden, also ist der von den Klammern eingeschlossene Ausdruck gleich dem Cosinus des Winkels, den die Richtungen von ds, ds' mit einander bilden, daher

$$\int\frac{\partial\partial\varphi}{\partial N\partial N'}\,d\lambda\,d\lambda'=-\int\varphi\,.\cos(ds,ds')\,ds\,ds'.$$

Setzen wir

$$(x'-x)^2+(y'-y)^2+(z'-z)^2=r^2,$$

so ist

$$\frac{r\,\partial r}{\partial x'}=x'-x$$

$$\frac{\partial(r\,\partial r)}{\partial x\,\partial x'}=-1;\qquad\frac{\partial(r\,\partial r)}{\partial y\,\partial x'}=0=\frac{\partial(r\,\partial r)}{\partial z\,\partial x'}$$

also

$$\frac{\partial(r\,\partial r)}{\partial s\,\partial s'}=-\frac{\partial x}{\partial s}\,\frac{\partial x'}{\partial s'}-\frac{\partial y}{\partial s}\,\frac{\partial y'}{\partial s'}-\frac{\partial z}{\partial s}\,\frac{\partial z'}{\partial s'}=-\cos(ds,ds').$$

Demnach erhalten wir die Gleichung

$$\int\frac{\partial\partial\varphi}{\partial N\partial N'}\,d\lambda\,d\lambda'=-\int\varphi\,.\cos(ds,ds')\,ds\,ds'=\int\varphi\cdot\frac{\partial(r\,\partial r)}{\partial s\,\partial s'}\,ds\,ds',$$

welche wir beweisen wollten.

Haben zwei einzelne Flächen des Systems λ oder λ' ein Stück ihrer Begrenzung gemeinschaftlich, hat φ in jedem Punkte derselben für beide Flächen denselben Werth und stossen dort die positiven Seiten beider zusammen, also auch die negativen, so können die zwei Flächen als eine zusammenhängende betrachtet werden, indem andern Falls die Curvenintegration über die gemeinschaftliche Grenzlinie zwei Mal und zwar in entgegengesetztem Sinne auszudehnen sein würde, also keinen Beitrag liefern würde.

4.

Zweiter Satz.

Das Maass des körperlichen Winkels, dessen Spitze im Punkte (ξ', η', ζ') liegt und der von den aus (ξ', η', ζ') an die Punkte einer Curve s gezogenen Geraden begrenzt wird, ist gleich der centralen Projection der von der Curve s begrenzten Fläche λ auf die mit dem Radius 1 um den Punkt (ξ', η', ζ') beschriebene Kugel. Dabei hat die Projection jedes Theiles der Fläche dasselbe Zeichen, wie die dem Mittelpunkte zugekehrte Flächenseite.

Bezeichnet ϱ die Länge der vom Punkte (ξ, η, ζ) nach (ξ', η', ζ') gezogenen Geraden, so ist $\frac{-\partial\varrho}{\partial N}$ der Cosinus des Winkels, den diese Gerade mit der Normale N des Flächenelements $d\lambda$ einschliesst, also ist $\frac{-\partial\varrho}{\partial N}d\lambda$ die Projection des Elements $d\lambda$ auf die mit dem Radius ϱ um den Punkt (ξ', η', ζ') als Mittelpunkt beschriebene Kugel und daher $\frac{1}{\varrho\varrho}\cdot\frac{-\partial\varrho}{\partial N}d\lambda$ die centrale Projection desselben $d\lambda$ auf die Kugel mit dem Radius 1, und zwar wird die Projection positiv oder negativ sein wie der erwähnte Cosinus, d. h. je nachdem das Flächenelement $d\lambda$ dem Mittelpunkte (ξ', η', ζ') seine positive oder negative Seite zukehrt. Daher ist $\int\frac{1}{\varrho\varrho}\frac{-\partial\varrho}{\partial N}d\lambda$ oder $\int\frac{\partial\frac{1}{\varrho}}{\partial N}d\lambda$ gleich dem zuvor definirten Maass des körperlichen Winkels.

5.

Dritter Satz.

Ampère nennt ein Solenoid ein System s von kleinen geschlossenen Curven, die gleich grosse ebene Flächen L begrenzen, und die so angeordnet sind, dass es eine stetige Linie g giebt, welche mit jeder Fläche L einen Punkt gemeinschaftlich hat, an dieser Stelle mit der positiven Normale N dieser

Fläche gleich gerichtet ist und durch je zwei benachbarte Flächen L in gleich lange aber sehr kurze Abschnitte G getheilt wird.

Dasjenige Ende des Solenoids, bei dem die Linie g anfängt, also die negative Seite der ersten Fläche L nach aussen gekehrt ist, heisst das negative Ende, das andere, bei dem g aufhört und die letzte Fläche L ihre positive Seite nach aussen kehrt, das positive Ende.

Ist ψ irgend eine für jeden Punkt in der Nähe des Solenoids gegebene Grösse, deren zweite Derivirten endlich sind, so wird $\frac{\partial\psi}{\partial N}$ in einer einzelnen Fläche L nur um eine unendlich kleine Grösse von $\frac{\partial\psi}{\partial g}$ verschieden sein. Nehmen wir für die beliebigen Flächen λ jetzt die ebenen Flächen L, so wird das Integral $\int\frac{\partial\psi}{\partial N}d\lambda$ ausgedehnt über eine einzelne Fläche L gleich $\frac{\partial\psi}{\partial g}\cdot L$, also das über das ganze Solenoid erstreckte

$$\int\frac{\partial\psi}{\partial N}d\lambda = \Sigma\frac{\partial\psi}{\partial g}L,$$

worin sich die Summation auf alle Flächen des Solenoids bezieht. Nach der Voraussetzung beträgt die Anzahl der auf die Länge dg vertheilten Flächen $\frac{dg}{G}$, also ist

$$\int\frac{\partial\psi}{\partial N}d\lambda = \Sigma\frac{\partial\psi}{\partial g}L = \int_{\psi'}^{\psi''}\frac{\partial\psi}{\partial g}dg\cdot\frac{L}{G} = \frac{L}{G}(\psi''-\psi')$$

worin ψ' und ψ'' die Werthe von ψ im negativen und positiven Ende des Solenoids bedeuten.

Beweis der allgemeinen Lehrsätze.

6.

Ableitung der Ausdrücke für die electrodynamische und electromotorische Kraft aus dem Grundgesetze.

Diese Ableitung ist in der Abhandlung über ein allgemeines Grundgesetz der electrischen Wirkung von Weber gegeben. Der Vollständigkeit halber will ich sie hier aufnehmen.

Sind die Curven s und s' die Bahnen zweier electrischer Ströme in einem bestimmten Zeitpunkte t, und $+eds$, $-eds$ wie $+e'ds'$, $-e'ds'$ die in den Bahnelementen ds und ds' befindlichen positiven und negativen Electricitätsmengen, bezeichnen wir mit r_1, r_2, r_3, r_4 die veränderlichen Abstände eines Theilchens der Electricität

$$+eds \text{ von } +e'ds'$$
$$-eds \text{ von } -e'ds'$$
$$+eds \text{ von } -e'ds'$$
$$-eds \text{ von } +e'ds',$$

so sind nach dem Fundamentalgesetz die einzelnen Wirkungen der Electricitäten $+eds$ und $-eds$ auf $+e'ds'$ und $-e'ds'$, positiv genommen in der Richtung der von ds nach ds' gezogenen Geraden:

$$E_1 = +\frac{eds\, e'ds'}{r_1 r_1}\left(1 - \frac{1}{cc}\frac{dr_1^2}{dt^2} + \frac{2}{cc} r_1 \frac{ddr_1}{dt^2}\right)$$
$$E_2 = +\frac{eds\, e'ds'}{r_2 r_2}\left(1 - \frac{1}{cc}\frac{dr_2^2}{dt^2} + \frac{2}{cc} r_2 \frac{ddr_2}{dt^2}\right)$$
$$E_3 = -\frac{eds\, e'ds'}{r_3 r_3}\left(1 - \frac{1}{cc}\frac{dr_3^2}{dt^2} + \frac{2}{cc} r_3 \frac{ddr_3}{dt^2}\right)$$
$$E_4 = -\frac{eds\, e'ds'}{r_4 r_4}\left(1 - \frac{1}{cc}\frac{dr_4^2}{dt^2} + \frac{2}{cc} r_4 \frac{ddr_4}{dt^2}\right),$$

worin c die Geschwindigkeit

$$439450 . 10^6 \frac{\text{Millimeter}}{\text{Secunde}} \text{ bedeutet,*)}$$

wie Kohlrausch und Weber sie durch die in der Abhandlung über Zurückführung der Stromintensitäts-Messungen auf mechanisches Maass (1856) veröffentlichten Untersuchungen gefunden haben.

Auf $+e'ds'$ wird die Kraft $E_1 + E_4$, auf $-e'ds'$ die Kraft $E_2 + E_3$ ausgeübt, daher werden diese beiden Electricitäten mit der Kraft

$$(E_1 + E_4) + (E_2 + E_3) = E_1 + E_2 + E_3 + E_4$$

fortbewegt in der Richtung von ds nach ds' hin, und von einander gezogen mit der Kraft

$$(E_1 + E_4) - (E_2 + E_3) = E_1 - E_2 - E_3 + E_4.$$

Da die Electricitäten nicht aus der linearen Stromleitung heraustreten können, so besteht die Wirkung der ersteren Kraft in einer Fortbewegung der Strom-

*) [Wilhelm Weber's Werke, Bd. III, S. 652].

leiter, sie wird electrodynamische Kraft genannt. Die andere hat als Componente $\frac{\partial\partial E}{\partial s\,\partial s'}\,ds\,ds'$ in der Richtung des Stromelements ds' das Product von $E_1 - E_2 - E_3 + E_4$ multiplicirt in den Cosinus des Winkels, den die Richtung von ds' mit der von ds nach ds' gezogenen Geraden einschliesst, d. h. in $\frac{dr}{ds'}$. Diese Kraft

$$\frac{\partial\partial E}{\partial s\,\partial s'}\,ds\,ds' = (E_1 - E_2 - E_3 + E_4)\frac{dr}{ds'}$$

treibt die Electricitäten $+e'$ und $-e'$ in der Richtung der Stromleitung auseinander und die Summe derselben für alle ds und ds' führt den Namen electromotorische Kraft.

7.

Einführung besonderer Coordinaten.

Zur genaueren Einsicht in die Beschaffenheit der Ausdrücke für diese beiden Kräfte ist es erforderlich, Coordinaten zu Grunde zu legen, die der Natur des zu betrachtenden Gegenstandes angemessen sind, wie die von Neumann in seiner zweiten Abhandlung über ein allgemeines Princip der mathematischen Theorie inducirter electrischer Ströme (1847) § 5 gewählten.

Die Gleichung der von der Stromleitung beschriebenen Fläche sei

$$f(x, y, z) = \text{const.},$$

in dieser Fläche liegt die Curve, welche der Anfangspunkt des Elements ds durchläuft, wir wollen sie durch

$$f(x, y, z) = \text{const.}$$

und durch eine solche Gleichung

$$S(x, y, z) = S = \text{const.}$$

bestimmen, dass der von dem Endpunkte des ds beschriebenen Curve die Gleichungen

$$f(x, y, z) = \text{const.}$$
$$S(x, y, z) + dS(x, y, z) = S + ds = \text{const.}$$

zukommen.

Die Curve s, welche die Stromleitung im Zeitpunkte t bildet, sei durch die Gleichungen

$$f(x, y, z) = \text{const.}$$
$$W(x, y, z) = F(t) = w = \text{const.}$$

gegeben.

Entsprechende Bedeutung wie für ds mögen

$$f'(x', y', z') = \text{const.}$$
$$S'(x', y', z') = S' = \text{const.}$$
$$W'(x', y', z') = F'(t) = w' = \text{const.}$$

für ds' haben.

Es sind also w und w' nur von der Zeit t abhängig und ds und ds' ganz unabhängige Differentiale. Die Derivirten $\frac{dw}{dt}$ und $\frac{dw'}{dt}$ unterscheiden sich im Allgemeinen von den Geschwindigkeiten, mit welchen sich die Elemente ds und ds' fortbewegen.

Die Ortsveränderungen der Electricitäten sind zweierlei Art, die einen werden durch irgend welche Umstände veranlasst und finden in den Stromleitungen Statt, so dass die positiven Electricitäten die Geschwindigkeiten $\frac{ds}{dt}$, $\frac{ds'}{dt}$ und die Beschleunigungen $\frac{dds}{dt^2}$, $\frac{dds'}{dt^2}$ besitzen, die negativen dieselben aber mit entgegengesetzten Zeichen. In diesen Ausdrücken bedeuten ds und ds' nicht, wie sonst überall, die Längen der Leiterelemente also von der Zeit unabhängige Grössen, sondern die von den Electricitäten in der Zeit dt durchlaufenen Bahnen und zwar positiv gezählt in dem Sinne, wie sich die positive Electricität bewegt. Da die hier betrachteten electrischen Ströme überall in einer geschlossenen Bahn gleiche Intensität haben, so sind $\frac{ds}{dt}$, $\frac{ds'}{dt}$, $\frac{dds}{dt^2}$, $\frac{dds'}{dt^2}$ für alle Punkte einer geschlossenen Curve der Systeme s, s' zu irgend einer Zeit constante Grössen. Die andere Bewegung der Electricitäten ist durch die Ortsveränderung der Stromleitung gegeben, hängt also von $\frac{dw}{dt}$, $\frac{dw'}{dt}$ ab und hat für positive und negative Electricität dieselbe Richtung.

Die beiden Electricitäten in jedem Elemente ds und ds' der linearen Leiter befinden sich unmittelbar neben einander, die Entfernungen r_1, r_2, r_3, r_4, r unterscheiden sich daher nicht in ihren Werthen, wohl aber in den Derivirten nach der Zeit, und zwar wird, wenn wir zur Abkürzung

$$\frac{\partial r}{\partial s}\frac{ds}{dt} = k$$

$$\frac{\partial r}{\partial s'}\frac{ds'}{dt} = k'$$

$$\frac{\partial r}{\partial w}\frac{dw}{dt} + \frac{\partial r}{\partial w'}\frac{dw'}{dt} = h$$

setzen,

$$\frac{dr_1}{dt} = h + k + k'$$

$$\frac{dr_2}{dt} = h - k - k'$$

$$\frac{dr_3}{dt} = h + k - k'$$

$$\frac{dr_4}{dt} = h - k + k'$$

also

$$-\frac{dr_1^2}{dt^2} - \frac{dr_2^2}{dt^2} + \frac{dr_3^2}{dt^2} + \frac{dr_4^2}{dt^2} = -8kk'$$

$$-\frac{dr_1^2}{dt^2} + \frac{dr_2^2}{dt^2} - \frac{dr_3^2}{dt^2} + \frac{dr_4^2}{dt^2} = -8kh.$$

Führen wir ferner die Grössen

$$\frac{\partial\partial r}{\partial s^2}\frac{ds^2}{dt^2} + \frac{\partial\partial r}{\partial s'^2}\frac{ds'^2}{dt^2} + \frac{\partial r}{\partial w}\frac{ddw}{dt^2} + \frac{\partial r}{\partial w'}\frac{ddw'}{dt^2} + \frac{\partial\partial r}{\partial w^2}\frac{dw^2}{dt^2} + 2\frac{\partial\partial r}{\partial w\,\partial w'}\frac{dw}{dt}\frac{dw'}{dt} + \frac{\partial\partial r}{\partial w'^2}\frac{dw'^2}{dt^2} = l$$

$$2\frac{\partial\partial r}{\partial s\,\partial s'}\frac{ds}{dt}\frac{ds'}{dt} = m$$

$$2\left(\frac{\partial\partial r}{\partial s\,\partial w}\frac{dw}{dt} + \frac{\partial\partial r}{\partial s\,\partial w'}\frac{dw'}{dt}\right)\frac{ds}{dt} + \frac{\partial r}{\partial s}\frac{dds}{dt^2} = n$$

$$2\left(\frac{\partial\partial r}{\partial s'\partial w}\frac{dw}{dt} + \frac{\partial\partial r}{\partial s'\partial w'}\frac{dw'}{dt}\right)\frac{ds'}{dt} + \frac{\partial r}{\partial s'}\frac{dds'}{dt^2} = n'$$

ein, so wird

$$\frac{ddr_1}{dt^2} = l + m + n + n'$$

$$\frac{ddr_2}{dt^2} = l + m - n - n'$$

$$\frac{ddr_3}{dt^2} = l - m + n - n'$$

$$\frac{ddr_4}{dt^2} = l - m - n + n'$$

also

$$\frac{ddr_1}{dt^2}+\frac{ddr_2}{dt^2}-\frac{ddr_3}{dt^2}-\frac{ddr_4}{dt^2} = 4m$$

$$\frac{ddr_1}{dt^2}-\frac{ddr_2}{dt^2}+\frac{ddr_3}{dt^2}-\frac{ddr_4}{dt^2} = 4n.$$

Der Ausdruck für die electrodynamische Kraft Δ, welche das in ds befindliche Stromelement auf das Leiterelement ds' in der Richtung der von ds gegen ds' gezogenen Geraden ausübt, verwandelt sich durch Einsetzung dieser Werthe der Derivirten nach der Zeit in:

$$(12.)\qquad \begin{aligned} \Delta &= E_1+E_2+E_3+E_4 \\ &= \frac{ee'}{cc}\,\frac{ds\,ds'}{rr}(-8kk'+2r.4m) \\ &= -8\frac{ee'}{cc}\,\frac{ds}{dt}\,\frac{ds'}{dt}\,\frac{ds\,ds'}{rr}\left(\frac{\partial r}{\partial s}\,\frac{\partial r}{\partial s'}-2r\frac{\partial\partial r}{\partial s\,\partial s'}\right) \end{aligned}$$

und die Gleichung für die electromotorische Kraft in:

$$\frac{\partial\partial E}{\partial s\,\partial s'}ds\,ds' = (E_1-E_2-E_3+E_4)\frac{\partial r}{\partial s'} = \frac{ee'}{cc}\,\frac{ds\,ds'}{rr}(-8kh+2r.4n)\frac{\partial r}{\partial s'}$$

$$(13.)\qquad = 8\frac{ee'}{cc}ds\,ds'\left\{\begin{aligned} &-\frac{1}{rr}\,\frac{\partial r}{\partial s}\,\frac{\partial r}{\partial s'}\,\frac{ds}{dt}\left(\frac{\partial r}{\partial w}\,\frac{dw}{dt}+\frac{\partial r}{\partial w'}\,\frac{dw'}{dt}\right) \\ &+\frac{2}{r}\,\frac{\partial r}{\partial s'}\,\frac{ds}{dt}\left(\frac{\partial\partial r}{\partial s\,\partial w}\,\frac{dw}{dt}+\frac{\partial\partial r}{\partial s\,\partial w'}\,\frac{dw'}{dt}\right) \\ &+\frac{1}{r}\,\frac{\partial r}{\partial s}\,\frac{\partial r}{\partial s'}\,\frac{dds}{dt^2}. \end{aligned}\right.$$

Die electrodynamische Kraft hängt also nicht von der Bewegung $\frac{dw}{dt}$, $\frac{dw'}{dt}$ der Stromleiter s und s' ab, auch nicht von den Beschleunigungen $\frac{dds}{dt^2}$, $\frac{dds'}{dt^2}$ der Electricitäten, sondern in jedem Zeitmomente nur von der augenblicklichen gegenseitigen Lage der Stromleiter und den Geschwindigkeiten $\frac{ds}{dt}$, $\frac{ds'}{dt}$ der Electricitäten, d. i. von den Intensitäten der Ströme. Die electromotorische Kraft wird nur durch die Bewegungen $\frac{dw}{dt}$, $\frac{dw'}{dt}$ beider Stromleiter und durch die Beschleunigung $\frac{dds}{dt^2}$ der Electricitäten in demjenigen Leiter s, von welchem die inducirende Kraft ausgeht, zur Wirkung veranlasst. Die schon vorhandene Geschwindigkeit $\frac{ds'}{dt}$ und Beschleunigung $\frac{dds'}{dt^2}$ der durch die electromotorische Kraft weiter zu trennenden Electricitäten in dem andern Leiter s' sind dabei ohne Einfluss.

8.

Lehrsätze der Electrodynamik.

1) *Ampère's Formeln.*

Berücksichtigen wir, dass

$$\frac{\partial\partial\sqrt{r}}{\partial s\,\partial s'} = -\frac{1}{4}r^{-\frac{3}{2}}\frac{\partial r}{\partial s}\frac{\partial r}{\partial s'} + \frac{1}{2}r^{-\frac{1}{2}}\frac{\partial\partial r}{\partial s\,\partial s'}$$

$$\frac{\partial(r\,\partial r)}{\partial s\,\partial s'} = \frac{\partial r}{\partial s}\frac{\partial r}{\partial s'} + r\frac{\partial\partial r}{\partial s\,\partial s'}$$

$$\frac{\partial\partial\frac{1}{r}}{\partial s\,\partial s'} = \frac{2}{r^3}\frac{\partial r}{\partial s}\frac{\partial r}{\partial s'} - \frac{1}{rr}\frac{\partial\partial r}{\partial s\,\partial s'}$$

ist, und setzen wir die mit der magnetischen Maasseinheit gemessenen Intensitäten der electrischen Ströme

$$2\sqrt{2}\frac{e}{c}\frac{ds}{dt} = i$$

$$2\sqrt{2}\frac{e'}{c}\frac{ds'}{dt} = i',$$

so können wir statt Gleichung (12.) auch schreiben

$$\Delta = 4ii'\frac{\partial\partial\sqrt{r}}{\partial s\,\partial s'}\frac{ds\,ds'}{\sqrt{r}} \tag{14.}$$

$$\Delta = -\frac{ids\,i'ds'}{rr}\left(-2\frac{\partial(r\,\partial r)}{\partial s\,\partial s'} + 3\frac{\partial r}{\partial s}\frac{\partial r}{\partial s'}\right) \tag{15.}$$

$$\Delta = -ids\,i'ds'\left(r\frac{\partial\partial\frac{1}{r}}{\partial s\,\partial s'} - \frac{1}{rr}\frac{\partial(r\,\partial r)}{\partial s\,\partial s'}\right). \tag{16.}$$

Der Ausdruck in (15.) bildet das Grundgesetz der von Ampère aufgestellten Theorie der electrodynamischen Wirkungen. Es sind nämlich $\frac{-\partial r}{\partial s}$ und $\frac{\partial r}{\partial s'}$ die Cosinus der Winkel, welche die Gerade r mit den Richtungen der Elemente ds und ds' bildet und $\frac{-\partial(r\,\partial r)}{\partial s\,\partial s'}$ der Cosinus des Winkels, den ds und ds' einschliessen. Bezeichnen wir diese Winkel der Reihe nach mit θ, θ', ε, so erhalten wir aus (15.)

$$\Delta = -\frac{ii'}{rr}ds\,ds'(2\cos\varepsilon - 3\cos\theta\cos\theta').$$

Die ganze Kraft Δ zerlegen wir in drei den Coordinatenaxen parallel gerichtete Kräfte, dann wird die der x-Axe parallele

$$\Delta\frac{x'-x}{r} = \Delta\frac{\partial r}{\partial x'},$$

bezeichnen wir diese mit $\frac{\partial\partial X}{\partial s\,\partial s'}ds\,ds'$, so ist nach (16.)

$$\frac{\partial\partial X}{\partial s\,\partial s'}ds\,ds' = \Delta\frac{\partial r}{\partial x'} = -ids\,i'ds'\left(r\frac{\partial r}{\partial x'}\frac{\partial\partial\frac{1}{r}}{\partial s\,\partial s'}+\frac{\partial\frac{1}{r}}{\partial x'}\frac{\partial(r\,\partial r)}{\partial s\,\partial s'}\right)$$

oder wegen

$$\frac{\partial}{\partial s}\left(\frac{\partial\frac{1}{r}}{\partial s'}\frac{r\,\partial r}{\partial x'}\right) = \frac{r\,\partial r}{\partial x'}\frac{\partial\partial\frac{1}{r}}{\partial s\,\partial s'}+\frac{\partial\frac{1}{r}}{\partial s'}\frac{\partial(r\,\partial r)}{\partial s\,\partial x'}$$

$$-\frac{\partial}{\partial s'}\left(\frac{1}{r}\frac{\partial(r\,\partial r)}{\partial s\,\partial x'}\right) = -\frac{1}{r}\frac{\partial\partial(r\,\partial r)}{\partial s\,\partial s'\,\partial x'}-\frac{\partial\frac{1}{r}}{\partial s'}\frac{\partial(r\,\partial r)}{\partial s\,\partial x'}$$

$$\frac{\partial}{\partial x'}\left(\frac{1}{r}\frac{\partial(r\,\partial r)}{\partial s\,\partial s'}\right) = \frac{1}{r}\frac{\partial\partial(r\,\partial r)}{\partial s\,\partial s'\,\partial x'}+\frac{\partial\frac{1}{r}}{\partial x'}\frac{\partial(r\,\partial r)}{\partial s\,\partial s'}$$

$$(17.)\quad \frac{\partial\partial X}{\partial s\,\partial s'}ds\,ds' = -ids\,i'ds'\left\{\frac{\partial}{\partial s}\left(\frac{\partial\frac{1}{r}}{\partial s'}\frac{r\,\partial r}{\partial x'}\right)-\frac{\partial}{\partial s'}\left(\frac{1}{r}\frac{\partial(r\,\partial r)}{\partial s\,\partial x'}\right)+\frac{\partial}{\partial x'}\left(\frac{1}{r}\frac{\partial(r\,\partial r)}{\partial s\,\partial s'}\right)\right\}.$$

Hierfür können wir in Folge der identischen Gleichungen

$$-\frac{\partial}{\partial s'}\left(\frac{1}{r}\frac{\partial(r\,\partial r)}{\partial s\,\partial x'}\right) = \frac{\partial\frac{1}{r}}{\partial x'}\frac{\partial x}{\partial s}\frac{\partial x'}{\partial s'}+\frac{\partial\frac{1}{r}}{\partial y'}\frac{\partial x}{\partial s}\frac{\partial y'}{\partial s'}+\frac{\partial\frac{1}{r}}{\partial z'}\frac{\partial x}{\partial s}\frac{\partial z'}{\partial s'}$$

$$\frac{\partial}{\partial x'}\left(\frac{1}{r}\frac{\partial(r\,\partial r)}{\partial s\,\partial s'}\right) = -\frac{\partial\frac{1}{r}}{\partial x'}\frac{\partial x}{\partial s}\frac{\partial x'}{\partial s'}-\frac{\partial\frac{1}{r}}{\partial x'}\frac{\partial y}{\partial s}\frac{\partial y'}{\partial s'}-\frac{\partial\frac{1}{r}}{\partial x'}\frac{\partial z}{\partial s}\frac{\partial z'}{\partial s'}$$

auch setzen:

$$\frac{\partial\partial X}{\partial s\,\partial s'}ds\,ds' = -ids\,i'ds'\left\{\frac{\partial}{\partial s}\left(\frac{\partial\frac{1}{r}}{\partial s'}\frac{r\,\partial r}{\partial x'}\right)+\frac{\partial y'}{\partial s'}\left(\frac{\partial\frac{1}{r}}{\partial y'}\frac{\partial x}{\partial s}-\frac{\partial\frac{1}{r}}{\partial x'}\frac{\partial y}{\partial s}\right)-\frac{\partial z'}{\partial s'}\left(\frac{\partial\frac{1}{r}}{\partial x'}\frac{\partial z}{\partial s}-\frac{\partial\frac{1}{r}}{\partial z'}\frac{\partial x}{\partial s}\right)\right\}.$$

Die Grösse i hat für alle Punkte einer einzelnen Curve des Systemes s denselben Werth, also ist

$$\frac{\partial}{\partial s}\left(\frac{\partial\frac{1}{r}}{\partial s'}\frac{r\,\partial r}{\partial x'}\right)\cdot ids = \frac{\partial}{\partial s}\left(i\frac{\partial\frac{1}{r}}{\partial s'}\frac{r\,\partial r}{\partial x'}\right)ds.$$

Das über eine einzelne Curve des Systemes s erstreckte Integral dieses Ausdrucks ist gleich der Differenz der beiden Werthe, welche die Function $i\frac{\partial\frac{1}{r}}{\partial s'}\frac{r\partial r}{\partial x'}$ für die beiden Endpunkte jener Curve annimmt. Die Curve ist aber eine geschlossene, also fallen die beiden Endpunkte zusammen, ferner ändert sich die Function stetig und hat für jeden Punkt nur einen Werth, daher sind die beiden Werthe in den beiden Endpunkten einander gleich, also ihre Differenz, das über die Curve ausgedehnte Integral, wird zu Null. Berücksichtigen wir dieses, so ergiebt uns die über sämmtliche Curven s ausgedehnte Integration der letzten Gleichung die folgende:

$$(18.)\quad \frac{\partial X}{\partial s'}ds' = -i'ds'\left\{\frac{\partial y'}{\partial s'}\int\left(\frac{\partial\frac{1}{r}}{\partial y'}\frac{\partial x}{\partial s}-\frac{\partial\frac{1}{r}}{\partial x'}\frac{\partial y}{\partial s}\right)ids-\frac{\partial z'}{\partial s'}\int\left(\frac{\partial\frac{1}{r}}{\partial x'}\frac{\partial z}{\partial s}-\frac{\partial\frac{1}{r}}{\partial z'}\frac{\partial x}{\partial s}\right)ids\right\},$$

welche von Ampère S. 214 seiner Abhandlung bewiesen ist.

Die Function $\frac{1}{\varrho}$ genügt derselben Differentialgleichung (1.) wie φ und sie selbst so wie ihre zweiten Derivirten bleiben endlich, weil nach unserer Annahme in Art. 3 der Punkt (ξ, η, ζ) als den Flächen λ angehörig nicht mit dem (ξ', η', ζ') der Flächen λ' zusammenfallen kann, daher gilt auch die Gleichung (7.) für $\varphi = \frac{1}{\varrho}$ und nach ihr ist:

$$\int\frac{\partial\partial\frac{i}{\varrho}}{\partial N\partial\xi'}d\lambda = \int\frac{\partial\frac{i}{\varrho}}{\partial\zeta'}\frac{\partial y}{\partial s}ds-\int\frac{\partial\frac{i}{\varrho}}{\partial\eta'}\frac{\partial z}{\partial s}ds.$$

Lassen wir den Punkt (ξ', η', ζ') in (x', y', z') übergehen, so wird in dem Curvenintegral $\varrho = r$ also

$$\int\frac{\partial\partial\frac{i}{\varrho}}{\partial N\partial x'}d\lambda = \int\left(\frac{\partial\frac{i}{r}}{\partial z'}\frac{\partial y}{\partial s}-\frac{\partial\frac{i}{r}}{\partial y'}\frac{\partial z}{\partial s}\right)ds,$$

oder wenn wir

$$(19.)\quad \int\frac{\partial\frac{i}{\varrho}}{\partial N}d\lambda = V$$

setzen,

$$(20.)\quad \frac{\partial V}{\partial x'} = \int\left(\frac{\partial\frac{i}{r}}{\partial z'}\frac{\partial y}{\partial s}-\frac{\partial\frac{i}{r}}{\partial y'}\frac{\partial z}{\partial s}\right)ds$$

und diesem entsprechend:

$$\frac{\partial V}{\partial y'} = \int \left(\frac{\partial \frac{i}{r}}{\partial x'} \frac{\partial z}{\partial s} - \frac{\partial \frac{i}{r}}{\partial z'} \frac{\partial x}{\partial s} \right) ds$$

$$\frac{\partial V}{\partial z'} = \int \left(\frac{\partial \frac{i}{r}}{\partial y'} \frac{\partial x}{\partial s} - \frac{\partial \frac{i}{r}}{\partial x'} \frac{\partial y}{\partial s} \right) ds.$$

Durch Einführung dieser Function V erhalten wir aus Gleichung (18.)

$$(21.) \qquad \frac{\partial X}{\partial s'} ds' = -i' ds' \left(\frac{\partial y'}{\partial s'} \frac{\partial V}{\partial z'} - \frac{\partial z'}{\partial s'} \frac{\partial V}{\partial y'} \right)$$

und durch Vertauschung der Coordinatenaxen

$$\frac{\partial Y}{\partial s'} ds' = -i' ds' \left(\frac{\partial z'}{\partial s'} \frac{\partial V}{\partial x'} - \frac{\partial x'}{\partial s'} \frac{\partial V}{\partial z'} \right)$$

$$\frac{\partial Z}{\partial s'} ds' = -i' ds' \left(\frac{\partial x'}{\partial s'} \frac{\partial V}{\partial y'} - \frac{\partial y'}{\partial s'} \frac{\partial V}{\partial x'} \right)$$

als Componenten der resultirenden electrodynamischen Kraft, welche die Ströme i in dem Systeme der geschlossenen Leitungen s auf das von einem Strome mit der Intensität i' durchlaufene Element ds' ausüben. Diese Formeln finden sich von Neumann in der ersten Abhandlung (1845) über electrische Ströme S. 43 aufgestellt.

Nach dem zweiten geometrischen Satze ist V die Summe der Producte der Stromintensitäten i jede multiplicirt in den körperlichen Winkel, dessen Spitze im Punkte (x', y', z') liegt, und der von den aus (x', y', z') an die Punkte der jeder Intensität zugehörigen Stromleitung s gezogenen geraden Linien begrenzt wird. Diese Function ist von Gauss in der »Allgemeinen Theorie des Erdmagnetismus« Art. 37 und 38 erwähnt*) und würde nach der später von ihm eingeführten Benennung solcher Functionen das Potential der electrischen Ströme i, s heissen.**)

Für den speciellen Fall, dass die Leitungen s von Strömen mit gleicher Intensität i durchlaufen werden, und sie ein Solenoid von der in Art. 5 beschriebenen Gestalt bilden, dessen positives Ende im Punkte (α, β, γ) und

*) [Gauss' Werke, Bd. V, S. 170 und 171.]

**) [Gauss' Werke, Bd. V, S. 200.]

dessen negatives in unendlicher Ferne liegt, wird $V = \frac{iL}{G}\frac{1}{R}$, wenn

$$R = \sqrt{(x'-\alpha)^2 + (y'-\beta)^2 + (z'-\gamma)^2}$$

ist. Setzen wir für die beiden Flächenseiten des unendlich kleinen ebenen Dreiecks, das den Punkt (α, β, γ) als einen Eckpunkt und das Element ds' als dieser Ecke gegenüberliegende Seite enthält, die Zeichen in der Weise fest, dass, wenn wir daraus nach der allgemeinen Bestimmung in Art. 2 die positive Richtung in der Begrenzung herleiten, die positive Richtung in ds' so bleibt, wie sie zuvor angenommen war, und legen wir nun die y', z'-Ebene dieser Fläche in der Weise parallel, dass die Coordinaten x' nach der positiven Flächenseite wachsen, so wird für ds'

$$x' = \alpha = \text{const.}$$

also

$$\frac{\partial x'}{\partial s'} = 0$$

und

$$\frac{\partial \frac{1}{R}}{dx'} = -\frac{x'-\alpha}{R^3} = 0.$$

Bezeichnen wir mit σ und τ die Winkel, welche die Richtung des ds' und die Richtung der vom Punkte (α, β, γ) nach ds' gezogenen Geraden R mit der y'-Axe bilden, so ist:

$$\sin\sigma = \frac{\partial z'}{\partial s'}, \qquad \sin\tau = \frac{\partial R}{\partial z'}$$

$$\cos\sigma = \frac{\partial y'}{\partial s'}, \qquad \cos\tau = \frac{\partial R}{\partial y'}$$

und deshalb

$$\frac{\partial Z}{\partial s'} ds' = 0$$

$$\frac{\partial Y}{\partial s'} ds' = 0$$

$$\frac{\partial X}{\partial s'} ds' = -\frac{iL}{GRR} i'ds'\left(-\frac{\partial y'}{\partial s'}\frac{\partial R}{\partial z'} + \frac{\partial z'}{\partial s'}\frac{\partial R}{\partial y'}\right)$$

$$= -\frac{iL}{G} i'ds' \frac{\sin(\sigma-\tau)}{RR}$$

worin $\sigma - \tau$ den Winkel bedeutet, den R und ds' mit einander einschliessen.

Befindet sich im Punkte (α, β, γ) statt des Solenoids ein Theilchen nordmagnetischen Fluidums μ, so wirkt dieses mit einer Kraft auf das Stromelement $i'ds'$, die der x-Axe parallel gerichtet ist und (nach Art. 1 der Abhandlung von Gauss »Allgemeine Lehrsätze in Beziehung auf die im verkehrten Verhältnisse des Quadrats der Entfernung wirkenden Anziehungs- und Abstossungskräfte«)*)

$$-\frac{\sin(\sigma-\tau) \, . \, \mu \, i'ds'}{RR}$$

zum Maass hat.

Die Vergleichung dieses Ausdrucks mit dem obigen für $\frac{\partial X}{\partial s'}ds'$ ergiebt Ampère's Satz, dass auf ein Stromelement dieselbe Kraft von einem mit der negativen Seite in unendliche Ferne sich erstreckenden Solenoid ausgeübt wird, wie von einem Theilchen nordmagnetischen Fluidums von entsprechender Grösse

$$\mu = \frac{iL}{G},$$

das sich an der Stelle des positiven Endes des Solenoids befindet.

Mit Berücksichtigung der Gleichungen (21.) schliessen wir hieraus, dass, wenn die Coordinatenaxen nicht diese besondere Lage gegen das Stromelement und das magnetische Theilchen haben, die Componenten der von diesem auf das erstere wirkenden Kraft

$$(22.) \qquad \frac{\partial X}{\partial s'}ds' = -i'ds'\left(\frac{\partial y'}{\partial s'}\frac{\partial \frac{\mu}{R}}{\partial z'} - \frac{\partial z'}{\partial s'}\frac{\partial \frac{\mu}{R}}{\partial y'}\right)$$

$$\frac{\partial Y}{\partial s'}ds' = -i'ds'\left(\frac{\partial z'}{\partial s'}\frac{\partial \frac{\mu}{R}}{\partial x'} - \frac{\partial x'}{\partial s'}\frac{\partial \frac{\mu}{R}}{\partial z'}\right)$$

$$\frac{\partial Z}{\partial s'}ds' = -i'ds'\left(\frac{\partial x'}{\partial s'}\frac{\partial \frac{\mu}{R}}{\partial y'} - \frac{\partial y'}{\partial s'}\frac{\partial \frac{\mu}{R}}{\partial x'}\right)$$

sind. Giebt es ausser dem Theilchen μ noch andere nord- und südmagnetische Fluida $\mu', \mu'', \ldots -\mu_{\mathrm{I}}, -\mu_{\mathrm{II}}, \ldots$ in den Punkten $(\alpha', \beta', \gamma'), (\alpha'', \beta'', \gamma''), \ldots (\alpha_{\mathrm{I}}, \beta_{\mathrm{I}}, \gamma_{\mathrm{I}}), (\alpha_{\mathrm{II}}, \beta_{\mathrm{II}}, \gamma_{\mathrm{II}}), \ldots$ und setzt man Kürze halber

$$(23.) \qquad \frac{\mu}{R} + \frac{\mu'}{R'} + \frac{\mu''}{R''} + \cdots + \frac{-\mu_{\mathrm{I}}}{R_{\mathrm{I}}} + \frac{-\mu_{\mathrm{II}}}{R_{\mathrm{II}}} + \cdots = U$$

*) [Gauss' Werke, Bd. V, S. 198.]

dann wird nach (22.) eine Componente der gesammten resultirenden Kraft

$$\frac{\partial X}{\partial s'} ds' = -i'ds'\left(\frac{\partial y'}{\partial s'}\frac{\partial U}{\partial z'} - \frac{\partial z'}{\partial s'}\frac{\partial U}{\partial y'}\right),$$

so dass die obigen Ausdrücke der Componenten in (21.) sowohl gelten für die Wirkungen von geschlossenen Strömen als auch für die von Magneten auf ein Stromelement, indem V entweder das Potential der Ströme wie in (19.) oder das der Magnete wie U in Gleichung (23.) bedeutet.

9.

2) *Neumann's Formeln.*

Stehen mehrere mit einander fest verbundene Punkte unter dem Einflusse von Kräften, so ist zur Bestimmung der Wirkungen erforderlich, Coordinaten zu Hülfe zu nehmen, gegen welche jene Punkte ihre Lage nicht ändern. Für die Stromleitungen s' seien A', B', C' die Coordinaten in einem solchen Systeme. Bei unserer Untersuchung genügt es, den Anfangspunkt (a', b', c') derselben, so wie die Lage der beiden Axen B', C' gegen die ursprünglichen Coordinatenaxen y', z' veränderlich anzunehmen und

$$\begin{aligned} x' &= a' + A' \\ y' &= b' + B'\cos\chi - C'\sin\chi \\ z' &= c' + B'\sin\chi + C'\cos\chi \end{aligned}$$

zu setzen. Die Derivirten nach x', y', z' sind resp. denen nach a', b', c' gleich, also wird aus Gleichung (17.)

$$\frac{\partial\partial X}{\partial s\,\partial s'} ds\,ds' = -ids.i'ds'\left\{\frac{\partial}{\partial s}\left(\frac{r\,\partial r}{\partial a'}\,\frac{\partial\frac{1}{r}}{\partial s'}\right) - \frac{\partial}{\partial s'}\left(\frac{1}{r}\,\frac{\partial(r\,\partial r)}{\partial s\,\partial a'}\right) + \frac{\partial}{\partial a'}\left(\frac{1}{r}\,\frac{\partial(r\,\partial r)}{\partial s\,\partial s'}\right)\right\},$$

die über alle geschlossenen Curven s und s' ausgeführte Integration dieser Gleichung ergiebt uns, wenn wir zur Abkürzung

$$\int \frac{1}{r}\,\frac{\partial(r\,\partial r)}{\partial s\,\partial s'}\,ids\,i'ds' \text{ mit } Q$$

bezeichnen und berücksichtigen, dass auch hier wie bei Gleichung (18.) das Integral eines Differentials nach dem Curvenelemente verschwindet,

$$X = -\frac{\partial Q}{\partial a'} \tag{24.}$$

und auf dieselbe Weise würden wir erhalten

$$Y = -\frac{\partial Q}{\partial b'}$$

$$Z = -\frac{\partial Q}{\partial c'}$$

als Componenten der resultirenden Mittelkraft, welche die electrischen Ströme i, s auf die Leiter s', die die Ströme i' enthalten, ausüben.

Das Drehungsmoment der von ids auf $i'ds'$ ausgeübten electrodynamischen Kraft ist in Bezug auf die A'-Axe als Drehungsaxe das Product von Δ in den Abstand des Punktes (A', B', C') des Elements ds' von der A'-Axe d. i. in $\sqrt{B'B'+C'C'}$ und in den Cosinus des von der Geraden r und derjenigen Linie eingeschlossenen Winkels, die zur A'-Axe und zu der Verbindungslinie des Punktes $(A', 0, 0)$ mit einem Punkte (A', B', C') des Elements ds' normal liegt, d. i. in die Grösse

$$\frac{dr}{\sqrt{B'B'+C'C'}.d\chi}.$$

Es wird also das Drehungsmoment, welches wir mit $\frac{\partial\partial\Xi}{\partial s\,\partial s'}ds\,ds'$ bezeichnen wollen,

$$\frac{\partial\partial\Xi}{\partial s\,\partial s'}ds\,ds' = \Delta.\sqrt{B'B'+C'C'}\cdot\frac{dr}{\sqrt{B'B'+C'C'}.d\chi} = \Delta\frac{\partial r}{\partial\chi}.$$

In Folge der Gleichung (16.) erhalten wir hieraus

$$\frac{\partial\partial\Xi}{\partial s\,\partial s'}ds\,ds' = -ids.i'ds'\left(\frac{r\,\partial r}{\partial\chi}\frac{\partial\partial\frac{1}{r}}{\partial s\,\partial s'} - \frac{1}{rr}\frac{\partial r}{\partial\chi}\frac{\partial(r\,\partial r)}{\partial s\,\partial s'}\right)$$

oder, wenn wir die schon früher gebrauchten identischen Gleichungen

$$\frac{\partial}{\partial s}\left(\frac{\partial\frac{1}{r}}{\partial s'}\frac{r\,\partial r}{\partial\chi}\right) = \frac{r\,\partial r}{\partial\chi}\frac{\partial\partial\frac{1}{r}}{\partial s\,\partial s'} + \frac{\partial\frac{1}{r}}{\partial s'}\frac{\partial(r\,\partial r)}{\partial s\,\partial\chi}$$

$$-\frac{\partial}{\partial s'}\left(\frac{1}{r}\frac{\partial(r\,\partial r)}{\partial s\,\partial\chi}\right) = -\frac{1}{r}\frac{\partial\partial(r\,\partial r)}{\partial s\,\partial s'\,\partial\chi} - \frac{\partial\frac{1}{r}}{\partial s'}\frac{\partial(r\,\partial r)}{\partial s\,\partial\chi}$$

$$\frac{\partial}{\partial\chi}\left(\frac{1}{r}\frac{\partial(r\,\partial r)}{\partial s\,\partial s'}\right) = \frac{1}{r}\frac{\partial\partial(r\,\partial r)}{\partial s\,\partial s'\,\partial\chi} + \frac{\partial\frac{1}{r}}{\partial\chi}\frac{\partial(r\,\partial r)}{\partial s\,\partial s'}$$

berücksichtigen,

$$\frac{\partial\partial\Xi}{\partial s\,\partial s'}\,ds\,ds' = -i ds\, i'ds'\left\{\frac{\partial}{\partial s}\left(\frac{\partial\frac{1}{r}}{\partial s'}\,\frac{r\,\partial r}{\partial\chi}\right) - \frac{\partial}{\partial s'}\left(\frac{1}{r}\,\frac{\partial(r\,\partial r)}{\partial s\,\partial\chi}\right) + \frac{\partial}{\partial\chi}\left(\frac{1}{r}\,\frac{\partial(r\,\partial r)}{\partial s\,\partial s'}\right)\right\}.$$

Die über sämmtliche geschlossenen Curven s und s' ausgedehnte Integration ergiebt,

$$\Xi = -\frac{\partial Q}{\partial\chi}. \tag{24*.}$$

Die Function Q ist ganz unabhängig von den zu Grunde gelegten Coordinatenaxen, also ist das Drehungsmoment in Bezug auf irgend eine gerade Linie als Drehungsaxe gleich der Derivirten von Q nach dem zugehörigen Rotationswinkel.

Neumann hat der von ihm eingeführten Function Q wegen der Eigenschaft, dass ihre Derivirte nach irgend einer Richtung der mit dieser Richtung parallelen Componente der resultirenden Kraft abgesehen vom Zeichen gleich ist, den Namen Potential gegeben.

10.

3) *Vergleichung electrodynamischer Wirkungen mit magnetischen.*

Zufolge des ersten geometrischen Lehrsatzes ist

$$\int\frac{i i'}{r}\,\frac{\partial(r\,\partial r)}{\partial s\,\partial s'}\,ds\,ds' = \int\frac{\partial\partial\frac{i i'}{\varrho}}{\partial N\,\partial N'}\,d\lambda\,d\lambda',$$

setzen wir hierin

$$\int\frac{\partial\frac{i}{\varrho}}{\partial N}\,d\lambda = V,$$

so wird

$$Q = \int\frac{i i'}{r}\,\frac{\partial(r\,\partial r)}{\partial s\,\partial s'}\,ds\,ds' = \int\frac{\partial V}{\partial N'}\,i'd\lambda'.$$

In dem speciellen Falle, dass die Stromleitungen s' ein mit der negativen Seite bis ins Unendliche sich erstreckendes Solenoid bilden, wird nach dem dritten geometrischen Satze

$$Q = \frac{i'L'}{G'}\,v,$$

wenn wir $\sqrt{(a'-\xi)^2+(b'-\eta)^2+(c'-\zeta)^2}$ mit R und den Werth von V im positiven Endpunkte (a', b', c') des Solenoids nämlich $\int \frac{\partial \frac{i}{R}}{\partial N} d\lambda$ mit v bezeichnen. Die Componenten der resultirenden Kraft, welche die Ströme i, s auf das positive Ende des Solenoids ausüben, sind daher

$$X = -\frac{\partial Q}{\partial a'} = -\frac{i'L'}{G'}\frac{\partial v}{\partial a'}$$
$$Y = -\frac{\partial Q}{\partial b'} = -\frac{i'L'}{G'}\frac{\partial v}{\partial b'}$$
$$Z = -\frac{\partial Q}{\partial c'} = -\frac{i'L'}{G'}\frac{\partial v}{\partial c'},$$

also nach Gauss »Allgemeine Theorie des Erdmagnetismus« Art. 37. 38*) ganz dieselben wie die Componenten der Kraft, mit welcher die Ströme i, s auf ein im Punkte a', b', c' befindliches nordmagnetisches Fluidum von entsprechender Grösse

$$\mu' = \frac{i'L'}{G'}$$

wirken würden.

Die Flächen λ und λ' wollen wir uns jetzt so mit magnetischem Fluidum belegt denken, dass sich auf der positiven Seite des Elements $d\lambda$ in der unendlich kleinen Entfernung $+\varepsilon$ das nordmagnetische Theilchen $+m$ und auf der negativen Seite in eben so grosser Entfernung $-\varepsilon$ das südmagnetische Theilchen $-m$ befindet. Es besitzt ebenso $d\lambda'$ in den unendlich kleinen Entfernungen $+\varepsilon'$ und $-\varepsilon'$ die magnetischen Fluida $+m'$ und $-m'$. Bezeichnen $\varrho^{+\varepsilon}_{+\varepsilon'}$, $\varrho^{+\varepsilon}_{-\varepsilon'}$ die Abstände der $+m'$, $-m'$ von $+m$ und $\varrho^{-\varepsilon}_{+\varepsilon'}$, $\varrho^{-\varepsilon}_{-\varepsilon'}$ die Abstände der $+m'$, $-m'$ von $-m$, ferner ϱ die von einem Punkte des Elements $d\lambda$ nach einem des $d\lambda'$ in positiver Richtung gezogene Gerade, ξ, η, ζ die Coordinaten eines Punktes in $d\lambda$ und

$$\xi' = a' + \mathrm{A}'$$
$$\eta' = b' + \mathrm{B}'\cos\chi - \Gamma'\sin\chi$$
$$\zeta' = c' + \mathrm{B}'\sin\chi + \Gamma'\cos\chi$$

die Coordinaten eines Punktes in $d\lambda'$, dann ist die der a'-Axe parallele Com-

*) [Gauss' Werke, Bd. V, S. 170.]

ponente der von $+m$ und $-m$ auf $+m'$ ausgeübten Kraft gleich

$$\frac{+m\cdot+m'}{\varrho^{+\varepsilon}_{+\varepsilon'}\varrho^{+\varepsilon}_{+\varepsilon'}}\frac{\partial\varrho^{+\varepsilon}_{+\varepsilon'}}{\partial a'}+\frac{-m\cdot+m'}{\varrho^{-\varepsilon}_{+\varepsilon'}\varrho^{-\varepsilon}_{+\varepsilon'}}\frac{\partial\varrho^{-\varepsilon}_{+\varepsilon'}}{\partial a'}$$

d. i.

$$=mm'\frac{-\partial}{\partial a'}\left(\frac{1}{\varrho^{+\varepsilon}_{+\varepsilon'}}\right)+mm'\frac{-\partial}{\partial a'}\left(\frac{-1}{\varrho^{-\varepsilon}_{+\varepsilon'}}\right)$$

oder

$$=mm'\frac{-\partial}{\partial a'}\left(\frac{1}{\varrho^{+\varepsilon}_{+\varepsilon'}}-\frac{1}{\varrho^{-\varepsilon}_{+\varepsilon'}}\right).$$

Da $+\varepsilon$ mit $+dN$ gleichgerichtet ist, wird die Componente, wenn wir mit $\varrho_{+\varepsilon'}$ die Entfernung des Theilchens $+m'$ von einem Punkte in $d\lambda$ bezeichnen, auch gleich

$$mm'\frac{-\partial}{\partial a'}\left(\frac{\partial\dfrac{1}{\varrho_{+\varepsilon}}}{\partial N}2\varepsilon\right).$$

Ebenso ergiebt sich die Componente der von $+m$ und $-m$ auf $-m'$ ausgeübten Kraft gleich

$$\frac{+m\cdot-m'}{\varrho^{+\varepsilon}_{-\varepsilon'}\varrho^{+\varepsilon}_{-\varepsilon'}}\frac{\partial\varrho^{+\varepsilon}_{-\varepsilon'}}{\partial a'}+\frac{-m\cdot-m'}{\varrho^{-\varepsilon}_{-\varepsilon'}\varrho^{-\varepsilon}_{-\varepsilon'}}\frac{\partial\varrho^{-\varepsilon}_{-\varepsilon'}}{\partial a'}$$

$$=mm'\frac{-\partial}{\partial a'}\left(\frac{\partial\dfrac{-1}{\varrho_{-\varepsilon'}}}{\partial N}2\varepsilon\right).$$

Daher wirkt der an $d\lambda$ geknüpfte Magnetismus auf den bei $d\lambda'$ mit einer Kraft, deren eine Componente

$$mm'\frac{-\partial}{\partial a'}\left(\frac{\partial\dfrac{1}{\varrho_{+\varepsilon'}}}{\partial N}2\varepsilon\right)+mm'\frac{-\partial}{\partial a'}\left(\frac{\partial\dfrac{-1}{\varrho_{-\varepsilon'}}}{\partial N}2\varepsilon\right)$$

oder, weil $+\varepsilon'$ unendlich klein und mit $+dN'$ gleichgerichtet ist,

$$\frac{-\partial}{\partial a'}\left(2\varepsilon m\,2\varepsilon' m'\frac{\partial\partial\dfrac{1}{\varrho}}{\partial N\partial N'}\right)$$

zum Maasse hat.

Setzen wir $2\varepsilon m=\mu d\lambda$, $2\varepsilon' m'=\mu' d\lambda'$ so wird die Componente der Summe der resultirenden Kräfte, welche die magnetischen Flächen λ auf die magnetischen Flächen λ' ausüben, zu:

$$\text{(25.)}\qquad \frac{-\partial}{\partial a'}\int \frac{\partial\partial \frac{\mu\mu'}{\varrho}}{\partial N \partial N'}\, d\lambda\, d\lambda'.$$

Durch dieselben Betrachtungen würden wir das resultirende Drehungsmoment für die fest mit einander verbundenen Flächen λ' in Bezug auf die Axe A' als Drehungsaxe gleich

$$\text{(25*.)}\qquad \frac{-\partial}{\partial \chi}\int \frac{\partial\partial \frac{\mu\mu'}{\varrho}}{\partial N \partial N'}\, d\lambda\, d\lambda'$$

erhalten.

Sind μ und μ' für sämmtliche Punkte einer einzelnen Fläche constant, so genügt $\frac{\mu\mu'}{\varrho}$ der für φ in Art. 3 vorausgesetzten Differentialgleichung (1.), und da die Flächen λ mit den λ' keinen Punkt gemeinschaftlich haben, wird ϱ nicht zu Null, also ist $\frac{\mu\mu'}{\varrho}$ so wie dessen zweite Derivirten immer endlich. Der Lehrsatz in Art. 3 gilt demnach auch für $\varphi = \frac{\mu\mu'}{\varrho}$, dabei wird im Curvenintegral $\varphi = \frac{\mu\mu'}{r}$, also ist

$$\int \frac{\partial\partial \frac{\mu\mu'}{\varrho}}{\partial N \partial N'}\, d\lambda\, d\lambda' = \int \frac{\mu\mu'}{r}\,\frac{\partial(r\,\partial r)}{\partial s\,\partial s'}\, ds\, ds'.$$

Berücksichtigen wir diese Relation, so ergiebt uns die Vergleichung der Ausdrücke für die Componenten in (25.) mit denen in (24.) Ampère's Satz, dass die electrodynamische Wechselwirkung zwischen geschlossenen Strömen gleich ist der Wechselwirkung zwischen den auf eine bestimmte Weise mit magnetischem Fluidum belegten Flächen, die von den geschlossenen Bahnen der Ströme begrenzt werden.

11.

Lehrsatz über die Induction.

Aus der Gleichung (13.)

$$\frac{\partial\partial E}{\partial s\,\partial s'}\, ds\, ds' = 8\,\frac{ee'}{cc}\, ds\, ds' \begin{cases} -\dfrac{1}{rr}\,\dfrac{\partial r}{\partial s}\,\dfrac{\partial r}{\partial s'}\,\dfrac{ds}{dt}\left(\dfrac{\partial r}{\partial w}\,\dfrac{dw}{dt}+\dfrac{\partial r}{\partial w'}\,\dfrac{dw'}{dt}\right)\\[2ex] +\dfrac{2}{r}\,\dfrac{\partial r}{\partial s'}\,\dfrac{ds}{dt}\left(\dfrac{\partial\partial r}{\partial s\,\partial w}\,\dfrac{dw}{dt}+\dfrac{\partial\partial r}{\partial s\,\partial w'}\,\dfrac{dw'}{dt}\right)\\[2ex] +\dfrac{1}{r}\,\dfrac{\partial r}{\partial s}\,\dfrac{\partial r}{\partial s'}\,\dfrac{dds}{dt^2}, \end{cases}$$

die von Neumann in § 5 seiner zweiten Abhandlung (1847) aufgestellt ist, wollen wir dessen Theorem der Induction electrischer Ströme herleiten, indem wir die Glieder der Gleichung so zusammenstellen, dass sie als Derivirten nach den Stromelementen und nach der Zeit erscheinen.

Zur Abkürzung setzen wir

$$8\frac{ee'}{cc}\left(\frac{\partial r}{\partial w}\frac{dw}{dt}\frac{ds}{dt}+\frac{\partial r}{\partial w'}\frac{dw'}{dt}\frac{ds}{dt}\right)=u$$

$$8\frac{ee'}{cc}\frac{1}{r}\frac{\partial(r\,\partial r)}{\partial s\,\partial s'}=8\frac{ee'}{cc}\left(\frac{\partial\partial r}{\partial s\,\partial s'}+\frac{1}{r}\frac{\partial r}{\partial s}\frac{\partial r}{\partial s'}\right)=p$$

$$8\frac{ee'}{cc}\frac{\partial\partial r}{\partial s\,\partial s'}\frac{dds}{dt^2}=\frac{\partial\partial}{\partial s\,\partial s'}\left(8\frac{ee'}{cc}r\frac{dds}{dt^2}\right)=\frac{\partial\partial q}{\partial s\,\partial s'},$$

dadurch wird aus obiger Gleichung

$$\text{(13*.)}\qquad \frac{\partial\partial E}{\partial s\,\partial s'}=-\frac{1}{rr}\frac{\partial r}{\partial s}\frac{\partial r}{\partial s'}u+\frac{2}{r}\frac{\partial r}{\partial s'}\frac{\partial u}{\partial s}+p\frac{dds}{dt^2}-\frac{\partial\partial q}{\partial s\,\partial s'}.$$

Die Definitionsgleichung für p ergiebt:

$$\frac{\partial p}{\partial w}=8\frac{ee'}{cc}\left\{\frac{\partial^3 r}{\partial s\,\partial s'\partial w}-\frac{1}{rr}\frac{\partial r}{\partial s}\frac{\partial r}{\partial s'}\frac{\partial r}{\partial w}+\frac{1}{r}\frac{\partial r}{\partial s'}\frac{\partial\partial r}{\partial s\,\partial w}+\frac{1}{r}\frac{\partial r}{\partial s}\frac{\partial\partial r}{\partial s'\partial w}\right\},$$

$$\frac{\partial p}{\partial w'}=8\frac{ee'}{cc}\left\{\frac{\partial^3 r}{\partial s\,\partial s'\partial w'}-\frac{1}{rr}\frac{\partial r}{\partial s}\frac{\partial r}{\partial s'}\frac{\partial r}{\partial w'}+\frac{1}{r}\frac{\partial r}{\partial s'}\frac{\partial\partial r}{\partial s\,\partial w'}+\frac{1}{r}\frac{\partial r}{\partial s}\frac{\partial\partial r}{\partial s'\partial w'}\right\},$$

multipliciren wir die erste dieser beiden Gleichungen mit $\frac{dw}{dt}\frac{ds}{dt}$, die andere mit $\frac{dw'}{dt}\frac{ds}{dt}$, addiren dann beide und führen u ein, so entsteht:

$$\frac{\partial p}{\partial w}\frac{dw}{dt}\frac{ds}{dt}+\frac{\partial p}{\partial w'}\frac{dw'}{dt}\frac{ds}{dt}=\frac{\partial\partial u}{\partial s\,\partial s'}-\frac{1}{rr}\frac{\partial r}{\partial s}\frac{\partial r}{\partial s'}u+\frac{1}{r}\frac{\partial r}{\partial s'}\frac{\partial u}{\partial s}+\frac{1}{r}\frac{\partial r}{\partial s}\frac{\partial u}{\partial s'},$$

also ist wegen der identischen Gleichung

$$o=-\frac{d}{dt}\left(p\frac{ds}{dt}\right)+p\frac{dds}{dt^2}+\frac{\partial p}{\partial s}\frac{ds^2}{dt^2}+\frac{\partial p}{\partial s'}\frac{ds}{dt}\frac{ds'}{dt}+\frac{\partial p}{\partial w}\frac{dw}{dt}\frac{ds}{dt}+\frac{\partial p}{\partial w'}\frac{dw'}{dt}\frac{ds}{dt}$$

auch

$$o=-\frac{d}{dt}\left(p\frac{ds}{dt}\right)-\frac{1}{rr}\frac{\partial r}{\partial s}\frac{\partial r}{\partial s'}u+\frac{1}{r}\frac{\partial r}{\partial s'}\frac{\partial u}{\partial s}+\frac{1}{r}\frac{\partial r}{\partial s}\frac{\partial u}{\partial s'}+p\frac{dds}{dt^2}+\frac{\partial\partial u}{\partial s\,\partial s'}+\frac{\partial p}{\partial s}\frac{ds^2}{dt^2}+\frac{\partial p}{\partial s'}\frac{ds}{dt}$$

Subtrahiren wir diese Gleichung von (13*.), so erhalten wir:

$$\frac{\partial\partial E}{\partial s\,\partial s'} = \frac{d}{dt}\left(p\,\frac{ds}{dt}\right) + \frac{1}{r}\,\frac{\partial r}{\partial s'}\,\frac{\partial u}{\partial s} - \frac{1}{r}\,\frac{\partial r}{\partial s}\,\frac{\partial u}{\partial s'} - \frac{\partial\partial q}{\partial s\,\partial s'} - \frac{\partial\partial u}{\partial s\,\partial s'} - \frac{\partial p}{\partial s}\,\frac{ds^2}{dt^2} - \frac{\partial p}{\partial s'}\,\frac{ds}{dt}\,\frac{ds'}{dt}$$

oder

$$\frac{\partial\partial E}{\partial s\,\partial s'} = \frac{d}{dt}\left(p\,\frac{ds}{dt}\right) - \frac{\partial\partial}{\partial s\,\partial s'}(q+u) + \frac{1}{r}\,\frac{\partial r}{\partial s'}\,\frac{\partial u}{\partial s} - \frac{1}{r}\,\frac{\partial r}{\partial s}\,\frac{\partial u}{\partial s'} - \frac{\partial}{\partial s}\left(p\,\frac{ds^2}{dt^2}\right) - \frac{\partial}{\partial s'}\left(p\,\frac{ds}{dt}\,\frac{ds'}{dt}\right)$$

oder endlich, da

$$\frac{1}{r}\,\frac{\partial r}{\partial s'}\,\frac{\partial u}{\partial s} - \frac{1}{r}\,\frac{\partial r}{\partial s}\,\frac{\partial u}{\partial s'} = \frac{\partial}{\partial s}\left(\frac{u}{r}\,\frac{\partial r}{\partial s'}\right) - \frac{\partial}{\partial s'}\left(\frac{u}{r}\,\frac{\partial r}{\partial s}\right)$$

ist,

$$\frac{\partial\partial E}{\partial s\,\partial s'} = \frac{d}{dt}\left(p\,\frac{ds}{dt}\right) - \frac{\partial\partial}{\partial s\,\partial s'}(q+u) - \frac{\partial}{\partial s}\left(p\,\frac{ds^2}{dt^2} - \frac{u}{r}\,\frac{\partial r}{\partial s'}\right) - \frac{\partial}{\partial s'}\left(p\,\frac{ds}{dt}\,\frac{ds'}{dt} + \frac{u}{r}\,\frac{\partial r}{\partial s}\right).$$

Multipliciren wir die Glieder dieser Gleichung mit $ds\,ds'$ und integriren über sämmtliche Curven, so verschwinden die Integrale der Differentialquotienten nach den Stromelementen, weil die Functionen, deren Derivirten nach den Stromelementen in dieser Gleichung auftreten, stetig und einwerthig sind. Die von den electrischen Strömen i, s auf die Stromleitungen s' ausgeübte electromotorische Kraft wird also

$$E = \nu\,\frac{dP}{dt},$$

wenn

$$\nu = 2\sqrt{2}\,\frac{e'}{c}$$

$$i = 2\sqrt{2}\,\frac{e}{c}\,\frac{ds}{dt}$$

$$\nu P = \int p\,\frac{ds}{dt}\,ds\,ds' = \int 8\,\frac{ee'}{cc}\,\frac{1}{r}\,\frac{\partial(r\,\partial r)}{\partial s\,\partial s'}\,\frac{ds}{dt}\,ds\,ds'$$

oder

$$P = \int \frac{1}{r}\,\frac{\partial(r\,\partial r)}{\partial s\,\partial s'}\,i\,ds\,ds'$$

d. h. P gleich dem Werthe von Q für $i' = 1$ ist.

Die Grösse $\int_{t'}^{t''} E\,dt$ nennt man den Integralwerth der während der Zeit von t' bis t'' wirkenden electromotorischen Kraft. Bezeichnen P' und P''

die Werthe der Function P für die Zeitpunkte t' und t'', so ist

$$\int_{t'}^{t''} E dt = \nu \int_{t'}^{t''} \frac{dP}{dt} dt = \nu (P'' - P').$$

Diese Gleichung in Worte übertragen giebt den Satz:

»Wird ein geschlossenes unverzweigtes leitendes Bogensystem s'_{I} durch eine beliebige Verrückung seiner Elemente, aber ohne Aufhebung der leitenden Verbindung derselben, in ein anderes s'_{II} von neuer Form und Lage übergeführt, und geschieht diese Veränderung von s'_{I} in s'_{II} unter dem Einflusse eines electrischen Stromsystems s_{I}, welches gleichzeitig durch eine beliebige Verrückung seiner Elemente eine Veränderung in Lage, Form und Intensität von s_{I} in s_{II} erfährt, so wird der Integralwerth der electromotorischen Kräfte, welche auf das leitende Bogensystem in Folge dieser Veränderungen ausgeübt worden sind, gleich dem mit der Inductions-Constante ν multiplicirten Unterschied der Potentialwerthe Q'' und Q' des Stromes s_{II} in Bezug auf s'_{II} und des Stromes s_{I} in Bezug auf s'_{I}, wenn s'_{II} und s'_{I} von der Stromeinheit durchströmt gedacht werden«.

Neumann's allgemeines Princip der mathematischen Theorie inducirter electrischer Ströme bildet die Vereinigung dieses Satzes mit dem Ohm'schen, nach welchem der Integralwerth des in einem unverzweigten geschlossenen Leiter, worin der Widerstand sich nicht ändert, während einer bestimmten Zeit inducirten Stromes gleich ist dem Integralwerth der electromotorischen Kraft multiplicirt in einen Leitungscoefficienten, der nur von der chemischen Beschaffenheit, den Querschnitten und der ganzen Länge des Leiters, aber nicht von dessen sonstiger Form abhängt.

[HANDSCHRIFTLICHE BEMERKUNG.]

[Ernst Schering hat in sein Hand-Exemplar der vorstehenden Preisschrift zum Art. 11 die folgenden Gleichungen eingetragen, durch welche die im Art. 11 durchgeführte Umformung des Ausdruckes für die electromotorische Kraft beträchtlich vereinfacht wird:]

$$\varrho = \sqrt{r}$$

$$\frac{\partial\partial E}{\partial s\,\partial s'} = 32\frac{ee'}{cc}\left(\frac{\partial\varrho}{\partial s}\frac{\partial\varrho}{\partial s'}\frac{dds}{dt^2} + 2\frac{ds}{dt}\frac{dw}{dt}\frac{\partial\varrho}{\partial s'}\frac{\partial\partial\varrho}{\partial s\,\partial w} + 2\frac{ds}{dt}\frac{dw'}{dt}\frac{\partial\varrho}{\partial s'}\frac{\partial\partial\varrho}{\partial s\,\partial w'}\right)$$

$$P_1 = 32\frac{ee'}{cc}\frac{\partial\varrho}{\partial s}\frac{\partial\varrho}{\partial s'}\frac{ds}{dt}$$

$$\Phi = 32\frac{ee'}{cc}\left(\frac{\partial\varrho}{\partial w}\frac{dw}{dt} + \frac{\partial\varrho}{\partial w'}\frac{dw'}{dt}\right)\frac{ds}{dt}$$

$$\frac{\partial\partial E}{\partial s\,\partial s'} = \frac{dP_1}{dt} - \frac{\partial}{\partial s}\left(P_1\frac{ds}{dt} - \Phi\frac{\partial\varrho}{\partial s'}\right) - \frac{\partial}{\partial s'}\left(P_1\frac{ds'}{dt} + \Phi\frac{\partial\varrho}{\partial s}\right).$$

II.

ZUR MATHEMATISCHEN THEORIE ELECTRISCHER STRÖME.

[Poggendorff's Annalen der Physik und Chemie. Bd. 104, S. 266—279. 1858 Juli.]

Die mathematische Theorie electrischer Ströme ist in diesen Annalen schon häufiger erörtert und namentlich sind die von Weber und Neumann darüber erschienenen Untersuchungen im Auszuge mitgetheilt worden. Die unter obigem Titel gedruckte Abhandlung, welche von der philosophischen Facultät in Göttingen im Jahre 1857 den Preis erhalten, steht mit den erwähnten Untersuchungen im engsten Zusammenhang, wie aus folgender kurzer Übersicht der Resultate ersehen werden wird.

§ 1.

Es ist in diesen Annalen Bd. 31, S. 483. [1834] von Lenz über die von Faraday entdeckte Volta-Induction zuerst folgende Erfahrungsregel aufgestellt worden: in einem metallischen Leiter, der sich in der Nähe eines galvanischen Stromes oder eines Magneten bewegt, entsteht ein Strom, der eine solche Richtung hat, dass er in dem Drahte, wenn dieser in Ruhe wäre, vermöge der Einwirkung des anderen galvanischen Stromes oder des Magneten eine gerade entgegengesetzte Bewegung hervorbringen würde, wofern man denselben nur in der Richtung der ertheilten Bewegung und der entgegengesetzten beweglich voraussetzt.

§ 2.

Dieser Erfahrungsregel hat Neumann noch als Ergänzung den Satz beigefügt:

dass die Intensität der momentanen Induction proportional ist der Geschwindigkeit, mit welcher der Leiter bewegt wird.

§ 3.

Sodann hat Neumann, auf diese beiden Sätze gestützt, in den Abhandlungen der Berliner Akademie vom Jahre 1845 folgendes allgemeine Inductions-Gesetz aufgestellt:

Die in einem Elemente des bewegten Drahtes (als Leiter) inducirte electromotorische Kraft ist gleich einer Constanten ε, multiplicirt mit der Geschwindigkeit des Elements und mit der nach der negativen Richtung der Bewegung zerlegten (durch Ampère's Formel gegebenen electrodynamischen) Wirkung des inducirenden Stromes auf das Element, dieses durchströmt gedacht von einem positiven Strome mit der Intensität $= 1$.

§ 4.

Dieses Neumann'sche Gesetz genügt nun zur vollständigen Bestimmung jeder durch Ortsveränderung des Leiters oder des inducirenden Stromes hervorgebrachten Induction, da solche nur von den relativen Ortsänderungen der Elemente des Leiters und des Stromes abhängt; umfasst aber noch nicht die Bestimmung der durch eine Stromänderung hervorgebrachten Induction.

Aus diesem Gesetze ergiebt sich für die auf den inducirten Leiter ausgeübte electromotorische Kraft folgender analytische Ausdruck:

$$\varepsilon i dt \frac{ds\,ds'}{rr}\left(\frac{\partial r}{\partial s}\frac{\partial r}{\partial s'} - 2r\frac{\partial\partial r}{\partial s\,\partial s'}\right)\left(\frac{\partial r}{\partial w}\frac{dw}{dt} + \frac{\partial r}{\partial w'}\frac{dw'}{dt}\right),$$

worin s und s' die Curven bezeichnen, welche der inducirende Strom und der Leiter bilden, ds und ds' ihre Elemente, und r die Länge der von einem Punkte des ds nach einem Punkte des ds' in positiver Richtung gezogenen Geraden. Es ist i die mit der magnetischen Krafteinheit gemessene Intensität des inducirenden Stromes und zwar positiv oder negativ genommen, je nachdem die Richtung der Bewegung der positiven Electricität des Stromes mit der Richtung, in welcher ds positiv vorausgesetzt war, übereinstimmt oder ihr entgegengesetzt ist. Bei den Ortsveränderungen des Stromes durchlaufen die einzelnen Punkte der Curve s Bahnen von verschiedener Länge. Die mit der Zeit t veränderliche Grösse w soll von jeder Bahnlänge auf eine besondere Weise abhängig gedacht werden und zwar so, dass w zu einer und derselben Zeit für alle Punkte des Stromes einen gleichen Werth hat. In entsprechender Beziehung wie w zu s steht w' zu s'. Es sind also $\frac{dw}{dt}$ und $\frac{dw'}{dt}$ constant für alle Punkte der Curven s und s'; im Allgemeinen unterscheiden sie sich von den Geschwindigkeiten, mit welchen sich diese Punkte bei den Ortsveränderungen des Stromträgers und des Leitungsdrahtes bewegen. Sie können diesen Geschwindigkeiten nur dann gleich sein, wenn die Curven s und s' parallel zu sich selbst fortgeschoben werden.

§ 5.

Zur Bestimmung der durch eine Stromänderung hervorgebrachten Induction hat aber Neumann folgendes Gesetz aufgestellt: erhält in einem Stromelemente $i ds$ die Stromstärke i während der Zeit dt einen Zuwachs $\frac{di}{dt} dt$, so wird dadurch in dem Elemente ds' eines geschlossenen Leiterumgangs s, eine electromotorische Kraft erregt, die den Werth

$$-\varepsilon dt \frac{ds\, ds'}{r} \cos(ds, ds') \frac{di}{dt}$$

hat, wenn man mit $\cos(ds, ds')$ den Cosinus desjenigen Winkels bezeichnet, welchen die Richtungen der Elemente ds und ds' mit einander bilden.

§ 6.

Aus der Vereinigung der beiden in § 4 und § 5 angeführten Gesetze hat endlich Neumann sein allgemeines Princip der mathematischen Theorie inducirter electrischer Ströme abgeleitet, welches er in den Abhandlungen der Berliner Akademie vom Jahre 1847 folgendermassen ausspricht:

> wird ein geschlossenes, unverzweigtes, leitendes Bogensystem $A_{\prime}$ durch eine beliebige Verrückung seiner Elemente, aber ohne Aufhebung der leitenden Verbindung derselben, in ein anderes $A_{\prime\prime}$ von neuer Form und Lage übergeführt, und geschieht diese Veränderung von $A_{\prime}$ in $A_{\prime\prime}$ unter dem Einfluss eines electrischen Stromsystems $B_{\prime}$, welches gleichzeitig durch

eine beliebige Verrückung seiner Elemente eine Veränderung in Lage, Form und Intensität von $B_{,}$ in $B_{,,}$ erfährt, so ist die Summe der electromotorischen Kräfte, welche in dem leitenden Bogensystem durch diese Veränderungen inducirt worden sind, gleich dem mit der Inductions-Constante ε multiplicirten Unterschied der Potentialwerthe des Stromes $B_{,,}$ in Bezug auf $A_{,,}$ und des Stromes $B_{,}$ in Bezug auf $A_{,}$, wenn $A_{,,}$ und $A_{,}$ von der Stromeinheit durchströmt gedacht werden.

Es ist der Potentialwerth eines in der Bahn s befindlichen Stromes von der Intensität i in Bezug auf einen in s' laufenden Strom von der Intensität i' das über beide Curven s und s' ausgedehnte Doppelintegral

$$-\int \frac{1}{r} \cos(ds, ds')\, ids\, i'ds'.$$

§ 7.

Nun war aber von Weber in seinen electrodynamischen Maassbestimmungen [1846] folgendes Grundgesetz der electrischen Wirkungen aufgestellt worden, worin auch die electrischen Inductionsgesetze mit enthalten sein müssen, nämlich das Gesetz, wonach zwei electrische Massen e und e', die jede in einem Punkte vereinigt sind, auf einander eine abstossende Kraft ausüben, deren Maass

$$\frac{ee'}{rr}\left(1 - \frac{1}{cc}\frac{dr^2}{dt^2} + \frac{2}{cc} r \frac{ddr}{dt^2}\right)$$

ist, wenn man mit r den Abstand der beiden Massen von einander und mit c die Geschwindigkeit

$$439450 \,.\, 10^6 \frac{\text{Millimeter}}{\text{Secunde}} \text{ bezeichnet.}$$

Das Maass der electrischen Massen (e und e') ist diejenige electrische Masse, welche auf eine gleich grosse in der Entfernung von einem Millimeter ruhende electrische Masse die Einheit der Kraft ausübt, d. i. diejenige Kraft, vermöge welcher ein die electrische Masse fest einschliessender Körper von der ponderabeln Masseneinheit (Milligramm) in einer Secunde die Einheit der Geschwindigkeit erhält.

In bekannten Zeichen kann hiernach die Einheit der Kraft durch

$$\text{Milligramm} \cdot \frac{\text{Millimeter}}{\text{Secunde}^2}$$

dargestellt werden, und also ist, wenn E die Einheit der electrischen Masse bezeichnet

$$EE = \frac{\text{Milligramm.Millimeter}^3}{\text{Secunde}^2}.$$

Nach mechanischen Begriffen wird hieraus die Einheit der Stromintensität abgeleitet

$$= \frac{E}{\text{Millimeter}} \cdot \frac{\text{Millimeter}}{\text{Secunde}} = \sqrt{\frac{\text{Milligramm.Millimeter}^3}{\text{Secunde}^4}},$$

wodurch ausgedrückt wird, dass die Stromeinheit stattfinde, wenn in jedem Millimeter des Leiters die Einheit der electrischen Masse E enthalten ist und mit der Einheit der Geschwindigkeit $\left(= \frac{\text{Millimeter}}{\text{Secunde}}\right)$ bewegt wird.

Bezeichnet i die auf bekannte Weise aus den magnetischen Wirkungen gefundene Intensität eines Stromes, so ist

$$i = 2\sqrt{2} \cdot \frac{e}{c} \frac{ds}{dt},$$

wenn $\frac{ds}{dt}$ die Geschwindigkeit der Electricitäten des Stromes und e die in jeder Längeneinheit des Leiters enthaltene Zahl von Einheiten der electrischen Masse, und c oder $\frac{c}{2\sqrt{2}}$ eine gegebene constante Geschwindigkeit bedeutet, nämlich

$$c = 439450.10^6 \frac{\text{Millimeter}}{\text{Secunde}}, \quad \text{also} \quad \frac{c}{2\sqrt{2}} = 155370.10^6 \frac{\text{Millimeter}}{\text{Secunde}}.$$

Diesem Ausdrucke der Stromintensität liegt aber eine andere Einheit als die oben angegebene zu Grunde, nämlich die sogenannte magnetische Einheit der Stromintensitäten. Die letztere Einheit unterscheidet sich von der ersteren (nach mechanischen Begriffen festgestellten) dadurch, dass die Geschwindigkeit, mit welcher die Electricität im Leiter strömt, statt nach absolutem Maasse, in Theilen einer in der Natur als constant gegebenen Geschwindigkeit (welche nach absolutem Maasse $= 155370.10^6 \frac{\text{Millimeter}}{\text{Secunde}}$ gefunden worden) ausgedrückt wird. Die letztere Einheit ist daher 155370.10^6 Mal grösser als die erstere.

§ 8.

Um nun das in § 6 angeführte allgemeine Princip aus dem in § 7 angeführten Grundgesetze zu beweisen, hat Neumann letzteres auf die in der

Bahn ds sich bewegenden Electricitäten $+eds$ und $-eds$, die den galvanischen Strom mit der Intensität

$$i = 2\sqrt{2}\frac{e}{c}\frac{ds}{dt}$$

und der Intensitätsänderung

$$\frac{di}{dt} = 2\sqrt{2}\frac{e}{c}\frac{dds}{dt^2}$$

bilden, und auf die in der Leitung ds' befindlichen ruhenden oder bewegten Electricitäten $+e'ds'$ und $-e'ds'$ angewendet und daraus für die electromotorische Kraft, welche die positive Electricität $+e'$ und die negative $-e'$ von einander zu scheiden, und zwar erstere in der Richtung des Elements ds, die andere in der gerade entgegengesetzten, zu bewegen strebt, folgenden analytischen Ausdruck abgeleitet:

$$8\frac{ee'}{cc}dt\frac{ds\,ds'}{rr}\left\{\left(2r\frac{\partial\partial r}{\partial s\,\partial w}-\frac{\partial r}{\partial s}\frac{\partial r}{\partial w}\right)\frac{dw}{dt}\frac{\partial r}{\partial s'}\frac{ds}{dt}+\left(2r\frac{\partial\partial r}{\partial s\,\partial w'}-\frac{\partial r}{\partial s}\frac{\partial r}{\partial w'}\right)\frac{dw'}{dt}\frac{\partial r}{\partial s'}\frac{ds}{dt}+r\frac{\partial r}{\partial s}\frac{\partial r}{\partial s'}\frac{dds}{dt^2}\right\}.$$

Für die Fälle, in welchen die einzelnen Theile des inducirenden Stromes entweder nur eine Änderung der Intensität i, oder des Ortes seines Trägers s, oder die Theile des Leiters s' eine Orts- und Gestalts-Änderung erleiden, ist von jenem allgemeinen Ausdruck für die Elementarinduction das dreifache Integral nach ds, ds' und dt auf ein zweifaches ds und ds' zurückgeführt und also für diese Fälle das allgemeine Princip aus dem Grundgesetze bewiesen. Doch fehlte es noch an einem allgemeinen Beweise, welcher die hierunter nicht begriffenen Fälle mit umfasste.

§ 9.

Der vollständige Beweis des Neumann'schen Princips (§ 6) aus dem Weber'schen Grundgesetze (§ 7) bildete den Gegenstand einer im Jahre 1856 von der Göttinger philosophischen Facultät gestellten Preisaufgabe, welche durch die unter obigem Titel erschienene Abhandlung gelöst worden ist. Diese Lösung besteht aber im Wesentlichen darin, dass der aus dem Grundgesetze für die elementare electromotorische Kraft abgeleitete Ausdruck (§ 8), nach Weglassen des Factors $dt\,ds\,ds'$ und nach Einführung der

Grössen

$$\frac{8ee'}{cc}\left(\frac{\partial r}{\partial w}\frac{dw}{dt}\frac{ds}{dt}+\frac{\partial r}{\partial w'}\frac{dw'}{dt}\frac{ds}{dt}\right) = u$$

$$8\frac{ee'}{cc}\frac{1}{r}\frac{\partial(r\,\partial r)}{\partial s\,\partial s'} = -8\frac{ee'}{cc}\frac{1}{r}\cos(ds, ds') = p$$

$$8\frac{ee'}{cc}r\frac{dds}{dt^2} = q,$$

in die Form

$$\frac{d}{dt}\left(p\frac{ds}{dt}\right)-\frac{\partial\partial}{\partial s\,\partial s'}(q+u)-\frac{\partial}{\partial s}\left(p\frac{ds^2}{dt^2}-\frac{u}{r}\frac{\partial r}{\partial s'}\right)-\frac{\partial}{\partial s'}\left(p\frac{ds}{dt}\frac{ds'}{dt}+\frac{u}{r}\frac{\partial r}{\partial s}\right)$$

gebracht wird*). Diese besitzt gegen die obige den Vorzug, dass derjenige Theil, von welchem das Potential abhängt, als Derivirte nach der Zeit auftritt, und alle übrigen Theile als Derivirte nach den Curvenelementen erscheinen, so dass für jedes Glied wenigstens eine Integration allgemein ausgeführt werden kann.

Den Integralwerth der während der Zeit von t' bis t'' von dem ganzen Strome i, s auf den geschlossenen Leiter s' ausgeübten electromotorischen Kraft erhält man aus dieser Formel durch Multiplication mit $ds\,ds'dt$ und darnach ausgeführter dreifacher Integration. Nur das erste Glied, die Derivirte nach der Zeit, ergiebt einen im Allgemeinen von Null verschiedenen Werth, da die übrigen Glieder Derivirte nach den Curvenelementen sind, deren Integrale ausgedehnt über die ganzen geschlossenen Curven verschwinden. Bezeichnet man mit P' den Werth des Integrals

$$-\int\frac{1}{r}\cos(ds, ds')\,i\,ds\,ds'$$

für die zur Zeit t' stattfindende gegenseitige Lage der Curven s und s' und die gleichzeitige Intensität i, und mit P'' den entsprechenden Werth für die Zeit t'' und setzt

$$\varepsilon = 2\sqrt{2}\frac{e'}{c},$$

*) Der aus dem Neumann'schen Inductionsgesetze abgeleitete Ausdruck (im § 4) für die durch Ortsveränderungen hervorgebrachte elementare Induction wird nach einer ähnlichen Umformung zu:

$$\frac{d}{dt}\left(p\frac{ds}{dt}\right)-\frac{\partial\partial u}{\partial s\,\partial s'}-\frac{\partial}{\partial s}\left(p\frac{ds^2}{dt^2}+\frac{u}{r}\frac{\partial r}{\partial s'}\right)-\frac{\partial}{\partial s'}\left(p\frac{ds}{dt}\frac{ds'}{dt}+\frac{u}{r}\frac{\partial r}{\partial s}\right),$$

wenn man die Constanten i, ε auf die oben angegebene Weise durch $\frac{ds}{dt}$, e, e', c ersetzt.

so ergiebt sich der genannte Integralwerth der electromotorischen Kraft gleich

$$\varepsilon P' - \varepsilon P''.$$

Dieser Ausdruck enthält das oben in § 6 angeführte Neumann'sche Princip der mathematischen Theorie inducirter electrischer Ströme.

§ 10.

Aus diesem Lehrsatze leuchtet die Wichtigkeit ein, welche die darin auftretende, von Neumann zuerst in die Electrodynamik eingeführte Potentialfunction besitzt. Sie gewährt der Analysis, die diesen Zweig der mathematischen Physik zum Gegenstand hat, eine grössere Durchsichtigkeit, als ohne die Benutzung dieser Function erreichbar ist. Um die Wichtigkeit dieser Potentialfunction noch mehr ins Licht zu stellen, ist nun ferner in vorliegender Abhandlung noch gezeigt worden, wie sich dieselbe Potentialfunction benutzen lasse, um auch die übrigen von Ampère schon früher aufgestellten, so wie die hieraus wieder von Neumann abgeleiteten electrodynamischen Gesetze unmittelbar aus dem Weber'schen Grundgesetze (§ 7) zu beweisen.

§ 11.

Zunächst ist der von Ampère aufgestellte Ausdruck für die von zwei Stromelementen ids und $i'ds'$ mit constanten oder veränderlichen Intensitäten auf ihre Träger gegenseitig ausgeübten Abstossungskraft:

$$-\frac{ii'}{rr}\, ds\, ds'(2\cos\varepsilon - 3\cos\theta\cos\theta')$$

hergeleitet. Als Maass der Intensität liegt hierbei die von den magnetischen Wirkungen entnommene Krafteinheit zu Grunde. Es bedeutet ε den von den Richtungen der Elemente ds und ds' eingeschlossenen Winkel, θ und θ' diejenigen Winkel, welche die von einem Punkte in ds nach einem Punkte in ds' in positiver Richtung genommene Gerade r mit den Stromelementen ds und ds' bildet.

§ 12.

Für eben dieselbe Kraft ist dann der Ausdruck

$$-ids\, i'ds'\left(r\frac{\partial\partial\frac{1}{r}}{\partial s\,\partial s'} - \frac{1}{rr}\,\frac{\partial(r\,\partial r)}{\partial s\,\partial s'}\right)$$

aufgestellt, der sich besonders zur Grundlage der weiteren Untersuchungen eignet. Nennt man x' die eine der rechtwinkeligen Coordinaten eines in ds' befindlichen Punktes, so erhält man durch Multiplication jenes Ausdrucks in $\frac{\partial r}{\partial x'}$ für die zur x'-Axe parallele Componente der Kraft, mit welcher das Stromelement ids auf $i'ds'$ wirkt, die Formel

$$-ids\,i'ds'\left\{\frac{\partial}{\partial s}\left(\frac{\partial\frac{1}{r}}{\partial s'}\frac{r\,\partial r}{\partial x'}\right)-\frac{\partial}{\partial s'}\left(\frac{1}{r}\frac{\partial(r\,\partial r)}{\partial s\,\partial x'}\right)+\frac{\partial}{\partial x'}\left(\frac{1}{r}\frac{\partial(r\,\partial r)}{\partial s\,\partial s'}\right)\right\}.$$

Diese Formel giebt aber auch das Maass des Drehungsmoments derselben Kraft in Bezug auf irgend eine Axe als Drehungsaxe, wenn man x' den Winkel bedeuten lässt, welcher der Drehungsaxe zugehört.

§ 13.

Ampère giebt in seinem »Mémoire sur la théorie mathématique des phénomènes électrodynamiques«*) als Maass der zur x-Axe parallelen Componente der von dem Gesammtstrom i, s auf $i'ds'$ ausgeübten electrodynamischen Kraft

$$-ii'ds'\left(\cos\mu\int\frac{x\,dy-y\,dx}{r^3}-\cos\nu\int\frac{z\,dx-x\,dz}{r^3}\right),$$

wobei vorausgesetzt ist, dass sich ein Punkt von ds' im Anfangspunkte der Coordinaten befindet. Es bezeichnen μ und ν die Winkel, welche ds' mit der y- und z-Axe bildet, x, y, z die rechtwinkeligen Coordinaten eines Punktes in ds, die Elemente dx, dy, dz die Projectionen von ds auf die entsprechenden Axen. Durch Integration nach ds wird dieser besonders für numerische Berechnungen geeignete Ausdruck aus dem vorhergehenden (§ 12) erhalten.

§ 14.

Jener Ausdruck (§ 12) für die Componente dient auch zum Beweise von Neumann's Satz**), dass die gesammte zwischen i, s und i', s' wirkende electrodynamische Kraft als Maass der Componente in irgend einer Richtung die nach dieser Richtung genommene Derivirte des negativen Werthes des

*) Mémoires de l'Académie des sciences de l'Institut de France. Année 1823, p. 214.

**) Anmerkung zur Abhandlung: Über ein allgemeines Princip . . . . Abhandl. der Berl. Akademie. 1847.

Potentials

$$-\int \frac{1}{r} \cos(ds, ds') i ds\, i' ds'$$

hat. Auf ähnliche Art ergiebt sich das Drehungsmoment dieser Kraft gleich der negativen Derivirten des Potentials nach dem Winkel, welcher der Rotationsaxe des Drehungsmomentes entspricht.

§ 15.

Um die Lehrsätze, die die Wechselwirkungen zwischen Magneten und galvanischen Strömen betreffen, zu beweisen, sind in der Abhandlung einige geometrische Hülfssätze gebraucht, von welchen hier nur die angeführt werden sollen, die zur Erläuterung der Lehrsätze selbst beitragen.

Es bezeichnen λ und λ' zwei stetig gekrümmte Flächen, die resp. von den beiden in sich geschlossenen Curven s und s' ganz begrenzt werden und die keinen Punkt gemeinschaftlich haben. Es seien $d\lambda$, $d\lambda'$ Elemente der Flächen, ξ, η, ζ, ξ', η', ζ' rechtwinkelige Coordinaten zweier Punkte, die resp. in der Nähe von den Elementen $d\lambda$ und $d\lambda'$ liegen. Von diesen Flächentheilchen werden nach einer bestimmten Seite Normalen errichtet und deren unendlich kleinen Abschnitte, die den Flächen zunächst liegen, gleich dN und dN' gesetzt. Diese Seite der Fläche, nach welcher die Normalen gerichtet sind, heisse die positive Seite; sie lässt sich auf folgende Art bestimmen. Denkt man sich z. B. die Fläche λ auf das von dem Aequatorkreise begrenzte Stück Ebene in der Weise ausgebreitet, dass die Elemente ds der Curve s, die ganz in die Kreislinie fällt, positiv von West nach Ost gerichtet sind, so ist die nach Norden zugewandte Seite der Fläche die positive, die nach Süden die negative. Bezeichnet ϱ den Abstand des Punktes (ξ', η', ζ') von (ξ, η, ζ), so gelten für ϱ die Differentialgleichungen

$$\frac{\partial\partial \frac{1}{\varrho}}{\partial\xi^2} + \frac{\partial\partial \frac{1}{\varrho}}{\partial\eta^2} + \frac{\partial\partial \frac{1}{\varrho}}{\partial\zeta^2} = 0$$

$$\frac{\partial \frac{1}{\varrho}}{\partial\xi} = -\frac{\partial \frac{1}{\varrho}}{\partial\xi'}, \quad \frac{\partial \frac{1}{\varrho}}{\partial\eta} = -\frac{\partial \frac{1}{\varrho}}{\partial\eta'}, \quad \frac{\partial \frac{1}{\varrho}}{\partial\zeta} = -\frac{\partial \frac{1}{\varrho}}{\partial\zeta'}$$

und deshalb ist

$$\int \frac{\partial \partial \frac{1}{\varrho}}{\partial N \partial N'} d\lambda\, d\lambda' = -\int \frac{1}{r} \cos(ds, ds')\, ds\, ds',$$

worin das doppelte Flächenintegral über die ganzen λ und λ' und das doppelte Curvenintegral über die ganzen geschlossenen Curven s und s' auszudehnen sind.

Nach dem anderen Hülfssatze ergiebt sich für den körperlichen Winkel, der von den, aus einem Punkte o an die Punkte einer Curve s gezogenen, Geraden gebildet wird, das Maass, welches als das, von dem genannten Kegel aus der Kugel mit dem Radius 1 und dem Punkte o als Mittelpunkt abgetrennten, Flächenstück definirt ist, gleich

$$\int \frac{\partial \frac{1}{\varrho}}{\partial N} d\lambda.$$

§ 16.

Die beiden hier noch zu erwähnenden Lehrsätze hat schon Ampère aufgestellt; der eine betrifft ein Solenoid. Mit diesem Namen belegt Ampère ein System von unendlich kleinen geschlossenen Curven s, die gleich grosse ebene Flächen L begrenzen, und die so angeordnet sind, dass es eine stetige Linie g giebt, welche mit jeder Fläche L einen Punkt gemeinschaftlich hat, an dieser Stelle mit der positiven Normale N dieser Fläche gleich gerichtet ist und durch je zwei benachbarte Flächen L in gleich lange aber unendlich kurze Abschnitte G getheilt wird. Dasjenige Ende des Solenoids, bei dem die Linie g anfängt, also die negative Seite der ersten Fläche L nach aussen gekehrt ist, heisst das negative Ende, das andere, bei dem g aufhört und die letzte Fläche L ihre positive Seite nach aussen kehrt, das positive Ende. Ein electrodynamisches Solenoid ist ein Solenoid, dessen einzelne Curven von galvanischen Strömen mit gleichen Intensitäten i durchlaufen werden und zwar in derselben Richtung, in welcher die Curvenelemente ds positiv angenommen waren.

Der eine Lehrsatz lautet: die von dem Strome i', s' auf das, mit dem negativen Ende sich ins Unendliche erstreckende, electrodynamische Solenoid ausgeübte Kraft ist gleich derjenigen, mit welcher derselbe Strom i', s' auf ein an der Stelle des positiven Endes des Solenoids befindliches nordmagnetisches Theilchen $\mu = \frac{iL}{G}$ wirken würde. Nach Gauss »Allgemeine Theorie des Erdmagnetismus« Art. 37 und 38 ist das Potential dieser Kräfte das Product von $\mu i'$ in den körperlichen Winkel, dessen Spitze in einem Punkte des magnetischen Theilchens liegt, und der von den, aus diesem Punkte an die Punkte der Curve s' gezogenen, Geraden gebildet wird.

Der andere Lehrsatz sagt aus, dass die Wechselwirkung zwischen zwei galvanischen Strömen i, s und i', s' gleich ist der Wechselwirkung zwischen den beiden von den Curven s, s' begrenzten und auf solche Weise mit magnetischem Fluidum belegten Flächen λ und λ', dass sich auf der positiven Seite der Flächen eine dünne Schicht nordmagnetisches Fluidum und auf der negativen eine Schicht südmagnetisches Fluidum befindet, welche beide zusammen den Elementen $d\lambda$ und $d\lambda'$ resp. die magnetischen Momente $\mu d\lambda = i d\lambda$ und $\mu' d\lambda' = i' d\lambda'$ ertheilen. Der Beweis stützt sich auf die durch den ersten Hülfssatz (§ 15) gegebene Gleichung:

$$-\int \frac{1}{r} \cos(ds, ds')\, ids\, i'ds' = \int \frac{\partial\partial \frac{1}{\varrho}}{\partial N \partial N'} \mu d\lambda\, \mu' d\lambda',$$

deren erstes Glied das Potential des einen Stromes i, s in Bezug auf den anderen i', s' und dessen zweites Glied das Potential der beiden magnetischen Flächen μ, λ und μ', λ' in Bezug auf einander bedeutet. Aus demselben Hülfssatze folgt auch, dass das Potential von einem Magneten in Bezug auf einen galvanischen Strom i, s, von welchem unter anderen auch die Fläche λ begrenzt wird, gleich

$$\int \frac{\partial V}{\partial N} i d\lambda$$

ist, wenn V das Potential des Magneten in Bezug auf einen in $d\lambda$ befindlichen Punkt bedeutet.

III.

ÜBER DIE CONFORME ABBILDUNG DES ELLIPSOIDS AUF DER EBENE.

Eine von der philosophischen Facultät der Georgia Augusta am 4. Juni 1858 gekrönte Preisschrift.*)

Die von der philosophischen Facultät der Georgia Augusta am 13. Juni 1857 gestellte Aufgabe**) lautet:

»Secundum theoriam, quae clarissimo Gaussio debetur, problema superficiem ita in alia superficie depingendi, ut partes minimae similitudinem servent, ad integrationem binarum aequationum differentialium binis superficiebus respondentium reducitur. Quarum altera si plana est, integratio ad eam spectans nulli obnoxia est difficultati. Diversa est ratio alterius superficiei, si formam habet sphaeroidicam ellipticam axesque sunt inaequales. Integratio aequationis ad hanc pertinentis magnis quidem premitur difficultatibus, sed possunt removeri, si coordinatae quae vocantur ellipticae adhibentur, ut indicavit Ill. Jacobi (Monatsberichte der Berl. Akademie. M. April 1839). Postulat igitur ordo philosophorum:
ut haec integratio secundum rationem a Jacobio indicatam perficiatur et solutio problematis ellipsoidem in plano depingendi accurate explicetur.«

Urtheil der Facultät über die vorliegende Abhandlung:***)

Die von der philosophischen Facultät gestellte mathematische Preisfrage, die Abbildung des Ellipsoides auf der Ebene betreffend, schloss zwei Forderungen ein. Die erste derselben, die Ausführung der Integration nach einer von Jacobi zu diesem Zwecke gegebenen Andeutung, war mit keiner wesentlichen Schwierigkeit verbunden, und sie ist daher bei der Bekanntmachung der Frage nur als ein erster Schritt bezeichnet worden, dem die sorgfältige Erforschung der Eigenthümlichkeiten dieser Art der Abbildung folgen sollte.

— — — — — — — — —

*) »eingegangen am 31. März 1858« [handschriftliche Bemerkung von Dirichlet auf dem Manuscript].

**) [Die Aufgabe ist in den »Nachrichten von der Georg-Augusts-Universität und der Königlichen Gesellschaft der Wissenschaften zu Göttingen, Jahrgang 1857, S. 140« abgedruckt.]

***) [Das Urtheil der Facultät befindet sich in der »Festrede zur akademischen Preisvertheilung von Ernst Curtius, Göttingen 1858, S. 24«.]

Eine dritte Abhandlung von sehr grossem Umfange und mit der Aufschrift

Die Geometrie lehrte uns die Elemente der Mathesis

ist gegen die bestehende Vorschrift in deutscher Sprache verfasst. Wenn die Facultät ungeachtet dieses Umstandes die Abhandlung bei der Preisbewerbung berücksichtigt hat, so ist es in der Voraussetzung geschehen, dass der Verfasser dadurch, dass die vorigjährige physikalische Preisschrift deutsch gedruckt worden ist, zu dem Irrthum verleitet worden, als sei der Gebrauch der deutschen Sprache bei der Abfassung von Preisschriften ein für alle Mal gestattet. Damit sich aber dieser Irrthum nicht weiter verbreite, sieht sich die Facultät zu der Erklärung veranlasst, dass für die Folge Bewerbungsschriften, welche in deutscher oder einer andern neuern Sprache verfasst sind, nur dann zugelassen werden sollen, wenn der Gebrauch dieser Sprachen bei der Bekanntmachung der Frage ausdrücklich gestattet worden ist.

Der Urheber der eben erwähnten, durch ihre Vollständigkeit ausgezeichneten, Abhandlung, hat unverkennbar schon eine grosse Fertigkeit in höheren analytischen Untersuchungen erlangt und zeigt sich namentlich mit der Theorie der elliptischen Functionen sehr vertraut. Die Selbständigkeit des Verfassers macht sich schon in den einleitenden Betrachtungen bemerklich, in welchen die von Gauss gegebene Zurückführung der Abbildungsaufgabe auf eine Frage der Integralrechnung nicht nur auf eine eigenthümliche Weise abgeleitet, sondern auch hinsichtlich ihres Zusammenhangs mit den ältern Untersuchungen von Lambert und Lagrange mit Einsicht und Sachkenntniss besprochen wird. Indem sich der Verfasser dann zum besondern Gegenstande der Preisfrage wendet, schlägt er einen Weg ein, der als ein etwas künstlicher bezeichnet werden muss. Statt nämlich die beiden Integrale, wie sie sich durch die Jacobische Substitution oder hier durch eine gleichbedeutende geometrische Betrachtung ergeben, zunächst auf die einfachste Form zu bringen und dann die elliptischen Functionen einzuführen, bewirkt er diese Einführung gleich zu Anfang d. h. ehe die Integrale noch vereinfacht sind. Es ist mit diesem Verfahren, durch welches zwei Operationen, die besser getrennt geblieben wären, in eine verschmolzen werden, der Nachtheil verbunden, dass dabei Substitutionen erforderlich sind, die im voraus nicht motivirt werden und deren Zweckmässigkeit sich erst nach Ausführung aller Rechnungen herausstellt. Aber von diesem Uebelstande abgesehen, der das Lesen der Abhandlung wesentlich erschwert, dem aber durch gewisse Umstellungen leicht abzuhelfen sein würde, muss man dem Verfasser das Zeugniss geben, dass er durch zweckmässige Benutzung der Eigenschaften der elliptischen Transcendenten und namentlich der wichtigen Function, welche Jacobi's Namen trägt, die Lösung des Problems in das richtige Licht zu stellen und diese Art der Abbildung in ihren wichtigsten Eigenthümlichkeiten zu erforschen verstanden hat. Nicht minder ist die Sorgfalt anzuerkennen, mit welcher in der Abhandlung für alle Grössen, deren Kenntniss bei wirklicher Anwendung dieser Abbildungsweise erforderlich sein würde, zur Rechnung geeignete Ausdrücke abgeleitet werden.

Hiernach ist die Facultät zu dem Beschlusse gekommen, der zuletzt besprochenen deutschen Abhandlung den Preis zu ertheilen. Zugleich muss die Facultät bemerken, dass die Abhandlung, der sie den Preis ertheilt, ausser den Entwicklungen, welche sich auf die Preisfrage beziehen, andere enthält, welche mit dieser nur in sehr entferntem Zusammenhang stehen. Diese der gestellten Frage fremden Erörterungen wird der Verfasser vor dem Drucke ohne Nachtheil aus der Abhandlung ausscheiden können, um seine Arbeit auf das für die Preisschriften festgesetzte Maass von sechs Bogen zu beschränken.

1.

Über conforme Abbildung der Flächen im Allgemeinen.

Eine Fläche auf einer andern abbilden heisst, ein Gesetz aufstellen, nach welchem jedem Punkte der einen Fläche ein bestimmter Punkt der anderen entspricht. Eine conforme Abbildung oder Übertragung nennt man eine solche Abbildung, bei welcher die entsprechenden kleinsten Theile der beiden Flächen einander ähnlich werden. Die Aufgabe, eine Fläche auf eine andere conform zu übertragen, hat Gauss (im dritten Hefte der von Schumacher herausgegebenen Astronomischen Abhandlungen. Altona 1825) auf die Aufgabe zurückgebracht, für jede der beiden Flächen solche reelle Functionen n, p und q von den Coordinaten der Punkte derselben zu finden, dass das Quadrat des Längenelements in dieser Fläche allgemein durch

$$n(dp^2 + dq^2)$$

ausgedrückt wird. Gebrauchen wir zur Unterscheidung p, q und n nur für die eine Fläche, aber P, Q und N in gleicher Bedeutung für die andere und bezeichnen die imaginäre Einheit $\sqrt{-1}$ mit i, so wird jede Abbildung, für welche die complexe Grösse $P+iQ$ eine Function der complexen Grösse $p+iq$ ist, eine conforme. Mit dem Worte Function bezeichnet man diejenige Abhängigkeit einer veränderlichen Grösse von einer andern, durch welche für jeden Werth dieser zweiten Grösse der zugehörige der erstern gegeben ist. In dieser Allgemeinheit der Bedeutung gebraucht man das Wort Function, wenn die unabhängige Veränderliche reell ist, besonders seit der Zeit, da man weiss, dass sich jede von der Veränderlichen abhängige Grösse, wenn nur gewisse Stetigkeitsbedingungen erfüllt sind, durch eine Reihe darstellen lässt, die nach den Sinus und Cosinus der Vielfachen der unabhängigen Grösse fortschreitet. Wollte man jene grösste Allgemeinheit der Bedeutung für Functionen von complexen Grössen beibehalten, so würden diese sich nicht von den übrigen Functionen zweier unabhängigen Grössen unterscheiden, deshalb fügt man zu jener Definition noch die Beschränkung hinzu, dass die Derivirte der Function unabhängig ist von dem Verhältnisse zwischen den Differentialen des reellen und imaginären Theils der unabhängigen Grösse.

Die sich entsprechenden unendlich kleinen Theile der beiden Flächen werden offenbar immer dann ähnlich sein, wenn die aus unendlich kleinen Linien gebildeten Dreiecke es sind. Die Aehnlichkeit dieser wird an der Proportionalität der homologen Seiten und der Gleichheit des von diesen eingeschlossenen Winkels erkannt.

Bezeichnen wir die Werthe der Functionen p und q in den Eckpunkten eines bestimmten Dreiecks auf der einen Fläche beziehungsweise mit

$$\begin{array}{ll} p, & q \\ p+dp, & q+dq \\ p+\delta p, & q+\delta q \end{array}$$

und die Werthe von P und Q in den entsprechenden Punkten der anderen Fläche mit

$$\begin{array}{ll} P, & Q \\ P+dP, & Q+dQ \\ P+\delta P, & Q+\delta Q \end{array}$$

und setzen Δp, Δq, ΔP, ΔQ für $dp-\delta p$, $dq-\delta q$, $dP-\delta P$, $dQ-\delta Q$, so sind die Verhältnisse der Quadrate der homologen Seiten

$$\frac{N(dP^2+dQ^2)}{n(dp^2+dq^2)}, \quad \frac{N(\delta P^2+\delta Q^2)}{n(\delta p^2+\delta q^2)} \quad \text{und} \quad \frac{N(\Delta P^2+\Delta Q^2)}{n(\Delta p^2+\Delta q^2)}.$$

Der Cosinus des von den beiden ersten Seiten eingeschlossenen Winkels wird auf der einen Fläche gleich

$$\frac{\sqrt{n}\,dp\,\sqrt{n}\,\delta p+\sqrt{n}\,dq\,\sqrt{n}\,\delta q}{\sqrt{n(dp^2+dq^2)}\,\sqrt{n(\delta p^2+\delta q^2)}}$$

oder

$$\frac{1}{2}\sqrt{\frac{dp+idq}{\delta p+i\delta q}\,\frac{\delta p-i\delta q}{dp-idq}}+\frac{1}{2}\sqrt{\frac{dp-idq}{\delta p-i\delta q}\,\frac{\delta p+i\delta q}{dp+idq}}$$

und auf der andern Fläche gleich einem ganz ähnlichen aus P und Q gebildeten Ausdrucke.

Ist nun $P+iQ$ eine Function von $p+iq$, so besteht nach der Definition der Functionen von complexen Grössen zwischen den Derivirten die Beziehung

$$\frac{dP+idQ}{dp+idq} = \frac{\delta P+i\delta Q}{\delta p+i\delta q} = \frac{\Delta P+i\Delta Q}{\Delta p+i\Delta q}$$

und folglich, da p, q, P, Q reell sind, auch

$$\frac{dP-idQ}{dp-idq} = \frac{\delta P-i\delta Q}{\delta p-i\delta q} = \frac{\Delta P-i\Delta Q}{\Delta p-i\Delta q}.$$

Aus der Vereinigung dieser beiden Relationen ergiebt sich die Gleichheit zwischen den Verhältnissen der homologen Seiten und zwischen den Cosinus der von diesen eingeschlossenen Winkel auf den beiden Flächen.

2.

Conforme Übertragung der Ellipsoidfläche auf der Ebene.

Das Auffinden von Functionen p, q und n, welche das Quadrat des Längenelements in der Fläche durch

$$n(dp^2+dq^2)$$

darstellen, unterliegt mit wenigen Ausnahmen für jede Fläche besonderen Schwierigkeiten.

Die Punkte, für welche p denselben Werth hat, und welche zugleich auf der Fläche liegen, gehören einer Curve an. Den verschiedenen Werthen von p entspricht ein System von Curven, die sich, wenn überhaupt, nur in einzelnen Punkten begegnen werden. Ein ähnliches System von Curven entspricht auch den verschiedenen Werthen von q. Jeder Punkt der Fläche ist der Durchschnitt einer Curve des Systems p und einer des Systems q; die beiden Curven treffen sich offenbar in diesem Punkte unter einem rechten Winkel. Dieselbe Eigenschaft besitzen die Curven grösster und kleinster Krümmung, und auf einigen Flächen wird auch das Längenelement in der verlangten Form durch Functionen dargestellt, die constante Werthe für die einzelnen Krümmungscurven annehmen.

In der Ebene kann man für p und q die rechtwinkeligen Coordinaten und für n die Einheit setzen.

Lambert, der (in seinen »Beiträgen zum Gebrauche der Mathemathik«, 1772 Theil III, S. 105) zuerst die Eigenthümlichkeit einiger Land-

und Himmelskarten, dass deren kleinste Theile den entsprechenden auf der abgebildeten Kugel ähnlich sind, bemerkt hat, gab dem Ausdrucke des Längenelements auf der Kugel und auf dem Rotationsellipsoide die zur allgemeinen Auflösung der in Rede stehenden Aufgabe geeignete Form.

Lagrange verallgemeinerte diese für sämmtliche Rotationsflächen in seiner Abhandlung »sur la construction des cartes géographiques« (Nouveaux Mémoires de l'Académie de Berlin, Année 1779, pg. 161) und löste die Aufgabe, jene Flächen auf der Ebene so abzubilden, dass die Abbildung dem Abgebildeten in den kleinsten Theilen ähnlich ist und dass die Meridiancurven und Parallelcurven durch Kreise in der Ebene dargestellt werden. Er nahm als Werthe $\sqrt{n}$, dp, dq in einem Punkte den Halbmesser des durch diesen Punkt gehenden Parallelkreises, das Element des Rotationswinkels und das Verhältniss des Elements der Curve eines Meridianschnitts zum genannten Halbmesser, das ist das Differential einer Function von diesem Halbmesser. Es ist also p constant für die Punkte jeder Meridiancurve, und q für die Punkte jedes einzelnen Parallelkreises. Diese beiden Systeme von Curven sind aber die der Curven grösster und kleinster Krümmung auf der Rotationsfläche.

Für die Kegelflächen kann als das eine System von Curven, denen constante Werthe des p oder q entsprechen, das System der von der Spitze des Kegels ausgehenden Leitstrahlen angesehen werden. Also auch in diesem Falle besitzen die Krümmungscurven die Eigenschaft, dass Functionen, die für die Punkte der einen oder anderen Curve unveränderliche Werthe annehmen, das Längenelement auf der Fläche in der für die Abbildung geeigneten Form darstellen.

Die Curven kleinster und grösster Krümmung auf dem dreiaxigen Ellipsoid hat Monge (»Analyse appliquée«, No. 19) zuerst untersucht und gefunden, dass die Projectionen derselben auf die Ebenen der Hauptaxen Ellipsen und Hyperbeln bilden, deren Axen in einem einfachen Zusammenhange mit einander stehen.

Legendre (»Exercices de calcul intégral«, 1811 Tome I, pg. 188) hat zur Bestimmung der Oberfläche des Ellipsoids diese nach den Krümmungscurven in Elemente getheilt. Er fand als Ausdruck für das Element die Differenz zweier Producte, von denen jedes aus zwei Differentialen elliptischer

Integrale gebildet wird, die für die Curven der grössten und kleinsten Krümmung constante Werthe annehmen. Führen wir in diese Integrale nach dem Satze von Dupin, dass die Curven kleinster Krümmung auf dem Ellipsoid dessen Durchschnitte mit einschaligen confocalen Hyperboloiden und die Curven grösster Krümmung die Durchschnitte des Ellipsoids mit confocalen zweischaligen Hyperboloiden sind, die grösste reelle Halbaxe ψ eines einschaligen und die reelle Halbaxe φ eines zweischaligen confocalen Hyperboloids als unabhängige Veränderliche ein, so wird das Flächenelement auf dem Ellipsoid

$$\psi\psi dq . dp - dq . \varphi\varphi dp,$$

worin p und q elliptische Integrale beziehungsweise von φ und ψ bedeuten, die wir in dem Folgenden noch eingehender zu betrachten haben.

Mit Zugrundelegung der von Legendre gebrauchten unabhängigen Veränderlichen hat Jacobi (Monatsberichte der Berliner Akademie, April 1839)*) die Differentialgleichung für die geodätische Linie auf dem Ellipsoid vollständig integrirt, indem er sie auf Quadraturen zurückführte; zugleich hat er darauf aufmerksam gemacht, dass für diese unabhängigen Veränderlichen die von Gauss zur conformen Abbildung aufgestellte Differentialgleichung die Variabeln getrennt enthält.

Bei Aufstellung des Ausdrucks für das Längenelement in der Ellipsoidfläche folgen wir dem von Jacobi in seiner Abhandlung über eine particuläre Lösung der für das Potential geltenden Differentialgleichung eingeschlagenen Wege. (Crelle's Journal, Band 36, S. 113.)**)

Wir bezeichnen mit a die grösste Halbaxe des Ellipsoids, mit

$$b = \sqrt{aa-\gamma\gamma} = \sqrt{aa+\alpha\alpha-\beta\beta}$$

die mittlere und mit

$$c = \sqrt{aa-\beta\beta} = \sqrt{aa-\alpha\alpha-\gamma\gamma}$$

die kleinste Halbaxe, so wird für die rechtwinkeligen Coordinaten x, y, z eines Punktes auf der Oberfläche

$$\frac{xx}{aa} + \frac{yy}{aa-\gamma\gamma} + \frac{zz}{aa-\beta\beta} = 1. \tag{1.}$$

*) [Jacobi, Gesammelte Werke, Bd. II, S. 59.]

**) [Jacobi, Gesammelte Werke, Bd. II, S. 200.]

Ein einschaliges Hyperboloid, dessen Hauptschnitte mit denen des Ellipsoids dieselben Brennpunkte (γ), (β) hat, wird durch die Gleichung

$$\frac{xx}{\psi\psi}+\frac{yy}{\psi\psi-\gamma\gamma}-\frac{zz}{\beta\beta-\psi\psi}=1. \tag{2.}$$

bestimmt, wenn $\beta>\psi>\gamma$ ist.

Für ein zweischaliges confocales Hyperboloid haben wir

$$\frac{xx}{\varphi\varphi}-\frac{yy}{\gamma\gamma-\varphi\varphi}-\frac{zz}{\beta\beta-\varphi\varphi}=1 \tag{3.}$$

und $\gamma>\varphi>0$.

Betrachten wir x, y, z als die Coordinaten eines Punktes, durch welchen diese drei Flächen gehen, so sind aa, $\psi\psi$, $\varphi\varphi$ die drei Wurzeln σ der Gleichung

$$\frac{xx}{\sigma}+\frac{yy}{\sigma-\gamma\gamma}+\frac{zz}{\sigma-\beta\beta}-1=0.$$

Die erste Seite derselben wird durch Multiplication mit $\sigma(\sigma-\gamma\gamma)(\sigma-\beta\beta)$ zu einer ganzen rationalen Function von σ, und da sie für die Werthe aa, $\psi\psi$, $\varphi\varphi$ verschwindet, so ist

$$\frac{xx}{\sigma}+\frac{yy}{\sigma-\gamma\gamma}+\frac{zz}{\sigma-\beta\beta}-1=-\frac{(\sigma-aa)(\sigma-\varphi\varphi)(\sigma-\psi\psi)}{\sigma(\sigma-\gamma\gamma)(\sigma-\beta\beta)}. \tag{4.}$$

Hieraus erhält man nach den Formeln für die Zerfällung rationaler Brüche in Partialbrüche

$$(5.)\quad\left\{\begin{aligned} xx &= \frac{aa\varphi\varphi\psi\psi}{\gamma\gamma\beta\beta}=\frac{aa}{\beta\beta\gamma\gamma}\varphi\varphi\psi\psi\\ yy &= \frac{(aa-\gamma\gamma)(\varphi\varphi-\gamma\gamma)(\psi\psi-\gamma\gamma)}{\gamma\gamma(\gamma\gamma-\beta\beta)}=-\frac{bb}{\gamma\gamma\alpha\alpha}(\varphi\varphi-\gamma\gamma)(\psi\psi-\gamma\gamma)\\ zz &= \frac{(aa-\beta\beta)(\varphi\varphi-\beta\beta)(\psi\psi-\beta\beta)}{\beta\beta(\beta\beta-\gamma\gamma)}=\frac{cc}{\alpha\alpha\beta\beta}(\varphi\varphi-\beta\beta)(\psi\psi-\beta\beta).\end{aligned}\right.$$

Die Projectionen eines in der Ellipsoidfläche befindlichen Längenelements auf die Coordinatenaxen sind die Differentiale der rechtwinkeligen Coordinaten, wenn diese nur mit φ und ψ veränderlich gedacht werden. Logarithmiren wir die letzten Gleichungen und differentiiren dann, so erhalten wir

$$\begin{aligned} dx &= \frac{x\varphi}{\varphi\varphi}d\varphi+\frac{x\psi}{\psi\psi}d\psi\\ dy &= \frac{y\varphi}{\varphi\varphi-\gamma\gamma}d\varphi+\frac{y\psi}{\psi\psi-\gamma\gamma}d\psi\\ dz &= \frac{z\varphi}{\varphi\varphi-\beta\beta}d\varphi+\frac{z\psi}{\psi\psi-\beta\beta}d\psi.\end{aligned}$$

Diese Werthe in den Ausdruck für das Quadrat des Längenelements

$$dx^2+dy^2+dz^2$$

eingesetzt, ergeben als Factor von $d\varphi\, d\psi$

$$2\varphi\psi\left(\frac{xx}{\varphi\varphi\psi\psi}+\frac{yy}{(\varphi\varphi-\gamma\gamma)(\psi\psi-\gamma\gamma)}+\frac{zz}{(\varphi\varphi-\beta\beta)(\psi\psi-\beta\beta)}\right),$$

der Null ist, wie man sogleich sieht, wenn man die Gleichung des einen Hyperboloids von der des andern subtrahirt. Der Factor von $d\varphi^2$ wird

$$\varphi\varphi\left(\frac{xx}{\varphi^4}+\frac{yy}{(\varphi\varphi-\gamma\gamma)^2}+\frac{zz}{(\varphi\varphi-\beta\beta)^2}\right).$$

Differentiirt man die Gleichung (4.) nach (σ) und setzt dann $\sigma=\varphi\varphi$, so erhält man für den eingeklammerten Ausdruck

$$\frac{(\varphi\varphi-aa)(\varphi\varphi-\psi\psi)}{\varphi\varphi(\varphi\varphi-\gamma\gamma)(\varphi\varphi-\beta\beta)},$$

der Factor von $d\varphi^2$ wird also

$$\frac{(\varphi\varphi-aa)(\varphi\varphi-\psi\psi)}{(\varphi\varphi-\gamma\gamma)(\varphi\varphi-\beta\beta)},$$

und auf dieselbe Weise erhält man für den Factor von $d\psi^2$

$$\frac{(\psi\psi-aa)(\psi\psi-\varphi\varphi)}{(\psi\psi-\gamma\gamma)(\psi\psi-\beta\beta)},$$

so dass

$$dx^2+dy^2+dz^2 = \frac{(\varphi\varphi-aa)(\varphi\varphi-\psi\psi)}{(\varphi\varphi-\gamma\gamma)(\varphi\varphi-\beta\beta)}d\varphi^2+\frac{(\psi\psi-aa)(\psi\psi-\varphi\varphi)}{(\psi\psi-\gamma\gamma)(\psi\psi-\beta\beta)}d\psi^2$$

oder

$$(6.)\qquad dx^2+dy^2+dz^2 = n(dp^2+dq^2)$$

ist, wenn wir mit p, q die durch die Gleichungen

$$(7.)\qquad \begin{cases} dp^2 = \dfrac{aa-\varphi\varphi}{(\beta\beta-\varphi\varphi)(\gamma\gamma-\varphi\varphi)}d\varphi^2, \\[2ex] dq^2 = \dfrac{aa-\psi\psi}{(\beta\beta-\psi\psi)(\psi\psi-\gamma\gamma)}d\psi^2 \end{cases}$$

bestimmten elliptischen Integrale bezeichnen und

$$\psi\psi-\varphi\varphi = n$$

setzen.

Bedeuten X und Y rechtwinkelige Coordinaten in der Ebene, so ist das Quadrat eines Längenelements $dX^2 + dY^2$, also wird nach Gauss' Satz für die conforme Übertragung der Ellipsoidfläche auf die Ebene

$$X + iY = f(p+iq),$$

wenn f eine willkürliche Function und p, q die angegebenen Integrale bezeichnen.

3.

Zurückführung der elliptischen Integrale p, q auf die Jacobische Function.

Die Constanten, die in die elliptischen Functionen eingehen, der Modul und der Parameter, hängen allein von der Gestalt des Ellipsoids ab, also von den drei Halbaxen a, b, c, neben welchen wir zur Abkürzung der Formeln noch die Excentricitäten α, β, γ der drei Hauptschnitte eingeführt haben. Die Ableitung der verschiedenen Gleichungen, die wir zwischen diesen acht Constanten aufstellen werden, beruht auf einigen Beziehungen zwischen den Halbaxen und Excentricitäten; zur leichteren Einsicht in die folgenden Entwickelungen stellen wir sie hier zusammen.

$$(8.)\qquad \left\{\begin{aligned} aa &= bb+\gamma\gamma = cc+\beta\beta \\ \alpha\alpha &= bb-cc = \beta\beta-\gamma\gamma \\ (ab+\alpha\beta)(ab-\alpha\beta) &= (aa+\alpha\alpha)cc \\ (b\beta-a\alpha)(b\beta+a\alpha) &= cc\gamma\gamma \\ (a\beta+b\alpha)(a\beta-b\alpha) &= \gamma\gamma(aa+\alpha\alpha) \\ (b\beta+a\alpha)(a\beta-b\alpha) &= \gamma\gamma(ab+\alpha\beta) \\ (b\beta-a\alpha)(a\beta+b\alpha) &= \gamma\gamma(ab-\alpha\beta) \\ (a\beta-b\alpha)(ab-\alpha\beta) &= (aa+\alpha\alpha)(b\beta-a\alpha) \\ (a\beta+b\alpha)(ab+\alpha\beta) &= (aa+\alpha\alpha)(b\beta+a\alpha) \\ (ab-\alpha\beta)(b\beta+a\alpha) &= cc(a\beta+b\alpha) \\ (ab+\alpha\beta)(b\beta-a\alpha) &= cc(a\beta-b\alpha). \end{aligned}\right.$$

Um dem Integral

$$p = \int \frac{1}{2}(aa-\varphi\varphi)\frac{d(\varphi\varphi)}{\sqrt{-(\varphi\varphi-aa)(\varphi\varphi-\beta\beta)(\varphi\varphi-\gamma\gamma)\varphi\varphi}}$$

die gebräuchliche Form der elliptischen Integrale zu geben, führen wir die Jacobische Bezeichnungsweise ein und setzen, weil $aa \geqq \beta\beta \geqq \gamma\gamma \geqq 0$ ist, nach § 9, Tab. III, Bd. I der Fundamenta nova*)

$$\sqrt{ab\alpha\beta} = m$$

$$\frac{1}{2}b\beta + \frac{1}{2}a\alpha = n = \frac{m}{\lambda'}$$

$$\frac{b\beta - a\alpha}{b\beta + a\alpha} = \sqrt{(1-\lambda'\lambda')} = \lambda \tag{9.}$$

$$\frac{b\alpha}{a\beta}\,\frac{\varphi\varphi}{\gamma\gamma - \varphi\varphi} = \left[\operatorname{tg}\frac{1}{2}\left(\frac{1}{2}\pi + \operatorname{am} v\right)\right]^2; \tag{10.}$$

dadurch wird

$$\frac{d(\varphi\varphi)}{\sqrt{-(\varphi\varphi - aa)(\varphi\varphi - \beta\beta)(\varphi\varphi - \gamma\gamma)\varphi\varphi}}$$

$$= \frac{d\left(\frac{1}{2}\pi + \operatorname{am} v\right)}{\sqrt{mm\left[\cos\left(\frac{1}{2}\pi + \operatorname{am} v\right)\right]^2 + nn\left[\sin\left(\frac{1}{2}\pi + \operatorname{am} v\right)\right]^2}}$$

$$= \frac{\lambda'}{m}\,\frac{d \operatorname{am} v}{\sqrt{1 - \lambda\lambda \sin \operatorname{am} v^2}}$$

$$= \frac{\lambda'}{m}\, dv$$

und

$$dp = ab\,\frac{1 + \lambda \sin \operatorname{am} v}{(a\beta + b\alpha) + (a\beta - b\alpha)\sin \operatorname{am} v}\, dv.$$

Das Integral p besteht aus dem Integral einer rationalen Function aus einem elliptischen Integral der ersten und einem der dritten Art. Dies letztere erhält die von Jacobi angewandte Form, wenn man durch die Gleichung

$$\lambda \sin \operatorname{am} h = \frac{a\beta - b\alpha}{a\beta + b\alpha} \tag{11.}$$

oder

$$\sin \operatorname{am} h = \frac{ab + \alpha\beta}{ab - \alpha\beta} \tag{11'.}$$

den Parameter h bestimmt. Führen wir neben den Constanten λ, h noch μ

*) [Jacobi, Gesammelte Werke, Bd. I, S. 68.]

durch die Gleichung

$$\mu\mu = \frac{ab-\alpha\beta}{ab+\alpha\beta}(aa+\alpha\alpha)$$

ein, so wird

$$(12.)\quad \begin{cases} 4\frac{\mu\mu}{\lambda'\lambda'}ab\alpha\beta = (b\beta+a\alpha)(ab-\alpha\beta)(a\beta+b\alpha) \\ m = \frac{1}{2}\frac{\mu\mu}{\lambda'}i\cos\operatorname{am}h\,\Delta\operatorname{am}h \\ n = \frac{1}{2}\frac{\mu\mu}{\lambda'\lambda'}i\cos\operatorname{am}h\,\Delta\operatorname{am}h \\ aa = \frac{1}{2}\frac{\mu\mu}{\lambda'\lambda'}(1-\lambda)(1+\sin\operatorname{am}h)(1+\lambda\sin\operatorname{am}h) \\ bb = \frac{1}{2}\frac{\mu\mu}{\lambda'\lambda'}(1+\lambda)(1+\sin\operatorname{am}h)(1-\lambda\sin\operatorname{am}h) \\ cc = \frac{\mu\mu}{\lambda'\lambda'}\Delta\operatorname{am}h^2 \\ \alpha\alpha = -\frac{1}{2}\frac{\mu\mu}{\lambda'\lambda'}(1-\lambda)(1-\sin\operatorname{am}h)(1-\lambda\sin\operatorname{am}h) \\ \beta\beta = -\frac{1}{2}\frac{\mu\mu}{\lambda'\lambda'}(1+\lambda)(1-\sin\operatorname{am}h)(1+\lambda\sin\operatorname{am}h) \\ \gamma\gamma = -\frac{\mu\mu}{\lambda'\lambda'}\lambda\cos\operatorname{am}h^2. \end{cases}$$

Aus der Gleichung für $\operatorname{tg}\frac{1}{2}\left(\frac{1}{2}\pi+\operatorname{am}v\right)$ folgt, wenn wir zur Abkürzung

$$1+\lambda\sin\operatorname{am}h\sin\operatorname{am}v$$

mit N bezeichnen,

$$(13.)\quad \begin{cases} \varphi\varphi = \frac{\alpha\beta\gamma}{\mu}\sqrt{\lambda}\,\frac{1+\sin\operatorname{am}v}{N} \\ \gamma\gamma-\varphi\varphi = \frac{\alpha b\gamma}{\mu}\sqrt{\lambda}\,\frac{1-\sin\operatorname{am}v}{N} \\ \beta\beta-\varphi\varphi = \frac{\alpha\beta c}{\mu}\,\frac{1-\lambda\sin\operatorname{am}v}{N} \\ aa-\varphi\varphi = \frac{abc}{\mu}\,\frac{1+\lambda\sin\operatorname{am}v}{N} \end{cases}$$

und aus der Gleichung für dp wird

$$(14.)\quad dp = \frac{1}{2}\,\frac{(1+\sin\operatorname{am}h)\Delta\operatorname{am}h}{i\cos\operatorname{am}h}\,\frac{1+\lambda\sin\operatorname{am}v}{1+\lambda\sin\operatorname{am}h\sin\operatorname{am}v}dv$$

oder

$$dp = \frac{1}{2}\frac{(1+\sin\operatorname{am} h)\,\Delta\operatorname{am} h}{i\cos\operatorname{am} h}dv - \frac{1}{4i}\frac{2\lambda\lambda\sin\operatorname{am} h\cos\operatorname{am} h\,\Delta\operatorname{am} h\sin\operatorname{am} v^2}{1-\lambda\lambda\sin\operatorname{am} h^2\sin\operatorname{am} v^2}dv$$
$$+\frac{1}{4i}\frac{\lambda\, 2\cos\operatorname{am} h\,\Delta\operatorname{am} h\sin\operatorname{am} v}{1-\lambda\lambda\sin\operatorname{am} h^2\sin\operatorname{am} v^2}dv.$$

Nach Formel (1.) § 18 der Fundamenta*) ist

$$\lambda\frac{2\cos\operatorname{am} h\,\Delta\operatorname{am} h\sin\operatorname{am} v}{1-\lambda\lambda\sin\operatorname{am} h^2\sin\operatorname{am} v^2} = \lambda\sin\operatorname{am}(v+h)+\lambda\sin\operatorname{am}(v-h),$$

also

$$= \frac{d}{dv}\log\{\Delta\operatorname{am}(v+h)-\lambda\cos\operatorname{am}(v+h)\}$$
$$-\frac{d}{dv}\log\{\Delta\operatorname{am}(v-h)+\lambda\cos\operatorname{am}(v-h)\}$$
$$= \frac{d}{dv}\log\frac{\Delta\operatorname{am}(v+h)-\lambda\cos\operatorname{am}(v+h)}{\Delta\operatorname{am}(v-h)+\lambda\cos\operatorname{am}(v-h)}$$

und nach Jacobi's Fundamentaltheorem**)

$$\frac{2\lambda\lambda\sin\operatorname{am} h\cos\operatorname{am} h\,\Delta\operatorname{am} h\sin\operatorname{am} v^2}{1-\lambda\lambda\sin\operatorname{am} h^2\sin\operatorname{am} v^2} = 2\frac{\Theta'(h)}{\Theta(h)}+\frac{d}{dv}\log\frac{\Theta(v-h)}{\Theta(v+h)},$$

wenn $\Theta'(h)$ die Derivirte von $\Theta(h)$ nach h bezeichnet und die Function Θ durch die Gleichungen

$$\Theta\left(\frac{2\Lambda x}{\pi}\right) = 1-2r\cos 2x+2r^4\cos 4x-2r^9\cos 6x+-\cdots$$
$$\log r = -\frac{\pi\Lambda'}{\Lambda},\qquad \operatorname{am}\Lambda = \operatorname{am}(\Lambda,\lambda) = \frac{1}{2}\pi,\qquad \operatorname{am}(\Lambda',\lambda') = \frac{1}{2}\pi$$

bestimmt wird. Mit Rücksicht hierauf erhalten wir

$$dp = \frac{1}{2}\frac{(1+\sin\operatorname{am} h)\,\Delta\operatorname{am} h}{i\cos\operatorname{am} h}dv - \frac{1}{2i}\frac{\Theta' h}{\Theta h}dv + \frac{1}{4i}\frac{d}{dv}\log\frac{\Theta(v+h)}{\Theta(v-h)}dv$$
$$+\frac{1}{4i}\frac{d}{dv}\log\frac{\Delta\operatorname{am}(v+h)-\lambda\cos\operatorname{am}(v+h)}{\Delta\operatorname{am}(v-h)+\lambda\cos\operatorname{am}(v-h)}dv.$$

Bezeichnen wir ferner die Reihe***)

$$2\sqrt[4]{r}\sin x-2\sqrt[4]{r^9}\sin 3x+2\sqrt[4]{r^{25}}\sin 5x-+\cdots$$

*) [Jacobi, a. a. O., S. 83.]

**) [Jacobi, a. a. O., S. 198, 204, 231.]

***) [Jacobi, a. a. O., S. 231 (2), 235.]

mit $H\left(\frac{2\Lambda x}{\pi}\right)$, so dass also

$$\sin\operatorname{am} v = \frac{H(v)}{\Theta(v)}\frac{\Theta(\Lambda)}{H(\Lambda)},\qquad \cos\operatorname{am} v = \frac{H(v+\Lambda)}{\Theta(v)}\frac{\Theta(o)}{H(\Lambda)}$$

$$\Delta\operatorname{am} v = \frac{\Theta(v+\Lambda)}{\Theta(v)}\frac{\Theta(0)}{\Theta(\Lambda)},\qquad \sqrt{\lambda} = \frac{H(\Lambda)}{\Theta(\Lambda)},\qquad \sqrt{\lambda'} = \frac{\Theta(0)}{\Theta(\Lambda)}$$

$$\Theta(v+2\Lambda) = \Theta(v),\qquad H(v+2\Lambda) = -H(v)$$

ist, und setzen wir

$$h = \Lambda + ih',$$

$$\begin{aligned}(15.)\quad &\frac{(1+\sin\operatorname{am} h)\Delta\operatorname{am} h}{i\cos\operatorname{am} h} - \frac{1}{2i}\frac{\Theta'(h)}{\Theta(h)}\\
&= \frac{1}{2i}\operatorname{tg}\left(\frac{1}{4}\pi+\frac{1}{2}\operatorname{am} h\right)\Delta\operatorname{am} h - \frac{1}{2i}\frac{\Theta'(h)}{\Theta(h)}\\
&= \frac{1}{4}i\operatorname{cotg}\operatorname{am} h\,\frac{\sin\operatorname{am} h+1}{\sin\operatorname{am} h-1}\Delta\operatorname{am} h - \frac{1}{4i}\frac{\Theta'(h)}{\Theta(h)} - \frac{1}{4i}\frac{H'(h)}{H(h)}\\
&= \frac{1}{4i}\frac{\Theta(0)^2}{\Theta(\Lambda)^2}\frac{\Theta(ih')H(ih')}{\Theta(ih'+\Lambda)H(ih'+\Lambda)}\frac{H(ih'+\Lambda)\Theta(\Lambda)+\Theta(ih'+\Lambda)H(\Lambda)}{H(ih'+\Lambda)\Theta(\Lambda)-\Theta(ih'+\Lambda)H(\Lambda)}\\
&\qquad - \frac{1}{4i}\frac{\Theta'(ih'+\Lambda)}{\Theta(ih'+\Lambda)} - \frac{1}{4i}\frac{H'(ih'+\Lambda)}{H(ih'+\Lambda)}\\
&= K,\end{aligned}$$

so wird aus obiger Gleichung

$$(16.)\qquad p = \text{const} + Kv + \frac{1}{4i}\log\frac{\Theta(v+ih')\Theta(\Lambda)+H(v+ih')H(\Lambda)}{\Theta(v-ih')\Theta(\Lambda)+H(v-ih')H(\Lambda)}.$$

Führen wir die Veränderliche $u = \Lambda + iu'$ durch die Bestimmung ein, dass u auf dieselbe Weise von ψ abhängt wie v von φ, so wird nach (7.) p in iq übergehen, wenn wir v in u verwandeln, also die letzte Gleichung uns

$$(17.)\quad q = \text{const} + Ku' - \frac{1}{4}\log\frac{\Theta(\Lambda+iu'+ih')\Theta(\Lambda)+H(\Lambda+iu'+ih')H(\Lambda)}{\Theta(\Lambda+iu'-ih')\Theta(\Lambda)+H(\Lambda+iu'-ih')H(\Lambda)}$$

ergeben.

Mit Hülfe der Formeln (20.) und (21.) des § 61 der Fundamenta*)

$$\Theta(v+u)\Theta(v-u) = \frac{\Theta(v)^2\Theta(u)^2 - H(v)^2H(u)^2}{\Theta(o)^2}$$

$$H(v+u)H(v-u) = \frac{H(v)^2\Theta(u)^2 - \Theta(v)^2H(u)^2}{\Theta(o)^2}$$

*) [Jacobi, a. a. O., S. 227.]

und der zuvor schon angezogenen Formel (1.) § 18 lässt sich leicht die Gleichung

$$(18.)\quad \{\Theta(v)\Theta(u+\Lambda)+\mathrm{H}(v)\mathrm{H}(u+\Lambda)\}^2$$
$$= \{\Theta(v+u)\Theta(\Lambda)+\mathrm{H}(v+u)\mathrm{H}(\Lambda)\}\{\Theta(v-u)\Theta(\Lambda)+\mathrm{H}(v-u)\mathrm{H}(\Lambda)\}$$

aufstellen, durch deren Anwendung

$$p+iq = \text{const}+K(v'+iu')$$
$$+\frac{1}{2i}\log\frac{\Theta\left(\frac{v'-iu'}{2}\right)\Theta\left(\frac{v'+iu'+2ih'}{2}\right)+\mathrm{H}\left(\frac{v'-iu'}{2}\right)\mathrm{H}\left(\frac{v'+iu'+2ih'}{2}\right)}{\Theta\left(\frac{v'-iu'}{2}\right)\Theta\left(\frac{v'+iu'-2ih'}{2}\right)+\mathrm{H}\left(\frac{v'-iu'}{2}\right)\mathrm{H}\left(\frac{v'+iu'-2ih'}{2}\right)}$$

wird, wenn man $v = -\Lambda+v'$ setzt.

4.

Untersuchung der Functionen p, q.

Die Zähler und Nenner in den Ausdrücken (9.), (11.) für λ, $\sin\text{am}\,h$, $\lambda\sin\text{am}\,h$ sind nach den Gleichungen (8.) nie negativ, also wird

$$\lambda \leqq 1$$
$$\sin\text{am}\,h \geqq 1$$
$$\lambda\sin\text{am}\,h \leqq 1$$

und, da nach Formel (5.) § 19 der Fundamenta*)

$$\sin\text{am}\,h = \frac{1}{\Delta\,\text{am}(i\Lambda-ih,\lambda')}\ \text{ist},$$
$$\lambda \leqq \Delta\,\text{am}(i\Lambda-ih,\lambda') \leqq 1,$$

deshalb $i\Lambda-ih = h'$ reell und beliebig positiv oder negativ; wir wollen $0 \leqq h' \leqq \Lambda'$ annehmen, so dass also

$$i\cos\text{am}\,h = \lambda'\frac{\sin\text{am}(h',\lambda')}{\Delta\,\text{am}(h',\lambda')}$$

positiv reell ist.

Es wird $\varphi\varphi$ so wie $\gamma\gamma-\varphi\varphi$ nie negativ, also haben in den Gleichungen (13.) $1+\sin\text{am}\,v$ und $1-\sin\text{am}\,v$ nie verschiedene Zeichen, daher kann v von

*) [Jacobi, a. a. O., S. 86.]

einer reellen Grösse nur um ein ganzes Vielfache der Periode $2i\Lambda'$ verschieden sein und wir dürfen annehmen, dass es immer reell ist.

Die Veränderliche u haben wir so bestimmt, dass in den Gleichungen (13.) φ zu ψ wird, wenn wir v in u übergehen lassen.

Da nach Gleichung (2.) $\gamma\gamma-\psi\psi$ und $\beta\beta-\psi\psi$ nie dasselbe Zeichen haben, so können die Zeichen von $1-\sin\operatorname{am} u$ und $1-\lambda\sin\operatorname{am} u$ nie gleich sein; hieraus folgt auf dieselbe Weise wie für h, dass $i\Lambda-iu=u'$ immer eine reelle Grösse sein muss oder doch sich nur um ein Vielfaches der Periode $4i\Lambda$ davon unterscheiden kann, und der Einfachheit halber werden wir stets das erstere voraussetzen.

Aus den Formeln (16.), (17.), (18.), (19.) des § 61 der Fundamenta*)

$$\frac{\Theta(ih',\lambda)}{\Theta(0,\lambda)} = e^{\tilde\omega h'h'}\frac{\mathrm{H}(h'+\Lambda',\lambda')}{\mathrm{H}(\Lambda,\lambda')},$$

$$\frac{\mathrm{H}(ih',\lambda)}{\Theta(0,\lambda)} = ie^{\tilde\omega h'h'}\frac{\mathrm{H}(h',\lambda')}{\mathrm{H}(\Lambda,\lambda')},$$

$$\frac{\mathrm{H}(ih'+\Lambda,\lambda)}{\Theta(0,\lambda)} = e^{\tilde\omega h'h'}\frac{\Theta(h',\lambda')}{\mathrm{H}(\Lambda,\lambda')},$$

$$\frac{\Theta(ih'+\Lambda,\lambda)}{\Theta(0,\lambda)} = e^{\tilde\omega h'h'}\frac{\Theta(h'+\Lambda',\lambda')}{\mathrm{H}(\Lambda,\lambda')},$$

$$\tilde\omega = \frac{\pi}{4\Lambda\Lambda'}$$

folgt, dass

$$\frac{1}{i}\mathrm{H}(ih',\lambda),\quad \frac{1}{i}\mathrm{H}'(ih'+\Lambda,\lambda),\quad \frac{1}{i}\Theta'(ih'+\Lambda,\lambda)$$

so wie die übrigen Theile von K reell sind, also auch dieses K selbst reell ist.

Die in Gleichung (16.) zu logarithmirende Grösse

$$\frac{\Theta(v+ih')\Theta(\Lambda)+\mathrm{H}(v+ih')\mathrm{H}(\Lambda)}{\Theta(v-ih')\Theta(\Lambda)+\mathrm{H}(v-ih')\mathrm{H}(\Lambda)} = V$$

besteht aus einem reellen und einem imaginären Theile; den ihr conjugirten Werth erhält man, wenn man in ihrem Ausdrucke, da v reell, die Zeichen des ih' in die entgegensetzten verwandelt. Dieser conjugirte Werth wird aber gleich dem reciproken Werthe des ursprünglichen Ausdrucks V, also

*) [Jacobi, a. a. O., S. 227.]

das Product beider, die Norm von V, der Einheit gleich. Eine complexe Grösse, deren Norm die Einheit ist, lässt sich aber darstellen als die Summe des Cosinus eines (reellen) Winkels und des in die imaginäre Einheit multiplicirten Sinus desselben Winkels. Als Logarithmus solcher Grösse erhält man den in i multiplicirten Winkel vermehrt um ein beliebiges Vielfaches von $2\pi i$; demnach ist $\frac{1}{i}\log V$ reell, und um reelle Werthe für p zu erhalten, ist es nur nöthig, die willkürliche Constante reell anzunehmen.

Für die Werthe $v = (2m+1)\Lambda$ wird $V = 1$, also $\log V = 2n\pi i$, wenn m und n ganze Zahlen bezeichnen. Wählen wir den Logarithmus der Art, dass $\log V$ für $v = \Lambda$ zu Null wird, so ist $\log V$, weil es sich nur stetig ändern soll, für jedes v vollkommen bestimmt.

Ist $h' = 0$, so wird $V = 1$ für jedes v, daher $\log V$ gleich Null, weil es für $v = \Lambda$ verschwinden soll.

Für $h' = \frac{1}{2}\Lambda'$ wird, da nach Formel (13.) § 61 der Fundamenta*)

$$e^{\tilde{\omega}uu}\,\mathrm{H}(u) = (-i)^{2m+1}\,e^{\tilde{\omega}[u+(2m+1)i\Lambda']^2}\,\Theta(u+(2m+1)i\Lambda')$$

und nach Formel (14.)

$$e^{\tilde{\omega}uu}\,\Theta(u) = (-i)^{2m+1}\,e^{\tilde{\omega}[u+(2m+1)i\Lambda']^2}\,\mathrm{H}(u+(2m+1)i\Lambda')$$

ist,

$$e^{\tilde{\omega}\left(v+\frac{1}{2}i\Lambda'\right)^2}\left[\Theta\left(v+\frac{1}{2}i\Lambda'\right)\Theta(\Lambda)+\mathrm{H}\left(v+\frac{1}{2}i\Lambda'\right)\mathrm{H}(\Lambda)\right]$$

$$= (-i)^{-1}\,e^{\tilde{\omega}\left(v-\frac{1}{2}i\Lambda'\right)^2}\left[\mathrm{H}\left(v-\frac{1}{2}i\Lambda'\right)\Theta(\Lambda)+\Theta\left(v-\frac{1}{2}i\Lambda'\right)\mathrm{H}(\Lambda)\right],$$

also

$$V = e^{\frac{1}{2}\pi i - 2\tilde{\omega}i\Lambda' v}\,\frac{\mathrm{H}\left(v-\frac{1}{2}i\Lambda'\right)\Theta(\Lambda)+\Theta\left(v-\frac{1}{2}i\Lambda'\right)\mathrm{H}(\Lambda)}{\Theta\left(v-\frac{1}{2}i\Lambda'\right)\Theta(\Lambda)+\mathrm{H}\left(v-\frac{1}{2}i\Lambda'\right)\mathrm{H}(\Lambda)}$$

oder, wenn man Zähler und Nenner durch $\Theta\left(v-\frac{1}{2}i\Lambda'\right)\mathrm{H}(\Lambda)$ dividirt und

$$\sqrt{\lambda}\,\frac{1+\ \sin\mathrm{am}\left(v-\frac{1}{2}i\Lambda'\right)}{1+\lambda\sin\mathrm{am}\left(v-\frac{1}{2}i\Lambda'\right)} = V'$$

*) [Jacobi, a. a. O., S. 226.]

setzt,

$$\log V = \frac{1}{2}\pi i - 2\tilde{\omega}\Lambda' v i + \log V'.$$

Die Function V' nimmt nur dann die Werthe ± 1 an, wenn

$$v = (2m+1)\Lambda$$

wird. Nur für solche v ist daher $\log V'$ gleich Null oder gleich einem Vielfachen von πi; für $v = \Lambda$ ist der Voraussetzung nach $\log V = 0$, also auch $\log V' = 0$. Da ferner

$$\begin{aligned}\frac{d}{dv}\log V' &= (1-\lambda)\frac{\cos\operatorname{am}\left(v-\frac{1}{2}i\Lambda'\right)}{1+\sin\operatorname{am}\left(v-\frac{1}{2}i\Lambda'\right)}\,\frac{\Delta\operatorname{am}\left(v-\frac{1}{2}i\Lambda'\right)}{1+\lambda\sin\operatorname{am}\left(v-\frac{1}{2}i\Lambda'\right)}\\ &= i\lambda(1-\lambda)\frac{\cos\operatorname{am}\left(v-\frac{1}{2}i\Lambda'\right)}{1+\sin\operatorname{am}\left(v-\frac{1}{2}i\Lambda'\right)}\,\frac{\cos\operatorname{am}\left(v+\frac{1}{2}i\Lambda'\right)}{1+\sin\operatorname{am}\left(v+\frac{1}{2}i\Lambda'\right)},\end{aligned}$$

also $\frac{1}{i}\frac{d}{dv}\log V'$ immer positiv ist, so wird es für $v = (2m+1)\Lambda$ zu $m\pi$, demnach verschwindet $\log V$ für jene Werthe von v.

Gewiss ist nun für jedes h' die Function $\log V(v = (2m+1)\Lambda)$ Null oder ein ganzes Vielfaches von $2\pi i$, also constant, weil

$$\begin{aligned}\Theta((2m+1)\Lambda + ih') &= \Theta(-(2m+1)\Lambda - ih') = \Theta((2m+1)\Lambda - ih')\\ \mathrm{H}((2m+1)\Lambda + ih') &= -\mathrm{H}(-(2m+1)\Lambda - ih') = \mathrm{H}((2m+1)\Lambda - ih'),\end{aligned}$$

demnach $V(v = (2m+1)\Lambda) = 1$ ist.

Es sind $\Theta((2m+1)\Lambda + ih')$ und $\mathrm{H}((2m+1)\Lambda + ih')$ für jedes h' stetig und Zähler oder Nenner von V können nicht für ein h' innerhalb der Grenzen $-\Lambda'$ und Λ' zu Null werden, also ist $\log V(v = (2m+1)\Lambda)$ für jedes h' innerhalb jener Grenzen stetig, und da diese Function constant ist und für $h' = 0$, $h' = \frac{1}{2}\Lambda'$ verschwindet, so verschwindet sie auch für jedes h' innerhalb der Grenzen $-\Lambda'$ und Λ'. Dagegen wird für $h' = \Lambda'$ in Folge der aus Formel (11.) § 61 der Fundamenta*)

$$e^{\tilde{\omega}uu}\,\Theta(u) = (-1)^m e^{\tilde{\omega}(u+2mi\Lambda')^2}\,\Theta(u+2mi\Lambda')$$

*) [Jacobi, a. a. O., S. 226.]

und (12.) § 61

$$e^{\tilde{\omega}uu}\mathrm{H}(u) = (-1)^m e^{\tilde{\omega}(u+2mi\Lambda')^2}\mathrm{H}(u+2mi\Lambda')$$

sich ergebenden Gleichung

$$e^{\tilde{\omega}(v+i\Lambda')^2}[\Theta(v+i\Lambda')\Theta\Lambda+\mathrm{H}(v+i\Lambda')\mathrm{H}(\Lambda)]$$
$$= -e^{\tilde{\omega}(v-i\Lambda')^2}[\Theta(v-i\Lambda')\Theta\Lambda+\mathrm{H}(v-i\Lambda')\mathrm{H}(\Lambda)],$$
$$\log V = \pi i - 4\tilde{\omega}\Lambda' v i,$$

also

$$\log V(v = (2m+1)\Lambda) = -2m\pi i$$

und nicht $= 0$, wie für $h' = \frac{1}{2}\Lambda'$.

Es ist leicht zu ersehen, dass $\log V$, wenn darin ih' ausser dem Intervall 0 und $i\Lambda'$ liegt, nach den Gleichungen (11.) und (12.) § 61 der Fundamenta in die Summe einer linearen Function von v und des Logarithmus eines Ausdrucks ganz ähnlich dem V, der aber eine zwischen 0 und $i\Lambda'$ liegende Constante statt des ursprünglichen ih' enthält, verwandelt werden kann.

Es geht V in $\frac{1}{V}$ über, wenn man v in $2\Lambda - v$ verwandelt, denn es ist

$$\Theta(2\Lambda-v+ih') = \Theta(v-ih'),$$
$$\Theta(2\Lambda-v-ih') = \Theta(v+ih'),$$
$$\mathrm{H}(2\Lambda-v+ih') = \mathrm{H}(v-ih'),$$
$$\mathrm{H}(2\Lambda-v-ih') = \mathrm{H}(v+ih'),$$

dabei wird $\log V$ zu $-\log V$, weil $\log V$ für $v = \Lambda$ verschwindet. Auf ähnliche Weise ergiebt sich, dass V und $\log V$ ungeändert bleiben, wenn v um 4Λ zunimmt.

Wie wir gesehen haben, ist $\log V = 0$ für $v = (2m+1)\Lambda$, nimmt also v von $(2m+1)\Lambda$ bis $(2m+1)\Lambda+2\Lambda$ zu, so nimmt p um die Grösse $2\Lambda K$ zu, die positiv ist, weil $\frac{dp}{dv}$ nie negativ wird, wie sich aus Gleichung (14.) und den zu Eingang dieses Artikels für h und v aufgestellten Bestimmungen leicht ergiebt.

Aus den Formeln (16.), (17.), (18.), (19.) des § 61 der Fundamenta folgt, dass die Grösse

$$\frac{\Theta(\Lambda+iu'+ih')\Theta(\Lambda)+\mathrm{H}(\Lambda+iu'+ih')\mathrm{H}(\Lambda)}{\Theta(\Lambda+iu'-ih')\Theta(\Lambda)+\mathrm{H}(\Lambda+iu'-ih')\mathrm{H}(\Lambda)},$$

die wir mit $U(iu')$ oder mit U bezeichnen wollen, reell ist, weil u' und h' reell sind. Weder der Zähler von U

$$\Theta(\Lambda+iu'+ih')\,\Theta(\Lambda)\left[1+\frac{1}{\sin\operatorname{am}(\Lambda+i\Lambda'+iu'+ih')}\right]$$

noch der Nenner kann verschwinden, auch können sie nicht unendlich werden, so lange u' endlich bleibt. Da nun U für $u'=0$, $h'=0$ positiv wird, so ist es immer positiv, also giebt es immer einen reellen Werth von $\log U$, was auch die reellen Grössen u' und h' sein mögen.

Aus den Beziehungen zwischen den Functionen Θ und H von Argumenten, die sich um 2Λ unterscheiden, folgt, dass, wenn man u' in $-u'$ verwandelt, $\log U$ in $-\log U$ übergeht, und $\log U=0$ wird für $u'=0$.

Nach den zuvor angeführten Formeln (13.) und (14.) § 61 der Fundamenta ist

$$e^{\bar{\omega}(\Lambda+i\Lambda'+ih')^2}[\Theta(\Lambda+i\Lambda'+ih')\,\Theta(\Lambda)+\mathrm{H}(\Lambda+i\Lambda'+ih')\,\mathrm{H}(\Lambda)]$$
$$= ie^{\bar{\omega}(\Lambda+ih')^2}[\mathrm{H}(\Lambda+ih')+\Theta(\Lambda)+\Theta(\Lambda+ih')\,\mathrm{H}(\Lambda)],$$

also wenn man den Werth von U für $iu'=i\Lambda'$ mit $U(i\Lambda')$ bezeichnet,

$$e^{\bar{\omega}(\Lambda+i\Lambda'+ih')^2-\bar{\omega}(\Lambda+i\Lambda'-ih')^2}U(i\Lambda') = e^{\bar{\omega}(\Lambda+ih')^2-\bar{\omega}(\Lambda-ih')^2}$$

oder

$$U(i\Lambda') = e^{4\bar{\omega}\Lambda'h'},$$

es wird demnach $-\frac{1}{4}\log U=-\bar{\omega}\Lambda'h'$ für $iu'=i\Lambda'$.

Auf ähnliche Weise findet man aus den schon mehrfach erwähnten Formeln (11.) und (12.) des § 61 der Fundamenta, dass wenn u' um $2\Lambda'$ wächst, $\log U$ um $8\Lambda'\bar{\omega}h'$, also q um $2\Lambda'K-2\Lambda'\bar{\omega}h'$ zunimmt, und wenn u' von $m\Lambda'$ bis $m\Lambda'+\Lambda'$ wächst, q um die Grösse $\Lambda'K-\Lambda'\bar{\omega}h'$ zunimmt, die positiv ist, weil $\frac{dq}{du'}$ ebenso wie $\frac{dp}{dv}$ nie negativ wird.

5.

Beziehung zwischen den rechtwinkeligen Coordinaten x, y, z und den zuvor eingeführten Argumenten v, u der elliptischen Functionen.

Die Einsetzung der Werthe von φ und ψ aus (13.) in die Ausdrücke (5.) für die rechtwinkeligen Coordinaten x, y, z ergiebt

$$\mu\mu xx = a^4\lambda \frac{1+\sin\mathrm{am}\, v}{N}\,\frac{1+\sin\mathrm{am}\, u}{M}$$

$$\mu\mu yy = b^4\lambda \frac{1-\sin\mathrm{am}\, v}{N}\,\frac{1-\sin\mathrm{am}\, u}{M}$$

$$\mu\mu zz = c^4 \frac{1-\lambda\sin\mathrm{am}\, v}{N}\,\frac{1-\lambda\sin\mathrm{am}\, u}{M},$$

wenn

$$N = 1+\lambda \sin\mathrm{am}\, h \sin\mathrm{am}\, v$$

$$M = 1+\lambda \sin\mathrm{am}\, h \sin\mathrm{am}\, u$$

ist. Machen wir

$$L' = 1-\lambda\lambda \sin\mathrm{am}\frac{1}{2}(u+v)^2 \sin\mathrm{am}\frac{1}{2}(u-v)^2$$

$$L = (L'NM)^{-\frac{1}{2}}$$

und wenden die Formeln (16.) und (18.) § 18 der Fundamenta*) an, so erhalten wir

$$\mu x = aa\sqrt{\lambda}\, L\left[\cos\mathrm{am}\frac{1}{2}(u-v) + \sin\mathrm{am}\frac{1}{2}(u+v)\ \Delta\mathrm{am}\frac{1}{2}(u-v)\right]$$

$$\mu y = bb\sqrt{\lambda}\, Li\left[\cos\mathrm{am}\frac{1}{2}(u-v) - \sin\mathrm{am}\frac{1}{2}(u+v)\ \Delta\mathrm{am}\frac{1}{2}(u-v)\right]$$

$$\mu z = ccL\left[\Delta\mathrm{am}\frac{1}{2}(u-v) - \lambda\sin\mathrm{am}\frac{1}{2}(u+v)\cos\mathrm{am}\frac{1}{2}(u-v)\right]$$

oder, wenn wir $-\Lambda+v'$ und $\Lambda+iu'$ für v und u einführen und berücksichtigen, dass

$$\cos\mathrm{am}\frac{1}{2}(u-v) = \sin\mathrm{am}\frac{1}{2}(v-u+2\Lambda)\,\Delta\mathrm{am}\frac{1}{2}(u-v)$$

ist,

---

*) [Jacobi, a. a. O., S. 84.]

$$(19.)\quad \begin{cases} \mu x = aa\sqrt{\lambda}\; L\left[\sin\operatorname{am}\frac{1}{2}(v'-iu')+\sin\operatorname{am}\frac{1}{2}(v'+iu')\right]\Delta\operatorname{am}\frac{1}{2}(2\Lambda+iu'-v') \\ \mu y = bb\sqrt{\lambda}\, Li\left[\sin\operatorname{am}\frac{1}{2}(v'-iu')-\sin\operatorname{am}\frac{1}{2}(v'+iu')\right]\Delta\operatorname{am}\frac{1}{2}(2\Lambda+iu'-v') \\ \mu z = cc\, L\left[1-\lambda\sin\operatorname{am}\frac{1}{2}(v'-iu')\sin\operatorname{am}\frac{1}{2}(v'+iu')\right]\Delta\operatorname{am}\frac{1}{2}(2\Lambda+iu'-v'). \end{cases}$$

Errichten wir in dem Punkte x, y, z eine Normale zur Ellipsoidoberfläche nach aussen, bezeichnen den von der Normale und der Axe der positiven Coordinaten z eingeschlossenen Winkel mit η und den Flächenwinkel den die (x, z)-Ebene und eine zur z-Axe und der Normale parallele Ebene bilden mit θ, so ist bekanntlich

$$(20.)\quad \begin{cases} x\nu = aa\sin\eta\cos\theta \\ y\nu = bb\sin\eta\sin\theta \\ z\nu = cc\cos\eta, \end{cases}$$

wenn ν die Länge der vom Mittelpunkt des Ellipsoids nach der die Fläche in x, y, z berührenden Ebene gezogenen Normale bedeutet und also durch die Gleichung

$$\frac{1}{\nu\nu} = \frac{xx}{a^4}+\frac{yy}{b^4}+\frac{zz}{c^4}$$

bestimmt wird. Differentiirt man die Gleichung (4.)

$$\frac{xx}{\sigma}+\frac{yy}{\sigma-\gamma\gamma}+\frac{zz}{\sigma-\beta\beta}-1 = \frac{(\sigma-aa)(\sigma-\varphi\varphi)(\sigma-\psi\psi)}{\sigma(\sigma-\gamma\gamma)(\sigma-\beta\beta)}$$

nach σ und setzt dann $\sigma = aa$, so ersieht man, dass

$$\frac{1}{\nu\nu} = \frac{(aa-\varphi\varphi)(aa-\psi\psi)}{aa\,bb\,cc}$$

ist, also nach (13.)

$$\frac{1}{\nu\nu} = \frac{1}{\mu\mu}\,\frac{1+\lambda\sin\operatorname{am}v}{N}\,\frac{1+\lambda\sin\operatorname{am}u}{M}$$

und daher zu Folge Formel (18.) § 18 der F u n d a m e n t a

$$\frac{\mu}{\nu} = L\left[\Delta\operatorname{am}\frac{1}{2}(u-v)+\lambda\sin\operatorname{am}\frac{1}{2}(u+v)\cos\operatorname{am}\frac{1}{2}(u-v)\right]$$

oder

$$(21.)\quad \frac{\mu}{\nu} = L\left[1+\lambda \sin\operatorname{am}\frac{1}{2}(v'-iu')\sin\operatorname{am}\frac{1}{2}(v'+iu')\right]\Delta\operatorname{am}\frac{1}{2}(2\Lambda+iu'-v').$$

Die Einsetzung der Werthe von x, y, z, ν aus (19.), (21.) in die Gleichungen (20.) ergiebt

$$\sin\eta\cos\theta = \sqrt{\lambda}\,\frac{\sin\operatorname{am}\frac{1}{2}(v'-iu')+\sin\operatorname{am}\frac{1}{2}(v'+iu')}{1+\lambda\sin\operatorname{am}\frac{1}{2}(v'-iu')\sin\operatorname{am}\frac{1}{2}(v'+iu')}$$

$$\sin\eta\sin\theta = i\sqrt{\lambda}\,\frac{\sin\operatorname{am}\frac{1}{2}(v'-iu')-\sin\operatorname{am}\frac{1}{2}(v'+iu')}{1+\lambda\sin\operatorname{am}\frac{1}{2}(v'-iu')\sin\operatorname{am}\frac{1}{2}(v'+iu')}$$

$$\cos\eta = \frac{1-\lambda\sin\operatorname{am}\frac{1}{2}(v'-iu')\sin\operatorname{am}\frac{1}{2}(v'+iu')}{1+\lambda\sin\operatorname{am}\frac{1}{2}(v'-iu')\sin\operatorname{am}\frac{1}{2}(v'+iu')}$$

$$(22.)\quad \cos\eta = -\operatorname{tg}\left(\frac{1}{4}\pi-\frac{1}{2}\operatorname{am}(v'-\Lambda+i\Lambda')\right).\operatorname{tg}\left(\frac{1}{4}\pi-\frac{1}{2}\operatorname{am}(iu'+\Lambda+i\Lambda')\right)$$

$$\cos\eta = \operatorname{tg}\frac{1}{2}\left(\operatorname{am}\frac{1}{2}(v'+iu'+2i\Lambda')-\operatorname{am}\frac{1}{2}(v'-iu')\right)\times$$

$$\times\operatorname{cotg}\frac{1}{2}\left(\operatorname{am}\frac{1}{2}(v'+iu'+2i\Lambda')+\operatorname{am}\frac{1}{2}(v'-iu')\right)$$

$$\operatorname{tg}\frac{1}{2}\eta^2 = \frac{1-\cos\eta}{1+\cos\eta} = \lambda\sin\operatorname{am}\frac{1}{2}(v'-iu')\sin\operatorname{am}\frac{1}{2}(v'+iu')$$

$$\operatorname{tg}\theta = i\,\frac{\sin\operatorname{am}\frac{1}{2}(v'-iu')-\sin\operatorname{am}\frac{1}{2}(v'+iu')}{\sin\operatorname{am}\frac{1}{2}(v'-iu')+\sin\operatorname{am}\frac{1}{2}(v'+iu')}$$

$$(23.)\quad \operatorname{tg}\theta = i\operatorname{tg}\left(\frac{1}{4}\pi-\frac{1}{2}\operatorname{am}(v'-\Lambda)\right).\operatorname{tg}\left(\frac{1}{4}\pi-\frac{1}{2}\operatorname{am}(iu'+\Lambda)\right)$$

$$\operatorname{tg}\theta = i\operatorname{tg}\frac{1}{2}\left(\operatorname{am}\frac{1}{2}(v'-iu')-\operatorname{am}\frac{1}{2}(v'+iu')\right)\times$$

$$\times\operatorname{cotg}\frac{1}{2}\left(\operatorname{am}\frac{1}{2}(v'-iu')+\operatorname{am}\frac{1}{2}(v'+iu')\right)$$

$$e^{-2i\theta} = \frac{1-i\operatorname{tg}\theta}{1+i\operatorname{tg}\theta} = \frac{\sin\operatorname{am}\frac{1}{2}(v'-iu')}{\sin\operatorname{am}\frac{1}{2}(v'+iu')}$$

$$\sqrt{\lambda}\sin\operatorname{am}\frac{1}{2}(v'+iu') = e^{i\theta}\operatorname{tg}\frac{1}{2}\eta$$

$$\sqrt{\lambda}\sin\operatorname{am}\frac{1}{2}(v'-iu') = e^{-i\theta}\operatorname{tg}\frac{1}{2}\eta.$$

Die zu Anfang dieses Artikels eingeführten Grössen N und M sind offenbar immer reell und positiv. Da

$$L' = 1 - \frac{\left[\sin\operatorname{am}\frac{1}{2}(v'-iu'+2\Lambda)\right]^2}{\left[\sin\operatorname{am}\frac{1}{2}(v'+iu'+2i\Lambda')\right]^2}$$

ist und $\frac{1}{2}(v'-iu'+2\Lambda)$ nicht gleich

$$\pm\frac{1}{2}(v'+iu'+2i\Lambda')+2m\Lambda+2m'i\Lambda'$$

sein kann, so verschwindet L' nie, es wird nur unendlich für

$$\frac{1}{2}(v'+iu'+2i\Lambda') = 2m\Lambda+2m'i\Lambda'$$

oder

$$\frac{1}{2}(v'-iu'+2\Lambda) = i\Lambda'+2m\Lambda+2mi\Lambda',$$

also wenn gleichzeitig

$$v' = 2m\Lambda, \qquad u' = 2\Lambda'+4m'\Lambda'$$

ist. Das Zeichen des L in

$$L = (L'NM)^{-\frac{1}{2}}$$

wollen wir so annehmen, dass die Normale ν immer einen positiven Werth hat, so dass also die Zeichen von x, y, z denen von $\sin\eta\cos\theta$, $\sin\eta\sin\theta$, $\cos\eta$ beziehungsweise gleich sind.

Um die beiden Hälften jeder Hauptaxe von einander unterscheiden zu können, wollen wir die Hälfte, die mit einer positiven Coordinatenaxe zusammenfällt, die positive Halbaxe, die andere die negative nennen. Den Punkt, welchen jene positive Coordinatenaxe mit der Ellipsoidfläche gemein hat, bezeichnen wir als Endpunkt der positiven Halbaxe.

Berücksichtigt man, dass

$$\sin\operatorname{am}\frac{1}{2}i\Lambda' = i\sqrt{\frac{1}{\lambda}}, \qquad \sin\operatorname{am}\left(\Lambda-\frac{1}{2}i\Lambda'\right) = \sqrt{\frac{1}{\lambda}}$$

$$\cos\operatorname{am}\frac{1}{2}i\Lambda' = \sqrt{\frac{1+\lambda}{\lambda}}, \qquad \cos\operatorname{am}\left(\Lambda-\frac{1}{2}i\Lambda'\right) = i\sqrt{\frac{1-\lambda}{\lambda}}$$

$$\Delta\operatorname{am}\frac{1}{2}i\Lambda' = \sqrt{1+\lambda}, \qquad \Delta\operatorname{am}\left(\Lambda-\frac{1}{2}i\Lambda'\right) = \sqrt{1-\lambda}$$

ist, so ersieht man leicht, dass für den Endpunkt der positiven grossen Halbaxe

$$x = a, \qquad y = 0, \qquad z = 0$$
$$\sin\eta\cos\theta = 1, \qquad \sin\eta\sin\theta = 0, \qquad \cos\eta = 0$$
$$\varphi = \gamma, \qquad 1-\ \sin\operatorname{am} v = 0$$
$$\psi = \beta, \qquad 1-\lambda\sin\operatorname{am} u = 0$$
$$v = \Lambda+8m\Lambda, \qquad v' = 2\Lambda+8m\Lambda$$
$$u = \Lambda\pm i\Lambda'+4m'i\Lambda', \qquad u' = \pm\Lambda'+4m'\Lambda'$$

und für den Endpunkt der negativen grossen Halbaxe

$$x = -a, \qquad y = 0, \qquad z = 0$$
$$\sin\eta\cos\theta = -1, \qquad \sin\eta\sin\theta = 0, \qquad \cos\eta = 0$$
$$\varphi = \gamma, \qquad 1-\ \sin\operatorname{am} v = 0$$
$$\psi = \beta, \qquad 1-\lambda\sin\operatorname{am} u = 0$$
$$v = 5\Lambda+8m\Lambda, \qquad v' = -2\Lambda+8m\Lambda$$
$$u = \Lambda\pm i\Lambda'+4m'i\Lambda', \qquad u' = \pm\Lambda'+4m'\Lambda'$$

wird.

Für den Endpunkt der positiven mittleren Halbaxe ist

$$x = 0, \qquad y = b, \qquad z = 0$$
$$v = \Lambda\mp 2\Lambda+8m\Lambda, \qquad v' = 2\Lambda\mp 2\Lambda+8m\Lambda$$
$$u = \Lambda\pm i\Lambda'+4m'i\Lambda', \qquad u' = \pm\Lambda'+4m'\Lambda',$$

für den der negativen

$$x = 0, \qquad y = -b, \qquad z = 0$$
$$v = \Lambda\pm 2\Lambda+8m\Lambda, \qquad v' = 2\Lambda\pm 2\Lambda+8m\Lambda$$
$$u = \Lambda\pm i\Lambda'+4m'i\Lambda', \qquad u' = \pm\Lambda'+4m'\Lambda',$$

und es gelten nur die oberen oder nur die unteren Zeichen zugleich.

Dem Endpunkt der positiven kleinen Axe entsprechen die Werthe

$$x = 0, \quad y = 0, \quad z = c$$
$$v = \Lambda \pm 2\Lambda + 8m\Lambda, \quad v' = 2\Lambda \pm 2\Lambda + 8m\Lambda$$
$$u = \Lambda + 4m'i\Lambda', \quad u' = 4m'\Lambda',$$

dem der negativen

$$x = 0, \quad y = 0, \quad z = -c$$
$$v = \Lambda \pm 2\Lambda + 8m\Lambda, \quad v' = 2\Lambda \pm 2\Lambda + 8m\Lambda$$
$$u = \Lambda + 2i\Lambda' + 4m'i\Lambda', \quad u' = 2\Lambda' + 4m'\Lambda'.$$

In den Endpunkten der Hauptaxen nehmen φ und ψ die Werthe an, die sie nie überschreiten können, aber immer von einander verschiedene Werthe. Der gleiche Grenzwerth von φ und ψ ist γ, diesem entsprechen vier Punkte, die wir die Gipfel des Ellipsoids nennen wollen*). Der erste Gipfel sei derjenige Punkt, für welchen

$$x = a\frac{\gamma}{\beta}, \quad y = 0, \quad z = c\frac{\alpha}{\beta}$$
$$v = \Lambda + 8m\Lambda, \quad v' = 2\Lambda + 8m\Lambda$$
$$u = \Lambda + 4m'i\Lambda', \quad u' = 4m'\Lambda'$$

wird. Der zweite entspreche den Werthen

$$x = -a\frac{\gamma}{\beta}, \quad y = 0, \quad z = c\frac{\alpha}{\beta}$$
$$v = -3\Lambda + 8m\Lambda, \quad v' = -2\Lambda + 8m\Lambda$$
$$u = \Lambda + 4m'i\Lambda', \quad u' = 4m'\Lambda',$$

der dritte den Werthen

$$x = -a\frac{\gamma}{\beta}, \quad y = 0, \quad z = -c\frac{\alpha}{\beta}$$
$$v = -3\Lambda + 8m\Lambda, \quad v' = -2\Lambda + 8m\Lambda$$
$$u = \Lambda + 2i\Lambda' + 4m'i\Lambda', \quad u' = 2\Lambda' + 4m'\Lambda',$$

endlich sei der vierte derjenige Punkt, in welchem

$$x = a\frac{\gamma}{\beta}, \quad y = 0, \quad z = -c\frac{\alpha}{\beta}$$
$$v = \Lambda + 8m\Lambda, \quad v' = 2\Lambda + 8m\Lambda$$
$$u = \Lambda + 2i\Lambda' + 4m'i\Lambda', \quad u' = 2\Lambda' + 4m'\Lambda' \text{ wird.}$$

Für die Punkte des zur grossen und des zur kleinen Axe normalen

*) [Diese Punkte werden jetzt allgemein Nabelpunkte oder Kreispunkte genannt. H.]

Hauptschnitts wird beziehungsweise $\varphi = \text{const} = 0$, $v' = 4m\Lambda$ und $\psi = \text{const} = \beta$, $iu' = i\Lambda' + 2m'i\Lambda'$. Nicht für sämmtliche Punkte des zur mittleren Axe normalen Hauptschnitts wird eine der Grössen φ und ψ constant, sondern diese Linie besteht aus vier von den Gipfelpunkten begrenzten Theilen, für zwei von ihnen ist $\varphi = \gamma$, $v' = \pm 2\Lambda + 8m\Lambda$, für die beiden andern $\psi = \gamma$, $iu' = 4m'i\Lambda'$.

Eine Übersicht der Werthe von v' und iu' an den Hauptschnitten giebt nebenstehendes Schema

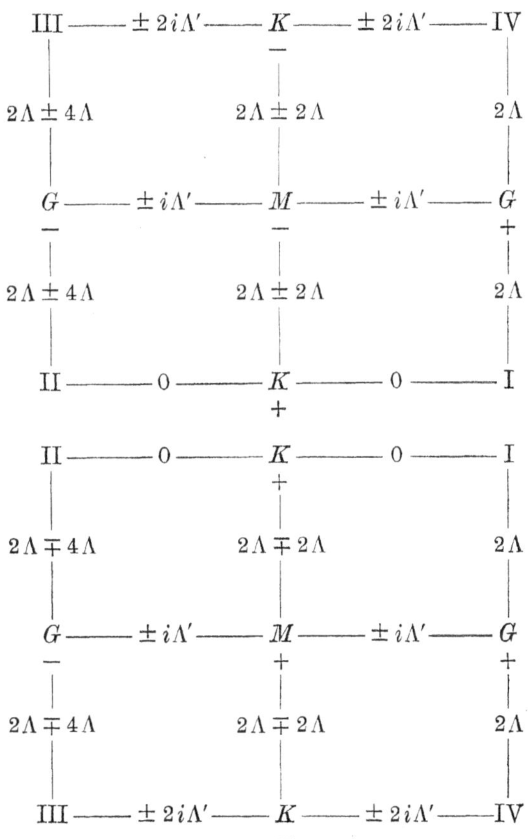

Es bezeichnen darin I, II, III, IV die vier Gipfelpunkte des Ellipsoids, $\underset{+}{G}$ und $\underset{-}{G}$ die Endpunkte der positiven und negativen grossen Halbaxe; entsprechende Bedeutung haben $\underset{+}{K}$, $\underset{-}{K}$ und $\underset{+}{M}$, $\underset{-}{M}$. Die zur grossen und kleinen

Axe normalen Hauptschnitte sind durch gerade Linien $\underset{++-}{KMK}$, $\underset{++-}{GMG}$ u. s. f. dargestellt, aber der zur mittleren Axe normale Hauptschnitt durch die gebrochene Linie $\underset{+}{G}\mathrm{I}\,\underset{+}{K}\mathrm{II}\,\underset{-}{G}\mathrm{III}\,\underset{-}{K}\mathrm{IV}$.

Die constanten Werthe, welche v', iu' für die Hauptschnitte annehmen, sind bis auf beliebige Vielfache von 8Λ und $4i\Lambda'$ in die entsprechenden Geraden eingetragen. In jeder der beiden von einander getrennt dargestellten Hälften des Ellipsoids gelten entweder nur die oberen oder nur die unteren Zeichen.

6.

Untersuchung einer besonderen Abbildung des Ellipsoids auf der Ebene.

Unter allen conformen Abbildungen des Ellipsoids auf der Ebene ist die einfachste die durch die Gleichung

$$X+iY = p+iq$$

gegebene, wobei die abstracte Einheit der Functionen p, q in die Längeneinheit multiplicirt gedacht wird. Die Curven grösster Krümmung, für deren Punkte p, also auch v constant ist, werden durch gerade, der Abscissenaxe X parallele Linien dargestellt und die Curven kleinster Krümmung, für welche q, also auch u constant ist, durch Gerade, die der Ordinatenaxe Y parallel sind.

Lassen wir in einem von den drei Hauptschnitten begrenzten achten Theile des Ellipsoids die Werthe von u und v sich stetig mit den Punkten der Fläche ändern, was nach den obigen Gleichungen zwischen den rechtwinkeligen Coordinaten x, y, z und u, v immer möglich ist, so wird dieser Ellipsoidoctant bei der genannten Übertragung auf die Ebene zu einem Rechteck mit den Seiten $\Lambda' K - \Lambda' \tilde{\omega} h'$ und $2\Lambda K$. In der Begrenzung des Octanten liegen drei Endpunkte der drei Hauptaxen und ein Gipfelpunkt, diese werden die vier Eckpunkte der Abbildung.

In dem Falle z. B., dass die Endpunkte der positiven Halbaxen in der Begrenzung liegen, kann man die Stetigkeit nur dann erreichen, wenn man für den zur grossen Axe normalen Hauptschnitt

$$v = \Lambda \mp 2\Lambda + 8m\Lambda, \qquad v' = 2\Lambda \mp 2\Lambda + 8m\Lambda,$$

für den vom Endpunkt der positiven grossen Axe ausgehenden Theil des zur mittleren Axe normalen Hauptschnitts

$$v = \Lambda + 8m\Lambda, \qquad v' = 2\Lambda + 8m\Lambda,$$

für den anderen zwischen dem Gipfelpunkte und dem Endpunkte der kleinen Axe liegenden Theil

$$u = \Lambda + 4m'i\Lambda', \qquad iu' = 4m'i\Lambda'$$

und für den zur kleinen Axe normalen Hauptschnitt

$$u = \Lambda \pm i\Lambda' + 4m'i\Lambda', \qquad iu' = \pm i\Lambda' + 4m'i\Lambda',$$

annimmt und entweder nur die beiden oberen oder die beiden unteren Zeichen in v und u gelten lässt. Diesen vier Curven entsprechen in der Abbildung vier gerade Linien, die ein Rechteck begrenzen. Die Werthe von p an den beiden Curven $v' = 2\Lambda \mp 2\Lambda + 8m\Lambda$, $v' = 2\Lambda + 8m\Lambda$ unterscheiden sich um $2\Lambda K$, also ist $2\Lambda K$ die Entfernung zwischen den einander parallelen Geraden, welche die Abbildungen jener Curven sind. Ebenso folgt, dass die Entfernung zwischen den einander parallelen Geraden, die den Curven $iu' = 4m'i\Lambda'$, $iu' = i\Lambda' + 4m'i\Lambda'$ entsprechen, $\Lambda'K - \Lambda'\bar{\omega}h'$ beträgt.

Da v und u in dem Ellipsoidoctanten stetig vorausgesetzt sind, so entspricht jedem Punkte in demselben ein System von Werthen der v, u, die bis auf ein für alle Punkte gleiches Vielfache von 8Λ und $4i\Lambda'$ vollständig bestimmt sind. Für jeden Werth des v nimmt p, also auch X nur einen einzigen Werth an, ebenso Y nur Einen Werth für ein bestimmtes u, also wird jeder Punkt des Ellipsoidoctanten auch nur durch Einen Punkt in der Ebene dargestellt. Die Übertragung des ebenen Rechtecks auf den Ellipsoidoctanten ist demnach eine einfache.

Es kann p, also auch X nicht für zwei verschiedene Werthe des v dieselbe Grösse sein, weil $\frac{dp}{dv}$ immer positiv ist, ebenso nimmt Y bei wachsenden u' beständig zu, erlangt also einen Werth nicht zum zweiten Male. Ein Punkt der Ebene entspricht demnach nicht mehreren, sondern höchstens nur Einem Punkte des Ellipsoidoctanten, das heisst, die Abbildung des Octanten auf der Ebene ist eine einfache.

Das Vergrösserungsverhältniss eines auf die Ebene übertragenen Längenelements der Ellipsoidoberfläche ist offenbar

$$\frac{\sqrt{dX^2 + dY^2}}{\sqrt{n(dp^2 + dq^2)}} = \frac{1}{\sqrt{n}} = \frac{1}{\sqrt{\psi\psi - \varphi\varphi}},$$

wenn die Einheit des Zählers die Längeneinheit bedeutet. Dieses Vergrösserungsverhältniss wird unendlich für den Gipfelpunkt, nimmt von dort nach allen Seiten hin beständig ab. Es nimmt auf der Begrenzung des Octanten von dem Gipfelpunkte nach den Endpunkten der grossen und kleinen Axe ab, und von hier aus $\left(\text{von den Werthen } \frac{1}{\alpha}, \frac{1}{\gamma}\right)$ nimmt es auf der Begrenzung noch weiter ab bis zum Endpunkt der mittleren Axe, wo es sein Minimum $\frac{1}{\beta}$ erlangt. Auf jeder Krümmungscurve nimmt das Vergrösserungsverhältniss von dem zur mittleren Axe normalen Hauptschnitte nach einem der beiden anderen Hauptschnitte ab.

Die Ellipsoidfläche werde nicht als eine einzelne Fläche, welche sie sein müsste, wenn man sie als Grenze des Ellipsoidkörpers definirt, sondern als eine Anzahl (m) von unmittelbar über einander liegenden Schichten betrachtet, die alle mit einander zusammenhängen, deren jede aber längs der von dem ersten nach dem vierten Gipfelpunkte und der von dem zweiten nach dem dritten Gipfelpunkte gezogenen kürzesten Linie (des zur mittleren Axe normalen Hauptschnitts) durchschnitten ist, so dass also die Ellipsoidfläche als ein, um den Ellipsoidkörper m mal herumgewickelter, doppelt gekrümmter Flächenstreif erscheint. Dieser Vorstellungsweise entspricht die Annahme, dass auf jeder Curve, für welche u' constant ist und welche sich von einer der genannten Durchschnittslinie bis zur anderen erstreckt, v sich stetig ändert, dass wenn man in einem bestimmten Sinne auf einer Curve fortschreitet, für welche v constant ist, u' beständig und stetig entweder nur zu- oder nur abnimmt, also wenn man das Ellipsoid m mal umgangen und wieder auf denselben Punkt der Oberfläche gekommen ist, von wo man ausgegangen, iu' um $4mi\Lambda'$ sich geändert hat. In den beiden Theilen unseres Schema werden zugleich entweder nur die oberen oder nur die unteren Zeichen zu nehmen und die hinzuzufügenden positiven oder negativen Vielfachen von 8Λ und $4i\Lambda'$ der Stetigkeit entsprechend zu bestimmen sein.

Wie leicht zu ersehen, giebt die nach der obigen Regel ausgeführte conforme Übertragung einer solchen Ellipsoidfläche auf die Ebene ein Rechteck von der Breite $4\Lambda K$ und der Länge $4m\Lambda'K - 4m\Lambda'\tilde{\omega}h'$.

Ganz dieselben Betrachtungen haben Statt für die Abbildung der Ellipsoidfläche, die aus m Schichten besteht, von denen jede längs des Theiles des zur mittleren Axe normalen Hauptschnitts, der vom ersten zum zweiten

Gipfelpunkte und vom dritten zum vierten sich erstreckt, durchschnitten ist. In dem einen Theile unseres Schema werden die oberen Zeichen, im anderen die unteren zu nehmen sein.

7.

Über einige conforme Abbildungen, die den einfachsten Abbildungen der Rotationsellipsoide entsprechen.

Die in dem vorhergehenden Artikel untersuchte Übertragung des dreiaxigen Ellipsoids auf die Ebene eignet sich besonders, um eine Übersicht der Abbildung der ganzen Ellipsoidfläche zu erhalten. In diesem Artikel wollen wir zwei conforme Abbildungen des dreiaxigen Ellipsoids in der Ebene aufstellen, die der stereographischen und der Mercator-Projection der Kugel auf eine Ebene in gewissen Beziehungen entsprechen.

Unter den conformen Abbildungen des Rotationsellipsoids in der Ebene besitzt diejenige, welche der stereographischen Projection der Kugel auf die Ebene analog ist, die characteristische Eigenschaft, dass die Meridiane (die Curven grösster Krümmung bei einem abgeplatteten Ellipsoid) durch gerade Linien dargestellt werden, und die Parallelkreise (die Curven kleinster Krümmung) durch concentrische Kreise, deren Mittelpunkt mit dem gemeinschaftlichen Durchschnittspunkte der die Meridiane darstellenden Geraden zusammenfällt. Den orthogonalen Projectionen dieser Curven auf die Äquatorebene kommt dieselbe Eigenschaft zu, aber bekanntlich ist diese Projection keine conforme Abbildung.

Nach Monge sind die orthogonalen Projectionen der Curven grösster und kleinster Krümmung des dreiaxigen Ellipsoids auf eine zur kleinen Axe normale Ebene Hyperbeln und Ellipsen, deren Axen in den Projectionen der beiden durch den Endpunkt der kleinen Ellipsoidaxe gehenden Hauptschnitte liegen. Eine der stereographischen Projection entsprechende Abbildung des dreiaxigen Ellipsoids würde also eine solche sein, bei der die Curven grösster Krümmung, für welche φ und p constante Grössen sind, zu Hyperbeln und die Curven kleinster Krümmung, für welche ψ und q constant sind, zu Ellipsen werden, deren Axen auf einander und auf denen der Hyperbeln liegen.

Confocale Ellipsen und Hyperbeln durchschneiden sich überall rechtwinkelig und lassen sich so anordnen, dass sie die Ebene in beliebig kleine

Quadrate theilen; sie besitzen also die Eigenschaft, dass es Functionen P, Q der Coordinaten giebt, von denen immer eine für die Punkte jeder einzelnen Ellipse und Hyperbel constant ist, und die das Quadrat des Längenelements in der Ebene durch die Formel $N(dP^2+dQ^2)$ ausdrücken.

In der That, bezeichnen wir mit E den Abstand eines der beiden Brennpunkte vom Mittelpunkte, mit $E\cos P$ die reelle Halbaxe einer Hyperbel, mit $E\cos iQ$ die grosse Halbaxe einer Ellipse, und mit X, Y die rechtwinkeligen Coordinaten des Durchschnittspunktes der Ellipse (Q) und der Hyperbel (P), so sind P und iQ die Wurzeln R der Gleichung

$$\frac{XX}{EE\cos R^2} - \frac{YY}{EE\sin R^2} = 1,$$

und daher ist

$$\begin{aligned}
X &= E\cos P\cos iQ \\
Y &= Ei\sin P\sin iQ \\
X+iY &= E\cos(P+iQ) \\
X-iY &= E\cos(P-iQ) \\
dX^2+dY^2 &= EE\sin(P+iQ)\sin(P-iQ)(dP^2+dQ^2).
\end{aligned}$$

Die conforme Abbildung, welche die Gleichungen

$$P+iQ = (p+iq)C'+C'' \tag{24.}$$

$$X+iY = E\cos(P+iQ) \tag{25.}$$

bestimmen, worin C', so wie E eine reelle, C'' eine ganze beliebige Constante bedeutet, hat also die verlangten Eigenschaften, indem die Curven, für welche entweder p oder q constant ist, durch confocale Hyperbeln und Ellipsen in der Ebene X, Y dargestellt werden.

Der Mercator-Projection entspricht eine conforme Abbildung des Rotationsellipsoids auf der Ebene mit der Characteristik, dass ein Parallelkreis (eine Curve kleinster Krümmung auf dem abgeplatteten Rotationsellipsoid) eine gerade Linie in der Ebene wird, und die Theile desselben ihre Längen bei der Abbildung nicht ändern.

Die von einem festen Punkte gezählte Länge s auf einer Curve kleinster Krümmung, für welche ψ, q, u beziehungsweise die constanten Werthe

ψ_1, q_1, u_1 annehmen, ist nach (6.)

$$s = \int \sqrt{\psi_1\psi_1 - \varphi\varphi}\, dp$$

oder

$$s = \int \frac{\sqrt{(\psi_1\psi_1 - \varphi\varphi)(aa - \varphi\varphi)}}{\sqrt{(\beta\beta - \varphi\varphi)(\gamma\gamma - \varphi\varphi)}}\, d\varphi,$$

wenn als untere und obere Grenze dieses Integrals die beiden Werthe von φ genommen werden, die dem festen und dem veränderlichen Punkte entsprechen. Bezeichnen wir mit w die complexe Grösse, die ebenso von $p+iq-iq_1$ abhängt wie v von p, also durch die Gleichung

$$(26.)\qquad p+iq = \text{const} + Kw + \frac{1}{4i}\log\frac{\Theta(w+ih')\,\Theta(\Lambda) + \mathrm{H}(w+ih')\,\mathrm{H}(\Lambda)}{\Theta(w-ih')\,\Theta(\Lambda) + \mathrm{H}(w-ih')\,\mathrm{H}(\Lambda)}$$

bestimmt wird, deren Integrationsconstante auf die Weise von denen in Gleichung (16.) und (17.) abhängt, dass u für $w = v$ den Werth u_1 annimmt; bezeichnen wir ferner mit Φ die complexe Grösse, die ebenso von w abhängt wie φ von v, also durch die Gleichung

$$\frac{\Phi\Phi}{\gamma\gamma - \Phi\Phi} = \frac{1+\lambda\sin\operatorname{am} h}{1-\lambda\sin\operatorname{am} h}\,\frac{1+\sin\operatorname{am} w}{1-\sin\operatorname{am} w}$$

oder

$$\frac{\Phi\Phi}{\gamma\gamma - \Phi\Phi} = -\operatorname{tg}\left(\frac{1}{4}\pi + \frac{1}{2}\operatorname{am}(h+i\Lambda', \lambda)\right)^2 \operatorname{tg}\left(\frac{1}{4}\pi + \frac{1}{2}\operatorname{am}(w, \lambda)\right)^2$$

gegeben ist; und endlich mit S den complexen Werth des Integrals, durch welches s bestimmt wird, wenn man als obere veränderliche Grenze Φ statt φ setzt, so ergiebt die Formel

$$X + iY = S$$

eine solche conforme Übertragung des dreiaxigen Ellipsoids auf die Ebene X, Y, bei welcher die Curve $u = u_1$ auf die X-Axe fällt, und weder eine Verlängerung noch eine Verkürzung ihrer Theile erleidet.

Ist die Curve kleinster Krümmung der zur kleinen Axe normale Hauptschnitt, so wird $\psi_1 = \beta$ und, wenn wir

$$\frac{\gamma}{a} = \varkappa,$$

$$\varphi = \gamma \quad \sin\operatorname{am}(w', \varkappa),$$

also

$$\gamma\gamma - \varphi\varphi = \gamma\gamma \cos \operatorname{am}(w', \varkappa)^2,$$
$$aa - \varphi\varphi = aa\ \Delta \operatorname{am}(w', \varkappa)^2$$

(27.) $$\operatorname{tg}\operatorname{am}(w', \varkappa) = i \operatorname{tg}\left(\frac{1}{4}\pi + \frac{1}{2}\operatorname{am}(h + i\Lambda', \lambda)\right)\operatorname{tg}\left(\frac{1}{4}\pi + \frac{1}{2}\operatorname{am}(w, \lambda)\right)$$

setzen,

$$X + iY = S = \int a\, \Delta \operatorname{am}(w', \varkappa)^2 dw'$$

oder

(28.) $$X + iY = \text{const} + a\frac{\Theta(0, \varkappa) - \Theta''(0, \varkappa)}{\Theta(0, \varkappa)} w' + a\frac{\Theta'(w', \varkappa)}{\Theta(w', \varkappa)}.$$

Diese Gleichung (28.) verbunden mit der Gleichung (27.) zwischen w' und w und der Gleichung (26.) für $p+iq$ ergiebt die Übertragung, bei welcher die Theile des zur kleinen Axe normalen Hauptschnitts auf eine zur **X**-Axe parallele Gerade fallen und ihre Länge nicht ändern. Wie leicht zu sehen, unterliegen die Integrationsconstanten in den Ausdrücken (16.), (17.), (26.) für p, q, $p+iq$ der Beschränkung, dass, wenn u den Werth annimmt, welcher dem zur kleinen Axe normalen Hauptschnitte entspricht, w gleich v werden muss.

8.

Conforme Abbildung des Rotationsellipsoids auf der Ebene.

Wird die mittlere Axe b gleich der grossen Axe a, so geht das dreiaxige Ellipsoid in ein abgeplattetes Sphäroid über, dessen halbe Axe c ist und dessen Äquator den Radius a hat. Die Excentricitäten α, β der durch die kleine Axe gehenden Hauptschnitte werden einander gleich, also verschwindet der Modul λ

$$\lambda = \frac{b\beta - a\alpha}{b\beta + a\alpha}$$

und die Amplituden unterscheiden sich nicht von ihren Argumenten. Für die Gleichungen (22.), (23.)

$$\cos\eta = -\operatorname{tg}\left(\frac{1}{4}\pi - \frac{1}{2}\operatorname{am}(v' - \Lambda + i\Lambda')\right)\operatorname{tg}\left(\frac{1}{4}\pi - \frac{1}{2}\operatorname{am}(iu' + \Lambda + i\Lambda')\right),$$
$$\operatorname{tg}\theta = i\operatorname{tg}\left(\frac{1}{4}\pi - \frac{1}{2}\operatorname{am}(v' - \Lambda)\right)\operatorname{tg}\left(\frac{1}{4}\pi - \frac{1}{2}\operatorname{am}(iu' + \Lambda)\right)$$

können wir demnach auch

$$\cos\eta = \operatorname{tg}\operatorname{am}\frac{1}{2}(2\Lambda - i\Lambda' - v')\operatorname{tg}\operatorname{am}\frac{1}{2}(i\Lambda' + iu')$$

$$\operatorname{tg}\theta = -i\operatorname{tg}\operatorname{am}\frac{1}{2}(2\Lambda - v')\operatorname{tg}\operatorname{am}\frac{1}{2}iu'$$

setzen. Da die erste Seite der Gleichung

$$\frac{\psi\psi - \beta\beta}{\psi\psi - aa} = \frac{\alpha\beta}{ab}\,\frac{1-\lambda\sin\operatorname{am}u}{1+\lambda\sin\operatorname{am}u}$$

nicht constant ist, so muss $\lambda\sin\operatorname{am}u$ im Allgemeinen von Null verschieden, also $u - \Lambda + i\Lambda' = iu' + i\Lambda'$ eine endliche Grösse sein, während Λ' für $\lambda = 0$ unendlich wird.

Für $\lambda = 0$ ist

$$\lambda\sin\operatorname{am}\frac{1}{2}(v' - i\Lambda') = 0$$

$$\lambda\sin\operatorname{am}\frac{1}{2}(iu' + 2i\Lambda') = 0,$$

weil v' reell und $iu' + i\Lambda'$ nicht unendlich, daher

$$\operatorname{tg}\operatorname{am}\frac{1}{2}(2\Lambda - i\Lambda' - v') = -\frac{i}{\lambda'}\Delta\operatorname{am}\frac{1}{2}(v' - i\Lambda') = -i$$

$$\operatorname{tg}\operatorname{am}\frac{1}{2}iu' = \frac{-i}{\Delta\operatorname{am}\frac{1}{2}(iu' + 2i\Lambda')} = -i$$

und

$$\cos\eta = -i\operatorname{tg}\frac{1}{2}(iu' + i\Lambda'), \qquad \frac{1-\cos\eta}{1+\cos\eta} = e^{-u'-\Lambda'}$$

$$\operatorname{tg}\theta = \operatorname{tg}\frac{1}{2}(\pi - v')$$

$$\theta = \frac{1}{2}\pi - \frac{1}{2}v' = \frac{1}{4}\pi - \frac{1}{2}v.$$

Für $\lambda = 0$ ist ferner

$$\Lambda = \frac{1}{2}\pi$$

$$r = 0$$

und, wenn u reell oder doch endlich,

$$\Theta(u) = 1, \qquad \Theta'(u) = 4r\sin 2u$$

$$\mathrm{H}(u) = 2\sqrt[4]{r}\sin u;$$

aus der Gleichung (15.)

$$K = \frac{1}{2i}\operatorname{tg}\left(\frac{1}{4}\pi+\frac{1}{2}\operatorname{am}h\right)\Delta\operatorname{am}h - \frac{1}{2i}\,\frac{\Theta'(h)}{\Theta(h)}$$

wird daher

$$K = \frac{1}{2i}\operatorname{tg}\left(\frac{1}{4}\pi+\frac{1}{2}\operatorname{am}h\right) = \frac{i}{2}\operatorname{cotg}\frac{ih'}{2} = \frac{1}{2}\sqrt{\frac{ab}{\alpha\beta}} = \frac{1}{2}\,\frac{a}{\alpha},$$

und die Gleichung (16.)

$$p = \text{const} + Kv + \frac{1}{4i}\log\frac{\Theta(v+ih')\,\Theta(\Lambda)+\mathrm{H}(v+ih')\,\mathrm{H}(\Lambda)}{\Theta(v-ih')\,\Theta(\Lambda)+\mathrm{H}(v-ih')\,\mathrm{H}(\Lambda)}$$

vereinfacht sich zu

$$(29.)\qquad p = \text{const}+Kv = \text{const}-\frac{a}{\alpha}\,\theta.$$

Es ist

$$ie^{\tilde\omega(\Lambda+iu'+ih')^2}\left[\Theta(\Lambda+iu'+ih')\,\Theta(\Lambda)+\mathrm{H}(\Lambda+iu'+ih')\,\mathrm{H}(\Lambda)\right]$$
$$= e^{\tilde\omega(\Lambda+iu'+i\Lambda'+ih')^2}\left[\mathrm{H}(\Lambda+iu'+i\Lambda'+ih')\,\Theta(\Lambda)+\Theta(\Lambda+iu'+i\Lambda'+ih')\,\mathrm{H}(\Lambda)\right];$$

für die Gleichung (17.)

$$q = \text{const}+Ku'-\frac{1}{4}\log\frac{\Theta(\Lambda+iu'+ih')\,\Theta(\Lambda)+\mathrm{H}(\Lambda+iu'+ih')\,\mathrm{H}(\Lambda)}{\Theta(\Lambda+iu'-ih')\,\Theta(\Lambda)+\mathrm{H}(\Lambda+iu'-ih')\,\mathrm{H}(\Lambda)}$$

können wir daher auch

$$q = \text{const}+K(u'+\Lambda')-\frac{1}{4}\log\frac{\mathrm{H}(\Lambda+iu'+i\Lambda'+ih')\,\Theta(\Lambda)+\Theta(\Lambda+iu'+i\Lambda'+ih')\,\mathrm{H}(\Lambda)}{\mathrm{H}(\Lambda+iu'+i\Lambda'-ih')\,\Theta(\Lambda)+\Theta(\Lambda+iu'+i\Lambda'-ih')\,\mathrm{H}(\Lambda)}$$

setzen. Aus dieser wird für $\lambda = 0$, weil $u'+\Lambda'$ endlich ist,

$$q = \text{const}+K(u'+\Lambda')-\frac{1}{4}\log\frac{1+\sin\left(\frac{1}{2}\pi+iu'+i\Lambda'+ih'\right)}{1+\sin\left(\frac{1}{2}\pi+iu'+i\Lambda'-ih'\right)}$$

$$q = \text{const}+K(u'+\Lambda')-\frac{1}{2}\log\frac{\cos\frac{1}{2}(iu'+i\Lambda'+ih')}{\cos\frac{1}{2}(iu'+i\Lambda'-ih')}$$

$$q = \text{const}+K(u'+\Lambda')-\frac{1}{2}\log\frac{1-\operatorname{tg}\frac{1}{2}ih'\operatorname{tg}\frac{1}{2}(iu'+i\Lambda')}{1+\operatorname{tg}\frac{1}{2}ih'\operatorname{tg}\frac{1}{2}(iu'+i\Lambda')}$$

$$(30.)\qquad q = \text{const} + \frac{a}{\alpha}\log\left\{\operatorname{cotg}\frac{1}{2}\eta\left(\frac{1-\frac{\alpha}{a}\cos\eta}{1+\frac{\alpha}{a}\cos\eta}\right)^{\frac{\alpha}{2a}}\right\}.$$

Diese Functionen p und q in (29.) und (30.) hat schon Lambert be der conformen Abbildung des abgeplatteten Sphäroids angewandt. Die entsprechenden Functionen für ein verlängertes Sphäroid erhält man aus jenen, wenn man a kleiner als c, und α imaginär annimmt. Will man aus den allgemeinen Formeln diejenigen für ein verlängertes Sphäroid unmittelbar ableiten, so hat man

$$b = c,\qquad \beta = \gamma,\qquad \alpha = 0,\qquad \lambda = 1,\qquad \sin\operatorname{am} h = 1$$

$$\operatorname{tg}\operatorname{am}(h', \lambda') = i\frac{\cos\operatorname{am}(h, \lambda)}{\Delta\operatorname{am}(h, \lambda)} = \frac{a\beta + b\alpha}{ab - \alpha\beta} = \frac{\beta}{b}$$

$$\sin\eta\cos\theta = \cos\eta'$$

$$\sin\eta\sin\theta = \sin\eta'\cos\theta'$$

$$\cos\eta = \sin\eta'\sin\theta'$$

zu setzen und die elliptischen Functionen mit dem Modul λ in solche mit dem Modul λ' zu verwandeln. Geht man dann auf dieselbe Weise wie so eben für λ zur Grenze $\lambda' = 0$ über, so erhält man die bekannten Functionen von θ' und η' für die conformen Abbildungen der verlängerten Sphäroide.

[ZUSÄTZE UND BERICHTIGUNGEN.

S. 51 Zeile 8 von oben: Die genannte Abhandlung ist abgedruckt in Gauss' Werken, Bd. IV, S. 189–216.

S. 59 Zeile 3 von oben: statt Bd. I lies (B.) (I.).

S. 68 Zeile 11 von unten: statt $\mathrm{H}(\Lambda+ih')+\Theta(\Lambda)+\Theta(\Lambda+ih')\mathrm{H}(\Lambda)$
lies $\mathrm{H}(\Lambda+ih')\Theta(\Lambda)+\Theta(\Lambda+ih')\mathrm{H}(\Lambda)$.

S. 72 Zeile 13 von unten: statt $i\Lambda'+2m\Lambda+2mi\Lambda'$
lies $i\Lambda'+2m\Lambda+2m'i\Lambda'$.]

IV.

THÉORÈMES RELATIFS AUX FORMES BINAIRES QUADRATIQUES QUI REPRÉSENTENT LES MÊMES NOMBRES.

[Liouville's Journal de Mathématiques pures et appliquées, 2. série, t. IV, p. 253—270, Paris 1859.]

Les deux théorèmes de M. Dirichlet, l'un d'après lequel toute progression arithmétique dont le premier terme et la raison sont des entiers sans diviseur commun, contient une infinité de nombres premiers (Mémoires de l'Académie de Berlin, année 1837, et Journal de M. Liouville, 1. série, t. IV, p. 393)*), et l'autre, qui concerne la possibilité d'exprimer des nombres premiers par toute forme binaire quadratique proprement primitive (Comptes rendus de l'Académie de Berlin, année 1840, p. 49, et Journal de Crelle t. XXI, p. 98)**), sont d'une grande utilité dans l'arithmétique supérieure. Au moyen de ces propositions, on peut prouver le théorème remarqué, mais non démontré, par Legendre (dans sa Théorie des nombres, 3. édition, t. I, p. 237), d'après lequel une forme, qui représente tous les nombres représentés par une autre forme, contient cette dernière. La démonstration du théorème que je viens d'énoncer et qui n'éprouve des exceptions que dans des cas particuliers, fera le sujet du présent Mémoire.

Théorème I. — Si la forme $axx+2bxy+cyy$ de l'ordre o, de déterminant d et de la $e^{\text{ième}}$ espèce, représente tous les nombres qui

*) [Dirichlet's Werke, Bd. 1, S. 313—342.]

**) [Dirichlet's Werke, Bd. 1, S. 497—502.]

peuvent être représentés par la forme $AXX+2BXY+CYY$ de l'ordre O, de déterminant D et de la $E^{\text{ième}}$ espèce, $\frac{EO}{eo}$ sera entier et $\frac{EED}{eed}$ sera un nombre carré entier.

1°. On a $\frac{EO}{eo}$ entier.

Pour abréger, nous désignerons une forme

$$AXX+2BXY+CYY, \quad axx+2bxy+cyy$$

par (A, B, C), (a, b, c), quand nous ne parlerons pas des valeurs des indéterminées X, Y, x, y. D'après la définition de l'ordre O et de la $E^{\text{ième}}$ espèce d'une forme (A, B, C), le nombre O est le plus grand diviseur commun de A, B et C; mais EO est celui de A, $2B$ et C de manière que E est égal à 1 ou 2 suivant que la forme $\left(\frac{A}{O}, \frac{B}{O}, \frac{C}{O}\right)$ est proprement ou improprement primitive. Dans l'article 228 des Disquisitiones Arithmeticae auctore Gauss*), il est démontré qu'on peut représenter par une forme primitive $\left(\frac{A}{O}, \frac{B}{O}, \frac{C}{O}\right)$ un nombre impair ou pair (suivant que la forme est proprement $(E=1)$ ou improprement $(E=2)$ primitive) qui n'ait d'autre diviseur commun avec un nombre donné eo que E. Soit En un tel nombre représenté par $\left(\frac{A}{O}, \frac{B}{O}, \frac{C}{O}\right)$, on pourra représenter le nombre EOn par la forme (A, B, C), et comme nous avons supposé que tous les nombres qui peuvent être représentés par la forme (A, B, C) peuvent l'être aussi par (a, b, c), le nombre EOn sera représenté aussi par cette dernière forme. Tous les nombres représentés par (a, b, c) étant divisibles par eo, le nombre EOn le sera aussi, mais comme n n'a pas de diviseur commun avec eo, celui-ci doit être diviseur de EO.

Les formes $\left(\frac{Ea}{o}, \frac{Eb}{o}, \frac{Ec}{o}\right)$ et $\left(\frac{EA}{o}, \frac{EB}{o}, \frac{EC}{o}\right)$ ayant entre eux le même rapport que (a, b, c) et (A, B, C), nous ne considérerons que les premières, ou plutôt nous supposerons que pour la forme (a, b, c), les nombres e et o soient tels, qu'on ait

$$eo = 1 \quad \text{ou} \quad eo = E.$$

2°. Les deux déterminants d et D sont entre eux comme des nombres carrés.

Pour prouver cela, nous nous appuyons sur ce lemme:

Si deux nombres d et D ne sont pas entre eux comme des nombres

*) [Gauss' Werke, Bd. 1, S. 229.]

carrés et qu'aucun des deux ne soit carré, il y aura des nombres par rapport auxquels l'un D est résidu, l'autre d non résidu quadratique.

Soient q et Q les plus grands carrés qui divisent d et D, θ le plus grand diviseur commun des nombres $\frac{d}{q}$ et $\frac{D}{Q}$, et enfin

$$d = q\theta\theta', \qquad D = Q\theta\theta'',$$

en prenant θ positif si l'un des nombres d, D est positif, et θ négatif si tous deux sont négatifs. Les nombres θ, θ', θ'' seront premiers entre eux, aucun ne sera divisible par un carré et deux parmi eux ne seront pas ensemble égaux à $+1$ ou à -1 et non plus négatifs.

Si θ' diffère de ± 1 et de ± 2, il y aura un nombre premier p qui ne divise ni q ni Q et remplit les conditions $\theta'\mathrm{N}p$, $\theta\mathrm{R}p$, $\theta''\mathrm{R}p$ et par conséquent aussi celles-ci $d\mathrm{N}p$, $D\mathrm{R}p$, où les caractères R et N indiquent que le nombre précédent est résidu ou non résidu quadratique par rapport au suivant p. En effet, d'après la loi de réciprocité, tous les nombres premiers de la forme $8n+1$ et congrus à certains nombres par rapport au module θ' sont non diviseurs quadratiques de θ', et tous les nombres premiers de la forme $8n+1$ et congrus à certains nombres par rapport au module θ sont diviseurs quadratiques de θ. Donc θ et θ' n'ayant aucun diviseur commun, tous les nombres premiers p de la forme $8n+1$ qui sont congrus à certains nombres par rapport au module $\theta\theta'$, rempliront les conditions $\theta'\mathrm{N}p$, $\theta\mathrm{R}p$. De même on trouve que tous les nombres premiers p congrus à certains nombres par rapport au module $8\theta\theta'\theta''$ remplissent les conditions $\theta'\mathrm{N}p$, $\theta\mathrm{R}p$, $\theta''\mathrm{R}p$. Mais il y a, comme M. Dirichlet l'a démontré, une infinité de nombres premiers qui sont congrus à un nombre donné par rapport à un module donné, si le module et le nombre donné sont premiers entre eux. Cette condition étant remplie dans notre cas, il y aura une infinité de nombres premiers p pour lesquels on a $\theta\mathrm{R}p$, $\theta'\mathrm{N}p$, $\theta''\mathrm{R}p$. Parmi eux il y en a qui sont plus grands que q et Q et ainsi ne divisent pas d et D: ils seront diviseurs quadratiques de D, mais non pas de d. De même manière, on démontre que, si θ' est égal à -1 ou à ± 2, il y a des nombres premiers respectivement de la forme $8n+7$ ou $8n+5$ qui remplissent les conditions mentionnées.

Si θ' est égal à $+1$, on peut démontrer d'une manière analogue qu'il y a des nombres premiers qui sont plus grands que q et Q et pour lesquels on a $\theta \mathrm{N} p$, $\theta' \mathrm{R} p$, $\theta'' \mathrm{N} p$ et par suite $d \mathrm{N} p$, $D \mathrm{R} p$.

En revenant à notre théorème, supposons que les déterminants d et D ne sont pas entre eux comme des nombres carrés et que le nombre premier impair p soit diviseur quadratique de D et non diviseur quadratique de d, en excluant de nos recherches les déterminants qui sont carrés. En désignant par r et s deux nombres entiers qui satisfassent à l'équation

$$rr = D + ps,$$

nous aurons une forme (p, r, s) de déterminant D par laquelle nous pourrons représenter le nombre premier p. La composition de la forme $(p, -r, s)$ et de (A, B, C) produit une autre forme φ qui sera de l'ordre O et de la $E^{\text{ième}}$ espèce (article 245 des Disquisitiones Arithmeticae)*), et par laquelle on peut représenter un nombre n qui n'est pas divisible par p, comme nous avons supposé que p ne divise pas $2D$ et conséquemment non plus EO. Cela résulte immédiatement de l'article 228 des Disquisitiones Arithmeticae, d'après lequel une forme primitive représente aussi des nombres non divisibles par un nombre donné premier impair. La composition des deux formes proprement primitives et opposée l'une à l'autre (p, r, s) et $(p, -r, s)$ donnant la forme principale $(1, 0, -D)$ d'après l'article 243 des Disquisitiones Arithmeticae**), la forme (A, B, C) sera composée des trois formes (p, r, s), $(p, -r, s)$, (A, B, C) et par suite la composée de (p, r, s) et de φ. D'après l'article 242 des Disquisitiones Arithmeticae***), on peut représenter par une forme le produit des nombres qui peuvent être représentés par d'autres formes dont la première est composée. La forme (A, B, C) représentera ainsi le produit pn, dont le premier facteur p peut être représenté par (p, r, s) et le second n par φ. Mais n n'étant pas divisible par p, et p étant non-diviseur quadratique de d, le nombre pn ne pourra être représenté par aucune forme de déterminant d et ainsi non plus par (a, b, c). En effet, supposons que cette forme représente pn et désignons par m le plus grand diviseur commun des indéterminées x, y, dans cette représentation, le produit pn sera divisible par mm, et comme

*) [Gauss' Werke, Bd. 1, S. 267.]
**) [Gauss' Werke, Bd. 1, S. 263.]
***) [Gauss' Werke, Bd. 1, S. 261.]

p ne divise pas n, ce dernier doit être divisible par mm; donc

$$\frac{n}{mm} = n' \text{ un nombre entier.}$$

De la représentation de pn, on déduit immédiatement une représentation de pn' dans laquelle les valeurs des indéterminées n'ont pas de diviseur commun, mais une telle représentation n'est pas possible d'après l'article 154 des Disquisitiones Arithmeticae*), parce que pn' est non diviseur quadratique de d. Donc le nombre pn ne peut pas être représenté par la forme (a, b, c), et c'est pourquoi notre supposition que d et D ne sont pas entre eux comme des carrés n'est pas admissible.

3°. Si le déterminant D est divisible par le nombre premier impair p et que l'exposant de sa puissance la plus élevée qui divise l'ordre O ou l'exposant de celle qui divise le déterminant D soit impair, le déterminant d ne sera pas divisible par une puissance plus élevée de p que celle qui divise le déterminant D.

Désignons par p^ν la puissance la plus élevée de p qui divise l'ordre O. La forme $\left(\frac{A}{p^\nu}, \frac{B}{p^\nu}, \frac{C}{p^\nu}\right)$ dont les coefficients ne sont pas tous divisibles par p représente aussi un nombre n qui ne contient pas le nombre p comme diviseur; ainsi la forme (A, B, C) représente le nombre np^ν. Si ν est impair, cela suffira pour notre but; mais si ν est pair, nous chercherons un autre nombre représenté par (A, B, C). En désignant par $p^{2\nu+\mu}$ la puissance la plus élevée qui divise D, nous décomposerons la forme $\left(\frac{A}{p^\nu}, \frac{B}{p^\nu}, \frac{C}{p^\nu}\right)$ dans la forme proprement primitive

$$\left(p^\mu,\ 0,\ \frac{-D}{p^{2\nu+\mu}}\right)$$

et dans une autre (A', B', C') dont les coefficients ne seront pas tous divisibles par p, ce qui est toujours possible d'après l'article 249 des Disquisitiones Arithmeticae**). Cette dernière forme représentant aussi un nombre m non divisible par p, la forme $\left(\frac{A}{p^\nu}, \frac{B}{p^\nu}, \frac{C}{p^\nu}\right)$ représentera mp^μ, et la forme (A, B, C) le nombre $mp^{\nu+\mu}$. Comme nous avons supposé $2\nu+\mu$ impair et ν pair, l'exposant $\nu+\mu$ sera impair. Dans ces deux cas (ν impair ou pair), on peut donc

*) [Gauss' Werke, Bd. 1, S. 121.]

**) [Gauss' Werke, Bd. 1, S. 272.]

représenter par (A, B, C) un nombre lp^{λ} qui n'est pas divisible par une plus grande puissance de p que p^{λ}, dont l'exposant λ est impair et $\leqq 2\nu+\mu$.

Comme lp^{λ} doit être représenté aussi par la forme (a, b, c), il y aura des nombres entiers x, y qui satisfont à l'équation

$$lp^{\lambda} = axx+2bxy+cyy.$$

L'ordre o de la forme (a, b, c) étant égal à 1 ou à 2, il sera permis de supposer a non divisible par p, car cette forme représentant aussi des nombres non divisibles par p (d'après l'article 228 des Disquisitiones Arithmeticae), il y aura nécessairement, parmi les formes proprement équivalentes à (a, b, c) des formes dont le premier coefficient n'est pas divisible par p; mais les formes équivalentes représentent les mêmes nombres, ainsi l'une peut être remplacée par l'autre. En multipliant l'équation par a nous aurons

$$alp^{\lambda} = (ax+by)^2-dyy.$$

Comme λ est impair et al non divisible par p, cette équation ne peut avoir lieu, si d est divisible par $p^{\lambda+1}$; mais D est divisible par $p^{2\nu+\mu}$ et $\lambda \leqq 2\nu+\mu$, donc d n'est pas divisible par une puissance plus élevée de p que celle qui divise le déterminant D.

4°. Si le nombre premier impair p divise le déterminant D, et que les exposants des plus grandes puissances qui divisent D et O soient zéro ou pairs, le déterminant d ne sera pas divisible par une puissance plus élevée de p que celle qui divise le déterminant D.

Discutons d'abord le cas $a\mathrm{N}p$.

Si nous désignons par $p^{2\nu}$ la plus grande puissance qui divise l'ordre O, dans la forme $\left(\frac{A}{p^{2\nu}}, \frac{B}{p^{2\nu}}, \frac{C}{p^{2\nu}}\right)$, ainsi que dans (a, b, c), nous pourrons supposer les premiers coefficients $\frac{A}{p^{2\nu}}$, a non divisibles par p (articles 228 et 154 des Disquisitiones Arithmeticae). Le déterminant D contiendra le facteur $p^{4\nu}$, soit $p^{4\nu+2\mu}$ la puissance la plus élevée de p contenue comme diviseur dans D; soit de plus

$$A' = \frac{A}{p^{2\nu}},$$

B' un nombre qui satisfait à la congruence

$$B'p^{\mu} \equiv \frac{B}{p^{2\nu}} \text{ (mod. } A'),$$

et enfin

$$C' = \frac{B'B'p^{4\nu+2\mu} - D}{A'p^{4\nu+2\mu}},$$

nous aurons une forme $(A'p^{2\nu}, B'p^{2\nu+\mu}, C'p^{2\nu+2\mu})$, équivalente à (A, B, C).

La forme (A', B', C'), dont le déterminant $\frac{D}{p^{4\nu+2\mu}}$ ne contient pas p comme diviseur, représentera nécessairement aussi des résidus quadratiques de p. En effet, si l'on supposait que (A', B', C') ne représente aucun résidu quadratique, le coefficient A' et tous les nombres m pour lesquels on a

$$m = A'XX + 2B'XY + C'YY$$

seraient Np. Soit

$$-\sigma \frac{D}{p^{4\nu+2\mu}} \equiv 1 \pmod p;$$

on aurait donc, d'après la dernière équation,

$$\sigma A'm \equiv \sigma(A'X + B'Y)^2 + YY \pmod p.$$

Si σ est Np, le produit $\sigma A'm$ le sera aussi, comme A' et m sont supposés Np, de même $\sigma(A'm + B'Y)^2$ sera toujours Np. En posant pour Y l'unité et pour X tous les nombres incongrus entre eux par rapport au module p, on obtiendra dans la congruence

$$\sigma A'm \equiv \sigma(A'X + B')^2 + 1 \pmod p$$

pour $\sigma(A'X + B')^2$ tous les non résidus quadratiques de p (art. 98, Disquisitiones Arithmeticae)*). Donc, comme toutes les valeurs m de l'expression $A'XX + 2B'XY + C'YY$ pour toutes les valeurs en nombres entiers des indéterminées X, Y sont supposées non résidus, tout non résidu augmenté de l'unité serait aussi non résidu, et par conséquent tous les nombres plus grands qu'un non résidu seraient aussi non résidus.

Si σ est Rp, il résulterait que tous les nombres plus grands que l'unité, qui est Rp, seraient résidus quadratiques de p. Résultats absurdes auxquels nous a conduit la supposition que tous les nombres représentés par (A', B', C') soient Np.

---

*) [Gauss' Werke, Bd. 1, S. 75.]

En désignant par g un résidu quadratique de p représenté par la forme (A', B', C'), il y aura des nombres entiers X', Y' qui satisfont à l'équation

$$g = A'X'X' + 2B'X'Y' + C'Y'Y';$$

en multipliant celle-ci par $p^{2\nu+2\mu}$ et faisant

$$X = X'p^{\mu}, \qquad Y = Y',$$

nous aurons

$$gp^{2\nu+2\mu} = A'p^{2\nu}XX + 2B'p^{2\nu+\mu}XY + C'p^{2\nu+2\mu}YY.$$

Ainsi le nombre $gp^{2\nu+2\mu}$ peut être représenté par la forme $(A'p^{2\nu}, B'p^{2\nu+\mu}, C'p^{2\nu+2\mu})$, et comme celle-ci est équivalente à (A, B, C), le nombre $gp^{2\nu+2\mu}$ peut donc aussi être représenté par cette dernière.

Si le déterminant d était divisible par $p^{2\nu+2\mu+1}$, le nombre $gp^{2\nu+2\mu}$ ne pourrait être représenté par la forme (a, b, c), car l'équation

$$gp^{2\nu+2\mu} = axx + 2bxy + cyy,$$

ou

$$agp^{2\nu+2\mu} = (ax+by)^2 - dyy,$$

exigerait $ag\mathrm{R}p$ contre notre supposition $a\mathrm{N}p$ et $g\mathrm{R}p$.

Pour l'autre cas $a\mathrm{R}p$ on trouve, d'une manière analogue, que la supposition d divisible par $p^{2\nu+2\mu+1}$ ne peut avoir lieu. Ainsi comme D est divisible par $p^{4\nu+2\mu}$, d ne sera pas divisible par une plus grande puissance de p que celle qui divise D.

5°. Si d est $\equiv 2 \pmod 4$, donc $e = 1 = o$, D sera aussi pair, parce que les déterminants D et d sont entre eux comme des nombres carrés.

6°. Si d est divisible par 4 et que les formes (a, b, c), $\left(\frac{A}{O}, \frac{B}{O}, \frac{C}{O}\right)$ soient proprement primitives, de sorte que $e = o = E = 1$, on peut démontrer, de la manière appliquée aux nombres premiers impairs p, que d ou eed n'est pas divisible par une puissance plus élevée de 2 que celle qui divise D ou EED.

7°. Si d est divisible par 4 et $e = 1$, $E = 2$, nous démontrerons que d ou eed n'est pas divisible par une puissance plus élevée de 2 que celle qui divise $4D$ ou EED.

Désignons par 2^ν la puissance la plus élevée de 2 qui divise O, supposons, ce qui est toujours permis, $\frac{A}{2^\nu E}$ et $\frac{a}{o}$ impairs. En considérant le cas $\frac{a}{o} \equiv 1 \pmod 4$, nous représenterons par la forme $\left(\frac{A}{2^\nu}, \frac{B}{2^\nu}, \frac{C}{2^\nu}\right)$ un nombre $\equiv 6 \pmod 8$. Si le nombre $\frac{A}{2^\nu}$, qui peut être représenté par cette forme, n'est pas lui-même $\equiv 6 \pmod 8$, il sera $\equiv 2 \pmod 8$. Le coefficient $\frac{B}{2^\nu}$ étant impair, on peut supposer $\frac{B}{2^\nu} \equiv 1 \pmod 4$, car si cela n'a pas lieu, la forme $\left(\frac{A}{2^\nu}, \frac{B'}{2^\nu}, \frac{C'}{2^\nu}\right)$ où l'on a $B' = B + A$ et $C' = \frac{B'B' - D}{A}$, remplira cette condition et sera équivalente à la forme précédente qu'elle pourra donc remplacer dans nos recherches. En supposant ainsi $\frac{A}{2^\nu} \equiv 2 \pmod 8$, $\frac{B}{2^\nu} \equiv 1 \pmod 4$, et faisant $X \equiv 1 \pmod 2$, $Y \equiv 2 \pmod 4$, on représente par

$$\frac{A}{2^\nu} XX + 2\frac{B}{2^\nu} XY + \frac{C}{2^\nu} YY$$

un nombre $2n$ congru à $6 \pmod 8$; et par $AXX + 2BXY + CYY$ le produit $2n.2^\nu$.

Soit

$$axx + 2bxy + cyy = 2n.2^\nu,$$

la représentation de $2n.2^\nu$ par la forme (a, b, c).

L'ordre o étant égal à 1 ou à 2, le produit $2o$ sera égal à 2°, et la dernière équation, multipliée par a, deviendra

$$(ax + by)^2 - dyy = \frac{a}{o} n.2^{\nu+o}.$$

Donc d ne peut être divisible par $2^{\nu+o+2}$, car autrement nous aurions $\frac{a}{o} n \mathrm{R} 4$, contre notre supposition $\frac{a}{o} \equiv 1 \pmod 4$, et $n \equiv 3 \pmod 4$.

Si $\frac{a}{o}$ est $\equiv 3 \pmod 4$, on prouve d'une manière analogue que d n'est pas divisible par $2^{\nu+o+2}$.

Pour $\nu \geqq 1$ on a $\nu + o + 2 \leqq 2\nu + 2$; mais pour ν égal à zéro, on a $2\nu + 2 = 2$ et $\nu + o + 2$ peut devenir égal à 4. Dans ce cas D est impair; ainsi, parce que D et d sont entre eux comme des carrés, l'exposant de la plus grande puissance de 2 qui divise d sera pair, et d n'étant pas divisible par $2^{\nu+o+2} = 2^4$, il ne sera donc non plus divisible par $2^3 = 2^{2\nu+2+1}$. Il résulte de là que d n'est pas divisible par une plus grande puissance de 2 que $2^{2\nu+2}$, qui est la plus grande puissance de 2 qui divise EED.

8°. Si *eed* est divisible par 4, et que les formes (a, b, c), $\left(\frac{A}{O}, \frac{B}{O}, \frac{C}{O}\right)$ soient improprement primitives, e sera $= 2$, $o = 1$, $d \equiv 1$

(mod 4); ainsi eed contiendra le nombre 4 comme diviseur, mais non pas 8. Le nombre EO étant divisible par eo, D par OO, EED sera divisible par $eeoo$, c'est-à-dire par 4.

Nous avons donc prouvé, pour tout nombre premier pair ou impair, que sa plus grande puissance, qui divise eed, doit diviser aussi EED; par conséquent, $\frac{EED}{eed}$ sera un nombre entier. Mais D et d sont entre eux comme des nombres carrés; ainsi, $\frac{EED}{eed}$ doit être un carré entier.

Théorème II. — Pour que la forme $\left(2a, \frac{2}{e}b, 2c\right)$ de déterminant d, de l'ordre $\frac{2}{e}$ et de la $e^{\text{ième}}$ espèce représente tous les nombres qui peuvent être représentés par $\left(2A, \frac{2}{E}B, 2C\right)$ de déterminant D de l'ordre $\frac{2}{E}$ et de la $E^{\text{ième}}$ espèce, il est nécessaire et suffisant que la première forme contienne la seconde, si E ne surpasse pas e; mais si e est $= 1$, $E = 2$, il faut que la forme $\left(2a, b, \frac{c}{2}\right)$, où a et b sont supposés impairs, et, par suite, $\frac{c}{2}$ pair (ce qui n'est pas une restriction de la généralité), contienne $\left(2A, \frac{2}{E}B, 2C\right)$, que le nombre des classes proprement primitives de déterminant $\frac{d}{4}$ ne surpasse pas celui des classes improprement primitives de même déterminant, et que D ne soit pas congru à 1 (mod 8).

1°. Si e est $= E$ ou $e = 2$, $E = 1$, le nombre $\frac{EED}{eed}$ étant carré entier, $\frac{D}{d}$ le sera aussi, nous désignerons $\frac{D}{d}$ par $\delta\delta$.

Comme nous avons supposé que l'ordre de la forme $\left(2A, \frac{2}{E}B, 2C\right)$ est $\frac{2}{E}$, les nombres A, B, C ne peuvent être tous pairs. Si A ou C est impair, on représentera par $2AXX + 2\frac{2}{E}BXY + 2CYY$ un nombre pair non divisible par 4, quand on prend un nombre impair pour X et pair pour Y, ou un nombre pair pour X et impair pour Y. Si A et C sont pairs, E sera égal à 2, car autrement (pour $E = 1$), la forme serait de la seconde espèce, contre notre supposition qu'elle est de la $E^{\text{ième}}$ espèce. En prenant des nombres impairs pour X et Y, on représente aussi dans ce cas un nombre pair non divisible par 4.

Désignons par $2A'$ un nombre qui peut être représenté par la forme $\left(2A, \frac{2}{E}B, 2C\right)$ et qui n'est pas divisible par 4; il y aura, d'après l'article 168 des Disquisitiones Arithmeticae*), une forme $\left(2A', \frac{2}{E}B', 2C'\right)$, qui est équiva-

*) [Gauss' Werke, Bd. 1, S. 144.]

lente à la précédente, et de la même espèce et du même ordre que celle-là. Si B' est pair, E sera l'unité, car autrement la forme serait de l'ordre 2 contre notre supposition qu'elle est de l'ordre $\frac{2}{E}$, il résulte de là que $B'+EA'=B''$ est impair, en désignant $\frac{B''B''-EED}{EEA'}$ par C'', nous aurons une forme $\left(2A', \frac{2}{E}B'', 2C''\right)$, équivalente à $\left(2A', \frac{2}{E}B', 2C'\right)$ et à $\left(2A, \frac{2}{E}B, 2C\right)$; dans la première forme A', B'' sont impairs; il est donc permis de supposer que A et B dans la forme $\left(2A, \frac{2}{E}B, 2C\right)$ soient impairs. De même nous supposerons a et b dans $\left(2a, \frac{2}{e}b, 2c\right)$ impairs.

On déduit la forme $\left(2A, \frac{2}{E}B, 2C\right)$ de celle (EA, B, EC), en multipliant les coefficients de la dernière par $\frac{2}{E}$. D'après l'article 243, 1° des Disquisitiones Arithmeticae, la forme (EA, B, EC) est la composée de (A, B, EEC), et de (E, B, EAC), et, d'après le théorème de M. Dirichlet, la forme proprement primitive (A, B, EEC) représente une infinité de nombres premiers: soit p un de ces nombres qui ne divise pas $2D$. Le nombre E peut être représenté par (E, B, EAC); donc Ep par (EA, B, EC) et $\frac{2}{E}Ep$ ou $2p$ par $\left(\frac{2}{E}EA, \frac{2}{E}B, \frac{2}{E}EC\right)$, c'est-à-dire par $\left(2A, \frac{2}{E}B, 2C\right)$. Comme $\left(2a, \frac{2}{e}b, 2c\right)$ représente tous les nombres qui peuvent être représentés par $\left(2A, \frac{2}{E}B, 2C\right)$, elle représentera aussi $2p$. La congruence

$$rr \equiv d \pmod{2p}$$

n'a que deux racines $+r$ et $-r$, et la congruence

$$RR \equiv D \pmod{2p},$$

n'a que ces deux $R \equiv +r\delta$, $R \equiv -r\delta \pmod{2p}$.

Désignons $\frac{rr-d}{2p}$ par s, l'une des deux formes $(2p, r, s)$, $(2p, -r, s)$ sera proprement équivalente à $\left(2a, \frac{2}{e}b, 2c\right)$, et l'une des deux formes $(2p, r\delta, s\delta\delta)$, $(2p, -r\delta, s\delta\delta)$ proprement équivalente à $\left(2A, \frac{2}{E}B, 2C\right)$. Cela résulte immédiatement de l'article 168 des Disquisitiones Arithmeticae, d'après lequel il y a toujours un nombre n qui fait la forme $\left(m, n, \frac{nn-\Delta}{m}\right)$ équivalente à une forme donnée, si celle-ci a le déterminant Δ et représente le nombre m. La forme $(2p, \pm r, s)$ se change en $(2p, \pm r\delta, s\delta\delta)$ par la substitution $\begin{pmatrix}1, & 0\\ 0, & \pm\delta\end{pmatrix}$, ainsi la forme $\left(2A, \frac{2}{E}B, 2C\right)$ sera contenue proprement ou improprement sous $\left(2a, \frac{2}{e}b, 2c\right)$ (article 159, Disquisitiones Arithmeticae)*).

*) [Gauss' Werke, Bd. I, S. 126.]

2°. Par les éléments on sait, que la condition de $\left(2A, \frac{2}{E}B, 2C\right)$ contenue sous $\left(2a, \frac{2}{e}b, 2c\right)$ suffit pour que cette dernière forme représente tous les nombres qui peuvent être représentés par la première.

3°. Si e est $=1$, $E=2$, le déterminant D ne peut être $\equiv 1 \pmod 8$.

Supposons $D\equiv 1 \pmod 8$, la forme $\left(4, 1, \frac{1-D}{4}\right)$ sera improprement primitive, et il y aura une forme proprement primitive (A', B', C') dont la composition avec $\left(4, 1, \frac{1-D}{4}\right)$ a pour résultante la forme improprement primitive $(2A, B, 2C)$ (article 251, Disquisitiones Arithmeticae)*). La forme (A', B', C') représente aussi un nombre impair m, et la forme $\left(4, 1, \frac{1-D}{4}\right)$ le nombre 4; ainsi la composée $(2A, B, 2C)$ des deux formes représente le produit $4m$. Si ce produit était représenté par $(2a, 2b, 2c)$, il y aurait des nombres $2l$, $2n$ tels, que la forme $(4m, 2l, 2n)$ serait équivalente à $(2a, 2b, 2c)$; et la forme $(2m, l, n)$ à la forme (a, b, c). Le déterminant D étant $\equiv 1 \pmod 8$ et $\frac{4D}{d}$ un carré, $\frac{d}{4}$ sera $\equiv 1 \pmod 8$, et dans l'équation $\frac{d}{4} = bb - ac = l^2 - 2mn$ le nombre n pair, donc la forme $(2m, l, n)$ est improprement primitive; mais, d'après l'article 161 des Disquisitiones Arithmeticae**), une telle forme ne peut équivaloir à une forme proprement primitive (a, b, c). Il résulte de là que le déterminant D ne peut être $\equiv 1 \pmod 8$.

4°. Si e est $=1$, $E=2$, le nombre des classes improprement primitives de déterminant $\frac{d}{4}$ doit être égal au nombre des classes proprement primitives de même déterminant.

La forme $(2A, B, 2C)$ est (d'après l'article 243 des Disquisitiones Arithmeticae) la composée de la forme proprement primitive $(A, B, 4C)$ et de $\left(2, 1, \frac{1-D}{2}\right)$, parce que celle-ci équivaut à $(2, B, 2AC)$. Soit $\mathfrak{L}$ la classe de la forme $(A, B, 4C)$, et $\mathfrak{G}$ la classe de l'une des formes proprement primitives $\left(4, 1, \frac{1-D}{4}\right)$, $\left(4, -1, \frac{1-D}{4}\right)$, celle de l'autre est $2\mathfrak{G}$, et la composition de $\left(2, 1, \frac{1-D}{2}\right)$ avec toute forme des classes $\mathfrak{L}$, $\mathfrak{L}+\mathfrak{G}$, $\mathfrak{L}+2\mathfrak{G}$, a pour résultante $(2A, B, 2C)$ (article 256, VII, Disquisitiones Arithmeticae)***). Désignons par p un nombre premier non diviseur de $2D$ et représenté par une forme de la classe $\mathfrak{L}+\mathfrak{G}$, il y aura dans celle-ci une forme $(p, r\delta, s\delta\delta)$, où δ est $=\frac{4D}{d}$,

*) [Gauss' Werke, Bd. I, S. 275.]

**) [Gauss' Werke, Bd. I, S. 128.]

***) [Gauss' Werke, Bd. I, S. 284.]

et r une racine impaire de la congruence

$$rr\delta\delta \equiv D \equiv \frac{d}{4}\delta\delta \pmod{p}.$$

La forme $(2A, B, 2C)$, qui est la composée de $\left(2, 1, \frac{1-D}{2}\right)$ et de toute forme de la classe $\mathfrak{L}+\mathfrak{G}$ représentera le produit $2p$.

Si le nombre $2p$ peut être représenté par $(2a, 2b, 2c)$, la forme (a, b, c) de déterminant $\frac{d}{4}$ représentera p, et sera par conséquent équivalente à l'une des deux (p, r, s), $(p, -r, s)$, ce qui résulte de l'article 168, comme nous avons vu auparavant. La forme $(p, \pm r, s)$ se change en $(p, r\delta, s\delta\delta)$ par la substitution $\begin{pmatrix}1, 0\\ 0, \pm\delta\end{pmatrix}$; donc la classe λ de la forme (a, b, c) contient proprement ou improprement la classe $\mathfrak{L}+\mathfrak{G}$ de la forme $(p, r\delta, s\delta\delta)$. De la même manière on prouve que λ contient $\mathfrak{L}$ et $\mathfrak{L}+2\mathfrak{G}$. Chacune des formes $\left(4, +1, \frac{1-D}{4}\right)$, $\left(4, -1, \frac{1-D}{4}\right)$ équivaut proprement ou improprement à chacune des $\left(4, \delta, \frac{4-d}{16}\delta\delta\right)$, $\left(4, -\delta, \frac{4-d}{16}\delta\delta\right)$, ces dernières formes sont contenues sous $\left(4, 1, \frac{4-d}{16}\right)$, $\left(4, -1, \frac{4-d}{16}\right)$; donc les classes η et 2η de celles-ci contiendront les classes $\mathfrak{G}$ et $2\mathfrak{G}$. Comme les classes λ et η contiennent respectivement $\mathfrak{L}$ et $\mathfrak{G}$, la composée $\lambda+\eta$ des deux premières contiendra, d'après l'article 238 des Disquisitiones Arithmeticae*), la composée $\mathfrak{L}+\mathfrak{G}$ des deux dernières, et comme λ et 2η contiennent $\mathfrak{L}+2\mathfrak{G}$ et $2\mathfrak{G}$, la composée $\lambda+2\eta$ contiendra $\mathfrak{L}+2\mathfrak{G}+2\mathfrak{G}$, c'est-à-dire $\mathfrak{L}+\mathfrak{G}$, parce que la classe $3\mathfrak{G}$ est la principale. Les trois classes λ, $\lambda+\eta$, $\lambda+2\eta$ contenant ainsi toutes celle $\mathfrak{L}+\mathfrak{G}$, chaque forme de ces classes représentera le nombre premier p, que nous avons supposé représentable par une forme de la classe $\mathfrak{L}+\mathfrak{G}$. Il résulte de là que les deux formes (p, r, s) et $(p, -r, s)$ appartiennent aux trois classes λ, $\lambda+\eta$, $\lambda+2\eta$; donc, au moins, deux de ces classes sont identiques. On voit facilement que cela ne peut avoir lieu si η n'est pas la classe principale, mais dans ce cas le nombre des classes improprement primitives est égal à celui des proprement primitives de déterminant $\frac{d}{4}$ (article 256, VII).

5°. Si e est $=1$, $E=2$, la forme $\left(2a, b, \frac{c}{2}\right)$ doit contenir proprement ou improprement $(2A, B, 2C)$.

Nous avons vu que $(2A, B, 2C)$ est la composée de $\left(2, 1, \frac{1-D}{2}\right)$ et de toute forme des classes $\mathfrak{L}$, $\mathfrak{L}+\mathfrak{G}$, $\mathfrak{L}+2\mathfrak{G}$. Comme $(p, r\delta, s\delta\delta)$ appartient à $\mathfrak{L}+\mathfrak{G}$,

*) [Gauss' Werke, Bd. I, S. 252.]

la composée $\left(2p, r\delta, \frac{s}{2}\delta\delta\right)$ de $(p, r\delta, s\delta\delta)$ et de $\left(2, 1, \frac{1-D}{2}\right)$ ou de $\left(2, r, \frac{rr-D}{2}\right)$ sera équivalente à $(2A, B, 2C)$. Dans la forme (a, b, c) le coefficient c est divisible par 4, puisque a et b sont impairs et $bb-ac$ est $= \frac{d}{4} \equiv D \equiv 1$ (mod 4), la composée de cette forme et de $\left(2, 1, \frac{4-d}{8}\right)$ sera donc $\left(2a, b, \frac{c}{2}\right)$. Comme (a, b, c) équivaut à l'une des deux (p, r, s), $(p, -r, s)$, la forme $\left(2a, b, \frac{c}{2}\right)$ équivaut aussi à l'une des deux $\left(2p, \pm r, \frac{s}{2}\right)$, qui résulte de la composition de $(p, \pm r, s)$ et de $\left(2, 1, \frac{4-d}{8}\right)$. Mais $\left(2p, \pm r, \frac{s}{2}\right)$ se change en $\left(2p, r\delta, \frac{s}{2}\delta\delta\right)$ par la substitution $\begin{pmatrix}1, 0\\0, \pm\delta\end{pmatrix}$; ainsi la forme $\left(2a, b, \frac{c}{2}\right)$ qui est équivalente à la première, contiendra proprement ou improprement $(2A, B, 2C)$, qui est équivalente à la seconde.

6°. La dernière partie du théorème, savoir, que ces trois conditions sont suffisantes pour que la forme $(2a, 2b, 2c)$ représente tous les nombres représentés par $(2A, B, 2C)$, peut être démontrée au moyen des principes de la représentation des nombres par des formes et de ceux de la composition des formes; mais nous préférons donner ici une substitution en nombres rompus, par laquelle on obtient, pour tout système de valeurs X, Y en nombres entiers, qui satisfont à l'équation

$$m = 2AXX + 2BXY + 2CYY,$$

un système de nombres entiers x, y, qui servent à représenter le nombre m par la forme $2axx + 4bxy + 2cyy$.

Les deux premières conditions (en 3° et 4°) peuvent être remplacées par celle-ci, que les plus petites valeurs positives T, U qui satisfont à l'équation

$$TT - \frac{d}{4}UU = 4,$$

soient des nombres impairs. En effet, si D est $\equiv 1$ (mod 8), $\frac{d}{4}$ le sera aussi, et les nombres T, U sont pairs. Si $\frac{d}{4}$ est $= -3$, nous aurons $T = 1$, $U = 1$; mais pour le déterminant -3, il n'y a qu'une seule classe proprement primitive et une seule improprement primitive. Pour les autres déterminants $\frac{d}{4}$ négatifs congrus à 5 (mod 8), T est $= 2$, $U = 0$, et le nombre des classes improprement primitives plus petit que celui des classes proprement primitives. Si $\frac{d}{4}$ est positif $\equiv 5$ (mod 8), d'après un théorème de M. Dirichlet (Recherches sur diverses applications de l'Analyse infinitésimale à la théorie des Nombres, § 8, III. Journal de Crelle, t. XXI, p. 11)*) les entiers T et U seront impairs ou pairs, selon que le nombre des classes proprement primitives est égal au nombre des classes improprement primitives ou égal au triple de celui-ci.

Au moyen de cet énoncé des conditions, il est facile de démontrer qu'il y a toujours des nombres u, t, tels que la substitution

$$2x = \alpha x' + \beta y',$$
$$2y = \gamma x' + \delta y',$$

dans laquelle les coefficients satisfont aux équations

$$\alpha = t - bu,$$
$$\beta = -\frac{c}{2}u,$$
$$\gamma = au,$$
$$2\delta = t + bu,$$
$$tt - \frac{d}{4}uu = 4,$$

et par laquelle la forme

$$2axx + 4bxy + 2cyy$$

se change en

$$2ax'x' + 2bx'y' + \frac{c}{2}y'y',$$

donne des entiers x, y pour chaque système de nombres entiers x', y'. En effet, α et β sont toujours pairs et δ entier, parce que b est impair, $\frac{c}{2}$ pair, t et u ensemble pairs ou impairs; si y' est pair, toute solution en nombres pairs t, u de l'équation

$$tt - \frac{d}{4}uu = 4$$

remplira notre but, parce qu'elle fait γ pair. Si y' est impair, x' pair, on prendra celle des deux solutions en nombres impairs $t = T$, $u = U$ et $t = T$, $u = -U$, pour laquelle $t + bu$ est divisible par 4, car alors δ sera pair. On voit facilement que l'un, et seulement l'un des deux nombres pairs $T + bU$ et $T - bU$, est divisible par 4, puisque leur somme $2T$ ne l'est pas. Dans

*) [Dirichlet's Werke, Bd. I, S. 447.]

le cas de y' et x' impairs, nous prenons celle des deux solutions en nombres impairs $t = T$, $u = U$ et $t = T$, $u = -U$, pour laquelle $t+bu$ n'est pas divisible par 4, car celle-ci fait γ et δ impairs, ainsi $\gamma x' + \delta y'$ est pair.

La forme $(2a, 2b, 2c)$ représente donc tous les nombres qui peuvent être représentés par $\left(2a, b, \frac{c}{2}\right)$, et comme celle-ci contient $(2A, B, 2C)$, et représente ainsi tous les nombres représentés par $(2A, B, 2C)$, la première $(2a, 2b, 2c)$ représentera tous les nombres qui peuvent être représentés par $(2A, B, 2C)$.

Théorème III. — Pour que la forme (a, b, c) de déterminant d, de l'ordre o, de la $e^{\text{ième}}$ espèce, et la forme (A, B, C) de déterminant D, de l'ordre O, de la $E^{\text{ième}}$ espèce, représentent toujours les mêmes nombres, il est nécessaire et suffisant qu'au moins l'une des deux formes contienne l'autre, que oe soit $= OE$ et $eed = EED$, et outre cela, si e et E sont inégaux, que $\frac{d}{oo} = \frac{D}{OO}$ ait la forme $8k+5$, et que pour ce nombre comme déterminant, il y ait autant de classes improprement primitives que de classes proprement primitives.

Comme la forme (a, b, c) représente tous les nombres représentés par (A, B, C), et que celle-ci représente tous les nombres représentés par (a, b, c), on a, d'après le premier théorème $eo = EO$, $eed = EED$. En multipliant les six coefficients des deux formes par 2, et les divisant par $eo = EO$, on obtient des formes $\left(2a', \frac{2}{e}b', 2c'\right)$, $\left(2A', \frac{2}{E}B', 2C'\right)$, qui sont des ordres $\frac{2}{e}$ et $\frac{2}{E}$, et de la $e^{\text{ième}}$ et $E^{\text{ième}}$ espèce. Il est aisé de voir que ces deux formes doivent représenter toujours les mêmes nombres, et qu'on peut leur appliquer directement le théorème précédent; on trouvera de cette manière le théorème proposé.

V.

ZAHLENTHEORETISCHE BEMERKUNG.

(Auszug aus einem Briefe an Herrn Kronecker vom 14. Mai 1863.)

[Crelle's Journal für die reine und angewandte Mathematik, hrsg. von Kronecker und Weierstrass, Bd. 100, S. 447—448. Berlin 1887.]

... Von Ihrem gütigen Anerbieten, die Klassenanzahl der Determinanten, auf welche sich die Abzählung in Art. 303 der Disquisitiones Arithmeticae (Gauss' Werke, Bd. I, S. 367) bezieht, mit den Ihrigen vergleichen zu wollen, mache ich sogleich Gebrauch, indem ich Ihnen diese Determinanten, so weit sie sich aus Gauss' Tafel ergeben, vorlege.

Diese Tafel der Anzahl der Klassen ist doch von geringerem Umfange, als mein Gedächtniss angab. Sie erstreckt sich nur über neunundvierzig Hunderte, nämlich das 1. bis 30., 43., 51., 61. bis 63., 91. bis 100., 117. bis 120. Hundert negativer Determinanten. Jedes Hundert ist so geordnet wie das 100ste, das ich in genauer Abschrift hier einlege*). Die Bedeutung der einzelnen Zahlen findet sich nicht aufgezeichnet und ist auch ebenso schnell zu errathen, wie aus einer Beschreibung zu entnehmen. Die Angabe der irregulären Determinanten habe ich nicht ganz vollständig gefunden; z. B. fehlt der Index irregul. (*3*) bei der Determinante -972, für welche die beiden Formen (7, 1, 139) und (13, 4, 76) ein vollständiges System von Fundamentalklassen, deren Periodenzahlen bezüglich 6 und 3 sind, repräsentiren**).

---

*) [Gauss' Werke, Bd. II, S. 463.]

**) [Gauss' Werke, Bd. II, S. 452 und S. 522.]

Es beruht dies auch nicht auf einem Schreibfehler in der Angabe -974 (*3*); denn hierfür geben die Formen (3, 1, 325) und (15, 1, 65) ein vollständiges System von Fundamentalklassen resp. mit den Periodenzahlen 12 und 3.

Sie interessirten Sich für die Art, wie ich die Ancepsklassen bei der Untersuchung über die Darstellung der Primzahlen durch quadratische Formen behandelt habe. Mit Anwendung des Satzes,

> dass bei einem vollständigen System von (eigentlich primitiven) Fundamentalklassen die Periodenzahlen derjenigen Fundamentalklassen, die dem Hauptgenus angehören, ungerade sind,

ergab sich mir, dass für die in Dirichlets Sinne (Monatsberichte 1840, März 5)*) gebrauchten L_k die Summe $\sum \log L_k$ erstreckt über alle die L_k, welche den von der Hauptklasse verschiedenen $2^{\delta-1}$ Ancepsklassen entsprechen, bis auf eine selbst für $\varrho = 0$ endlich bleibende Grösse, durch

$$\frac{1}{2^{\delta+1}}\sum\frac{1}{f^{1+\varrho}}-\frac{1}{2}\sum\frac{1}{f_0^{1+\varrho}}$$

dargestellt werden kann, worin für f alle durch Formen der bestimmten Determinante darstellbaren Primzahlen, für f_0 aber nur die durch Formen des Hauptgenus darstellbaren zu setzen sind. Hiermit ist das Problem auf die Reihen zurückgeführt, die Dirichlet in seinen Untersuchungen über die arithmetische Progression**) behandelt hat. . . .

---

*) [Dirichlet, Über eine Eigenschaft der quadratischen Formen; Werke, Bd. I, S. 497—502.]

**) [Dirichlet's Werke, Bd. I, S. 313—342.]

VI.

FORTSETZUNG DER UNTERSUCHUNGEN ÜBER DAS ARITHMETISCH-GEOMETRISCHE MITTEL.

[Carl Friedrich Gauss' Werke, herausgegeben von Ernst Schering im Auftrage der Königlichen Gesellschaft der Wissenschaften zu Göttingen. Bd. III, S. 375—402. Göttingen 1866 *).]

Die weiteren Untersuchungen von Gauss über das arithmetisch-geometrische Mittel sind so unvollständig, nur in den Endformeln und mit so wechselnder Bezeichnung niedergeschrieben, dass fast alle Übersicht fehlen würde, wenn der Abdruck nur jene Formeln ohne nebenhergehende Erläuterung wiedergäbe. In den folgenden Artikeln habe ich die im Nachlasse gefundenen Stellen hervorgehoben und durch solchen Gedankengang verbunden, wie er vielleicht die Veranlassung gewesen ist, dass Gauss die betreffenden Resultate unter einem erkennbaren gemeinsamen Gesichtspunkte aufgestellt hat**).

12.

An mehreren Stellen bedient sich Gauss neben den in den vorhergehenden Artikeln betrachteten beiden ursprünglichen Reihen von Grössen (a, b), welche sich auf dasselbe arithmetisch-geometrische Mittel beziehen, auch noch einer dritten Reihe von Grössen (c), die mit jenen durch die

*) [Aus den Büchern der Dieterich'schen Universitäts-Druckerei ergiebt sich, dass der letzte Bogen der obigen Abhandlung (No. VI) am 3. Juni 1868 gedruckt ist und der Druck von Band III der Gauss'schen Werke am 25. November 1868 abgeschlossen wurde.]

**) [Die folgenden Artikel 12 bis 26 schliessen sich an die 11 Artikel einer im Nachlasse von Gauss vorgefundenen Abhandlung über das arithmetisch-geometrische Mittel an, die in Gauss' Werken, Bd. III, S. 361—374 veröffentlicht ist. Der in den Artikeln 12 bis 26 von Gauss herrührende Text ist im Folgenden durch *cursiven* Druck hervorgehoben.]

Gleichung $aa = bb + cc$, welche für jeden gemeinsamen Index der drei Glieder (a, b, c) gilt, zusammenhängt. Nach den Festsetzungen in Art. 2*) können die Gleichungen zur Berechnung der rück- und vorwärts folgenden, aus a, b, c abgeleiteten Grössen in die Form gebracht werden:

$$\begin{array}{llllll}
\ldots\ {}''a = {}'a + {}'c, & {}'a = a + c, & a, & 2a' = a + b, & 2a'' = a' + b', & \ldots \\
\ldots\ {}''b = {}'a - {}'c, & {}'b = a - c, & b, & b'b' = ab, & b''b'' = a'b', & \ldots \\
\ldots\ {}''c{}''c = 4{}'a{}'c, & {}'c{}'c = 4ac, & c, & 2c' = a - b, & 2c'' = a' - b', & \ldots
\end{array}$$

Hieraus ergiebt sich unmittelbar, dass, während

$$\mathrm{M}(a, b) = \mathrm{M}(a^{n}, b^{n}) = \mathrm{M}({}^{n}a, {}^{n}b) = \lim a^{m} = \lim b^{m} \quad \text{für} \quad m = \infty$$

ist,

$$\mathrm{M}(a, c) = 2^{n}\mathrm{M}(a^{n}, c^{n}) = 2^{-n}\mathrm{M}({}^{n}a, {}^{n}c) = \lim \frac{{}^{m}a}{2^{m}} = \lim \frac{{}^{m}c}{2^{m}} \quad \text{für} \quad m = \infty$$

wird, und sich damit die dem ersten Beispiel in Art. 3**) angefügte Bemerkung, dass die ${}^{n}a$, ${}^{n+1}a$, ${}^{n+2}a$ etwa wie die Glieder einer geometrischen Reihe mit dem Quotienten 2 zunehmen als allgemein gültig erweist, ferner dass für den im Beispiel 4 Art. 3 berechneten Fall $a = b\sqrt{2} = c\sqrt{2}$ bei jedem n

$${}^{n}a = 2^{n}.a^{n}, \qquad {}^{n}b = 2^{n}.c^{n}, \qquad {}^{n}c = 2^{n}.b^{n}$$

ist. Die Art der Annäherung jener Grössen an ihre Grenzwerthe ergiebt sich aus den folgenden Reihenentwickelungen

$$\mathrm{M}(a, b) = a^{n} - c^{n+1} - c^{n+2} - \cdots - c^{n+m} - \cdots$$

$$\mathrm{M}(a, b) = b^{n} + c^{n+1} - c^{n+2} - \cdots - c^{n+m} - \cdots$$

$$\mathrm{M}(a, c) = 2^{-n}.{}^{n}a - 2^{-n-1}.{}^{n+1}b - 2^{-n-2}.{}^{n+2}b - \cdots - 2^{-n-m}.{}^{n+m}b - \cdots$$

$$\mathrm{M}(a, c) = 2^{-n}.{}^{n}c + 2^{-n-1}.{}^{n+1}b - 2^{-n-2}.{}^{n+2}b - \cdots - 2^{-n-m}.{}^{n+m}b - \cdots$$

$$\mathrm{M}(a, b)^{2} = a^{n}.a^{n} - \frac{1}{2}c^{n}.c^{n} - \frac{3}{2}c^{n+1}.c^{n+1} - \cdots - \frac{3}{2}c^{n+m}.c^{n+m} - \cdots$$

$$\mathrm{M}(a, b)^{2} = b^{n}.b^{n} + \frac{1}{2}c^{n}.c^{n} - \frac{3}{2}c^{n+1}.c^{n+1} - \cdots - \frac{3}{2}c^{n+m}.c^{n+m} - \cdots$$

$$\mathrm{M}(a, c)^{2} = 2^{-2n}.{}^{n}a.{}^{n}a - \frac{1}{2}2^{-2n}.{}^{n}b.{}^{n}b - \frac{3}{2}2^{-2n-2}.{}^{n+1}b.{}^{n+1}b - \cdots - \frac{3}{2}2^{-2n-2m}.{}^{n+m}b.{}^{n+m}b - \cdots$$

$$\mathrm{M}(a, c)^{2} = 2^{-2n}.{}^{n}c.{}^{n}c + \frac{1}{2}2^{-2n}.{}^{n}b.{}^{n}b - \frac{3}{2}2^{-2n-2}.{}^{n+1}b.{}^{n+1}b - \cdots - \frac{3}{2}2^{-2n-2m}.{}^{n+m}b.{}^{n+m}b - \cdots$$

*) [Gauss' Werke, Bd. III, S. 362.]

**) [Gauss' Werke, Bd. III, S. 363.]

$$\sqrt{\mathrm{M}(a, b)} = \sqrt{a^{\mathrm{n}}} - \sqrt{c^{\mathrm{n}+2}} - \sqrt{c^{\mathrm{n}+4}} - \cdots - \sqrt{c^{\mathrm{n}+2\mathrm{m}}} - \cdots$$

$$\sqrt{\mathrm{M}(a, b)} = \sqrt{b^{\mathrm{n}}} + \sqrt{c^{\mathrm{n}+2}} - \sqrt{c^{\mathrm{n}+4}} - \cdots - \sqrt{c^{\mathrm{n}+2\mathrm{m}}} - \cdots$$

$$\sqrt{\mathrm{M}(a, c)} = \sqrt{2^{-n}\,.\,{}^{\mathrm{n}}a} - \sqrt{2^{-n-2}\,.\,{}^{\mathrm{n}+2}b} - \sqrt{2^{-n-4}\,.\,{}^{\mathrm{n}+4}b} - \cdots - \sqrt{2^{-n-2m}\,.\,{}^{\mathrm{n}+2\mathrm{m}}b} - \cdots$$

$$\sqrt{\mathrm{M}(a, c)} = \sqrt{2^{-n}\,.\,{}^{\mathrm{n}}c} + \sqrt{2^{-n-2}\,.\,{}^{\mathrm{n}+2}b} - \sqrt{2^{-n-4}\,.\,{}^{\mathrm{n}+4}b} - \cdots - \sqrt{2^{-n-2m}\,.\,{}^{\mathrm{n}+2\mathrm{m}}b} - \cdots$$

$$\frac{\pi}{2}\cdot\frac{\mathrm{M}(a, b)}{\mathrm{M}(a, c)} = \frac{1}{2^n}\log 4\,\frac{a^{\mathrm{n}}}{c^{\mathrm{n}}} - \frac{1}{2^n}\log\frac{a^{\mathrm{n}}}{a^{\mathrm{n}+1}} - \cdots - \frac{1}{2^{n+m}}\log\frac{a^{\mathrm{n}+\mathrm{m}}}{a^{\mathrm{n}+\mathrm{m}+1}} - \cdots$$

$$\frac{\pi}{2}\cdot\frac{\mathrm{M}(a, b)}{\mathrm{M}(a, c)} = \frac{1}{2^n}\log 4\,\frac{b^{\mathrm{n}+1}}{c^{\mathrm{n}}} + \frac{3}{2^{n+1}}\log\frac{b^{\mathrm{n}+2}}{b^{\mathrm{n}+1}} + \cdots + \frac{3}{2^{n+m}}\log\frac{b^{\mathrm{n}+\mathrm{m}+1}}{b^{\mathrm{n}+\mathrm{m}}} + \cdots$$

$$\frac{\pi}{2}\cdot\frac{\mathrm{M}(a, c)}{\mathrm{M}(a, b)} = \frac{1}{2^n}\log 4\,\frac{{}^{\mathrm{n}}a}{{}^{\mathrm{n}}b} - \frac{1}{2^n}\log 2\,\frac{{}^{\mathrm{n}}a}{{}^{\mathrm{n}+1}a} - \cdots - \frac{1}{2^{n+m}}\log 2\,\frac{{}^{\mathrm{n}+\mathrm{m}}a}{{}^{\mathrm{n}+\mathrm{m}+1}a} - \cdots$$

$$\frac{\pi}{2}\cdot\frac{\mathrm{M}(a, c)}{\mathrm{M}(a, b)} = \frac{1}{2^n}\log 2\,\frac{{}^{\mathrm{n}+1}c}{{}^{\mathrm{n}}b} + \frac{3}{2^{n+1}}\log\frac{1}{2}\,\frac{{}^{\mathrm{n}+2}c}{{}^{\mathrm{n}+1}c} + \cdots + \frac{3}{2^{n+m}}\log\frac{1}{2}\,\frac{{}^{\mathrm{n}+\mathrm{m}+1}c}{{}^{\mathrm{n}+\mathrm{m}}c} + \cdots.$$

In den vier letzten Gleichungen ist $\frac{\pi}{2}$ statt der für beständig wachsendes m geltenden Grenzwerthe beziehungsweise von

$$\frac{\mathrm{M}(a^{\mathrm{m}}, c^{\mathrm{m}})}{\mathrm{M}(a^{\mathrm{m}}, b^{\mathrm{m}})}\cdot\log 4\,\frac{a^{\mathrm{m}}}{c^{\mathrm{m}}},\quad \frac{\mathrm{M}(a^{\mathrm{m}}, c^{\mathrm{m}})}{\mathrm{M}(a^{\mathrm{m}}, b^{\mathrm{m}})}\cdot\log 4\,\frac{b^{\mathrm{m}+1}}{c^{\mathrm{m}}},\quad \frac{\mathrm{M}({}^{\mathrm{m}}a, {}^{\mathrm{m}}b)}{\mathrm{M}({}^{\mathrm{m}}a, {}^{\mathrm{m}}c)}\cdot\log 4\,\frac{{}^{\mathrm{m}}a}{{}^{\mathrm{m}}b},\quad \frac{\mathrm{M}({}^{\mathrm{m}}a, {}^{\mathrm{m}}b)}{\mathrm{M}({}^{\mathrm{m}}a, {}^{\mathrm{m}}c)}\cdot\log 2\,\frac{{}^{\mathrm{m}+1}c}{{}^{\mathrm{m}}b},$$

das ist statt des Grenzwerthes von $\mathrm{M}(1, \varepsilon)\log\frac{4}{\varepsilon}$ für bis zur Null abnehmende positive Werthe des ε gesetzt. Es folgt nämlich zunächst aus jenen Gleichungen, in welchen, wie die Relationen

$$\frac{a'}{a} = 1 - \frac{c'}{a},\qquad \left(\frac{b'}{b}\right)^4 = 1 + \frac{cc}{bb},\qquad \frac{'a}{a} = 2 - \frac{'b}{a},\qquad \left(\frac{1}{2}\,\frac{'c}{c}\right)^4 = 1 + \frac{bb}{cc}$$

leicht erkennen lassen, die zu logarithmirenden Werthe, so bald sie alle reell sind, vom zweiten Gliede der Reihe an beständig bis zur Einheit hin abnehmen, dass die gesuchte Grösse eine völlig bestimmte und z. B., wenn man $a = b\sqrt{2} = c\sqrt{2}$ setzt, eine zwischen den Grenzen $\frac{9}{4}\log 2$ und $\frac{10}{4}\log 2$ eingeschlossene Grösse ist. Die obigen Gleichungen gelten auch für complexe Werthe der Veränderlichen, wenn man $n = 0$ setzt und diejenigen Werthe der $\log{}^{\mathrm{m}}a$, $\log{}^{\mathrm{m}}c$, $\log a$, $\log b$, $\log c$, $\log a^{\mathrm{m}}$, $\log b^{\mathrm{m}}$ zu Grunde legt, welche durch stetige Änderung derselben aus den reellen Grössen folgen. Nimmt man nun als ein System (a, b, c) das der Bedingung $a = b\sqrt{2} = c\sqrt{2}$ unterworfene und aus reellen Grössen bestehende, ferner als anderes System (α, β, γ) dasjenige, für welches $\alpha = c$, $\beta = b\sqrt{-1}$, $\gamma = a = b\sqrt{2} = c\sqrt{2}$ ist und die durch Wurzel-

Ausziehung zu bestimmenden Werthe β^{m} und ${}^{\mathrm{m}}\gamma$ positive reelle Theile erhalten, so kann man ein drittes veränderliches System (A, B, C) aufstellen, welches von dem einen (a, b, c) zu dem andern (α, β, γ) stetig übergeht, und zwar so, dass bei diesem Übergang keine der Veränderlichen ${}^{\mathrm{m}}A$, ${}^{\mathrm{m}}C$, A, B, C, A^{m}, B^{m} den Werth Null berührt oder einen negativen reellen Theil erhält. Die letzte jener Gleichungen, n gleich Null gesetzt, gilt also sowohl für das System (a, b, c) wie für (α, β, γ), und da

$$\mathrm{M}(\alpha,\beta) = \frac{1}{2}(1+\sqrt{-1})\,\mathrm{M}(a,b), \qquad \mathrm{M}(\alpha,\gamma) = \mathrm{M}(a,c) = \mathrm{M}(a,b)$$

ist, wird $\frac{\pi}{2}\sqrt{-1} = \log\sqrt{-1}$; es hat also π die gebräuchliche Bedeutung als Verhältniss-Zahl der Länge des Umfangs eines Kreises zu dessen Durchmesser.

Mit Hülfe dieser Betrachtung lässt sich auch die Richtigkeit der folgenden von Gauss aufgezeichneten Bemerkung erweisen, der ich die hier benutzte Bezeichnungsweise zu Grunde lege und ein von Gauss berechnetes Beispiel folgen lasse:

Die arithmetisch-geometrischen Mittel gestalten sich anders, wenn man für ein b', b'', b''', ... den negativen Werth wählt: doch sind alle Resultate in folgender Form begriffen:

$$\frac{1}{\mathfrak{M}(a,b)} = \frac{1}{\mathrm{M}(a,b)} + \frac{4ik}{\mathrm{M}(a,c)},$$

wo k eine ganze reelle Zahl bedeutet.

Beispiel für einen imaginären Werth des a.-g. Mittels:

		log..
a =	3.0000000	0.4771213
b =	1.0000000	0.0000000
a' =	2.0000000	0.3010300
b' =	1.7320508	0.2385606
a'' =	1.8660254	0.2709175
b'' =	1.8612098	0.2697953
a''' =	1.8636176	0.2703568
b''' =	1.8636159	0.2703564
a'''' =	1.8636167	0.2703566

		log..
a =	3.0000000	0.4771213
c =	2.8284270	0.4515450
$\frac{1}{2}\cdot{}'a$ =	2.9142135	0.4645214
$\frac{1}{2}\cdot{}'c$ =	2.9129510	0.4643332
$\frac{1}{4}\cdot{}''a$ =	2.9135822	0.4644273

		log			
$a = 3.0000000$		log .. 0.4771213	0		
$b = 1.0000000$		0.0000000	360°		
$a' = 2.0000000$		0.3010300	0		
$b' = -1.7320508$		0.2385606	180°		
$a'' = 0.1339746$		9.1270225	0		
$b'' =$	$+1.8612098i$	0.2697953	90°		
$a''' = 0.0669873$	$+0.9306049i$	9.9698876	85°	52′	58″.10
$b''' = 0.3530969$	$+0.3530969i$	9.6984089	45	0	0
$a'''' = 0.2100421$	$+0.6418509i$	9.8295254	71	52	46.58
$b'''' = 0.2836930$	$+0.6208239i$	9.8341482	65	26	29.05
$a^{\mathrm{V}} = 0.2468676$	$+0.6313374i$	9.8311572	68	38	36.05
$b^{\mathrm{V}} = 0.2470649$	$+0.6324002i$	9.8318368	68	39	37.82
$a^{\mathrm{VI}} = 0.24696625$	$+0.6318688i$	9.8314971	68	39	6.95
$b^{\mathrm{VI}} = 0.24696625$	$+0.6318685i$	9.8314970	68	39	6.93
$a^{\mathrm{VII}} = 0.24696625$	$+0.63186865i$	9.83149705	68	39	6.94

$$\frac{1}{\mathfrak{M}(a,b)} = +0.5365910 - 1.3728804i = \frac{1}{\mathrm{M}(a,b)} - \frac{4i}{\mathrm{M}(a,c)}.$$

13.

Die Differentiale erster Ordnung der einzelnen Glieder des vollständigen Algorithmus eines arithmetisch-geometrischen Mittels sind in Artikel 9*) auf zweierlei Weise zu einander in Beziehung gesetzt. Die eine umfasst nur die Differentiale der Logarithmen der Quotienten jener Grössen; sie ergiebt sich aus der wiederholten Anwendung der beiden Relationen

$$aa = bb + cc, \qquad \frac{a'}{c'} = \frac{a+b}{a-b}$$

und kann durch Benutzung der im vorhergehenden Artikel gewonnenen Resultate zu einer Werthbestimmung des Differentials vom Quotienten zweier zusammengehörigen arithmetisch-geometrischen Mittel erweitert und so dargestellt werden, dass $\frac{1}{cc}\,d\log\frac{a}{b}$, welches mit Δ bezeichnet werden mag, für jedes positive und negative n (wenn nämlich ein negativer nachstehender

*) [Gauss' Werke, Bd. III, S. 372.]

Index n als gleichbedeutend mit einem voranstehenden positiven Index von gleicher absoluter Grösse gedeutet wird)

$$=\frac{1}{2^n}\cdot\frac{1}{a^{\mathrm{n}}a^{\mathrm{n}}}\,\mathrm{d}\log\frac{c^{\mathrm{n}}}{b^{\mathrm{n}}}=\frac{1}{2^n}\cdot\frac{1}{b^{\mathrm{n}}b^{\mathrm{n}}}\,\mathrm{d}\log\frac{c^{\mathrm{n}}}{a^{\mathrm{n}}}=\frac{1}{2^n}\cdot\frac{1}{c^{\mathrm{n}}c^{\mathrm{n}}}\,\mathrm{d}\log\frac{a^{\mathrm{n}}}{b^{\mathrm{n}}}=\frac{\pi}{2}\cdot\frac{1}{\mathrm{M}(a,b)\,.\,\mathrm{M}(a,c)}\,\mathrm{d}\log\frac{\mathrm{M}(a,c)}{\mathrm{M}(a,b)}$$

ist. Die andere Beziehung erstreckt sich auch mit auf die Differentiale der Logarithmen von zweigliedrigen Producten; sie folgt aus

$$b'b' = ab \quad \text{und} \quad {}'c\,{}'c = 4ac$$

in der Form

$$\mathrm{d}\log(a^{\mathrm{m}}.b^{\mathrm{m}}) = \mathrm{d}\log(a^{\mathrm{m+1}}.b^{\mathrm{m+1}})-\Delta\,.\,2^{m+1}.c^{\mathrm{m+1}}.c^{\mathrm{m+1}}$$

$$\mathrm{d}\log({}^{\mathrm{m}}a.{}^{\mathrm{m}}c) = \mathrm{d}\log({}^{\mathrm{m+1}}a.{}^{\mathrm{m+1}}c)+\Delta\cdot\frac{1}{2^{m+1}}\cdot{}^{\mathrm{m+1}}b.{}^{\mathrm{m+1}}b$$

und ergiebt, wenn man m bis zur unendlichen Grenze wachsen lässt, die in Artikel 9 aufgestellte Gleichung und die dieser entsprechende, nämlich

$$2\,\mathrm{d}\log\mathrm{M}(a,b) = \mathrm{d}\log(a^{\mathrm{n}}.b^{\mathrm{n}})+\Delta\{2^{n+1}.c^{\mathrm{n+1}}.c^{\mathrm{n+1}}+\cdots+2^{n+m}.c^{\mathrm{n+m}}.c^{\mathrm{n+m}}+\cdots\}$$

$$2\,\mathrm{d}\log\mathrm{M}(a,c) = \mathrm{d}\log({}^{\mathrm{n}}a.{}^{\mathrm{n}}c)-\Delta\{2^{-n-1}.{}^{\mathrm{n+1}}b.{}^{\mathrm{n+1}}b+\cdots+2^{-n-m}.{}^{\mathrm{n+m}}b.{}^{\mathrm{n+m}}b+\cdots\}.$$

Hieraus kann durch Elimination der Differentiale mit Hülfe des oben gefundenen Ausdrucks für Δ die Gleichung

$$\frac{4}{\pi}\mathrm{M}(a,b)\,\mathrm{M}(a,c) = \cdots-2^{-\mu+n}.{}^{\mu-\mathrm{n}}b.{}^{\mu-\mathrm{n}}b-\cdots-2^{n-1}.b^{\mathrm{n-1}}.b^{\mathrm{n-1}}$$
$$+\,2^n.a^{\mathrm{n}}.a^{\mathrm{n}}-2^{n+1}.c^{\mathrm{n+1}}.c^{\mathrm{n+1}}-\cdots-2^{n+m}.c^{\mathrm{n+m}}.c^{\mathrm{n+m}}-\cdots$$

abgeleitet werden, welche Gauss neben der im vorigen Artikel wiedergegebenen ersten Gleichung für $\frac{\pi}{2}\,\frac{\mathrm{M}(a,b)}{\mathrm{M}(a,c)}$ aufgezeichnet hat, ohne den Weg, auf welchem beide Gleichungen gefunden waren, anzudeuten.

14.

Für die vollständigen Differentiale zweiter Ordnung findet man unmittelbar aus den Ausdrücken für Δ, dass jedes mit gemeinsamen Index behaftete System von Gliedern a, b, c die drei Gleichungen

$$\frac{1}{\Delta}\,\mathrm{d}\log\frac{c}{b}\cdot\mathrm{d}\log a = \frac{1}{2}\,\mathrm{d}\left(\frac{1}{\Delta}\,\mathrm{d}\log\frac{c}{b}\right)$$

$$\frac{1}{\Delta}\,\mathrm{d}\log\frac{c}{a}\cdot\mathrm{d}\log b = \frac{1}{2}\,\mathrm{d}\left(\frac{1}{\Delta}\,\mathrm{d}\log\frac{c}{a}\right)$$

$$\frac{1}{\Delta}\,\mathrm{d}\log\frac{a}{b}\cdot\mathrm{d}\log c = \frac{1}{2}\,\mathrm{d}\left(\frac{1}{\Delta}\,\mathrm{d}\log\frac{a}{b}\right)$$

erfüllt. Multiplicirt man darin die Zähler und Nenner unter den zweimal zu differentiirenden Logarithmen der Reihe nach mit a, b, c und löst alle Logarithmen von Quotienten in Differenzen von Logarithmen auf, so ersieht man leicht, dass der Ausdruck

$$\frac{1}{\Delta}\operatorname{d}\log a^{n}.\operatorname{d}\log b^{n}-\frac{1}{2}\operatorname{d}\left(\frac{1}{\Delta}\operatorname{d}\log a^{n}b^{n}\right),$$

der mit D bezeichnet werden soll, seinen Werth nicht ändert, wenn man statt a^{n} und b^{n} setzt a^{n} und c^{n} oder b^{n} und c^{n}. Nimmt man das Mittel der beiden letzten so entstandenen Ausdrücke und berücksichtigt, dass

$$\operatorname{d}\log a^{n}+\operatorname{d}\log b^{n} = 2\operatorname{d}\log b^{n+1}$$

ist, so folgt, dass man in jenem Ausdrucke ohne dessen Werth zu ändern statt der beiden genannten Grössen auch c^{n} und b^{n+1} setzen kann, und ferner, wenn man in diesem wieder $\operatorname{d}\log c^{n}$ durch $\frac{1}{2}\operatorname{d}\log a^{n+1}+\frac{1}{2}\operatorname{d}\log c^{n+1}$ ersetzt, dass man mit demselben Erfolge a^{n+1} und b^{n+1} statt a^{n} und b^{n} setzen kann. Es ist also der Werth jenes Differential-Ausdrucks unabhängig von n und demnach gleich

$$\begin{aligned}
D &= \frac{1}{\Delta}\operatorname{d}\log b^{n}.\operatorname{d}\log c^{n}-\frac{1}{2}\operatorname{d}\left(\frac{1}{\Delta}\operatorname{d}\log b^{n}c^{n}\right)\\
&= \frac{1}{\Delta}\operatorname{d}\log c^{n}.\operatorname{d}\log a^{n}-\frac{1}{2}\operatorname{d}\left(\frac{1}{\Delta}\operatorname{d}\log c^{n}a^{n}\right)\\
&= \frac{1}{\Delta}\operatorname{d}\log a^{n}.\operatorname{d}\log b^{n}-\frac{1}{2}\operatorname{d}\left(\frac{1}{\Delta}\operatorname{d}\log a^{n}b^{n}\right)\\
&= \mathrm{M}(a,b)\operatorname{d}\left\{\frac{1}{\Delta}\operatorname{d}\frac{1}{\mathrm{M}(a,b)}\right\} = \mathrm{M}(a,c)\operatorname{d}\left\{\frac{1}{\Delta}\operatorname{d}\frac{1}{\mathrm{M}(a,c)}\right\}.
\end{aligned}$$

Setzt man a als unveränderlich voraus, so wird

$$D = \Delta bbcc = -bb\operatorname{d}\log b = cc\operatorname{d}\log c,$$

und es entsteht die in Artikel 8*) aus der Reihenentwickelung abgeleitete, für $\frac{a}{\mathrm{M}(a,b)}$ und $\frac{a}{\mathrm{M}(a,c)}$ als Werthe von μ geltende Differentialgleichung

$$\operatorname{dd}\mu-\frac{\operatorname{d}\Delta}{\Delta}\cdot\operatorname{d}\mu-\Delta\Delta bbcc.\mu = 0,$$

aus welcher sich nach den Untersuchungen in der Abhandlung »Determi-

---

*) [Gauss' Werke, Bd. III, S. 370.]

natio seriei nostrae per aequationem differentialem secundi ordinis«*) auch wieder die Darstellung durch die Gaussischen Reihen

$$\frac{a}{\mathrm{M}(a,b)} = F\left(\frac{1}{2}, \frac{1}{2}, 1, \frac{cc}{aa}\right), \qquad \frac{a}{\mathrm{M}(a,c)} = F\left(\frac{1}{2}, \frac{1}{2}, 1, \frac{bb}{aa}\right)$$

und als specielle Fälle der dortigen Gleichungen (90.) und (96.) der oben Art. 12 gefundene Grenzwerth von $\mathrm{M}(1,\varepsilon)\log\frac{4}{\varepsilon}$ und die im vorigen Artikel aufgestellte Differentialgleichung erster Ordnung zwischen $\mathrm{M}(a,b)$ und $\mathrm{M}(a,c)$ ergeben.

15.

Die Differentialgleichung zweiter Ordnung für die Glieder der Reihe des arithmetisch-geometrischen Mittels nimmt eine Form an, in welcher sie Differentiale nur von Quotienten der Veränderlichen enthält, wenn man mit einer beliebigen Grösse e den Ausdruck

$$D + \mathrm{d}\left(\frac{1}{\Delta}\,\mathrm{d}\log e\right) + \frac{1}{\Delta}(\mathrm{d}\log e)^2$$

bildet; dieser Ausdruck, dessen Werth also unabhängig von n ist und sich auch nicht ändert, wenn man b^n und c^n oder c^n und a^n statt a^n und b^n setzt, wird nämlich gleich

$$-\sqrt{eea^n b^n}\,.\,\mathrm{d}\left(\frac{1}{\Delta a^n b^n}\cdot\mathrm{d}\sqrt{\frac{a^n b^n}{ee}}\right) - \frac{1}{4\Delta}\left(\mathrm{d}\log\frac{a^n}{b^n}\right)^2.$$

Derselbe verwandelt sich für beständig wachsende positive und negative n in

$$-e\mathrm{M}(a,b).\mathrm{d}\left\{\frac{1}{\Delta\mathrm{M}(a,b)^2}\,\mathrm{d}\frac{\mathrm{M}(a,b)}{e}\right\} \text{ und in } -e\mathrm{M}(a,c).\mathrm{d}\left\{\frac{1}{\Delta\mathrm{M}(a,c)^2}\,\mathrm{d}\frac{\mathrm{M}(a,c)}{e}\right\},$$

dagegen für n gleich Null und für a, b, c als besondere Werthe von e beziehungsweise in

$$+\Delta bbcc, \quad -\Delta ccaa, \quad -\Delta aabb.$$

Setzt man also zur Abkürzung

$$\sqrt{\frac{a}{\mathrm{M}(a,b)}} = p, \quad \sqrt{\frac{b}{\mathrm{M}(a,b)}} = q, \quad \sqrt{\frac{c}{\mathrm{M}(a,b)}} = r, \quad -\pi\frac{\mathrm{M}(a,b)}{\mathrm{M}(a,c)} = \log y,$$

*) [Gauss' Werke, Bd. III, S. 207.]

so wird mit Rücksicht auf die Gleichung für Δ in Art. 13

$$\frac{\Delta}{2}\mathrm{M}(a,b)^2 = \frac{1}{4}\,\mathrm{d}\log y = \frac{1}{p^4}\,\mathrm{d}\log\frac{r}{q} = \frac{1}{q^4}\,\mathrm{d}\log\frac{r}{p} = \frac{1}{r^4}\,\mathrm{d}\log\frac{p}{q}$$

$$= -\frac{pp}{q^4r^4}\,\mathrm{d}\left(\frac{1}{\mathrm{d}\log y}\cdot\mathrm{d}\frac{1}{pp}\right) = \frac{qq}{r^4p^4}\,\mathrm{d}\left(\frac{1}{\mathrm{d}\log y}\cdot\mathrm{d}\frac{1}{qq}\right) = \frac{rr}{p^4q^4}\,\mathrm{d}\left(\frac{1}{\mathrm{d}\log y}\cdot\mathrm{d}\frac{1}{rr}\right),$$

und von gleicher Form werden die Ausdrücke für $-\frac{\Delta}{2}\mathrm{M}(a,c)^2$ in

$$\sqrt{\frac{a}{\mathrm{M}(a,c)}},\quad \sqrt{\frac{c}{\mathrm{M}(a,c)}},\quad \sqrt{\frac{b}{\mathrm{M}(a,c)}},\quad -\pi\frac{\mathrm{M}(a,c)}{\mathrm{M}(a,b)}.$$

Die Elimination von je zwei der drei Grössen p, q, r ergiebt

$$\left\{\frac{1}{p^4}\,\frac{1}{\mathrm{d}\log y}\,\mathrm{d}\log\left[\frac{16}{p^6}\,\frac{1}{\mathrm{d}\log y}\,\mathrm{d}\left(\frac{1}{\mathrm{d}\log y}\cdot\mathrm{d}\frac{1}{pp}\right)\right]\right\}^2 - \frac{16}{p^6}\,\frac{1}{\mathrm{d}\log y}\,\mathrm{d}\left(\frac{1}{\mathrm{d}\log y}\cdot\mathrm{d}\frac{1}{pp}\right) - 1 = 0$$

als Differentialgleichung sowohl für p als auch für q und für r, das ist für $\sqrt{\frac{a}{\mathrm{M}(a,b)}}$, $\sqrt{\frac{b}{\mathrm{M}(a,b)}}$ und $\sqrt{\frac{c}{\mathrm{M}(a,b)}}$ und ebenso auch, wenn man $-\pi\frac{\mathrm{M}(a,c)}{\mathrm{M}(a,b)} = \log z$ statt $\log y$ darin gesetzt denkt, als Differentialgleichung für $\sqrt{\frac{a}{\mathrm{M}(a,c)}}$, $\sqrt{\frac{c}{\mathrm{M}(a,c)}}$ und $\sqrt{\frac{b}{\mathrm{M}(a,c)}}$.

16.

Die Darstellung der Quotienten der Grössen a, b, c, $\mathrm{M}(a,b)$, $\mathrm{M}(a,c)$ durch Reihen, die nach Potenzen von $y^{\frac{1}{4}}$ oder $z^{\frac{1}{4}}$ fortschreiten, lässt sich mit Hülfe der Fundamentalsätze des hier zu untersuchenden Algorithmus z. B. in folgender Weise ausführen.

Nach der Definition von y und dem in Art. 12 für den rückwärts verlängerten Algorithmus aufgestellten Satze wird

$$-\pi\frac{\mathrm{M}(a,b)}{\mathrm{M}(a,c)} = -\pi\frac{\mathrm{M}(a^{\mathrm{n}},b^{\mathrm{n}})}{2^n\mathrm{M}(a^{\mathrm{n}},c^{\mathrm{n}})} = \log y,$$

also nach den Gleichungen in Art. 12 der Grenzwerth von $\frac{1}{2}y^{-2^{n-2}}\cdot\sqrt{\frac{c^{\mathrm{n}}}{\mathrm{M}(a^{\mathrm{n}},b^{\mathrm{n}})}}$ für ein immer wachsendes n, oder was dasselbe ist, der Grenzwerth von $\frac{1}{2}y^{-\frac{1}{4}}r(y)$, wo $r(y)$ statt $\sqrt{\frac{c}{\mathrm{M}(a,b)}}$ gesetzt ist, für bis zur Null abnehmendes positives $y^{\frac{1}{4}}$ gleich der Einheit.

Bezeichnen wir noch $\sqrt{\frac{a}{\mathrm{M}(a,b)}}$ und $\sqrt{\frac{b}{\mathrm{M}(a,b)}}$ durch $p(y)$ und $q(y)$, so folgt aus $aa = bb + cc$ und den beiden Gleichungen für $\sqrt{M(a,b)}$ in Art. 12

$$p(y) = 1 + r(y^4) + r(y^{16}) + r(y^{64}) + \cdots + r(y^{2^{2n}}) + \cdots$$
$$q(y) = 1 - r(y^4) + r(y^{16}) + r(y^{64}) + \cdots + r(y^{2^{2n}}) + \cdots$$
$$r(y)^4 = p(y)^4 - q(y)^4.$$

Die Reihen für p, q, r, welche nach ganzen Potenzen von $y^{\frac{1}{4}}$ fortschreiten und diesen Bedingungen genügen, findet man, so weit man die Entwickelung ausführt, von der Form

$$p(y) = 1 + 2y + 2y^4 + 2y^9 + \cdots + 2y^{nn} + \cdots$$
$$q(y) = 1 - 2y + 2y^4 - 2y^9 + \cdots \pm 2y^{nn} \mp \cdots$$
$$r(y) = 2y^{\frac{1}{4}} + 2y^{\frac{9}{4}} + 2y^{\frac{25}{4}} + 2y^{\frac{49}{4}} + \cdots + 2y^{(n+\frac{1}{2})^2} + \cdots$$

Dass das hier angedeutete Gesetz für die Bildung der Glieder das allgemein gültige ist, scheint Gauss unter Anderem auch auf folgende Art bewiesen zu haben. Neben den entsprechenden Gleichungen, welche sich auf Reihen mit zwei Argumenten beziehen und weiter unten in Art. 23 und 25 Platz finden werden, hat Gauss sich die Aufzeichnung gemacht:

Zur Theorie der Zerlegung der Zahlen in vier Quadrate.

Das Theorem: das Product zweier Summen von vier Quadraten ist selbst eine Summe von vier Quadraten, wird am einfachsten so dargestellt: es seien l, m, λ, μ, λ', μ' sechs complexe Zahlen, so dass λ, λ' und μ, μ' sociirt sind. Durch N *bezeichne man die Norm. Es ist dann*

$$(\mathrm{N}l + \mathrm{N}m)(\mathrm{N}\lambda + \mathrm{N}\mu) = \mathrm{N}(l\lambda + m\mu) + \mathrm{N}(l\mu' - m\lambda')$$

und also auch

$$\{\mathrm{N}(n + in_,) + \mathrm{N}(n_{,,} + in_{,,,})\}\{\mathrm{N}(1-i) + \mathrm{N}(1+i)\}$$
$$= \mathrm{N}\{(n + n_, + n_{,,} - n_{,,,}) + i(-n + n_, + n_{,,} + n_{,,,})\}$$
$$+ \mathrm{N}\{(n + n_, - n_{,,} + n_{,,,}) - i(+n - n_, + n_{,,} + n_{,,,})\}.$$

Hieraus lassen sich leicht die beiden folgenden Sätze ableiten, in welchen verschiedene Darstellungen einer Zahl durch eine Summe von vier Quadratzahlen sich beziehen auf die verschiedenen Werthesysteme der vier Wurzeln mit Berücksichtigung sowohl der Zeichen als auch der Reihenfolge der Wurzeln, worin ferner unter den geraden Zahlen auch die Null mit begriffen wird.

Ist das Vierfache einer Zahl von der Form $4k+1$ durch vier ungerade Quadratzahlen darstellbar, so ist sie selbst halb so oft durch eine ungerade und drei gerade Quadratzahlen darstellbar; und umgekehrt, ist eine Zahl in der letzteren Weise darstellbar, so ist ihr Vierfaches doppelt so oft in der ersteren Weise darstellbar.

Ist das Vierfache einer Zahl von der Form $4k+3$ durch vier ungerade Quadratzahlen darstellbar, so ist sie selbst halb so oft durch eine gerade und drei ungerade Quadratzahlen darstellbar; und umgekehrt, ist eine Zahl in der letzteren Weise darstellbar, so ist ihr Vierfaches doppelt so oft in der ersteren Weise darstellbar.

Mit Hülfe dieser beiden Sätze lässt sich unmittelbar beweisen, dass die obigen Reihen der Gleichung $r(y)^4 = p(y)^4 - q(y)^4$ genügen, und ferner durch die wiederholte Anwendung dieser Relation, dass, wenn man nach dem Schema

$$p+q = 2p'', \qquad p-q = 2r'', \qquad (p'')^4-(r'')^4 = (q'')^4$$

aus den Werthen der Quadrate der beiden ersten Reihen, nämlich pp und qq, als Anfangsglieder die Glieder des Algorithmus eines arithmetisch-geometrischen Mittels für positive gerade Indices bildet, auch

$$p^{2n} = p(y^{2^{2n}}), \qquad q^{2n} = q(y^{2^{2n}}), \qquad r^{2n} = r(y^{2^{2n}})$$

wird. Durch Übergang zu dem Grenzwerthe von n entsteht also nach Art. 12:

$$\mathrm{M}(pp, qq) = 1, \qquad \frac{\pi}{2}\frac{\mathrm{M}(pp, qq)}{\mathrm{M}(pp, rr)} = -\frac{1}{2}\log y.$$

17.

Aus den im vorhergehenden Artikel abgeleiteten Eigenschaften der durch die dort aufgestellten Reihen definirten Functionen p, q, r folgt, dass, wenn a, b, c drei die Gleichung $aa = bb+cc$ erfüllende Grössen sind, sie in die Form gesetzt werden können

$$a = \mathrm{M}(a, b).p(y)^2, \qquad b = \mathrm{M}(a, b).q(y)^2, \qquad c = \mathrm{M}(a, b).r(y)^2,$$

und dass dann $\frac{\log y}{\pi} = -\frac{\mathrm{M}(a, b)}{\mathrm{M}(a, c)}$ sein muss. Setzt man nun noch

$$a = \mathrm{M}(a, c).p(z)^2, \qquad c = \mathrm{M}(a, c).q(z)^2, \qquad b = \mathrm{M}(a, c).r(z)^2,$$

so wird

$$\frac{\log z}{\pi} = -\frac{\mathrm{M}(a,c)}{\mathrm{M}(a,b)} = \frac{\pi}{\log y}.$$

Der durch die Vereinigung dieser beiden Darstellungen sich ergebende Satz ist von Gauss so ausgesprochen worden, dass die Functionen

$$\begin{aligned} \mathfrak{P}(t) &= 1+2e^{-\pi t}+2e^{-4\pi t}+2e^{-9\pi t}+\cdots+2e^{-nn\pi t}+\cdots \\ \mathfrak{Q}(t) &= 1-2e^{-\pi t}+2e^{-4\pi t}-2e^{-9\pi t}+\cdots\pm 2e^{-nn\pi t}\mp\cdots \\ \mathfrak{R}(t) &= 2e^{-\frac{1}{4}\pi t}+2e^{-\frac{9}{4}\pi t}+2e^{-\frac{25}{4}\pi t}+\cdots+2e^{-(n+\frac{1}{2})^2\pi t}+\cdots \end{aligned}$$

den Gleichungen

$$\mathfrak{P}(t) = \frac{1}{\sqrt{t}}\mathfrak{P}\left(\frac{1}{t}\right),\qquad \mathfrak{Q}(t) = \frac{1}{\sqrt{t}}\mathfrak{R}\left(\frac{1}{t}\right),\qquad \mathfrak{R}(t) = \frac{1}{\sqrt{t}}\mathfrak{Q}\left(\frac{1}{t}\right)$$

genügen, worin die Quadratwurzeln mit solchen Zeichen zu nehmen sind, dass der reelle Theil positiv ist.

Aus dieser und der anderen von ihm aufgezeichneten Eigenschaft derselben Functionen, dass nämlich

$$\mathfrak{P}(t) = \mathfrak{Q}(t+i),\qquad \mathfrak{Q}(t) = \mathfrak{P}(t+i),\qquad \mathfrak{R}(t) = \sqrt{i}\,.\,\mathfrak{R}(t+i)$$

ist, scheint Gauss den folgenden Satz abgeleitet zu haben:

Es seien $\alpha, \beta, \gamma, \delta$ ganze reelle Zahlen,

$$\alpha\delta-\beta\gamma = 1,\qquad \frac{\alpha t-\beta i}{\delta+\gamma t i} = t'.$$

Wir unterscheiden 6 *Fälle, jenachdem nach dem Modulus* 2

$\alpha \equiv$	1	1	1	0	1	0
$\beta \equiv$	0	1	0	1	1	1
$\gamma \equiv$	0	0	1	1	1	1
$\delta \equiv$	1	1	1	1	0	0.

Es ist dann

$h\mathfrak{P}(t') =$	$\mathfrak{P}(t)$	$\mathfrak{Q}(t)$	$\mathfrak{R}(t)$	$\mathfrak{Q}(t)$	$\mathfrak{R}(t)$	$\mathfrak{P}(t)$
$h\mathfrak{Q}(t') =$	$\mathfrak{Q}(t)$	$\mathfrak{P}(t)$	$\mathfrak{Q}(t)$	$\mathfrak{R}(t)$	$\mathfrak{P}(t)$	$\mathfrak{R}(t)$
$h\mathfrak{R}(t') =$	$\mathfrak{R}(t)$	$\mathfrak{R}(t)$	$\mathfrak{P}(t)$	$\mathfrak{P}(t)$	$\mathfrak{Q}(t)$	$\mathfrak{Q}(t)$

$$\frac{1}{h} = \sqrt{i^{\lambda}(\delta+\gamma t i)},$$

worin λ für die Factoren der drei Functionen $\mathfrak{P}$, $\mathfrak{Q}$, $\mathfrak{R}$ im Allgemeinen verschiedene Werthe hat.

Ist hier

$$t = \frac{\sqrt{d}+bi}{a}, \qquad t' = \frac{\sqrt{d}+b'i}{a'}, \qquad -d = bb-ac = b'b'-a'c',$$

so geht die Form (a, b, c) *in* (a', b', c') *über durch die Transformation* $\begin{pmatrix}\delta, & -\beta\\ -\gamma, & \alpha\end{pmatrix}$.

Zusammenhang zwischen den Formen des negativen Determinanten $-p$ *und den summatorischen Functionen.*

Sind nämlich die Formen (a, b, c), (A, B, C) *aequivalent, so ist die Function* f *in Betracht zu ziehen, wo* $f(t) \equiv f(u)$, *so wohl wenn* $\frac{t-u}{i}$ *ganze Zahl als wenn* $t = \frac{1}{u}$.

Jeder Classe entspricht dann ein bestimmter *Werth von* $f\left(\frac{\sqrt{p}+bi}{a}\right)$.

18.

Mit dem Algorithmus des arithmetisch-geometrischen Mittels hat Gauss einen andern in Verbindung gebracht, welcher ebenfalls wie jener von zwei gegebenen Grössen, die hier α und β bezeichnet werden sollen, ausgeht und auf eine solche Form zurückgeführt werden kann, dass viele Analogien mit jenem sich zeigen, wenn nämlich

$$4a'a' = (a+b)^2, \qquad b'b' = ab, \quad \text{u. s. f.}$$
$$4a'\alpha' = (\alpha+\beta)^2, \qquad b'\beta' = \alpha\beta, \quad \text{u. s. f.}$$

gesetzt wird. Ebenso wie die bisherigen Untersuchungen durch Einführung der die Gleichung $aa = bb+cc$ erfüllenden Grösse c bedeutend übersichtlicher wurden, wird hier eine entsprechende Vereinfachung der Formeln erreicht, wenn man γ durch die Gleichung $a\alpha = b\beta+c\gamma$ und δ durch

$$bc(b\gamma-c\beta) = ca(a\gamma-c\alpha) = ab(b\alpha-a\beta) = abc\delta,$$

so wie γ^n, δ^n durch dieselben Gleichungen, nachdem allen Zeichen der Index n gegeben ist, einführt. Unter den zwischen diesen Grössen bestehenden Relationen finden die folgenden bei der Untersuchung dieses Algorithmus vielfache Anwendung

$$\frac{\alpha+\beta}{a+b} = \frac{\gamma-\delta}{c}, \qquad \frac{\alpha-\beta}{a-b} = \frac{\gamma+\delta}{c}, \qquad \frac{\alpha+\gamma}{a+c} = \frac{\beta+\delta}{b}, \qquad \frac{\alpha-\gamma}{a-c} = \frac{\beta-\delta}{b}$$

$$\alpha' = \frac{1}{a'}\left(\frac{\alpha+\beta}{2}\right)^2 = \frac{1}{c'}\left(\frac{\gamma-\delta}{2}\right)^2, \qquad \beta' = \frac{1}{b'}\alpha\beta$$

$$\gamma' = \frac{1}{c'}\left(\frac{\alpha-\beta}{2}\right)^2 = \frac{1}{a'}\left(\frac{\gamma+\delta}{2}\right)^2, \qquad \delta' = \frac{1}{b'}\gamma\delta$$

$$\alpha\alpha+\delta\delta = \beta\beta+\gamma\gamma = \frac{a}{b}(\alpha\beta+\gamma\delta) = \frac{a}{c}(\alpha\gamma-\beta\delta) = a(\alpha'+\gamma')$$

$$\alpha\alpha-\gamma\gamma = \beta\beta-\delta\delta = \frac{b}{c}(\beta\gamma-\alpha\delta) = \frac{b}{a}(\alpha\beta-\gamma\delta) = b(\alpha'-\gamma')$$

$$\alpha\alpha-\beta\beta = \gamma\gamma-\delta\delta = \frac{c}{a}(\alpha\gamma+\beta\delta) = \frac{c}{b}(\beta\gamma+\alpha\delta) = 2c\sqrt{\alpha'\gamma'}.$$

Die Grenzwerthe der Glieder in den sieben Reihen von Grössen $a, b, c, \alpha, \beta, \gamma, \delta$ lassen sich auf die folgenden vier zurückführen

$$k = \mathrm{M}(a, b) = \lim a^{\mathrm{n}} = \lim b^{\mathrm{n}}$$

$$\sqrt{y} = e^{-\frac{\pi}{2}\frac{\mathrm{M}(a,b)}{\mathrm{M}(a,c)}} = \lim \sqrt[2^n]{\frac{c^{\mathrm{n}}}{4a^{\mathrm{n}}}} = \frac{c}{4a}\cdot\frac{a}{a'}\cdot\sqrt{\frac{a'}{a''}}\cdot\sqrt[2^2]{\frac{a''}{a'''}}\cdot\sqrt[2^3]{\frac{a'''}{a''''}}\cdots\sqrt[2^{n-1}]{\frac{a^{\mathrm{n}-1}}{a^{\mathrm{n}}}}\cdots$$

$$\frac{\varkappa}{k} = \lim \sqrt[2^n]{\frac{\alpha^{\mathrm{n}}}{k}} = \lim \sqrt[2^n]{\frac{\beta^{\mathrm{n}}}{k}} = \frac{\beta}{b}\cdot\sqrt{\frac{b}{a}\,\frac{\alpha}{\beta}}\cdot\sqrt[2^2]{\frac{b'}{a'}\,\frac{\alpha'}{\beta'}}\cdot\sqrt[2^3]{\frac{b''}{a''}\,\frac{\alpha''}{\beta''}}\cdots\sqrt[2^n]{\frac{b^{\mathrm{n}-1}}{a^{\mathrm{n}-1}}\,\frac{\alpha^{\mathrm{n}-1}}{\beta^{\mathrm{n}-1}}}\cdots$$

$$\frac{\varkappa}{k}\sqrt{y}\,.\,\eta^{\pm 1} = \lim \sqrt[2^{n-1}]{\sqrt{\frac{\gamma^{\mathrm{n}}}{4k}} \pm \sqrt{\frac{\delta^{\mathrm{n}}}{4k}}}.$$

Wenn α und β und alle Grössen a^{n}, b^{n}, positiv sind, so nehmen $\frac{a^{\mathrm{n}}}{b^{\mathrm{n}}}$ und $\frac{a^{\mathrm{n}}\alpha^{\mathrm{n}}}{b^{\mathrm{n}}\beta^{\mathrm{n}}}$ von den Werthen $\frac{a'}{b'}$ und $\frac{a'\alpha'}{b'\beta'}$ an beständig bis zur Einheit ab; es ergeben also die vorstehenden Ausdrücke einen bestimmten Werth für $\varkappa$. Das Gleiche folgt für η, wenn γ, δ und alle c^{n} und b^{n} positiv sind, aus

$$\frac{\varkappa}{k}y^{\frac{1}{2}}\eta = \lim \sqrt[2^n]{\frac{\gamma^{\mathrm{n}}}{k}} = \lim \sqrt[2^n]{\frac{\delta^{\mathrm{n}}}{k}} = \frac{\delta}{b}\cdot\sqrt{\frac{b}{a}\,\frac{\gamma}{\delta}}\cdot\sqrt[2^2]{\frac{b'}{a'}\,\frac{\gamma'}{\delta'}}\cdot\sqrt[2^3]{\frac{b''}{a''}\,\frac{\gamma''}{\delta''}}\cdots\sqrt[2^n]{\frac{b^{\mathrm{n}-1}}{a^{\mathrm{n}-1}}\,\frac{\gamma^{\mathrm{n}-1}}{\delta^{\mathrm{n}-1}}}\cdots,$$

wenn aber δ negativ ist, aus der von Gauss angewandten Substitution

$$\sqrt{\frac{-\delta}{\gamma}} = \operatorname{tang} U \,.\, \sqrt{\frac{a}{b}} = \operatorname{tang} V \,.\, \sqrt{\frac{b}{a}} = \sqrt{\operatorname{tang} U \,.\operatorname{tang} V} = \operatorname{tang} U'$$
$$U+V = 2V'$$
$$\sqrt{\frac{-\delta'}{\gamma'}} = \operatorname{tang} 2U' \,.\, \sqrt{\frac{a'}{b'}} = \operatorname{tang} 2V' \,.\, \sqrt{\frac{b'}{a'}} = \sqrt{\operatorname{tang} 2U' .\operatorname{tang} 2V'} = \operatorname{tang} 2U''$$
$$U'+V' = 2V''$$
$$\sqrt{\frac{-\delta''}{\gamma''}} = \operatorname{tang} 4U'' \,.\, \sqrt{\frac{a''}{b''}} = \operatorname{tang} 4V'' \,.\, \sqrt{\frac{b''}{a''}} = \sqrt{\operatorname{tang} 4U'' .\operatorname{tang} 4V''} = \operatorname{tang} 4U'''$$
$$U''+V'' = 2V'''$$

. . . .

$$\sqrt{\frac{-\delta^{\text{n}}}{\gamma^{\text{n}}}} = \operatorname{tang} 2^n U^{\text{n}} .\, \sqrt{\frac{a^{\text{n}}}{b^{\text{n}}}} = \operatorname{tang} 2^n V^{\text{n}} .\, \sqrt{\frac{b^{\text{n}}}{a^{\text{n}}}} = \sqrt{\operatorname{tang} 2^n U^{\text{n}} .\operatorname{tang} 2^n V^{\text{n}}} = \operatorname{tang} 2^n U^{\text{n}+1}$$
$$U^{\text{n}}+V^{\text{n}} = 2V^{\text{n}+1},$$

weil dann

$$\sin U^2 = \frac{b}{c}\frac{-\delta}{\alpha}, \qquad \cos U^2 = \frac{a}{c}\frac{\gamma}{\alpha}, \qquad aa\sin U^2 + bb\cos U^2 = ab\frac{\beta}{\alpha}$$
$$\sin V^2 = \frac{a}{c}\frac{-\delta}{\beta}, \qquad \cos V^2 = \frac{b}{c}\frac{\gamma}{\beta}, \qquad aa\cos V^2 + bb\sin V^2 = ab\frac{\alpha}{\beta}$$

ist, und diese Gleichungen auch gelten, wenn $a^{\text{n}}, b^{\text{n}}, c^{\text{n}}, \alpha^{\text{n}}, \beta^{\text{n}}, \gamma^{\text{n}}, \delta^{\text{n}}, 2^n U^{\text{n}}, 2^n V^{\text{n}}$ statt $a, b, c, \alpha, \beta, \gamma, \delta, U, V$ gesetzt werden, so dass also

$$\eta^{\pm\frac{1}{2}} = \lim e^{\pm i U^{\text{n}}} = \lim e^{\pm i V^{\text{n}}} = e^{\pm i u}$$

sich ergiebt.

Für $\delta = 0$ verschwinden alle δ^{n}, und es wird

$$\frac{\alpha}{a} = \frac{\beta}{b} = \frac{\gamma}{c} = \cdots = \sqrt[2^n]{\frac{\alpha^{\text{n}}}{a^{\text{n}}}} = \sqrt[2^n]{\frac{\beta^{\text{n}}}{b^{\text{n}}}} = \sqrt[2^n]{\frac{\gamma^{\text{n}}}{c^{\text{n}}}} = \frac{\varkappa}{k}, \quad \sqrt[2^n]{\frac{\gamma^{\text{n}}}{\alpha^{\text{n}}}\frac{a^{\text{n}}}{c^{\text{n}}}} = \eta = 1, \quad u = 0.$$

Vergleicht man die Grenzwerthe $k, y, \varkappa, \eta, u$, zu denen man gelangt, wenn man bei der Bildung des combinirten Algorithmus von den Grössen a, b, α, β ausgegangen ist, mit den Grenzwerthen $k', y', \varkappa', \eta', u'$, zu denen man gelangen würde, wenn man bei solchem Algorithmus von den bestimmten zuvor erhaltenen Grössen a', b', α', β' als Anfangsgliedern ausginge, so ersieht man unmittelbar, dass

$$k' = k, \qquad y' = yy, \qquad \frac{\varkappa'}{k'} = \frac{\varkappa\varkappa}{kk}, \qquad \eta' = \eta\eta, \qquad u' = 2u$$

sein muss und dass durch die nach diesem Gesetze gebildeten Gleichungen die den a^n, b^n, α^n, β^n entsprechenden Grenzwerthe k^n, y^n, $\varkappa^n$, η^n, u^n sich ergeben.

Aus den Gleichungen von der Form

$$\frac{c'}{a'} = \frac{a-b}{a+b}, \qquad \frac{c'}{a'}\frac{\gamma'}{\alpha'} = \left(\frac{\alpha-\beta}{\alpha+\beta}\right)^2, \qquad \frac{c'}{a'}\frac{\alpha'}{\gamma'} = \left(\frac{\gamma-\delta}{\gamma+\delta}\right)^2$$

folgt, dass, wenn alle Glieder des Algorithmus positiv werden, y, $y\eta$ und $\frac{1}{\eta}$ kleiner als die Einheit sind.

Die von Gauss angegebene Methode zur Bestimmung des Grenzwerthes für U^n und V^n und ebenso die Bestimmung von $\frac{\varkappa}{k}$ mit Zuhülfenahme jener Winkel führt bei Rechnungen mit Zahlen sehr rasch zum Ziele. Weniger bequem für Zahlenrechnungen sind die obigen Formeln zur Bestimmung eines reellen η und des zugehörigen $\frac{\varkappa}{k}$. Dieser Umstand wird die Veranlassung gewesen sein, wesshalb Gauss den Algorithmus

$$A' = \frac{A+B}{2}, \qquad B' = \frac{2ABa'}{b'(A+B)}$$

$$A'' = \frac{A'+B'}{2}, \qquad B'' = \frac{2A'B'a''}{b''(A'+B')}$$

u. s. f. mit dem Grenzwerthe

$$\frac{H}{k} = \frac{B}{b}\sqrt{\frac{bA}{aB}}\cdot\sqrt[4]{\frac{b'A'}{a'B'}}\cdot\sqrt[8]{\frac{b''A''}{a''B''}}\cdot\sqrt[16]{\frac{b'''A'''}{a'''B'''}}\cdots$$

aufgestellt hat, welcher sich auf den obigen zurückführen lässt, wenn man $A = \alpha$, $B = \beta$ setzt, weil dann

$$A^n = \frac{b^{n+1}}{b'}\sqrt{\frac{\alpha^n}{\beta^n}}\cdot\sqrt{\alpha\beta}, \qquad B^n = \frac{b^{n+1}}{b'}\sqrt{\frac{\beta^n}{\alpha^n}}\cdot\sqrt{\alpha\beta}, \qquad H = \varkappa$$

wird. Die Bestimmung eines reellen η ist in Gauss' Aufzeichnungen durch eine Lücke unvollendet gelassen; sie ergiebt sich aber, wenn man aus $C = \gamma$, und $D = \delta$ denselben Algorithmus wie eben aus A und B bildet, denn dann ist

$$C^n = \frac{b^{n+1}}{b'}\sqrt{\frac{\gamma^n}{\delta^n}}\sqrt{\gamma\delta}, \qquad D^n = \frac{b^{n+1}}{b'}\sqrt{\frac{\delta^n}{\gamma^n}}\sqrt{\gamma\delta}$$

$$\frac{H}{k}y^{\frac{1}{2}}\eta = \frac{D}{b}\cdot\sqrt{\frac{bC}{aD}}\cdot\sqrt[4]{\frac{b'C'}{a'D'}}\cdot\sqrt[8]{\frac{b''C''}{a''D''}}\cdot\sqrt[16]{\frac{b'''C'''}{a'''D'''}}\cdots,$$

und diese Grössen C, D nähern sich rasch dem Werthe $\frac{k}{b'}\sqrt{\gamma\delta}$, während γ^n und δ^n zugleich entweder bedeutend wachsen oder abnehmen, sobald $\frac{\varkappa}{k}y^{\frac{1}{2}}\eta$ sich von der Einheit unterscheidet.

19.

Die Beziehungen zwischen den Differentialen der zu untersuchenden Grössen sind besonders einfach, wenn a und b ungeändert bleiben; es ergiebt sich dann unmittelbar aus den Bedingungsgleichungen zwischen Gliedern mit gleichem Index, dass der Ausdruck $\frac{1}{2^n}\frac{1}{b^n}\sqrt{\frac{\beta^n\delta^n}{\alpha^n\gamma^n}}\cdot \mathrm{d}\log\frac{\delta^n}{\beta^n}$ seinen Werth nicht ändert, wenn darin der Reihe nach $\alpha, \beta, \gamma, \delta$ statt $\beta, \gamma, \delta, \alpha$ gesetzt wird. Die beiden so erhaltenen Ausdrücke können zu einem dem ersteren entsprechenden Ausdruck für den Index $n+1$ vereinigt werden; der Werth dieses Ausdrucks ist also auch unabhängig vom Index n. Durch Übergang zur Grenze und durch Vergleichung mit den Differentialen der auf verschiedene Weise gebildeten Quotienten ergiebt sich

$$\frac{1}{k}\mathrm{d}\log\eta = \frac{1}{a}\sqrt{\frac{\alpha\delta}{\beta\gamma}}\cdot\mathrm{d}\log\frac{\delta}{\alpha} = \frac{1}{b}\sqrt{\frac{\beta\delta}{\alpha\gamma}}\cdot\mathrm{d}\log\frac{\delta}{\beta} = \frac{1}{c}\sqrt{\frac{\gamma\delta}{\alpha\beta}}\cdot\mathrm{d}\log\frac{\delta}{\gamma} = \frac{1}{c}\sqrt{\frac{\delta'}{\beta'}}\cdot\mathrm{d}\log\frac{\delta\delta}{\delta'}$$

$$= \frac{1}{a}\sqrt{\frac{\beta\gamma}{\alpha\delta}}\cdot\mathrm{d}\log\frac{\gamma}{\beta} = \frac{1}{b}\sqrt{\frac{\alpha\gamma}{\beta\delta}}\cdot\mathrm{d}\log\frac{\gamma}{\alpha} = \frac{1}{c}\sqrt{\frac{\alpha\beta}{\gamma\delta}}\cdot\mathrm{d}\log\frac{\alpha}{\beta} = \frac{1}{c}\sqrt{\frac{\beta'}{\delta'}}\cdot\mathrm{d}\log\frac{\beta'}{\beta\beta},$$

eine Relation, welche also immer gilt, wenn die Indices der $a, b, c, \alpha, \beta, \gamma, \delta, \eta$ um gleich viel Einheiten vermehrt werden. Hieraus folgt der von Gauss aufgezeichnete Satz:

$$\int\frac{dU}{\sqrt{aa\sin U^2+bb\cos U^2}} = \int\frac{dV}{\sqrt{aa\cos V^2+bb\sin V^2}} = \frac{u}{k}.$$

Mit Hülfe der Gleichung für $\mathrm{d}\log\frac{\beta'}{\beta\beta}$ lassen sich durch wiederholte Anwendung derselben unmittelbar die Reihen für die Differentiale der einzelnen Grössen $\alpha, \beta, \gamma, \delta$ aufstellen; für ein negatives δ entsteht

$$\frac{k}{2}\,\frac{\mathrm{d}\log\frac{\alpha}{\varkappa}}{\mathrm{d}u}+2c'\sin 2V' = \frac{k}{2}\,\frac{\mathrm{d}\log\frac{\beta}{\varkappa}}{\mathrm{d}u} = \frac{k}{2}\,\frac{\mathrm{d}\log\frac{\gamma}{\varkappa}}{\mathrm{d}u}+a\frac{\sin V}{\cos U} = \frac{k}{2}\,\frac{\mathrm{d}\log\frac{\delta}{\varkappa}}{\mathrm{d}u}-b\frac{\cos V}{\sin U}$$

$$= c'\sin 2V'+c''\sin 2^2V''+c'''\sin 2^3V'''+\cdots.$$

20.

Die Differentiale zweiter Ordnung, welche auf die Grösse η als einzige unabhängige Veränderliche sich beziehen, können unmittelbar durch Differentiation der Differentialgleichung erster Ordnung hergeleitet und die Bestimmung ihrer Werthe kann in der Weise dargestellt werden, dass die Ausdrücke von der Form

$$\frac{\mathrm{d}}{\mathrm{d}\log\eta}\left[\frac{\mathrm{d}\log\frac{\alpha}{\beta}}{\mathrm{d}\log\eta}\right]+\frac{1}{2}\frac{\mathrm{d}\log\frac{\alpha\beta}{\gamma\delta}}{\mathrm{d}\log\eta}\cdot\frac{\mathrm{d}\log\frac{\alpha}{\beta}}{\mathrm{d}\log\eta}$$

für die mit irgend welchem gemeinsamen Index behafteten $\alpha, \beta, \gamma, \delta$ verschwinden, in welcher Reihenfolge die $\alpha, \beta, \gamma, \delta$ auch darin eingesetzt sein mögen. Multiplicirt man Zähler und Nenner unter dem zweimal zu differentiirenden Logarithmus mit β, ersetzt $\alpha\beta$ durch $b'\beta'$ und die Derivirten erster Ordnung durch ihre Werthe, so erhält man für zwei aufeinander folgende Indices

$$\frac{\mathrm{d}\mathrm{d}\log\frac{\beta'}{\beta\beta}}{(\mathrm{d}\log\eta)^2}+2\frac{a'c'}{kk}\frac{\delta'}{\beta'}-2\frac{ac}{kk}\frac{\delta}{\beta}-\frac{1}{2}\frac{cc}{kk}=0$$

und hieraus durch wiederholte Anwendung dieser Gleichung und mit Zuhülfenahme der in Art. 13 für $\mathrm{d}\log\mathrm{M}(a,b)$ gefundenen Reihe die Gleichung

$$\frac{\mathrm{d}\log\frac{b}{k}}{\mathrm{d}\log y}=\frac{\mathrm{d}\mathrm{d}\log\frac{\alpha}{\varkappa}}{(\mathrm{d}\log\eta)^2}-\frac{1}{2}\frac{ac}{kk}\frac{\gamma}{\alpha}=\frac{\mathrm{d}\mathrm{d}\log\frac{\beta}{\varkappa}}{(\mathrm{d}\log\eta)^2}+\frac{1}{2}\frac{ac}{kk}\frac{\delta}{\beta}$$

$$=\frac{\mathrm{d}\mathrm{d}\log\frac{\gamma}{\varkappa}}{(\mathrm{d}\log\eta)^2}-\frac{1}{2}\frac{ac}{kk}\frac{\alpha}{\gamma}=\frac{\mathrm{d}\mathrm{d}\log\frac{\delta}{\varkappa}}{(\mathrm{d}\log\eta)^2}+\frac{1}{2}\frac{ac}{kk}\frac{\beta}{\delta},$$

welche ihre Gültigkeit behält, wenn $a, b, c, \alpha, \beta, \gamma, \delta, \varkappa, y, \eta$ mit irgend einem gemeinsamen, von Null verschiedenen Index behaftet werden.

Durch die Vereinigung dieses Resultats mit der im vorigen Artikel gefundenen Entwickelung von $\mathrm{d}\log\frac{\alpha}{\varkappa}$ ergiebt sich die von Gauss gefundene Werthausmittelung des Integrals

$$\int\sqrt{aa\sin U^2+bb\cos U^2}\,\mathrm{d}U=\int\frac{aabb\,\mathrm{d}V}{(aa\cos V^2+bb\sin V^2)^{\frac{3}{2}}}$$

$$=\frac{u}{k}\{a'a'-2c''c''-4c'''c'''-8c''''c''''-\cdots\}$$

$$+c'\sin 2V'-c''\sin 4V''-c'''\sin 8V'''-c''''\sin 16V''''-\cdots.$$

21.

Bildet man die Gleichungen zwischen den Derivirten der $\alpha, \beta, \gamma, \delta$ nach der Grösse y als der unabhängigen Veränderlichen, so müssen dieselben Coëfficienten dieser Derivirten entstehen, wie in den Gleichungen für die Differentiale nach η, und da die letzteren Gleichungen in solche Form gebracht werden können, dass die Verhältnisse zwischen den Derivirten von Quotienten bestimmt werden, so müssen die erwähnten Coëfficienten auch diesen Derivirten umgekehrt proportional sein. Ersetzt man sie durch deren reciproke Werthe, so ersieht man, dass auch die übrigen Glieder jener Gleichungen durch solche Derivirten dargestellt werden können und zwar so, dass der Ausdruck von der Form

$$\frac{\left[\dfrac{d\log\frac{\delta}{\beta}}{d\log y}\right]}{\left[\dfrac{d\log\frac{\delta}{\beta}}{d\log\eta}\right]} - \frac{1}{2}\,\frac{d\log\frac{\alpha\beta}{\varkappa\varkappa}}{d\log\eta}$$

für einen beliebigen gemeinsamen Index der Zeichen $\alpha, \beta, \gamma, \delta, \varkappa, y, \eta$ seinen Werth nicht ändert, in welcher Reihenfolge man auch die Grössen $\alpha, \beta, \gamma, \delta$ mit einander vertauscht. Vergleicht man diesen Ausdruck, welcher sich auf $\frac{\delta}{\beta}, \frac{\alpha\gamma}{\varkappa\varkappa}, \eta, y$ bezieht, mit demjenigen für $\frac{\delta'}{\beta'} = \frac{\gamma\delta}{\alpha\beta}, \frac{\alpha'\gamma'}{\varkappa'\varkappa'}, \eta' = \eta\eta, y' = yy$ und beachtet, dass nach Art. 19

$$\left[\frac{d\log\frac{\alpha}{\beta}}{d\log\eta}\right]^2 = \frac{d\log\frac{\gamma'}{\beta'}}{d\log\eta}\cdot\frac{d\log\frac{\alpha'}{\beta'}}{d\log\eta}, \qquad \left[\frac{d\log\frac{\delta}{\gamma}}{d\log\eta}\right]^2 = \frac{d\log\frac{\delta'}{\alpha'}}{d\log\eta}\cdot\frac{d\log\frac{\delta'}{\gamma'}}{d\log\eta}$$

ist, so ergiebt sich, dass der Werth jenes Ausdrucks auch unabhängig von dem Index der Zeichen $\alpha, \beta, \gamma, \delta, \varkappa, y, \eta$ und, wie aus den Grenzwerthen folgt, gleich Null sein muss.

Um die Derivirte nach y von jeder einzelnen der vier Grössen $\alpha, \beta, \gamma, \delta$ zu bestimmen, wird zunächst erforderlich sein, jenen Ausdruck so zu verwandeln, dass er nur zwei der Grössen enthält. Dies kann z. B. mit Hülfe der im vorhergehenden Artikel bestimmten, nach η genommenen zweiten

Derivirten der Quotienten geschehen, so dass also alle Ausdrücke

$$\frac{\mathrm{d}\log\frac{\alpha}{\beta}}{\mathrm{d}\log y}-\frac{\mathrm{d}\mathrm{d}\log\frac{\alpha}{\beta}}{(\mathrm{d}\log\eta)^2}-\frac{1}{2}\,\frac{\mathrm{d}\log\frac{\alpha\beta}{\varkappa\varkappa}}{\mathrm{d}\log\eta}\cdot\frac{\mathrm{d}\log\frac{\alpha}{\beta}}{\mathrm{d}\log\eta}$$

verschwinden, in welcher Reihenfolge auch $\alpha, \beta, \gamma, \delta$ mit einander vertauscht werden und welcher gemeinsame Index ihnen und den Zeichen $y, \varkappa, \eta$ gegeben werde. Ersetzt man $\frac{\alpha}{\beta}$ durch $\frac{b'\beta'}{\beta\beta}$, $\alpha\beta$ durch $b'\beta'$ und nach dem vorhergehenden Artikel

$$\frac{\mathrm{d}\log\frac{b'}{k}}{2\,\mathrm{d}\log y}\quad\text{durch}\quad\frac{\mathrm{d}\mathrm{d}\log\frac{\beta'}{\varkappa}}{(2\,\mathrm{d}\log\eta)^2}+\frac{1}{2}\left[\frac{\mathrm{d}\log\frac{\beta\beta}{\beta'}}{\mathrm{d}\log\eta}\right]^2,$$

so ersieht man, dass der Ausdruck

$$\frac{\mathrm{d}\log\frac{\beta}{\varkappa}}{\mathrm{d}\log y}-\frac{\mathrm{d}\mathrm{d}\log\frac{\beta}{\varkappa}}{(\mathrm{d}\log\eta)^2}-\frac{1}{2}\left[\frac{\mathrm{d}\log\frac{\beta}{\varkappa}}{\mathrm{d}\log\eta}\right]^2$$

seinem Werthe nach ungeändert bleibt, nicht nur, wie eben gefunden, wenn β mit α oder γ oder δ vertauscht wird, sondern auch wenn diesen Grössen zugleich mit $y, \varkappa, \eta$ ein beliebiger gemeinsamer Index gegeben wird. Für einen beständig wachsenden Index verschwindet der Werth des Ausdrucks und durch Multiplication mit $\frac{1}{2}\sqrt{\frac{\beta}{\varkappa}}$ entsteht demnach

$$\frac{\mathrm{d}\sqrt{\frac{\alpha}{\varkappa}}}{\mathrm{d}\log y}-\frac{\mathrm{d}\mathrm{d}\sqrt{\frac{\alpha}{\varkappa}}}{(\mathrm{d}\log\eta)^2}=0$$

als partielle Differentialgleichung für jede der Grössen $\alpha, \beta, \gamma, \delta$.

22.

Alle Glieder des Algorithmus sind ihrem Werthe nach abhängig von vier Grössen; als solche dürfen a, b, α, β angenommen werden, aber auch $k, y, \varkappa, \eta$, weil diese unabhängig von einander sich ändern können. Sämmtliche Gleichungen zwischen den Gliedern der Reihen lassen sich in solche Form bringen, dass sie sowohl in Bezug auf $a, b, c, \ldots, a^n, b^n, c^n, k$ als auch in Bezug auf

$$\frac{\alpha}{k}, \frac{\beta}{k}, \frac{\gamma}{k}, \frac{\delta}{k}, \ldots, \sqrt[2^n]{\frac{\alpha^n}{k}}, \sqrt[2^n]{\frac{\beta^n}{k}}, \sqrt[2^n]{\frac{\gamma^n}{k}}, \sqrt[2^n]{\frac{\delta^n}{k}}, \frac{\varkappa}{k}$$

homogen sind. Die Verhältnisse zwischen diesen letzteren hängen also nicht von k und $\varkappa$, sondern allein von y und η ab; wir können also

$$\alpha = \varkappa P(y,\eta)^2, \qquad \beta = \varkappa Q(y,\eta)^2, \qquad \gamma = \varkappa R(y,\eta)^2, \qquad \delta = \varkappa S(y,\eta)^2$$

setzen und aus den Betrachtungen in Art. 18 folgt dann, dass diese Functionen P, Q, R, S dieselben bleiben, wenn α, β, γ, δ, $\varkappa$, y, η mit einem beliebigen Index versehen werden. Aus demselben Artikel folgt auch, mit Benutzung der in Artikel 15 gebrauchten Bezeichnung, für die mit einem gleichen Index behafteten a, b, c, y

$$P(y,1) = p(y) = \sqrt{\frac{a}{k}} = \sqrt{\frac{a}{\mathrm{M}(a,b)}}$$

$$Q(y,1) = q(y) = \sqrt{\frac{b}{k}} = \sqrt{\frac{b}{\mathrm{M}(a,b)}}$$

$$R(y,1) = r(y) = \sqrt{\frac{c}{k}} = \sqrt{\frac{c}{\mathrm{M}(a,b)}}$$

$$S(y,1) = 0;$$

ferner als Gleichungen, welche denjenigen entsprechen, durch die die Grössen γ und δ bestimmt wurden,

$$qqrr(qqRR - rrQQ) = rrpp(ppRR - rrPP)$$
$$= ppqq(qqPP - ppQQ) = ppqqrrSS$$

$$\frac{PP+QQ}{p(yy)} = \frac{RR-SS}{r(yy)}, \qquad \frac{PP-QQ}{r(yy)} = \frac{RR+SS}{p(yy)}$$

$$\frac{PP+RR}{p(\sqrt{y})} = \frac{QQ+SS}{q(\sqrt{y})}, \qquad \frac{PP-RR}{q(\sqrt{y})} = \frac{QQ-SS}{p(\sqrt{y})}$$

und als Gleichungen, die das Bildungsgesetz des Algorithmus darstellen,

$$2p(yy).P(yy,\eta\eta) = PP+QQ, \qquad 2p(yy).R(yy,\eta\eta) = RR+SS$$

$$2r(yy).R(yy,\eta\eta) = PP-QQ, \qquad 2r(yy).P(yy,\eta\eta) = RR-SS$$

$$q(yy).Q(yy,\eta\eta) = PQ, \qquad q(yy).S(yy,\eta\eta) = RS,$$

worin alle Functionen, hinter denen kein Argument geschrieben ist, sich auf die einfachen y und η beziehen.

Zur Berechnung der Werthe der Functionen, welche gegebenen Werthen von $\frac{a}{b} = \frac{pp}{qq}$ und U oder V zugehören, erhält man aus der Gaussischen Formel für H oder $\varkappa$, wenn man zur Abkürzung

$$(a^n \sin 2^n U^n)^2 + (b^n \cos 2^n U^n)^2 = b^n b^n \Delta^n \Delta^n$$

setzt, die Gleichungen

$$\begin{aligned} Q &= q.\sqrt{\Delta}.\sqrt[4]{\Delta'}.\sqrt[8]{\Delta''}.\sqrt[16]{\Delta'''}\ldots \\ P &= \frac{p}{q}\,Q\,\frac{1}{\Delta} \\ R &= \frac{r}{q}\,Q\,\frac{\cos U}{\Delta} \\ S &= \frac{pr}{qq}\,Q\,\frac{\sin U}{\Delta}\,i. \end{aligned}$$

Die Bestimmung der Grössen k, y, $\varkappa$, η als Grenzwerthe lässt erkennen, dass bei geeigneter, hier noch zulässiger Wahl der Vorzeichen der Functionen P, Q, R, S für bis zur Null abnehmende Werthe von y, $y\eta$, $\frac{1}{\eta}$ die Ausdrücke

$$P(y,\eta),\quad Q(y,\eta),\quad \frac{R(y,\eta)}{y^{\frac{1}{4}}\eta^{\frac{1}{2}}},\quad \frac{S(y,\eta)}{y^{\frac{1}{4}}\eta^{\frac{1}{2}}}$$

sich dem Grenzwerthe Eins nähern, dass aber für ein beständig abnehmendes y und ein endliches reelles u die Ausdrücke

$$P(y,e^{2iu}),\quad Q(y,e^{2iu}),\quad \frac{R(y,e^{2iu})}{2y^{\frac{1}{4}}\cos u},\quad \frac{S(y,e^{2iu})}{2y^{\frac{1}{4}}\,i\sin u}$$

jenen Grenzwerth haben.

Die Functionen P, Q, R, iS haben reelle Werthe für ein complexes $\eta^{\frac{1}{2}}$ von der Form e^{iu} und bleiben bis auf iS, welches nur sein Zeichen wechselt, ungeändert, wenn man u in $-u$ verwandelt; es ist also

$$\frac{P\left(y,\frac{1}{\eta}\right)}{P} = \frac{Q\left(y,\frac{1}{\eta}\right)}{Q} = \frac{R\left(y,\frac{1}{\eta}\right)}{R} = \frac{-S\left(y,\frac{1}{\eta}\right)}{S} = 1.$$

23.

Bildet man denselben Algorithmus, wie vorher für $\alpha, \beta, \gamma, \delta$, jetzt für A, B, C, D und macht $A = \gamma$, $B = \delta$, so wird offenbar für jedes n, $A^{\mathrm{n}} = \gamma^{\mathrm{n}}$, $B^{\mathrm{n}} = \delta^{\mathrm{n}}$, $C^{\mathrm{n}} = \alpha^{\mathrm{n}}$, $D^{\mathrm{n}} = \beta^{\mathrm{n}}$ und also für die Grenzwerthe K, H, welche den Grenzwerthen $\varkappa, \eta$ entsprechen,

$$\frac{\varkappa}{k} = \frac{K}{k} \cdot y^{\frac{1}{2}} \cdot H, \qquad \frac{\varkappa}{k} y^{\frac{1}{2}} \eta = \frac{K}{k};$$

demnach bestehen die Functionalgleichungen

$$\frac{R\left(y, \frac{1}{y\eta}\right)}{P} = \frac{S\left(y, \frac{1}{y\eta}\right)}{Q} = \frac{P\left(y, \frac{1}{y\eta}\right)}{R} = \frac{Q\left(y, \frac{1}{y\eta}\right)}{S} = y^{-\frac{1}{2}} \eta^{-\frac{1}{2}}.$$

Macht man aber $A = \beta$, $B = \alpha$, so wird $C = -\delta$, $D = -\gamma$ und für jedes n, welches gleich oder grösser als Eins ist, $A^{\mathrm{n}} = \alpha^{\mathrm{n}}$, $B^{\mathrm{n}} = \beta^{\mathrm{n}}$, $C^{\mathrm{n}} = \gamma^{\mathrm{n}}$, $D^{\mathrm{n}} = \delta^{\mathrm{n}}$; man erhält also

$$\frac{Q(y, -\eta)}{P} = \frac{P(y, -\eta)}{Q} = -\frac{iS(y, -\eta)}{R} = -\frac{iR(y, -\eta)}{S} = 1.$$

Setzt man endlich

$$2\sqrt{A''} = \sqrt{\alpha} + \sqrt{\beta}, \qquad 2\sqrt{C''} = \sqrt{\alpha} - \sqrt{\beta},$$

so wird für jedes $\mathrm{n} \geqq 1$

$$2A^{\mathrm{n+1}} = \sqrt{a^{\mathrm{n}}\alpha^{\mathrm{n}}} + \sqrt{b^{\mathrm{n}}\beta^{\mathrm{n}}}, \qquad 2C^{\mathrm{n+1}} = \sqrt{a^{\mathrm{n}}\alpha^{\mathrm{n}}} - \sqrt{b^{\mathrm{n}}\beta^{\mathrm{n}}}$$

$$2B^{\mathrm{n+1}} = \sqrt{b^{\mathrm{n}}\alpha^{\mathrm{n}}} + \sqrt{a^{\mathrm{n}}\beta^{\mathrm{n}}}, \qquad 2D^{\mathrm{n+1}} = \sqrt{b^{\mathrm{n}}\alpha^{\mathrm{n}}} - \sqrt{a^{\mathrm{n}}\beta^{\mathrm{n}}}$$

$$2\sqrt{A^{\mathrm{n+2}}} = \sqrt{\alpha^{\mathrm{n}}} + \sqrt{\beta^{\mathrm{n}}}, \qquad 2\sqrt{C^{\mathrm{n+2}}} = \sqrt{\alpha^{\mathrm{n}}} - \sqrt{\beta^{\mathrm{n}}}, \qquad 4A^{\mathrm{n+1}}C^{\mathrm{n+1}} = c^{\mathrm{n}}\gamma^{\mathrm{n}}$$

$$\left(\frac{K}{k}\right)^4 = \frac{\varkappa}{k}, \qquad HH = \eta,$$

also:

$$2P(y^4, \eta\eta) = P + Q, \qquad 2R(y^4, \eta\eta) = P - Q$$

$$2P(yy, \eta)^2 = pP + qQ, \qquad 2R(yy, \eta)^2 = pP - qQ$$

$$2Q(yy, \eta)^2 = qP + pQ, \qquad 2S(yy, \eta)^2 = qP - pQ$$

$$p(\sqrt{y}).P(\sqrt{y}, \eta) = PP + RR, \quad q(\sqrt{y}).P(\sqrt{y}, \eta) = QQ - SS, \quad r(\sqrt{y}).R(\sqrt{y}, \eta) = 2PR$$

$$q(\sqrt{y}).Q(\sqrt{y}, \eta) = PP - RR, \quad p(\sqrt{y}).Q(\sqrt{y}, \eta) = QQ + SS, \quad r(\sqrt{y}).S(\sqrt{y}, \eta) = 2QS,$$

wo wieder diejenigen Functionen, denen keine Argumente beigefügt sind, sich auf die einfachen y und η beziehen.

Der so erhaltene neue Algorithmus, bei welchem man von den Functionen P, Q, R, S mit den Argumenten y, η zu den Functionen mit den Argumenten yy, η übergeht, ist offenbar der von Gauss in Art. 16 der »Determinatio attractionis quam in punctum quodvis positionis datae exerceret planeta etc.«*) angewandte.

Die Relationen zwischen den Functionen, welche sich auf die beiden beliebigen Werthe ξ, η des zweiten Arguments beziehen, und denjenigen Functionen mit den zweiten Argumenten $\xi\eta$ und $\frac{\xi}{\eta}$ lassen sich auf verschiedene Weise mit Hülfe des für α, β aufgestellten Algorithmus ableiten. Die Methode, für welche die Entwickelungen am wenigsten weitläufig sind, ist wohl diejenige, welche sich auf Functionen bezieht, in denen neben den zweiten Argumenten $\xi\eta$ und $\frac{\xi}{\eta}$ als erstes Argument das Quadrat von dem ersten Argument der Functionen, welche ξ, η als zweites Argument haben, auftritt.

24.

Bei dem Algorithmus des arithmetisch-geometrischen Mittels ergeben die durch Rückwärts-Verlängerung entstehenden Glieder mit Hülfe der Gleichungen

$$\frac{a_n}{{}^n a} = \frac{c_n}{{}^n c} = \frac{b_n}{{}^n b} = \frac{1}{2^n}$$

die Glieder a_n, c_n, b_n die ebenso von a, c abhängen, wie a^n, b^n, c^n von a, b. Vertauscht man dementsprechend bei dem combinirten Algorithmus gleichzeitig b mit c und β mit γ, lässt α ungeändert, so wechselt δ nur sein Zeichen; wir erhalten also einen Algorithmus, der ebenso von a, c, α, γ abhängt wie der bisher betrachtete von a, b, α, β, wenn wir setzen

$$\alpha_0 = \alpha, \qquad \gamma_0 = \beta, \qquad \beta_0 = \gamma, \qquad \delta_0 = -\delta$$

$$\alpha_1 = \frac{1}{a_1}\left(\frac{\alpha_0+\gamma_0}{2}\right)^2 = \frac{1}{b_1}\left(\frac{\beta_0-\delta_0}{2}\right)^2, \qquad \gamma_1 = \frac{1}{c_1}\alpha_0\gamma_0$$

$$\beta_1 = \frac{1}{b_1}\left(\frac{\alpha_0-\gamma_0}{2}\right)^2 = \frac{1}{a_1}\left(\frac{\beta_0+\delta_0}{2}\right)^2, \qquad \delta_1 = \frac{1}{c_1}\beta_0\delta_0$$

---

*) [Gauss' Werke, Bd. III, S. 352.]

und so fort bis zu den Grenzwerthen

$$\lim a_n = \lim c_n = \mathrm{M}(a, c) = l$$

$$\lim \sqrt[2^n]{\frac{b_n}{4l}} = e^{-\frac{\pi}{2}\frac{\mathrm{M}(a,c)}{\mathrm{M}(a,b)}} = \sqrt{z}$$

$$\lim \sqrt[2^n]{\frac{\alpha_n}{l}} = \lim \sqrt[2^n]{\frac{\gamma_n}{l}} = \frac{\lambda}{l}$$

$$\sqrt[2^{n-1}]{\sqrt{\frac{\beta_n}{4l}} \pm \sqrt{\frac{\delta_n}{4l}}} = \frac{\lambda}{l} z^{\frac{1}{2}} \zeta^{\pm 1}.$$

Es sind also $\alpha, \gamma, \beta, -\delta$ ebensolche Functionen von l, z, λ, ζ, wie $\alpha, \beta, \gamma, \delta$ von $k, y, \varkappa, \eta$, und da $\frac{l}{\lambda}$ allein von y und η abhängt und zwar auf dieselbe Weise wie $\frac{\lambda}{l}$ von η und y, so muss für $\frac{\log y}{\pi} = \frac{\pi}{\log z}$,

$$\frac{P(z,\zeta)}{P(y,\eta)} = \frac{R(z,\zeta)}{Q(y,\eta)} = \frac{Q(z,\zeta)}{R(y,\eta)} = \frac{iS(z,\zeta)}{S(y,\eta)} = T(y,\eta) = \frac{1}{T(z,\zeta)}$$

sein, wobei ausser T auch noch ζ als Function von y, η zu bestimmen ist und zwar ζ so, dass y, η, ζ der Reihe nach mit z, ζ, η vertauscht werden können, d. i. also so, dass

$$\frac{\log y}{\pi} = \frac{\pi}{\log z} = \varphi[(\log\eta)^2, (\log\zeta)^2] = \frac{1}{\varphi[(\log\zeta)^2, (\log\eta)^2]}$$

wird.

Für die P, Q, R als Quadratwurzeln aus $\frac{\alpha}{\varkappa}, \frac{\beta}{\varkappa}, \frac{\gamma}{\varkappa}$ sind hier gleiche Vorzeichen genommen, weil nach Art. 18 η und ζ zugleich den Werth 1 annehmen und also nach Art. 22 und 17

$$\frac{P(z,1)}{P(y,1)} = \frac{R(z,1)}{Q(y,1)} = \frac{Q(z,1)}{R(y,1)} = T(y,1) = \frac{1}{T(z,1)} = \frac{p(z)}{p(y)} = \frac{r(z)}{q(y)} = \frac{q(z)}{r(y)}$$

$$= \sqrt{\frac{-\log y}{\pi}} = \sqrt{\frac{\pi}{-\log z}}$$

wird und hier dasjenige Vorzeichen der Quadratwurzel gilt, für welches der reelle Theil positiv wird.

Lässt man die zweiten Argumente ζ, η sich in ihre reciproken Werthe verwandeln, so bleiben P, Q, R ungeändert und nur S wechselt sein Zeichen;

es ist also

$$T(y,\eta) = T\left(y, \frac{1}{\eta}\right),$$

und eine entsprechende Bedingung gilt für y als Function von η, ζ, was durch die oben aufgestellte Form der φ-Function angedeutet sein soll.

Transformirt man in der Gleichung, durch welche T eingeführt ist, die P, Q, R, S in der Weise, dass die Argumente z, ζ, y, η einmal in $z, -\zeta, y, \frac{1}{y\eta}$, dann in $\sqrt{z}, \zeta, yy, \eta\eta$ übergehen, und berücksichtigt, dass

$$\frac{p(\sqrt{z})}{p(yy)} = \frac{r(\sqrt{z})}{q(yy)} = \frac{q(\sqrt{z})}{r(yy)} = \sqrt{\frac{-\log yy}{\pi}} = \sqrt{\frac{\pi}{-\log\sqrt{z}}}$$

ist, so erhält man

$$\frac{Q(z,-\zeta)}{R\left(y,\frac{1}{y\eta}\right)} = \frac{iS(z,-\zeta)}{S\left(y,\frac{1}{y\eta}\right)} = \frac{P(z,-\zeta)}{P\left(y,\frac{1}{y\eta}\right)} = \frac{R(z,-\zeta)}{Q\left(y,\frac{1}{y\eta}\right)} = y^{\frac{1}{4}}\eta^{\frac{1}{2}}\,T(y,\eta) = T\left(y,\frac{1}{y\eta}\right)$$

$$\frac{P(\sqrt{z},\zeta)}{P(yy,\eta\eta)} = \frac{R(\sqrt{z},\zeta)}{Q(yy,\eta\eta)} = \frac{Q(\sqrt{z},\zeta)}{R(yy,\eta\eta)} = \frac{iS(\sqrt{z},\zeta)}{S(yy,\eta\eta)} = 2\sqrt{\frac{\pi}{-\log yy}}\cdot T(y,\eta)^2 = T(yy,$$

$$\frac{\log y}{\pi} = \frac{\pi}{\log z} = \varphi[(\log\eta)^2, (\log\zeta)^2] = \varphi[(\log\eta)^2, (\pi i + \log\zeta)^2]$$

$$\frac{\log yy}{\pi} = \frac{\pi}{\log\sqrt{z}} = 2\varphi[(\log\eta)^2, (\log\zeta)^2] = \varphi[(\log\eta\eta)^2, (\log\zeta)^2]$$

und daher

$$T(y,\eta) = \sqrt{\frac{-\log y}{\pi}}\cdot e^{\frac{(\log\eta)^2}{4\log y}}$$

$$\frac{\log y}{\pi} = \frac{\pi}{\log z} = \pm i\cdot\frac{\log\eta}{\log\zeta};$$

hierin ist das Vorzeichen der Quadratwurzel so zu nehmen, dass der reelle Theil derselben positiv wird, das Vorzeichen von $\pm i\cdot\frac{\log\eta}{\log\zeta}$ aber so, dass der reelle Theil dieses Ausdrucks negativ wird.

25.

Aus den Functionalgleichungen für P, Q, R, S, welche bei der Verwandlung des zweiten Arguments η in seinen reciproken Werth, bei der

Zeichenänderung desselben und bei der Multiplication desselben mit dem ersten Argument y stattfinden, so wie aus den bekannten Werthen der Functionen für $\eta = 1$ oder auch aus der in Art. 21 für die allgemeinen Functionen aufgestellten partiellen Differentialgleichung folgt, dass, wenn P, Q, R, S sich in Reihen nach ganzen wachsenden Potenzen von $y^{\frac{1}{4}}$ und $\eta^{\frac{1}{2}}$ entwickeln lassen, diese

$$\begin{aligned}
P(y,\eta) &= 1+y(\eta+\eta^{-1}) + y^4(\eta^2+\eta^{-2}) + y^9(\eta^3+\eta^{-3}) + y^{16}(\eta^4+\eta^{-4}) +\cdot+\cdots \\
Q(y,\eta) &= 1-y(\eta+\eta^{-1}) + y^4(\eta^2+\eta^{-2}) - y^9(\eta^3+\eta^{-3}) + y^{16}(\eta^4+\eta^{-4}) -\cdot+\cdots \\
R(y,\eta) &= y^{\frac{1}{4}}(\eta^{\frac{1}{2}}+\eta^{-\frac{1}{2}}) + y^{\frac{9}{4}}(\eta^{\frac{3}{2}}+\eta^{-\frac{3}{2}}) + y^{\frac{25}{4}}(\eta^{\frac{5}{2}}+\eta^{-\frac{5}{2}}) + y^{\frac{49}{4}}(\eta^{\frac{7}{2}}+\eta^{-\frac{7}{2}}) +\cdot+\cdots \\
S(y,\eta) &= y^{\frac{1}{4}}(\eta^{\frac{1}{2}}-\eta^{-\frac{1}{2}}) - y^{\frac{9}{4}}(\eta^{\frac{3}{2}}-\eta^{-\frac{3}{2}}) + y^{\frac{25}{4}}(\eta^{\frac{5}{2}}-\eta^{-\frac{5}{2}}) - y^{\frac{49}{4}}(\eta^{\frac{7}{2}}-\eta^{-\frac{7}{2}}) +\cdot-\cdots
\end{aligned}$$

sein müssen.

Dass durch die Reihen P, Q multiplicirt in den Grenzwerth $\sqrt{H}$ die Grössen $\sqrt{A}$, $\sqrt{B}$ dargestellt werden, auf welche der von Gauss benutzte am Schluss des Art. 18 wiedergegebene Algorithmus sich bezieht, ist im handschriftlichen Nachlasse als besonderer Lehrsatz ausgesprochen und zugleich bemerkt, dass

$$\operatorname{tang}\frac{1}{2}U = \frac{y^{\frac{1}{8}}\sin\frac{1}{2}u - y^{\frac{9}{8}}\sin\frac{3}{2}u + y^{\frac{25}{8}}\sin\frac{5}{2}u - y^{\frac{49}{8}}\sin\frac{7}{2}u + \cdots}{y^{\frac{1}{8}}\cos\frac{1}{2}u + y^{\frac{9}{8}}\cos\frac{3}{2}u + y^{\frac{25}{8}}\cos\frac{5}{2}u + y^{\frac{49}{8}}\cos\frac{7}{2}u + \cdots}$$

$$\operatorname{tang}U' = \frac{y^{\frac{1}{4}}\sin u - y^{\frac{9}{4}}\sin 3u + y^{\frac{25}{4}}\sin 5u - y^{\frac{49}{4}}\sin 7u + \cdots}{y^{\frac{1}{4}}\cos u + y^{\frac{9}{4}}\cos 3u + y^{\frac{25}{4}}\cos 5u + y^{\frac{49}{4}}\cos 7u + \cdots}$$

$$\operatorname{tang}2U'' = \frac{y^{\frac{1}{2}}\sin 2u - y^{\frac{9}{2}}\sin 6u + y^{\frac{25}{2}}\sin 10u - y^{\frac{49}{2}}\sin 14u + \cdots}{y^{\frac{1}{2}}\cos 2u + y^{\frac{9}{2}}\cos 6u + y^{\frac{25}{2}}\cos 10u + y^{\frac{49}{2}}\cos 14u + \cdots}$$

wird. Für den Satz, dass die Reihen P, Q den Functionalgleichungen genügen, welche den besprochenen Algorithmus bestimmen und welche oben in Art. 22 zusammengestellt sind, hat Gauss ausser dem Beweise, der sich auf die Verwandlung jener Reihen in unendliche Producte stützt und der in der unten folgenden Abhandlung »Hundert Theoreme über die neuen Transscendenten«*) enthalten ist, wahrscheinlich auch noch einen anderen Beweis

*) [Gauss' Werke, Bd. III, S. 461.]

geführt, welcher sich leicht aus den oben in Art. 16 gemachten Andeutungen ergiebt.

26.

Bezeichnen wir, abweichend von der in den vorhergehenden Artikeln befolgten Weise, die ersten Derivirten der Functionen $P(y,\eta)$, $Q(y,\eta)$, $R(y,\eta)$, $S(y,\eta)$ nach der Grösse $\log\eta$ als unabhängiger Veränderlichen mit P', Q', R', S' und die zweiten Derivirten nach derselben Grösse mit P'', Q'', R'', S'', ferner die ersten Derivirten der Functionen $p(y)$, $q(y)$, $r(y)$ nach $\log y$ als unabhängiger Veränderlichen mit p', q', r', so folgt aus den für $a, b, c, \alpha, \beta, \gamma, \delta$ gefundenen Differentialgleichungen

$$\frac{qr'-rq'}{qrp^4} = \frac{pr'-rp'}{rpq^4} = \frac{qp'-pq'}{pqr^4} = \frac{1}{4}$$

$$\frac{PS'-SP'}{ppQR} = \frac{QS'-SQ'}{qqPR} = \frac{RS'-SR'}{rrPQ} = \frac{QR'-RQ'}{ppPS} = \frac{PR'-RP'}{qqQS} = \frac{QP'-PQ'}{rrRS} = \frac{1}{2}$$

$$-4\frac{Q'}{Q} = r(y)^2\cdot\frac{S(yy,\eta\eta)}{Q(yy,\eta\eta)} + r(yy)^2\cdot\frac{S(y^4,\eta^4)}{Q(y^4,\eta^4)} + r(y^4)^2\cdot\frac{S(y^8,\eta^8)}{Q(y^8,\eta^8)} + \cdots$$

$$\frac{P'P'-PP''}{PP} + \frac{1}{4}pprr\frac{RR}{PP} = \frac{Q'Q'-QQ''}{QQ} - \frac{1}{4}pprr\frac{SS}{QQ}$$

$$= \frac{R'R'-RR''}{RR} + \frac{1}{4}pprr\frac{PP}{RR} = \frac{S'S'-SS''}{SS} - \frac{1}{4}pprr\frac{QQ}{SS}$$

$$= -\frac{q'}{q} = \frac{1}{8}\{r(y)^4 + 2r(yy)^4 + 4r(y^4)^4 + 8r(y^8)^4 + \cdots\}$$

$$\frac{\mathrm{dd}P}{(\mathrm{d}\log\eta)^2} = \frac{\mathrm{d}P}{\mathrm{d}\log y},$$

welcher letzteren Gleichung jede der Functionen P, Q, R, S genügt. Die vorhergehende mehrfache Gleichung zwischen den ersten und zweiten Derivirten der Functionen nach der Grösse $\log\eta$ findet sich, soweit sie sich auf P und S bezieht, in Gauss' handschriftlichem Nachlasse an einer von den übrigen Untersuchungen dieser Functionen getrennten Stelle. Es sind dort P, S, p, r in einer für diese specielle Entwickelung etwas bequemeren Form als die hier benutzte durch ihre Reihen definirt, und es heisst dann, *so wird*

$$P'P'-PP'' = -\frac{\mathrm{d}p(yy)}{\mathrm{d}\log y}\cdot P(yy,\eta\eta)-\frac{\mathrm{d}r(yy)}{\mathrm{d}\log y}\cdot R(yy,\eta\eta)$$

$$S'S'-SS'' = +\frac{\mathrm{d}r(yy)}{\mathrm{d}\log y}\cdot P(yy,\eta\eta)-\frac{\mathrm{d}p(yy)}{\mathrm{d}\log y}\cdot R(yy,\eta\eta)$$

$$PP = +\ p(yy)\ \cdot P(yy,\eta\eta)+\ r(yy)\ \cdot R(yy,\eta\eta)$$

$$SS = -\ r(yy)\ \cdot P(yy,\eta\eta)+\ p(yy)\ \cdot R(yy,\eta\eta);$$

hier ist noch zu bemerken (wovon jedoch der Beweis tiefer liegt)

$$p(yy)\cdot\frac{\mathrm{d}r(yy)}{\mathrm{d}\log y}-r(yy)\cdot\frac{\mathrm{d}p(yy)}{\mathrm{d}\log y} = \frac{1}{2}p(yy).r(yy)\cdot\{p(yy)^4-r(yy)^4\},$$

also

$$\frac{P'P'-PP''}{PP}-\frac{S'S'-SS''}{SS} = -\frac{1}{2}\left(\frac{PP}{SS}+\frac{SS}{PP}\right)\cdot p(yy)\cdot r(yy)\cdot\{p(yy)^2-r(yy)^2\};$$

noch findet man

$$PS'-SP' = \frac{1}{2}\{y^{\frac{1}{8}}+3y^{\frac{9}{8}}-5y^{\frac{25}{8}}-7y^{\frac{49}{8}}+9y^{\frac{81}{8}}+\cdot-\cdot-\cdots\}\times$$
$$\times\{y^{\frac{1}{8}}(\eta^{\frac{1}{2}}+\eta^{-\frac{1}{2}})-y^{\frac{9}{8}}(\eta^{\frac{3}{2}}+\eta^{-\frac{3}{2}})-y^{\frac{25}{8}}(\eta^{\frac{5}{2}}+\eta^{-\frac{5}{2}})+\cdot+\cdot-\cdot-\cdots\}.$$

Das Quadrat des zweiten Factors im anderen Theile der vorstehenden Gleichung wird

$$= r.Q(y,\eta\eta)+q.R(y,\eta\eta).$$

Der erste Factor) wird*

$$= \{p(yy)^2+r(yy)^2\}\sqrt[4]{\frac{1}{2}\{p(yy)^2-r(yy)^2\}p(yy)r(yy)}\ ?$$

Zusammen wird, reductis reducendis

$$(PS'-SP')^2 = \frac{1}{4}\{p(yy)^2+r(yy)^2\}^2\{p(yy)P(yy,\eta\eta)-r(yy)R(yy,\eta\eta)\}\times$$
$$\times\{r(yy)P(yy,\eta\eta)+p(yy)R(yy,\eta\eta)\}$$
$$= \frac{1}{4}\{[p(yy)^2-r(yy)^2]PP-2p(yy)r(yy)SS\}\times$$
$$\times\{2p(yy)r(yy)PP+[p(yy)^2-r(yy)^2]SS\}.$$

---

*) [Gauss meint hiermit nur die erste Klammer, also ohne den Factor $\frac{1}{2}$.]

Setzt man also

$$\eta = e^{i\varphi}$$

$$\frac{-iS}{P}\sqrt{\frac{p(yy)^2 - r(yy)^2}{2p(yy)r(yy)}} = \sin\theta,$$

so wird

$$d\varphi = \frac{2d\theta}{\sqrt{[p(yy)^2 - r(yy)^2]^2\cos\theta^2 + [p(yy)^2 + r(yy)^2]^2\sin\theta^2}}$$

$$\cos\theta = \frac{R}{P}\sqrt{\frac{p(yy)^2 + r(yy)^2}{2p(yy)r(yy)}}.$$

VII.

DIE FUNDAMENTAL-CLASSEN DER ZUSAMMENSETZBAREN ARITHMETISCHEN FORMEN.

[Der Königl. Gesellschaft der Wissenschaften zu Göttingen überreicht am 11. Juli 1868 und veröffentlicht in dem vierzehnten Bande der »Abhandlungen« derselben, 1869.]

Der Begriff der Zusammensetzung oder Composition arithmetischer Formen ist von Gauss eingeführt und zwar zunächst für die binären quadratischen Formen*). Die Untersuchungen, die er diesem Gegenstande gewidmet hat, bilden einen sehr umfangreichen Theil seiner »Disquisitiones Arithmeticae« (1801) und gehören zu den schönsten und fruchtbarsten Gebieten, welche der Wissenschaft durch dieses Werk eröffnet sind. Der Hauptlehrsatz, der die Übertragung des Begriffs der Composition von den Formen auf die Classen der letzteren gestattet, dass nämlich die Classe einer Form, welche aus anderen Formen durch Zusammensetzung entstanden ist, allein von den Classen abhängt, denen die einzelnen bei der Zusammensetzung angewandten Formen angehören, wird von Gauss durch eine einzige Entwickelung unmittelbar in der vollständigsten Allgemeinheit bewiesen. Eine bedeutende Vereinfachung im Gedankengange und in den analytischen Entwickelungen entsteht, wenn man von dem Falle ausgeht, in welchem die zusammenzusetzenden Formen eigentlich primitiv sind, gleiche mittlere Coëfficienten und als erste Coëfficienten relative Primzahlen enthalten. Dirichlet hat diese Untersuchung in einer eigenen Abhandlung »De formarum binaria-

*) [Gauss' Werke, Bd. I, S. 239.]

rum secundi gradus compositione« (1851)*), durchgeführt; aber auch der hier gegebene Beweis lässt sich noch vereinfachen, wie auch Herr Kronecker bemerkt hat, wenn man von vier eigentlich primitiven, paarweise einander aequivalenten Formen, deren mittlere Coëfficienten einander gleich, deren erste Coëfficienten zu einander relativ prim sind, ausgeht und wenn man die Composition zweier dieser Formen, über deren Aequivalenz oder Nichtaequivalenz keine Voraussetzung gemacht ist, vergleicht mit der Composition der beiden andern, diesen einzeln aequivalenten Formen.

In den »Disquisitiones Arithmeticae« giebt Gauss die Eintheilung der Classen in Genera, leitet mit Hülfe der Lehre von der Composition der Formen eine obere Grenze für die Anzahl dieser Geschlechter ab und erhält dadurch das Hülfsmittel zu einem Beweise des Reciprocitäts-Satzes für die quadratischen Reste. Die vollständige Bestimmung der Anzahl der Geschlechter leitet Gauss in jenem Werke aus der Lehre von der Composition der Formen und der Theorie der ternären quadratischen Formen ab. Dieselbe Bestimmung giebt Dirichlet 1839 in seinen »Recherches sur diverses applications de l'analyse infinitésimale à la théorie des nombres«**) auf einem ganz verschiedenen Wege ohne jene beiden Gebiete der Zahlentheorie zu berühren.

Die Lehre von der Composition der Classen bietet Gauss ein Mittel dar zu noch einer anderen Eintheilung und Anordnung derselben, nämlich nach Perioden, von denen jede alle die Classen umfasst, welche durch wiederholte Composition aus irgend einer in derselben entstehen können. Diejenigen Determinanten, deren sämmtliche Classen des sogenannten Haupt-Geschlechts in einer einzigen Periode dargestellt werden, nennt Gauss reguläre, die anderen irreguläre, und für diese bestimmt er Exponenten der Irregularität. Einige Eigenschaften dieser Exponenten werden in dem Artikel 306, VIII der Disquisitiones Arithmeticae***) ohne Beweis aufgestellt, sowie auch einige Andeutungen über eine zweckmässige Auswahl der Perioden in dem Artikel 306, IX gegeben. Unter Gauss handschriftlichem Nachlasse findet sich für die Durchführung dieser Untersuchung ein kurzer wahrscheinlich im Jahre 1801 auf-

*) [Dirichlet's Werke, Bd. II, S. 105—114.]

**) [Dirichlet's Werke, Bd. I, S. 411—496.]

***) [Gauss' Werke, Bd. I, S. 374.]

gezeichneter Anfang »Démonstration de quelques théorèmes concernants les périodes des classes des formes binaires«, den ich im II. Bande von Gauss' Werken*) habe abdrucken lassen. Meine hier vorliegenden Untersuchungen, die auch jene Fragen mit erledigen, folgen einem anderen als dem in jenem Anfange zu einer Abhandlung erkennbaren Wege. Aus mehreren Gründen habe ich aber geglaubt, meine im Jahre 1855 von der Gauss'schen Arbeit unabhängig gefundene Methode in der folgenden Darstellung beibehalten zu müssen.

Der hier bewiesene Lehrsatz, dass es für jede Determinante solche — von mir Fundamental-Classen genannte — Classen giebt, durch deren wiederholte Zusammensetzung mit einander jede Classe der Determinante entsteht und zwar jede nur auf eine Weise, wenn man von einer Classe nicht mehr Compositionen zulässt als ihre Periode Classen enthält, bietet vielfache Anwendung. Mit Hülfe dieses Satzes und der Beziehung zwischen der Anzahl der Fundamental-Classen, denen gerade Perioden-Zahlen zugehören, und der Anzahl der Geschlechter der Formen habe ich nach Vorbild des von Dirichlet in den Monatsberichten der Berliner Academie der Wissenschaften für den speciellen Fall regulärer Primzahl-Determinanten gegebenen Beweises**), allgemein nachgewiesen, dass jede eigentlich primitive Form unendlich viele Primzahlen darstellt. Ein Satz welcher mir in meiner Abhandlung »Théorèmes relatifs aux formes binaires quadratiques qui représentent les mêmes nombres« Liouville's Journal, 2. série, t. IV, 1859***), dazu gedient hat, zuerst streng zu beweisen, dass zwei primitive Formen, welche dieselben Zahlen darstellen, einander eigentlich oder uneigentlich äquivalent sein müssen.

Mit Hülfe der Eigenschaften der Fundamental-Classen lässt sich auch der von Dirichlet in einer Notiz der Comptes rendus hebdomadaires 1840, 17. Febr. angedeutete Satz†) beweisen, dass eine eigentlich primitive binäre quadratische Form auch unendlich viele solche Primzahlen darstellt, die zugleich in einer beliebig bestimmten, mit den Characteren des Geschlechts jener quadratischen Form verträglichen, linearen Form enthalten sind.

---

*) [Gauss' Werke, Bd. II, S. 266—268.]

**) [Dirichlet's Werke, Bd. I, S. 497—502: Über eine Eigenschaft der quadratischen Formen.]

***) [Siehe S. 87—102 dieses Bandes.]

†) [Dirichlet's Werke, Bd. 1, S. 619—623: Sur la théorie des nombres.]

Die Fundamental-Classen bieten die Möglichkeit, eine Tabelle der zu gegebenen Determinanten zugehörigen Classen aufzustellen, ohne dafür einen zu grossen Raum in Anspruch zu nehmen und doch die zum Gebrauch der Tabelle noch erforderliche Hülfsrechnung auf ein geringes Maass zu beschränken, wenn man z. B., wie ich es bei den Berichtigungen der Gauss'schen Tafeln der Anzahl der Classen gegebener Determinanten in Gauss' Werken, Bd. II, S. 498 *) ausgeführt habe, neben jeder Determinante die Periodenzahlen der Fundamental-Classen und die durch diese dargestellten kleinsten Primzahlen verzeichnet.

Die Theorie der arithmetischen Formen ist durch Herrn Kummer's Entdeckung der idealen Zahlen auch schon auf solche Formen beliebigen Grades ausgedehnt, welche sich mit Zuhülfenahme allein der aus Wurzeln der Einheit entstehenden Irrationalitäten in lineare Factoren zerlegen lassen, und von Herrn Kronecker haben wir die Veröffentlichung einer Theorie der allgemeinen zerlegbaren Formen jedes Grades zu hoffen. Für diese Formen gelten, wie Herr Kummer in seiner Abhandlung aus dem Jahre 1859 »Über die allgemeinen Reciprocitätsgesetze unter den Resten und Nichtresten der Potenzen, deren Grad eine Primzahl ist«**) hervorhebt, analoge Sätze wie für die binären quadratischen Formen in Bezug auf die Composition und zwar, wie sich aus dieser Untersuchung ergiebt, diejenigen Sätze, welche die Aufstellung von Fundamental-Classen ermöglichen.

Die Definition der idealen Zahlen kann in der Weise festgesetzt werden, dass in Bezug auf die hier zunächst in Betracht kommenden Eigenschaften diejenigen Formen, welche den eigentlich idealen Zahlen im Gegensatze zu den wirklichen aus denselben Irrationalitäten gebildeten Zahlen zugehören, den binären quadratischen Formen einer von der Haupt-Classe verschiedenen Classe entsprechen und die den wirklichen Zahlen angehörenden Formen den binären quadratischen Formen der Haupt-Classe entsprechen. Um eine gemeinsame Bezeichnung zu haben, will ich demgemäss hier die Benennungen von Haupt-Classen und Nicht-Haupt-Classen der allgemeinen Formen gebrauchen.

---

*) [S. 522 im »Zweiten Abdruck« (1876) von Band II der Gauss'schen Werke.]

**) [Monatsberichte der Königl. Akademie der Wissenschaften in Berlin, 18. Februar 1858.]

1.

Die wesentlichste Eigenschaft der in lineare Factoren zerlegbaren Formen in Bezug auf ihre Composition drückt der von Herrn Kummer in § 6 seiner Abhandlung »Über die allgemeinen Reciprocitäts-Gesetze u. s. w.« angegebene Satz aus, der sich nach den eben aufgestellten Bestimmungen so aussprechen lässt, dass die Classe der durch Zusammensetzung zweier Formen entstandenen Form allein von den Classen jener beiden Formen abhängt, dass demnach der Begriff der Composition von den Formen auf ihre Classen übertragen werden kann. Aus der Endlichkeit der Anzahl der Classen derjenigen Formen, deren lineare Factoren zusammengehörige Irrationalitäten enthalten, folgt dann der an demselben Orte aufgestellte Satz, dass jede Classe durch wiederholte Zusammensetzung mit sich selbst eine Reihe von Classen hervorbringt, welche in gleiche Perioden, deren jede als erstes Glied jene Classe, als letztes Glied die Haupt-Classe und überhaupt nur sämmtlich von einander verschiedene Classen enthält, getheilt werden kann.

Giebt es eine Periode, welche alle überhaupt zusammengehörigen Classen, also, wenn es binäre quadratische Formen sind, alle Classen derselben Determinante (die Gauss dann eine reguläre Determinante nennt) umfasst, so ist die Anfangs-Classe der Periode eine selbständige Fundamental-Classe. Diese Periode hat dann eine so grosse Anzahl von Gliedern, dass die Anzahl von keiner anderen Periode übertroffen wird.

Erschöpft die grösste Periode aber noch nicht alle mit einander zusammensetzbaren Classen, so kommt es darauf an, zu untersuchen, ob Perioden vorhanden sind, die unter sich und mit jener ersteren keine andere Classe als die Haupt-Classe gemeinsam haben und aus denen auch durch Zusammensetzung von je einer Classe aus jeder Periode keine Classe auf zwei verschiedene Weisen, das heisst abgesehen von einer Vertauschung der Reihenfolge der Zusammensetzung, abgeleitet werden kann.

2.

Sucht man neben der einen grössten Periode oder neben einer, unter den etwa vorhandenen mehreren gleichzahligen grössten, beliebig ausgewählten Periode eine solche Periode auf, die mit jener ersten ausser der Haupt-Classe keine andere Classe gemeinsam hat, und die durch Zusammensetzung einer ihrer Classen mit einer solchen der ersten Periode keine Classe auf zwei oder mehrere verschiedene Weise hervorbringt, und die endlich unter allen solche Bedingungen erfüllenden Perioden die grösste Anzahl von Classen enthält, so erkennt man daraus den Weg, den man dann, wenn diese beiden Perioden mit ihren Zusammensetzungen noch nicht alle Classen umfassen, einschlagen muss, um eine dritte Periode von analoger Eigenschaft zu finden.

Wir wollen daher, um allgemein die Regel für die Fortsetzung einer solchen Reihe von Perioden zu finden, annehmen, dass solche Classen A, B, $C, \ldots, F, \ldots, I, L, M$ gegeben seien, deren jede, z. B. F selbst, sowie jede Classe in ihrer Periode mit Ausnahme der Haupt-Classe von den durch Zusammensetzung aus den vorangehenden Classen entstehenden Classen verschieden ist, und die zugleich unter den Classen mit derselben Eigenschaft die grösste oder eine der etwa gleichen grössten Periodenzahl besitzt. Zunächst folgt, dass durch diese Bedingung auch diejenige erfüllt ist, dass keine Classe auf zwei verschiedene Arten durch Zusammensetzung aus $A, B, C, \ldots,$ $F, \ldots, L, M,$ entstehen kann. Bei dem Beweise stellt es sich als vortheilhaft heraus, dem von Gauss für die Composition angewandten + Zeichen entsprechend auch das − Zeichen einzuführen. Aus der Art, in welcher die Periode einer Classe $(+C)$ gebildet wird, folgt, dass es eine Classe, die mit $-C$ zu bezeichnen ist, giebt, mit welcher die erstere $+C$ zusammengesetzt die Haupt-Classe K entstehen lässt. Da nun durch Zusammensetzung einer Classe mit einer Haupt-Classe jene erstere ungeändert bleibt, so gelten für den Gebrauch jener Zeichen auch die für die algebraischen Operationen bekannten Regeln. Würde eine Classe auf verschiedene Weise durch Zusammensetzung aus $A, B, \ldots, L, M,$ z. B. durch

$$\alpha A+\beta B+\cdots+\lambda L+\mu M \quad \text{und} \quad \alpha' A+\beta' B+\cdots+\lambda' L+\mu' M$$

entstehen, so müsste

$$(\alpha-\alpha')A+(\beta-\beta')B+\cdots+(\lambda-\lambda')L = (\mu'-\mu)M$$

sein, und es müssten also nach der Voraussetzung $\alpha-\alpha', \beta-\beta', \ldots, \lambda-\lambda', \mu'-\mu$ beziehungsweise durch die Periodenzahlen der Classen $A, B, \ldots, L, M,$ theilbar sein, was der Voraussetzung widerspricht, dass jene beiden Darstellungen einer und derselben Classe von einander verschiedene seien.

3.

Die Classe A besitzt die grösste Periodenzahl, die überhaupt bei einer der hier zu betrachtenden Classen vorkommt; würde sie durch ihre wiederholte Composition mit sich selbst alle diese Classen ergeben, so folgte unmittelbar, dass sie durch die Periodenzahl jeder anderen Classe theilbar sein würde. Dieser Satz gilt auch in dem vorliegenden Falle, wie Herr Kummer bemerkt hat, und ergiebt sich nach der von Gauss in dem Artikel 306, VII der Disquisitiones Arithmeticae angewandten Methode, aus zwei Perioden eine dritte abzuleiten.

Für die Classen C und G seien c und g die Periodenzahlen, h die kleinste durch c und g theilbare Zahl und c' und g' die grössten Zahlen, die unter sich relativ prim sind und beziehungsweise die Zahlen c und g theilen, so dass also nach dem Artikel 73 der Disquisitiones Arithmeticae*) $c'g' = h$ wird. Bildet man die Classe $H = \frac{c}{c'} C + \frac{g}{g'} G$, so besitzt die Classe H eine Periodenzahl, welche h theilen und durch c' und g' theilbar sein muss, also gleich h selbst ist. Aus diesem Verfahren ergiebt sich unmittelbar, dass die grösste Periodenzahl, die bei zusammengehörigen Classen vorkommt, durch die Periodenzahl jeder der anderen Classen theilbar ist.

Bezeichnet a die Periodenzahl der Classe A und g jetzt die Periodenzahl irgend einer Classe G, so ist also a durch g theilbar. Wird aber schon für ein g', welches die kleinste derartige Zahl sein mag, die Classe $g'G$ durch eine wiederholte Composition $a'A$ der Classe A mit sich selbst dargestellt, so muss der grösste gemeinsame Theiler δ von g' und a auch ein Theiler von a' sein, weil $\frac{g'}{\delta} aG = K$ und $g' \frac{a}{\delta} G = a' \frac{a}{\delta} A$ ist. Man kann also zwei Zahlen γ und α bestimmen, so dass $\gamma g' = a' + \alpha a$ wird, dann hat die Classe $\gamma A - G = G'$, wie leicht zu sehen, die Periodenzahl g', und diese muss nach dem eben Bewiesenen ein Theiler von a und demnach auch von a' sein, d. h. diejenige kleinste Zahl g', welche eine solche Composition irgend einer Classe G angiebt, die auch durch eine wiederholte Composition $a'A$ der Classe A von der grössten Periodenzahl a entsteht, theilt die Zahl a'.

Der entsprechende Satz für unsere Reihe von Classen $A, B, C, \ldots, I, L, M$

*) [Gauss' Werke, Bd. I, S. 58.]

würde darin bestehen, dass die kleinste Zahl, welche von irgend einer Classe diejenige wiederholte Composition bezeichnet, die in jene Classen zerlegt werden kann, sowohl die Periodenzahlen von $A, B, C, \ldots, I, L, M$ als auch die Zahlen theilt, welche die von jeder dieser Classen dabei angewandten wiederholten Compositionen bestimmen.

Wir wollen voraussetzen, dass dieser Satz für die Classen $A, B, C, \ldots, I, L$ erfüllt ist und zeigen, dass er auch für M noch mit eingeschlossen gilt.

4.

Es sei R eine Classe, die nicht in $A, B, C, \ldots, F, \ldots, I, L, M$ zerlegt werden kann, r' die kleinste Zahl, welche angiebt, die wievielste Zusammensetzung von R mit sich selbst in Classen jener Reihe zerlegt werden kann und zwar sei

$$r'R = \alpha' A + \beta' B + \cdots + i' I + \lambda' L + \mu' M,$$

ferner sei $r_{,}$ irgend eine andere Zahl, für welche

$$r_{,}R = \alpha_{,} A + \beta_{,} B + \cdots + i_{,} I + \lambda_{,} L + \mu_{,} M$$

wird.

Bezeichnet $r_{,,}$ den grössten gemeinsamen Theiler von r' und $r_{,}$, so giebt es zwei Zahlen ϱ' und $\varrho_{,}$, welche der Bedingung $\varrho' r' - \varrho_{,} r_{,} = r_{,,}$ genügen, und aus

$$\varrho' r' R = \varrho' \alpha' A + \varrho' \beta' B + \cdots + \varrho' \lambda' L + \varrho' \mu' M$$
$$\varrho_{,} r_{,} R = \varrho_{,} \alpha_{,} A + \varrho_{,} \beta_{,} B + \cdots + \varrho_{,} \lambda_{,} L + \varrho_{,} \mu_{,} M$$

folgt

$$\varrho' r' R - \varrho_{,} r_{,} R = r_{,,} R = (\varrho' \alpha' - \varrho_{,} \alpha_{,}) A + \cdots + (\varrho' \mu' - \varrho_{,} \mu_{,}) M.$$

Da nun r' die kleinste Zahl ist, für welche sich $r'R$ in $A, \ldots, M$ zerlegt, so kann $r_{,,}$ nicht kleiner sein als r', und da $r_{,,}$ ein Theiler von r' ist, so kann es auch nicht grösser, muss folglich ihm gleich sein, und daher muss r' die Zahl $r_{,}$ theilen, das heisst: die kleinste Zahl r', für welche die Classe $r'R$ in $A, \ldots, M$ zerlegbar wird, ist ein Theiler jeder andern Zahl $r_{,}$, für welche $r_{,}R$ in $A, \ldots, M$ zerlegbar wird.

Aus dem so eben aufgestellten Satze ergeben sich als specielle Fälle, dass, wenn $r'', r''', \ldots$ die kleinsten Zahlen sind, für welche

$$r''R = \alpha''A + \cdots + i''I + \lambda''L,$$
$$r'''R = \alpha'''A + \cdots + i'''I$$

wird, r'' durch r' und r''' durch r'' u. s. f. theilbar sein muss.

Sind r'', s'' die kleinsten Zahlen, für welche die Classen $r''R, s''S$, in $A, B, \ldots, I, L$ zerlegt werden können, so folgt, dass, wenn jetzt ϱ'', σ'' die grössten Zahlen bezeichnen, die unter sich relativ prim sind und beziehungsweise die Zahlen r'', s'' theilen, und ferner t'' die kleinste durch r'' und s'' theilbare Zahl, also $t'' = \varrho''\sigma''$ ist, dann t'' für die Classe $T = \frac{r''}{\varrho''}R + \frac{s''}{\sigma''}S$ die kleinste Zahl ist, welche $t''T$ in $A, B, \ldots, L$ zerlegbar macht. Die betreffende kleinste Zahl τ muss nämlich, da $\tau\varrho''T$ und $\tau\varrho''\frac{r''}{\varrho''}R$ in $A, B, \ldots, L$ zerlegbar sind, so beschaffen sein, dass auch $\tau\varrho''\frac{s''}{\sigma''}S$ in $A, \ldots L$ zerlegbar ist, dass also nach Obigem $\tau''\varrho''\frac{s''}{\sigma''}$ durch s'' theilbar, d. h. $\frac{\tau\varrho''}{\sigma''}$ eine ganze Zahl wird; ebenso folgt, dass $\frac{\tau\sigma''}{\varrho''}$ und demnach $\frac{\tau}{\sigma''\varrho''}$ eine ganze Zahl sein muss. Da $\varrho''\sigma''T$ in $A, B, \ldots, L$ zerlegbar ist, muss noch $\frac{\varrho''\sigma''}{\tau}$ eine ganze Zahl, also $\tau = \varrho''\sigma''$ sein.

Umfassen also $R, S, \ldots$ alle zusammengehörigen Classen, sind $r'', s'', \ldots$ die kleinsten Zahlen, für welche $r''R, s''S, \ldots$ in $A, B, \ldots, L$ zerlegt werden können und ist unter denselben r'' die grösste oder eine der gleichen grössten, so folgt aus dem eben Bewiesenen, dass r'' durch $s'', \ldots$ theilbar sein muss.

5.

Nach der in dem Artikel 3 gemachten Voraussetzung müssen die bei der Darstellung von $r''R$ durch die Classen $A, B, \ldots, L$ auftretenden Anzahlen $\alpha'', \beta'', \ldots, \lambda''$ der von diesen Classen vorkommenden Compositionen durch r'' theilbar sein. Die Classe

$$\frac{\alpha''}{r''}A + \frac{\beta''}{r''}B + \cdots + \frac{i''}{r''}I + \frac{\lambda''}{r''}L - R$$

besitzt die Periodenzahl r'', keine Composition dieser Classe mit geringerem Index als r'' ist in $A, B, \ldots, I, L$ zerlegbar, und nach dem vorhergehenden Artikel hat jede andere Classe, in deren Periode die Haupt-Classe die erste ist, welche in $A, B, \ldots, L$ zerlegbar wird, eine Periodenzahl, die ein Theiler von

r'' ist. Da nun M eine derartige Classe ist, für welche die Periodenzahl m am grössten wird, so ist $m = r''$ und folglich m durch $r'', s'', \ldots, r', s', \ldots$ theilbar.

Ebenso folgt, dass alle Periodenzahlen $a, b, \ldots, l, m$ theilbar sind durch jede Zahl, welche angiebt, die wievielste Composition irgend einer Classe zunächst durch $A, B, \ldots, L, M$ darstellbar wird.

6.

Bei Benutzung der gebrauchten Bezeichnungen ist

$$\frac{r''}{r'}r'R = \frac{r''}{r'}\alpha' A + \cdots + \frac{r''}{r'}\lambda' L + \frac{r''}{r'}\mu' M$$

und

$$\frac{r''}{r'}r'R - r''R = \left(\frac{r''}{r'}\alpha' - \alpha''\right)A + \cdots + \left(\frac{r''}{r'}\lambda' - \lambda''\right)L + \frac{r''}{r'}\mu' M,$$

also

$$\left(m - \frac{r''}{r'}\mu'\right)M = \left(\frac{r''}{r'}\alpha' - \alpha''\right)A + \cdots + \left(\frac{r''}{r'}\lambda' - \lambda''\right)L.$$

Diese Darstellung einer Composition von M durch die Classen $A, B, \ldots, L$ erfordert nach unseren Voraussetzungen zunächst, dass $m - \frac{r''}{r'}\mu'$ durch die Periodenzahl m der Classe M, demnach $\frac{r''}{r'}\mu'$ auch durch r'' und also μ' durch r' theilbar sei, ferner dass $\frac{r''}{r'}\lambda' - \lambda''$ durch l, also auch durch m und deshalb durch r'' theilbar sei. Da aber auf dieselbe Weise, wie $\frac{\mu'}{r'}$ als ganze Zahl erwiesen ist, auch $\frac{\lambda''}{r''}$ als ganze Zahl folgt, so muss λ' durch r' theilbar sein; die Fortsetzung dieses Verfahrens ergiebt, dass die Zahlen $\alpha', \beta', \ldots, \lambda', \mu'$ für die Classe

$$\alpha' A + \beta' B + \cdots + \lambda' L + \mu' M,$$

welche mit der niedrigsten Composition $r'R$ irgend einer Classe R übereinstimmt, durch den Index r' dieser Composition theilbar sind.

7.

Erschöpfen die Classen $A, B, \ldots, L, M$ mit allen ihren Compositionen noch nicht sämmtliche zusammengehörige Classen, so hat man unter den noch übrigen Classen diejenige N' auszuwählen, für welche der Index n der niedrigsten in $A, B, \ldots, L, M$ zerlegbaren Composition nN' unter den Indices aller vorhandenen Classen die grösste oder eine der gleichen grössten Zahlen ist. Wird nun

$$nN' = \alpha A + \beta B + \cdots + \lambda L + \mu M,$$

so sind nach dem vorhergehenden Art. $\frac{\alpha}{n}, \frac{\beta}{n}, \ldots, \frac{\lambda}{n}, \frac{\mu}{n}$ ganze Zahlen. Die Classe

$$\frac{\alpha}{n} A + \frac{\beta}{n} B + \cdots + \frac{\lambda}{n} L + \frac{\mu}{n} M - N'$$

ist dann eine Classe N, welche die Reihe $A, B, \ldots, L, M$ in der verlangten Weise fortsetzt.

Ihre Periodenzahl ist n, keine Classe in ihrer Periode ausser der Haupt-Classe ist durch Zusammensetzung aus den vorhergehenden Classen darstellbar, weil man sonst eine niedrigere Composition von N' als die n^{te} aufstellen könnte, welche in $A, B, \ldots, L, M$ zerlegbar wäre; auch besitzt sie unter den Classen mit dieser selben Eigenschaft die grösste oder eine der etwa gleichen grössten Periodenzahlen. Aus der Untersuchung in dem Artikel 2 folgt dann, dass keine Classe auf verschiedene Arten durch Zusammensetzung aus $A, B, \ldots, L, M, N$ entstehen kann.

Auf diese Weise lässt sich ein vollständiges System von Fundamental-Classen aufstellen, durch deren Zusammensetzung jede der in Betracht kommenden Classen und zwar jede nur auf eine bestimmte Art gebildet werden kann.

8.

Aus der Beziehung zwischen den Periodenzahlen der Fundamental-Classen, dass nämlich, wenn sie in der zuvor betrachteten Ordnung aufgestellt sind, jede Periodenzahl durch die Periodenzahl der nachfolgenden Classe theilbar ist, ergiebt sich auch der von Gauss in dem Artikel 306, VIII der Disquisitiones Arithmeticae angedeutete, aber nicht bewiesene Satz über den Zusammenhang zwischen der Anzahl der Classen binärer quadratischer Formen eines Geschlechts und dem Exponenten der Irregularität. Mit diesem Namen bezeichnet Gauss den Quotienten aus der Anzahl der zu einem Geschlechte gehörigen Classen dividirt durch die grösste Periodenzahl, die überhaupt einer Classe des Hauptgeschlechts zukommt.

Die Anzahl der Geschlechter ist nach den Artikeln 231 und 287, III der Disquisitiones Arithmeticae*) entweder 1 oder eine Potenz von 2 (sie sei 2^δ); die einzelnen Geschlechter (der eigentlich primitiven Ordnung) enthalten nach dem Artikel 252**) gleich viele Classen; die Anzahl sämmtlicher zusammengehörigen Classen ist, wenn $a, b, c, \ldots, m, n$ die Periodenzahlen eines vollständigen Systems von Fundamental-Classen bedeuten, gleich $a.b.c \ldots m.n$; die grösste Periodenzahl für eine Haupt-Classe ist a oder $\frac{a}{2}$, je nachdem ein oder mehrere Geschlechter vorhanden sind, weil nach dem Artikel 286***) jede Classe des Hauptgeschlechts als Duplication bestimmter anderer Classen dargestellt werden kann; demnach ist für den einen oder den anderen Fall der exponens irregularitatis

$$= \frac{abc \ldots mn}{a} \quad \text{oder} \quad = \frac{abc \ldots mn}{2^{\delta-1}a}.$$

Ist diese Zahl durch eine ungerade Primzahl p theilbar, so ist die Anzahl der Classen in dem Hauptgeschlecht, nämlich

$$abc \ldots mn \quad \text{oder} \quad \frac{abc \ldots mn}{2^\delta}$$

durch das Quadrat pp dieser Primzahl theilbar.

Um für die Primzahl 2 den Beweis des entsprechenden Satzes auf ähnliche Art zu führen, hat man ein vollständiges System von Fundamental-Classen zu bilden, welche durch ihre Compositionen nur die Classen des Hauptgeschlechts, nämlich jede derselben einmal darstellen; dies ist ganz nach den vorhergehenden Untersuchungen auszuführen, da die Compositionen von Classen des Hauptgeschlechts mit einander wieder zum Hauptgeschlecht gehören.

9.

Unter den Classen haben diejenigen, welche Formen enthalten, die den ihnen conjugirten äquivalent sind, eine hervorragende Bedeutung durch die Eigenschaften ihrer Compositionen und die enge Beziehung ihrer Anzahl zur

*) [Gauss' Werke, Bd. I, S. 233 u. S. 337.]

**) [Gauss' Werke, Bd. I, S. 275.]

***) [Gauss' Werke, Bd. I, S. 335.]

Anzahl der Geschlechter. Diese von Gauss Anceps-Classen, von Herrn Kummer für die allgemeinen Formen Ambigen genannten Classen ergeben für binäre quadratische (eigentlich primitive) Formen durch Verdoppelung die Haupt-Classe, und jede Classe, deren Composition mit sich selbst die Haupt-Classe hervorbringt, ist eine Anceps-Classe nach dem Artikel 249 der Disquisitiones Arithmeticae*). Stellt demnach unter Beibehaltung der im vorhergehenden Artikel gebrauchten Bezeichnung

$$\alpha A + \beta B + \cdots + \mu M + \nu N$$

eine Anceps-Classe dar, so müssen $2\alpha, 2\beta, \ldots, 2\mu, 2\nu$ der Reihe nach durch $a, b, \ldots, m, n$ theilbar sein; umgekehrt: findet dies letztere Statt, so muss jene Classe auch eine Anceps-Classe sein. Bedeutet demnach δ die Anzahl der geraden Periodenzahlen unter $a, b, \ldots, m, n$, so ist die Anzahl der (eigentlich primitiven) Anceps-Classen, die zu der betreffenden Determinante gehören, $= 2^\delta$.

Ist die Anzahl derjenigen Fundamental-Classen, die nicht dem Hauptgeschlecht angehören, gleich ϑ, so kann ϑ nicht grösser als δ sein, da die Periodenzahl jeder dem Hauptgeschlecht nicht angehörenden Classe gerade ist.

Von den Classen in der Periode irgend einer Classe sind die mit geradzahligem Index in dem Hauptgeschlechte, die übrigen in demselben Geschlechte, worin sich die ursprüngliche Classe befindet. Bezeichnet daher θ die Anzahl der Geschlechter mit Ausschluss des Hauptgeschlechts, zu denen die Fundamental-Classen gehören, so übersteigt die Anzahl der Geschlechter, die überhaupt durch Zusammensetzung darstellbare Classen enthalten, nicht 2^θ. Es sollten aber sämmtliche Classen aller Geschlechter hervorgebracht werden, also kann 2^θ nicht kleiner als die Anzahl g der Geschlechter sein. Da nun θ auch nicht das ϑ übertreffen kann, so haben wir die dreifache Beziehung

$$g \leqq 2^\theta \leqq 2^\vartheta \leqq 2^\delta,$$

woraus sich wegen der Gleichheit der Anzahl g der Geschlechter und der Anzahl 2^δ der Anceps-Classen, (vgl. die Artikel 257 und 287, III der Dis-

*) [Gauss' Werke, Bd. I, S. 272.]

quisitiones Arithmeticae)*) $\theta = \vartheta = \delta$ ergiebt. Hieraus folgt für binäre quadratische, eigentlich primitive Formen:

Die Periodenzahlen der Fundamental-Classen aus dem Hauptgeschlechte sind ungerade. Eine Anceps-Classe kann nur durch Compositionen aus den nicht zum Hauptgeschlechte gehörenden Fundamental-Classen entstehen. Bezeichnet δ die Anzahl der nicht zum Hauptgeschlechte gehörenden Fundamental-Classen, so ist 2^δ die Anzahl der Anceps-Classen, so wie die Anzahl der Geschlechter.

*) [Gauss' Werke, Bd. I, S. 284 u. 337.]

VIII.

ERWEITERUNG DES GAUSSISCHEN FUNDAMENTALSATZES FÜR DREIECKE IN STETIG GEKRÜMMTEN FLÄCHEN.

[Vorgelegt in der Sitzung der Königl. Gesellschaft der Wissenschaften zu Göttingen am 7. November 1868 und veröffentlicht in den »Nachrichten« derselben vom 18. November 1868, S. 389—391.]

Gauss hat in seiner Abhandlung »Disquisitiones generales circa superficies curvas«*) (Göttingen 1827) hauptsächlich den Zweck verfolgt, einen Lehrsatz über die Beziehungen zwischen den Theilen eines solchen Dreiecks zu beweisen, welches aus drei kürzesten, in einer stetig gekrümmten Fläche liegenden Linien gebildet wird. Die Form des von Gauss aufgestellten Lehrsatzes ist analog dem Legendreschen speciellen Satze für Dreiecke in einer Kugelfläche; es wird der Unterschied zwischen jedem Winkel eines solchen Dreiecks und dem entsprechenden Winkel eines ebenen Dreiecks, dessen Seiten dieselben Längen haben wie das erstere, angegeben. Das Eigenthümliche an diesem Satze ist, dass, wenn man die in die Quadratwurzel aus dem Maasse der Flächenkrümmung multiplicirten Längen der Seiten als kleine Grössen erster Ordnung ansieht und die Grössen vierter und höherer Ordnung ausser Acht lässt, dann der genannte Unterschied allein schon durch

*) [Gauss' Werke, Bd. IV, S. 217—258.]

die in den Flächeninhalt des Dreiecks multiplicirten Maasse der Flächenkrümmungen an den drei Eckpunkten bestimmt wird.

Aus dem anderen in jener Abhandlung bewiesenen Satze, dass bei der Abwickelung von Flächen auf einander das Krümmungsmaass ungeändert bleibt, folgt leicht, dass überhaupt die Beziehung zwischen den Theilen der in einer Fläche liegenden Figur nicht weiter von der Gestalt der Fläche als nur von dem Krümmungsmaasse abhängt.

Die Bestimmung des Unterschiedes zwischen den Winkeln eines Dreiecks in einer krummen Fläche und den Winkeln des entsprechenden Dreiecks in der Ebene hat Gauss noch weiter als in dem erwähnten Satze geführt. Er hat auch die Glieder vierter Ordnung abgeleitet, aber sie nur durch die Coëfficienten in der Reihenentwickelung für eine Function dargestellt, welche selbst erst durch den allgemeinen Ausdruck von besonderer Form für das Längenelement in der Fläche bestimmt wird.

Diese Entwickelung hat Herr Hansen in seinen »Geodätischen Untersuchungen« (Leipzig 1865)*) wieder aufgenommen, auch die Glieder fünfter Ordnung dargestellt und zwar durch Differential-Ausdrücke, die unmittelbar aus der Gleichung der Fläche abgeleitet werden.

Wegen des rein theoretischen Interesses des Lehrsatzes und wegen der besonderen Brauchbarkeit, die er für die Berechnung der Gestalt der Erde aus sehr weit über die Oberfläche derselben sich erstreckenden Messungen bietet, theile ich hier den von mir auf die Berücksichtigung der Glieder vierter Ordnung erweiterten Gaussischen Fundamentalsatz mit.

Sind

a, b, c die Längen der kürzesten, ein Dreieck einschliessenden Linien in einer stetig gekrümmten Fläche,

A, B, C die drei den entsprechend bezeichneten Seiten gegenüberliegenden Winkel,

α, β, γ die Maasse der Flächenkrümmungen in den drei Eckpunkten,

$\alpha_1, \beta_1, \gamma_1$ die Maasse der Flächenkrümmungen in den Halbirungspunkten der drei Seiten,

σ der Inhalt des Dreiecks auf der krummen Fläche,

*) [Abhandlungen der Math.-Phys. Klasse der K. Sächs. Gesellsch. der Wiss., Bd. 8, S. 132 u. folgende.]

A^*, B^*, C^* die den geradlinigen Seiten von den Längen a, b, c eines ebenen Dreiecks gegenüberliegenden Winkel,

σ^* die Fläche dieses ebenen Dreiecks, also nach Gauss:

$$\frac{\sigma}{\sigma^*} = 1 + \frac{1}{120}\alpha(aa+2bb+2cc) + \frac{1}{120}\beta(2aa+bb+2cc) + \frac{1}{120}\gamma(2aa+2bb+cc),$$

so ist, wenn man zur Abkürzung

$$\begin{aligned}
\mathfrak{A} &= -8\alpha_1 + 4\beta + 4\gamma \\
\mathfrak{B} &= +4\alpha - 8\beta_1 + 4\gamma \\
\mathfrak{C} &= +4\alpha + 4\beta - 8\gamma_1
\end{aligned}$$

setzt:

$$\begin{aligned}
A - A^* &= \frac{1}{12}\sigma\left\{2\alpha + \beta + \gamma - \frac{1}{10}(\mathfrak{A} + 2\mathfrak{B} + 2\mathfrak{C}) + \frac{1}{15}\alpha\alpha(-2aa + bb + cc)\right\} \\
B - B^* &= \frac{1}{12}\sigma\left\{\alpha + 2\beta + \gamma - \frac{1}{10}(2\mathfrak{A} + \mathfrak{B} + 2\mathfrak{C}) + \frac{1}{15}\beta\beta(+aa - 2bb + cc)\right\} \\
C - C^* &= \frac{1}{12}\sigma\left\{\alpha + \beta + 2\gamma - \frac{1}{10}(2\mathfrak{A} + 2\mathfrak{B} + \mathfrak{C}) + \frac{1}{15}\gamma\gamma(+aa + bb - 2cc)\right\}.
\end{aligned}$$

IX.

MITTHEILUNG ÜBER DEN III. BAND VON GAUSS' WERKEN,

redigirt von Ernst Schering,
herausgegeben von der Königl. Gesellschaft der Wissenschaften zu Göttingen.

[Mathematische Annalen, Bd. I, S. 139—140. Leipzig 1869.]

Dieser dritte Band enthält, wie das von mir im Jahre 1860 aufgestellte Programm bestimmte, Gauss' Arbeiten aus dem Gebiete der allgemeinen Analysis und zwar aus der Theorie der algebraischen Gleichungen, der hypergeometrischen Reihe, der Interpolation und der elliptischen Functionen. Dem letzteren Abschnitte habe ich die Untersuchung des Pentagramma mirificum angeschlossen, die eine Anwendung der Fünftheilung der elliptischen Functionen enthält; im Programm hatte ich sie den geometrischen Untersuchungen des vierten Bandes eingereiht, aber neu eingetretene Umstände bedingen eine erhebliche Erweiterung bei der Aufnahme von Gauss' Arbeiten über Gradmessung und damit eine Verstärkung des vierten Bandes.

Das verspätete Erscheinen des dritten Bandes ist durch die andauernde Krankheit und den bedauernswerthen allzufrühen Tod Riemann's veranlasst. Von ihm hatte die Königl. Gesellschaft der Wissenschaften zu Göttingen die Redaction des Nachlasses über die elliptischen Functionen gewünscht; leider hat er weder eine schriftliche noch eine mündliche Mittheilung aus diesen seinen Studien hinterlassen.

Über die von mir bei der Redaction der Gauss'schen Werke befolgten Grundsätze habe ich in den am Ende des Bandes beigefügten Bemerkungen Rechenschaft abgelegt. Dort sind auch die aus dem handschriftlichen Nachlasse sich ergebenden historischen Notizen von Gauss' Arbeiten zusammengestellt; eine ausführliche geschichtliche Darstellung seiner gesammten wissenschaftlichen Thätigkeit behalte ich mir für eine besondere Schrift vor.

Bei der Ausführung der verschiedenen Methoden, die Gauss bei seiner

Behandlung der elliptischen Functionen vermuthlich angewandt haben könnte, sind mir einige neue Seiten dieses fruchtbaren Gebietes der Analysis entgegengetreten, die mir nicht ohne Interesse zu sein scheinen.

Dem eng begrenzten Umfange dieser Mittheilung mag nur folgende Notiz über die Dreitheilung der nach Dirichlet's Vorschlage mit dem Namen der Jacobi'schen Functionen zu bezeichnenden Reihen eingefügt werden. Für den Werth des einen Arguments, welcher die eine der vier zusammengehörigen Functionen verschwinden lässt, stellt Gauss die drei anderen Functionen in der Form der Reihen

$$1 + 2x + 2x^4 + 2x^9 + \cdots$$
$$1 - 2x + 2x^4 - 2x^9 \pm \cdots$$
$$2x^{\frac{1}{4}} + 2x^{\frac{9}{4}} + 2x^{\frac{25}{4}}$$

dar und bezeichnet sie folgeweise mit p, q, r; ferner bezeichnet er die Reihen, die aus jenen entstehen, indem man x^3 statt x setzt, mit P, Q, R. Aus den von Gauss und Jacobi gefundenen algebraischen Gleichungen zwischen diesen sechs Functionen lassen sich unter anderen auch die folgenden ableiten:

$$0 = + \sqrt{\frac{P^3}{p}} - \sqrt{\frac{Q^3}{q}} + \sqrt{\frac{R^3}{r}}$$
$$0 = + \sqrt{\frac{p^3}{P}} + \sqrt{\frac{q^3}{Q}} - \sqrt{\frac{r^3}{R}}$$
$$0 = - \sqrt{\frac{p^3}{P}} + \sqrt{\frac{Q^3}{q}} + \sqrt{\frac{R^3}{r}}$$
$$0 = - \sqrt{\frac{P^3}{p}} + \sqrt{\frac{q^3}{Q}} + \sqrt{\frac{R^3}{r}}$$
$$0 = + \sqrt{\frac{P^3}{p}} + \sqrt{\frac{Q^3}{q}} - \sqrt{\frac{r^3}{R}}$$
$$0 = -3\sqrt{\frac{P^3}{p}} + \sqrt{\frac{q^3}{Q}} + \sqrt{\frac{r^3}{R}}$$
$$0 = + \sqrt{\frac{p^3}{P}} - 3\sqrt{\frac{Q^3}{q}} + \sqrt{\frac{r^3}{R}}$$
$$0 = - \sqrt{\frac{p^3}{P}} + \sqrt{\frac{q^3}{Q}} + 3\sqrt{\frac{R^3}{r}}.$$

Göttingen, den 6. December 1868.

X.

DIE SCHWERKRAFT IM GAUSSISCHEN RAUME.

[Vorgelegt in der Sitzung der Königl. Gesellschaft der Wissenschaften zu Göttingen am 2. Juli 1870 und veröffentlicht in den »Nachrichten« derselben vom 13. Juli 1870, S. 311—321.]

Unter den von Euclid zusammengestellten Grundgesetzen für die Geometrie hat dasjenige eine besondere Bedeutung, welchem zufolge zwei gerade Linien, die in einer Ebene liegen und eine dritte Gerade so schneiden, dass die Summe der beiden inneren, mit der dritten Geraden auf einer Seite derselben gebildeten, Winkel kleiner als ein gestreckter Winkel ist, sich auf eben dieser Seite von der dritten Geraden bei geeigneter Verlängerung treffen.

Die geringe Einfachheit dieses Grundgesetzes im Vergleich mit den übrigen ist schon sehr frühzeitig die Veranlassung von Versuchen gewesen, dieses Grundgesetz durch ein einfacheres zu ersetzen. Dass diese Bestrebungen keinen befriedigenden Erfolg haben konnten, hat Gauss zuerst bemerkt, nachdem er erkannte, dass durch jenes Grundgesetz dem Raume eine Eigenschaft beigelegt wird, die ihm nicht zuzukommen braucht, ohne dass dieserhalb irgend ein anderes der bei Euclid aufgestellten Grundgesetze eine Abänderung erleiden müsste. Gauss hat nämlich gefunden, dass unter Beibehaltung der übrigen Grundgesetze es nur erforderlich ist, dass, wenn die beiden Geraden einander treffen, die Summe der drei inneren von den drei Geraden gebildeten Winkel um eine solche Grösse kleiner als ein gestreckter Winkel wird, die in einem unveränderlichen von der Beschaffenheit des Raumes allein abhängigen Verhältnisse zu dem Flächeninhalte des gebildeten Dreiecks steht.

Des kürzeren Ausdruckes wegen will ich einen Raum mit dieser Eigenschaft einen Gaussischen Raum nennen im Gegensatze zu dem Euclidischen Raume, für welchen die Summe der Winkel in einem Dreiecke gleich einem gestreckten Winkel ist.

Zu den Lehrsätzen, die man bisher in der, unter verschiedenen Namen behandelten, Geometrie des Gaussischen Raumes gefunden hat, will ich an diesem Orte nur die folgenden von mir aufgestellten hinzufügen.

I. Lehrsatz. Bezeichnet allgemein (1.2) oder (2.1) den analytischen Cosinus des Productes von $\sqrt{-1}$ multiplicirt in die mit der absoluten Längeneinheit, welche durch die Beschaffenheit des besonderen Gaussischen Raumes bestimmt wird, gemessene Entfernung zwischen zwei Punkten (1) und (2), bezeichnet demnach (1.1) oder (2.2) die abstracte Einheit, so wird die für die zehn Entfernungen zwischen irgend welchen fünf Punkten (1), (2), (3), (4), (5) im Gaussischen Raume bestehende Bedingungsgleichung dargestellt durch das Verschwinden der Determinante der Grössen

$$\begin{matrix} (1.1) & (1.2) & (1.3) & (1.4) & (1.5) \\ (2.1) & (2.2) & (2.3) & (2.4) & (2.5) \\ (3.1) & (3.2) & (3.3) & (3.4) & (3.5) \\ (4.1) & (4.2) & (4.3) & (4.4) & (4.5) \\ (5.1) & (5.2) & (5.3) & (5.4) & (5.5). \end{matrix}$$

Eine durch die beiden nicht zusammenfallenden Punkte (1) und (2) gehende Gerade heisse das Gebiet aller der Punkte (3), für welche die Determinante der in der angegebenen Weise bestimmten Grössen

$$\begin{matrix} (1.1) & (1.2) & (1.3) \\ (2.1) & (2.2) & (2.3) \\ (3.1) & (3.2) & (3.3) \end{matrix}$$

verschwindet.

Eine durch die drei nicht in einer Gerade liegenden Punkte (1), (2), (3) gehende Ebene heisse das Gebiet aller der Punkte (4), für welche unter Beibehaltung der Bezeichnung die Determinante der Grössen

$$\begin{matrix} (1.1) & (1.2) & (1.3) & (1.4) \\ (2.1) & (2.2) & (2.3) & (2.4) \\ (3.1) & (3.2) & (3.3) & (3.4) \\ (4.1) & (4.2) & (4.3) & (4.4) \end{matrix}$$

verschwindet.

Diese in der Folge häufig wiederkehrende Form einer Determinante mag mit D bezeichnet werden.

Projection einer Linie auf eine zweite Linie heisse derjenige Abschnitt auf der zweiten Linie, welcher von den Fusspunkten der aus den Endpunkten der ersten Linie nach der zweiten Linie gezogenen kürzesten Linien begrenzt wird.

II. Lehrsatz. Gehen von einem Punkte irgend welche vier Gerade (1), (2), (3), (4) von beliebiger Länge aus und bezeichnen (1.1), (1.2), ... die analytischen Tangenten der in $\sqrt{-1}$ multiplicirten und mit der absoluten Einheit gemessenen Längen der Projectionen der Geraden (1) auf die Geraden (1), (2), ..., so ist die nach der Form D aus diesen vier mal vier Tangenten gebildete Determinante gleich Null.

Das Verhältniss der analytischen Tangente der in $\sqrt{-1}$ multiplicirten und mit der absoluten Einheit gemessenen Länge der Projection einer Geraden auf eine andere Gerade zu der analytischen Tangente der in $\sqrt{-1}$ multiplicirten, mit der absoluten Einheit gemessenen Länge der projicirten Geraden ist unabhängig von dieser Länge und bleibt ungeändert, wenn man die Gerade, welche selbst [projicirt wird], und diejenige, auf welche projicirt wird, mit einander vertauscht; deshalb mag diejenige kleinste Grösse, deren analytischer Cosinus diesem Verhältnisse gleich wird, als das Maass des Winkels zwischen den beiden Geraden angenommen werden.

III. Lehrsatz. Gehen von einem Punkte vier Gerade (1), (2), (3), (4) aus und bezeichnen (1.1), (1.2), ... die Cosinus der Winkel zwischen der Geraden (1) und den Geraden (1), (2), ..., so ist die nach der Form D aus diesen vier mal vier Cosinus gebildete Determinante gleich Null.

IV. Lehrsatz. Sind (1), (2), (3) irgend drei Punkte im Raume, bezeichnen (1.1), (1.2), ... die analytischen Cosinus der in $\sqrt{-1}$ multiplicirten, mit der absoluten Längeneinheit gemessenen Entfernungen des Punktes (1) von (1), (2), ..., bezeichnen (1.1*) oder (1*.1), (2.2*) oder (2*.2), (3.3*) oder (3*.3) die analytischen Sinus der in $\sqrt{-1}$ multiplicirten, mit der absoluten Längeneinheit gemessenen kürzesten Entfernungen der Punkte (1), (2), (3) von den gegenüberliegenden Seiten des Dreiecks (1, 2, 3), bezeichnen ferner (2*.3*) oder (3*.2*), (3*.1*) oder (1*.3*), (1*.2*) oder (2*.1*) die

Cosinus der drei Winkel in den Ecken des Dreiecks und setzt man $(1^*.1^*) = (2^*.2^*) = (3^*.3^*) = 1$ und alle übrigen zwölf Zeichen

$$(1.2^*) = (2^*.1) = (1^*.2) = (2.1^*) = \cdots = 0,$$

so verschwinden alle fünfzehn Determinanten von der Form D, wenn man darin statt der Glieder 1, 2, 3, 4 je vier von den Gliedern 1, 2, 3, 1*, 2*, 3* setzt.

Der erste dieser Lehrsätze kann, nach geeigneter Abänderung der Ausdrucksweise, auch als einzige Grundlage — ohne dass die Zuhülfenahme irgend einer anderen Voraussetzung erforderlich wäre — für die Aufstellung einer ganzen Geometrie dienen, die als speciellen Fall die Euclidische, für welche nämlich die absolute Längeneinheit unendlich gross wird, mit umfasst.

Eine gleich vollständige und allgemeine Grundlage bildet für die Lehre von der Bewegung das Gaussische Princip des kleinsten Zwanges, das in der bekannten Form auch für einen Gaussischen Raum gilt, wenn die Geschwindigkeiten sich stetig ändern.

Ein besonderes analytisches Interesse verdienen, wie ich an einem anderen Orte gezeigt habe*), die Probleme der Bewegung für solche Kräfte, deren Summe der virtuellen Momente als Summe der totalen Variation einer Function und der totalen Derivirten nach der Zeit eines linearen Ausdruckes von Variationen angesehen werden kann. In diesem Falle gilt unter Anderem eine Integralgleichung, die als eine Verallgemeinerung des Principes der Erhaltung der lebendigen Kraft erscheint.

Bestehen ferner die Kräfte nur in solchen Wechselwirkungen zwischen den bewegten Theilchen, für welche auch noch Wirkung und Gegenwirkung gleich sind und in der Verbindungs-Geraden zwischen den entsprechenden Punkten liegen, und finden endlich keine äussere Beschränkungen der Bewegungen statt, so gelten für den Gaussischen Raum einige den Principien der Erhaltung des Schwerpunkts und der Erhaltung der Flächen entsprechende Sätze.

---

*) [Man vergleiche die unter No. XIV, XV und XVI unten folgenden Abhandlungen über die Hamilton-Jacobi'sche Theorie und über die Poisson-Jacobi'schen Störungsformeln. Dort ist auch angegeben, welche Theile des Inhalts dieser Abhandlungen von Ernst Schering schon im Sommer 1862 in seiner Vorlesung über analytische Mechanik mitgetheilt und 1868 in einer Abhandlung der Königl. Gesellschaft der Wissenschaften in Göttingen vorgelegt sind.]

Nach dem Principe der Superposition kann man unendlich kleine Bewegungen als das Resultat des gleichzeitigen Stattfindens sehr verschiedenartiger besonderer Bewegungen betrachten. Unter diesen Bewegungen kommen hier die beiden folgenden Arten in Betracht, welche Bezug haben auf eine beliebig angenommene feste gerade Linie, die Axe genannt werden mag. Diese beiden Componenten der unendlich kleinen Bewegung eines Punktes sind zwei Bewegungen, bei welchen derselbe in ungeänderter Entfernung von der festen Axe bleibt, nämlich entweder zugleich in derselben durch die feste Axe gehenden Ebene oder zugleich in derselben zur festen Axe normalen Ebene. Die erste Art der Bewegungen eines Systems von Punkten wollen wir eine lineare Bewegung längs jener Axe, die zweite eine Drehbewegung um die Axe nennen und das Verhältniss, in welchem zu der Zeit im ersten Falle die Projection des von dem Punkte durchlaufenen Weges auf die Axe und im zweiten Falle der Winkel, welchen die kürzeste von dem Punkte nach der Axe gezogene Gerade beschreibt, steht, als das Maass der Lineargeschwindigkeit und der Rotationsgeschwindigkeit betrachten.

Für diese Bewegungen gilt unter den zuvor angegebenen Bedingungen folgender Lehrsatz.

V. Lehrsatz. Die Summe der Producte der Massentheilchen, multiplicirt in den während der Zeit dt von jedem Theilchen in Folge dieser Linear- oder Drehbewegung wirklich zurückgelegten Weg und noch multiplicirt in den Weg, den das Theilchen während der Zeit dt bei der Einheit beziehungsweise der Linear- oder Drehgeschwindigkeit zurückgelegt haben würde, ist gleich dem Producte einer Constanten multiplicirt in dt^2.

Der Lehrsatz, auf drei sich nicht schneidende und nicht in einer Ebene liegende Axen angewandt, giebt sechs Integralgleichungen für Linearbewegungen und sechs für Drehbewegungen, welche sich gegenseitig ersetzen können.

Diese Beziehung zwischen den beiden Systemen von Gleichungen beruht auf einer Eigenthümlichkeit eines Gaussischen Raumes, welche sich so aussprechen lässt: Jede unendlich kleine Bewegung eines festen Körpers kann sowohl allein durch Linearbewegungen längs drei Axen dargestellt werden, als auch allein durch Drehbewegungen um drei Axen, während im

Euclidischen Raum das erste allgemein nicht möglich ist, wohl aber das zweite.

Die Untersuchung der Kräfte, welche die uns durch die Erfahrung bekannten Erscheinungen in der Körperwelt hervorbringen könnten, wenn der uns umgebende Raum ein Gaussischer wäre, bietet dadurch besonderes Interesse dar, dass sie die mehr oder weniger wesentlichen Gesetze für die Kräfte zu unterscheiden veranlasst.

Meine Untersuchungen über die Wechselwirkungen zwischen electrischen Theilchen habe ich an einem anderen Orte ausgeführt*), hier will ich nur auf die Schwerkraft näher eingehen. Ich habe gefunden, dass die Potentialfunction V für die Wechselwirkung der Schwerkraft zwischen den Massentheilchen $m, \mu, \ldots$ durch die Summe der Glieder von der Form

$$\text{V.} \qquad m\mu\varepsilon . \operatorname{cotang} \varepsilon (m, \mu)$$

zu bestimmen ist, worin

(m, μ) die mit einer beliebigen Längeneinheit gemessene Entfernung zwischen den Massentheilchen m und μ,

$\frac{\sqrt{-1}}{\varepsilon}$ eine von der Beschaffenheit des besonderen Gaussischen Raumes abhängige und mit der, bei der Bestimmung der übrigen Längen zu Grunde gelegten, Einheit gemessene Länge bedeutet.

Sind $\frac{1}{\varepsilon} \operatorname{arc tang} x$, $\frac{1}{\varepsilon} \operatorname{arc tang} y$, $\frac{1}{\varepsilon} \operatorname{arc tang} z$ die Projectionen der ersten Hälfte der von einem beliebigen festen Punkte nach dem Punkte m gezogenen Geraden auf drei zu einander rechtwinkelige, durch den festen Punkt gehende, im übrigen beliebige feste Geraden und bestimmen ξ, η, ζ den Punkt μ in entsprechender Weise wie x, y, z den Punkt m, so wird für die Entfernung zwischen diesen beiden Punkten

$$\text{VI.} \qquad \sin \tfrac{1}{2} \varepsilon (m, \mu)^2 = \frac{(x-\xi)^2 + (y-\eta)^2 + (z-\zeta)^2}{(1 + xx + yy + zz)(1 + \xi\xi + \eta\eta + \zeta\zeta)}.$$

---

*) [Diese Worte beziehen sich vermuthlich auf Untersuchungen, welche Ernst Schering (wie in der unter No. XIV unten folgenden Arbeit erwähnt ist) im J. 1862 in seinen akademischen Vorlesungen mittheilte, und auf eine Arbeit, welche er in einem Briefe an Helmholtz vom 27. September 1868 unter dem Titel: „Zur Theorie der electrischen Ströme in Leitern, für welche drei Dimensionen in Betracht kommen“ erwähnt und als „zum Drucke bereit“ bezeichnet. Sie ist aber bis jetzt nicht veröffentlicht; jedoch finden sich im Nachlasse von Ernst Schering mehrere Convolute und Hefte, betitelt mit „Galvanische Ströme“.]

Die wesentlichen Eigenschaften dieser Potentialfunction ergeben sich aus folgendem Lehrsatze.

VII. Lehrsatz. Bezeichnet V die Potentialfunction für die von beliebigen Massen auf einen Punkt, in welchem die Masseneinheit concentrirt gedacht wird, ausgeübte Schwerkraft, $d\Omega$ das Flächenelement eines beliebigen Systems von geschlossenen Flächen, $\frac{\partial V}{\partial N} dN$ die Zunahme, welche V erfährt, während der die Masseneinheit enthaltende Punkt von einem Punkte in dem Flächenelement $d\Omega$ zu demjenigen Punkte auf der inneren Seite desselben übergeht, der von dem ersteren Punkte eine geringere Entfernung hat als von irgend einem anderen Punkte in der Fläche Ω und zwar die Entfernung dN, bezeichnet ferner π die bekannte Zahl 3,1415 ..., so ist das Integral

$$-\frac{1}{4\pi}\int \frac{\partial V}{\partial N} d\Omega,$$

ausgedehnt über das ganze System der geschlossenen Flächen Ω, gleich der Summe der von diesen Flächen eingeschlossenen Massen, wenn in den Flächen selbst keine Flächentheile, Linien oder Punkte endliche Massentheile enthalten.

Bestimmt man die Lage des die Masseneinheit enthaltenden Punktes durch irgend welche rechtwinkelige krummlinige Coordinaten ξ, η, ζ, bezeichnet man mit $d\xi$, $d\eta$, $d\zeta$ und $\delta\xi$, $\delta\eta$, $\delta\zeta$ irgend welche zwei unendlich kleine Ortsänderungen dieses Punktes und setzt man das Product aus den Längen der beiden Geraden, welche von dem ersten Orte dieses Punktes nach jenen beiden benachbarten Orten gezogen sind, multiplicirt in den Cosinus des von diesen Geraden eingeschlossenen Winkels gleich

VIII. $$\xi'\xi'.d\xi.\delta\xi + \eta'\eta'.d\eta.\delta\eta + \zeta'\zeta'.d\zeta.\delta\zeta$$

und also ξ', η', ζ' gleich bestimmten Functionen, welche allein von ξ, η, ζ abhängen, so ergiebt sich hieraus als specieller Fall der folgende Lehrsatz.

IX. Lehrsatz. Es ist

$$-\frac{1}{4\pi}\frac{1}{\xi'\eta'\zeta'}\left\{\frac{\partial}{\partial\xi}\left(\frac{\eta'\zeta'}{\xi'}\frac{\partial V}{\partial\xi}\right)+\frac{\partial}{\partial\eta}\left(\frac{\zeta'\xi'}{\eta'}\frac{\partial V}{\partial\eta}\right)+\frac{\partial}{\partial\zeta}\left(\frac{\xi'\eta'}{\zeta'}\frac{\partial V}{\partial\zeta}\right)\right\},$$

welcher Ausdruck in der Folge mit $-\frac{1}{4\pi}\nabla V$ bezeichnet werden soll, gleich der Dichtigkeit der auf den Punkt ξ, η, ζ einwirkenden Masse, wenn solche an dieser Stelle im Raume stetig vertheilt ist.

Das Verhalten der Function V in der Nähe von Flächen, Linien und Punkten, an welchen die Verbreitung der Massen im Raume nicht stetig ist, und in welchen sie theilweise zu endlicher Intensität verdichtet ist, befindet sich mit dem entsprechenden Verhalten der Potentialfunction für die Schwerkraft im Euclidischen Raume in solcher Übereinstimmung, dass ich es der Kürze halber hier nicht ausführen will.

Die vielfachen Anwendungen, die man von der Bestimmung der Function V durch die Werthe von ∇V, durch die Grenzwerthe von V und durch die Unstetigkeiten machen kann, ergeben sich mit Hülfe des folgenden geometrischen Lehrsatzes.

X. Lehrsatz. Es ist

$$\int\left(\frac{1}{\xi'\xi'}\cdot\frac{\partial U}{\partial \xi}\,\frac{\partial V}{\partial \xi}+\frac{1}{\eta'\eta'}\cdot\frac{\partial U}{\partial \eta}\,\frac{\partial V}{\partial \eta}+\frac{1}{\zeta'\zeta'}\cdot\frac{\partial U}{\partial \zeta}\,\frac{\partial V}{\partial \zeta}\right)\mathrm{d}T$$
$$=-\int U\frac{\partial V}{\partial N}\mathrm{d}\Omega-\int U\nabla V\,\mathrm{d}T$$
$$=-\int V\frac{\partial U}{\partial N}\mathrm{d}\Omega-\int V\nabla U\,\mathrm{d}T,$$

wenn $\mathrm{d}T$ das Raumelement und ξ, η, ζ die Coordinaten eines Punktes desselben bedeuten, wenn die auf $\mathrm{d}T$ bezüglichen Integrale über den gesammten von den inneren Seiten des Flächensystems Ω begrenzten Raumtheil T ausgedehnt werden, wenn sowohl U als V, als jede ihrer Derivirten der beiden ersten Ordnungen in jedem Punkte des Raumtheiles T einen bestimmten beliebigen Werth hat, und wenn die übrigen Bezeichnungen die zuvor angegebene Bedeutung beibehalten.

XI.

TAFEL ZUR BERECHNUNG DER WAHREN ANOMALIE IN EINER PARABOLISCHEN BAHN.

[Aus »Theoria motus corporum coelestium in sectionibus conicis solem ambientium, auctore Carolo Friderico Gauss. Editio Ernesti Schering. Gothae sumtibus Frid. Andr. Perthes, 1871«. p. 273—278, 281—282.]

$$\operatorname{tg}\tfrac{1}{2}w + \tfrac{1}{3}\operatorname{tg}\tfrac{1}{2}w^3 = m, \quad \log m = \log M + \mu, \quad \log\operatorname{tg}\tfrac{1}{2}w = \log\operatorname{tg}\tfrac{1}{2}W + N\mu + N''\mu^2 + N'''\mu^3$$

$10 + \log M$	$10 + \log\operatorname{tg}\frac{1}{2}W$	N	$10 + \log N$	$10 + \log N''$	$10 + \log N'''$
8,58858901	8,58837159	$1 - \frac{1}{1000}$	9,99956549	7,361238 n	7,5452 n
8,66627319	8,66596242	$1 - \frac{1}{700}$	9,99937914	7,515565 n	7,6986 n
8,73964843	8,73921305	$1 - \frac{1}{500}$	9,99913054	7,661071 n	7,8420 n
8,78837604	8,78783147	$1 - \frac{1}{400}$	9,99891290	7,757437 n	7,9381 n
8,85130031	8,85057346	$1 - \frac{1}{300}$	9,99854993	7,881467 n	8,0603 n
8,89125539	8,89038243	$1 - \frac{4}{1000}$	9,99825934	7,959921 n	8,1373 n
8,94025794	8,93916537	$1 - \frac{1}{200}$	9,99782308	8,055739 n	8,2309 n
8,98039716	8,97908443	$1 - \frac{6}{1000}$	9,99738638	8,133827 n	8,3068 n
9,04396688	9,04221215	$1 - \frac{8}{1000}$	9,99651167	8,256574 n	8,4251 n
9,09352648	9,09132751	$1 - \frac{1}{100}$	9,99563519	8,351287 n	8,5153 n
9,14336824	9,14061080	$1 - \frac{1}{80}$	9,99453710	8,445443 n	8,6039 n
9,17335886	9,17020034	$1 - \frac{1}{70}$	9,99375105	8,501461 n	8,6558 n
9,20816384	9,20446770	$1 - \frac{1}{60}$	9,99270076	8,565770 n	8,7147 n
9,24962910	9,24517476	$1 - \frac{1}{50}$	9,99122608	8,641244 n	8,7825 n
9,27661939	9,27159214	$1 - \frac{1}{40} + \frac{1}{400}$	9,99011677	8,689605 n	8,8250 n
9,30091914	9,29531526	$1 - \frac{1}{40}$	9,98900462	8,732561 n	8,8621 n
9,32304352	9,31685929	$1 - \frac{1}{40} - \frac{1}{400}$	9,98788961	8,771143 n	8,8947 n
9,34337293	9,33660457	$1 - \frac{3}{100}$	9,98677173	8,806112 n	8,9237 n
9,36817634	9,36062320	$1 - \frac{1}{30}$	9,98527674	8,848095 n	8,9576 n
9,40143645	9,39269324	$1 - \frac{1}{30} - \frac{1}{200}$	9,98302456	8,903290 n	9,0005 n
9,43099990	9,42105087	$1 - \frac{1}{30} - \frac{1}{100}$	9,98076064	8,950610 n	9,0353 n
9,44018200	9,42982747	$1 - \frac{1}{20} + \frac{1}{200}$	9,98000337	8,965080 n	9,0456 n
9,46604164	9,45445977	$1 - \frac{1}{20}$	9,97772361	9,005051 n	9,0727 n
9,48974967	9,47692394	$1 - \frac{1}{20} - \frac{1}{200}$	9,97543181	9,040616 n	9,0952 n
9,51168702	9,49760056	$1 - \frac{6}{100}$	9,97312785	9,072536 n	9,1137 n
9,53214310	9,51677870	$1 - \frac{6}{100} - \frac{1}{200}$	9,97081161	9,101388 n	9,1289 n
9,55134305	9,53468313	$1 - \frac{7}{100}$	9,96848295	9,127620 n	9,1411 n
9,56946545	9,55149208	$1 - \frac{7}{100} - \frac{1}{200}$	9,96614173	9,151587 n	9,1508 n
9,58665444	9,56734929	$1 - \frac{8}{100}$	9,96378783	9,173576 n	9,1582 n
9,60302803	9,58237237	$1 - \frac{8}{100} - \frac{1}{200}$	9,96142109	9,193821 n	9,1635 n
9,61868412	9,59665883	$1 - \frac{9}{100}$	9,95904139	9,212516 n	9,1669 n
9,63370482	9,61029037	$\frac{9}{10} + \frac{1}{200}$	9,95664858	9,229822 n	9,1685 n
9,64815975	9,62333617	$\frac{9}{10}$	9,95424251	9,245877 n	9,1684 n
9,66210845	9,63585532	$\frac{9}{10} - \frac{1}{200}$	9,95182304	9,260798 n	9,1668 n
9,67854372	9,65051500	$1 - \frac{1}{9}$	9,94884748	9,277639 n	9,1627 n
9,68868582	9,65951055	$1 - \frac{1}{8} + \frac{1}{100}$	9,94694327	9,287625 n	9,1591 n
9,70139815	9,67072933	$\frac{8}{10} + \frac{8}{100}$	9,94448267	9,299693 n	9,1531 n

$$\mathrm{tg}\,\tfrac{1}{2}w + \tfrac{1}{3}\,\mathrm{tg}\,\tfrac{1}{2}w^3 = m, \quad \log m = \log M + \mu, \quad \log \mathrm{tg}\,\tfrac{1}{2}w = \log \mathrm{tg}\,\tfrac{1}{2}W + N\mu + N''\mu^2 + N'''\mu^3$$

$10 + \log M$	$10 + \log \mathrm{tg}\,\frac{1}{2}W$	N	$10 + \log N$	$10 + \log N''$	$10 + \log N'''$
9,70139815	9,67072933	$\frac{8}{10}+\frac{8}{100}$	9,94448267	9,299693 n	9,1531 n
9,71377363	9,68158895	$1-\frac{1}{8}$	9,94200805	9,310957 n	9,1457 n
9,72584274	9,69211937	$1-\frac{1}{8}-\frac{1}{200}$	9,93951925	9,321474 n	9,1371 n
9,73763258	9,70234717	$1-\frac{1}{8}-\frac{1}{100}$	9,93701611	9,331296 n	9,1270 n
9,75565285	9,71786428	$1-\frac{1}{7}$	9,93305321	9,345436 n	9,1085 n
9,77780504	9,73674179	$1-\frac{1}{7}-\frac{1}{100}$	9,92795665	9,361354 n	9,0800 n
9,78706331	9,74456508	$1-\frac{1}{7}-\frac{1}{70}$	9,92575397	9,367520 n	9,0661 n
9,80719686	9,76143937	$1-\frac{1}{6}$	9,92081875	9,379945 n	9,0310 n
9,82776763	9,77847927	$1-\frac{1}{6}-\frac{1}{100}$	9,91557570	9,391233 n	8,9875 n
9,84120417	9,78949734	$1-\frac{1}{6}-\frac{1}{60}$	9,91204483	9,397840 n	8,9543 n
9,85444839	9,80026941	$1-\frac{1}{5}+\frac{1}{100}$	9,90848502	9,403760 n	8,9171 n
9,87400355	9,81601161	$\frac{8}{10}$	9,90308999	9,411434 n	8,8528 n
9,89324651	9,83130999	$1-\frac{1}{5}-\frac{1}{100}$	9,89762709	9,417753 n	8,7755 n
9,91223937	9,84621957	$1-\frac{1}{5}-\frac{1}{50}$	9,89209460	9,422808 n	8,6801 n
9,93103832	9,86078890	$\frac{7}{10}+\frac{7}{100}$	9,88649073	9,426676 n	8,5575 n
9,94969488	9,87506126	$1-\frac{1}{4}+\frac{1}{100}$	9,88081359	9,429421 n	8,3879 n
9,96825692	9,88907568	$1-\frac{1}{4}$	9,87506126	9,431097 n	8,1121 n
9,98882502	9,90438750	$1-\frac{1}{4}-\frac{1}{90}$	9,86857914	9,431762 n	6,7148 n
9,99910455	9,91195437	$1-\frac{1}{4}-\frac{1}{60}$	9,86530143	9,431617 n	7,7427
10,01453818	9,92320804	$1-\frac{1}{4}-\frac{1}{40}$	9,86033801	9,430894 n	8,1572
10,03000990	9,93436054	$1-\frac{1}{4}-\frac{1}{30}$	9,85531721	9,429498 n	8,3593
10,04243031	9,94322040	$\frac{7}{10}+\frac{1}{100}$	9,85125835	9,427920 n	8,4687
10,06116026	9,95642491	$\frac{7}{10}$	9,84509804	9,424798 n	8,5886
10,08004489	9,96954959	$\frac{7}{10}-\frac{1}{100}$	9,83884909	9,420780 n	8,6771
10,09274046	9,97826715	$1-\frac{1}{3}+\frac{1}{60}$	9,83463261	9,417610 n	8,7246
10,10553481	9,98696725	$1-\frac{1}{3}+\frac{1}{100}$	9,83037478	9,414048 n	8,7652
10,12493874	10,00000000	$1-\frac{1}{3}$	9,82390874	9,407973 n	8,8159
10,14463598	10,01303275	$1-\frac{1}{3}-\frac{1}{100}$	9,81734497	9,401018 n	8,8572
10,15795259	10,02173285	$\frac{6}{10}+\frac{1}{20}$	9,81291336	9,395891 n	8,8803
10,17240311	10,03107395	$\frac{1}{2}+\frac{1}{7}$	9,80811447	9,389958 n	8,9019
10,19199492	10,04357509	$1-\frac{1}{3}-\frac{1}{30}$	9,80163235	9,381332 n	8,9260
10,20947419	10,05457223	$\frac{1}{2}+\frac{1}{8}$	9,79588002	9,373105 n	8,9434
10,22012643	10,06120320	$\frac{6}{10}+\frac{1}{50}$	9,79239169	9,367860 n	8,9523
10,23939544	10,07306402	$\frac{1}{2}+\frac{1}{9}$	9,78612018	9,357950 n	8,9655
10,26413689	10,08804563	$\frac{6}{10}$	9,77815125	9,344487 n	8,9778
10,28709848	10,10170719	$\frac{6}{10}-\frac{1}{100}$	9,77085201	9,331312 n	8,9851
10,31079568	10,11556941	$\frac{6}{10}-\frac{1}{50}$	9,76342799	9,317095 n	8,9892

$$\operatorname{tg} \tfrac{1}{2} w + \tfrac{1}{3} \operatorname{tg} \tfrac{1}{2} w^3 = m, \quad \log m = \log M + \mu, \quad \log \operatorname{tg} \tfrac{1}{2} w = \log \operatorname{tg} \tfrac{1}{2} W + N\mu + N''\mu^2 + N'''\mu^3$$

$10 + \log M$	$10 + \log \operatorname{tg} \frac{1}{2} W$	N	$10 + \log N$	$10 + \log N''$	$10 + \log N'''$
10,31079568	10,11556941	$\frac{6}{10} - \frac{1}{50}$	9,76342799	9,317095 n	8,9892
10,33531218	10,12966568	$\frac{6}{10} - \frac{3}{100}$	9,75587486	9,301787 n	8,9903
10,36074162	10,14403251	$\frac{1}{2} + \frac{6}{100}$	9,74818803	9,285335 n	8,9884
10,38718953	10,15871021	$\frac{1}{2} + \frac{1}{20}$	9,74036269	9,267674 n	8,9837
10,40083224	10,16617946	$\frac{1}{2} + \frac{9}{200}$	9,73639650	9,258367 n	8,9803
10,41477576	10,17374370	$\frac{1}{2} + \frac{4}{100}$	9,73239376	9,248729 n	8,9762
10,43386587	10,18398839	$\frac{1}{2} + \frac{1}{30}$	9,72699873	9,235342 n	8,9697
10,45859496	10,19707351	$\frac{1}{2} + \frac{1}{40}$	9,72015930	9,217706 n	8,9598
10,48438041	10,21050266	$\frac{1}{2} + \frac{1}{60}$	9,71321044	9,199006 n	8,9479
10,50584503	10,22152073	$\frac{1}{2} + \frac{1}{100}$	9,70757018	9,183228 n	8,9370
10,52247376	10,22995961	$\frac{1}{2} + \frac{1}{200}$	9,70329138	9,170890 n	8,9280
10,53959062	10,23856063	$\frac{1}{2}$	9,69897000	9,158096 n	8,9183
10,55722890	10,24733545	$\frac{1}{2} - \frac{1}{200}$	9,69460520	9,144824 n	8,9077
10,57542500	10,25629679	$\frac{1}{2} - \frac{1}{100}$	9,69019608	9,131050 n	8,8964
10,59149582	10,26413689	$\frac{1}{2} - \frac{1}{70}$	9,68638088	9,118823 n	8,8861
10,61365452	10,27483596	$\frac{1}{2} - \frac{1}{50}$	9,68124124	9,101883 n	8,8714
10,63378049	10,28444581	$\frac{1}{2} - \frac{1}{40}$	9,67669361	9,086428 n	8,8577
10,65465063	10,29430663	$\frac{1}{2} - \frac{3}{100}$	9,67209786	9,070343 n	8,8430
10,66900678	10,30103000	$\frac{1}{2} - \frac{1}{30}$	9,66900678	9,059251 n	8,8327
10,67632482	10,30443897	$\frac{1}{2} - \frac{7}{200}$	9,66745295	9,053590 n	8,8274
10,69886994	10,31486571	$\frac{1}{2} - \frac{4}{100}$	9,66275783	9,036121 n	8,8108
10,72236097	10,32561245	$\frac{1}{2} - \frac{1}{20} + \frac{1}{200}$	9,65801140	9,017887 n	8,7933
10,74688242	10,33670795	$\frac{1}{2} - \frac{1}{20}$	9,65321251	8,998829 n	8,7746
10,77545373	10,34948500	$\frac{1}{3} + \frac{1}{9}$	9,64781748	8,976609 n	8,7526
10,79941245	10,36007965	$\frac{4}{10} + \frac{4}{100}$	9,64345268	8,957976 n	8,7338
10,81808085	10,36826251	$\frac{1}{3} + \frac{1}{10} + \frac{1}{300}$	9,64015004	8,943463 n	8,7191
10,83739467	10,37666383	$\frac{1}{3} + \frac{1}{10}$	9,63682210	8,928457 n	8,7038
10,86767664	10,38970963	$\frac{1}{3} + \frac{1}{10} - \frac{1}{200}$	9,63178187	8,904955 n	8,6796
10,89968987	10,40334117	$\frac{1}{3} + \frac{1}{10} - \frac{1}{100}$	9,62668247	8,880157 n	8,6539
10,92209389	10,41278795	$\frac{4}{10} + \frac{2}{100}$	9,62324929	8,862836 n	8,6358
10,94542777	10,42254902	$\frac{4}{10} + \frac{1}{60}$	9,61978876	8,844831 n	8,6169
10,96270717	10,42972810	$\frac{4}{10} + \frac{1}{70}$	9,61729996	8,831522 n	8,6029
10,97602309	10,43523276	$\frac{4}{10} + \frac{1}{80}$	9,61542395	8,821281 n	8,5921
10,99520873	10,44312272	$\frac{4}{10} + \frac{1}{100}$	9,61278386	8,806549 n	8,5765
11,01103961	10,44959747	$\frac{4}{10} + \frac{8}{1000}$	9,61066016	8,794416 n	8,5636
11,03564644	10,45959988	$\frac{4}{10} + \frac{1}{200}$	9,60745502	8,775596 n	8,5437

$\operatorname{tg} \frac{1}{2} w + \frac{1}{3} \operatorname{tg} \frac{1}{2} w^3 = m, \quad \log m = \log M + \mu, \quad \log \operatorname{tg} \frac{1}{2} w = \log \operatorname{tg} \frac{1}{2} W + N\mu + N''\mu^2 + N'''\mu^3$

$10 + \log M$	$10 + \log \operatorname{tg} \frac{1}{2} W$	N	$10 + \log N$	$10 + \log N''$	$10 + \log N'''$
11,03564644	10,45959988	$\frac{4}{10} + \frac{1}{200}$	9,60745502	8,775596 n	8,5437
11,04979168	10,46531687	$\frac{4}{10} + \frac{1}{300}$	9,60566412	8,764801 n	8,5322
11,07918125	10,47712125	$\frac{4}{10}$	9,60205999	8,742427 n	8,5083
11,11016459	10,48946249	$\frac{4}{10} - \frac{1}{300}$	9,59842571	8,718922 n	8,4832
11,14291768	10,50239944	$\frac{1}{3} + \frac{6}{100}$	9,59476075	8,694169 n	8,4568
11,17764677	10,51600108	$\frac{4}{10} - \frac{1}{100}$	9,59106461	8,668029 n	8,4288
11,21459567	10,53034892	$\frac{1}{3} + \frac{1}{20} + \frac{1}{300}$	9,58733673	8,640339 n	8,3992
11,25405556	10,54554023	$\frac{1}{3} + \frac{1}{20}$	9,58357659	8,610904 n	8,3677
11,29637802	10,56169246	$\frac{4}{10} - \frac{2}{100}$	9,57978360	8,579489 n	8,3340
11,34199296	10,57894913	$\frac{1}{3} + \frac{1}{30} + \frac{1}{100}$	9,57595719	8,545807 n	8,2980
11,39143382	10,59748830	$\frac{1}{3} + \frac{4}{100}$	9,57209677	8,509500 n	8,2593
11,44537359	10,61753456	$\frac{1}{3} + \frac{1}{30} + \frac{1}{300}$	9,56820172	8,470120 n	8,2173
11,50467823	10,63937680	$\frac{1}{3} + \frac{1}{30}$	9,56427143	8,427089 n	8,1715
11,57048816	10,66339543	$\frac{1}{3} + \frac{3}{100}$	9,56030524	8,379646 n	8,1212
11,64434813	10,69010562	$\frac{4}{10} - \frac{4}{100}$	9,55630250	8,325758 n	8,0643
11,68494068	10,70468474	$\frac{1}{3} + \frac{1}{40}$	9,55428721	8,297844 n	8,0348
11,75138072	10,72840786	$\frac{1}{3} + \frac{1}{40} - \frac{1}{400}$	9,55124663	8,250734 n	7,9853
11,82588860	10,75482524	$\frac{1}{3} + \frac{1}{50}$	9,54818461	8,198202 n	7,9303
11,88107697	10,77427846	$\frac{1}{3} + \frac{1}{60} + \frac{1}{600}$	9,54613120	8,159748 n	7,8899
11,94166034	10,79553230	$\frac{1}{3} + \frac{1}{60}$	9,54406804	8,117137 n	7,8358
11,97912606	10,80862729	$\frac{1}{3} + \frac{1}{70} + \frac{1}{700}$	9,54288468	8,091036 n	7,8186
12,03991000	10,82979966	$\frac{1}{3} + \frac{1}{70}$	9,54110357	8,048814 n	7,7749
12,12525478	10,85938920	$\frac{1}{3} + \frac{1}{80}$	9,53886685	7,989772 n	7,7139
12,20069644	10,88542601	$\frac{1}{3} + \frac{1}{90}$	9,53711918	7,937793 n	7,6613
12,26829720	10,90867249	$\frac{1}{3} + \frac{1}{100}$	9,53571597	7,891364 n	7,6126
12,33599708	10,93188166	$\frac{1}{3} + \frac{9}{1000}$	9,53444919	7,845004 n	7,5651
12,41178531	10,95778785	$\frac{1}{3} + \frac{8}{1000}$	9,53317870	7,793241 n	7,5122
12,49782844	10,98711325	$\frac{1}{3} + \frac{7}{1000}$	9,53190449	7,734634 n	7,4524
12,59729959	11,02091557	$\frac{1}{3} + \frac{6}{1000}$	9,53062652	7,667067 n	7,3836
12,71511815	11,06083463	$\frac{1}{3} + \frac{1}{200}$	9,52934479	7,587261 n	7,3026
12,85952557	11,10961757	$\frac{1}{3} + \frac{4}{1000}$	9,52805926	7,489721 n	7,2039
12,97765665	11,14942654	$\frac{1}{3} + \frac{1}{300}$	9,52720012	7,410118 n	7,1234
13,16426107	11,21216853	$\frac{1}{3} + \frac{1}{400}$	9,52612380	7,284648 n	6,9969
13,30914243	11,26078695	$\frac{1}{3} + \frac{1}{500}$	9,52547673	7,187418 n	6,8990
13,52801251	11,33411528	$\frac{1}{3} + \frac{1}{700}$	9,52473603	7,040922 n	6,7418
13,75971682	11,41162841	$\frac{1}{3} + \frac{1}{1000}$	9,52417968	6,885743 n	6,5960

EINRICHTUNG DER TAFEL.

Die Tafel giebt zum logarithmus der mittleren Anomalie den logarithmus tangens der halben wahren Anomalie nach der in der Überschrift stehenden Formel für Werthe von $10 + \log m$ innerhalb der Grenzen 8,5 und 13,8 auf weniger als drei Einheiten der achten Decimale genau, wenn für $\log M$ derjenige Werth in der Tafel genommen wird, der dem Werthe $\log m$ zunächst liegt.

Für Werthe von $10 + \log m$, die weniger als 8,5 betragen, ist zu setzen

$$\log \operatorname{tg} \frac{1}{2} w = \log m - m^2 . \operatorname{num}(\log = 9{,}160663 - 10) - m^4 . \operatorname{num}(\log = 9{,}0815 - 10);$$

für Werthe, die über 13,8 hinausgehen, entweder

$$\log \operatorname{tg} \frac{1}{2} w = \frac{1}{3} \log 3m - (3m)^{-\frac{2}{3}} . \operatorname{num}(\log = 9{,}637784 - 10) - (3m)^{-\frac{4}{3}} . \operatorname{num}(\log = 9{,}3368 - 10)$$

oder

$$\log \sin w = \frac{1}{3} \log \frac{3}{8} m - \left(\frac{3}{8} m\right)^{-\frac{4}{3}} . \operatorname{num}(\log = 8{,}4337 - 10);$$

$$\log 3 = 0{,}47712125, \qquad \log \frac{3}{8} = 9{,}57403127 - 10.$$

Die Grössen $\log \operatorname{tg} \frac{1}{2} w$ und $\log \sin w$ bestimmen sich, wenn in allen Formeln die Glieder höherer Ordnung als der zweiten unbeachtet gelassen, und die Glieder zweiter Ordnung mit Hülfe vierstelliger Logarithmentafeln berechnet werden, in so weit genau, dass der Fehler von w weniger als 0",1 beträgt.

BEMERKUNGEN . . .:
ZU ART. 39. 43. 46 [DER »THEORIA MOTUS« . . . VON GAUSS].

In Bezug auf die Benutzung der Barker'schen Tafel bemerkt Gauss in den Astronomischen Nachrichten No. 474, 1843 (Gauss' Werke, Bd. VI, S. 191), dass sie bei grossen Anomalien wegen des beschwerlichen Interpolirens sehr unbequem wird, und giebt ein Verfahren an, wie die Rechnung mit seinen Logarithmentafeln auf fünf Decimalstellen und dann mit Matthiessen's Tafeln bis zu sieben Decimalstellen zu führen ist.

Zur Vermeidung der weitläufigen Rechnungen, die mit dem einen oder dem anderen Verfahren noch verbunden sind, habe ich oben Seite 274*) eine Tafel angefügt, mit deren Hülfe $\log \operatorname{tg} \frac{1}{2} w$ aus $\log m$ bestimmt wird. Auf Seite 278**) habe ich den Grad der Genauigkeit angegeben, der bei der verschiedenen Art der Benutzung dieser Tafel erreicht wird.

Göttingen, Sternwarte 1871 Juni. Schering.

*) [Siehe S. 164 dieses Bandes.] **) [Siehe S. 168 dieses Bandes.]

XII.

LINIEN, FLÄCHEN UND HÖHERE GEBILDE IN MEHRFACH AUSGEDEHNTEN GAUSSISCHEN UND RIEMANNSCHEN RÄUMEN.

[Vorgelegt in der Sitzung der Königl. Gesellschaft der Wissenschaften zu Göttingen am 4. Januar 1873 und veröffentlicht in den »Nachrichten« derselben vom 22. Januar 1873, S. 13—21.]

In meinem Aufsatze über »die Schwerkraft im Gaussischen Raume*)«, welcher in diesen Nachrichten vom 13. Juli 1870 veröffentlicht ist, habe ich aus der Theorie des Gaussischen Raumes einige Sätze mitgetheilt, welche zur Erläuterung des von mir für die Schwerkraft in einem solchen Raume aufgestellten Gesetzes dienen konnten.

Die Arbeiten von Gauss über diese Geometrie lasse ich im IV. Bande der von mir redigirten Gaussischen Werke abdrucken**).

Lobatschewsky's erste Veröffentlichungen, welche auf diesen Gegenstand Bezug haben, sind: **О началахъ Геометрiи. Казанскiй вѣстникъ** 1829 **и** 1830 **поль и августъ. стр.** 571 ... 636. **Новыя начала Геометрiи. Ученыя записки казань.** 1835, **книжка.** III. 1836, **кн.** II **и** III. 1837, **кн.** I.***)

*) [Siehe S. 155—162 dieses Bandes.]

**) [Dieser Plan ist nicht zur Ausführung gekommen. Die Erörterung der Gründe dafür würde hier zu weit führen und mag den Bemerkungen oder der Biographie am Schlusse dieser Werke vorbehalten bleiben. Hier sei nur erwähnt, dass die Königl. Gesellschaft der Wissenschaften in Göttingen im Juni 1873, entgegen dem Antrage von Ernst Schering, beschloss, den IV. Band der Gaussischen Werke sofort herauszugeben, ohne dass zu dem bereits Gedruckten noch etwas hinzugefügt werde.]

***) [»Über die Anfangsgründe der Geometrie«, Kasaner Bote 1829, Theil 25, S. 178—187 und Theil 27, S. 227—243; 1830, Theil 28, S. 251—283 und 571—636. »Neue Anfangsgründe der Geometrie mit einer vollständigen Theorie der Parallellinien«, Kasaner Gelehrte Schriften 1835, Heft III, S. 3—48; 1836, Heft II, S. 3—98 und Heft III, S. 3—50; 1837, Heft I, S. 3—97. Beide

Für den allgemeinen homogenen n-fach ausgedehnten Raum erlaube ich mir im Anschluss an die Untersuchungen von Riemann »über die Hypothesen, welche der Geometrie zu Grunde liegen«, 1854 geschrieben, in unseren Abhandlungen Band 13*) veröffentlicht, von Herrn Helmholtz »über die Thatsachen, die der Geometrie zu Grunde liegen« in diesen Nachrichten 1868, Juni 3.**), von Herrn Beltrami »Theoria fondamentale degli spazii di curvatura costante« Bologna agosto 1868, Annali di Matematica Serie II, Tom. II***), Milano, und von Herrn Christoffel »über die Transformation ganzer homogener Differentialausdrücke« 1869†), einige neue Lehrsätze hier mitzutheilen.

Zur Abkürzung des Ausdruckes empfiehlt es sich, für die Gebilde in einem homogenen Raume eine gemeinsame Bezeichnung einzuführen. Da Gauss sich zuerst mit der Untersuchung eines homogenen unbegrenzten Raumes beschäftigt und sich auch mit dem Begriffe eines mehr als dreifach ausgedehnten Raumes vertraut gemacht hat, so nenne ich einen solchen Raum einen Gaussischen Raum und die darin den Gebilden des Euclidischen Raumes analogen die Gaussischen und spreche von Gaussischen Ebenen und Ellipsen, von Steinerschen und Kummerschen Flächen im Gaussischen Raume. Riemann hat zuerst die Eigenschaften der Räume untersucht, welche beliebig vielfach, im Allgemeinen stetig ausgedehnt sind und in den kleinsten Theilen die dem Euclidischen Raume entsprechenden Eigenschaften besitzen. Nächst dem Euclidischen und Gaussischen Raume wird der homogene begrenzte Raum wohl am meisten untersucht werden. Riemann hat uns zuerst die Idee eines solchen verschafft; es mag daher angemessen erscheinen, einen solchen Raum und die darin vorhandenen Gebilde Riemannsche zu nennen. Gauss gebraucht für die Fläche in dem Euclidischen Raume, auf welcher man die Gaussische Ebene abwickeln kann, also die Fläche unver-

---

Abhandlungen sind kürzlich in das Deutsche übersetzt von F. Engel und bilden den ersten Band von F. Engel und P. Stäckel, Urkunden zur Nicht-Euklidischen Geometrie: Band I. Nikolai Iwanowitsch Lobatschewsky, Zwei geometrische Abhandlungen. Deutsch von Friedrich Engel. Leipzig, B. G. Teubner. 1899.]

*) [Riemann's gesammelte mathematische Werke. Zweite Auflage. S. 272—287.]

**) [Göttinger Nachrichten, Jahrgang 1868, S. 193—221.]

***) [Annali di Matematica, Serie II, Bd. II, S. 232—255.]

†) [Monatsberichte der Königl. Akademie der Wissenschaften zu Berlin, Jahrgang 1869, S. 1—6.]

änderlicher negativer Krümmung, welche auch Herr Beltrami mehrfach untersucht hat, die Bezeichnung: Gegenstück der Kugel.

Lehrsatz I. Im homogenen n-fach ausgedehnten Raume bezeichne allgemein (a, b) die Entfernung zwischen den beiden Punkten a und b gemessen mit der absoluten Längeneinheit des betreffenden Raumes; dann ist in einem begrenzten homogenen Raume für $n+2$ Punkte immer die nach Jacobi's Bezeichnungsweise aus $(n+2)^2$ Factoren gebildete Determinante

$$\sum \pm \cos(1,1).\cos(2,2).\cos(3,3)\ldots\cos(n+2,n+2) = 0,$$

dagegen ist in einem unbegrenzten homogenen Raume, wenn i statt $\sqrt{-1}$ gesetzt wird,

$$\sum \pm \cos i(1,1).\cos i(2,2).\cos i(3,3)\ldots\cos i(n+2,n+2) = 0.$$

Projection einer Linie auf eine zweite Linie heisse derjenige Abschnitt auf der zweiten Linie, welcher von den Fusspunkten der aus den Endpunkten der ersten Linie nach der zweiten Linie gezogenen kürzesten Linien begrenzt wird.

Lehrsatz II. Gehen von einem Punkte $n+1$ kürzeste Linien aus und bezeichnet allgemein $[a, b]$ die mit der absoluten Längeneinheit gemessene Projection der Linie a auf die Linie b, so ist für einen begrenzten homogenen Raum

$$\sum \pm \operatorname{tg}[1,1].\operatorname{tg}[2,2]\ldots\operatorname{tg}[n+1,n+1] = 0,$$

dagegen für einen unbegrenzten homogenen Raum

$$\sum \pm \operatorname{tg} i[1,1].\operatorname{tg} i[2,2]\ldots\operatorname{tg} i[n+1,n+1] = 0.$$

Das Verhältniss der analytischen Tangenten der in $\sqrt{-1}$ multiplicirten und mit der absoluten Einheit gemessenen Länge der Projection einer dieser kürzesten Linien auf eine andere kürzeste Linie zu der analytischen Tangente der in $\sqrt{-1}$ multiplicirten und mit der absoluten Einheit gemessenen Länge der projicirten ersten kürzesten Linie ist im homogenen unbegrenzten Raume unabhängig von dieser Länge und bleibt ungeändert, wenn man die Linie, welche selbst projicirt wird, und diejenige, auf welche projicirt wird, mit einander vertauscht; deshalb mag diejenige kleinste Grösse, deren analytischer Cosinus diesem Verhältnisse gleich wird, als das Maass des Winkels zwischen den beiden kürzesten Linien angenommen werden. Im homogenen begrenzten Raume gilt das Analoge, wobei nur die Tangenten von den Längen ohne den Factor $\sqrt{-1}$ zu nehmen sind.

Lehrsatz III. Gehen von einem Punkte $n+1$ kürzeste Linien aus und bezeichnet allgemein $\{a, b\}$ den Winkel zwischen den beiden kürzesten Linien a und b, so ist sowohl für den begrenzten als für den unbegrenzten Raum

$$\sum \pm \cos\{1, 1\}\cdot\cos\{2, 2\}\cdot\cos\{3, 3\}\cdots\cos\{n+1, n+1\} = 0.$$

Lehrsatz IV. Nimmt man als Coordinatenaxen n kürzeste Linien, welche von einem Punkte 0 ausgehen und von denen jede mit allen übrigen $n-1$ Linien rechte Winkel bildet, wird von dem Anfangs-Punkte 0 der Coordinatenaxen nach einem Punkte P eine kürzeste Linie gezogen und die erste Hälfte derselben von dem Punkte 0 bis zum Halbirungspunkte der Linie auf die Coordinatenaxen projicirt, bezeichnen $\xi_1, \xi_2, \ldots, \xi_n$ die mit der Längeneinheit gemessenen Projectionen, haben $\xi'_1, \xi'_2, \ldots, \xi'_n$ die analoge Bedeutung für einen anderen Punkt P' und bezeichnet (P, P') die mit der absoluten Längeneinheit gemessene Entfernung zwischen den Punkten P und P', so ist für einen begrenzten homogenen Raum

$$\sin\frac{1}{2}(P, P')^2 = \frac{\sum(\operatorname{tang}\xi_\nu - \operatorname{tang}\xi'_\nu)^2}{(1+\sum\operatorname{tang}\xi_\nu^2)(1+\sum\operatorname{tang}\xi_\nu'^2)},$$

dagegen für einen unbegrenzten homogenen Raum

$$\sin\frac{1}{2}i(P, P')^2 = \frac{\sum(\operatorname{tang} i\xi_\nu - \operatorname{tang} i\xi'_\nu)^2}{(1+\sum\operatorname{tang} i\xi_\nu^2)(1+\sum\operatorname{tang} i\xi_\nu'^2)},$$

wenn alle Summationen $\sum$ über den Index ν von $1, 2, 3, \ldots, n$ ausgedehnt werden.

Lehrsatz V. Nimmt man als Coordinatenaxen n kürzeste Linien, welche von einem Punkte 0 ausgehen und von denen jede mit allen übrigen $n-1$ Linien rechte Winkel bildet, bezeichnen $x_1, x_2, \ldots, x_n$ die mit der absoluten Längeneinheit gemessenen Projectionen der von dem Punkte 0 nach dem allgemeinen Punkte P gezogenen kürzesten Linie auf die n Axen und bezeichnen $x'_1, \ldots, x'_n$ die entsprechenden, für denselben Punkt P geltenden.

Grössen für eben solche, aber von einem anderen Punkte ausgehende und in anderer Lage sich befindende Coordinatenaxen, so sind die allgemeinen Transformationsgleichungen für einen begrenzten Raum von der Form

$$\operatorname{tg} x'_\nu = \frac{a_0^{(\nu)} + a_1^{(\nu)} \operatorname{tg} x_1 + a_2^{(\nu)} \operatorname{tg} x_2 + \cdots + a_n^{(\nu)} \operatorname{tg} x_n}{a_0^0 + a_1^0 \operatorname{tg} x_1 + a_2^0 \operatorname{tg} x_2 + \cdots + a_n^0 \operatorname{tg} x_n},$$

für einen unbegrenzten Raum aber von der Form

$$\operatorname{tg} i x'_\nu = \frac{a_0^{(\nu)} + a_1^{(\nu)} \operatorname{tg} i x_1 + a_2^{(\nu)} \operatorname{tg} i x_2 + \cdots + a_n^{(\nu)} \operatorname{tg} i x_n}{a_0^0 + a_1^0 \operatorname{tg} i x_1 + a_2^0 \operatorname{tg} i x_2 + \cdots + a_n^0 \operatorname{tg} i x_n},$$

worin die Nenner der Ausdrücke für die verschiedenen Coordinaten x'_ν einander gleich und die gesammten $(n+1)^2$ Coefficienten durch $\frac{1}{2}n(n+1)$ von einander unabhängige Grössen bestimmt sind.

Wenn die gemeinsame Einheit der Coefficienten $a_\mu^{(\nu)}$ auf angemessene Weise gewählt ist, so kann man die Bedingungsgleichungen für diese in die Form bringen:

$$\sum_{\nu=0}^{\nu=n} a_\mu^{(\nu)} a_\mu^{(\nu)} = 1, \qquad \sum_{\nu=0}^{\nu=n} a_\lambda^{(\nu)} a_\mu^{(\nu)} = 0$$

$$\sum_{\nu=0}^{\nu=n} a_\nu^{(\mu)} a_\nu^{(\mu)} = 1, \qquad \sum_{\nu=0}^{\nu=n} a_\nu^{(\lambda)} a_\nu^{(\mu)} = 0$$

für je zwei verschiedene Indices λ und μ aus der Reihe $0, 1, 2, 3, \ldots, n$.

Unter denselben Voraussetzungen haben die Transformations-Gleichungen für die im Lehrsatz IV angewandten Coordinaten die Form

$$\frac{1}{\Delta'} \operatorname{tg} i\xi'_\nu = \frac{\alpha_0^{(\nu)} \Delta + \alpha_1^{(\nu)} \operatorname{tg} i\xi_1 + \alpha_2^{(\nu)} \operatorname{tg} i\xi_2 + \cdots + \alpha_n^{(\nu)} \operatorname{tg} i\xi_n}{\alpha_0^0 \Delta + \alpha_1^0 \operatorname{tg} i\xi_1 + \alpha_2^0 \operatorname{tg} i\xi_2 + \cdots + \alpha_n^0 \operatorname{tg} i\xi_n},$$

worin 2Δ für $1 - \sum \operatorname{tg} i\xi_\nu^2$ und $2\Delta'$ für $1 - \sum \operatorname{tg} i\xi_\nu'^2$ gesetzt ist. Im Gaussischen Raume hat man $\sqrt{-1}$ für i, im Riemannschen $+1$ für i zu nehmen.

Die Ordnungszahl einer algebraischen Linie, Fläche oder einer mehrfach ausgedehnten räumlichen Gestalt wird durch den Grad der Gleichung in $\operatorname{tg} i x_\nu$ für den Gaussischen Raum oder in $\operatorname{tg} x_\nu$ für den Riemannschen Raum dargestellt bei irgend welcher Lage der Coordinatenaxen im Raume.

Diejenigen räumlichen Gestalten, welche durch Gleichungen m^{ten} Grades in $\operatorname{tg} i\xi_\nu$ oder $\operatorname{tg} \xi_\nu$ bestimmt werden, sind im Allgemeinen von $2m^{\text{ter}}$ Ordnung, und nur diejenigen Gestalten, deren Gleichungen homogen in $\operatorname{tg} i\xi_\nu$ oder $\operatorname{tg}\xi_\nu$ dargestellt werden, sind m^{ter} Ordnung.

Die Lehrsätze für das gegenseitige Durchschneiden von räumlichen Gestalten, welche durch algebraische Gleichungen bestimmt werden, lauten für Euclidische, Gaussische und Riemannsche Räume ganz übereinstimmend.

Lehrsatz VI. Ein homogenes Raumgebilde von $(n-\nu)$-facher Ausdehnung wird in einem n-fach ausgedehnten Raume durch ν lineare Gleichungen zwischen $\operatorname{tg} x_1, \ldots, \operatorname{tg} x_n$ für begrenzte Raumgebilde im begrenzten Raume und durch ν lineare Gleichungen zwischen $\operatorname{tg} ix_1, \ldots, \operatorname{tg} ix_n$ für unbegrenzte Raumgebilde im unbegrenzten Raume bestimmt.

Eine Normale zu einem weniger als n-fach ausgedehnten Raumgebilde soll die von einem, nicht in diesem Raumgebilde liegenden, Punkte nach dem Raumgebilde gezogene kürzeste Linie genannt werden. Der gemeinsame Punkt beider heisse der Fusspunkt, in welchem die Normale als errichtet betrachtet wird. Zwei Raumgebilde sollen in einem Punkte zu einander rechtwinkelig genannt werden, wenn jedes Raumgebilde eine in dem gemeinsamen Punkte zu dem anderen Raumgebilde errichtete beliebig kurze Normale enthält.

Lehrsatz VII. Die durch die Gleichung

$$\operatorname{cotg} ia_1^2 \operatorname{tg} ix_1^2 + \operatorname{cotg} ia_2^2 \operatorname{tg} ix_2^2 = 1$$

bestimmte Curve besitzt in den von dem Mittelpunkte gerechneten Entfernungen $\pm e$, wenn $\cos ia_1 = \cos ie \cos ia_2$ ist, auf der Hauptaxe x_1 Brennpunkte, für welche die von ihnen nach einem Punkte der Curve gezogenen Brennpunktsstrahlen eine unveränderliche Summe haben und gleiche Winkel mit der Normale zur Curve bilden. Diese Curven will ich, wenn $\sqrt{-1}$ für i gesetzt wird, Gaussische Ellipsen, dagegen wenn $+1$ für i gesetzt wird, Riemannsche Ellipsen in den Ebenen der betreffenden Räume nennen.

Lehrsatz VIII. Die räumliche Gestalt

$$1 = \sum_{\nu=1}^{\nu=n} \operatorname{cotg} i\alpha_\nu^2 \operatorname{tg} i\xi_\nu^2$$

ergiebt durch gleiche additive Aenderung der Parameter $\operatorname{tg} i\alpha_\nu^2$ ein orthogonales System, welches den Gaussischen n-fach ausgedehnten Raum erfüllt. Für den Riemannschen Raum erhält man solches System, wenn man statt i die reelle Einheit setzt.

Lehrsatz IX. Die durch die Gleichung

$$\operatorname{cotg} i\alpha_1^2 \operatorname{tg} i\xi_1^2 + \operatorname{cotg} i\alpha_2^2 \operatorname{tg} i\xi_2^2 + \operatorname{cotg} i\alpha_3^2 \operatorname{tg} i\xi_3^2 = 1$$

bestimmte Fläche lässt sich in den kleinsten Theilen ähnlich auf einer Euclidischen Ebene $u+iv$ mit Hülfe der Gleichungen

$$\begin{aligned} \operatorname{tg} i\alpha_1^2 \operatorname{cotg} i\xi_1 \cos\varphi &= \operatorname{tg} i\alpha_2^2 \operatorname{cotg} i\xi_2 \sin\varphi \cos\psi \\ &= \operatorname{tg} i\alpha_3^2 \operatorname{cotg} i\xi_3 \sin\varphi \sin\psi \\ k^{\frac{1}{2}} . \sin\operatorname{am}(u+iv, k) &= e^{i\psi} \operatorname{tg} \frac{1}{2}\varphi \end{aligned}$$

abbilden. (Vergleiche meine Preisschrift »Über die conforme Abbildung des Ellipsoids auf der Ebene«. Göttingen 1858)*). Für den Riemannschen Raum hat man α_ν und ξ_ν statt $i\alpha_\nu$ und $i\xi_\nu$ in diesen Formeln zu setzen.

Mit Hülfe dieser Lehrsätze ist es leicht, die wesentlichsten der für Kegelschnitte und Flächen zweiten Grades im Euclidischen Raume geltenden Eigenschaften auf den allgemeinen homogenen Raum zu übertragen.

Die Mittheilung meiner Untersuchungen über die höhere Geometrie in einem homogenen Raume, zunächst über die Kummerschen Flächen und Strahlensysteme in demselben behalte ich mir für eine andere Gelegenheit vor.

Göttingen 1873, Januar 4.

---

*) [Siehe S. 49—85 dieses Bandes.]

XIII.

DIE SCHWERKRAFT IN MEHRFACH AUSGEDEHNTEN GAUSSISCHEN UND RIEMANNSCHEN RÄUMEN.

[Vorgelegt in der Sitzung der Königl. Gesellschaft der Wissenschaften zu Göttingen am 1. Februar 1873 und veröffentlicht in den »Nachrichten« derselben vom 26. Februar 1873, S. 149—159.]

Für die Schwerkraft im dreifach ausgedehnten Gaussischen Raume habe ich in diesen Nachrichten vom 13. Juli 1870*) das Fundamentalgesetz und einige Lehrsätze über ihre wesentlichsten Eigenschaften aufgestellt. Mit diesem Gegenstande hat sich auch Dirichlet, wie ich jetzt erfahren habe, in der letzten Zeit seines Aufenthalts in Berlin beschäftigt; er hat darüber mit seinen Freunden gesprochen, ohne von den Resultaten seiner Untersuchungen Mittheilung zu machen.

Die Aufstellung der Gesetze für fingirte Kräfte in solchen Räumen, von welchen der uns umgebende nur ein specieller Fall ist, hat für uns einmal die Bedeutung, dass wir uns von der naturgemässen Form der Gesetze für die uns bekannten Kräfte ein besseres Urtheil verschaffen, dann aber auch die Bedeutung, dass die Untersuchung solcher allgemeineren Gesetze uns Aussicht bietet, das Gebiet der reinen Analysis durch neue Hülfsmittel ähnlich zu erweitern, wie es durch die Untersuchung der bekannten Naturkräfte

*) [Siehe S. 155—162 dieses Bandes.]

so vielfach geschehen ist. Diese Hoffnung hat sich schon in einem Falle erfüllt durch Herrn Kroneckers Arbeiten »Über Systeme von Functionen mehrerer Variabeln«*). Die Eigenschaft der Schwerkraft im mehrfach ausgedehnten ebenen Raume hat dort Veranlassung zur Einführung des in der Analysis so fruchtbaren Begriffes der »Charakteristik eines Systems von Functionen« gegeben. Zu den dort aufgestellten Lehrsätzen will ich hier noch den folgenden hinzufügen:

Lehrsatz I. Sind $\mathfrak{R}_n$, R_n und P_n Raumtheile, die sich in beliebiger Weise decken und durchdringen können, sind $x_1, \ldots, x_\nu, \ldots, x_n$ die n geradlinigen rechtwinkeligen Coordinaten eines Punktes des Raumelementes dR_n in einem n-fach ausgedehnten ebenen Raume, $\xi_1, \ldots, \xi_\nu, \ldots, \xi_n$ die Coordinaten von einem Punkte des Raumelementes dP_n, $a_1, \ldots, a_\nu, \ldots, a_n$ die Coordinaten eines Punktes des Raumelementes $d\mathfrak{R}_n$ oder auch eines Punktes im Elemente $d\mathfrak{R}_{n-1}$, welches einer den Raumtheil $\mathfrak{R}_n$ vollständig begrenzenden $(n-1)$-fach ausgedehnten räumlichen Gestalt $\mathfrak{R}_{n-1}$ angehört, sind $m(\ldots x_\nu \ldots)$ und $\mu(\ldots \xi_\nu \ldots)$ Functionen der Coordinaten für Punkte innerhalb der Raumtheile R_n und P_n, bezeichnet r den positiven Werth von

$$\sqrt{\sum (x_\nu - a_\nu - \xi_\nu)^2},$$

$d\mathfrak{N}$ die Normale zur räumlichen Gestalt $d\mathfrak{R}_{n-1}$ im Punkte $\ldots a_\nu \ldots$ nach derjenigen Seite, wo sich der Raumtheil $\mathfrak{R}_n$ befindet, hat die Π-Function die bei Gauss gebräuchliche Bedeutung, ist

$$K(n) = 2(4\pi)^{\frac{n-1}{2}} \cdot \frac{\Pi\left(\frac{n-1}{2}\right)}{\Pi(n-1)} \text{ für ein ungerades } n,$$

$$K(n) = 2\pi^{\frac{n}{2}} \cdot \frac{1}{\Pi\left(\frac{n-2}{2}\right)} \text{ für ein gerades } n$$

und setzt man für $n = 2$

$$\int\int m(x_1, x_2)\,\mu(\xi_1, \xi_2) \log \frac{1}{r} \cdot dR_2\, dP_2 = \Phi,$$

*) [Monatsberichte der Königl. Akademie der Wissenschaften zu Berlin, Jahrgang 1869, S. 159—193 und S. 688—698; siehe auch Jahrgang 1878, S. 145—152: »Über die Charakteristik von Functionen-Systemen«.]

dagegen für $n > 2$

$$\int\int \frac{m(\ldots x_\nu \ldots)\,\mu(\ldots \xi_\nu \ldots)}{(n-2)\,r^{n-2}}\, dR_n\, dP_n = \Phi,$$

so ist

$$\int \frac{\partial \Phi}{\partial \mathfrak{R}}\, d\mathfrak{R}_{n-1} = K(n) \int\int m(\ldots x_\nu \ldots)\,\mu(\ldots \xi_\nu \ldots)\, dR'_n\, dP'_n,$$

worin das Integral in Bezug auf $d\mathfrak{R}_{n-1}$ über die ganze den Raumtheil $\mathfrak{R}_n$ begrenzende Raumgestalt $\mathfrak{R}_{n-1}$ auszudehnen ist.

Die Integrale in Bezug auf dR_n und dP_n erstrecken sich über die ganzen Raumtheile R_n und P_n, aber die Integrale in Bezug auf dR'_n und dP'_n nur über alle solche Elementenpaare dR'_n mit dem Punkte $x_1, \ldots, x_\nu, \ldots, x_n$ und dP'_n mit dem Punkte $\xi_1, \ldots, \xi_\nu, \ldots, \xi_n$, welche beziehungsweise in den Raumtheilen R_n und P_n liegen und durch $x_1 - \xi_1, \ldots, x_\nu - \xi_\nu, \ldots, x_n - \xi_n$ die Coordinaten eines im Raumtheile $\mathfrak{R}_n$ liegenden Punktes ergeben. Sind die Massen m und μ nicht in Raumtheilen R_n und P_n stetig verbreitet, sondern in weniger vielfach ausgedehnten räumlichen Gestalten $R_{n-n'}$ und $P_{n-\nu'}$ oder in Punkten enthalten, so treten an die Stelle der Integrale in Bezug auf dR_n, dR'_n und dP_n, dP'_n Integrale in Bezug auf $dR_{n-n'}$, $dR'_{n-n'}$ und $dP_{n-\nu'}$, $dP'_{n-\nu'}$ oder auch endliche Summen.

Für die mehrfach ausgedehnten nicht ebenen Räume hat Herr Lipschitz in seinen Abhandlungen, welche die homogenen Formen von Differentialen*) zum Gegenstande haben, Untersuchungen auch über die Lehre von der Bewegung angestellt.

Mein in der vorigen Nummer dieser Nachrichten abgedruckte Aufsatz**) über die mehrfach ausgedehnten Gaussischen und Riemannschen Räume enthält die Hülfsmittel zum Beweise der folgenden Lehrsätze für die Schwerkraft in solchen Räumen.

Lehrsatz II. Bedeutet r die mit einer beliebigen Längeneinheit gemessene Entfernung zwischen den Massentheilchen m und μ, bezeichnet $\frac{\sqrt{-1}}{\varepsilon}$ für einen Gaussischen und $\frac{1}{\varepsilon}$ für einen Riemannschen Raum die

*) [Monatsberichte der Königl. Akademie der Wissenschaften zu Berlin, 1869, S. 49. »Untersuchungen in betreff der ganzen homogenen Functionen von n Differentialen«, Crelle's Jounal, Bd. 70, S. 71—102 (1869); Bd. 72, S. 1—56 (1870).]

**) [Siehe S. 169—175 dieses Bandes.]

von der Beschaffenheit des besonderen Raumes abhängige und mit der bei der Bestimmung der übrigen Längen zu Grunde gelegten Einheit gemessene Länge, welche als die dem Raume eigenthümliche absolute Längeneinheit betrachtet werden kann, haben Π und $K(n)$ dieselbe Bedeutung wie oben und setzt man für ein ungerades n

$$\sum_{\nu=0}^{\nu=\frac{n-3}{2}} 2^{n-2\nu-3}\frac{\Pi(2\nu)}{\Pi(n-2)}\cdot\frac{\Pi\left(\frac{n-3}{2}\right)}{\Pi(\nu)}\cdot\frac{\Pi\left(\frac{n-3}{3}\right)}{\Pi(\nu)}\cdot\varepsilon^{n-2}\cos\varepsilon r\,.\,\sin\varepsilon r^{-2\nu-1} = w_n(r),$$

dagegen für ein gerades n

$$2^{2-n}\frac{\Pi(n-2)}{\Pi\left(\frac{n-2}{2}\right)\cdot\Pi\left(\frac{n-2}{2}\right)}\varepsilon^{n-2}\log\left(\frac{1}{2}\varepsilon\operatorname{cotg}\frac{1}{2}\varepsilon r\right)$$

$$+\sum_{\nu=0}^{\nu=\frac{n-4}{2}} 2^{2\nu-n+2}\,.\,\frac{\Pi(n-2)}{\Pi(4\nu+1)}\cdot\frac{\Pi(\nu)}{\Pi\left(\frac{n-2}{2}\right)}\cdot\frac{\Pi(\nu)}{\Pi\left(\frac{n-2}{2}\right)}\varepsilon^{n-2}\cos\varepsilon r\,.\,\sin\varepsilon r^{-2\nu-2} = w_n(r),$$

so ist

$$m\mu w_n(r)$$

die Potential-Function für die zwischen den positiv genommenen Massentheilchen m und μ in n-fach ausgedehnten homogenen Räumen stattfindende Anziehung.

Lehrsatz III. Bedeutet V die Potential-Function der auf eine in einem Punkte befindliche Masseneinheit ausgeübten Wirkung, welche als von einer positiven oder negativen, irgend wie im Raume vertheilten Masse ausgehend betrachtet werden soll, je nachdem die Wirkung eine Anziehung oder Abstossung ist, so wird also

$$V = \sum_m m\,.\,w_n(r),$$

wenn r die Entfernung des Massentheilchens m von dem veränderlichen, die Function V bestimmenden Punkte bezeichnet. Die in irgend einem, von der $(n-1)$-fach ausgedehnten räumlichen Gestalt R_{n-1} vollständig, aber nur einfach begrenzten, Raumtheile R_n befindliche Gesammtmasse wird durch

$$\frac{1}{K(n)}\int\frac{\partial V}{\partial N}dR_{n-1}$$

dargestellt, worin $K(n)$ die oben angegebene Bedeutung hat, dN die zu dem Elemente dR_{n-1} der $(n-1)$-fach ausgedehnten räumlichen Gestalt R_{n-1} nach der Seite des von ihr begrenzten Raumtheiles R_n errichtete Normale bedeutet und das Integral über die ganze Grenze des Raumtheiles R_n ausgedehnt wird.

Lehrsatz IV. Bestimmt man die Lage eines Punktes durch irgend welche rechtwinkelige krummlinige Coordinaten $\eta_1, \ldots, \eta_\nu, \ldots, \eta_n$ und bezeichnet mit $d\eta_1, \ldots, d\eta_\nu, \ldots, d\eta_n$ und $\delta\eta_1, \ldots, \delta\eta_\nu, \ldots, \delta\eta_n$ irgend welche zwei unendlich kleine Ortsänderungen dieses Punktes, so wird das Product der Längen der von dem ersten Orte dieses Punktes nach jenen beiden benachbarten Orten gezogenen kürzesten Linien multiplicirt in den Cosinus des von diesen Linien eingeschlossenen Winkels die Form

$$\sum_{\nu=1}^{\nu=n} \eta'_\nu \eta'_\nu d\eta_\nu \delta\eta_\nu$$

haben, worin $\eta'_1, \ldots, \eta'_\nu, \ldots, \eta'_n$ positive Functionen allein von $\eta_1, \ldots, \eta_\nu, \ldots, \eta_n$ sind.

Lehrsatz V. Befindet sich die Masseneinheit, auf welche sich das Potential V bezieht, in dem nach dem vorigen Lehrsatze durch die Coordinaten $\eta_1, \ldots, \eta_\nu, \ldots, \eta_n$ bestimmten Punkte und ist die einwirkende Masse an dieser Stelle im n-fach ausgedehnten Raume stetig vertheilt, so ist daselbst die Dichtigkeit der Masse gleich

$$-\frac{1}{K(n)} \frac{1}{\eta'} \sum_{\nu=1}^{\nu=n} \frac{\partial}{\partial\eta_\nu}\left(\frac{\eta'}{\eta'_\nu \eta'_\nu} \frac{\partial V}{\partial\eta_\nu}\right),$$

worin η' für das Product $\eta'_1 \eta'_\nu \cdots \eta'_n$ gesetzt ist.

Lehrsatz VI. Ist die Masse in einer $(n-1)$-fach ausgedehnten räumlichen Gestalt R_{n-1} condensirt und ändert sie sich darin stetig, so wird

$$\frac{1}{K(n)}\left(\frac{\partial V}{\partial N}\right)_1 + \frac{1}{K(n)}\left(\frac{\partial V}{\partial N}\right)_2$$

die Dichtigkeit an derjenigen Stelle der Gestalt R_{n-1}, gegen welche hin von beiden Seiten die Normalen dN_1 und dN_2 zu der räumlichen Gestalt dR_{n-1} gefällt sind.

Lehrsatz VII. Ist die Masse in einer $(n-\nu)$-fach ausgedehnten räumlichen Gestalt $R_{n-\nu}$ verdichtet und ändert sie sich darin stetig, so wird für bis zur Null abnehmende n der Grenzwerth von

$$\frac{2\pi}{K(n)}\cdot\frac{V}{\log\frac{1}{N}} \quad \text{für} \quad n-\nu = n-2$$

und von

$$\frac{K(\nu)}{K(n)}(\nu-2)N^{\nu-2}V \quad \text{für} \quad n-\nu < n-2$$

die Dichtigkeit an derjenigen Stelle der Gestalt $R_{n-\nu}$, gegen welche hin von einem unendlich nahen ausserhalb der Gestalt liegenden und die Potentialfunction V bestimmenden Punkte die Normale N zu $dR_{n-\nu}$ gezogen ist.

Lehrsatz VIII. Bezeichnet R_n einen bestimmten Raumtheil, dR_n dessen Raumelement, welches den Punkt $\eta_1, \ldots, \eta_\nu, \ldots, \eta_n$ enthält, ferner R_{n-1} die $(n-1)$-fache Raumgestalt, welche den Raumtheil dR_n begrenzt, dR_{n-1} ein Element davon, dN eine nach dem begrenzten Raumtheile R_n zu dR_{n-1} errichtete Normale, so ist

$$\int\sum_{\nu=1}^{\nu=n}\frac{1}{\eta'_\nu\eta'_\nu}\,\frac{\partial U}{\partial\eta_\nu}\,\frac{\partial V}{\partial\eta_\nu}\cdot dR_n$$

$$= -\int U\frac{\partial V}{\partial N}dR_{n-1} - \int U\frac{1}{\eta'}\sum_{\nu=1}^{\nu=n}\frac{\partial}{\partial\eta_\nu}\left(\frac{\eta'}{\eta'_\nu\eta'_\nu}\,\frac{\partial V}{\partial\eta_\nu}\right)\cdot dR_n$$

$$= -\int V\frac{\partial U}{\partial N}dR_{n-1} - \int V\frac{1}{\eta'}\sum_{\nu=1}^{\nu=n}\frac{\partial}{\partial\eta_\nu}\left(\frac{\eta'}{\eta'_\nu\eta'_\nu}\,\frac{\partial U}{\partial\eta_\nu}\right)\cdot dR_n,$$

wenn U und V solche Functionen der Coordinaten sind, welche sich in dem Raume R_n stetig ändern und welche die auf dR_n und dR_{n-1} sich beziehenden Integrale endliche Werthe annehmen lassen.

Definition. Gehen von einem Punkte n kürzeste Linien aus, von denen jede zu allen übrigen $n-1$ normal ist und welche Coordinatenaxen heissen sollen, wird von jenem Punkte 0 nach einem Punkte x eine kürzeste Linie gezogen, wird der von dem Punkte 0 bis zu dem Halbirungspunkte der kürzesten Linie gehende Abschnitt auf die Coordinatenaxen projicirt und die Längen dieser Projectionen mit $\frac{1}{2}x_1, \cdots, \frac{1}{2}x_\nu, \cdots, \frac{1}{2}x_n$, bezeichnet, so sollen

$x_1, \ldots, x_\nu, \ldots, x_n$ die rechtwinkeligen symmetrischen Coordinaten des Punktes x heissen.

Lehrsatz IX. Sind $\mathfrak{R}_n$, R_n und P_n Raumtheile, die sich in beliebiger Weise decken und durchdringen können, sind $\alpha_1, \ldots, \alpha_\nu, \ldots, \alpha_n$ und $x_1, \ldots, x_\nu, \ldots, x_n$ und $\xi_1, \ldots, \xi_\nu, \ldots, \xi_n$ die rechtwinkeligen symmetrischen Coordinaten von drei Punkten, welche je in einem der drei Raumtheile $\mathfrak{R}_n$, R_n und P_n sich befinden, sind $m(\ldots x_\nu \ldots)$ und $\mu(\ldots \xi_\nu \ldots)$ stetige Functionen innerhalb der Raumtheile R_n und P_n, ist $d\mathfrak{N}$ die Normale zur räumlichen Gestalt $d\mathfrak{R}_{n-1}$ im Punkte $\alpha_1, \ldots, \alpha_\nu, \ldots, \alpha_n$ nach derjenigen Seite, wo sich der von ihr begrenzte Raumtheil $\mathfrak{R}_n$ befindet und setzt man

$$\frac{\sum\limits_{\nu=1}^{\nu=n}\left(\operatorname{tg}\frac{1}{2}\varepsilon x_\nu-\operatorname{tg}\frac{1}{2}\varepsilon\alpha_\nu-\operatorname{tg}\frac{1}{2}\varepsilon\xi_\nu\right)^2}{\left\{1+\sum\limits_{\nu=1}^{\nu=n}\left(\operatorname{tg}\frac{1}{2}\varepsilon\alpha_\nu\right)^2\right\}\left\{1+\sum\limits_{\nu=1}^{\nu=n}\left(\operatorname{tg}\frac{1}{2}\varepsilon x_\nu-\operatorname{tg}\frac{1}{2}\varepsilon\xi_\nu\right)^2\right\}} = \left(\sin\frac{1}{2}\varepsilon r\right)^2,$$

setzt man endlich

$$\iint m(\ldots x_\nu \ldots)\,\mu(\ldots \xi_\nu \ldots)\,w_n(r)\,dR_n\,dP_n = W_n(\ldots \alpha_\nu \ldots),$$

so besteht die Fundamentalgleichung:

$$\int \frac{\partial}{\partial \mathfrak{N}} W_n(\ldots \alpha_n \ldots)\,d\mathfrak{R}_{n-1} = K(n)\int\!\!\int m(\ldots x_\nu \ldots)\,\mu(\ldots \xi_\nu \ldots)\,dR'_n\,dP'_n,$$

worin das Integral in Bezug auf das Element $d\mathfrak{R}_{n-1}$ mit dem durch die rechtwinkeligen symmetrischen Coordinaten $\alpha_1, \ldots, \alpha_\nu, \ldots, \alpha_n$ bestimmten Punkte sich über die ganze den Raumtheil $\mathfrak{R}_n$ einfach begrenzende Raumgestalt $\mathfrak{R}_{n-1}$ erstreckt, die Integrale in Bezug auf dR_n und dP_n sich über die ganzen Raumtheile R_n und P_n, die Integrale in Bezug auf dR'_n und dP'_n sich aber nur über alle diejenigen Elementenpaare dR'_n mit dem Punkte $x_1, \ldots, x_\nu, \ldots, x_n$ und dP'_n mit dem Punkte $\xi_1, \ldots, \xi_\nu, \ldots, \xi_n$ erstrecken, welche beziehungsweise in den Raumtheilen R_n und P_n liegen und durch

$$\operatorname{tg}\frac{1}{2}\varepsilon x_\nu-\operatorname{tg}\frac{1}{2}\varepsilon\xi_\nu = \operatorname{tg}\frac{1}{2}\varepsilon\alpha_\nu$$

für $\nu = 1, 2, \ldots, n$ die rechtwinkeligen symmetrischen Coordinaten $\alpha_1, \ldots, \alpha_\nu, \ldots, \alpha_n$

irgend eines im Raumtheile $\mathfrak{R}_n$ liegenden Punktes ergeben. An die Stelle der auf dR_n, dR'_n und dP_n, dP'_n bezüglichen Integrale können nach Beschaffenheit der m und μ auch Integrale, welche über weniger vielfach ausgedehnte räumliche Gestalten sich erstrecken, oder auch endliche Summen treten.

Göttingen, 1873 Februar 1.

XIV.

HAMILTON-JACOBISCHE THEORIE FÜR KRÄFTE, DEREN MAASS VON DER BEWEGUNG DER KÖRPER ABHÄNGT.

[Vorgelegt in der Sitzung der Königl. Gesellschaft der Wissenschaften zu Göttingen am 1. November 1873 und veröffentlicht in den »Nachrichten« derselben vom 19. November 1873, S. 744—753.]

Seit Eulers*) grossen Entdeckungen in der Lehre von der Bewegung der Körper hat sich diese Wissenschaft vorzugsweise nach ihrer formalen Seite ausgebildet. Zunächst erreichte Lagrange**) durch die ausgedehnteste Anwendung des Princips der virtuellen Bewegung eine allgemeinere und mehr analytische Darstellung der Mechanik, und ferner eine grosse Vereinfachung durch Einführung der Function, die wir nach Gauss das Potential oder nach Hamilton die Kräftefunction nennen. Diejenigen uns von der Natur gestellten Probleme der analytischen Mechanik, für welche wir die Differentialgleichungen nicht vollständig integriren können, die aber nur durch das Auftreten schwacher Kräfte sich von vollständig auflösbaren Problemen unterscheiden, hat Lagrange in der Weise umgeformt, dass statt der Coordinaten und der Geschwindigkeiten die Elemente der bei dem einfacheren lösbaren Probleme stattfindenden Bewegung als die die Bewegung des Systems bestimmenden Grössen auftreten. Bei dieser Behandlungsweise der Störungstheorie gebraucht er mit grossem Vortheil neben den Coordinaten, welche

*) [Euler, Theoria motus corporum solidorum.]

**) [Lagrange, Oeuvres, T. V, p. 125—490; T. XI u. XII: Mécanique analytique.]

die Lage des Systems bestimmen, und neben den Geschwindigkeiten noch ein drittes System von Grössen, welche als die nach den Geschwindigkeiten genommenen partiellen Derivirten des Ausdruckes für die lebendige Kraft definirt werden. Mit Hülfe dieser Grössen und der Coordinaten, als Functionen der Elemente der ungestörten Bewegung betrachtet, bildet Lagrange Differentialausdrücke, die wir nach dem von Jacobi*) eingeführten Begriffe der Functionaldeterminanten, eine Summe von Functionaldeterminanten zweiter Ordnung nennen können. Diese Differentialausdrücke sind von grosser Bedeutung in der Theorie der Störungen, weil ihre Werthe allein von den Elementen abhängen und weil mit ihrer Hülfe die Änderungen der Elemente bestimmt werden; sie leiden aber an der Unvollkommenheit, dass alle die erwähnten Grössen als Functionen von den Elementen der ungestörten Bewegung und von der Zeit dargestellt sein müssen.

Poisson**) fand im Jahre 1809 Differential-Ausdrücke, welche von diesem Übelstande frei sind, aber doch demselben Zwecke dienen und Werthe von analoger Form haben. Jeder solcher Differential-Ausdruck setzt nämlich nur die Kenntniss zweier Elemente und zwar als Functionen der Coordinaten und der Geschwindigkeiten voraus.

In Folge dieses Umstandes besitzen die Poissonschen Differential-Ausdrücke, wie Jacobi***) im Jahre 1840 nach Poissons Tode hervorhebt, die merkwürdige Eigenschaft, dass, wenn man statt der beiden Elemente zwei Integrale eines mechanischen Problems setzt, der Poissonsche Differential-Ausdruck einen constanten Werth annimmt und also, wenn er sich nicht identisch auf eine absolute Constante reducirt, ein Integral wird, welches unter Umständen von den beiden ersten unabhängig und demnach im Allgemeinen ein neues Integral ist.

In Verfolgung des Gedankens von Lagrange, neben den Coordinaten die nach den Geschwindigkeiten genommenen partiellen Derivirten des Ausdrucks für die lebendige Kraft als Veränderliche zu benutzen, hat Hamilton†) im Jahre 1834 die Differential-Gleichungen für die Bewegung in

*) [Jacobi, Gesammelte Werke, Bd. III, S. 393—438.]

**) [Journal de l'École Polytechnique, 1809, Cah. 15, p. 266—344.]

***) [Jacobi, Gesammelte Werke, Bd. IV, S. 143—146.]

†) [Philosophical Transactions of the Royal Society of London, 1834, Part II, p. 247—308
1835, Part I, p. 95—144.]

dem Falle, wo die einwirkenden Kräfte die partiellen Derivirten einer Potentialfunction sind, auf die merkwürdig einfache Form gebracht, dass die vollständigen nach der Zeit genommenen Derivirten der Coordinaten und der Lagrangeschen Variabeln gleich den nach diesen Veränderlichen und nach den negativen Coordinaten gebildeten partiellen Derivirten einer gemeinsamen Function sind. Für diese letztere gebraucht Hamilton den Namen characteristic function; nach Jacobi bezeichnen wir sie bestimmter als Hamiltonsche Function.

Von besonderer Wichtigkeit ist aber die von Hamilton aufgestellte principal function, welche er als Integral definirt, dessen Element das Product aus dem Differential der Zeit multiplicirt in die Summe der halben lebendigen Kraft und der Kräftefunction ist.

Dieses von Jacobi als das Hamiltonsche bezeichnete Integral besitzt zunächst die Eigenschaft, dass, wenn man seine Variation bei festen Grenzen gleich Null setzt, man wieder die fundamentalen Differential-Gleichungen der Bewegungen erhält. Wird diese Function als allein abhängig von den Coordinaten, von eben so viel verschiedenen Integrations-Constanten und von der Zeit dargestellt, so sind die partiellen Derivirten nach den Integrations-Constanten wieder und zwar neue Integrale, welche mit den ersteren ein vollständiges System von Integralen bilden. Die partielle Derivirte nach der Zeit ist gleich der negativ genommenen Hamiltonschen Function, und die Lagrangeschen Veränderlichen können als die nach den entsprechenden Coordinaten gebildeten Derivirten dargestellt werden. Durch Elimination der Lagrangeschen Veränderlichen zwischen allen diesen Derivirten erhält man eine partielle Differentialgleichung erster Ordnung und zweiten Grades mit den Coordinaten und der Zeit als unabhängigen Veränderlichen und mit dem Hamiltonschen Integral als abhängiger Function. Diese partielle Differentialgleichung kann auch zur unmittelbaren Bestimmung jener Function dienen, und Jacobi hat gezeigt, dass letztere daraus in der Mehrzahl der Fälle, wo wir die betreffenden mechanischen Probleme lösen können, leicht abzuleiten ist, wenn man für jedes Problem die geeigneten Coordinaten einführt.

Das Hamiltonsche Integral gewährt nun den grossen Vortheil, die Differentialgleichungen für ein Störungsproblem in ebenso einfacher Form darzustellen wie die Hamiltonschen Fundamental-Gleichungen für die Bewegung; nämlich dann, wenn man die gestörte Bewegung durch diejenigen Elemente bestimmt, welche bei dem ungestörten Problem als solche Constanten auftreten, die auf die zuvor angegebene Weise theils in dem Hamiltonschen Integral vorkommen, theils den partiellen Derivirten des Hamiltonschen Integrals mit entgegengesetzten Vorzeichen gleich werden.

Diese in den Grundzügen von Hamilton gefundene neue Methode der Behandlung mechanischer Probleme wurde von Jacobi*) im Jahre 1837 aufgenommen und zunächst von einigen nicht nothwendigen, hier nicht erwähnten Voraussetzungen befreit, zu denen auch die Gültigkeit des Princips der Erhaltung der lebendigen Kraft gehört. Jacobi bereicherte diese Wissenschaft durch eine grosse Zahl neuer allgemeiner Lehrsätze, insbesondere durch einen sehr wichtigen Satz, welcher sich auf die Variation der Elemente einer von Störungskräften beeinflussten Bewegung bezieht und unmittelbar die Werthe der Lagrangeschen und Poissonschen Differentialausdrücke für die von Jacobi als canonische bezeichneten Veränderlichen und Elemente ergiebt. Jacobi fand dann bei diesen Untersuchungen seinen wichtigen Satz über die Variations-Rechnung und seine Erweiterungen der Theorie der partiellen Differential-Gleichungen erster Ordnung — eine Reihe von Entdeckungen, welche ausser in eigenen Veröffentlichungen vorzugsweise durch die Vorlesungshefte seines ausgezeichneten Schülers Herrn Borchardt und durch mehrere nachgelassene Abhandlungen der Wissenschaft erhalten sind, und welchen als Ausgangs-Punkt die neue Methode der Behandlung der analytischen Mechanik dient**).

Diese Methode habe ich in einer Abhandlung, welche im 18. Bande der Schriften der Königl. Gesellschaft der Wissenschaften***) erscheint, zu vereinfachen gesucht. Zunächst leite ich darin Grundgleichungen für die Bewegung in einer allgemeineren Form ab, als es bisher üblich ist. Nämlich in der Weise, dass sie nicht nur für ganz beliebige Arten von Coordinaten gelten, sondern auch noch für alle solche Räume, in welchen das Quadrat

*) [Jacobi, Gesammelte Werke, Bd. IV, S. 39—142.]

**) [Jacobi, Gesammelte Werke, Bd. IV, S. 39—146; Bd. V, S. 217—395; Supplementband: Vorlesungen über Dynamik.]

***) [Siehe Nr. XV dieses Bandes.]

des Längenelementes allgemein durch einen homogenen Ausdruck zweiten Grades in den dem Längenelement entsprechenden Differentialen der Coordinaten dargestellt wird, also für Räume, wie sie zuerst von Riemann, dann von den Herren Beltrami, Helmholtz, Christoffel und Lipschitz untersucht worden sind*).

Als Grundprincip der Mechanik dient mir das von Gauss im Jahre 1829 bekannt gemachte Princip des kleinsten Zwanges**). Auf diese Weise kommt zu den von Gauss selbst schon hervorgehobenen Vorzügen der Einfachheit und der Allgemeinheit dieses Princips noch eine neue, so viel mir bekannt, bisher nicht bemerkte Erweiterung hinzu.

Aus dem Maass des Zwanges, welches das System der Massen bei irgend einer virtuellen Bewegung erleidet, ergiebt sich ein in diesen virtuellen Bewegungen der einzelnen Theilchen linearer Ausdruck, welcher nach dem Gaussschen Principe keinen negativen Werth annehmen darf. Dieser Ausdruck besteht aus der Summe von zwei wesentlich verschiedenen Arten von Gliedern; die einen nämlich enthalten als Factoren von den virtuellen Bewegungen nur Grössen, die von den einwirkenden Kräften abhängen, während die Factoren in den anderen Gliedern durch die wirklich entstehenden Bewegungen sich bestimmen. Diese letzteren Glieder haben die Eigenschaft, dass sie als die algebraische Summe eines vollständigen nach der Zeit genommenen Differentials und einer vollständigen Variation — wenn nämlich die virtuelle Bewegung analytisch durch die Variation dargestellt wird — erscheinen. Sind nun die Kräfte die partiellen Derivirten einer Function, eines sogenannten Potentials, so haben in jenem Ausdrucke die von den Kräften abhängigen Glieder auch die Form, dass sie die Summe einer vollständigen Variation und eines vollständigen Differentials bilden, welches letztere nur gleich Null wird.

Hängen die Kräfte aber nicht nur von der Lage der Massentheilchen, sondern auch von deren Bewegung mit ab, so erhalten die Bedingungen dafür, dass die Glieder in dieser Form darstellbar sind, eine wesentlich andere Gestalt.

Sind nämlich die Kräfte von solcher Beschaffenheit, dass die in dem oben erwähnten Ausdrucke davon abhängigen Glieder als die Summe einer

---

*) [Siehe die Citate auf S. 170 u. 179 dieses Bandes.]

**) [Gauss' Werke, Bd. V, S. 23—28.]

vollständigen Variation und eines vollständigen Differentials erscheinen, so werden zwar alle Kräfte auch noch durch eine Function bestimmt, welche man Potential oder Kräftefunction im verallgemeinerten Sinne des Wortes nennen kann, aber die Kräfte sind nicht mehr einfach den Derivirten gleich.

Gauss hat durch seine Untersuchungen der galvanischen Ströme*) — wie es scheint im Jahre 1835 — gefunden, dass deren Wechselwirkungen durch Kräfte dargestellt werden können, welche nicht nur von der augenblicklichen Lage, sondern auch von der Bewegung der electrischen Theilchen abhängen. Ohne diese, nur im handschriftlichen Nachlasse von Gauss erhaltenen, Arbeiten gekannt zu haben, fand ich 1857 in meiner Preisschrift »Zur Theorie der electrischen Ströme«**) den strengen Beweis, dass alle Wechselwirkungen zwischen linearen galvanischen Strömen aus solchen Kräften erklärt werden können, wenn man die Wechselwirkungen zwischen electrischen Theilchen und ihrem ponderablen Träger oder Leiter als derartige annimmt, dass die auf beide electrische Theilchen in derselben Richtung ausgeübte Kraft unmittelbar auf den Leiter übertragen wird, und dass die auf die positiven und negativen electrischen Theilchen in entgegengesetzter Richtung ausgeübte Kraft einen durch den ganzen linearen Leiter gleichmässigen augenblicklichen Strom hervorbringt.

Dass diese electrodynamischen Kräfte die oben erwähnten Bedingungen erfüllen, habe ich 1862 gefunden und damals in meinen academischen Vorlesungen mitgetheilt, auch gezeigt, wie man daraus das von Herrn W. Weber 1846 veröffentlichte Gesetz***) ableiten kann.

Herr Helmholtz hat durch seine tiefer in die Natur der electrodynamischen Kräfte eindringenden Untersuchungen†) gefunden, dass, wenn man die Annahme der fernwirkenden Kräfte beibehalten und nicht solche Bewegungsgesetze zulassen will, welche unseren Grundanschauungen über Naturgesetze widersprechen, es nöthig wird, die Wechselwirkungen zwischen den electrischen Theilchen und ihren Trägern anders und vollständiger zu bestimmen, als es bis jetzt geschehen ist.

---

*) [Gauss' Werke, Bd. V, S. 601—630.]

**) [Siehe S. 1—35 dieses Bandes.]

***) [W. Weber's Werke, Bd. III, S. 25—214.]

†) [Helmholtz, Wissenschaftliche Abhandlungen, Bd. I, S. 545—628 u. 647—687.]

Zur Vereinfachung der weiteren Untersuchungen führe ich eine allgemeine, von der vollständigen Differentiation d nach der Zeit und von der Variation unabhängige Differentiation D ein. Mit Hülfe derselben erhält man zur Bestimmung der Bewegung eine einzige Differentialgleichung

$$\mathrm{D}(T+V-\sum p_l q_l') = \frac{\mathrm{d}}{\mathrm{d}t}(T+V-\sum p_l q_l')\mathrm{D}t+\sum p_l'\mathrm{D}q_l-\sum q_l'\mathrm{D}p_l,$$

worin T die halbe lebendige Kraft, V das Potential, $q_1, q_2, \ldots, q_l, \ldots$ die unabhängigen Coordinaten, $q_1', q_2', \ldots, q_l', \ldots$ die nach der Zeit t genommenen vollständigen Derivirten der Coordinaten und $p_1, p_2, \ldots, p_l, \ldots$ die beziehungsweise nach den Grössen $q_1', q_2', \ldots, q_l', \ldots$ genommenen partiellen Derivirten der Function $T+V$ bedeuten. Hieraus folgen bei speciellen Annahmen für die allgemeine Differentiation D unmittelbar die Bewegungsgleichungen in der von Hamilton unter einfacheren Voraussetzungen gegebenen Form. Dieselbe Gleichung in der Anordnung

$$\mathrm{D}(T+V) = \frac{\mathrm{d}}{\mathrm{d}t}\{(T+V-\sum p_l q_l')\mathrm{D}t+\sum p_l\mathrm{D}q_l\}$$

lässt das Verschwinden der Variation des Hamiltonschen Integrals $\int(T+V)\,\mathrm{d}t$ erkennen.

Führt man statt der Veränderlichen $t, q_1, q_2, \ldots, q_l, \ldots, p_1, p_2, \ldots, p_l, \ldots$ ein neues System von Veränderlichen $t, \psi_1, \psi_2, \ldots, \psi_\lambda, \ldots, \varphi_1, \varphi_2, \ldots, \varphi_\lambda, \ldots$ ein, so müssen, damit die dadurch entstehenden Gleichungen in Bezug auf diese letzteren Veränderlichen die analog einfache Form wie die vorhergehenden in Bezug auf die q, p erhalten, die beiden Systeme von Veränderlichen durch die Relation

$$\mathrm{D}S = \sum p_l\mathrm{D}q_l-\sum\varphi_\lambda\mathrm{D}\psi_\lambda-E\mathrm{D}t,$$

worin S und E beliebige Functionen bedeuten, verbunden sein.

Ersetzt man hierin die D-Differentiation durch eine von ihr unabhängige Δ-Differentiation, differentiirt jede dieser beiden Gleichungen mit der nicht darin vorkommenden Differentiation, und subtrahirt die dadurch entstandenen Gleichungen von einander, so ergiebt sich

$$\sum(\mathrm{D}q_l\,\Delta p_l-\Delta q_l\,\mathrm{D}p_l) = \sum(\mathrm{D}\psi_\lambda\,\Delta\varphi_\lambda-\Delta\psi_\lambda\,\mathrm{D}\varphi_\lambda)+\mathrm{D}t\,.\,\Delta E-\Delta t\,.\,\mathrm{D}E.$$

Diese Gleichung enthält als specielle Fälle — nämlich unter besonderen

Voraussetzungen über die D- und Δ-Differentiationen — die von Lagrange, Poisson, Hamilton, Jacobi aufgestellten Störungsformeln und mag deshalb die allgemeine Störungsformel genannt werden.

In der Abhandlung wird dann noch gezeigt, welche Störungsformeln der genannten Autoren ein vollständiges System in der Weise bilden, dass aus ihnen wieder die allgemeine Störungsformel folgt, und wie sich aus dieser letzteren die Substitutions-Gleichung ergiebt.

Diese Behandlungsweise der Theorie der Störungen habe ich im Jahre 1862 in meiner academischen Vorlesung über analytische Mechanik mitgetheilt und 1868 in einer Abhandlung der Königlichen Gesellschaft der Wissenschaften zu Göttingen vorgelegt*). Hiermit stehen noch einige Lehrsätze in Verbindung, welche ich jetzt in eine dem 19. Bande der Gesellschafts-Schriften angehörende Abhandlung über die Theorie der Poissonschen Störungsformeln**) aufgenommen habe. Da mir zuvor durch meine Herausgabe der Gaussischen Werke die Zeit zur weiteren Ausführung dieser Lehrsätze fehlte und ich jene ersteren Untersuchungen nicht ohne die letzteren veröffentlichen wollte, so wird die Abhandlung über diese neue Behandlungsweise der Hamilton-Jacobischen Methode erst jetzt für den 18. Band der Gesellschafts-Schriften gedruckt.

Die Abhandlung enthält dann noch die vollständige Bestimmung der Bahnen zweier in einem beliebig vielfach ausgedehnten ebenen Raume und unter Wechselwirkungen, welche auch von den Geschwindigkeiten abhängen, sich frei bewegenden Massentheilchen, ebenso die vollständige Bestimmung des analogen Problems in einem beliebigen homogenen Raume unter der Voraussetzung, dass der eine Massenpunkt fest liegt.

---

*) [Die Abhandlung Nr. XV (beginnend auf S. 193 dieses Bandes), auf welche sich diese Bemerkung bezieht, ist in der Sitzung der Königl. Gesellschaft der Wissenschaften zu Göttingen am 1. August 1868 zum ersten Male vorgelegt, und zwar unter dem Titel: »Zur Lehre von den Kräften, deren Maass nicht nur von der Lage, sondern auch von der Bewegung der auf einander wirkenden Körper abhängt« (s. Göttinger Nachrichten 1868, S. 319). Sie ist dann in der Sitzung am 1. November 1873 zusammen mit der in diesem Bande unter Nr. XVI abgedruckten Abhandlung wieder vorgelegt.]

**) [Siehe die Abhandlung Nr. XVI dieses Bandes.]

XV.

HAMILTON-JACOBISCHE THEORIE FÜR KRÄFTE, DEREN MAASS VON DER BEWEGUNG DER KÖRPER ABHÄNGT.

Vorgelegt in der Sitzung der Königl. Gesellschaft der Wissenschaften zu Göttingen am 1. November 1873 *)
[und veröffentlicht in den »Abhandlungen« derselben, Bd. XVIII. Mathematische Classe, S. 3—54. Göttingen, 1873.]

*) [Siehe die erste Anmerkung auf der vorhergehenden Seite.]

INHALT.

Hamilton führt durch seine zuerst im Jahre 1834 veröffentlichte neue Methode der Behandlung einiger mechanischen Probleme*) bekanntlich die Aufgabe der Bestimmung der Bewegung auf die Integration einer partiellen Differentialgleichung erster Ordnung zurück und erreicht dadurch eine besonders einfache Form der Differentialgleichungen für die Elemente einer durch sogenannte Störungskräfte beeinflussten Bewegung. Jacobi**) hat den Grundgedanken dieser Theorie in einer einfacheren Form aufgefasst, die Anwendbarkeit der Methode verallgemeinert und dadurch in diesem weiten Gebiete der analytischen Mechanik eine vollständige Neugestaltung der Behandlungsweise geschaffen, welcher auch die Herren Richelot, Liouville, Bertrand, Donkin, Lipschitz neue Entdeckungen hinzugefügt haben.

In den vorliegenden Blättern werde ich diese Methode in der Form darstellen, dass ich als Ausgangspunkt die Aufgabe betrachte, für die Veränderlichen, welche den bekannten Differentialgleichungen für die Bewegung zu Grunde liegen, andere von der Beschaffenheit einzuführen, dass die zwischen ihnen sich ergebenden Gleichungen eine analog einfache Form erhalten, wie die ursprünglichen sie besitzen. Die Bedingungsgleichungen für eine solche Substitution lassen sich in besonders einfacher Form darstellen, wenn man allgemeine Differentiationen, welche von der die wirkliche Bewegung darstellenden, nach der Zeit genommenen vollständigen Differentiation, so wie von der die virtuelle Bewegung darstellenden Variation verschieden sind, zu Hülfe zieht. Die Theorie dieser canonischen Substitutionen, ihre Anwendung auf die Integrationen der Bewegungsgleichungen auch für die Einwirkung von solchen

*) [Philosophical Transactions of the Royal Society of London, 1834, Part II, p. 247—308; Part I, p. 95—144.]

**) [Jacobi, Gesammelte Werke, Bd. V, S. 217—395; Supplementband: Vorlesungen über Dynamik.]

Kräften, deren Maass nicht nur von der gegenseitigen Lage der Körper, sondern auch von deren Ortsänderung abhängen, so wie ferner die Eigenschaften der im Artikel 9 aufgestellten allgemeinen Gleichungen für die Variationen der Elemente und der daraus sich als specielle Fälle ergebenden von Lagrange, Poisson, Hamilton und Jacobi gefundenen Gleichungen habe ich zuerst im Sommersemester 1862 in meinen academischen Vorlesungen mitgetheilt.

Die folgenden Blätter enthalten ausser diesen Untersuchungen noch eine Ableitung der Hamiltonschen Gleichungen aus dem Gaussischen Princip des kleinsten Zwanges. Eine andere Abhandlung wird sich mit dem Nachweise der Existenz einer normalen Form für jede canonische Substitution, mit den nur theilweise gegebenen Substitutionen und mit den Differentialdeterminanten der canonischen Veränderlichen beschäftigen.

1.
Princip des kleinsten Zwanges.

Unter den verschiedenen Grundgesetzen der Mechanik besitzt das Gaussische Princip des kleinsten Zwanges mehrere Vorzüge. Es gilt in ganz gleicher Form für die Bewegung wie für die Ruhe, ferner für solche Bedingungen und Beschränkungen der Bewegungen, dass die jeder möglichen Bewegung entgegengesetzte gleich möglich oder nicht gleich möglich ist. Es reicht auch vollständig hin, die Bewegung in allen solchen Räumen zu bestimmen, in welchen das Quadrat des Längenelementes durch einen homogenen Ausdruck zweiten Grades der dem Längenelemente entsprechenden Differentiale von den Coordinaten dargestellt wird.

Gauss spricht sein Princip in folgender Form aus, Bd. V, [S. 26] seiner Werke:

Die Bewegung eines Systems materieller, auf was immer für eine Art unter sich verknüpfter Punkte, deren Bewegungen zugleich an was immer für äussere Beschränkungen gebunden sind, geschieht in jedem Augenblick in möglich grösster Übereinstimmung mit der freien Bewegung, oder unter möglich kleinstem Zwange, indem man als Maass des Zwanges, den das ganze

System in jedem Zeittheilchen erleidet, die Summe der Producte aus dem Quadrate der Ablenkung jedes Punktes von seiner freien Bewegung in seine Masse betrachtet.

Die Anwendung dieses Grundsatzes auf die Bestimmung der Bewegung von Körpern der äusseren Natur bedarf also noch der Kenntniss der Bewegung eines einzelnen freien Massentheilchens. Die hierfür geltenden Gesetze ergeben sich aus der Natur der Körper und aus der Art der Wirkung der vorhandenen Kräfte, sind also wesentlich physikalische. Die allgemein gültigsten und an den üblichen Begriff von Kraft sich anschliessenden sind die beiden folgenden Voraussetzungen:

Ein einzelnes frei bewegliches Massentheilchen, auf welches keine Kraft wirkt, bewegt sich in einer kürzesten Linie des Raumes und mit unveränderlicher Geschwindigkeit, beschreibt also in gleich grossen Zeitabschnitten gleich grosse Wegstrecken.

Ein einzelnes frei bewegliches Theilchen mit der Masse m, welches augenblicklich noch keine Bewegung hat, aber unter der Einwirkung einer Kraft R steht, wird eine Bewegung beginnen in der Richtung der Kraft R und mit der Beschleunigung $\frac{R}{m}$, wird also in jener Richtung während des nächsten Zeitelementes dt den Weg $\frac{1}{2}\frac{R}{m}dt^2$ zurücklegen.

Diese beiden Gesetze für sich bestimmen noch nicht die Bewegung eines freien Massentheilchens unter der Voraussetzung einer anfänglichen Bewegung und der gleichzeitigen Einwirkung einer oder mehrerer Kräfte; aber mit Zuhülfenahme des Princips des kleinsten Zwanges in seiner allgemeinsten Deutung lassen jene Fälle sich erledigen. Nach Zulassung dieses Princips ist man auch berechtigt, bei der Bestimmung der Bewegung eines Systems irgend eine Gruppe der gegebenen freien Bewegungen durch solche andere fingirte freie Bewegungen und die gegebenen Bedingungen und Beschränkungen für die Bewegung des Systems durch solche andere gedachte Bedingungen zu ersetzen, dass die Bedingungen im Ganzen bestehen bleiben und die aus diesen fingirten freien Bewegungen resultirende Bewegung des ganzen Systems dieselbe wie die aus jener Gruppe von freien Bewegungen resultirende des ganzen Systems wird. Eine der fruchtbarsten Arten der Anwendung dieses Verfahrens ergiebt sich, wenn man sich die einzelnen Massentheilchen m wieder in kleinere Massentheilchen $m_0, m_{\prime}, \ldots$ zerlegt denkt, so dass $m = m_0 + m_{\prime} + \cdots$ wird, und zu den vorhandenen Bedingungen noch die neuen hinzutreten lässt, dass $m_0, m_{\prime}, \ldots$ untrennbar mit einander verbunden bleiben. Irgend eine dem Massentheilchen m innewohnende freie Bewegung kann dann durch eine einem beliebigen der Theilchen (zum Beispiel m_0) zugeschriebene bestimmte freie Bewegung ersetzt werden.

Die Lage eines Punktes des Raumes, worin die Bewegung vor sich gehe, sei gegeben durch die Werthe der von einander unabhängigen Veränderlichen $x_1, x_2, \ldots, x_h, \ldots$. Von dem Punkte $(x_1, x_2, \ldots, x_h, \ldots)$ seien kürzeste Linien gezogen nach dem Punkte $(x_1 + dx_1, x_2 + dx_2, \ldots, x_h + dx_h, \ldots)$ und nach dem Punkte $(x_1 + \delta x_1, x_2 + \delta x_2, \ldots, x_h + \delta x_h, \ldots)$, und von diesem letzteren Punkte sei eine kürzeste Linie nach der zuerst genannten Linie oder nach deren Verlängerung gezogen, so wie der Schnittpunkt beider construirt. Die von dem Punkte (x) nach diesem Schnittpunkte gezogene kürzeste Linie heisse die Projection der von (x) nach $(x + \delta x)$ gezogenen Linie auf die von (x) nach $(x + dx)$ gezogene Linie und werde als positiv betrachtet, wenn die Projection und diese Linie nach derselben Seite hin, als negativ, wenn sie nach entgegengesetzten Seiten liegen. Das Product der Länge der Projection multipliciert in die Länge dieser Linie werde mit $\mathfrak{D}$ bezeichnet und sei gleich

$$\sum_{hk} X_{hk}\, dx_h\, \delta x_k,$$

worin die Grössen X_{hk} von der Beschaffenheit des Raumes und der gewählten Coordinaten $x_1, x_2, \ldots$ abhängen, allgemein der Bedingung $X_{hk} = X_{kh}$ genügen und allein Functionen von $x_1, x_2, \ldots$, aber nicht von $dx_1, dx_2, \ldots, \delta x_1, \delta x_2, \ldots$ sind, worin ferner die Summation $\sum$ über so viele Werthe $1, 2, 3, \ldots$ der Indices h und k sich erstreckt, wie der Raum Dimensionen hat. Fällt der Punkt $(x + dx)$ mit $(x + \delta x)$ zusammen, so geht jener Ausdruck in

$$\sum_{hk} X_{hk}\, dx_h\, dx_k$$

über, welcher mit $\mathfrak{T}$ bezeichnet werden soll und das Quadrat der Länge der vom Punkte (x) nach $(x + dx)$ gezogenen Linie bedeutet, also bei beliebigen dx immer einen positiven Werth annimmt.

Die Länge einer Linie, deren Punkte durch Werthe der $x_1, x_2, \ldots, x_h, \ldots$

als Functionen einer unabhängigen Veränderlichen gegeben sind, ist gleich

$$\int\sqrt{\sum_{hk} X_{hk}\,\mathrm{d}x_h\,\mathrm{d}x_k};$$

dieses Integral muss also für eine durch zwei feste Punkte, welchen die constanten Grenzwerthe des Integrals entsprechen, gehende kürzeste Linie, zu einem Minimum werden. Bezeichnet die Variation δ eine beliebige Umformung der Functionen $x_1, x_2, \ldots, x_h, \ldots$, so müssen für eine kürzeste Linie zwischen diesen Veränderlichen solche Relationen bestehen, dass sich $\delta\sqrt{\mathfrak{T}}$ auf ein vollständiges d-Differential reducirt. Es ist nun, wenn man in dem obigen Ausdrucke $\mathfrak{D}$ die δ-Differentiation in demselben Sinne nimmt wie hier die Variation,

$$\delta\sqrt{\mathfrak{T}} - \mathrm{d}\frac{\mathfrak{D}}{\sqrt{\mathfrak{T}}} = \frac{\frac{1}{2}\delta\mathfrak{T} - \mathrm{d}\mathfrak{D}}{\sqrt{\mathfrak{T}}} + \frac{\mathfrak{D}}{\mathfrak{T}}\mathrm{d}\sqrt{\mathfrak{T}} =$$

$$= \frac{1}{2\sqrt{\mathfrak{T}}}\sum_{hk}\delta X_{hk}\,\mathrm{d}x_h\,\mathrm{d}x_k - \frac{1}{\sqrt{\mathfrak{T}}}\sum_{hk}\mathrm{d}(X_{hk}\,\mathrm{d}x_h)\,\delta x_k + \frac{\mathrm{d}\sqrt{\mathfrak{T}}}{\mathfrak{T}}\sum_{hk}X_{hk}\,\mathrm{d}x_h\,\delta x_k;$$

dieser Ausdruck, welcher von den δx und nicht mehr von deren Differentialen $\mathrm{d}\delta x$ abhängt und von $\delta\sqrt{\mathfrak{T}}$ sich nur um ein totales Differential $\mathrm{d}\frac{\mathfrak{D}}{\sqrt{\mathfrak{T}}}$ unterscheidet, muss also für eine kürzeste Linie verschwinden.

Ist diese die Bahn eines frei beweglichen Massentheilchens und betrachtet man bei der d-Differentiation die Zeit als die einzige unabhängige Veränderliche und deren Differential $\mathrm{d}t$ als constant, so wird $\sqrt{\mathfrak{T}}$ gleich der Geschwindigkeit multiplicirt in $\mathrm{d}t$, demnach $\mathrm{d}\sqrt{\mathfrak{T}}$ gleich der Beschleunigung multiplicirt in $\mathrm{d}t^2$; wenn das Massentheilchen sich frei ohne Einwirkung von Kräften bewegen soll, muss also nach dem Grundgesetz $\mathrm{d}\sqrt{\mathfrak{T}} = 0$ und zufolge der obigen Gleichung demnach auch

$$\frac{1}{2}\delta\mathfrak{T} - \mathrm{d}\mathfrak{D} = 0$$

werden für jedes beliebige Werthesystem der $\delta x_1, \delta x_2, \ldots, \delta x_h, \ldots$ und unter anderen auch für

$$\delta x_1 = \mathrm{d}x_1,\quad \ldots,\quad \delta x_k = \mathrm{d}x_k,\quad \ldots,\quad \delta x_h = \mathrm{d}x_h,\quad \ldots,$$

so dass die vorhergehende Gleichung $\mathrm{d}\sqrt{\mathfrak{T}} = 0$ als specieller Fall wieder entsteht.

Die von dem Zustande der Ruhe ausgehende, durch eine Kraft R hervorgebrachte Bewegung eines Massentheilchens m während des ersten Zeitelementes $\mathrm{d}t$ kann man nach dem Grundgesetze als zusammenfallend betrachten mit dem ersten Theile einer von dem Punkte (x) nach $(x+\mathrm{d}x)$ gezogenen kürzesten Linie, wenn sie mit der Kraft R gleiche Richtung hat. Diese Bedingung lässt sich analytisch, wie leicht aus der Bedeutung der hier gewählten Bezeichnungen hervorgeht, dadurch darstellen, dass $\frac{\mathfrak{D}}{\sqrt{\mathfrak{T}}}$ die Länge der Projection einer von dem Punkte $(x_1, x_2, x_3, \ldots)$ nach einem beliebigen unendlich nahe liegenden Punkte $(x_1+\delta x_1, x_2+\delta x_2, x_3+\delta x_3, \ldots)$ gehenden, sogenannten virtuellen Bewegung auf die Richtung der Kraft R bezeichnen soll, d. h. also dasjenige, was man die in der Richtung der Kraft R von dem Massentheilchen m ausgeführte virtuelle Bewegung δr zu nennen pflegt. Nimmt man wieder die Zeit t als unabhängige Veränderliche der Differentiation d und ferner $\mathrm{d}t$ constant, so bedeutet $\sqrt{\mathfrak{T}}$ das Product der Geschwindigkeit multiplicirt in $\mathrm{d}t$ und wird also nach dem Grundgesetze für den Anfang $t=t_0$ der Bewegung zu Null, was nicht anders stattfinden kann, als wenn für diesen Zeitpunkt die Derivirten $\frac{\mathrm{d}x_1}{\mathrm{d}t}, \frac{\mathrm{d}x_2}{\mathrm{d}t}, \cdots$ verschwinden. Unter denselben Voraussetzungen wird $\mathrm{d}\sqrt{\mathfrak{T}}$ dem Producte der Beschleunigung multiplicirt in $\mathrm{d}t^2$, also nach dem Grundgesetze dem Werthe $\frac{R}{m}\mathrm{d}t^2$ gleich. Multiplicirt man die obige allgemeine Gleichung für eine kürzeste Linie mit $\sqrt{\mathfrak{T}}$, so erhält man hier

$$\frac{1}{2}\delta\mathfrak{T}-\mathrm{d}\mathfrak{D}+\frac{\mathfrak{D}}{\sqrt{\mathfrak{T}}}\mathrm{d}\sqrt{\mathfrak{T}} = -\sum_{hk} X_{hk}.\mathrm{d}\mathrm{d}x_h.\delta x_k+\delta r\frac{R}{m}\mathrm{d}t^2 = 0,$$

$$\mathrm{d}\sqrt{\mathfrak{T}} = \frac{R}{m}\mathrm{d}t^2, \quad \mathfrak{T} = 0, \quad \frac{\mathrm{d}x_1}{\mathrm{d}t} = 0, \quad \frac{\mathrm{d}x_2}{\mathrm{d}t} = 0, \quad \ldots, \quad \frac{\mathfrak{D}}{\sqrt{\mathfrak{T}}} = \delta r$$

für $t=t_0$ und für beliebige $\delta x_1, \delta x_2, \ldots$

als Gleichungen zur Bestimmung der vom Zustande der Ruhe zur Zeit $t=t_0$ ausgehenden Bewegung, welche die Kraft R in dem frei beweglichen Massentheilchen m hervorbringt.

Indem wir uns nun zur Untersuchung eines beliebigen Systems von Massentheilchen wenden, bezeichnen wir für das einzelne Massentheilchen m mit $x_1, x_2, x_3, \ldots$ die Coordinaten und betrachten die Differentiation d als auf $\mathrm{d}t$ bezüglich und zwar als diejenige Änderung der Grössen, wie sie in

Folge der Bewegung wirklich entsteht. Jedem Massentheilchen m mag eine Bewegung innewohnen, vermöge welcher es, wenn es von diesem Zeitpunkte an frei wäre und von keiner Kraft eine Einwirkung erlitte, sich während der Zeit dt von dem Punkte x_h nach dem Punkte

$$x_h + \mathrm{d}_0 x_h + \frac{1}{2}\mathrm{d}_0\mathrm{d}_0 x_h + \frac{1}{1.2.3}\mathrm{d}_0^3 x_h + \cdots$$

bewegen würde, für welchen

$$\frac{1}{2}\delta\mathfrak{T}_0 - \mathrm{d}_0\mathfrak{D}_0 = 0$$

bei jetzt ganz beliebigen δx_h wird; mit $\mathfrak{T}_0$ und $\mathfrak{D}_0$ sind hierbei diejenigen Ausdrücke bezeichnet, welche entstehen, wenn die Differentiation d im Sinne von d_0 und zwar für verschiedene Massentheilchen m auch wieder beliebig verschieden genommen wird. Auf jedes Massentheilchen m wirke je eine besondere Gruppe Kräfte $R_,$, $R_{,,}$, ..., welche, wenn sie einzeln für sich auf m wirkten und letzteres augenblicklich im Ruhezustande, aber frei beweglich wäre, je nach dem Punkte

$$x_h + \mathrm{d}_, x_h + \frac{1}{2}\mathrm{d}_,\mathrm{d}_, x_h + \frac{1}{1.2.3}\mathrm{d}_,^3 x_h + \cdots$$

oder

$$x_h + \mathrm{d}_{,,} x_h + \frac{1}{2}\mathrm{d}_{,,}\mathrm{d}_{,,} x_h + \frac{1}{1.2.3}\mathrm{d}_{,,}^3 x_h + \cdots$$

u. s. w. treiben würden; hierin ist

$$\frac{1}{2}\delta\mathfrak{T}_, - \mathrm{d}_,\mathfrak{D}_, + \frac{\mathfrak{D}_,}{\sqrt{\mathfrak{T}_,}}\mathrm{d}_,\sqrt{\mathfrak{T}_,} = -\sum_{hk} X_{hk}\,.\,\mathrm{d}_,\mathrm{d}_, x_h\,.\,\delta x_k + \delta r_, \frac{R_,}{m}\mathrm{d}t^2 = 0$$

$$\frac{1}{2}\delta\mathfrak{T}_{,,} - \mathrm{d}_{,,}\mathfrak{D}_{,,} + \frac{\mathfrak{D}_{,,}}{\sqrt{\mathfrak{T}_{,,}}}\mathrm{d}_{,,}\sqrt{\mathfrak{T}_{,,}} = -\sum_{hk} X_{hk}\,.\,\mathrm{d}_{,,}\mathrm{d}_{,,} x_h\,.\,\delta x_k + \delta r_{,,} \frac{R_{,,}}{m}\mathrm{d}t^2 = 0$$

und entsprechend für die übrigen Kräfte, und es haben $\delta r_,$, $\delta r_{,,}$, ... in Bezug auf $R_,$, $R_{,,}$, ... dieselbe Bedeutung wie δr in Bezug auf R.

Jedes Massentheilchen m werde in kleinere Massentheilchen m_0, $m_,$, ... beliebig für jedes einzelne m zerlegt gedacht; es kommt also zu den ursprünglichen Bedingungen noch die neue hinzu, dass die Massentheilchen m_0, $m_,$, ..., welche die Theile einer Masse m ausmachen, mit einander fest verbunden sein sollen. Wir wollen annehmen, dass die Grössen $(m, m_0)_h$ so bestimmt seien, dass es für die ganze Bewegung denselben Erfolg habe, ob dem Massenpunkte m eine Bewegung innewohnt, die ihn, wenn er frei und keinen Kräften ausgesetzt wäre, nach dem eben angegebenen Punkte brächte, oder ob den Theilen $m_{,}, m_{,,}, \ldots$ keine Bewegung innewohnt, dagegen dem Theile m_0 eine solche, so dass, wenn dieser sich frei bewegte, er nach dem Punkte

$$x_h + (m, m_0)_h \left\{ \mathrm{d}_0 x_h + \frac{1}{2} \mathrm{d}_0 \mathrm{d}_0 x_h + \frac{1}{1.2.3} \mathrm{d}_0^3 x_h + \cdots \right\}$$

gelangen würde; ferner mögen $(m, m_{,})_h, (m, m_{,,})_h, \ldots$ derart bestimmt sein, dass die Einwirkungen der Kräfte $R_{,}, R_{,,}, \ldots$ auf die Massen ersetzt werden durch Kräfte, welche auf die einzelnen Theile $m_{,}, m_{,,}, \ldots$ allein wirken, so dass diese bei freier Bewegung einzeln je nach dem Punkte

$$x_h + (m, m_{,})_h \left\{ \mathrm{d}_{,} x_h + \frac{1}{2} \mathrm{d}_{,} \mathrm{d}_{,} x_h + \frac{1}{1.2.3} \mathrm{d}_{,}^3 x_h + \cdots \right\},$$

$$x_h + (m, m_{,,})_h \left\{ \mathrm{d}_{,,} x_h + \frac{1}{2} \mathrm{d}_{,,} \mathrm{d}_{,,} x_h + \frac{1}{1.2.3} \mathrm{d}_{,,}^3 x_h + \cdots \right\}$$

u. s. w. gelangen würden.

Die wirklich ausgeführte Bewegung bringe den Massenpunkt m, also jeden seiner Theile $m_0, m_{,}, m_{,,}, \ldots$ von dem Punkte x_h nach

$$x_h + \mathrm{d}x_h + \frac{1}{2} \mathrm{d}\mathrm{d}x_h + \frac{1}{1.2.3} \mathrm{d}^3 x_h + \cdots;$$

irgend eine andere mit der inneren Verknüpfung der Massen und mit den Bedingungen und den äusseren Beschränkungen verträgliche Lage des Systems können wir dann in der Weise darstellen, dass der Massenpunkt m und also jeder seiner Theile $m_0, m_{,}, m_{,,}, \ldots$ den Ort

$$x_h + \delta x_h + \mathrm{d}x_h + \frac{1}{2} \mathrm{d}\mathrm{d}x_h + \frac{1}{1.2.3} \mathrm{d}^3 x_h + \cdots$$

einnehme, so dass, weil δ und d unendlich kleine Aenderungen bedeuten auch der Ort

$$x_h + \delta x_h$$

für den Massenpunkt m ein mit den Bedingungen verträglicher ist. Diejenigen Differentiale der Coordinaten, welche der Abweichung irgend einer möglichen von der freien Bewegung der Theilchen entsprechen, sind mithin für m_0

$$(m, m_0)_h\left(d_0 x_h + \frac{1}{2} d_0 d_0 x_h + \cdots\right) - \left(\delta x_h + dx_h + \frac{1}{2} ddx_h + \cdots\right),$$

für $m_{,}$

$$(m, m_{,})_h\left(d_{,} x_h + \frac{1}{2} d_{,} d_{,} x_h + \cdots\right) - \left(\delta x_h + dx_h + \frac{1}{2} ddx_h + \cdots\right),$$

u. s. w., und es ist also nach der für den Raum und diese Coordinaten gemachten Voraussetzung das Quadrat dieser Abweichung

für m_0 gleich

$$\sum_{hk} X_{hk} \left\{(m, m_0)_h\left(d_0 x_h + \frac{1}{2} d_0 d_0 x_h + \cdots\right) - \left(\delta x_h + dx_h + \frac{1}{2} ddx_h + \cdots\right)\right\} \times$$
$$\times \left\{(m, m_0)_k\left(d_0 x_k + \frac{1}{2} d_0 d_0 x_k + \cdots\right) - \left(\delta x_k + dx_k + \frac{1}{2} ddx_k + \cdots\right)\right\},$$

für $m_{,}$ gleich

$$\sum_{hk} X_{hk} \left\{(m, m_{,})_h\left(d_{,} x_h + \frac{1}{2} d_{,} d_{,} x_h + \cdots\right) - \left(\delta x_h + dx_h + \frac{1}{2} ddx_h + \cdots\right)\right\} \times$$
$$\times \left\{(m, m_{,})_k\left(d_{,} x_k + \frac{1}{2} d_{,} d_{,} x_k + \cdots\right) - \left(\delta x_k + dx_k + \frac{1}{2} ddx_k + \cdots\right)\right\},$$

u. s. w.; mithin ist das Maass des Zwanges für diese Bewegung gleich

$$\sum_m \Bigg[m_0 \sum_{hk} X_{hk} \left\{(m, m_0)_h\left(d_0 x_h + \frac{1}{2} d_0 d_0 x_h + \cdots\right) - \left(\delta x_h + dx_h + \frac{1}{2} ddx_h + \cdots\right)\right\} \times$$
$$\times \left\{(m, m_0)_k\left(d_0 x_k + \frac{1}{2} d_0 d_0 x_k + \cdots\right) - \left(\delta x_k + dx_k + \frac{1}{2} ddx_k + \cdots\right)\right\}$$
$$+ m_{,} \sum_{hk} X_{hk} \left\{(m, m_{,})_h\left(d_{,} x_h + \frac{1}{2} d_{,} d_{,} x_h + \cdots\right) - \left(\delta x_h + dx_h + \frac{1}{2} ddx_h + \cdots\right)\right\} \times$$
$$\times \left\{(m, m_{,})_k\left(d_{,} x_k + \frac{1}{2} d_{,} d_{,} x_k + \cdots\right) - \left(\delta x_k + dx_k + \frac{1}{2} ddx_k + \cdots\right)\right\}$$
$$+ \cdot \cdot \cdot \cdot \cdot \Bigg].$$

Nach Gauss' Princip sind die dx_h, ddx_h, ... so zu bestimmen, dass dieser Ausdruck unter allen möglichen Werthen der δx_h seinen kleinsten Werth für $\delta x_1 = 0$, $\delta x_2 = 0$, ..., $\delta x_h = 0$ annimmt, dass also, wenn man diesen Ausdruck nach Potenzen von den δx entwickelt, die sich ergebende Summe der

26*

linearen Glieder, nämlich

$$-2\sum_m \sum_{hk} X_{hk}\Big\{m_0(m, m_0)_h\Big(\mathrm{d}_0 x_h + \frac{1}{2}\mathrm{d}_0\mathrm{d}_0 x_h + \cdots\Big)$$
$$+ m_,(m, m_,)_h\Big(\mathrm{d}_, x_h + \frac{1}{2}\mathrm{d}_,\mathrm{d}_, x_h + \cdots\Big) + \cdots - m\Big(\mathrm{d}x_h + \frac{1}{2}\mathrm{d}\mathrm{d}x_h + \cdots\Big)\Big\}\delta x_k,$$

worin $m_0 + m_, + m_{,,} + \cdots$ durch m ersetzt ist, nie negativ wird.

Die noch unbekannten $(m, m_0)_h$, $(m, m_,)_h$, ... ergeben sich durch die Betrachtung, dass, wenn der aus m_0, $m_,$, $m_{,,}$, ... bestehende Massenpunkt m für sich frei wäre und von keiner Kraft eine Einwirkung erführe, also sich nach

$$x_h + \mathrm{d}x_h + \frac{1}{2}\mathrm{d}\mathrm{d}x_h + \frac{1}{1.2.3}\mathrm{d}^3 x_h + \cdots = x_h + \mathrm{d}_0 x_h + \frac{1}{2}\mathrm{d}_0\mathrm{d}_0 x_h + \frac{1}{1.2.3}\mathrm{d}_0^3 x_h + \cdots$$

bewegen würde, er dahin auch gelangen müsste, wenn von seinen mit einander fest verbundenen Theilen nur m_0 eine freie Bewegung nach

$$x_h + (m, m_0)\Big(\mathrm{d}_0 x_h + \frac{1}{2}\mathrm{d}_0\mathrm{d}_0 x_h + \frac{1}{1.2.3}\mathrm{d}_0^3 x_h + \cdots\Big),$$

die übrigen Theile dagegen keine freie Bewegung besässen, also

$$\mathrm{d}_, x_h + \frac{1}{2}\mathrm{d}_,\mathrm{d}_, x_h + \frac{1}{1.2.3}\mathrm{d}_,^3 x_h + \cdots = 0,$$

u. s. w., für alle h sein müsste. Nach dem Princip des kleinsten Zwanges darf dann also

$$-2\sum_{hk} X_{hk}\Big\{m_0(m, m_0)_h\Big(\mathrm{d}_0 x_h + \frac{1}{2}\mathrm{d}_0\mathrm{d}_0 x_h + \cdots\Big) - m\Big(\mathrm{d}x_h + \frac{1}{2}\mathrm{d}\mathrm{d}x_h + \cdots\Big)\Big\}\delta x_k$$

für kein Werthesystem $\pm\delta x_1, \ldots, \pm\delta x_h, \ldots$ negativ werden, muss also $= 0$ sein. Hierin ist der Factor von $X_{hk}\delta x_k$ nur ein besonderer Werth von δx_h; er muss also, da für diesen besonderen Fall die Summe proportional dem Quadrate eines Längenelementes im Raume wird, selbst $= 0$ sein. Es entsteht daher mit Hinzuziehung der obigen Gleichung die Relation

$$m_0(m, m_0)_h\Big(\mathrm{d}_0 x_h + \frac{1}{2}\mathrm{d}_0\mathrm{d}_0 x_h + \cdots\Big) = m\Big(\mathrm{d}\, x_h + \frac{1}{2}\,\mathrm{d}\mathrm{d}x_h + \cdots\Big)$$
$$= m\Big(\mathrm{d}_0 x_h + \frac{1}{2}\mathrm{d}_0\mathrm{d}_0 x_h + \cdots\Big),$$

und es ist demnach

$$(m, m_0)_h = \frac{m}{m_0}.$$

Durch gleiche Betrachtungen ergiebt sich

$$(m, m_{,})_h = \frac{m}{m_{,}}, \quad (m, m_{,,})_h = \frac{m}{m_{,,}}, \quad \dots .$$

Nach Einsetzung dieser Werthe nimmt die in dem Maasse des Zwanges enthaltene Summe der in Bezug auf δx linearen Glieder die Form an:

$$-2\sum_m m \sum_{hk} X_{hk} \left\{ \left(\mathrm{d}_0 x_h + \frac{1}{2} \mathrm{d}_0 \mathrm{d}_0 x_h + \cdots \right) + \left(\mathrm{d}_, x_h + \frac{1}{2} \mathrm{d}_, \mathrm{d}_, x_h + \cdots \right) + \cdots - \left(\mathrm{d}x_h + \frac{1}{2} \mathrm{d}\mathrm{d}x_h + \cdots \right) \right\} \delta x_k.$$

In diesem Ausdrucke sind noch

$$\frac{\mathrm{d}_, x_h}{\mathrm{d}t} = 0, \quad \frac{\mathrm{d}_{,,} x_h}{\mathrm{d}t} = 0, \quad \dots$$

für alle Indices h. Bestehen keine solchen inneren Verknüpfungen der Massen und äusseren Beschränkungen der Bewegung, welche eine Unstetigkeit in der Grösse oder Richtung der Bewegung veranlassen, so wird

$$\mathrm{d}_0 x_h = \mathrm{d}x_h$$

für alle Indices h und alle Massentheilchen m.

Es reducirt sich also der in δx lineare Theil des Maasses des Zwanges auf

$$-2\sum_m m \sum_{hk} X_{hk} \left(\frac{1}{2} \mathrm{d}_0 \mathrm{d}_0 x_h + \frac{1}{2} \mathrm{d}_, \mathrm{d}_, x_h + \frac{1}{2} \mathrm{d}_{,,} \mathrm{d}_{,,} x_h + \cdots - \frac{1}{2} \mathrm{d}\mathrm{d}x_h \right) \delta x_k$$

oder — wenn man berücksichtigt, dass nach dem Obigen

$$\frac{1}{2}\delta\mathfrak{T}_0 - \mathrm{d}_0\mathfrak{D}_0 = \frac{1}{2}\sum_{hk} \delta X_{hk} . \mathrm{d}_0 x_h . \mathrm{d}_0 x_k - \sum_{hk} \mathrm{d}_0 X_{hk} . \mathrm{d}_0 x_h . \delta x_k - \sum_{hk} X_{hk} . \mathrm{d}_0 \mathrm{d}_0 x_h . \delta x_k = 0$$

$$\frac{1}{2}\delta\mathfrak{T}_, - \mathrm{d}_, \mathfrak{D}_, + \frac{\mathfrak{D}_,}{\sqrt{\mathfrak{T}_,}} \mathrm{d}_, \sqrt{\mathfrak{T}_,} = -\sum_{hk} X_{hk} . \mathrm{d}_, \mathrm{d}_, x_h . \delta x_k + \delta r_, \frac{R_,}{m} \mathrm{d}t^2 = 0$$

$$\frac{1}{2}\delta\mathfrak{T}_{,,} - \mathrm{d}_{,,} \mathfrak{D}_{,,} + \frac{\mathfrak{D}_{,,}}{\sqrt{\mathfrak{T}_{,,}}} \mathrm{d}_{,,} \sqrt{\mathfrak{T}_{,,}} = -\sum_{hk} X_{hk} . \mathrm{d}_{,,} \mathrm{d}_{,,} x_h . \delta x_k + \delta r_{,,} \frac{R_{,,}}{m} \mathrm{d}t^2 = 0$$

. . . .

$$\frac{1}{2}\delta\mathfrak{T} - \mathrm{d}\mathfrak{D} = \frac{1}{2}\sum_{hk} \delta X_{hk} . \mathrm{d}x_h . \mathrm{d}x_k - \sum_{hk} \mathrm{d}X_{hk} . \mathrm{d}x_h . \delta x_k - \sum_{hk} X_{hk} . \mathrm{d}\mathrm{d}x_h . \delta x_k$$

$$= \frac{1}{2}\sum_{hk} \delta X_{hk} . \mathrm{d}_0 x_h . \mathrm{d}_0 x_k - \sum_{hk} \mathrm{d}_0 X_{hk} . \mathrm{d}_0 x_h . \delta x_k - \sum_{hk} X_{hk} . \mathrm{d}\mathrm{d}x_h . \delta x_k$$

ist — auf

$$-\sum_m m\left(\frac{1}{2}\,\delta\mathfrak{T}-\mathrm{d}\mathfrak{D}\right)-\sum_i R_i\,\delta r_i\,\mathrm{d}t^2$$

oder

$$-\delta\sum_m \frac{1}{2}\,m\sum_{hk} X_{hk}\,\mathrm{d}x_h\,\mathrm{d}x_k+\mathrm{d}\sum_m m\sum_{hk} X_{hk}\,\mathrm{d}x_h\,\delta x_k-\sum_i R_i\,\delta r_i\,\mathrm{d}t^2;$$

dieser Ausdruck darf also für eine stetige Bewegung der Massentheilchen m nie negativ werden, wenn nämlich x_h die Coordinaten von m zur Zeit t, dagegen

$$x_h+\mathrm{d}x_h+\frac{1}{2}\,\mathrm{d}\mathrm{d}x_h+\frac{1}{1\,.\,2\,.\,3}\,\mathrm{d}^3x_h+\cdots$$

die Coordinaten von m zur Zeit $t+\mathrm{d}t$ sind und

$$x_h+\delta x_h$$

solche Coordinaten von m bedeuten, welche eine Lage dieser Massentheilchen bestimmen, die nach den gegebenen inneren Verknüpfungen derselben und den äusseren Bedingungen und Beschränkungen der Bewegung des Systems möglich ist. Die R_i bedeuten sämmtliche auf die Massentheilchen einwirkenden Kräfte und δr_i die bei den virtuellen Bewegungen $\delta x_1, \delta x_2, \ldots \delta x_h, \ldots$ entstehende virtuelle Bewegung, welche der Angriffspunkt von R_i in der Richtung dieser Kraft beschreiben würde.

Für einen Raum von der Beschaffenheit, dass bei n-facher Ausdehnung das Längenelement darin durch die ν^{te} Wurzel eines nicht reducirbaren homogenen Ausdrucks ν^{ten} Grades der Differentiale der n Coordinaten, nämlich durch

$$\sqrt[\nu]{\mathfrak{T}}=\sqrt[\nu]{\sum_h X_{h_1h_2\ldots h_\nu}\,\mathrm{d}x_{h_1}\,\mathrm{d}x_{h_2}\ldots\mathrm{d}x_{h_\nu}}$$

dargestellt wird, hat die Bestimmungsweise der Bewegung mit der eben betrachteten am meisten Analogie, wenn man, mit R_i die wirklichen Kräfte und mit $\mathfrak{D}$ die ν-fache über alle aus der Reihe $1, 2, 3, \ldots, n$ genommenen Indices $h_1 \ldots h_\nu$ zu erstreckende Summe

$$\sum_h X_{h_1h_2\ldots h_\nu}\,\delta x_{h_1}\,\mathrm{d}x_{h_2}\ldots\mathrm{d}x_{h_\nu}$$

bezeichnend, den Ausdruck

$$(1.)\qquad -\sum_m m\left(\frac{1}{\nu}\,\delta\mathfrak{T}-\mathrm{d}\mathfrak{D}\right)-\sum_i R_i\,\delta r_i\,\mathrm{d}t^\nu$$

für keine mit den gegebenen Beschränkungen verträgliche virtuelle Bewegung $\delta x_1, \delta x_2, \ldots, \delta x_n$ der Massentheilchen m negativ werden lässt. Auch hier würde dann die freie Bewegung eines Massentheilchens m, auf welches keine Kräfte wirken, mit gleicher Geschwindigkeit in einer kürzesten Linie geschehen, weil

$$\delta\sqrt[\nu]{\mathfrak{T}} - \mathrm{d}\left(\mathfrak{D}.\mathfrak{T}^{\frac{1}{\nu}-1}\right) = \left(\frac{1}{\nu}\delta\mathfrak{T} - \mathrm{d}\mathfrak{D}\right)\mathfrak{T}^{\frac{1}{\nu}-1} + (\nu-1)\mathfrak{D}.\mathfrak{T}^{-1}.\mathrm{d}\sqrt[\nu]{\mathfrak{T}}$$

ist.

Sind die für die Bewegung gegebenen Bedingungen derart, dass zu jeder möglichen Bewegung auch die in dem entgegengesetzten Sinne möglich ist, so muss der obige Ausdruck (1.), welcher in den beiden Fällen entgegengesetzte Zeichen erhält und nie negativ werden darf, $= 0$ sein.

2.

Kräftefunction.

In dem obigen Ausdrucke (1.) stehen die beiden ersten Glieder in der Beziehung zu einander, dass das erste Glied $\frac{1}{\nu}\delta\mathfrak{T}$ mit entgegengesetztem Vorzeichen genommen die vollständige δ-Variation enthält, welche in dem zweiten Gliede $\mathrm{d}\mathfrak{D}$ nach Ausführung der angedeuteten Differentiation vorkommt, und dass umgekehrt das zweite Glied die vollständige d-Differentiation enthält, welche in dem mit entgegengesetzten Vorzeichen genommenen ersten Gliede nach Ausführung der δ-Variation vorkommt. Durch diese Regel für die Bildung der Glieder ist jedes von beiden schon durch das andere bestimmt.

Bezeichnet man alle Coordinaten x_h von allen Massentheilchen m der Reihe nach mit $\xi_1, \xi_2, \ldots, \xi_l, \ldots$, und setzt man allgemein

$$\frac{\mathrm{d}x_h}{\mathrm{d}t} = x'_h, \qquad \frac{\mathrm{d}\xi_l}{\mathrm{d}t} = \xi'_l$$

und die von **Leibniz** für den Fall $\nu = 2$ lebendige Kraft genannte Grösse

$$= \sum_m m \sum_h X_{h_1 h_2 \ldots h_\nu} x'_{h_1} x'_{h_2} \ldots x'_{h_\nu} = \nu T,$$

so wird die Grundgleichung

$$-\delta T + \frac{\mathrm{d}}{\mathrm{d}t}\sum_l \frac{\partial T}{\partial \xi'_l}\delta\xi_l - \sum_i R_i \delta r_i = 0,$$

wenn bei der partiellen θ-Differentiation einer Function die Grössen ξ und ξ' als von einander unabhängig betrachtet werden und in der Summe für die ξ_l der Reihe nach alle Coordinaten von allen Massentheilchen m gesetzt werden.

Die Grundgleichung für die Bewegung wird also eine besonders einfache Form annehmen, wenn auch das letzte Glied $\sum_i R_i \delta r_i dt^v$ in solcher Weise als Differenz einer totalen Variation und einer totalen Differentiation dargestellt werden kann. Für die meisten Kräfte der Natur ist, wie Lagrange zuerst bemerkt hat, $\sum_i R_i \delta r_i$ die totale Variation einer Function, welche allein von den Coordinaten der Massentheilchen m und nicht von dem Bewegungszustande derselben abhängt; von dieser Function enthält also die Variation kein Differential, oder solches ist gleich Null zu setzen.

Gauss*) hat zuerst auch Kräfte von der Beschaffenheit betrachtet, dass ihr Maass nicht nur von der Lage, sondern auch von dem Bewegungszustande der Massentheilchen m abhängt. Wir wollen für die weitere Untersuchung diese Abhängigkeit als eine solche voraussetzen, dass

$$\sum_i R_i \delta r_i$$

die Differenz einer totalen Variation und einer totalen Derivirten nach der Zeit werde. Ist die totale Variation

$$= \delta V,$$

so muss die totale Derivirte

$$= \frac{d}{dt}\left\{\sum_l \frac{\theta V}{\theta \xi_l'} \delta \xi_l + \sum \frac{\theta V}{\theta \xi_l''} \delta \xi_l' + \cdots\right\}$$

sein, worin $\xi_l'' = \frac{d d\xi_l}{dt^2}$, u. s. f. ist. Die Grösse V mag in Verallgemeinerung des von Gauss eingeführten Namens das Potential oder in Verallgemeinerung der Hamiltonschen Bezeichnung die Kräftefunction für die gegebenen Kräfte bei der Bewegung eines Systems genannt werden. Wir wollen unsere Untersuchung auf den Fall beschränken, wo V keine höheren Derivirten als die ersten ξ_l' enthält, so dass also

$$\sum_i R_i \delta r_i = \delta V - \frac{d}{dt} \sum_l \frac{\theta V}{\theta \xi_l'} \delta \xi_l$$

*) [Gauss' Werke, Bd. V, S. 601—630.]

wird und die Fundamentalgleichung (1.) der Bewegung die Form

$$(2.)\qquad -\delta(T+V)+\frac{\mathrm{d}}{\mathrm{d}t}\sum_l \frac{\theta(T+V)}{\theta\xi_l'}\delta\xi_l = 0$$

annimmt.

Hierin besitzt der Ausdruck

$$\sum_l \frac{\theta(T+V)}{\theta\xi_l'}\delta\xi_l$$

die Eigenschaft, dass sein Werth ungeändert bleibt, welche im Raume festen oder beweglichen, von einander abhängigen oder unabhängigen Coordinaten ξ auch zu Grunde gelegt werden mögen.

Bezeichnen nämlich $q_1, q_2, \ldots, q_\lambda, \ldots$ solche von einander unabhängigen Veränderlichen, so müssen die $\ldots\xi_l\ldots$ als Functionen von t und den q dargestellt werden können; es ist demnach

$$\frac{\mathrm{d}\xi_l}{\mathrm{d}t} = \frac{\partial\xi_l}{\partial t}+\sum_h \frac{\partial\xi_l}{\partial q_h}\frac{\mathrm{d}q_h}{\mathrm{d}t} \quad \text{oder} \quad \xi_l' = \frac{\partial\xi_l}{\partial t}+\sum_h \frac{\partial\xi_l}{\partial q_h}q_h',$$

worin ∂ die partielle Differentiation nach t und den q bezeichnet und $\frac{\partial\xi_l}{\partial t}, \frac{\partial\xi_l}{\partial q_h}$ für alle Indices l und h von allen $\ldots q_k'\ldots$ unabhängig sind, so dass also allgemein

$$\frac{\theta\xi_l'}{\theta q_h'} = \frac{\partial\xi_l}{\partial q_h}$$

ist, und dadurch, wie bewiesen werden sollte,

$$\sum_l \frac{\theta(T+V)}{\theta\xi_l'}\delta\xi_l = \sum_l \frac{\theta(T+V)}{\theta\xi_l'}\sum_h \frac{\partial\xi_l}{\partial q_h}\delta q_h = \sum_l \frac{\theta(T+V)}{\theta\xi_l'}\sum_h \frac{\theta\xi_l'}{\theta q_h'}\delta q_h = \sum_h \frac{\theta(T+V)}{\theta q_h'}\delta q_h$$

entsteht.

Setzen wir nun entsprechend dem von Lagrange zuerst eingeschlagenen Wege

$$(3.)\qquad \frac{\theta(T+V)}{\theta q_l'} = p_l,$$

so wird die Gleichung (1.) zu

$$(4.)\quad \begin{cases} 0 = -\delta(T+V)+\dfrac{\mathrm{d}}{\mathrm{d}t}\sum \dfrac{\theta(T+V)}{\theta q_l'}\delta q_l \\[2ex] = -\sum \dfrac{\theta(T+V)}{\theta q_l}\delta q_l - \sum \dfrac{\theta(T+V)}{\theta q_l'}\delta q_l' + \sum \dfrac{\mathrm{d}}{\mathrm{d}t}\left[\dfrac{\theta(T+V)}{\theta q_l'}\right]\delta q_l + \sum \dfrac{\theta(T+V)}{\theta q_l'}\dfrac{\mathrm{d}\delta q}{\mathrm{d}t} \\[2ex] = \sum\left\{-\dfrac{\theta(T+V)}{\theta q_l}+\dfrac{\mathrm{d}}{\mathrm{d}t}\left[\dfrac{\theta(T+V)}{\theta q_l'}\right]\right\}\delta q_l = \sum\left\{\dfrac{\mathrm{d}p_l}{\mathrm{d}t}-\dfrac{\theta(T+V)}{\theta q_l}\right\}\delta q_l, \end{cases}$$

worin die Summationen über alle Werthe $1, 2, 3, \ldots, n$ des im Ausdrucke allein vorkommenden Index l zu erstrecken sind, wenn wir von jetzt an mit n die Anzahl der veränderlichen Grössen q bezeichnen.

3.
Allgemeine Differentiale.

Die Untersuchung der vielen merkwürdigen Eigenschaften der Function $T+V$ wird bedeutend vereinfacht, wenn man den Begriff eines allgemeinen Differentials D in dem Sinne einführt, dass es für eine Function und die in ihr vorkommenden Grössen irgend welche nur durch die Form dieser Function bedingte Veränderungen darstellt, so dass also, wenn für die Function und deren Argumente die den gegebenen Differentialgleichungen genügenden Integralgleichungen hinzugenommen werden, auch die Integrationsconstanten dieser allgemeinen Differentiation unterworfen werden müssen.

Die bisher schon benutzte Variation δ, welche eine beliebige virtuelle Bewegung bedeutete, ist eine allgemeinere Differentiation als die nach der Zeit t genommene sogenannte vollständige Differentiation, umfasst aber von der allgemeinen Differentiation nur diejenige, bei welcher die Coordinaten eine mit den gegebenen Bedingungen verträgliche unendlich kleine Aenderung erleiden.

Die Function $T+V$ ist nach Einführung der Grössen q, welche die Lage des Systems der bewegten Massen für die Zeit t bestimmen und dieserhalb die Coordinaten im allgemeineren Sinne des Wortes heissen mögen, zunächst als Function von $t, \ldots, q_l, \ldots, q'_l, \ldots$ gegeben. Wenn wir also die partielle Differentiation in Bezug auf diese Grössen wieder mit θ bezeichnen, so wird das allgemeine Differential

$$\mathrm{D}(T+V) = \frac{\theta(T+V)}{\theta t}\mathrm{D}t + \sum \frac{\theta(T+V)}{\theta q_l}\mathrm{D}q_l + \sum \frac{\theta(T+V)}{\theta q'_l}\mathrm{D}q'_l$$

oder mit Rücksicht auf die Definitionsgleichungen (3.) für die p und die zuletzt gefundene Bewegungsgleichung (4.)

$$\mathrm{D}(T+V) = \frac{\theta(T+V)}{\theta t}\mathrm{D}t + \sum p'_l \mathrm{D}q_l + \sum p_l \mathrm{D}q'_l,$$

worin also die $\mathrm{D}q'$ und $\mathrm{D}t$ vollständig unabhängige Differentiale bedeuten, während $\mathrm{D}q_1, \mathrm{D}q_2, \ldots, \mathrm{D}q_n$ den für die Bewegung gegebenen Beschränkungen genügen müssen.

Die beiden hier vorkommenden Differentiationen D und d sind von einander unabhängig, ihre Reihenfolge kann also vertauscht werden und dadurch entsteht aus der letzten Gleichung

$$\mathrm{D}(T+V) = \frac{\partial(T+V)}{\partial t}\mathrm{D}t + \frac{\mathrm{d}}{\mathrm{d}t}\sum p_l \mathrm{D}q_l.$$

Nimmt man hierin die allgemeine Differentiation D in dem speciellen Sinne der vollständigen Differentiation d nach der Zeit t und dividirt die so entstandene Gleichung durch den für die vollständige Differentiation d nach der Zeit t constanten Factor $\mathrm{d}t$, so wird

$$\frac{\mathrm{d}(T+V)}{\mathrm{d}t} = \frac{\partial(T+V)}{\partial t} + \frac{\mathrm{d}}{\mathrm{d}t}\sum p_l q_l'.$$

Durch Substitution des hieraus sich ergebenden Werthes der partiellen Derivirten von $T+V$ nach t geht die allgemeine Gleichung in

$$(5.)\qquad \mathrm{D}(T+V) = \frac{\mathrm{d}}{\mathrm{d}t}\left\{(T+V-\sum p_l q_l')\mathrm{D}t + \sum p_l \mathrm{D}q_l\right\}$$

oder

$$(6.)\qquad \mathrm{D}(T+V) = \frac{\mathrm{d}}{\mathrm{d}t}(T+V-\sum p_l q_l')\mathrm{D}t + \sum p_l' \mathrm{D}q_l + \sum p_l \mathrm{D}q_l'$$

über, woraus durch specielle Annahmen über die allgemeine Differentiation $\mathrm{D}t, \ldots, \mathrm{D}q_l, \ldots, \mathrm{D}q_l', \ldots$ die obigen Definitionsgleichungen (3.) für die p, die Bewegungsgleichung (4.) und der schon gefundene Werth für $\frac{\partial(T+V)}{\partial t}$ sich ergeben.

Subtrahirt man von den beiden Seiten dieser Gleichung die entsprechenden Seiten der identischen Gleichung

$$\mathrm{D}\sum p_l q_l' = \sum q_l' \mathrm{D}p_l + \sum p_l \mathrm{D}q_l',$$

so entsteht

$$\mathrm{D}(T+V-\sum p_l q_l') = \frac{\mathrm{d}}{\mathrm{d}t}(T+V-\sum p_l q_l').\mathrm{D}t + \sum p_l' \mathrm{D}q_l - \sum q_l' \mathrm{D}p$$

oder, wenn man zur Abkürzung

$$(7.)\qquad -T-V+\sum p_l q_l' = -(T+V)+\sum q_l' \frac{\partial(T+V)}{\partial q'} = H$$

und

$$\frac{\mathrm{d}H}{\mathrm{d}t} = H'$$

setzt:

$$(8.)\qquad \mathrm{D}H = H'\mathrm{D}t - \sum p'_l \mathrm{D}q_l + \sum q'_l \mathrm{D}p_l.$$

Für den Fall, dass mit Rücksicht auf die inneren Verknüpfungen und die gegebenen äusseren Beschränkungen die Veränderlichen q von einander unabhängig sind, enthält diese Gleichung, wenn man sich in dem obigen Ausdrucke für H, welchen Jacobi die Hamiltonsche Function genannt hat, die Grössen q' mit Hülfe der Definitionsgleichungen (3.) für die p durch $t, \ldots, q_l, \ldots, p_l, \ldots$ bestimmt denkt und in Bezug auf diese letzten Veränderlichen die partiellen Differentiationen mit ∂ bezeichnet, als besondere Fälle die folgenden, unter specielleren Voraussetzungen als ihnen hier zu Grunde liegen, von Hamilton aufgestellten Gleichungen

$$(8^*.)\qquad \begin{cases} \dfrac{\partial H}{\partial p_l} = q'_l = \dfrac{\mathrm{d}q_l}{\mathrm{d}t} \\ -\dfrac{\partial H}{\partial q_l} = p'_l = \dfrac{\mathrm{d}p_l}{\mathrm{d}t} = \dfrac{\theta(T+V)}{\theta q_l} \\ \dfrac{\partial H}{\partial t} = H' = \dfrac{\mathrm{d}H}{\mathrm{d}t} = -\dfrac{\theta(T+V)}{\theta t}. \end{cases}$$

Es ist oben in der Gleichung (6.) das allgemeine Differential von $T+V$ durch eine nach t genommene vollständige Derivirte dargestellt; beschränkt man nun den Sinn jener allgemeinen Differentiation auf den der Variation, so ergiebt sich daraus der verallgemeinerte Hamiltonsche Satz:

$$0 = \delta\int (T+V)\,\mathrm{d}t = \delta\int\left(\sum p_l \frac{\mathrm{d}q_l}{\mathrm{d}t} - H\right)\mathrm{d}t,$$

wenn nämlich die Werthe der Grössen an den Grenzen dieses Hamiltonschen Integrals unveränderlich vorausgesetzt werden. Durch Ausführung der Variation entsteht

$$0 = \delta\int (T+V)\,\mathrm{d}t = \int \frac{\mathrm{d}}{\mathrm{d}t}\left(\sum \frac{\theta(T+V)}{\theta q'_l}\delta q_l\right).\mathrm{d}t + \int \sum\left\{\frac{\theta(T+V)}{\theta q_l} - \frac{\mathrm{d}}{\mathrm{d}t}\left[\frac{\theta(T+V)}{\theta q'_l}\right]\right\}\delta q_l.\mathrm{d}t,$$

so dass aus der Bedingung des Verschwindens der Variation auch wieder die zuvor aufgestellten Bewegungsgleichungen folgen.

Diese Verallgemeinerung des Hamiltonschen Satzes hat Herr Lipschitz in seiner »Untersuchung eines Problems der Variationsrechnung, in welchem das Problem der Mechanik enthalten ist« (Borchardt's Journal Bd. 74, S. 116—149) als Grundlage zur Bestimmung der Bewegung angenommen, wenn die Bewegung unter Einwirkung von Kräften geschieht, die von der Lage und nicht der Veränderung des Systems abhängen und eine Kräftefunction V besitzen, und wenn ferner der Raum so construirt gedacht ist, dass das Längenelement durch die ν^{te} Wurzel eines homogenen Ausdrucks ν^{ten} Grades von den Differentialen der Coordinaten dargestellt wird.

Aus der Gleichung $\frac{dH}{dt} = \frac{\partial(T+V)}{\partial t}$ folgt, dass, wenn $T+V$ neben den Grössen q und q' nicht die Grösse t explicite enthält,

$$\sum p_\iota q'_\iota - (T+V) = H = \text{const.}$$

ein Integral der Gleichungen (8*.) für die Bewegung des Systems wird und die Verallgemeinerung des von Johann Bernoulli zuerst gefundenen Princips der Erhaltung der lebendigen Kraft bildet.

Sind die q im Raume feste Coordinaten, so enthält T die Zeit t nicht explicite; in diesem Falle braucht also nur das Potential V die Zeit t nicht zu enthalten, damit das obige Integral gilt.

Ist das Potential V unabhängig von der Bewegung, enthält es also die q' nicht, und sind noch $\ldots q_\iota \ldots$ im Raume feste Coordinaten, so wird unter Anwendung des Eulerschen Satzes auf T als homogene Function ν^{ten} Grades von den Grössen q'

$$\sum_\iota p_\iota q'_\iota = \sum_\iota q'_\iota \frac{\partial(T+V)}{\partial q'_\iota} = \sum_\iota q'_\iota \frac{\partial T}{\partial q'_\iota} = \nu T.$$

Enthält ferner das Potential V die Zeit t nicht explicite, ist also $H =$ constans, so wird

$$\int \sum (p_\iota q'_\iota - H)\,dt = \int \nu T\,dt - H\int dt = \int \sum m_i v_i^\nu dt - H\int dt = \int \sum m_i v_i^{\nu-1} ds_i - H\int dt,$$

wenn ds_i oder $v_i dt$ den von dem Massentheilchen m_i während der Zeit dt zurückgelegten Weg bedeutet. Da die Variation des ersten Gliedes dieser Gleichung nach dem oben angeführten verallgemeinerten Hamiltonschen Satze verschwindet, so muss unter Zuhülfenahme der Integralgleichung $H =$ const. die Variation auch von $\int \sum m_i v_i^{\nu-1} ds_i$ zu Null werden, wie es für $\nu = 2$ Maupertius' Princip des kleinsten Kraftaufwandes erfordert.

Unter den hier aufgeführten Voraussetzungen und für $\nu = 2$ erhält man auch das Princip der Erhaltung der lebendigen Kraft

$$\text{const.} = H = \sum p_l q'_l - T - V = (\nu-1)T - V = T - V.$$

Zu den beiden oben aufgestellten Systemen von Differentialgleichungen kann man noch zwei andere Systeme hinzufügen. Subtrahirt man die Gleichung (6.) (nach Einführung der Function H durch Gleichung (7.))

$$\mathrm{D}(T+V) = -H'.\mathrm{D}t + \sum p'_l \mathrm{D}q_l + \sum p_l \mathrm{D}q'_l$$

von der identischen Gleichung

$$\mathrm{D}\frac{\mathrm{d}}{\mathrm{d}t}\sum p_l q_l = \sum p'_l \mathrm{D}q_l + \sum p_l \mathrm{D}q'_l + \sum q'_l \mathrm{D}p_l + \sum q_l \mathrm{D}p'_l,$$

so entsteht:

$$\mathrm{D}\left(\frac{\mathrm{d}}{\mathrm{d}t}\sum p_l q_l - T - V\right) = H'\,\mathrm{D}t + \sum q'_l \mathrm{D}p_l + \sum q_l \mathrm{D}p'_l;$$

wird demnach $\frac{\mathrm{d}}{\mathrm{d}t}\sum q_l p_l - T - V$ als Function von den Veränderlichen $t, p_1, \ldots, p_n$, $p'_1, \ldots, p'_n$ dargestellt, so sind ihre nach diesen Veränderlichen genommenen partiellen Derivirten der Reihe nach gleich H', $q'_1, \ldots, q'_n$, $q_1, \ldots, q_n$.

Subtrahirt man dieselbe Gleichung (6.) von der identischen Gleichung

$$\mathrm{D}\sum p'_l q_l = \sum p'_l \mathrm{D}q_l + \sum q_l \mathrm{D}p'_l,$$

so entsteht

$$\mathrm{D}(\sum p'_l q_l - T - V) = H'.\mathrm{D}t + \sum q_l \mathrm{D}p'_l - \sum p\,\mathrm{D}q'_l;$$

wird demnach $\sum p'_l q_l - T - V$ als Function von den Veränderlichen $t, p'_1, \ldots, p'_n$, $q'_1, \ldots, q'_n$ dargestellt, so sind ihre nach diesen Veränderlichen genommenen partiellen Derivirten der Reihe nach gleich

$$H',\ q_1, \ldots, q_n,\quad -p_1, \ldots, -p_n.$$

4.

Substitutionsfunction. Integration. Störungstheorie.

Die besonders einfache Form der für ein mechanisches Problem aufgestellten Differentialgleichungen ergab sich dadurch, dass zu einem System unabhängiger Coordinaten $\ldots q_l \ldots$ ein geeignetes System von Veränderlichen

$\ldots p_l \ldots$ eingeführt wurde; und zwar konnten die ursprünglichen $\ldots q_l \ldots$ ganz beliebig gewählt werden, es ergaben sich immer zugehörige $\ldots p_l \ldots$. Aber auch in noch allgemeinerer Weise können Systeme von zusammengehörigen Veränderlichen mit der Eigenschaft, dass sie den Differentialgleichungen jene einfache Form geben, gefunden werden; solche Veränderlichen führen deshalb nach Jacobi den Namen »Canonische Variabeln«. In der That, die Gleichung

$$\mathrm{D}(T+V) = \frac{\mathrm{d}}{\mathrm{d}t}\left\{\left(T+V-\sum p_l \frac{\mathrm{d}q_l}{\mathrm{d}t}\right)\mathrm{D}t + \sum p_l \mathrm{D}q_l\right\},$$

die alle übrigen enthält, zeigt, dass, wenn die φ und ψ statt der p und q ein neues System von canonischen unabhängigen Veränderlichen bilden sollen, es nur nöthig wird, nach Ersetzung der p und q durch die φ und ψ in jener Gleichung für die Function $T+V$ entweder dieselbe Function jetzt in t, φ, ψ ausgedrückt oder eine neue Function zu setzen. Dieser neuen Function können wir die Form $T+V-S'$ geben, worin S' noch näher zu bestimmen bleibt; wir erhalten dann

$$\mathrm{D}(T+V-S') = \frac{\mathrm{d}}{\mathrm{d}t}\left\{\left(T+V-S'-\sum \varphi_l \frac{\mathrm{d}\psi}{\mathrm{d}t}\right)\mathrm{D}t + \sum \varphi_l \mathrm{D}\psi_l\right\}$$

und, nach Subtraction dieser Gleichung von der vorhergehenden,

$$\mathrm{D}S' = \frac{\mathrm{d}}{\mathrm{d}t}\left\{\left(S'+\sum \varphi_l \frac{\mathrm{d}\psi_l}{\mathrm{d}t} - \sum p_l \frac{\mathrm{d}q_l}{\mathrm{d}t}\right)\mathrm{D}t - \sum \varphi_l \mathrm{D}\psi_l + \sum p_l \mathrm{D}q_l\right\}.$$

Soll diese Gleichung der Substitution der canonischen Veränderlichen φ_l, ψ_l für die p_l, q_l allgemein, das heisst unabhängig von den besonderen Gleichungen für ein bestimmtes mechanisches Problem, gelten, so muss, weil die eine Seite eine vollständige Derivirte nach der Zeit t ist, auch die andere $\mathrm{D}S'$ und demnach S' es sein. Es muss also eine Function S geben, welche die Gleichungen

$$\frac{\mathrm{d}S}{\mathrm{d}t} = S'$$

$$\mathrm{D}S = \left(\frac{\mathrm{d}S}{\mathrm{d}t} + \sum \varphi_l \frac{\mathrm{d}\psi_l}{\mathrm{d}t} - \sum p_l \frac{\mathrm{d}q_l}{\mathrm{d}t}\right)\mathrm{D}t - \sum \varphi_l \mathrm{D}\psi_l + \sum p_l \mathrm{D}q_l$$

oder

$$\mathrm{D}S = -E\,\mathrm{D}t + \sum p_l \mathrm{D}q_l - \sum \varphi_l \mathrm{D}\psi_l, \tag{9.}$$

worin

$$E = \sum p_l \frac{\mathrm{d}q_l}{\mathrm{d}t} - \sum \varphi_l \frac{\mathrm{d}\psi_l}{\mathrm{d}t} - \frac{\mathrm{d}S}{\mathrm{d}t} \tag{10.}$$

gesetzt ist, erfüllt.

Umgekehrt genügt auch die Gleichung (9.) bei beliebigen Functionen S und E, damit die eingeführten Veränderlichen ψ und φ ein canonisches System werden, weil aus (9.) die Gleichung (10.) als specieller Fall der D-Differentiation folgt und durch beide aus der Fundamentalgleichung (6.) für $\dots, q_l, \dots, \dots, p_l, \dots$ die oben aufgestellte Fundamentalgleichung für die $\dots, \psi_l, \dots, \dots, \varphi_l, \dots$ entsteht; diese letztere lässt sich auch in der Form

$$\mathrm{D}(T+V-S') = \frac{\mathrm{d}}{\mathrm{d}t}(T+V-S'-\sum \varphi_l \psi_l')\mathrm{D}t + \sum \varphi_l' \mathrm{D}\psi_l + \sum \varphi_l \mathrm{D}\psi_l'$$

oder

$$\mathrm{D}(T+V-S'-\sum \varphi_l \psi_l') = \frac{\mathrm{d}}{\mathrm{d}t}(T+V-S'-\sum \varphi_l \psi_l')\mathrm{D}t + \sum \varphi_l' \mathrm{D}\psi_l - \sum \psi_l' \mathrm{D}\varphi_l$$

oder nach Einführung von H und E in der Form

$$-\mathrm{D}(H-E) = -(H'-E')\mathrm{D}t - \sum \psi_l' \mathrm{D}\varphi_l + \sum \varphi_l' \mathrm{D}\psi_l \tag{11.}$$

darstellen. Wenn $T+V-S'$ als Function von t, ψ_l', ψ_l aufgefasst wird, so folgt aus der ersten dieser drei Gleichungen, dass ihre partiellen Derivirten nach diesen Grössen der Reihe nach gleich $-H'+E'$, φ_l, φ_l' werden. Wenn man $T+V-S'-\sum \varphi_l \psi_l'$ oder $-H+E$ als Function von t, φ_l, ψ_l betrachtet und die partiellen Derivirten nach diesen Veränderlichen mit ϑ bezeichnet, so erhält man aus der Gleichung (11.)

$$\left\{\begin{aligned} \frac{\vartheta(H-E)}{\vartheta\varphi_l} &= \psi_l' = \frac{\mathrm{d}\psi_l}{\mathrm{d}t} \\ -\frac{\vartheta(H-E)}{\vartheta\psi_l} &= \varphi_l' = \frac{\mathrm{d}\varphi_l}{\mathrm{d}t} \\ \frac{\vartheta(H-E)}{\vartheta t} &= H'-E' = \frac{\mathrm{d}(H-E)}{\mathrm{d}t}. \end{aligned}\right. \tag{12.}$$

Die Fundamentalgleichung der Bewegung, die Substitutionsgleichung und die dadurch transformirte Bewegungsgleichung stimmen in ihrer Form derart überein, dass die allgemeinen Relationen, welche allein zwischen den Grössen $q_1, \dots, q_n, p_1, \dots, p_n, \psi_1, \dots, \psi_n, \varphi_1, \dots, \varphi_n$ bestehen, und welche in den folgenden Artikeln ausführlicher entwickelt werden, auch zwischen den Grössen $q_1, \ldots, q_n, p'_1, \ldots, p'_n, q'_1, \ldots, q'_n, -p_1, \ldots, -p_n$ und ebenso zwischen $q_1, \ldots, q_n, p'_1, \ldots, p'_n, p_1, \ldots, p_n, q'_1, \ldots, q'_n$, ferner zwischen $\psi_1, \ldots, \psi_n, \varphi'_1, \ldots, \varphi'_n, \varphi_1, \ldots, \varphi_n, \psi'_1, \ldots, \psi'_n$ und so fort bestehen.

Die allgemeine Substitutionsgleichung enthält den besonderen Fall, in welchem die Grössen ψ ebenso wie die q die Bedeutung von Coordinaten haben, in der Form, dass S und also auch S' zu Null wird, dass ferner die Grössen q als Functionen von t und den ψ gegeben sind und zwar in einer solchen unabhängigen Weise, welche die ψ auch als Functionen von t und den q darstellen lässt, und dass endlich die Grössen E und φ durch die Substitutionsgleichung bestimmt sind.

Eine andere sehr allgemeine und besonders wichtige Art der Substitution ist diejenige, bei welcher die Relationen zwischen den beiden Systemen von Veränderlichen sich so darstellen lassen, dass die p zu Functionen von den Grössen t, q, ψ werden. Durch diese letzteren können dann auch nach Einsetzung der für die p_l erhaltenen Ausdrücke alle übrigen Grössen bestimmt werden. Wegen der Wichtigkeit dieser Art der Darstellung der verschiedenen Veränderlichen wollen wir für die partiellen nach t, q, ψ genommenen Derivirten ein besonderes Zeichen einführen und zwar δ, da diese Differentiation die oben betrachtete Variation als speciellen Fall enthält. Die allgemeine Substitutionsgleichung giebt dann

$$\frac{\delta S}{\delta q_l} = p_l, \quad \frac{\delta S}{\delta \psi_l} = -\varphi_l, \quad \frac{\delta S}{\delta t} = -E = \frac{\mathrm{d}S}{\mathrm{d}t} - \sum \varphi_l \frac{\mathrm{d}\psi_l}{\mathrm{d}t} + \sum p_l \frac{\mathrm{d}q_l}{\mathrm{d}t}$$

und hieraus ist ersichtlich, wie, wenn die $p_1, \ldots, p_n$ als solche Functionen von $t, q_1, \ldots, q_n, \psi_1, \ldots, \psi_n$ gegeben sind, dass sie die nach $q_1, \ldots, q_n$ genommenen partiellen Derivirten irgend einer und derselben Function sein können, die übrigen Veränderlichen sich als ein canonisches System von Veränderlichen $\psi_1, \ldots, \psi_n, \varphi_1, \ldots, \varphi_n$ bestimmen lassen.

Wird bei einer solchen Substitution $H-E$ von einer oder mehreren oder allen der Grössen ψ und φ unabhängig, so folgt aus den Gleichungen (12.) für die partiellen Derivirten von $H-E$, dass die jedesmal mit demselben Index versehene entsprechende Grösse $\varphi_1, \ldots, \varphi_n, \psi_1, \ldots, \psi_n$ eine Integrationsconstante ist. Wird $H-E$ zu Null oder auch nur unabhängig von $\psi_1, \ldots, \psi_n$, $\varphi_1, \ldots, \varphi_n$, so sind diese letzteren sämmtlich Integrationsconstanten und bilden ein vollständiges System von Integralen der Differentialgleichungen

$$\frac{\partial H}{\partial p_l} = \frac{\mathrm{d}q_l}{\mathrm{d}t}$$
$$-\frac{\partial H}{\partial q_l} = \frac{\mathrm{d}p_l}{\mathrm{d}t}.$$

Die Aufgabe, diese Gleichungen vollständig zu integriren, lässt sich also auch in der folgenden Form aussprechen: Es sind die Grössen $-H$, $p_1, \ldots, p_n$ als solche Functionen von t, $q_1, \ldots, q_n$ und einer mit den q gleich grossen Anzahl von Grössen $\psi_1, \ldots, \psi_n$ darzustellen, dass sie die partiellen Derivirten einer einzigen Function sein können und zwar die partiellen Derivirten genommen beziehungsweise nach t, $q_1, \ldots, q_n$. Die mehrgliedrige Quadratur

$$\int(\sum p_l \mathrm{D}q_l - H\mathrm{D}t),$$

deren untere Grenzen absolute Constanten sind oder doch nur von den bei der Integration als constant anzusehenden Grössen ψ abhängen, ergiebt dann eine Substitutionsfunction S, und die partiellen nach ψ genommenen Derivirten dieser Function S bilden mit den ψ zusammen ein vollständiges System von Integralen der gegebenen Differentialgleichungen.

Eine specielle Form dieser Auflösung besteht darin, die Grössen p als solche Functionen von den q und einer gleich grossen Anzahl von Grössen ψ darzustellen, dass sie wie zuvor die partiellen Derivirten einer gemeinsamen Function sein können und dass zugleich H sich auf eine Function von t und den ψ allein reducirt; die mehrgliedrige Quadratur

$$\int(\sum p_l \mathrm{D}q_l - H\mathrm{D}t)$$

giebt dann eine ebensolche Substitutionsfunction wie zuvor.

Diese Aufgabe lässt sich in der von Hamilton und Jacobi angewandten Form auch so aussprechen: Die gegebene Gleichung

$$H = \text{funct.}\ (t, q_1, \ldots, q_l, \ldots, q_n, p_1, \ldots, p_l, \ldots, p_n)$$

werde durch Einsetzung von

$$-H = \frac{\delta W}{\delta t}, \qquad p_l = \frac{\delta W}{\delta q_l}$$

in eine partielle Differentialgleichung

$$0 = \frac{\delta W}{\delta t} + \text{funct.}\left(t, q_1, \ldots, q_n, \frac{\delta W}{\delta q_1}, \ldots, \frac{\delta W}{\delta q_n}\right)$$

verwandelt, deren allgemeines Integral W eine von einer additiven Constanten und von n anderen Integrationsconstanten $\psi_1, \ldots, \psi_n$ abhängige Function der Grössen $t, q_1, \ldots, q_n$ ist. Diese Function W ist dann eine Substitutionsfunction wie S, und die übrigen Integrale der Bewegungsgleichungen entstehen, wenn man $\frac{\delta W}{\delta \psi_l} = \text{const.}_l$ setzt.

Bei der hier durchgeführten Untersuchung kann die Kräftefunction V auf eine beliebige Weise von den Grössen $\frac{dq_1}{dt}, \ldots, \frac{dq_n}{dt}$ und damit $T+V$ und ferner $H = -\frac{\delta W}{\delta t}$ auf eine beliebige Weise von $p_l = \frac{\delta W}{\delta q_l}$ abhängen; also sind die folgenden allgemeinen Entwickelungen unmittelbar auf jede partielle Differentialgleichung erster Ordnung anwendbar, wenn man noch beachtet, dass man nach Jacobi eine Differentialgleichung, welche ausser den unabhängigen Veränderlichen und den partiellen Derivirten der gesuchten Function W^* auch noch die Function W^* selbst enthält, durch die Einsetzung

$$W = \tau W^*, \quad \text{also } W^* = \frac{\delta W}{\delta \tau}, \qquad \frac{\delta W^*}{\delta t} = \frac{1}{\tau}\frac{\delta W}{\delta t}, \qquad \frac{\delta W^*}{\delta q_l} = \frac{1}{\tau}\frac{\delta W}{\delta q_l}$$

auf eine Differentialgleichung, welche die Function W selbst nicht enthält, zurückführen kann.

Gilt das Princip der Erhaltung der lebendigen Kraft, wird demnach H eine Constante, so giebt die partielle Differentialgleichung

$$0 = -H + \text{funct.}\left(q_1, \ldots, q_n, \frac{\delta W}{\delta q_1}, \ldots, \frac{\delta W}{\delta q_n}\right)$$

als allgemeines Integral ein von einer additiven Constante und $n-1$ anderen Constanten $\psi_1, \ldots, \psi_{n-1}$ abhängige Function W, und

$$W - H.t$$

wird eine Substitutionsfunction S, worin H die Stelle von ψ oder einer Function von $\psi_1, \ldots, \psi_{n-1}, \psi_n$ vertritt.

Die hier angegebene erste Form der Aufgabe, welche mit der vollständigen Integration der $2n$ Gleichungen

$$\frac{\partial H}{\partial p_l} = \frac{dq_l}{dt}$$
$$-\frac{\partial H}{\partial q_l} = \frac{dp}{dt}$$

übereinstimmt, enthält den ganz speciellen, aber vielfacher Anwendung fähigen Fall, jede der Grössen p_k — wenn solches möglich ist — in der Art als Function von dem mit gleichem Index versehenen q_k und einem System von n Grössen $\psi_1, \ldots, \psi_n$ in der Weise zu bestimmen, dass durch Einsetzung dieser Ausdrücke für die p die Function H unabhängig von den q wird. Die Integrale in

$$\int p_1 \mathrm{D}q_1 + \cdots + \int p_n \mathrm{D}q_n - \int H \mathrm{D}t = S$$

sind dann bei unveränderlichen $\psi_1, \ldots, \psi_n$ einfache Quadraturen; S wird, wenn man als untere feste Grenzen der Integrale Functionen von den ψ nimmt, eine Substitutionsfunction und $\psi_1, \ldots, \psi_n, \frac{\delta S}{\delta \psi_1}, \ldots, \frac{\delta S}{\delta \psi_n}$ bilden ein vollständiges System von Integrationsconstanten für die vorgegebenen Differentialgleichungen.

In dieser Form erhält man die Bestimmung der Bewegung eines freien Massentheilchens, welches von einem oder zwei festen Massentheilchen nach dem Newtonschen Gesetze angezogen wird oder auch auf einer Ellipsoidfläche ohne Einwirkung von Kräften zu bleiben gezwungen ist, unmittelbar, wenn man, wie Jacobi*) es durchgeführt hat, als unabhängige Veränderliche elliptische Coordinaten einführt.

Die Hamilton-Jacobische Form der Störungstheorie ergiebt sich aus der canonischen Substitution auf folgende Weise. Bezeichnet H die Hamiltonsche Function (7.) für das vollständige mechanische Problem (8*.), also mit Einschluss der sogenannten störenden Kräfte, dagegen E die Hamiltonsche Function für diejenige Bewegung, welche entstehen würde, wenn die störenden Kräfte nicht vorhanden wären, sind ferner $\psi_1, \ldots, \psi_n, \varphi_1, \ldots, \varphi_n$ für dies letztere Problem, also für die $2n$ Gleichungen

$$\frac{\partial E}{\partial p_l} = \frac{\vartheta q_l}{\vartheta t}$$
$$-\frac{\partial E}{\partial q_l} = \frac{\vartheta p_l}{\vartheta t}$$

---

*) [Jacobi, Gesammelte Werke, Supplementband: Vorlesungen über Dynamik, S. 221—231.]

die canonischen Integrale und ist endlich

$$S = \int \left(\sum p_l \frac{\vartheta q_l}{\vartheta t} - E \right) \mathrm{d}t$$

das zugehörige Hamiltonsche Integral, demnach

$$\mathrm{D}S = -E\,\mathrm{D}t + \sum p_l \mathrm{D}q_l - \sum \varphi_l \mathrm{D}\psi_l,$$

so werden, wie in den Gleichungen (12.), die durch die störenden Kräfte veränderten Elemente ψ und φ vermittelst der $2n$ Differentialgleichungen

$$\frac{\vartheta(H-E)}{\vartheta\varphi_l} = \frac{\mathrm{d}\psi_l}{\mathrm{d}t}$$

$$-\frac{\vartheta(H-E)}{\vartheta\psi_l} = \frac{\mathrm{d}\varphi_l}{\mathrm{d}t}$$

bestimmt, worin $H-E$ als Function von $t, \psi_1, \ldots, \psi_n, \varphi_1, \ldots, \varphi_n$ dargestellt gedacht ist.

5.

Kräfte, deren Maass von der Bewegung abhängt.

Gauss zuerst hat — wie aus seinen handschriftlichen Aufzeichnungen, welche im fünften Bande seiner von mir herausgegebenen Werke abgedruckt worden sind, hervorgeht — im Jahre 1835 den Gedanken gehabt, Kräfte zu bestimmen, welche nicht nur von der gegenseitigen Lage der auf einander wirkenden Körper, sondern auch von der Bewegung derselben abhängen. Seine vielfachen hierauf gerichteten Untersuchungen verfolgten den Zweck, aus solchen Kräften die bei galvanischen Strömen auftretenden Erscheinungen zu erklären. Unter der Annahme, dass die Wechselwirkungen zwischen dem galvanischen Strome und seinem Träger der Art sind, dass jede auf den Strom wirkende Kraft auf den Träger übertragen wird, dass ferner die beiden Kräfte, welche auf zwei verschiedenartige Electricitätstheile an derselben Stelle in einander entgegengesetzten Richtungen wirken, einen galvanischen Strom hervorbringen, dessen Intensität durch den ganzen linearen Stromleiter gleich gross und der Summe der beiden Kräfte proportional ist, habe ich in meiner Preisschrift »zur mathematischen Theorie electrischer Ströme«*) im Jahre 1857 zuerst

*) [Siehe S. 1—34 dieses Bandes.]

streng bewiesen, wie die von Ampère, Faraday, Lenz und Franz Neumann gefundenen electrodynamischen und electromotorischen Gesetze durch solche von Gauss untersuchten Kräfte erklärt werden können. Leider war mir zu jener Zeit Gauss' handschriftlicher Nachlass noch nicht zugänglich, sonst würde ich mir einige Untersuchungen haben ersparen können, wenn schon ein Beweis des Hülfssatzes der Übereinstimmung des Potentials für die Wechselwirkung zwischen galvanischen Strömen mit dem Potential für die Wechselwirkungen zwischen magnetischen Flächen, wie ich ihn dort gegeben habe, bei Gauss sich nicht findet, sondern nur der Beweis für die Übereinstimmungen zwischen den mit den Coordinatenaxen parallelen Kräftecomponenten (Gauss' Werke, Bd. V, S. 624).

Die neuesten von Herrn Helmholtz durchgeführten und sehr eingehenden Untersuchungen über die Natur der electrodynamischen Kräfte*) haben dargethan, dass, wenn man die Wechselwirkung zwischen den electrischen Körpern und ihren Trägern nicht vollständiger bestimmt, als es bisher geschehen ist, die Voraussetzung solcher von der Bewegung abhängigen Kräfte zu Erscheinungen führen müsste, welche unserer Vorstellung von der Natur der die Bewegungen hervorbringenden Kräfte widersprechen.

An dieser Stelle will ich die Kräfte, welche von der Bewegung abhängen, nur mit Rücksicht darauf bestimmen, dass die analytische Behandlung derselben so weit wie möglich mit der Behandlung der Kräfte, welche von der gegenseitigen Lage der auf einander wirkenden Körper abhängen, übereinkommt. So ist das Princip von der Gleichheit der Wirkung und Gegenwirkung unmittelbar übertragbar. Die Principien von der Erhaltung der Bewegung des Schwerpunkts und der Erhaltung der Flächengeschwindigkeit werden bestehen, wenn die Kraft zwischen je zwei Massentheilchen der Masse proportional ist, ihre Richtung in der Verbindungslinie der beiden Massen oder in deren Verlängerung liegt und die Grösse der Kraft im Übrigen nur von der Entfernung zwischen den beiden Massen abhängt, also bei der Entfernung r zwischen zwei Massentheilchen von den Intensitäten $\varepsilon_{\prime}$ und $\varepsilon_{\prime\prime}$ die Summe der virtuellen Momente der beiden gegenseitig auf die Massentheilchen ausgeübten Kräfte durch

*) [Helmholtz, Wissenschaftliche Abhandlungen, Bd. I, S. 545—628 und S. 647—687.]

$$\varepsilon_{,}\varepsilon_{,,}F\left(r, \frac{\mathrm{d}r}{\mathrm{d}t}, \frac{\mathrm{dd}r}{\mathrm{d}t^2}, \frac{\mathrm{d}^3r}{\mathrm{d}t^3}, \cdots\right)\delta r$$

dargestellt wird. Bei der Ableitung der Bewegungsgleichung habe ich oben nachgewiesen, dass die Einfachheit ihrer Form wesentlich auf dem Umstande beruht, dass die Summe der virtuellen Momente der Kräfte als Summe einer totalen Variation von einer Function und der totalen nach der Zeit genommenen Derivirten von einer Summe von Functionen multiplicirt in die Variationen der Coordinaten dargestellt werden kann. Wenn diese einfache Form der Bewegungsgleichung für die hier betrachteten Kräfte gültig bleiben soll, so muss also die Gleichung

$$\begin{aligned}
&\varepsilon_{,}\varepsilon_{,,}F\left(r, \frac{\mathrm{d}r}{\mathrm{d}t}, \frac{\mathrm{dd}r}{\mathrm{d}t^2}, \frac{\mathrm{d}^3r}{\mathrm{d}t^3}, \cdots\right)\delta r \\
&\quad = \delta V\left(r, \frac{\mathrm{d}r}{\mathrm{d}t}, \frac{\mathrm{dd}r}{\mathrm{d}t^2}, \frac{\mathrm{d}^3r}{\mathrm{d}t^3}, \cdots\right) + \frac{\mathrm{d}}{\mathrm{d}t}\left\{V_1\left(r, \frac{\mathrm{d}r}{\mathrm{d}t}, \frac{\mathrm{dd}r}{\mathrm{d}t^2}, \cdots\right)\delta r\right\} \\
&\quad = \frac{\partial V}{\partial r}\delta r + \frac{\partial V}{\partial \frac{\mathrm{d}r}{\mathrm{d}t}}\delta\frac{\mathrm{d}r}{\mathrm{d}t} + \frac{\partial V}{\partial \frac{\mathrm{dd}r}{\mathrm{d}t^2}}\delta\frac{\mathrm{dd}r}{\mathrm{d}t^2} + \cdots \\
&\qquad\qquad + \frac{\partial V_1}{\partial r}\frac{\mathrm{d}r}{\mathrm{d}t}\delta r + \frac{\partial V_1}{\partial \frac{\mathrm{d}r}{\mathrm{d}t}}\frac{\mathrm{dd}r}{\mathrm{d}t^2}\delta r + \cdots \\
&\qquad\qquad + V_1\frac{\mathrm{d}\delta r}{\mathrm{d}t} + \cdots
\end{aligned}$$

dentisch bestehen, und demnach

$$\begin{aligned}
\varepsilon_{,}\varepsilon_{,,}F.\delta r &= \frac{\partial V}{\partial r}\delta r + \frac{\partial V_1}{\partial r}\frac{\mathrm{d}r}{\mathrm{d}t}\delta r + \frac{\partial V_1}{\partial \frac{\mathrm{d}r}{\mathrm{d}t}}\frac{\mathrm{dd}r}{\mathrm{d}t^2}\delta r + \cdots \\
0 &= \frac{\partial V}{\partial \frac{\mathrm{d}r}{\mathrm{d}t}}\partial\frac{\mathrm{d}r}{\mathrm{d}t} + V_1 . \delta\frac{\mathrm{d}r}{\mathrm{d}t} \\
0 &= \frac{\partial V}{\partial \frac{\mathrm{dd}r}{\mathrm{d}t^2}}\delta\frac{\mathrm{dd}r}{\mathrm{d}t^2} \\
0 &= \frac{\partial V}{\partial \frac{\mathrm{d}^3r}{\mathrm{d}t^3}}\delta\frac{\mathrm{d}^3r}{\mathrm{d}t^3} \\
&\cdots\cdots\cdots,
\end{aligned}$$

also
$$V = \text{Function}\left(r, \frac{dr}{dt}\right)$$
$$V_1 = -\frac{\partial V}{\partial \frac{dr}{dt}}$$
$$\varepsilon_{,}\varepsilon_{,,} F\left(r, \frac{dr}{dt}, \frac{ddr}{dt^2}\right) = \frac{\partial V}{\partial r} - \frac{\partial}{\partial r}\left(\frac{\partial V}{\partial \frac{dr}{dt}}\right)\frac{dr}{dt} - \frac{\partial}{\partial \frac{dr}{dt}}\left(\frac{\partial V}{\partial \frac{dr}{dt}}\right)\frac{ddr}{dt^2}$$
$$\varepsilon_{,}\varepsilon_{,,} F\left(r, \frac{dr}{dt}, \frac{ddr}{dt^2}\right)\delta r = \delta V - \frac{d}{dt}\left\{\frac{\partial V}{\partial \frac{dr}{dt}}\delta r\right\}$$

sein. Ist z. B.
$$V = V_0 + \sum_n V_n \left(\frac{dr}{dt}\right)^n,$$

worin V_0 und V_n von $\frac{dr}{dt}$ unabhängig sind, so wird
$$\varepsilon_{,}\varepsilon_{,,} F\left(r, \frac{dr}{dt}, \frac{ddr}{dt^2}\right)\delta r = \delta\left\{V_0 + \sum_n V_n\left(\frac{dr}{dt}\right)^n\right\} - \frac{d}{dt}\left\{\sum_n n V_n \left(\frac{dr}{dt}\right)^{n-1}\delta r\right\}$$
$$\varepsilon_{,}\varepsilon_{,,} F\left(r, \frac{dr}{dt}, \frac{ddr}{dt^2}\right) = \frac{\partial V_0}{\partial r} - \sum_n (n-1)\frac{\partial V_n}{\partial r}\left(\frac{dr}{dt}\right)^n - \sum_n n(n-1)V_n\left(\frac{dr}{dt}\right)^{n-2}\frac{ddr}{dt^2},$$

und daraus folgt für $n = 2$ und für constante Werthe von rV_0 und rV_n das von Herrn W. Weber im Jahre 1846 veröffentlichte Gesetz*).

6.

Zwei freie Massentheilchen.

Um die vollständige Bestimmung der Bewegung unter Einwirkung solcher Kräfte, welche von der Bewegung der Körper abhängen, vorzuführen, will ich zwei nach der in Art. 4 angegebenen speciellen Methode einfach lösbare Probleme hier behandeln und zunächst zwei in einem ν-fach ausgedehnten ebenen Raume sich bewegende Massentheilchen betrachten.

Sind m, $x_1, \ldots, x_\nu$ Trägheitsmasse und rechtwinkelige geradlinige Coordinaten des einen Massenpunktes

und M, $X_1, \ldots, X_\nu$ die entsprechenden Grössen für den anderen Punkt,

*) [W. Weber, Werke, Bd. III, S. 25—214.]

so ist für die Entfernung r der beiden Punkte von einander

$$rr = \sum_{\lambda=1}^{\lambda=\nu} (x_\lambda - X_\lambda)^2$$

und der Voraussetzung nach die Kräftefunction V allein von m, M, r und $\frac{dr}{dt}$ abhängig. Die ganze lebendige Kraft wird

$$2T = m\sum_{\lambda=1}^{\lambda=\nu} x'_\lambda x'_\lambda + M\sum_{\lambda=1}^{\lambda=\nu} X'_\lambda X'_\lambda.$$

Setzen wir zur Abkürzung

$$m + M = L^{-2}, \qquad \frac{m+M}{mM} = NN$$

und führen die Grössen $q_1, \ldots, q_{2\nu}$ durch die Gleichungen

$$mx_1 = mLq_{\nu+1} + \frac{1}{N} q_1 \cos q_2$$

$$mx_\lambda = mLq_{\nu+\lambda} + \frac{1}{N} q_1 \sin q_2 \sin q_3 \ldots \sin q_\lambda \cos q_{\lambda+1} \quad (\text{für } 1 < \lambda < \nu)$$

$$mx_\nu = mLq_{2\nu} + \frac{1}{N} q_1 \sin q_2 \sin q_3 \ldots \sin q_{\nu-1} \sin q_\nu$$

$$MX_1 = MLq_{\nu+1} - \frac{1}{N} q_1 \cos q_2$$

$$MX_\lambda = MLq_{\nu+\lambda} - \frac{1}{N} q_1 \sin q_2 \sin q_3 \ldots \sin q_\lambda \cos q_{\lambda+1} \quad (\text{für } 1 < \lambda < \nu)$$

$$MX_\nu = MLq_{2\nu} - \frac{1}{N} q_1 \sin q_2 \sin q_3 \ldots \sin q_{\nu-1} \sin q_\nu$$

ein, so wird $r = Nq_1$ und die ganze lebendige Kraft

$$2T = q'_1 q'_1 + \sum_{\lambda=2}^{\lambda=\nu} (q_1 \sin q_2 \ldots \sin q_{\lambda-1} \cdot q'_\lambda)^2 + \sum_{\mu=\nu+1}^{\mu=2\nu} q'_\mu q'_\mu,$$

also

$$p_1 = \frac{\partial(T+V)}{\partial q'_1} = q'_1 + \frac{\partial V}{\partial q'_1}$$

$$p_\lambda = \frac{\partial(T+V)}{\partial q'_\lambda} = (q_1 \sin q_2 \ldots \sin q_{\lambda-1})^2 q'_\lambda \quad (\text{für } 1 < \lambda \leqq \nu)$$

$$p_\mu = \frac{\partial(T+V)}{\partial q'_\mu} = q'_\mu \qquad (\text{für } \nu + 1 \leqq \mu \leqq 2\nu)$$

und demnach

$$H = \sum_{l=1}^{l=2\nu} p_l q'_l - T - V = T - V + q'_1 \frac{\theta V}{\theta q'_1}$$
$$= -V + q'_1 \frac{\theta V}{\theta q'_1} + \frac{1}{2} q'_1 q'_1$$
$$+ \frac{1}{2} \sum_{\lambda=2}^{\lambda=\nu} (q_1 \sin q_2 \dots \sin q_{\lambda-1})^{-2} p_\lambda p_\lambda$$
$$+ \frac{1}{2} \sum_{\mu=\nu+1}^{\mu=2\nu} p_\mu p_\mu.$$

Setzt man analog dem Jacobischen Verfahren

$$\frac{1}{2} p_\mu p_\mu = \psi_\mu \qquad (\text{für } \nu \leqq \mu \leqq 2\nu)$$
$$\frac{1}{2} p_\lambda p_\lambda + \psi_{\lambda+1} \operatorname{cosec} q_\lambda^2 = \psi_\lambda \qquad (\text{für } 1 < \lambda < \nu)$$
$$-V + q'_1 \frac{\theta V}{\theta q'_1} + \frac{1}{2} q'_1 q'_1 + \frac{\psi_2}{q_1 q_1} = \psi_1,$$

so wird

$$H = \psi_1 + \sum_{\mu=\nu+1}^{\mu=2\nu} \psi_\mu,$$

und wenn man in der Gleichung

$$S = -\psi_1 t - \sum_{\mu=\nu+1}^{\mu=2\nu} \psi_\mu t + \int p_1 \, dq_1 + \sum_{\lambda=2}^{\lambda=\nu-1} \int \sqrt{2\psi_\lambda - 2\psi_{\lambda+1} \operatorname{cosec} q_\lambda^2} \, dq_\lambda + \sum_{\mu=\nu}^{\mu=2\nu} q_\mu \sqrt{2\psi_\mu}$$

mit Hülfe der Einführungsgleichung für ψ_1 die Grösse p_1 als Function von q_1 und von den ψ darstellt, werden alle Integrale in derselben bei constanten ψ zu Quadraturen, deren obere Grenzen wieder q_1, q_λ seien.

Die Hamiltonsche Function H ist also durch die von einander unabhängigen Grössen ψ allein darstellbar, und der Differentialausdruck $\sum p_l Dq_l$ ist durch diese Substitution bei unveränderlichen ψ ein vollständiges Differential geworden; es sind daher die durch die obigen Gleichungen bestimmten Functionen, wenn für alle Indices $l = 1, 2, 3, \dots, 2\nu$

$$\psi_l = \text{const.}, \qquad \frac{\delta S}{\delta \psi_l} = -\varphi_l = \text{const.}$$

gesetzt wird, die 4ν Integralgleichungen, durch welche die Bewegung der freien nach dem Gesetze der Kräftefunction V auf einander wirkenden Massentheilchen m und M im ν-fach ausgedehnten ebenen Raume bestimmt wird.

Für den speciellen Fall, wo die Kräftefunction die einfache Form

$$V = V_0 + V_1 \frac{dr}{dt} + V_2 \frac{dr^2}{dt^2}$$

hat und V_0, V_1, V_2 Functionen allein von r sind, wird

$$p_1 = NV_1 + \sqrt{2+NNV_2}\sqrt{V_0 - \frac{\psi_2}{q_1 q_1} + \psi_1}.$$

7.

Zwei Massentheilchen im mehrfach ausgedehnten Gaussischen und Riemannschen Raume.

Befindet sich das eine Massentheilchen fest im Anfangspunkte der Coordinaten, ist von diesem Punkte nach dem beweglichen Punkte der Radius vector r gezogen, sind von dessen Halbirungspunkte auf die ν zu einander rechtwinkligen aus kürzesten Linien gebildeten Coordinatenaxen kürzeste Linien gezogen und begrenzen diese auf den Axen vom Anfangspunkte der Coordinaten an nach bestimmten Richtungen positiv gerechnet die Abschnitte $\xi_1, \xi_2, \ldots, \xi_\nu$, so wird nach meinen Untersuchungen über die mehrfach ausgedehnten Gaussischen und Riemannschen Räume in den »Nachrichten von der Königlichen Gesellschaft der Wissenschaften zu Göttingen 1873 Januar 4 No. 2, Lehrsatz IV«*)

$$\sin\frac{1}{2}ir^2 = \frac{\sum \operatorname{tang} i\xi_\mu^2}{1+\sum \operatorname{tang} i\xi_\mu^2}$$

und das Quadrat des Längenelementes gleich

$$\frac{4}{ii}\,\frac{\sum(\mathrm{d}\operatorname{tang} i\xi_\mu)^2}{(1+\sum \operatorname{tang} i\xi_\mu^2)^2},$$

wenn nämlich die Summationen über $\mu = 1, 2, 3, \ldots, \nu$ erstreckt werden und i für einen Riemannschen oder homogenen endlichen Raum den reciproken Werth der absoluten Längeneinheit, dagegen für einen Gaussischen oder unendlichen Raum den mit $\sqrt{-1}$ multiplicirten reciproken Werth der absoluten Längeneinheit bedeutet.

*) [Siehe S. 169—175 dieses Bandes.]

Setzt man nun

$$\begin{aligned}
\operatorname{tang} i\xi_1 &= \operatorname{tang} \tfrac{1}{2} i q_1 \cos q_2 \\
\operatorname{tang} i\xi_2 &= \operatorname{tang} \tfrac{1}{2} i q_1 \sin q_2 \cos q_3 \\
\operatorname{tang} i\xi_\mu &= \operatorname{tang} \tfrac{1}{2} i q_1 \sin q_2 \sin q_3 \dots \sin q_\mu \cos q_{\mu-1} \quad (\text{für } \mu < \nu) \\
\operatorname{tang} i\xi_{\nu-1} &= \operatorname{tang} \tfrac{1}{2} i q_1 \sin q_2 \sin q_3 \dots \sin q_{\nu-1} \cos q_\nu \\
\operatorname{tang} i\xi_\nu &= \operatorname{tang} \tfrac{1}{2} i q_1 \sin q_2 \sin q_3 \dots \sin q_{\nu-1} \sin q_\nu,
\end{aligned}$$

so wird also

$$\sum_{\mu=1}^{\mu=\nu} \operatorname{tang} i\xi_\mu^2 = \operatorname{tang} \tfrac{1}{2} i q_1^2, \qquad q_1 = r$$

und die lebendige Kraft, wenn für die Masse des beweglichen Theilchens die Einheit genommen ist, gleich

$$\begin{aligned}
2T = q_1' q_1' &+ \frac{1}{ii} \sin i q_1^2 \,.\, q_2' q_2' + \frac{1}{ii} \sin i q_1^2 \sin q_2^2 \,.\, q_3' q_3' + \cdots \\
&+ \frac{1}{ii} \sin i q_1^2 \sin q_2^2 \sin q_3^2 \dots \sin q_{\mu-1}^2 \,.\, q_\mu' q_\mu' + \cdots \\
&+ \frac{1}{ii} \sin i q_1^2 \sin q_2^2 \sin q_3^2 \dots \sin q_{\nu-1}^2 \,.\, q_\nu' q_\nu'.
\end{aligned}$$

Mithin wird

$$\begin{aligned}
p_1 &= \frac{\theta(T+V)}{\theta q_1'} = \frac{\theta V(q_1, q_1')}{\theta q_1'} + q_1' \\
p_2 &= \frac{\theta(T+V)}{\theta q_2'} = \frac{1}{ii} \sin i q_1^2 \,.\, q_2' \\
p_\mu &= \frac{\theta(T+V)}{\theta q_\mu'} = \frac{1}{ii} \sin i q_1^2 \sin q_2^2 \sin q_3^2 \dots \sin q_{\mu-1}^2 \,.\, q_\mu' \quad (\text{für } 1 < \mu \leqq \nu)
\end{aligned}$$

und daher

$$\begin{aligned}
H &= \sum_{l=1}^{l=n} p_l q_l' - T - V = T - V + q_1' \frac{\theta V}{\theta q_1'} \\
&= -V + q_1' \frac{\theta V}{\theta q_1'} + \frac{1}{2} q_1' q_1' \\
&\quad + \sum_{\mu=2}^{\mu=\nu} \frac{1}{2} ii \operatorname{cosec} i q_1^2 \operatorname{cosec} q_2^2 \operatorname{cosec} q_3^2 \dots \operatorname{cosec} q_{\mu-1}^2 \,.\, p_\mu p_\mu.
\end{aligned}$$

Die Substitution

$$\frac{1}{2}p_\nu p_\nu = \psi_\nu$$
$$\frac{1}{2}p_{\nu-1}p_{\nu-1} + \psi_\nu \operatorname{cosec} q_{\nu-1}^2 = \psi_{\nu-1}$$
$$\frac{1}{2}p_\lambda p_\lambda + \psi_{\lambda+1} \operatorname{cosec} q_\lambda^2 = \psi_\lambda \quad (\text{für } 1 < \lambda < \nu)$$
$$-V + q_1' \frac{\partial V}{\partial q_1'} + \frac{1}{2}q_1' q_1' + ii\psi_2 \operatorname{cosec} iq_1^2 = \psi_1$$

ergiebt

$$H = \psi_1$$

und für constante ψ

$$\mathrm{D}S = -H.\mathrm{D}t + \sum_{l=1}^{l=n} p_l \mathrm{D}q_l.$$

Die Substitutionsfunction ist

$$S = -\psi_1 t + \int p_1 \mathrm{d}q_1 + \sum_{\mu=2}^{\mu=\nu-1} \int \sqrt{2\psi_\mu - 2\psi_{\mu+1} \operatorname{cosec} q_\mu^2}\, \mathrm{d}q_\mu + q_\nu \sqrt{2\psi_\nu},$$

weil p_1 mit Zuziehung der Gleichung für ψ_1 eine Function allein von q_1 und den Grössen ψ wird. Die oberen Grenzen der Integrale sind q_μ.

Die in einem homogenen ν-fach ausgedehnten Raume stattfindende Bewegung eines freien Massentheilchens, auf welches ein festes nach dem Gesetze der Kräftefunction $V\left(r, \frac{\mathrm{d}r}{\mathrm{d}t}\right)$ wirkt, ist also durch die Gleichungen

$$\psi = \text{const.}, \qquad \frac{\delta S}{\delta \psi_l} = -\varphi_l = \text{const.},$$

worin l der Reihe nach die Indices $1, 2, 3, \ldots, \nu$ bedeutet, vollständig bestimmt.

8.

Allgemeine Differentialgleichungen für die Substitution.

In der Theorie der allgemeinen Störungen nehmen die von Lagrange*) und Poisson**) gefundenen Störungsformeln eine wichtige Stelle ein. Sie beziehen sich auf die Variation derjenigen Grössen, der sogenannten Elemente, welche bei der ungestörten Bewegung Integrations-Constanten sein würden.

*) [Lagrange, Oeuvres, T. V, p. 125—490; T. XI et XII: Mécanique analytique.]

**) [Poisson, Journal de l'École Polytechnique, 1809, Cah. 15, p. 266—344.]

Sie erhalten, wie Jacobi*) bemerkt hat, für die von Hamilton benutzten canonischen Integrations-Constanten besonders einfache Werthe.

Diese Relationen, sowie die von Hamilton und Jacobi hinzugefügten neuen Gleichungen ergeben sich sehr einfach aus der oben aufgestellten Substitutions-Gleichung (9.):

$$\mathrm{D}S = \sum p_l \mathrm{D}q_l - \sum \varphi_l \mathrm{D}\psi_l - E\mathrm{D}t.$$

Differentiirt man diese mit einer allgemeinen, aber von der D-Differentiation unabhängigen Δ-Differentiation, so entsteht

$$\begin{aligned} \Delta \mathrm{D}S = &\sum p_l \Delta \mathrm{D}q_l - \sum \varphi_l \Delta \mathrm{D}\psi_l - E\Delta \mathrm{D}t \\ &+ \sum \Delta p_l \mathrm{D}q_l - \sum \Delta \varphi_l \mathrm{D}\psi_l - \Delta E \mathrm{D}t. \end{aligned}$$

Denkt man sich aber in der ersten Gleichung die allgemeine Differentiation Δ gebraucht

$$\Delta S = \sum p_l \Delta q_l - \sum \varphi_l \Delta\psi_l - E\Delta t,$$

und differentiirt man dann mit D, so entsteht

$$\begin{aligned} \mathrm{D}\Delta S = &\sum p_l \mathrm{D}\Delta q_l - \sum \varphi_l \mathrm{D}\Delta\psi_l - E\Delta \mathrm{D}t \\ &+ \sum \mathrm{D}p_l \Delta q_l - \sum \mathrm{D}\varphi_l \Delta\psi_l - \mathrm{D}E\Delta t. \end{aligned}$$

Die beiden Differentiationen D und Δ sind von einander unabhängig, die Reihenfolge derselben ist also ohne Einfluss auf den Werth, demnach erhält man durch Subtraction der beiden Differential-Gleichungen zweiter Ordnung von einander die Gleichung

$$(13.)\qquad \sum(\mathrm{D}q_l \Delta p_l - \Delta q_l \mathrm{D}p_l) = \sum(\mathrm{D}\psi_l \Delta\varphi_l - \Delta\psi_l \mathrm{D}\varphi_l) + \mathrm{D}t\,\Delta E - \Delta t\,\mathrm{D}E$$

oder, wenn man den Ausdruck $\mathrm{D}q_l \Delta p_l - \Delta q_l \mathrm{D}p_l$ eine Differential-Determinante von dem Functionen-Paare q_l und p_l nennt, in Worten:

Bilden die $q_1, \dots, q_n$ und $p_1, \dots, p_n$ ein System von canonischen Veränderlichen, so ist, damit die durch vorgegebene Substitutions-Gleichungen eingeführten Grössen $\psi_1, \dots, \psi_n$ und $\varphi_1, \dots, \varphi_n$ allgemein auch ein System canonischer Veränderlicher bilden, nöthig und hinreichend, dass die Summe der allgemeinen zweigliedrigen Differential-Determinanten von allen zusammengehörigen Paaren

*) [Jacobi, Gesammelte Werke, Bd. IV, S. 39—146; Bd. V, S. 217—395; Supplementband: Vorlesungen über Dynamik.]

q_l und p_l sich von der ebenso aus ψ_l und φ_l gebildeten Summe nur um die zweigliedrige Differential-Determinante von der Veränderlichen t und irgend einer Function E unterscheidet.

Dieser Satz gilt auch noch, wenn man den Begriff der allgemeinen Differentiation in so weit beschränkt, dass die Zeit t unverändert bleibt. Dann werden die beiden Summen der Differential-Determinanten einander gleich, und es giebt immer eine Function E, welche die Bedingungen dieses vorstehenden Lehrsatzes erfüllt.

Dass die Differentialgleichung (13.) auch hinreicht, um die Grössen φ und ψ ein System canonischer Veränderlicher werden zu lassen, wollen wir beweisen, indem wir dabei die sechs Fälle unterscheiden:

1. Es sind die p und φ als Functionen von den q, ψ und t gegeben, und es sei dann

$$\begin{array}{llll} \chi_l = p_l, & \chi_{n+l} = -\varphi_l, & \chi_{2n+1} = \chi_m = -E \\ x_l = q_l, & x_{n+l} = \psi_l, & x_{2n+1} = x_m = t; \end{array}$$

2. es sind die q und φ als Functionen von den p, ψ und t gegeben, und es sei dann

$$\begin{array}{llll} \chi_l = -q_l, & \chi_{n+l} = -\varphi_l, & \chi_{2n+1} = \chi_m = -E \\ x_l = p_l, & x_{n+l} = \psi_l, & x_{2n+1} = x_m = t; \end{array}$$

3. es sind die p und ψ als Functionen von den q, φ und t gegeben, und es sei dann

$$\begin{array}{llll} \chi_l = p_l, & \chi_{n+l} = \psi_l, & \chi_{2n+1} = \chi_m = -E \\ x_l = q_l, & x_{n+l} = \varphi_l, & x_{2n+1} = x_m = t; \end{array}$$

4. es sind die q und ψ als Functionen von den p, φ und t gegeben und es sei dann

$$\begin{array}{llll} \chi_l = -q_l, & \chi_{n+l} = \psi_l, & \chi_{2n+1} = \chi_m = -E \\ x_l = p_l, & x_{n+l} = \varphi_l, & x_{2n+1} = x_m = t; \end{array}$$

5. es sind die q und p als Functionen von den ψ, φ und t gegeben, und es sei dann

$$\begin{array}{lll} \chi_l = \sum_h p_h \frac{\vartheta q_h}{\vartheta \psi_l} - \varphi_l, & \chi_{n+l} = \sum_h p_h \frac{\vartheta q_h}{\vartheta \varphi_l}, & \chi_{2n+1} = \chi_m = \sum_h p_h \frac{\vartheta q_h}{\vartheta t} - E \\ x_l = \psi_l & x_{n+l} = \varphi_l & x_{2n+1} = x_m = t; \end{array}$$

6. es sind die ψ und φ als Functionen von den q, p und t gegeben, und es sei dann

$$\chi_l = p_l - \sum_h \varphi_h \frac{\partial \psi_h}{\partial q_l}, \quad \chi_{n+l} = -\sum_h \varphi_h \frac{\partial \psi_h}{\partial p_l}, \quad \chi_{2n+1} = \chi_m = -\sum_h \varphi_h \frac{\partial \psi_h}{\partial t} - E$$

$$x_l = q_l \qquad x_{n+l} = p_l \qquad x_{2n+1} = x_m = t.$$

Die Bedingungsgleichung (13.) geht für alle Fälle in die Form

$$\sum_{k=l}^{k=m} (\mathrm{D}x_k \Delta\chi_k - \Delta x_k \mathrm{D}\chi_k) = 0$$

über. Nimmt man nun für $\xi_1, \ldots, \xi_m$ irgend welche den Ausdruck

$$\xi_1 \chi_1 + \xi_2 \chi_2 + \cdots + \xi_m \chi_m$$

nicht verschwinden lassende Functionen von den x und denkt man sich die Gleichungen

$$\frac{\mathrm{d}y}{\sum_1^m \xi_k \chi_k} = \frac{\mathrm{d}x_1}{\xi_1} = \frac{\mathrm{d}x_2}{\xi_2} = \cdots = \frac{\mathrm{d}x_m}{\xi_m}$$

vollständig integrirt, so werden dabei m Integrationsconstanten $y_1, y_2, \ldots, y_m$ auftreten, von denen eine — es sei y_m — mit y durch Addition verbunden ist, und können die Variabeln x als Functionen der Grössen $y, y_1, y_2, \ldots, y_m$ betrachtet werden. Es ergiebt sich dann

$$\chi_1 \frac{\partial x_1}{\partial y} + \chi_2 \frac{\partial x_2}{\partial y} + \cdots + \chi_m \frac{\partial x_m}{\partial y} = \chi_1 \frac{\partial x_1}{\partial y_m} + \chi_2 \frac{\partial x_2}{\partial y_m} + \cdots + \chi_m \frac{\partial x_m}{\partial x_m} = 1,$$

also für eine allgemeine D-Differentiation

$$\chi_1 \mathrm{D}x_1 + \chi_2 \mathrm{D}x_2 + \cdots + \chi_m \mathrm{D}x_m = \mathrm{D}(y + y_m) + Y_1 \mathrm{D}y_1 + Y_2 \mathrm{D}y_2 + \cdots + Y_{m-1} \mathrm{D}y_{m-1},$$

worin $Y_1, \ldots, Y_{m-1}$ Functionen von $y, y_1, \ldots, y_{m-1}, y_m$ sind, welche in Folge der obigen Bedingung zwischen den χ und x die Gleichung

$$\sum_{k=1}^{k=m-1} (\mathrm{D}y_k \Delta Y_k - \Delta y_k \mathrm{D}Y_k) = 0$$

erfüllen müssen. In dem speciellen Falle, dass für die D-Differentiation alle Grössen y constant sind mit Ausnahme von y_l, wo $1 \leqq l \leqq m-1$, und für die Δ-Differentiation alle Grössen y constant sind mit Ausnahme einmal von y

und dann von y_m, wird die Gleichung zu

$$\mathrm{D}y_l \cdot \frac{\partial Y_l}{\partial y} \Delta y = 0 \quad \text{und} \quad \mathrm{D}y_l \cdot \frac{\partial Y_l}{\partial y_m} \Delta y_m = 0;$$

für jeden Index l zwischen 1 und $m-1$ ist also Y_l unabhängig von y und von y_m. Demnach ist

$$Y_1 \,\mathrm{D}y_1 + Y_2 \,\mathrm{D}y_2 + \cdots + Y_{m-1} \,\mathrm{D}y_{m-1}$$

ein Differentialausdruck mit nur $m-1$ unabhängigen Veränderlichen und die Coefficienten $Y_1, \ldots, Y_{m-1}$ genügen mit ihren unabhängigen Veränderlichen $y_1, \ldots, y_{m-1}$ der entsprechenden Bedingung wie die Coefficienten $\chi_1, \ldots, \chi_m$ in dem linearen Ausdrucke mit den m unabhängigen Veränderlichen x. Der Differentialausdruck mit $m-1$ Gliedern kann also nach demselben Verfahren auch wieder in ein Differential und in einen linearen Differentialausdruck mit $m-2$ unabhängigen Veränderlichen zerlegt werden mit entsprechender Bedingung. Durch Fortsetzung dieses Verfahrens gelangt man also dazu, den linearen Ausdruck als das Differential einer einzigen Function darzustellen

$$\chi_1 \,\mathrm{D}x_1 + \chi_2 \,\mathrm{D}x_2 + \cdots + \chi_m \,\mathrm{D}x_m = \mathrm{D}w.$$

Bezeichnen wir die in der Anwendung dieses Satzes auf unsere Untersuchung in den oben unterschiedenen sechs Fällen entstehenden Functionen der Reihe nach mit $w_1, w_2, \ldots, w_6$, so wird

$$\begin{aligned}
\sum p_l \,\mathrm{D}q_l - \sum \varphi_l \,\mathrm{D}\psi_l - E\,\mathrm{D}t &= \mathrm{D}w_1 \\
-\sum q_l \,\mathrm{D}p_l - \sum \varphi_l \,\mathrm{D}\psi_l - E\,\mathrm{D}t &= \mathrm{D}w_2 \\
\sum p_l \,\mathrm{D}q_l + \sum \psi_l \,\mathrm{D}\varphi_l - E\,\mathrm{D}t &= \mathrm{D}w_3 \\
-\sum q_l \,\mathrm{D}p_l + \sum \psi_l \,\mathrm{D}\varphi_l - E\,\mathrm{D}t &= \mathrm{D}w_4
\end{aligned}$$

$$\sum_l \Big(\sum_h p_h \frac{\vartheta q_h}{\vartheta \psi_l} - \varphi_l \Big) \mathrm{D}\psi_l + \sum_l \sum_h p_h \frac{\vartheta q_h}{\vartheta \varphi_l} \mathrm{D}\varphi_l + \Big(\sum p_h \frac{\vartheta q_h}{\vartheta t} - E \Big) \mathrm{D}t = \mathrm{D}w_5$$

$$\sum_l \Big(p_l - \sum_h \varphi_h \frac{\partial \psi_h}{\partial q_l} \Big) \mathrm{D}q_l - \sum_l \sum_h \varphi_h \frac{\partial \psi_h}{\partial p_l} \mathrm{D}p_l - \Big(\sum \varphi_h \frac{\partial \psi_h}{\partial t} + E \Big) \mathrm{D}t = \mathrm{D}w_6$$

oder mit Zuhülfenahme der identischen Gleichungen

$$\mathrm{D}\sum p_l q_l = \sum p_l \,\mathrm{D}q_l + \sum q_l \,\mathrm{D}p_l, \quad \mathrm{D}\sum \varphi_l \psi_l = \sum \varphi_l \,\mathrm{D}\psi_l + \sum \psi_l \,\mathrm{D}\varphi_l$$

und durch Zusammenziehung der partiellen Differentiale

$$\begin{aligned}\sum p_l \mathrm{D} q_l - \sum \varphi_l \mathrm{D}\psi_l - E\,\mathrm{d}t &= \mathrm{D}w_1\\ &= \mathrm{D}(w_2 + \sum p_l q_l)\\ &= \mathrm{D}(w_3 - \sum \varphi_l \psi_l)\\ &= \mathrm{D}(w_4 + \sum p_l q_l - \sum \varphi_l \psi_l)\\ &= \mathrm{D}w_5\\ &= \mathrm{D}w_6.\end{aligned}$$

In allen Fällen existirt also eine Substitutionsfunction S, welche die beiden Systeme von Veränderlichen, die q, p und die ψ, φ so miteinander verbindet, dass, wenn das eine System ein canonisches ist, auch das andere ein solches wird.

Beschränkt man den Begriff der allgemeinen Differentiale D und Δ in der Weise, dass man die Zeit t ungeändert lässt, so wird für eine canonische Substitution

$$\sum(\mathrm{D}q_l\,\Delta p_l - \Delta q_l\,\mathrm{D}p_l) = \sum(\mathrm{D}\psi_l\,\Delta\varphi_l - \Delta\psi_l\,\mathrm{D}\varphi_l), \quad \mathrm{D}t = 0, \quad \Delta t = 0.$$

Diese Form der Bedingungsgleichung genügt, damit die Substitution eine canonische ist. In der That, setzt man bei dem vorstehenden Beweise $\mathrm{D}t = 0$, $\Delta t = 0$ voraus, so ergiebt sich als Resultat die Existenz von Functionen $w_1, w_2, \ldots, w_6$, welche den zuvor gefundenen Gleichungen unter der Voraussetzung $\mathrm{D}t = 0$ genügen und demnach von E ganz unabhängig bestimmt werden. Setzt man dann

$$E = -\frac{\delta w_1}{\delta t}, \quad E = -\frac{\partial_2 w_2}{\partial_2 t}, \quad E = -\frac{\partial_3 w_3}{\partial_3 t}, \quad E = -\frac{\partial_4 w_4}{\partial_4 t}$$

$$E = -\frac{\vartheta w_5}{\vartheta t} + \sum p_h \frac{\vartheta q_h}{\vartheta t}, \quad E = -\frac{\partial w_6}{\partial t} - \sum \varphi_h \frac{\partial \psi_h}{\partial t}$$

— worin die partiellen Differentiationen δ, ∂_2, ∂_3, ∂_4, ϑ, ∂ sich der Reihe nach auf diejenigen Systeme der von einander als unabhängig betrachteten Veränderlichen beziehen, durch welche in jedem der sechs Fälle die übrigen Grössen als Functionen dargestellt sind —, so wird S auf dieselbe Weise bestimmt, wie zuvor.

9.

Jacobi's Störungsformeln.

Die allgemeine Differentialgleichung (13.)

$$\sum(\mathrm{D}q_l\,\Delta p_l - \Delta q_l\,\mathrm{D}p_l) = \sum(\mathrm{D}\psi_l\,\Delta\varphi_l - \Delta\psi_l\,\mathrm{D}\varphi_l) + \mathrm{D}t\,\Delta E - \Delta t\,\mathrm{D}E$$

wird, wenn wir die Differentiationen in dem speciellen Sinne:

$$\begin{array}{lll} \text{alle } \mathrm{D}q = 0, & \mathrm{D}p_l = 0 \ \text{ für } \ l \gtrless h, & \mathrm{D}t = 0 \\ \Delta\psi_l = 0 \ \text{ für } \ l \gtrless k, & \text{alle } \ \Delta\varphi = 0, & \Delta t = 0 \end{array}$$

nehmen, zu

$$-\frac{\vartheta q_h}{\vartheta \psi_k}\,\Delta\psi_k\,\mathrm{D}p_h = -\Delta\psi_k\,\frac{\partial\varphi_k}{\partial p_h}\,\mathrm{D}p_h,$$

und folglich ist

$$\frac{\vartheta q_h}{\vartheta \psi_k} = \frac{\partial\varphi_k}{\partial p_h}.$$

Führt man die verschiedenen speciellen derartigen Annahmen für die Differentiationen aus, indem man bei den D-Differentiationen der Grössen p, q, t alle diese bis auf eine und ebenso bei den Δ-Differentiationen der φ, ψ, t alle diese bis auf eine unveränderlich voraussetzt, so erhält man die von Jacobi aufgestellten für alle Indices h und k gültigen neun Systeme von Gleichungen

$$(14.)\quad \left\{\begin{array}{lll} \dfrac{\vartheta q_h}{\vartheta \psi_k} = \dfrac{\partial\varphi_k}{\partial p_h}, & \dfrac{\vartheta q_h}{\vartheta \varphi_k} = -\dfrac{\partial\psi_k}{\partial p_h}, & \dfrac{\vartheta q_h}{\vartheta t} = \dfrac{\partial E}{\partial p_h} \\[2ex] \dfrac{\vartheta p_h}{\vartheta \psi_k} = -\dfrac{\partial\varphi_k}{\partial q_h}, & \dfrac{\vartheta p_h}{\vartheta \varphi_k} = \dfrac{\partial\psi_k}{\partial q_h}, & \dfrac{\vartheta p_h}{\vartheta t} = -\dfrac{\partial E}{\partial q_h} \\[2ex] \dfrac{\vartheta E}{\vartheta \psi_k} = \dfrac{\partial\varphi_k}{\partial t}, & \dfrac{\vartheta E}{\vartheta \varphi_k} = -\dfrac{\partial\psi_k}{\partial t}, & \dfrac{\vartheta E}{\vartheta t} = \dfrac{\partial E}{\partial t}. \end{array}\right.$$

Um diesen verschiedenen Systemen eine gemeinsame Form zu geben, wollen wir die Bezeichnungen

$$\begin{array}{lll} q_{-\nu} = p_\nu, & q_{+0} = E, & q_{-0} = t \\ \psi_{-\nu} = \varphi_\nu, & \psi_{+0} = E, & \psi_{-0} = t \end{array}$$

$$[h] = +1 \ \text{ für } \ h \geqq \pm 0, \qquad [h] = -1 \ \text{ für } \ h < 0$$

einführen; die gemeinsame Form wird dann

$$(14^*.)\qquad [h]\,\frac{\vartheta q_h}{\vartheta \psi_{-k}} = [-k]\,\frac{\partial\psi_k}{\partial q_{-h}}$$

für

$$h = +0, \pm 1, \pm 2, \ldots, \pm n, \qquad k = +0, \pm 1, \pm 2, \ldots, \pm n.$$

Umgekehrt besteht auch der Satz, dass, wenn die Jacobischen Gleichungen erfüllt sind, diese Substitution der Grössen q, p durch ψ, φ eine canonische ist; denn durch Ausführung der Summation über die genannten Werthe der h und k wird identisch

$$\sum_h \sum_k \left\{ [h] \frac{\vartheta q_h}{\vartheta \psi_{-k}} - [-k] \frac{\partial \psi_k}{\partial q_{-h}} \right\} \Delta q_{-h} \mathrm{D} \psi_{-k} = \sum_h [h] \mathrm{D} q_h \Delta q_{-h} - \sum_k [-k] \Delta \psi_k \mathrm{D} \psi_{-k},$$

also die rechte Seite dieser Gleichung zu Null, wodurch nach Wiedereinführung der ursprünglichen Bezeichnungen die allgemeine für die canonische Substitution geltende Differentialgleichung (13.) entsteht.

Ist die Function E nicht gegeben, so braucht man in der eben durchgeführten Entwickelung nur $\mathrm{D}t = 0 = \Delta t$ vorauszusetzen. Die dann entstehende Differentialgleichung enthält nicht die Function E, welche letztere sich nach der in Artikel 8 ausgeführten Weise bestimmen lässt.

10.

Poisson's Störungsformeln.

Sind q, p als Functionen von ψ, φ, t und umgekehrt auch ψ, φ als Functionen von q, p, t darstellbar, bezeichnet Φ eine der $4n+1$ Grössen q, p, ψ, φ, t und Ψ eine Function dieser Grössen, so ist identisch

$$\frac{\vartheta \Psi}{\vartheta \Phi} = \frac{\partial \Psi}{\partial \Phi} + \sum \frac{\partial \Psi}{\partial q_l} \frac{\vartheta q_l}{\vartheta \Phi} + \sum \frac{\partial \Psi}{\partial p_l} \frac{\vartheta p_l}{\vartheta \Phi}$$

$$\frac{\vartheta \Psi}{\partial \Phi} = \frac{\vartheta \Psi}{\vartheta \Phi} + \sum \frac{\vartheta \Psi}{\vartheta \psi_l} \frac{\partial \psi_l}{\partial \Phi} + \sum \frac{\vartheta \Psi}{\vartheta \varphi_l} \frac{\partial \varphi_l}{\partial \Phi},$$

wenn die Summationen über die Indices $l = 1, 2, 3, \ldots, n$ erstreckt werden. Nimmt man in diesen Gleichungen für Ψ und Φ der Reihe nach je zwei der Grössen φ, ψ, t und ersetzt mit Hülfe der Jacobischen Gleichungen im vorigen Artikel $\frac{\vartheta q_l}{\vartheta \Phi}$ und $\frac{\vartheta p_l}{\vartheta \Phi}$ durch die ihnen gleichen Derivirten, so erhält man für eine canonische Substitution die Bedingungen

$$(15.)\quad\begin{cases}\displaystyle\sum_{l=1}^{l=n}\left(\frac{\partial\psi_h}{\partial q_l}\frac{\partial\psi_k}{\partial p_l}-\frac{\partial\psi_h}{\partial p_l}\frac{\partial\psi_k}{\partial q_l}\right)=0\\ \displaystyle\sum_{l=1}^{l=n}\left(\frac{\partial\psi_h}{\partial q_l}\frac{\partial\varphi_k}{\partial p_l}-\frac{\partial\psi_h}{\partial p_l}\frac{\partial\varphi_k}{\partial q_l}\right)=\begin{cases}0 & \text{für } h\lessgtr k\\ 1 & \text{für } h=k\end{cases}\\ \displaystyle\sum_{l=1}^{l=n}\left(\frac{\partial\varphi_h}{\partial q_l}\frac{\partial\varphi_k}{\partial p_l}-\frac{\partial\varphi_h}{\partial p_l}\frac{\partial\varphi_k}{\partial q_l}\right)=0\\ \displaystyle\sum_{l=1}^{l=n}\left(\frac{\partial E}{\partial q_l}\frac{\partial\psi_h}{\partial p_l}-\frac{\partial E}{\partial p_l}\frac{\partial\psi_h}{\partial q_l}\right)=\frac{\partial\psi_h}{\partial t}\\ \displaystyle\sum_{l=1}^{l=n}\left(\frac{\partial E}{\partial q_l}\frac{\partial\varphi_h}{\partial p_l}-\frac{\partial E}{\partial p_l}\frac{\partial\varphi_h}{\partial q_l}\right)=\frac{\partial\varphi_h}{\partial t}.\end{cases}$$

Benutzen wir dieselben Bezeichnungen wie im vorigen Artikel und gebrauchen noch $\left(\frac{\partial\psi_h}{\partial\psi_{-k}}\right)$ und $\left(\frac{\partial\psi_h}{\partial q_\lambda}\right)$ in der Bedeutung, dass

$$\left(\frac{\partial\psi_h}{\partial\psi_{-k}}\right)=1\qquad\text{für } h=-k$$

$$\left(\frac{\partial\psi_h}{\partial\psi_{-k}}\right)=\frac{\partial\psi_h}{\partial t}\quad\text{für } k=+0,$$

in allen anderen Fällen aber

$$\left(\frac{\partial\psi_h}{\partial\psi_{-k}}\right)=0$$

ist, dass

$$\left(\frac{\partial\psi_h}{\partial q_\lambda}\right)=1\quad\text{für } h=\lambda=+0,$$

in allen anderen Fällen aber

$$\left(\frac{\partial\psi_h}{\partial q_\lambda}\right)=\frac{\partial\psi_h}{\partial q_\lambda}$$

ist, setzen wir $[\lambda]=+1$ für ein positives λ, $[\lambda]=-1$ für einen negativen Werth von λ und $[+0]=[-0]=+1$, so können wir den obigen fünf Systemen von Gleichungen die gemeinsame Form

$$(15^*.)\qquad [k]\left(\frac{\partial\psi_h}{\partial\psi_{-k}}\right)-\sum_{\lambda=+0}^{\lambda=\mp n}[-\lambda]\left(\frac{\partial\psi_h}{\partial q_\lambda}\right)\left(\frac{\partial\psi_k}{\partial q_{-\lambda}}\right)=0$$

geben, und andererseits folgt, dass diese Gleichung für alle Werthesysteme $\pm0, \pm1, \pm2, \ldots, \pm n$ der h und k mit Ausschluss von $h=-k=-0$ richtig bleibt.

Solche Differentialausdrücke, wie sie unter den obigen auf l sich beziehenden Summen in (15.) stehen, hat Poisson zuerst aufgestellt (Mémoire sur la variation des constantes arbitraires dans les questions de Mécanique. Journal de l'Ecole Polytechnique, 1809 Octobre 16, Cah. 15, p. 266—344).

Schliesst man die Werthesysteme $h = +0$ und $h = -k = -0$ aus, so wird bei der Summation das Glied für $\lambda = +0$ immer verschwinden und die Gleichung (15*.) nimmt die einfachere Form an

$$[k]\left(\frac{\partial\psi_h}{\partial\psi_{-k}}\right) + \sum_{\lambda=\pm 1}^{\lambda=\mp n}[\lambda]\frac{\partial\psi_h}{\partial q_\lambda}\frac{\partial\psi_k}{\partial q_{-\lambda}} = 0.$$

Sind diese Gleichungen (15.) oder (15*.) erfüllt, so ist auch umgekehrt die Substitution eine canonische; denn wenn man in dem Ausdrucke

$$\sum_{h,k,\nu}[-k][\nu]\left(\frac{\vartheta q_\nu}{\vartheta\psi_{+k}}\right)\mathrm{D}q_{-\nu}\,\mathrm{D}\psi_{-k}\left\{[k]\left(\frac{\partial\psi_{+h}}{\partial\psi_{-k}}\right) - \sum_{\lambda=+0}^{\pm n}[-\lambda]\left(\frac{\partial\psi_h}{\partial q_\lambda}\right)\left(\frac{\partial\psi_k}{\partial q_{-\lambda}}\right)\right\}$$

für $\nu = h = +0$

$$\left(\frac{\vartheta q_\nu}{\vartheta\psi_h}\right) = 1,$$

für alle anderen Werthesysteme der ν und h aber

$$\left(\frac{\vartheta q_\nu}{\vartheta\psi_h}\right) = \frac{\vartheta q_\nu}{\vartheta\psi_h}$$

bedeuten lässt und die einzelnen Fälle, worin die eingeklammerten Glieder einen von den Derivirten verschiedenen Sinn haben, gesondert behandelt, dann zunächst die Summationen in Bezug auf h über die Werthe $\pm 0, \pm 1, \pm 2, \ldots, \pm n$, darnach die Summationen in Bezug auf λ, ν, k über die Werthe $+0, \pm 1, \pm 2, \ldots, \pm n$ mit Ausschluss der Combination $h = -k = -0$ durchführt, so entsteht

$$-\sum_\nu[\nu]\,\Delta q_\nu\,\mathrm{D}q_{-\nu} + \sum_k[-k]\,\mathrm{D}\psi_k\,\Delta\psi_{-k}.$$

Dieser Ausdruck muss also zu Null werden und ergiebt dadurch wieder die für eine canonische Substitution geltende Differentialgleichung (13.). Ist die Function E nicht bekannt, so braucht man in dieser Entwickelung nur $\mathrm{D}t = \Delta t = 0$ zu setzen und die Indices ± 0 auszuschliessen; dann kommen die Gleichungen, welche E enthalten, nicht mit in Rechnung, und diese Function bestimmt sich erst aus der zuvor berechneten Substitutionsfunction S wie in Artikel 8.

11.

Lagrange's Störungsformeln.

Nimmt man in der allgemeinen Differentialgleichung (13.) für die canonische Substitution die Differentiationen D und Δ in dem besonderen Sinne, dass je zwei der Grössen $\psi_1, \ldots, \psi_n, \varphi_1, \ldots, \varphi_n$ und t als unabhängig veränderlich, die übrigen aber als unveränderlich betrachtet werden, so erhält man

$$(16.)\quad \begin{cases} \sum\limits_{l=1}^{l=n}\left(\dfrac{\partial q_l}{\partial \psi_h}\dfrac{\partial p_l}{\partial \psi_k}-\dfrac{\partial p_l}{\partial \psi_h}\dfrac{\partial q_l}{\partial \psi_k}\right)=0 \\ \sum\limits_{l=1}^{l=n}\left(\dfrac{\partial q_l}{\partial \psi_h}\dfrac{\partial p_l}{\partial \varphi_k}-\dfrac{\partial p_l}{\partial \psi_h}\dfrac{\partial q_l}{\partial \varphi_k}\right)=\begin{cases}0 & \text{für } h \gtrless k\\ 1 & \text{für } h=k\end{cases} \\ \sum\limits_{l=1}^{l=n}\left(\dfrac{\partial q_l}{\partial \varphi_h}\dfrac{\partial p_l}{\partial \varphi_k}-\dfrac{\partial p_l}{\partial \varphi_h}\dfrac{\partial q_l}{\partial \varphi_k}\right)=0 \\ \sum\limits_{l=1}^{l=n}\left(\dfrac{\partial q_l}{\partial t}\dfrac{\partial p_l}{\partial \psi_h}-\dfrac{\partial p_l}{\partial t}\dfrac{\partial q_l}{\partial \psi_h}\right)=\dfrac{\partial E}{\partial \psi_h} \\ \sum\limits_{l=1}^{l=n}\left(\dfrac{\partial q_l}{\partial t}\dfrac{\partial p_l}{\partial \varphi_h}-\dfrac{\partial p_l}{\partial t}\dfrac{\partial q_l}{\partial \varphi_h}\right)=\dfrac{\partial E}{\partial \varphi_h}. \end{cases}$$

Und umgekehrt characterisiren diese fünf Systeme von Gleichungen diese Substitution als eine canonische; denn wenn man diese Gleichungen der Reihe nach mit

$$\begin{array}{r} \mathrm{D}\psi_h\,\Delta\psi_k \\ \mathrm{D}\psi_h\,\Delta\varphi_k-\Delta\psi_h\,\mathrm{D}\varphi_k \\ -\mathrm{D}\varphi_k\,\Delta\varphi_h \\ \mathrm{D}t\;\;\Delta\psi_h-\Delta t\,\mathrm{D}\psi_h \\ \mathrm{D}t\;\;\Delta\varphi_h-\Delta t\,\mathrm{D}\varphi_h \end{array}$$

multiplicirt, dann über sämmtliche Indices summirt, die hiernach erhaltenen Gleichungen addirt und die Summen partieller Differentiale zusammenzieht, so erhält man wieder die für die canonische Substitution geltende allgemeine Differentialgleichung (13.).

Es genügen auch die drei ersten Systeme von den Gleichungen (16.), um die Substitution zu einer canonischen zu machen, wie sich ergiebt, wenn in der vorhergehenden Untersuchung $\mathrm{D}t = 0 = \Delta t$ angenommen und die Functionen S und E wie in Artikel 8 bestimmt werden.

Wendet man die allgemeine Differentialgleichung (13.) auf den Fall an, wo $\psi_1, \dots, \psi_n, \varphi_1, \dots, \varphi_n$ Integrationsconstanten sind, stellt man diese durch Functionen irgend welcher anderer $2n$ Integrationsconstanten $c_1, c_2, \dots, c_{2n}$ dar und nimmt man dann die Differentiationen D und Δ in dem Sinne, dass für D nur c_μ, für Δ nur c_ν sich ändert, die übrigen c aber und t unverändert bleiben, so wird die zweite Seite der allgemeinen Differentialgleichung (13.) das Product von $\mathrm{D}c_\mu \Delta c_\nu$ multiplicirt in eine Function der Integrationsconstanten, man erhält also den Lagrangeschen Satz

$$\sum_l \left(\frac{\mathrm{d}q_l}{\mathrm{d}c_\mu} \frac{\mathrm{d}p_l}{\mathrm{d}c_\nu} - \frac{\mathrm{d}p_l}{\mathrm{d}c_\mu} \frac{\mathrm{d}q_l}{\mathrm{d}c_\nu} \right) = \text{const.}$$

12.

Hamilton's Störungsformeln.

Sind die Grössen p und φ als Functionen von den q, ψ und t darstellbar, so kann man in der allgemeinen Gleichung

$$\sum (\mathrm{D}q_l \Delta p_l - \Delta q_l \mathrm{D}p_l) = \sum (\mathrm{D}\psi_l \Delta \varphi_l - \Delta \psi_l \mathrm{D}\varphi_l) + \mathrm{D}t\, \Delta E - \Delta t\, \mathrm{D}E$$

$$\mathrm{D}q_l = 0 \quad \text{für} \quad l \gtrless h, \quad \text{alle} \quad \mathrm{D}\psi = 0, \quad \mathrm{D}t = 0$$

$$\Delta q_l = 0 \quad \text{für} \quad l \gtrless k, \quad \text{alle} \quad \Delta\psi = 0, \quad \Delta t = 0$$

nehmen, wodurch

$$\mathrm{D}q_h \cdot \frac{\delta p_h}{\delta q_k} \Delta q_k - \Delta q_k \cdot \frac{\delta p_k}{\delta q_h} \mathrm{D}q_h = 0,$$

also

$$\frac{\delta p_h}{\delta q_k} = \frac{\delta p_k}{\delta q_h}$$

entsteht, wenn wieder die partiellen Derivirten nach den Veränderlichen q, ψ und t mit δ bezeichnet werden.

Setzt man

$$\mathrm{D}q_l = 0 \quad \text{für} \quad l \gtrless h, \quad \text{alle} \quad \mathrm{D}\psi = 0, \quad \mathrm{D}t = 0$$

$$\Delta \psi_l = 0 \quad \text{für} \quad l \gtrless k, \quad \text{alle} \quad \Delta q = 0, \quad \Delta t = 0,$$

so geht die Gleichung (13.) in

$$\mathrm{D}q_h \cdot \frac{\delta p_h}{\delta \psi_k} \Delta \psi_k = - \Delta \psi_k \cdot \frac{\delta \varphi_k}{\delta q_h} \mathrm{D}q_h$$

über, also ist

$$\frac{\delta p_h}{\delta \psi_k} = -\frac{\delta \varphi_k}{\delta q_h}.$$

Setzt man

$$\begin{gathered} \mathrm{D}q_l = 0 \quad \text{für} \quad l \gtrless h, \quad \text{alle} \quad \mathrm{D}\psi = 0, \quad \mathrm{D}t = 0 \\ \text{alle} \quad \Delta q = 0, \quad \text{alle} \quad \Delta\psi = 0, \end{gathered}$$

so entsteht aus der allgemeinen Gleichung

$$\mathrm{D}q_h \cdot \frac{\delta p_h}{\delta t} \Delta t = -\Delta t \cdot \frac{\delta E}{\delta q_h} \mathrm{D}q_h,$$

also ist

$$\frac{\delta p_h}{\delta t} = -\frac{\delta E}{\delta q_h}.$$

Führt man auf solche Weise die Untersuchung aller derartig zulässigen besonderen Annahmen für die D- und Δ-Differentiationen durch, so erhält man die fünf Systeme der unter specielleren Voraussetzungen von Hamilton aufgestellten Gleichungen

$$(17.) \qquad \left\{ \begin{aligned} &\frac{\delta p_h}{\delta q_k} = \frac{\delta p_k}{\delta q_h}, \qquad \frac{\delta p_h}{\delta \psi_k} = -\frac{\delta \varphi_k}{\delta q_h}, \qquad \frac{\delta \varphi_h}{\delta \psi_k} = \frac{\delta \varphi_k}{\delta \psi_h} \\ &\frac{\delta p_h}{\delta t} = -\frac{\delta E}{\delta q_h}, \qquad \frac{\delta \varphi_h}{\delta t} = \frac{\delta E}{\delta \psi_h}, \end{aligned} \right.$$

welche für alle Indices von h und k gelten.

Umgekehrt genügen aber diese Gleichungen bei einer beliebigen Function E, damit die vorausgesetzte Darstellung der q und p als Functionen der ψ, φ und t eine canonische Substitution bildet; dies folgt schon daraus, dass es die bekannten Bedingungsgleichungen für die Existenz einer Function S sind, deren nach $q_1, \ldots, q_n, \psi_1, \ldots, \psi_n$ und t genommene partielle Derivirten gleich $p_1, \ldots, p_n, -\varphi_1, \ldots, -\varphi_n$ und $-E$ werden sollen.

Setzen wir für ein positives ν

$$\begin{gathered} Q_\nu = q_\nu, \quad Q_{-\nu} = \psi_\nu, \quad Q_0 = t \\ P_\nu = p_\nu, \quad P_{-\nu} = \varphi_\nu, \quad P_0 = E, \end{gathered}$$

so lassen sich die fünf Systeme Hamiltonscher Gleichungen in der gemeinsamen Form

$$(17^*.) \quad \begin{cases} [-h]\frac{\delta P_h}{\delta Q_k} = [-k]\frac{\delta P_k}{\delta Q_h} \\ \text{für } h \text{ und } k \text{ gleich } 0, \pm 1, \pm 2, \ldots, \pm n \end{cases}$$

schreiben; multipliciren wir die beiden Seiten dieser Gleichung mit $DQ_k . \Delta Q_h$ und summiren über alle Werthe von h und k, so erhalten wir

$$\sum [-h] DP_h . \Delta Q_h = \sum [-k] DQ_k . \Delta P_k,$$

welches wieder die allgemeine Differentialgleichung für eine canonische Substitution ist.

Die obigen fünf Systeme von Gleichungen sind in der Weise vollständig, dass von den in $q_1, \ldots, q_n, \psi_1, \ldots, \psi_n$ und t ausgedrückten Functionen $p_1, \ldots, p_n, \varphi_1, \ldots, \varphi_n, E$ beliebig viele gegeben sein können; wenn nur die zwischen diesen gegebenen Functionen nach jenem Systeme geltenden Gleichungen erfüllt sind, so lassen sich die übrigen Functionen der Art bestimmen, dass sie zusammen eine canonische Substitution bilden.

In der That, man braucht in der letzten Gleichung nur diejenigen Dq_h und Δq_h, $D\psi_\lambda$ und $\Delta\psi_\lambda$ gleich Null anzunehmen, für welche die beziehungsweise mit gleichem Index versehenen p_h und φ_λ nicht gegeben sind, und ferner Dt und Δt gleich Null zu setzen, wenn E nicht gegeben ist; dann kommen in jener Gleichung die nicht gegebenen p_h und φ_λ und eventuell auch E nicht vor, und man erhält nur für die gegebenen

$$p_1, p_2, \ldots, p_m, \quad \varphi_1, \ldots, \varphi_\mu \text{ und eventuell } E$$

die Gleichung

$$0 = \sum_{l=1}^{l=m} (Dq_l \Delta p_l - \Delta q_l Dp_l) - \sum_{\lambda=1}^{\lambda=\mu} (D\psi_\lambda \Delta\varphi_\lambda - \Delta\psi_\lambda D\varphi_\lambda) + Dt\,\Delta E - \Delta t\, DE,$$

welche nach Artikel 8 (13.) die Bedingungsgleichung dafür ist, dass bei constanten $q_{m+1}, \ldots, q_n, \psi_{\mu+1}, \ldots, \psi_n$ der Ausdruck

$$\sum_{l=1}^{l=m} p_l Dq_l - \sum_{\lambda=1}^{\lambda=\mu} \varphi_\lambda D\psi_\lambda - E\,Dt$$

das vollständige Differential DS^* einer Function S^* wird, deren partielle Derivirten

$$\frac{\delta S^*}{\delta q_{m+1}} = p_{m+1}, \quad \ldots, \quad \frac{\delta S^*}{\delta q_n} = p_n, \quad \frac{\delta S^*}{\delta \psi_{\mu+1}} = -\varphi_{\mu+1}, \quad \ldots, \quad \frac{\delta S^*}{\delta \psi_n} = -\varphi_n$$

und, wenn E nicht gegeben war,

$$\frac{\delta S^*}{\delta t} = -E$$

zu setzen sind.

13.

Neue Differentialgleichungen für die canonische Substitution.

Bei den Jacobischen und Hamiltonschen Differentialgleichungen für die canonische Substitution kommen drei verschiedene Systeme unabhängiger Veränderlichen in Betracht, nämlich einmal die Grössen q, p, t, dann ψ, φ, t und endlich die q, ψ, t; die drei entsprechenden verschiedenen Differentiationen haben wir beziehungsweise mit ∂, ϑ und δ bezeichnet. Für manche Untersuchungen sind nun noch andere Gruppirungen der von einander unabhängigen Veränderlichen erforderlich.

Indem wir zur leichteren Übersicht

$$\begin{aligned} p_\nu &= q_{-\nu}, \quad E = \psi_{+0} \quad \text{oder} \quad E = q_{+0} \\ \varphi_\nu &= \psi_{-\nu}, \quad t = \psi_{-0} \quad \text{oder} \quad t = q_{-0} \end{aligned}$$

setzen, wollen wir $2n$ Grössen unter $q_{\pm 1}, \ldots, q_{\pm n}, \psi_{\pm 1}, \ldots, \psi_{\pm n}$ und eine Grösse unter q_{-0}, ψ_{-0} als ein System von $2n+1$ unabhängigen Veränderlichen gewählt denken, diese mit

$$q_{h_1}, \ldots, q_{h_\nu}, \quad \psi_{k_1}, \ldots, \psi_{k_\mu}$$

und die partielle Differentiation nach diesen Veränderlichen mit $\mathfrak{d}$ bezeichnen, so dass also für jede Function P identisch

$$\begin{aligned} \frac{\partial P}{\partial q_l} &= \frac{\mathfrak{d} P}{\mathfrak{d} q_l} + \sum_k \frac{\mathfrak{d} P}{\mathfrak{d} \psi_k} \frac{\partial \psi_k}{\partial q_l} \\ \frac{\vartheta P}{\vartheta \psi_l} &= \frac{\mathfrak{d} P}{\mathfrak{d} \psi_l} + \sum_h \frac{\mathfrak{d} P}{\mathfrak{d} q_h} \frac{\vartheta q_h}{\vartheta \psi_l} \\ \frac{\mathfrak{d} P}{\mathfrak{d} q_h} &= \sum_l \frac{\vartheta P}{\vartheta \psi_l} \frac{\mathfrak{d} \psi_l}{\mathfrak{d} q_h} \\ \frac{\mathfrak{d} P}{\mathfrak{d} \psi_k} &= \sum_l \frac{\partial P}{\partial q_l} \frac{\mathfrak{d} q_l}{\mathfrak{d} \psi_k} \end{aligned}$$

ist, wenn die auf h und die auf k sich beziehenden Summationen über sämmtliche als unabhängige Veränderliche auftretende q_h und ψ_k und die auf

l sich beziehenden Summationen über sämmtliche Werthe $-0, \pm 1, \pm 2, \ldots, \pm n$ erstreckt werden.

Nach den ersten beiden Formeln geht die Gleichung

$$\sum_h \sum_k \frac{\mathfrak{d}\Phi}{\mathfrak{d}q_h} \frac{\mathfrak{d}P}{\mathfrak{d}\psi_k}\left([-k]\frac{\vartheta q_h}{\vartheta \psi_{-k}} - [h]\frac{\partial \psi_k}{\partial q_{-h}}\right) = 0,$$

welche unmittelbar aus den Jacobischen Gleichungen (14.) Art. 9 folgt, in die Gleichung

$$(18.) \qquad -\sum_h [h]\frac{\mathfrak{d}\Phi}{\mathfrak{d}q_h}\left(\frac{\partial P}{\partial q_{-h}} - \frac{\mathfrak{d}P}{\mathfrak{d}q_{-h}}\right) + \sum_k [-k]\frac{\mathfrak{d}P}{\mathfrak{d}\psi_k}\left(\frac{\vartheta \Phi}{\vartheta \psi_{-k}} - \frac{\mathfrak{d}\Phi}{\mathfrak{d}\psi_{-k}}\right) = 0$$

über.

Diese Gleichung enthält als specielle Fälle die Jacobischen Gleichungen, wenn man die $\mathfrak{d}$-Differentiation in dem Sinne nimmt, dass z. B. neben anderen als unabhängige Veränderliche q_l und ψ_λ, aber nicht q_{-l} und $\psi_{-\lambda}$ gelten, und wenn man dann $\Phi = q_l$, $P = \psi_\lambda$ setzt. Die Gleichung (18.) geht in die zweite Hamiltonsche (17.) über, wenn man die $\mathfrak{d}$-Differentiation auf die unabhängigen Veränderlichen $q_1, \ldots, q_n, \psi_1, \ldots, \psi_n, t$ bezieht und $P = p_l$, $\Phi = \varphi_\lambda$ setzt; mit Hülfe der so erhaltenen Gleichung ergiebt sich aus der obigen (18.) auch die erste Hamiltonsche Gleichung, wenn man $P = p_l$, $\Phi = p_\lambda$ setzt, und ferner die dritte, wenn man $P = \varphi_l$, $\Phi = \varphi_\lambda$ setzt. Auch die vierte Gleichung kann man direct ableiten, wenn man die $\mathfrak{d}$-Differentiation auf die Grössen $E, \psi_1, \ldots, \psi_n, q_1, \ldots, q_n$ als unabhängige Veränderliche bezieht und in obiger Gleichung (18.)

$$\Phi = t, \quad P = p_l = q_{-l}, \quad \psi_0 = E, \quad \psi_{-0} = t$$

setzt; man erhält dann

$$0 = -\frac{\mathfrak{d}t}{\mathfrak{d}q_l} + \frac{\mathfrak{d}p_l}{\mathfrak{d}E} = \frac{\mathfrak{d}t}{\mathfrak{d}E}\frac{\delta E}{\delta q_l} + \frac{\delta p_l}{\delta t}\frac{\mathfrak{d}t}{\mathfrak{d}E}.$$

Auf analoge Weise ergiebt sich die fünfte Hamiltonsche Gleichung.

Die allgemeine Form der Gleichung für den Fall, dass E in (18.) als unabhängige Veränderliche gilt, wollen wir hier nicht untersuchen.

Bemerkenswerth an der obigen allgemeinen Relation (18.) ist noch, dass sie nur für diejenigen ψ, welche bei der $\mathfrak{d}$-Differentiation als Unabhängige auftreten, und diejenigen ψ, welche in Φ vorkommen, die für die Poissonschen

Differentialausdrücke geltenden Gleichungen (15.) voraussetzt; denn der obige Ausdruck entsteht auch, wenn man in

$$\sum_k \sum_l \left(\frac{\vartheta\Phi}{\vartheta\psi_l} - \frac{\mathfrak{d}\Phi}{\mathfrak{d}\psi_l}\right)\frac{\mathfrak{d}P}{\mathfrak{d}\psi_k}\left\{-[k]\left(\frac{\partial\psi_l}{\partial\psi_{-k}}\right) + \sum_h [-h]\left(\frac{\partial\psi_l}{\partial q_h}\right)\left(\frac{\partial\psi_k}{\partial q_{-h}}\right)\right\}$$

zunächst die Summation nach l über die in Betracht kommenden ψ_l ausführt. Mit Rücksicht hierauf kann man aus der obigen allgemeinen Gleichung (18.) dadurch, dass man als Unabhängige für die $\mathfrak{d}$-Differentiation die Grössen

$$q_1,\ q_2,\ \ldots,\ q_n,\quad \psi_1,\ \psi_2,\ \ldots,\ \psi_i,\quad p_{i+1},\ p_{i+2},\ \ldots,\ p_n$$

wählt, und $P = p_\lambda$, $\Phi = \text{funct.}(\psi_1, \ldots, \psi_n) = f$ setzt, die von Jacobi in seiner Abhandlung »Nova methodus, aequationes differentiales partiales primi ordinis inter numerum variabilium quemcunque propositas integrandi«*) (Borchardts Journal, Bd. 60) aufgestellte, für jedes $\lambda \leqq i$ geltende Gleichung

$$0 = -\frac{\mathfrak{d}f}{\mathfrak{d}q_\lambda} + \sum_{h=i+1}^{h=n}\left(\frac{\mathfrak{d}f}{\mathfrak{d}q_h}\frac{\mathfrak{d}p_\lambda}{\mathfrak{d}p_h} - \frac{\mathfrak{d}f}{\mathfrak{d}p_h}\frac{\mathfrak{d}p_\lambda}{\mathfrak{d}q_h}\right)$$

als einen in (18.) enthaltenen speciellen Fall ableiten.

---

*) [Jacobi, Gesammelte Werke, Bd. V, S. 1—189.]

XVI.

VERALLGEMEINERUNG DER POISSON-JACOBI-SCHEN STÖRUNGSFORMELN.

Vorgelegt in der Sitzung der Königl. Gesellschaft der Wissenschaften zu Göttingen am 1. November 1873 [und veröffentlicht in den »Abhandlungen« derselben, Bd. XIX. Mathematische Classe, S. 3—37. Göttingen, 1874.]

INHALT.

1.

Normale Form der canonischen Substitution.

In meiner Abhandlung über die Hamilton-Jacobische Theorie*) habe ich nachgewiesen, dass die von Jacobi als canonisch bezeichnete Form der Integrale für ein mechanisches Problem immer dann möglich ist, wenn in dem von mir angegebenen Sinne ein verallgemeinertes Potential besteht. Bestimmt man nämlich die virtuellen Bewegungen durch Variation der Coordinaten, so kommt es darauf an, ob man die Summe der virtuellen Momente der Kräfte in eine vollständige Variation einer Function und in eine vollständige nach der Zeit genommene Derivirte eines Ausdruckes zerlegen kann. Die Function habe ich Potential genannt; aus ihr lässt sich auch leicht der andere nach der Zeit zu derivirende Ausdruck ableiten.

Die Jacobischen canonischen Integrale sind ein specielles canonisches System von Grössen. Bezeichnen nämlich $q_1, q_2, \ldots, q_n$ ein System von einander unabhängiger Grössen, durch deren Werthe die Lage sämmtlicher bei dem mechanischen Problem in Betracht kommenden Massentheilchen vollständig bestimmt ist — so dass man sie also ein vollständiges System von Coordinaten im allgemeineren Sinne des Wortes nennen kann — und bezeichnet t die Zeit, q'_l die Derivirte von q_l nach der Zeit, ∂ die Differentiation eines Ausdrucks von $t, q_1, \ldots, q_n, q'_1, \ldots, q'_n$ nach diesen Grössen, νT die lebendige Kraft, V die Potentialfunction, so ist diejenige Grösse, welche für den speciellen Fall, dass in dem Raume das Quadrat des Längenelementes durch ein Aggregat von Quadraten der Differentiale der Coordinaten ausgedrückt werden kann, also $\nu = 2$ wird, die Summe der virtuellen Momente der in

*) [Siehe S. 193–245 dieses Bandes.]

die Massentheilchen multiplicirten Beschleunigungen vermindert um die virtuellen Momente der einwirkenden Kräfte bedeutet, nach Artikel 2 (4.) jener Abhandlung*) gleich

$$(1.)\quad -\delta(T+V)+\frac{\mathrm{d}}{\mathrm{d}t}\sum\frac{\theta(T+V)}{\theta q_l'}\delta q_l \quad \text{oder} \quad \sum\left\{-\frac{\theta(T+V)}{\theta q_l}+\frac{\mathrm{d}}{\mathrm{d}t}\left[\frac{\theta(T+V)}{\theta q_l'}\right]\right\}\delta q_l,$$

worin die Summation $\sum$ sich auf die Werthe $1, 2, 3, \ldots, n$ des Index l bezieht.

Setzen wir

$$(2.)\quad p_l = \frac{\theta(T+V)}{\theta q_l'},$$

so sind $q_1, \ldots, q_n, p_1, \ldots, p_n$ nach Jacobi ein vollständiges System canonischer Veränderlichen zu nennen.

Sollen $\psi_1, \ldots, \psi_n, \varphi_1, \ldots, \varphi_n$ ebenfalls ein vollständiges System canonischer Veränderlichen für dieses mechanische Problem sein, so giebt es Functionen S und E von $t, q_1, \ldots, q_n, \psi_1, \ldots, \psi_n$ der Art, dass die Gleichung

$$(3.)\quad \mathrm{D}S = -E\mathrm{D}t+\sum p_l\mathrm{D}q_l-\sum\varphi_l\mathrm{D}\psi_l$$

erfüllt wird, worin D die allgemeinste Differentiation bedeutet (Artikel 4 (9.) der schon bezeichneten Abhandlung)**).

Aus dieser Bedeutung der D-Differentiation ergiebt sich zunächst identisch und dann nach Einführung der Grössen $p_1, \ldots, p_n$ mit Hülfe der Gleichungen (2.), so wie nach Einführung der Grössen $\psi_1, \ldots, \psi_n, \varphi_1, \ldots, \varphi_n$ mit Hülfe von (3.) folgende dreifache Gleichung

$$(4.)\quad \sum\left\{-\frac{\theta(T+V)}{\theta q_l}+\frac{\mathrm{d}}{\mathrm{d}t}\left[\frac{\theta(T+V)}{\theta q_l'}\right]\right\}(\mathrm{D}q_l-q_l'\mathrm{D}t)$$

$$= -\mathrm{D}(T+V)+\frac{\mathrm{d}}{\mathrm{d}t}\left\{\left(T+V-\sum\frac{\theta(T+V)}{\theta q_l'}q_l'\right)\mathrm{D}t+\sum\frac{\theta(T+V)}{\theta q_l'}\mathrm{D}q_l'\right\}$$

$$= -\mathrm{D}(T+V)+\frac{\mathrm{d}}{\mathrm{d}t}\left\{\left(T+V-\sum p_l\frac{\mathrm{d}q_l}{\mathrm{d}t}\right)\mathrm{D}t+\sum p_l\mathrm{D}q_l\right\}$$

$$= -\mathrm{D}\left(T+V-\frac{\mathrm{d}S}{\mathrm{d}t}\right)+\frac{\mathrm{d}}{\mathrm{d}t}\left\{\left(T+V-\frac{\mathrm{d}S}{\mathrm{d}t}-\sum\varphi_l\frac{\mathrm{d}\psi_l}{\mathrm{d}t}\right)\mathrm{D}t+\sum\varphi_l\mathrm{D}\psi_l\right\}.$$

---

*) [Siehe S. 209 dieses Bandes.]

**) [Siehe S. 215 dieses Bandes.]

Sind nun die Bedingungen für das mechanische Problem der Art, dass zu jeder virtuellen Bewegung auch die im entgegengesetzten Sinne möglich ist, so muss in Folge des D'Alembertschen Princips oder allgemeiner nach dem Gaussischen Princip des kleinsten Zwanges oder nach noch allgemeineren Grundsätzen der Ausdruck unter (1.), also — wie leicht zu sehen — auch die erste Seite der letzten Gleichung zu Null werden.

Hamilton hat solche Functionen, wie die hier mit φ und ψ bezeichneten, nur in dem Sinne gebraucht, dass sie ein vollständiges System von Integralen für die Differentialgleichungen eines mechanischen Problems bilden, was immer dann eintritt, wenn die Grösse $-E$ von der Grösse $-H$,

$$(5.)\qquad -H = T+V-\sum p_i q_i',$$

sich nur um eine additive absolute Constante unterscheidet. Ausser in dieser Bedeutung hat Jacobi, in seinen Abhandlungen über partielle lineare Differentialgleichungen erster Ordnung*), solche Functionen, wie die ψ hier sind, betrachtet, welche gleich Constanten gesetzt die nöthigen Beziehungen zwischen p und q bestimmen, damit

$$p_1 dq_1 + p_2 dq_2 + \cdots + p_n dq_n$$

allgemein, ohne eine Relation zwischen den Grössen $q_1, \ldots, q_n$ für sich zuzulassen, ein vollständiges Differential werde.

In allen diesen Fällen ergiebt sich unmittelbar aus den allgemeinen Voraussetzungen, dass $\psi_1, \ldots, \psi_n, q_1, \ldots, q_n, t$ von einander unabhängige Veränderliche werden, durch welche alle übrigen Grössen, die bei derselben Substitution in Betracht kommen, als Functionen dargestellt werden können. Diese Art der Abhängigkeit ist aber für die ganze Untersuchung von grosser Bedeutung; nicht nur folgen daraus so einfache Relationen, wie die Hamiltonschen, welche ich im Artikel 12 meiner Abhandlung über die Hamilton-Jacobische Theorie**) angegeben habe, sondern aus ihr vorzugsweise auch werden für solche Functionen, deren Poissonsche Differentialausdrücke die einfachsten in den Gleichungen (15.) jener Ab-

*) [Jacobi, Gesammelte Werke, Bd. IV, S. 1—15, 57—127 u. Bd. V, S. 1—189.

**) [Siehe S. 241 dieses Bandes.]

handlung*) aufgestellten Werthe annehmen, alle übrigen daraus sich ergebenden Eigenschaften abgeleitet.

Schon in dem einfachsten Falle, wenn sämmtliche $\psi_1, \ldots, \psi_n$ als Functionen von $q_1, \ldots, q_n, t$ allein vorausgesetzt sind und sich also zwischen diesen Grössen und $\varphi_1, \ldots, \varphi_n, p_1, \ldots, p_n, E$ leicht unmittelbar solche Beziehungen aufstellen lassen, dass die Fundamentalgleichung der Substitution erfüllt wird und die Poissonschen Differentialausdrücke verschwinden, sind die Grössen φ, p, E nicht durch ψ, q, t bestimmbar. Hier wird jedoch dadurch, dass man statt der gegebenen q_l und p_l beziehungsweise $-p_l$ und q_l setzt und zu der Substitutionsfunction noch $\sum p_l q_l$ hinzufügt, eine solche canonische Substitution erhalten, bei welcher alle Grössen durch Functionen von q, ψ, t darstellbar sind und die Werthe der Poissonschen Differentialausdrücke ungeändert bleiben.

Ausser in diesen beiden einfachsten Fällen besteht auch sonst immer der Satz:

Wenn eine gegebene canonische Substitution eine vollständige ist, d. h. wenn alle vorkommenden Grössen sowohl durch die p_l, q_l, t allein, als auch durch die $\varphi_\lambda, \psi_\lambda, t$ allein bestimmbar sind, so kann man dieselbe durch etwaige Vertauschung der Glieder einzelner Paare von zusammengehörigen Grössen q_k und p_k mit $-p_k$ und q_k in eine solche Form bringen, dass alle vorkommenden Grössen durch die unabhängigen $q_1, \ldots, q_n, \psi_1, \ldots, \psi_n, t$ allein bestimmbar werden.

Eine solche Form soll eine normale heissen. Wegen der vielfachen Anwendungen dieses Satzes, dass jede vollständige canonische Substitution in eine normale Form gebracht werden kann, ist es zweckmässig, den Satz mit der geringsten Anzahl der nothwendigen Voraussetzungen auszusprechen, was in folgender Weise geschieht.

Besitzen die Grössen $\psi_1, \ldots, \psi_n$ als Functionen der unabhängigen Veränderlichen $q_{-n}, \ldots, q_{-1}, q_{+1}, \ldots, q_{+n}$ die Eigenschaft, dass für je zwei der Functionen ψ_μ, ψ_ν die Summe ihrer nach je zwei conjugirten Elementen q_l und q_{-l} genommenen Functionaldeterminanten

*) [Siehe S. 237 dieses Bandes.]

identisch zu Null wird, dass also

$$(6.)\qquad \sum_{l=+1}^{l=+n} \frac{\partial(\psi_\mu, \psi_\nu)}{\partial(q_l, q_{-l})} = 0$$

ist, und verschwinden nicht sämmtliche $n.n$-gliedrigen Functionaldeterminanten

$$(7.)\qquad \frac{\partial(\psi_1, \psi_2, \ldots, \psi_n)}{\partial(q_{h_1}, q_{h_2}, \ldots, q_{h_n})},$$

worin $h_1, h_2, \ldots, h_n$ irgend welche n Zahlen aus der Reihe $\pm 1, \pm 2, \ldots, \pm n$ bedeuten, so giebt es unter diesen nicht verschwindenden Functionaldeterminanten auch wenigstens eine solche, für welche die absoluten Werthe der $h_1, h_2, \ldots, h_n$ alle von einander verschieden sind.

Aus dem Bildungsgesetz der Functionaldeterminanten folgt mit Hülfe des Laplaceschen Satzes unmittelbar

$$(8.)\qquad \sum_\lambda [\Lambda] \frac{\partial(\psi_{\lambda_1}, \psi_{\lambda_2})}{\partial(q_l, q_{-l})} \frac{\partial(\psi_{\lambda_3}, \psi_{\lambda_4}, \ldots, \psi_{\lambda_\nu})}{\partial(q_{h_3}, q_{h_4}, \ldots, q_{h_\nu})} = \frac{\partial(\psi_{k_1}, \psi_{k_2}, \psi_{k_3}, \ldots, \psi_{k_\nu})}{\partial(q_l, q_{-l}, q_{h_3}, \ldots, q_{h_\nu})},$$

wo sich die Summation auf alle die den Grössen $k_1, k_2, \ldots, k_\nu$ in irgend einer Reihenfolge gleichen Grössen $\lambda_1, \lambda_2, \ldots, \lambda_\nu$ mit der Einschränkung bezieht, dass $\lambda_1 < \lambda_2$ und $\lambda_3 < \lambda_4 < \lambda_5 < \cdots < \lambda_{\nu-1} < \lambda_\nu$ bei der gestatteten Voraussetzung $k_1 < k_2 < k_3 < \cdots < k_{\nu-1} < k_\nu$ ist, wo ferner

$$(9.)\qquad \begin{aligned} \Lambda = (\lambda_\nu - \lambda_{\nu-1})(\lambda_\nu - \lambda_{\nu-2}) \ldots (\lambda_\nu - \lambda_1) \\ (\lambda_{\nu-1} - \lambda_{\nu-2}) \ldots (\lambda_{\nu-1} - \lambda_1) \\ \cdots\cdots\cdots \\ \ldots (\lambda_2 - \lambda_1) \end{aligned}$$

ist und $[\Lambda]$ gleich $+1$ oder -1 gesetzt werden muss, je nachdem Λ positiv oder negativ ist.

Nach den Voraussetzungen (6.) über die ψ-Functionen ergiebt sich also

$$(10.)\qquad \sum_{l=1}^{l=n} \frac{\partial(\psi_{k_1}, \psi_{k_2}, \psi_{k_3}, \psi_{k_4}, \ldots, \psi_{k_\nu})}{\partial(q_l, q_{-l}, q_{h_3}, q_{h_4}, \ldots, q_{h_\nu})} = 0$$

worin $k_1, k_2, \ldots, k_\nu$ irgend welche der Werthe $1, 2, 3, \ldots, n$ bezeichnen; hieraus folgt z. B., wenn die absoluten Werthe der $h_1, h_2, h_3, h_4, \ldots, h_n$ alle von einander verschieden sind,

$$(11.)\qquad \frac{\partial(\psi_1, \psi_2, \psi_3, \psi_4, \ldots, \psi_n)}{\partial(q_{h_1}, q_{-h_1}, q_{h_3}, q_{h_4}, \ldots, q_{h_n})} + \frac{\partial(\psi_1, \psi_2, \psi_3, \psi_4, \ldots, \psi_n)}{\partial(q_{h_2}, q_{-h_2}, q_{h_3}, q_{h_4}, \ldots, q_{h_n})} = 0,$$

weil in der Summe über l hier alle anderen als jene zwei Glieder identisch zu Null werden in Folge der Gleichheit zweier der unabhängigen Veränderlichen.

Wir wollen nun zunächst beweisen, dass, wenn alle Functionaldeterminanten

$$(12.)\qquad \frac{\partial(\psi_1, \psi_2, \ldots, \psi_n)}{\partial(q_{h_1}, q_{h_2}, \ldots, q_{h_n})},$$

in welchen die absoluten Werthe der $h_1, h_2, h_3, \ldots, h_n$ alle von einander verschieden sind, zu Null werden, dieses auch für alle Functionaldeterminanten von der Form

$$\frac{\partial(\psi_1, \psi_2, \psi_3, \psi_4, \ldots, \psi_n)}{\partial(q_l, q_{-l}, q_{h_3}, q_{h_4}, \ldots, q_{h_n})}$$

stattfinden muss. Denn bezeichnen $h_1, h_2, h_3, h_4, \ldots, h_n$ Indices, deren absolute Werthe von einander verschieden sind, und ist

$$(13.)\qquad \frac{\partial(\psi_1, \psi_2, \psi_3, \psi_4, \ldots, \psi_n)}{\partial(q_{h_1}, q_{-h_1}, q_{h_3}, q_{h_4}, \ldots, q_{h_n})}$$

eine Determinante, welche nicht verschwindet, so folgt nach Jacobi's Fundamentalsatz für die Functionaldeterminanten, dass

$$q_{h_1}, q_{-h_1}, q_{h_3}, q_{h_4}, \ldots, q_{h_n}$$

als Functionen von $\psi_1, \psi_2, \ldots, \psi_n$ und von den übrigen Grössen

$$q_{h_2}, q_{-h_2}, q_{-h_3}, q_{-h_4}, \ldots, q_{-h_n},$$

welche mit jenen ersteren zusammen in den gegebenen Functionen $\psi_1, \psi_2, \ldots, \psi_n$ vorkamen, dargestellt werden können und also auch die Functionaldeterminanten

$$(14.)\qquad \frac{\partial(q_\mu, q_\nu, q_{-h_3}, q_{-h_4}, \ldots, q_{-h_n}, \psi_1, \psi_2, \ldots, \psi_n)}{\partial(q_{h_2}, q_{-h_2}, q_{-h_3}, q_{-h_4}, \ldots, q_{-h_n}, \psi_1, \psi_2, \ldots, \psi_n)}$$

bestimmbar sind, wenn μ, ν irgend welche der vier Werthe $\pm h_1, \pm h_2$ annehmen. Eine solche Determinante soll für die nächste Rechnung kürzer durch

$$(15.)\qquad \frac{\partial(q_\mu, q_\nu, 3^*)}{\partial(q_{h_2}, q_{-h_2}, 3^*)}$$

bezeichnet werden. Dann besteht zwischen diesen nach dem Bildungsgesetze der 2.2-gliedrigen Functionaldeterminanten die Gleichung

$$(16.)\quad \frac{\partial(q_{h_1}, q_{-h_1}, 3^*)}{\partial(q_{h_2}, q_{-h_2}, 3^*)} = \frac{\partial(q_{h_1}, q_{h_2}, 3^*)}{\partial(q_{h_2}, q_{-h_2}, 3^*)}\frac{\partial(q_{-h_1}, q_{-h_2}, 3^*)}{\partial(q_{h_2}, q_{-h_2}, 3^*)} - \frac{\partial(q_{h_1}, q_{-h_2}, 3^*)}{\partial(q_{h_2}, q_{-h_2}, 3^*)}\frac{\partial(q_{-h_1}, q_{h_2}, 3^*)}{\partial(q_{h_2}, q_{-h_2}, 3^*)}$$

und nach dem Satze über die Multiplication der Functionaldeterminanten die Gleichung

$$(17.)\quad \begin{aligned} &\frac{\partial(\psi_1, \psi_2, \psi_3, \psi_4, \ldots, \psi_n, q_{+h_2}, q_{-h_2}, q_{-h_3}, q_{-h_4}, \ldots, q_{-h_n})}{\partial(q_{h_1}, q_{-h_1}, q_{h_3}, q_{h_4}, \ldots, q_{h_n}, q_{+h_2}, q_{-h_2}, q_{-h_3}, q_{-h_4}, \ldots, q_{-h_n})}\frac{\partial(q_{h_1}, q_{-h_1}, 3^*)}{\partial(q_{h_2}, q_{-h_2}, 3^*)} \\ &\quad = \frac{\partial(\psi_1, \psi_2, \psi_3, \psi_4, \ldots, \psi_n, q_{h_1}, q_{-h_1}, q_{-h_3}, q_{-h_4}, \ldots, q_{-h_n})}{\partial(q_{h_2}, q_{-h_2}, q_{h_3}, q_{h_4}, \ldots, q_{h_n}, q_{h_1}, q_{-h_1}, q_{-h_3}, q_{-h_4}, \ldots, q_{-h_n})}. \end{aligned}$$

In dieser letzten Gleichung sind die erste und die dritte Functionaldeterminante die beiden Glieder, deren Summe (11.) nach den zwischen den ψ bestehenden Bedingungsgleichungen (6.) zu Null werden muss; die erste dieser beiden Determinanten ist nach (13.) als von Null verschieden vorausgesetzt, folglich wird auch die andere und damit dann ihre Verhältnisszahl, nämlich

$$\frac{\partial(q_{h_1}, q_{-h_1}, 3^*)}{\partial(q_{h_2}, q_{-h_2}, 3^*)}$$

sich von Null verschieden ergeben. Daraus folgt weiter, dass wenigstens zwei der Functionaldeterminanten in der vorhergehenden Gleichung (16.), also wenigstens zwei der Determinanten von der Form

$$\frac{\partial(q_{h_\mu}, q_{h_\nu}, 3^*)}{\partial(q_{h_2}, q_{-h_2}, 3^*)} \quad \text{für} \quad h_\mu = \pm h_1, \quad h_\nu = \pm h_2$$

nicht verschwinden dürfen. Das Product jeder derselben multiplicirt in (13.) ist nach dem Satze über die Multiplication der Functionaldeterminanten

$$(18.)\quad \begin{aligned} &\frac{\partial(\psi_1, \psi_2, \psi_3, \psi_4, \ldots, \psi_n, q_{h_2}, q_{-h_2}, q_{-h_3}, q_{-h_4}, \ldots, q_{-h_n})}{\partial(q_{h_1}, q_{-h_1}, q_{h_3}, q_{h_4}, \ldots, q_{h_n}, q_{h_2}, q_{-h_2}, q_{-h_3}, q_{-h_4}, \ldots, q_{-h_n})}\frac{\partial(q_{h_\mu}, q_{h_\nu}, 3^*)}{\partial(q_{h_2}, q_{-h_2}, 3^*)} \\ &\quad = \frac{\partial(\psi_1, \psi_2, \psi_3, \psi_4, \ldots, \psi_n, q_{h_\mu}, q_{h_\nu}, q_{-h_3}, q_{-h_4}, \ldots, q_{-h_n})}{\partial(q_{h_1}, q_{-h_1}, q_{h_3}, q_{h_4}, \ldots, q_{h_n}, q_{h_2}, q_{-h_2}, q_{-h_3}, q_{-h_4}, \ldots, q_{-h_n})}; \end{aligned}$$

mithin kann diese letzte Determinante auch nicht zu Null werden, was der Voraussetzung (12.) widerspricht, da sie abgesehen vom Vorzeichen mit einer der vier Determinanten

$$\frac{\partial(\psi_1, \psi_2, \psi_3, \psi_4, \ldots, \psi_n)}{\partial(q_{\pm h_1}, q_{\pm h_2}, q_{h_3}, q_{h_4}, \ldots, q_{h_n})}$$

gleiche Bedeutung hat.

Verschwinden also sämmtliche Determinanten von der Form

$$(19.)\qquad \frac{\partial(\psi_1, \psi_2, \psi_3, \psi_4, \ldots, \psi_n)}{\partial(q_{h_1}, q_{h_2}, q_{h_3}, q_{h_4}, \ldots, q_{h_n})}$$

für solche $h_1, h_2, h_3, h_4, \ldots, h_n$, welche ihren absoluten Werthen nach sämmtlich von einander verschieden sind, so kann auch keine der $n.n$-gliedrigen Functionaldeterminanten, in welcher nur zwei der Indices der q gleiche absolute Werthe haben, von Null verschieden sein.

Auf ganz analoge Weise ergiebt sich, dass, wenn alle Functionaldeterminanten verschwinden, für welche nur ein Paar der Indices gleiche absolute Werthe haben, auch die Functionaldeterminanten mit zwei Paar Indices von gleichen Werthen zu Null werden müssen; denn wäre z. B.

$$(20.)\qquad \frac{\partial(\psi_1, \psi_2, \psi_3, \psi_4, \psi_5, \psi_6, \ldots, \psi_n)}{\partial(q_{h_1}, q_{-h_1}, q_{h_4}, q_{-h_4}, q_{h_5}, q_{h_6}, \ldots, q_{h_n})}$$

von Null verschieden, so müsste, weil nach den zwischen den ψ bestehenden Bedingungsgleichungen (6.) die Summe der Functionaldeterminante (**20.**) und der beiden aus ihr nach Ersetzung von $+h_1, -h_1$ durch $+h_2, -h_2$ und durch $+h_3, -h_3$ gebildeten Functionaldeterminanten gleich Null ist, auch wenigstens noch eine dieser beiden anderen Functionaldeterminanten von Null verschieden sein. Wäre also noch

$$(21.)\qquad \frac{\partial(\psi_1, \psi_2, \psi_3, \psi_4, \psi_5, \psi_6, \ldots, \psi_n)}{\partial(q_{h_2}, q_{-h_2}, q_{h_4}, q_{-h_4}, q_{h_5}, q_{h_6}, \ldots, q_{h_n})}$$

von Null verschieden, so müsste die Functionaldeterminante

$$(22.)\qquad \frac{\partial(q_{h_\mu}, q_{h_\nu}, q_{h_3}, q_{-h_3}, q_{-h_5}, q_{-h_6}, \ldots, q_{-h_n}, \psi_1, \psi_2, \ldots, \psi_n)}{\partial(q_{+h_2}, q_{-h_2}, q_{h_3}, q_{-h_3}, q_{-h_5}, q_{-h_6}, \ldots, q_{-h_n}, \psi_1, \psi_2, \ldots, \psi_n)},$$

welche, wenn statt h_μ und h_ν irgend zwei der Werthe $\pm h_1, \pm h_2$ genommen werden, eine bestimmte Bedeutung hat, für $h_\mu = +h_1$ und $h_\nu = -h_1$ als Verhältnisszahl zwischen den beiden vorgenannten, nicht verschwindenden Functionaldeterminanten (20.) und (21.) auch von Null verschieden sein. Diese Determinante (22.) für $h_\mu = +h_1$, $h_\nu = -h_1$ lässt sich aber ähnlich wie vorhin in der Gleichung (16.) als Summe von Producten der analogen vier Functionaldeterminanten für $h_\mu = \pm h_1$, $h_\nu = \pm h_2$ darstellen, und also muss wenigstens eine dieser vier Functionaldeterminanten von Null verschieden sein.

Durch Multiplication dieser nicht verschwindenden Functionaldeterminante in die nach der Voraussetzung nicht verschwindende Functionaldeterminante (20.) würde sich eine von Null verschiedene Functionaldeterminante mit nur einem Paar dem absoluten Werthe nach gleicher Indices h_4 und $-h_4$ ergeben, was der Voraussetzung widerspricht; es müssen also auch alle Functionaldeterminanten mit zwei Paar dem absoluten Werthe nach gleicher Indices der q verschwinden.

Daraus lässt sich dann weiter, ebenso wie hier, auf das Verschwinden aller Functionaldeterminanten mit mehreren Paaren dem absoluten Werthe nach gleicher Indices und also auch auf das Verschwinden sämmtlicher Functionaldeterminanten der Functionen $\psi_1, \psi_2, \ldots, \psi_n$ schliessen, was aber der ersten Voraussetzung widerspricht. Es ist daher die Annahme, dass alle Functionaldeterminanten mit n dem absoluten Werthe nach verschiedenen Indices der q gleich Null seien, nicht zulässig, wenn überhaupt irgend eine der $n.n$-gliedrigen Functionaldeterminanten nicht verschwinden und die Gleichungen (6.) bestehen sollen.

2.

Theilweis gegebene Substitution.

In dem Artikel 10*) meiner Abhandlung über die Hamilton-Jacobische Theorie ist gezeigt,

dass die vollständigen Poissonschen Differentialgleichungen:

$$(23.)\qquad \sum_{l=1}^{l=n}\left(\frac{\partial\psi_h}{\partial q_l}\frac{\partial\psi_k}{\partial p_l}-\frac{\partial\psi_h}{\partial p_l}\frac{\partial\psi_k}{\partial q_l}\right)=0$$

$$\begin{matrix}(24.)\\(25.)\end{matrix}\qquad \sum_{l=1}^{l=n}\left(\frac{\partial\psi_h}{\partial q_l}\frac{\partial\varphi_k}{\partial p_l}-\frac{\partial\psi_h}{\partial p_l}\frac{\partial\varphi_k}{\partial q_l}\right)=\begin{cases}0 & \text{für } h \lessgtr k\\ 1 & \text{für } h=k\end{cases}$$

$$(26.)\qquad \sum_{l=1}^{l=n}\left(\frac{\partial\varphi_h}{\partial q_l}\frac{\partial\varphi_k}{\partial p_l}-\frac{\partial\varphi_h}{\partial p_l}\frac{\partial\varphi_k}{\partial q_l}\right)=0$$

*) [Siehe S. 236—238 dieses Bandes.]

(27.) $$\sum_{l=1}^{l=n}\left(\frac{\partial E}{\partial q_l}\frac{\partial \psi_h}{\partial p_l}-\frac{\partial E}{\partial p_l}\frac{\partial \psi_h}{\partial q_l}\right)=\frac{\partial \psi_h}{\partial t}$$

(28.) $$\sum_{l=1}^{l=n}\left(\frac{\partial E}{\partial q_l}\frac{\partial \varphi_h}{\partial p_l}-\frac{\partial E}{\partial p_l}\frac{\partial \varphi_h}{\partial q_l}\right)=\frac{\partial \varphi_h}{\partial t}.$$

die $2n+1$ Functionen $E, \psi_1, \ldots, \psi_n, \varphi_1, \ldots, \varphi_n$ als canonische Substitution charakterisiren, d. h. eine Gleichung von der Form

$$\mathrm{D}S=\sum_{l=1}^{l=n} p_l \mathrm{D}q_l-\sum_{l=1}^{l=n} \varphi_l \mathrm{D}\psi_l-E\mathrm{D}t$$

erfüllen lassen; wenn aber nur eine geringere Anzahl von jenen $2n+1$ Functionen gegeben ist, so genügen die zwischen ihnen bestehenden Poissonschen Gleichungen auch noch, damit die Functionen die ihrer Bezeichnung entsprechenden Glieder einer canonischen Substitution ausmachen.

Den Beweis dieses fundamentalen Lehrsatzes werde ich führen, indem ich zeige, dass zu beliebigen aus der Reihe $\psi_1, \ldots, \psi_n, \varphi_1, \ldots, \varphi_n, E$ gegebenen Functionen, welche die unter ihnen bestehenden Gleichungen in der Reihe (23.) bis (28.) erfüllen, die anderen Functionen so bestimmt werden können, dass allen übrigen Gleichungen in jener Reihe auch genügt wird. Von den verschiedenen Methoden, die man anwenden kann, um die Ausführung der Lösung einer solchen Aufgabe zu erleichtern, werde ich an dieser Stelle nicht weiter handeln.

Zunächst lässt sich die Ordnung der gegebenen Functionen φ, ψ so einrichten, dass die Aufgabe in einer übersichtlichen Form auftritt. Ist nämlich für einen oder für mehrere der Indices h die Function φ_h gegeben, aber nicht die conjugirte Function ψ_h, so wollen wir die Rechnung so führen, als sei die gegebene Function ein ψ_h; wenn dafür die Aufgabe gelöst ist, braucht man zur gefundenen Substitutionsfunction S nur das so gefundene $-\varphi_h\psi_h$ hinzuzufügen, und es nimmt dann das gefundene φ_h die Stelle des gesuchten $-\psi_h$, das in die Rechnung eingeführte ψ_h die Stelle der gegebenen Function φ_h ein. Für die paarweis zusammengehörigen und gegebenen Functionen φ_h und ψ_h mögen die kleinsten Indices $1, 2, \ldots, n''$ genommen werden, für die einzelnen gegebenen oder dafür in Rechnung gesetzten ψ die darauf folgenden Indices $n''+1, n''+2, \ldots, n'$; folglich werden die noch zu suchenden ψ

die Indices $n'+1, n'+2, \ldots, n$ und die noch zu suchenden φ die Indices $n''+1, n''+2, \ldots, n', n'+1, \ldots, n$ haben.

3.

Bestimmung einer Substitutionsfunction durch ihre nach der Zeit genommene Derivirte.

Der Fall, dass die Function E und entweder keine der Functionen φ und ψ oder doch nur solche von diesen gegeben sind, deren Indices die Reihe $1, 2, 3, \ldots, n$ nicht vollständig ausfüllen, lässt sich auf den Fall zurückführen, dass die Function E gleich Null ist.

Die $2n$ Gleichungen

$$(29.)\quad \begin{cases} \dfrac{\mathrm{d}q_1}{\mathrm{d}t} = +\dfrac{\partial E}{\partial p_1}, & \ldots, \quad \dfrac{\mathrm{d}q_l}{\mathrm{d}t} = +\dfrac{\partial E}{\partial p_l}, \quad \ldots, \quad \dfrac{\mathrm{d}q_n}{\mathrm{d}t} = +\dfrac{\partial E}{\partial p_n} \\ \dfrac{\mathrm{d}p_1}{\mathrm{d}t} = -\dfrac{\partial E}{\partial q_1}, & \ldots, \quad \dfrac{\mathrm{d}p_l}{\mathrm{d}t} = -\dfrac{\partial E}{\partial q_l}, \quad \ldots, \quad \dfrac{\mathrm{d}p_n}{\mathrm{d}t} = -\dfrac{\partial E}{\partial q_n}, \end{cases}$$

in welchen E als Function von $t, q_1, \ldots, q_n, p_1, \ldots, p_n$ gegeben gedacht ist und sich die partielle ∂-Differentiation auf diese $2n+1$ Grössen bezieht, während d die totale nach t genommene Differentiation bezeichnet, lassen sich durch $2n$ Lösungen integriren, indem die $q_1, \ldots, q_n, p_1, \ldots, p_n$ als Functionen ihrer für die Zeit t^0 geltenden Anfangswerthe $q_1^0, \ldots, q_n^0, p_1^0, \ldots, p_n^0$ und der Zeit t dargestellt werden. Durch Einsetzen dieser Functionen wird das Integral

$$(30.)\quad \int_{t^0}^{t} \left(\sum_{l=1}^{l=n} p_l \frac{\mathrm{d}q_l}{\mathrm{d}t} - E \right) \mathrm{d}t = S^0$$

zu einer Function von $q_1^0, \ldots, q_n^0, p_1^0, \ldots, p_n^0, t$.

Es ist aber für eine auf t sich nicht beziehende, im Übrigen allgemeine Differentiation δ identisch

$$(31.)\quad \delta \int \left(\sum_{l=1}^{l=n} p_l \frac{\mathrm{d}q_l}{\mathrm{d}t} - E \right) \mathrm{d}t$$
$$= \int \frac{\mathrm{d}}{\mathrm{d}t} \left(\sum_{l=1}^{l=n} p_l \delta q_l \right) \mathrm{d}t + \int \sum_{l=1}^{l=n} \left\{ \left(\frac{\mathrm{d}q_l}{\mathrm{d}t} - \frac{\partial E}{\partial p_l} \right) \delta p_l - \left(\frac{\mathrm{d}p_l}{\mathrm{d}t} + \frac{\partial E}{\partial q_l} \right) \delta q_l \right\} \mathrm{d}t;$$

also wird, wenn man mit D eine allgemeine Differentiation bezeichnet, zufolge der Gleichungen (29.) für das Integral S^0

$$\mathrm{D}S^0 = \sum_{l=1}^{l=n} p_l \mathrm{D}q_l - \sum_{l=1}^{l=n} p_l^0 \mathrm{D}q_l^0 + e\mathrm{D}t,$$

worin e eine noch zu bestimmende Function bezeichnet. Diese Gleichung geht für den Fall, dass die D-Differentiation die nach der Zeit genommene vollständige d-Differentiation bedeutet, in die Form

$$\frac{\mathrm{d}S^0}{\mathrm{d}t} = \sum_{l=1}^{l=n} p_l \frac{\mathrm{d}q_l}{\mathrm{d}t} + e$$

über, während aus der Definitionsgleichung (30.) für S^0 folgt

$$\frac{\mathrm{d}S^0}{\mathrm{d}t} = \sum_{l=1}^{l=n} p_l \frac{\mathrm{d}q_l}{\mathrm{d}t} - E;$$

demnach ist $e = -E$ und

$$\mathrm{D}S^0 = \sum_{l=1}^{l=n} p_l \mathrm{D}q_l - \sum_{l=1}^{l=n} p_l^0 \mathrm{D}q_l^0 - E\mathrm{D}t. \tag{32.}$$

Es lässt sich also für jede Function E von $q_1, \ldots, q_n, p_1, \ldots, p_n, t$ ein System canonischer Variabeln $q_1^0, \ldots, q_n^0, p_1^0, \ldots, p_n^0$ und eine zugehörige Substitutionsfunction S^0 finden. Ist nun keine der Functionen $\psi_1, \ldots, \psi_n, \varphi_1, \ldots, \varphi_n$ gegeben, so würden $q_1^0, \ldots, q_n^0, p_1^0, \ldots, p_n^0$ dafür genommen schon eine Auflösung der gesuchten Aufgabe bilden.

Sind aber einige der ψ und φ Functionen gegeben, so ist eine weitere Transformation erforderlich.

Bedeutet A eine Function von $q_1, \ldots, q_n, p_1, \ldots, p_n, t$, so besteht die identische Gleichung

$$\frac{\mathrm{d}A}{\mathrm{d}t} = \frac{\partial A}{\partial t} + \sum_{l=1}^{l=n}\left(\frac{\partial A}{\partial q_l}\frac{\mathrm{d}q_l}{\mathrm{d}t} + \frac{\partial A}{\partial p_l}\frac{\mathrm{d}p_l}{\mathrm{d}t}\right),$$

also mit Berücksichtigung der obigen Gleichungen (29.) auch

$$\frac{\mathrm{d}A}{\mathrm{d}t} = \frac{\partial A}{\partial t} + \sum_{l=1}^{l=n}\left(\frac{\partial A}{\partial q_l}\frac{\partial E}{\partial p_l} - \frac{\partial A}{\partial p_l}\frac{\partial E}{\partial q_l}\right). \tag{33.}$$

Setzt man die gegebenen Functionen $\psi_1 \ldots, \psi_{n'}, \varphi_1, \ldots, \varphi_{n''}$ für A, so verschwinden die zweiten Seiten dieser Gleichungen (33.) in Folge der für die Functionen ψ und φ gemachten Voraussetzungen (27.), (28.), und es wird

$$\frac{\mathrm{d}\psi_1}{\mathrm{d}t} = 0, \quad \ldots, \quad \frac{\mathrm{d}\psi_{n'}}{\mathrm{d}t} = 0, \qquad \frac{\mathrm{d}\varphi_1}{\mathrm{d}t} = 0, \quad \ldots, \quad \frac{\mathrm{d}\varphi_{n''}}{\mathrm{d}t} = 0; \tag{34.}$$

also sind $\psi_1, \ldots, \psi_{n'}, \varphi_1, \ldots, \varphi_{n''}$ Integrale der obigen $2n$ Differentialgleichungen (29.) und können demnach als Functionen von den Grössen $q_1^0, \ldots, q_n^0, p_1^0, \ldots, p_n^0$ allein, ohne t, dargestellt werden.

Wenn wir in der identischen Gleichung

$$\mathrm{D}A.\Delta B - \Delta A.\mathrm{D}B = \sum_{k=1}^{k=m}\sum_{h=1}^{h=k}\left(\frac{\partial A}{\partial \zeta_h}\frac{\partial B}{\partial \zeta_k} - \frac{\partial B}{\partial \zeta_h}\frac{\partial A}{\partial \zeta_k}\right)(\mathrm{D}\zeta_h.\Delta\zeta_k - \Delta\zeta_h.\mathrm{D}\zeta_k)$$

die Grössen $\zeta_1, \ldots, \zeta_m$ der Reihe nach gleich $q_1, \ldots, q_n, p_1, \ldots, p_n$ setzen, die D- und Δ-Differentiationen speciell als die partiellen nach q_l^0, p_l^0 gebildeten, mit θ zu bezeichnenden Differentiationen nehmen, beide Seiten der Gleichung durch $\mathrm{D}q_l^0\,\Delta p_l^0$ dividiren, dann über die Werthe $l = 1, 2, 3, \ldots, n$ summiren und die für die canonische Substitution nach dem vorigen Artikel bestehenden Gleichungen

$$\sum_{l=1}^{l=n}\left(\frac{\theta q_h}{\theta q_l^0}\frac{\theta q_k}{\theta p_l^0} - \frac{\theta q_h}{\theta p_l^0}\frac{\theta q_k}{\theta q_l^0}\right) = 0$$

$$\sum_{l=1}^{l=n}\left(\frac{\theta q_h}{\theta q_l^0}\frac{\theta p_k}{\theta p_l^0} - \frac{\theta q_h}{\theta p_l^0}\frac{\theta p_k}{\theta q_l^0}\right) = \begin{cases} 0 & \text{für } h \gtrless k \\ 1 & \text{für } h = k\end{cases}$$

$$\sum_{l=1}^{l=n}\left(\frac{\theta p_h}{\theta q_l^0}\frac{\theta p_k}{\theta p_l^0} - \frac{\theta p_h}{\theta p_l^0}\frac{\theta p_k}{\theta q_l^0}\right) = 0$$

berücksichtigen, so erhalten wir

$$\sum_{l=1}^{l=n}\left(\frac{\theta A}{\theta q_l^0}\frac{\theta B}{\theta p_l^0} - \frac{\theta A}{\theta p_l^0}\frac{\theta B}{\theta q_l^0}\right) = \sum_{l=1}^{l=n}\left(\frac{\partial A}{\partial q_l}\frac{\partial B}{\partial p_l} - \frac{\partial B}{\partial q_l}\frac{\partial A}{\partial p_l}\right). \tag{35.}$$

Setzt man hierin für A und B je zwei der Functionen $\psi_1, \ldots, \psi_{n'}, \varphi_1, \ldots, \varphi_{n''}$, so wird:

$$\sum_{l=1}^{l=n}\left(\frac{\theta \psi_h}{\theta q_l^0}\frac{\theta \psi_k}{\theta p_l^0} - \frac{\theta \psi_h}{\theta p_l^0}\frac{\theta \psi_k}{\theta q_l^0}\right) = 0 \quad \text{für } 1 \leqq h \leqq n', \quad 1 \leqq k \leqq n'$$

$$\sum_{l=1}^{l=n}\left(\frac{\theta \psi_h}{\theta q_l^0}\frac{\theta \varphi_\nu}{\theta p_l^0} - \frac{\theta \psi_h}{\theta p_l^0}\frac{\theta \varphi_\nu}{\theta q_l^0}\right) = \begin{cases} 0 & \text{für } h \gtrless \nu, \quad 1 \leqq h \leqq n'; \quad 1 \leqq \nu \leqq n'' \\ 1 & \text{für } h = \nu\end{cases}$$

$$\sum_{l=1}^{l=n}\left(\frac{\theta \varphi_\mu}{\theta q_l^0}\frac{\theta \varphi_\nu}{\theta p_l^0} - \frac{\theta \varphi_\mu}{\theta p_l^0}\frac{\theta \varphi_\nu}{\theta q_l^0}\right) = 0 \quad \text{für } 1 \leqq \mu \leqq n'', \quad 1 \leqq \nu \leqq n''.$$

Kann man also zu den in $q_1^0, \ldots, q_n^0, p_1^0, \ldots, p_n^0$ allein und ohne t ausgedrückten und gegebenen Functionen $\psi_1, \ldots, \psi_{n'}, \varphi_1, \ldots, \varphi_{n''}$ die übrigen Functionen $\psi_{n'+1}, \ldots, \psi_n, \varphi_{n''+1}, \ldots, \varphi_n$ finden, mit denen sie zusammen eine canonische Substitution bilden, wie solches in den folgenden Artikeln gezeigt wird, so ergiebt sich auch eine von t freie Substitutionsfunction S^* der Art, dass

$$DS^* = \sum_{l=1}^{l=n} p_l^0 Dq_l^0 - \sum_{l=1}^{l=n} \varphi_l D\psi_l$$

und also

$$D(S^0+S^*) = \sum_{l=1}^{l=n} p_l Dq_l - \sum_{l=1}^{l=n} \varphi_l D\psi_l - E Dt$$

wird, wie wir es suchten.

4.

Bestimmung einer Substitution durch eine gegebene unvollständige Reihe der eingeführten Veränderlichen.

Sind nur die Functionen

$$\psi_1, \ldots, \psi_{n'}, \quad \varphi_1, \ldots, \varphi_{n''} \quad \text{für} \quad n'' \leqq n' < n,$$

aber nicht die Function E gegeben, so lassen sich, wie wir jetzt nachweisen wollen, die Functionen $\psi_{n'+1}, \psi_{n'+2}, \ldots, \psi_n$ mit Hülfe der Jacobi'schen Lehrsätze über simultane lineare partielle Differentialgleichungen bestimmen.

Hierbei werden die Functionen $\psi_{n'+1}, \ldots, \psi_n$ nach einander aufgesucht, und an jeder Stelle der weiteren Aufsuchung kommen die gefundenen Functionen schon mit in Betracht. Um nun bei der nachfolgenden Entwickelung sogleich den Umstand mit zu berücksichtigen, dass schon einige der Functionen ψ gefunden sind, sollen die $\psi_1, \ldots, \psi_{n'}, \varphi_1, \ldots, \varphi_{n''}$ nicht nur die gegebenen, sondern auch die an irgend einer Stelle der Rechnung schon gefundenen Functionen mit bedeuten.

Bezeichnen wir zur Abkürzung $\varphi_1, \ldots, \varphi_{n''}$ der Reihe nach mit $\psi_{-1}, \ldots, \psi_{-n''}$ und für irgend eine Function f von den Grössen $q_1, \ldots, q_n, p_1, \ldots, p_n, t$ die Operation

$$\sum_{l=1}^{l=n} \left(\frac{\partial \psi_h}{\partial q_l} \frac{\partial f}{\partial p_l} - \frac{\partial \psi_h}{\partial p_l} \frac{\partial f}{\partial q_l} \right) \quad \text{mit} \quad \Psi_h[f] \tag{36.}$$

$$\sum_{\lambda=1}^{\lambda=n} \left(\frac{\partial \psi_k}{\partial q_\lambda} \frac{\partial \Psi_h[f]}{\partial p_\lambda} - \frac{\partial \psi_k}{\partial p_\lambda} \frac{\partial \Psi_h[f]}{\partial q_\lambda} \right) \quad \text{mit} \quad \Psi_k \Psi_h[f], \tag{37.}$$

so wird identisch

$$\Psi_k\Psi_h[f] = \sum_{l=1}^{l=n}\sum_{\lambda=1}^{\lambda=n}\left(\frac{\partial\partial f}{\partial p_\lambda\partial p_l}\frac{\partial\psi_k}{\partial q_\lambda}\frac{\partial\psi_h}{\partial q_l} - \frac{\partial\partial f}{\partial p_\lambda\partial q_l}\frac{\partial\psi_k}{\partial q_\lambda}\frac{\partial\psi_h}{\partial p_l} - \frac{\partial\partial f}{\partial q_\lambda\partial p_l}\frac{\partial\psi_k}{\partial p_\lambda}\frac{\partial\psi_h}{\partial q_l} + \frac{\partial\partial f}{\partial q_\lambda\partial q_l}\frac{\partial\psi_k}{\partial p_\lambda}\frac{\partial\psi_h}{\partial p_l}\right)$$
$$+\sum_{l=1}^{l=n}\frac{\partial f}{\partial p_l}\sum_{\lambda=1}^{\lambda=n}\left(\frac{\partial\psi_k}{\partial q_\lambda}\frac{\partial\partial\psi_h}{\partial p_\lambda\partial q_l} - \frac{\partial\psi_k}{\partial p_\lambda}\frac{\partial\partial\psi_h}{\partial q_\lambda\partial q_l}\right) - \sum_{l=1}^{l=n}\frac{\partial f}{\partial q_l}\sum_{\lambda=1}^{\lambda=n}\left(\frac{\partial\psi_k}{\partial q_\lambda}\frac{\partial\partial\psi_h}{\partial p_\lambda\partial p_l} - \frac{\partial\psi_k}{\partial q_\lambda}\frac{\partial\partial\psi_h}{\partial q_\lambda\partial p_l}\right),$$

und daher

$$\Psi_k\Psi_h[f] - \Psi_h\Psi_k[f] = +\sum_{l=1}^{l=n}\frac{\partial f}{\partial p_l}\frac{\partial}{\partial q_l}\sum_{\lambda=1}^{\lambda=n}\left(\frac{\partial\psi_k}{\partial q_\lambda}\frac{\partial\psi_h}{\partial p_\lambda} - \frac{\partial\psi_k}{\partial p_\lambda}\frac{\partial\psi_h}{\partial q_\lambda}\right)$$
$$-\sum_{l=1}^{l=n}\frac{\partial f}{\partial q_l}\frac{\partial}{\partial p_l}\sum_{\lambda=1}^{\lambda=n}\left(\frac{\partial\psi_k}{\partial q_\lambda}\frac{\partial\psi_h}{\partial p_\lambda} - \frac{\partial\psi_k}{\partial p_\lambda}\frac{\partial\psi_h}{\partial q_\lambda}\right)$$

oder, mit Benutzung der oben unter (36.) eingeführten Bezeichnung, auch

$$(38.)\quad \begin{cases} \Psi_k\Psi_h[f] - \Psi_h\Psi_k[f] = \sum_{l=1}^{l=n}\left(\frac{\partial f}{\partial p_l}\frac{\partial\Psi_k[\psi_h]}{\partial q_l} - \frac{\partial f}{\partial q_l}\frac{\partial\Psi_k[\psi_h]}{\partial p_l}\right) \\ \qquad = \sum_{l=1}^{l=n}\left(\frac{\partial f}{\partial p_l}\frac{\partial\Psi_h[\psi_k]}{\partial q_l} - \frac{\partial f}{\partial q_l}\frac{\partial\Psi_h[\psi_k]}{\partial p_l}\right). \end{cases}$$

Nach den hier zu Grunde liegenden Voraussetzungen (23.) bis (26.) erfüllen die schon bekannten Functionen

$$\psi_1, \ldots, \psi_{n''}, \quad \psi_{n''+1}, \ldots, \psi_{n'}, \quad \psi_{-1}, \ldots, \psi_{-n''}$$

identisch die Gleichungen

$$(39.)\qquad \Psi_\mu[\psi_\nu] = -\Psi_\nu[\psi_\mu] = \begin{cases} 0 & \text{für } \mu+\nu \gtrless 0 \\ 1 & \text{für } \mu+\nu = 0,\ \mu > 0; \end{cases}$$

es ist also für jede Function f auch

$$(40.)\qquad \Psi_\mu\Psi_\nu[f] = \Psi_\nu\Psi_\mu[f],$$

wenn μ und ν irgend zwei der Indices

$$-n'', -(n''-1), \ldots, -1, +1, \ldots, +n'', +n''+1, \ldots, n'$$

bedeuten.

Jede noch aufzusuchende Function ψ_η für $\eta > n'$ muss die $n'+n''$ linearen homogenen Differentialgleichungen

$$(41.)\quad \Psi_\nu[\psi_\eta] = 0 \quad \text{für } \nu = -n'', -(n''-1), \ldots, -1, 1, \ldots, n'', \ldots, n'$$

erfüllen, und von den Functionen $\psi_{n''+1}, \psi_{n''+2}, \ldots, \psi_{n'}$ unabhängig sein.

Nach dem Jacobi'schen Satze giebt es für $n'+n''$ simultane lineare Differentialgleichungen $\Psi_\nu[\psi] = 0$, welche die Bedingung $\Psi_\mu\Psi_\nu[f] = \Psi_\nu\Psi_\mu[f]$ identisch erfüllen, und welche die nach $2n$ unabhängigen Veränderlichen — wie hier die $q_1, \ldots, q_n, p_1, \ldots, p_n$ sind — genommenen partiellen Derivirten enthalten, $2n-(n'+n'')-1$ von einander unabhängige und von einer Constanten verschiedene Functionen ψ als Lösungen.

Von diesen Lösungen sind die $\psi_{n''+1}, \psi_{n''+2}, \ldots, \psi_{n'}$ auszuscheiden, und es bleiben also nur noch $2n-(n'+n'')-1-(n'-n'') = 2n-2n'-1$ von einander unabhängige Lösungen ψ; es kann daher durch Fortsetzung dieses Verfahrens, so lange die Anzahl n' der gefundenen Functionen $\psi_1, \ldots, \psi_{n'}$ kleiner als n ist, immer wenigstens noch ein neues ψ gefunden werden, bis man $n-n'$ Functionen ψ gefunden hat, welche unter sich und mit $\varphi_{n''}, \ldots, \varphi_1, \psi_1, \ldots, \psi_{n''}$, $\psi_{n''+1}, \ldots, \psi_{n'}$ die erforderlichen Differentialgleichungen (41.) erfüllen, und welche von einander und von den Functionen $\psi_{n''+1}, \ldots, \psi_{n'}$ unabhängig sind.

Die gefundenen Functionen werden auch von $\varphi_{n''}, \ldots, \varphi_1, \psi_1, \ldots, \psi_{n''}$ unabhängig, denn sonst müsste eine dieser letzteren Functionen, φ_μ oder ψ_ν eine Function der übrigen φ und ψ sein; wenn aber Φ_μ oder Ψ_ν Functionen von den Grössen $\varphi_1, \ldots, \varphi_{n''}, \psi_1, \ldots, \psi_{n''}$ mit Ausschluss von φ_μ, beziehungsweise von ψ_ν, und $\mathfrak{d}$ die nach jenen übrigen $2n''-1$ Grössen genommenen Differentiale bedeuten, so ist nach der Voraussetzung

$$\frac{\mathfrak{d}\Phi_\mu}{\mathfrak{d}\varphi_\mu} = 0, \quad \text{bez.} \quad \frac{\mathfrak{d}\Psi_\nu}{\mathfrak{d}\psi_\nu} = 0$$

In Folge von (23.) bis (26.) ist daher auch

$$\sum_{l=1}^{l=n}\left(\frac{\partial\psi_\mu}{\partial q_l}\frac{\partial\Phi_\mu}{\partial p_l} - \frac{\partial\psi_\mu}{\partial p_l}\frac{\partial\Phi_\mu}{\partial q_l}\right) =$$

$$\sum_{h=1}^{h=n''}\frac{\mathfrak{d}\Phi_\mu}{\mathfrak{d}\psi_h}\sum_{l=1}^{l=n}\left(\frac{\partial\psi_\mu}{\partial q_l}\frac{\partial\psi_h}{\partial p_l} - \frac{\partial\psi_\mu}{\partial p_l}\frac{\partial\psi_h}{\partial q_l}\right) + \sum_{k=1}^{k=n''}\frac{\mathfrak{d}\Phi_\mu}{\mathfrak{d}\varphi_k}\sum_{l=1}^{l=n}\left(\frac{\partial\psi_\mu}{\partial q_l}\frac{\partial\varphi_k}{\partial p_l} - \frac{\partial\psi_\mu}{\partial p_l}\frac{\partial\varphi_k}{\partial q_l}\right) = 0$$

und ebenso:

$$\sum_{l=1}^{l=n}\left(\frac{\partial\varphi_\nu}{\partial q_l}\frac{\partial\Psi_\nu}{\partial p_l} - \frac{\partial\varphi_\nu}{\partial p_l}\frac{\partial\Psi_\nu}{\partial q_l}\right) = 0;$$

also würde der aus φ_μ und ψ_μ oder der aus ψ_ν und φ_ν gebildete Poissonsche Differentialausdruck (25.) den Werth 0 erhalten, während sein durch die Voraussetzungen der Aufgabe bestimmter Werth ± 1 ist.

Enthalten die gegebenen Functionen der φ und ψ nicht die Zeit t, so lassen sich die hinzuzufügenden Functionen ψ auch als von t unabhängig bestimmen.

Die weitere Auflösung der Aufgabe behandelt der folgende Artikel.

5.

Bestimmung einer Substitution durch eine vollständig gegebene Reihe der eingeführten Veränderlichen.

Die Aufstellung einer Substitution, für welche sämmtliche Functionen $\psi_1, \ldots, \psi_n$ gegeben sind, erscheint bei unserer Behandlungsweise nur als eine besondere Form von der Aufgabe, die sich darbietet, wenn ausser den sämmtlichen Functionen ψ auch noch einige der Functionen $E, \varphi_1, \ldots, \varphi_{n''}$ gegeben sind.

Mit Hülfe des Satzes über die normale Form einer canonischen Substitution (Artikel 1) [S. 252] denken wir uns die Veränderlichen p und q so gewählt, dass alle Functionen durch Ausdrücke allein von $\psi_1, \ldots, \psi_n, q_1, \ldots, q_n, t$ dargestellt werden können, also dass entweder jedes p_h und q_h an seiner Stelle gelassen oder ein solches Paar, wenn es erforderlich war, in q_h und $-p_h$ umgesetzt ist.

Es sollen D und Δ zwei allgemeine, von einander unabhängige Differentiationen bedeuten, es soll ferner

die ∂-Differentiation auf die unabhängigen Veränderlichen $t, q_1, \ldots, q_n, p_1, \ldots, p_n$,
die δ-Differentiation auf die unabhängigen Veränderlichen $t, q_1, \ldots, q_n, \psi_1, \ldots, \psi_n$

sich beziehen.

Zur Abkürzung der Formeln wollen wir noch folgende Bezeichnungen einführen

$$q_{+0} = E, \quad q_{-0} = t, \quad q_{-\mu} = p_\mu \quad \text{für } \mu \geqq 1$$

$$\psi_{+0} = E, \quad \psi_{-0} = t, \quad \psi_{-\mu} = \varphi_\mu \quad \text{für } \mu \geqq 1$$

$$[h] = +1 \quad \text{für } h \geqq \pm 0, \qquad [h] = -1 \quad \text{für } h \leqq -1$$

$$\left(\frac{\partial \psi_h}{\partial \psi_{-k}}\right) = 1 \quad \text{für } h = -k$$

$$\left(\frac{\partial \psi_h}{\partial \psi_{-k}}\right) = \frac{\partial \psi_h}{\partial t} \quad \text{für } k = +0$$

$\left(\frac{\partial\psi_h}{\partial\psi_{-k}}\right) = 0,$ wenn zugleich k von $-h$ und k von $+0$ verschieden ist

$\left(\frac{\partial\psi_h}{\partial q_l}\right) = 1$ für $h = l = +0$

$\left(\frac{\partial\psi_h}{\partial q_l}\right) = \frac{\partial\psi_h}{\partial q_l},$ wenn l von $+0$ verschieden ist

$P_0 = E,\quad P_\mu = p_\mu,\quad P_{-\mu} = \varphi_\mu$ für $\mu \geqq 1$

$Q_0 = t,\quad Q_\mu = q_\mu,\quad Q_{-\mu} = \psi_\mu$ für $\mu \geqq 1$

$\left(\frac{\delta P_\mu}{\delta\psi_h}\right) = 1$ für $\mu = -h \leqq -1$ und für $\mu = h = +0$

$\left(\frac{\delta P_\mu}{\delta\psi_h}\right) = 0$ für $h \leqq -1$ und zugleich $h \gtrless -\mu$

$\left(\frac{\delta P_\mu}{\delta\psi_h}\right) = 0$ für $\mu = 0,\ h \gtrless +0$

$\left(\frac{\delta P_\mu}{\delta\psi_h}\right) = \frac{\delta P_\mu}{\delta\psi_h}$ für $h = -0$ und $h \geqq 1$

$\left(\frac{\partial P_e}{\partial P_\mu}\right) = 1$ für $\mu = e$

$\left(\frac{\partial P_e}{\partial P_\mu}\right) = 0$ für $\mu \gtrless e$ und zugleich $\mu \leqq 0$

$\left(\frac{\partial P_e}{\partial P_\mu}\right) = \frac{\partial P_e}{\partial P_\mu} = \frac{\partial P_e}{\partial p_\mu}$ für $\mu \geqq 1.$

Es seien also nach den Voraussetzungen (23.) bis (28.) die Functionen

$$\varphi_{n''},\ \varphi_{n''-1},\ \ldots,\ \varphi_1,\ E,\ \psi_1,\ \psi_2,\ \ldots,\ \psi_{n''},\ \psi_{n''+1},\ \ldots,\ \psi_n$$

oder nach der jetzt zu gebrauchenden Bezeichnung

$$\psi_{-n''},\ \psi_{-(n''-1)},\ \ldots,\ \psi_{-1},\ \psi_{+0},\ \psi_{+1},\ \psi_2,\ \ldots,\ \psi_{n''},\ \psi_{n''+1},\ \ldots,\ \psi_n$$

bekannt und von der Beschaffenheit, dass die Poissonschen Differential-Ausdrücke

$$[k]\left(\frac{\partial\psi_h}{\partial\psi_{-k}}\right) - \sum_l [-l]\left(\frac{\partial\psi_h}{\partial q_l}\right)\left(\frac{\partial\psi_k}{\partial q_{-l}}\right) \tag{41.}$$

für alle aus der Reihe $-n'', \ldots, -1, +0, +1, \ldots, +n$ genommenen Werthe der Indices h und k identisch verschwinden, ausser für $h = -k = -0$. Die Summation ist über $l = -n, -n-1, \ldots, -1, +0, +1, +2, \ldots, +n$ zu erstrecken.

In dem Ausdrucke

$$(42.)\quad \sum [h][k][-e][-\varepsilon]\left\{[k]\left(\frac{\partial\psi_h}{\partial\psi_{-k}}\right)-\sum_l [-l]\left(\frac{\partial\psi_h}{\partial q_l}\right)\left(\frac{\partial\psi_k}{\partial q_{-l}}\right)\right\}\left(\frac{\delta P_\mu}{\delta\psi_h}\right)\left(\frac{\delta P_\nu}{\delta\psi_k}\right)\left(\frac{\partial P_e}{\partial P_\mu}\right)\left(\frac{\partial P_\varepsilon}{\partial P_\nu}\right)\mathrm{D}Q_e\,\Delta Q_\varepsilon$$

soll die Summation in Bezug auf l sich über die Werthe $+0, \pm 1, \pm 2, \ldots, \pm n$ erstrecken, die andere Summe sich auf $h, k, \mu, \nu, e, \varepsilon$ beziehen, aber nur über die Werthe $-n'', \ldots, -1, +0, +1, \ldots, +n$ sich erstrecken, wobei, wenn zugleich h und k von Null verschieden sind, μ mit h und ebenso ν mit k nur gleiche Vorzeichen annehmen soll. Es werden also μ und h nur dann ausser gleichen auch noch entgegengesetzte Vorzeichen erhalten, wenn $k = 0$ ist; ebenso werden ν und k nur dann ausser gleichen auch noch entgegengesetzte Vorzeichen erhalten, wenn $h = 0$ ist. Endlich soll noch das Werthsystem $h = -k = -0$ ausgeschlossen sein.

Man unterscheide nun zunächst die neun Fälle nach den Vorzeichen und Nullwerthen der h und k, unterscheide ferner für jeden dieser neun Fälle die im allgemeinen möglichen neuen Fälle nach den Vorzeichen und Nullwerthen der μ und ν und ersetze die im ausnahmsweisen Sinne gebrauchten ∂- und δ-Derivirten durch die zuvor angegebenen singulären Werthe; ferner führe man dann mit Hülfe der allgemeinen Formel

$$(43.)\quad \sum_{\lambda=1}^{\lambda=n}\frac{\delta P}{\delta\psi_\lambda}\frac{\partial\psi_\lambda}{\partial q_l} = \frac{\partial P}{\partial q_l}-\frac{\delta P}{\delta q_l},\qquad \sum_{\lambda=1}^{\lambda=n}\frac{\delta P}{\delta\psi_\lambda}\frac{\partial\psi_\lambda}{\partial p_l} = \frac{\partial P}{\partial p_l},\qquad \sum_{\lambda=1}^{\lambda=n}\frac{\delta P}{\delta\psi_\lambda}\frac{\partial\psi_\lambda}{\partial t} = \frac{\partial P}{\partial t}$$

die Summationen über h und k, hiernach mit Hülfe von

$$(44.)\quad \sum_{\lambda=1}^{\lambda=n}\frac{\partial\Phi}{\partial p_\lambda}\frac{\delta p_\lambda}{\delta q_l} = \frac{\delta\Phi}{\delta q_l}-\frac{\partial\Phi}{\partial q_l},\qquad \sum_{\lambda=1}^{\lambda=n}\frac{\partial\Phi}{\partial p_\lambda}\frac{\delta p_\lambda}{\delta\psi_\mu} = \frac{\delta\Phi}{\delta\psi_\mu},\qquad \sum_{\lambda=1}^{\lambda=n}\frac{\partial\Phi}{\partial p_\lambda}\frac{\delta p_\lambda}{\delta t} = \frac{\delta\Phi}{\delta t}-\frac{\partial\Phi}{\partial t}$$

die Summationen über μ und ν aus und ziehe dann die partiellen Differentiale wie

$$(45.)\quad \sum_{e=-n''}^{e=+n}\frac{\delta P}{\delta Q_e}\mathrm{D}Q_e = \sum_{\lambda=1}^{\lambda=n}\frac{\delta P}{\delta q_\lambda}\mathrm{D}q_\lambda+\sum_{\eta=1}^{\eta=n''}\frac{\delta P}{\delta\psi_\eta}\mathrm{D}\psi_\eta+\frac{\delta P}{\delta t}\mathrm{D}t = \mathrm{D}P,$$

zusammen, wobei also

$$\mathrm{D}\psi_\zeta = \Delta\psi_\zeta = 0 \quad \text{für} \quad \zeta = n''+1, n''+2, \ldots, n$$

vorausgesetzt wird. Dann erhält man für den Ausdruck (42.), ohne irgend welche andere Rechnungsoperation vorzunehmen,

$$(46.)\qquad -\sum_{\varepsilon}[-\varepsilon]\,\mathrm{D}P_\varepsilon.\Delta Q_\varepsilon+\sum_{e}[-e]\,\Delta P_e.\Delta Q_e$$

oder

$$(47.)\qquad \sum_{\lambda=1}^{\lambda=n}\mathrm{D}p_\lambda\,\Delta q_\lambda-\sum_{\lambda=1}^{\lambda=n}\Delta p_\lambda\,\mathrm{D}q_\lambda-\sum_{\eta=1}^{\eta=n''}\mathrm{D}\varphi_\eta\,\Delta\psi_\eta+\sum_{\eta=1}^{\eta=n''}\Delta\varphi_\eta\,\mathrm{D}\psi_\eta-\mathrm{D}E.\Delta t+\Delta E.\mathrm{D}t$$

für

$$\mathrm{D}\psi_\zeta=\Delta\psi_\zeta=0,\qquad \zeta=n''+1,\,n''+2,\,\ldots,\,n.$$

Der Ausdruck (42.) und damit auch dieser Ausdruck (47.) wird nun aber mit Rücksicht auf die zwischen den Functionen $\varphi_1, \varphi_2, \ldots, \varphi_n, \psi_1, \psi_2, \ldots, \psi_n$, E bestehenden Gleichungen (41.) zu Null; nach Artikel 8 der vorigen Abhandlung*) ist daher

$$(48.)\qquad \sum_{\lambda}p_\lambda\,\mathrm{D}q_\lambda-\sum_{\eta}\varphi_\eta\,\mathrm{D}\psi_\eta-E.\mathrm{D}t,$$

wenn die $p_1, p_2, \ldots, p_n, \varphi_1, \varphi_2, \ldots, \varphi_{n''}, E$ als Functionen von den $q_1, q_2, \ldots, q_n$, $\psi_1, \psi_2, \ldots, \psi_n, t$ dargestellt und $\psi_{n''+1}, \ldots, \psi_n$ als unveränderlich betrachtet werden, ein vollständiges Differential DS einer Function S von den Grössen $q_1, q_2, \ldots$, $q_n, \psi_1, \psi_2, \ldots, \psi_n, t$. Bezeichnet man die nach diesen $2n+1$ Grössen genommenen Differentiale mit δ, so ergeben sich die gesuchten φ_ζ für $\zeta=n''+1$, $n''+2, \ldots, n''$ aus

$$(49.)\qquad \frac{\delta S}{\delta\psi_\zeta}=-\varphi_\zeta,$$

und es ist also S eine Substitutionsfunction für die als Functionen von den Veränderlichen $p_1, p_2, \ldots, p_n, q_1, q_2, \ldots, q_n, t$ gegebenen Grössen $\psi_1, \ldots, \psi_n, E$, $\varphi_1, \varphi_2, \ldots, \varphi_{n''}$.

Bei der Anwendung dieses Endresultats auf die im Artikel 2 behandelte Aufgabe würde man also — wenn zwischen einzelnen Paaren der φ und ψ Umstellungen vorgenommen sind und zwar für die zum Theil gegebenen Functionen $\psi^*_\mu, \psi^{**}_\mu, \varphi^*_\nu, \varphi^{**}_\nu$

$$\varphi_\mu=\varphi^*_\mu,\quad \psi_\mu=\psi^*_\mu,\quad \varphi_\nu=-\psi^{**}_\nu,\quad \psi_\nu=+\varphi^{**}_\nu$$

gesetzt ist, wenn ferner, wie in diesem Artikel, um die normale Form der

*) [Siehe S. 230 u. folg. dieses Bandes.]

Substitution zu erhalten, statt der in den gegebenen Functionen vorkommenden Grössen $q_h^*, p_h^*, q_k^{**}, p_k^{**}$ die

$$p_h = p_h^*, \quad q_h = q_h^*, \quad p_k = -q_k^{**}, \quad q_k = +p_k^{**}$$

eingeführt sind — noch $\sum p_k^{**} q_k^{**} - \sum \varphi_\nu^{**} \psi_\nu^{**}$ zu S hinzuzufügen haben, sodass erst

$$(50.) \quad \mathrm{D}(S + \sum p_k^{**} q_k^{**} - \sum \varphi_\nu^{**} \psi_\nu^{**}) \\ = \sum p_h^* \mathrm{D}q_h^* + \sum p_k^{**} \mathrm{D}q_k^{**} - \sum \varphi_\mu^* \mathrm{D}\psi_\mu^* - \sum \varphi_\nu^{**} \mathrm{D}\psi_\nu^{**} - E\mathrm{D}t,$$

worin h und k vereinigt die ganze Reihe der Zahlen $1, 2, 3, \ldots, n$ und ebenso μ und ν vereinigt die ganze Reihe der Zahlen $1, 2, 3, \ldots, n$ ausfüllen, die Fundamentalgleichung für die in der Aufgabe geforderte Form der Substitution darstellt.

Sind keine der Functionen φ oder ist E nicht gegeben, so würde die vorstehende Untersuchung anwendbar bleiben; man hätte nur $\mathrm{D}Q_e = \Delta Q_e = 0$ für $e \leqq -1$ oder für $e = 0$ zu setzen, wodurch dann in dem obigen Ausdrucke (48.) die auf φ oder t bezüglichen Glieder ganz verschwinden würden. Enthalten dann die gegebenen Functionen die Grösse t, so verschwindet E nicht, sondern wird $= -\frac{\partial S}{\partial t}$.

6.

Der Poisson-Jacobische Satz und ein analoger einfacher Lehrsatz.

In der Abhandlung über die Hamilton-Jacobi'sche Theorie*) (Artikel 9 (14.)) habe ich die Jacobischen Gleichungen durch folgende $2n$ Gleichungen ergänzt:

$$(51.) \quad \begin{cases} \frac{\vartheta q_1}{\vartheta t} = +\frac{\partial E}{\partial p_1}, & \ldots, & \frac{\vartheta q_l}{\vartheta t} = +\frac{\partial E}{\partial p_l}, & \ldots, & \frac{\vartheta q_n}{\vartheta t} = +\frac{\partial E}{\partial p_n} \\ \frac{\vartheta p_1}{\vartheta t} = -\frac{\partial E}{\partial q_1}, & \ldots, & \frac{\vartheta p_l}{\vartheta t} = -\frac{\partial E}{\partial q_l}, & \ldots, & \frac{\vartheta p_n}{\partial t} = -\frac{\partial E}{\partial q_n}. \end{cases}$$

Hierin bezieht sich die ϑ-Differentiation auf die Unabhängigen

$$\psi_1, \psi_2, \ldots, \psi_n, \quad \varphi_1, \varphi_2, \ldots, \varphi_n, \ t$$

*) [Siehe S. 235 dieses Bandes.]

und die ∂-Differentiation auf die Unabhängigen

$$q_1, q_2, \ldots, q_n, \quad p_1, p_2, \ldots, p_n, t.$$

Es sind also die in q, p, t dargestellten Functionen

$\psi_1, \psi_2, \ldots, \psi_n, \quad \varphi_1, \varphi_2, \ldots, \varphi_n$ gleich Constanten gesetzt

ein vollständiges System von Integralen der obigen $2n$ Differentialgleichungen (51.).

Aus der dort auch mitangegebenen Gleichung

$$\frac{\vartheta E}{\vartheta t} = \frac{\partial E}{\partial t} \tag{52.}$$

geht dann hervor, dass, wenn E, als Function von $q_1, \ldots, q_n, p_1, \ldots, p_n, t$ dargestellt, die Grösse t nicht explicite enthält,

$$E = \text{const.}$$

selbst ein Integral jener Differentialgleichungen (51.) ist; dann folgt aber weiter aus den $2n$ dort abgeleiteten Gleichungen

$$\frac{\vartheta E}{\vartheta \psi_h} = \frac{\partial \varphi_h}{\partial t}, \qquad \frac{\vartheta E}{\vartheta \varphi_h} = -\frac{\partial \psi_h}{\partial t}, \tag{53.}$$

dass die partiellen nach t genommenen Derivirten der Functionen

$$\psi_1, \ldots, \psi_h, \ldots, \psi_n, \quad \varphi_1, \ldots, \varphi_h, \ldots, \varphi_n$$

auch wieder Integrale jener Differentialgleichungen (51.) sind. Das Gleiche gilt von jedem Integral, denn es wird, wenn C irgend eine Function von $q_1, \ldots, q_n, p_1, \ldots, p_n, t$ bedeutet,

$$\tag{54.} \left\{ \begin{aligned} \frac{\partial C}{\partial t} &= \frac{\vartheta C}{\vartheta t} + \sum_{l=1}^{l=n} \left(\frac{\vartheta C}{\vartheta \psi_l} \frac{\partial \psi_l}{\partial t} + \frac{\vartheta C}{\vartheta \varphi_l} \frac{\partial \varphi_l}{\partial t} \right) \\ &= \frac{\vartheta C}{\vartheta t} + \sum_{l=1}^{l=n} \left(\frac{\vartheta C}{\vartheta \varphi_l} \frac{\vartheta E}{\vartheta \psi_l} - \frac{\vartheta C}{\vartheta \psi_l} \frac{\vartheta E}{\vartheta \varphi_l} \right) \end{aligned} \right.$$

und für den Fall, dass C ein Integral, also allein durch $\psi_1, \ldots, \psi_n, \varphi_1, \ldots, \varphi_n$ ohne t ausdrückbar, d. h. $\frac{\vartheta C}{\vartheta t} = 0$ ist, $\frac{\partial C}{\partial t} = \text{funct.}\ (\psi, \varphi) = \text{const.}$ Lassen wir nun E die Hamiltonsche Function $+H$ (Artikel 1 (5.)) bei einem mechanischen Problem bedeuten, dessen Differentialgleichungen die obigen

(51.) oder in gebräuchlicher Form

$$(55.)\quad \begin{cases} \dfrac{dq_1}{dt} = +\dfrac{\partial H}{\partial p_1}, \quad \ldots, \quad \dfrac{dq_l}{dt} = +\dfrac{\partial H}{\partial p_l}, \quad \ldots, \quad \dfrac{dq_n}{dt} = +\dfrac{\partial H}{\partial p_n} \\[2ex] \dfrac{dp_1}{dt} = -\dfrac{\partial H}{\partial q_1}, \quad \ldots, \quad \dfrac{dp_l}{dt} = -\dfrac{\partial H}{\partial q_l}, \quad \ldots, \quad \dfrac{dp_n}{dt} = -\dfrac{\partial H}{\partial q_n} \end{cases}$$

sind, so wird das Princip der Erhaltung der lebendigen Kraft durch die Gleichung $H = \text{const.}$ dargestellt, und wir erhalten den Satz:

Gilt in einem mechanischen Problem (55.) das Princip der Erhaltung der lebendigen Kraft

$$\begin{aligned} &\text{Function } (q_1, q_2, \ldots, q_n, p_1, p_2, \ldots, p_n) = \\ &\text{Function } (q_1, q_2, \ldots, q_n, q_1', q_2', \ldots, q_n') = H = \text{const.}, \end{aligned}$$

so ist von jedem durch canonische Variable oder durch Coordinaten und Geschwindigkeiten dargestellten Integrale

$$\text{funct}\,(q_1, \ldots, q_n, p_1, \ldots, p_n, t) = \text{const.}$$

oder

$$\text{funct}\,(q_1, \ldots, q_n, q_1', \ldots, q_n', t) = \text{const.}$$

die nach der Zeit t genommene partielle Derivirte wieder ein Integral des Problems.

Dieses Theorem ist dadurch um so merkwürdiger, dass es Integrale giebt, von denen jedes einzelne durch wiederholte partielle Differentiation nach t ein vollständiges System von Integralen hervorbringt.

In der That, nimmt man das Integral $E = \text{const.}$ für die Function ψ_1 eines canonischen Systems von Integralen, was nach dem Lehrsatze in dem Artikel 4, weil die dazu allein erforderliche Gleichung

$$\sum_{l=1}^{l=n} \left(\frac{\partial E}{\partial q_l} \frac{\partial \psi_1}{\partial p_l} - \frac{\partial E}{\partial p_l} \frac{\partial \psi_1}{\partial q_l} \right) = \frac{\partial \psi_1}{\partial t}$$

identisch für $\psi_1 = E$ erfüllt wird, gestattet ist, so ergeben die Gleichungen (23.) bis (28.) für die übrigen nach den Artikeln 4 und 5 hierzu gefundenen Functionen $\psi_2, \psi_3, \ldots, \psi_n, \varphi_1, \varphi_2, \varphi_3, \ldots, \varphi_n$ noch

$$\sum_{l=1}^{l=n} \left(\frac{\partial \psi_1}{\partial q_l} \frac{\partial \psi_h}{\partial p_l} - \frac{\partial \psi_1}{\partial p_l} \frac{\partial \psi_h}{\partial q_l} \right) = 0$$

$$\sum_{l=1}^{l=n}\left(\frac{\partial\psi_1}{\partial q_l}\frac{\partial\varphi_h}{\partial p_l}-\frac{\partial\psi_1}{\partial p_l}\frac{\partial\varphi_h}{\partial q_l}\right)=\begin{cases}0 & \text{für } h>1\\ 1 & \text{für } h=1\end{cases}$$

$$\sum_{l=1}^{l=n}\left(\frac{\partial E}{\partial q_l}\frac{\partial\psi_h}{\partial p_l}-\frac{\partial E}{\partial p_l}\frac{\partial\psi_h}{\partial q_l}\right)=\frac{\partial\psi_h}{\partial t}$$

$$\sum_{l=1}^{l=n}\left(\frac{\partial E}{\partial q_l}\frac{\partial\varphi_h}{\partial p_l}-\frac{\partial E}{\partial p_l}\frac{\partial\varphi_h}{\partial q_l}\right)=\frac{\partial\varphi_h}{\partial t};$$

also wird

$$(56.)\qquad \frac{\partial\psi_1}{\partial t}=\frac{\partial\psi_2}{\partial t}=\cdots=\frac{\partial\psi_n}{\partial t}=\frac{\partial\varphi_2}{\partial t}=\frac{\partial\varphi_3}{\partial t}=\cdots=\frac{\partial\varphi_n}{\partial t}=0,\quad \frac{\partial\varphi_1}{\partial t}=1$$

und, wie die Ausführung der Differentiationen höherer Ordnung unmittelbar zeigt,

stellt das Integral

$$(57.)\qquad \begin{aligned} C = {} & \psi_1+\psi_2\varphi_1+\psi_3\varphi_1^2+\psi_4\varphi_1^3+\cdots+\psi_n\varphi_1^{n-1}\\ & +\varphi_2\varphi_1^n+\varphi_3\varphi_1^{n+1}+\varphi_4\varphi_1^{n+2}+\cdots+\varphi_n\varphi_1^{2n-2}+\varphi_1^{2n}\end{aligned}$$

mit seinen $2n-1$ partiellen Derivirten nach t für $\psi_1 = H$ ein vollständiges System von $2n$ Integralen des durch die Differentialgleichungen

$$\frac{dq_1}{dt}=+\frac{\partial H}{\partial p_1},\quad \frac{dq_2}{dt}=+\frac{\partial H}{\partial p_2},\quad\cdots,\quad \frac{dq_n}{dt}=+\frac{\partial H}{\partial p_n}$$

$$\frac{dp_1}{dt}=-\frac{\partial H}{\partial q_1},\quad \frac{dp_2}{dt}=-\frac{\partial H}{\partial q_2},\quad\cdots,\quad \frac{dp_n}{dt}=-\frac{\partial H}{\partial p_n}$$

gegebenen mechanischen Problems dar, wenn H nur von $q_1, q_2, \dots, q_n$, $p_1, p_2, \dots, p_n$ und nicht unmittelbar von t abhängt.

Dieser Lehrsatz besitzt einige Analogie mit dem berühmten Poisson-Jacobischen Lehrsatze, der zur besseren Vergleichung hier auch aufgestellt werden mag.

Aus der identischen Gleichung

$$\begin{aligned} \mathrm{D}A.\Delta B-\Delta A.\mathrm{D}B &= \sum_{h=1}^{h=\nu}\sum_{k=1}^{k=\nu}\frac{\partial A}{\partial\zeta_h}\frac{\partial B}{\partial\zeta_k}(\mathrm{D}\zeta_h\,\Delta\zeta_k-\Delta\zeta_h\,\mathrm{D}\zeta_k)\\ &= \sum^{(h,k)}\left(\frac{\partial A}{\partial\zeta_h}\frac{\partial B}{\partial\zeta_k}-\frac{\partial B}{\partial\zeta_h}\frac{\partial A}{\partial\zeta_k}\right)(\mathrm{D}\zeta_h\,\Delta\zeta_k-\Delta\zeta_h\,\mathrm{D}\zeta_k),\end{aligned}$$

worin A und B als Functionen von $\zeta_1, \zeta_2, \dots, \zeta_\nu$ betrachtet werden und die letzte Summation nur über die Combinationen [ohne Wiederholung] der aus der Reihe 1, 2, 3, ..., v genommenen Indices h und k zu erstrecken ist, ergiebt sich, wenn wir die D- und Δ-Differentiationen auf die unabhängigen Veränderlichen $q_1, \dots, q_n, p_1, \dots, p_n$ beziehen und zwar bei D allein die q_l, bei Δ allein die p_l sich ändern lassen und auf beiden Seiten den gemeinsamen Factor $Dq_l \Delta p_l$ aufheben,

$$(58.)\quad \frac{\partial A}{\partial q_l}\frac{\partial B}{\partial p_l}-\frac{\partial A}{\partial p_l}\frac{\partial B}{\partial q_l} = \sum^{(h,k)}\left(\frac{\partial A}{\partial \zeta_h}\frac{\partial B}{\partial \zeta_k}-\frac{\partial B}{\partial \zeta_h}\frac{\partial A}{\partial \zeta_k}\right)\left(\frac{\partial \zeta_h}{\partial q_l}\frac{\partial \zeta_k}{\partial p_l}-\frac{\partial \zeta_h}{\partial p_l}\frac{\partial \zeta_k}{\partial q_l}\right);$$

ersetzen wir hierin die $\zeta_1, \zeta_2, \dots, \zeta_v$ durch die Grössen $\psi_1, \dots, \psi_n, \varphi_1, \dots, \varphi_n$, summiren dann über $l = 1, 2, 3, \dots, n$ und ziehen die für die Poissonschen Differentialausdrücke bei einer canonischen Substitution geltenden Gleichungen (23.) bis (28.) zu Hülfe, so entsteht

$$(59.)\quad \sum_{l=1}^{l=n}\left(\frac{\partial A}{\partial q_l}\frac{\partial B}{\partial p_l}-\frac{\partial B}{\partial q_l}\frac{\partial A}{\partial p_l}\right) = \sum_{\lambda=1}^{\lambda=n}\left(\frac{\vartheta A}{\vartheta \psi_\lambda}\frac{\vartheta B}{\vartheta \varphi_\lambda}-\frac{\vartheta B}{\vartheta \psi_\lambda}\frac{\vartheta A}{\vartheta \varphi_\lambda}\right).$$

Sind nun A, B Integrale derselben Differentialgleichungen, für welche die $\psi_1, \dots, \psi_n, \varphi_1, \dots, \varphi_n$ ein vollständiges System canonischer Integrale bedeuten, so werden A und B als Functionen von den ψ und φ ohne t darstellbar sein, und dasselbe wird für die zweite Seite der letzten Gleichung gelten; also wird der Ausdruck auf der ersten Seite in Gleichung (59.) eine Constante sein müssen, wie Poisson auf einem anderen Wege gefunden hat. Darauf, dass die Gleichung

$$(60.)\quad \sum_{l=1}^{l=n}\left(\frac{\partial A}{\partial q_l}\frac{\partial B}{\partial p_l}-\frac{\partial B}{\partial q_l}\frac{\partial A}{\partial p_l}\right) = \text{const.}$$

ein Integral der Differentialgleichungen (55.) darstellt, legte Jacobi deshalb grosses Gewicht, weil diese Gleichung nicht immer identisch erfüllt wird, auch von den Gleichungen $A = \text{const.}$, $B = \text{const.}$ unabhängig sein und also ein neues Integral geben kann.

Bezeichnen wir allgemein

$$(61.)\quad \sum_{l=1}^{l=n}\left(\frac{\partial A}{\partial q_l}\frac{\partial f}{\partial p_l}-\frac{\partial A}{\partial p_l}\frac{\partial f}{\partial q_l}\right) \text{ mit } \mathrm{A}(f),$$

ferner diesen Ausdruck, wenn darin $\mathrm{A}(f)$ statt f gesetzt ist, mit $\mathrm{A}(\mathrm{A}(f))$

oder kürzer mit $\mathrm{A}^2(f)$ und allgemein $\mathrm{A}(\mathrm{A}^m(f))$ mit $\mathrm{A}^{m+1}(f)$, so wird mit Rücksicht auf obige Gleichung (59.) auch

$$\begin{aligned}\mathrm{A}(f) &= +\sum_{h=1}^{h=n}\frac{\vartheta f}{\vartheta\psi_h}\sum_{\lambda=1}^{\lambda=n}\left(\frac{\vartheta A}{\vartheta\psi_\lambda}\frac{\vartheta\psi_h}{\vartheta\varphi_\lambda}-\frac{\vartheta A}{\vartheta\varphi_\lambda}\frac{\vartheta\psi_h}{\vartheta\psi_\lambda}\right)\\ &\quad+\sum_{h=1}^{h=n}\frac{\vartheta f}{\vartheta\varphi_h}\sum_{\lambda=1}^{\lambda=n}\left(\frac{\vartheta A}{\vartheta\psi_\lambda}\frac{\vartheta\varphi_h}{\vartheta\varphi_\lambda}-\frac{\vartheta A}{\vartheta\varphi_\lambda}\frac{\vartheta\varphi_h}{\vartheta\psi_\lambda}\right)\\ &= +\sum_{h=1}^{h=n}\left\{\frac{\vartheta f}{\vartheta\psi_h}\mathrm{A}(\psi_h)+\frac{\vartheta f}{\vartheta\varphi_h}\mathrm{A}(\varphi_h)\right\};\end{aligned} \tag{62.}$$

wenn wir noch das canonische Integral ψ_1 gleich dem gegebenen A genommen haben, was (nach Artikel 4) in Folge der Gleichung

$$\sum_{l=1}^{l=n}\left(\frac{\partial E}{\partial q_l}\frac{\partial A}{\partial p_l}-\frac{\partial E}{\partial p_l}\frac{\partial A}{\partial q_l}\right)-\frac{\partial A}{\partial t} = -\frac{\mathrm{d}A}{\mathrm{d}t} = 0$$

möglich ist, so wird also

$$\mathrm{A}(f) = \frac{\vartheta f}{\vartheta\varphi_1} \quad \text{und ebenso} \quad \mathrm{A}^m(f) = \frac{\vartheta^m f}{\vartheta\varphi_1^m}, \tag{63.}$$

weil $\mathrm{A}(\psi_h) = 0$, $A(\varphi_1) = 1$ und $\mathrm{A}(\varphi_k) = 0$ für $k > 1$ ist.

Setzt man, nachdem die zu einem Integral $A = \psi_1 = \text{const.}$ zugehörigen canonischen Integrale $\psi_2, \psi_3, \ldots, \psi_n, \varphi_1, \varphi_2, \varphi_3, \ldots, \varphi_n$ bestimmt sind,

$$\begin{aligned}B = {}& \psi_2+\psi_3.\varphi_1+\psi_4.\varphi_1^2+\cdots+\psi_n.\varphi_1^{n-2}\\ &+\varphi_2.\varphi_1^{n-1}+\varphi_3.\varphi_1^n+\cdots+\varphi_n.\varphi_1^{2n-3}+\varphi_1^{2n-1},\end{aligned} \tag{64.}$$

so werden

$$A,\ B,\ \frac{\vartheta B}{\vartheta\varphi_1},\ \frac{\vartheta^2 B}{\vartheta\varphi_1^2},\ \ldots,\ \frac{\vartheta^{2n-2}B}{\vartheta\varphi_1^{2n-2}} \tag{65.}$$

$2n$ von einander unabhängige Functionen von den ψ, φ, also auch von den q, p, t sein; daher bilden für die Differentialgleichungen

$$\begin{aligned}\frac{\mathrm{d}q_1}{\mathrm{d}t} &= +\frac{\partial H}{\partial p_1}, & \frac{\mathrm{d}q_2}{\mathrm{d}t} &= +\frac{\partial H}{\partial p_2}, & \ldots, && \frac{\mathrm{d}q_n}{\mathrm{d}t} &= +\frac{\partial H}{\partial p_n}\\ \frac{\mathrm{d}p_1}{\mathrm{d}t} &= -\frac{\partial H}{\partial q_1}, & \frac{\mathrm{d}p_2}{\mathrm{d}t} &= -\frac{\partial H}{\partial q_2}, & \ldots, && \frac{\mathrm{d}p_n}{\mathrm{d}t} &= -\frac{\partial H}{\partial q_n},\end{aligned}$$

die gleich Constanten gesetzten $2n$ Functionen

$$A,\ B,\ \mathrm{A}(B),\ \mathrm{A}^2(B),\ \ldots,\ \mathrm{A}^{2n-3}(B),\ \mathrm{A}^{2n-2}(B), \tag{66.}$$

worin allgemein

$$\sum_{l=1}^{l=n}\left(\frac{\partial A}{\partial q_l}\frac{\partial f}{\partial p_l}-\frac{\partial A}{\partial p_l}\frac{\partial f}{\partial q_l}\right) \quad \text{durch } A(f)$$

bezeichnet ist, ein vollständiges System von Integralen.

7.

Verallgemeinerung der Jacobischen Störungsformeln.

Im Artikel 9 der Abhandlung über die Hamilton-Jacobische Theorie*) habe ich aus der Fundamentalgleichung (14.) für die canonische Substitution das vervollständigte System der Jacobischen Gleichungen:

$$(67.)\quad \left\{\begin{array}{lll} \dfrac{\vartheta q_h}{\vartheta \psi_k} = \dfrac{\partial \varphi_k}{\partial p_h}, & \dfrac{\vartheta q_h}{\vartheta \varphi_k} = -\dfrac{\partial \psi_k}{\partial p_h}, & \dfrac{\vartheta q_h}{\vartheta t} = \dfrac{\partial E}{\partial p_h} \\ \dfrac{\vartheta p_h}{\vartheta \psi_k} = -\dfrac{\partial \varphi_k}{\partial q_h}, & \dfrac{\vartheta p_h}{\vartheta \varphi_k} = \dfrac{\partial \psi_k}{\partial q_h}, & \dfrac{\vartheta p_h}{\vartheta t} = -\dfrac{\partial E}{\partial q_h} \\ \dfrac{\vartheta E}{\vartheta \psi_k} = \dfrac{\partial \varphi_k}{\partial t}, & \dfrac{\vartheta E}{\vartheta \varphi_k} = -\dfrac{\partial \psi_k}{\partial t}, & \dfrac{\vartheta E}{\vartheta t} = \dfrac{\partial E}{\partial t} \end{array}\right.$$

für

$$h = 1, 2, 3, \ldots, n \quad \text{und} \quad k = 1, 2, 3, \ldots, n$$

abgeleitet. Dabei ist ausser der Gleichung (3.) nur vorausgesetzt, dass $q_1, q_2, \ldots, q_n, p_1, p_2, \ldots, p_n, E$ als Functionen von den Grössen $\psi_1, \psi_2, \ldots, \psi_n, \varphi_1, \varphi_2, \ldots, \varphi_n, t$ und umgekehrt auch $\psi_1, \psi_2, \ldots, \psi_n, \varphi_1, \varphi_2, \ldots, \varphi_n, E$ als Functionen von $q_1, q_2, \ldots, q_n, p_1, p_2, \ldots, p_n, t$ betrachtet werden können. Es ist also ohne Einfluss auf die Gültigkeit der obigen Gleichungen, ob die Substitution die normale Form hat, oder ob sie solche nicht hat. Dasselbe gilt auch von den hier aus jenen Gleichungen abzuleitenden Lehrsätzen. Die ϑ-Differentiation bezieht sich auf die Unabhängigen ψ, φ, t, während die ∂-Differentiation als Unabhängige die q, p, t voraussetzt.

Die obigen neun verschiedenen Formen für die $(2n+1)^2$ Gleichungen können, wenn man für eine positive Zahl m

$$(68.)\quad \left\{\begin{array}{llll} q_{-m} = -p_m, & p_{-m} = +q_m, & q_0 = +t, & p_0 = -E \\ \psi_{-m} = -\varphi_m, & \varphi_{-m} = +\psi_m, & \psi_0 = +t, & \varphi_0 = +E \end{array}\right.$$

*) [Siehe S. 235 dieses Bandes.]

setzt, auch in der gemeinsamen Form

$$(69.)\qquad \frac{\vartheta p_h}{\vartheta \psi_k} = -\frac{\partial \varphi_k}{\partial q_h}$$

für

$$h = 0, \pm 1, \pm 2, \ldots, \pm n \quad \text{und} \quad k = 0, \pm 1, \pm 2, \ldots, \pm n$$

dargestellt werden.

Es bleibt, wie leicht zu sehen, auch die Gleichung

$$\frac{\vartheta q_h}{\vartheta \varphi_k} = -\frac{\partial \psi_k}{\partial p_h}$$

für

$$h = \pm 1, \pm 2, \ldots, \pm n \quad \text{und} \quad k = \pm 1, \pm 2, \ldots, \pm n$$

richtig, aber diese letztere umfasst nicht alle Fälle.

Die Verallgemeinerung der Jacobischen Störungsformeln besteht in Relationen zwischen Functionaldeterminanten. Eine Functionaldeterminante wollen wir nun, zur Erleichterung des Druckes, wenn $u_{h_1}, u_{h_2}, \ldots, u_{h_\nu}$ die Functionen und $v_{k_1}, v_{k_2}, \ldots, v_{k_\nu}$ die unabhängigen Veränderlichen sind, auf welche sich das Differentiationszeichen ∂ bezieht, durch

$$(70.)\qquad \frac{\partial(u \mid h_1, h_2, \ldots, h_\nu)}{\partial(v \mid k_1, k_2, \ldots, k_\nu)}$$

darstellen.

Aus dem Bildungsgesetz der Determinanten ergiebt sich mit Hülfe der Gleichung (69.) unmittelbar

als Verallgemeinerung der Jacobischen Störungsformeln:

$$(71.)\qquad \frac{\vartheta(p \mid h_1, h_2, h_3, \ldots, h_\nu)}{\vartheta(\psi \mid k_1, k_2, k_3, \ldots, k_\nu)} = (-1)^\nu \frac{\partial(\varphi \mid k_1, k_2, k_3, \ldots, k_\nu)}{\partial(q \mid h_1, h_2, h_3, \ldots, h_\nu)},$$

worin die $h_1, h_2, \ldots, h_\nu$ und $k_1, k_2, \ldots, k_\nu$ irgend welche 2ν der Indices

$$0, \pm 1, \pm 2, \pm 3, \ldots, \pm n$$

sein können.

Für den speciellen Fall, dass sowohl die $h_1, h_2, \ldots, h_\nu$, wie auch die $k_1, k_2, \ldots, k_\nu$ die ganze Reihe jener Zahlen mit Ausschluss der Null ausfüllen, geht jene Gleichung, wenn man die q, p, ψ, φ wieder nach ihrer ursprünglichen Bedeutung einführt, in

$$(72.)\qquad \frac{\vartheta(q_1, q_2, \ldots, q_n, p_1, p_2, \ldots, p_n)}{\vartheta(\psi_1, \psi_2, \ldots, \psi_n, \varphi_1, \varphi_2, \ldots, \varphi_n)} = \frac{\partial(\psi_1, \psi_2, \ldots, \psi_n, \varphi_1, \varphi_2, \ldots, \varphi_n)}{\partial(q_1, q_2, \ldots, q_n, p_1, p_2, \ldots, p_n)}$$

über. Verbindet man hiermit den Fundamentalsatz von Jacobi über reciproke vollständige Functionaldeterminanten, nämlich

$$(73.)\qquad \frac{\vartheta(q_1, q_2, \ldots, q_n, p_1, p_2, \ldots, p_n)}{\vartheta(\psi_1, \psi_2, \ldots, \psi_n, \varphi_1, \varphi_2, \ldots, \varphi_n)} \cdot \frac{\partial(\psi_1, \psi_2, \ldots, \psi_n, \varphi_1, \varphi_2, \ldots, \varphi_n)}{\partial(q_1, q_2, \ldots, q_n, p_1, p_2, \ldots, p_n)} = 1,$$

so ergiebt sich:

$$(74.)\qquad \frac{\vartheta(q_1, q_2, \ldots, q_n, p_1, p_2, \ldots, p_n)}{\vartheta(\psi_1, \psi_2, \ldots, \psi_n, \varphi_1, \varphi_2, \ldots, \varphi_n)} = \frac{\partial(\psi_1, \psi_2, \ldots, \psi_n, \varphi_1, \varphi_2, \ldots, \varphi_n)}{\partial(q_1, q_2, \ldots, q_n, p_1, p_2, \ldots, p_n)} = \pm 1.$$

In dieser Form, mit der Unbestimmtheit des Vorzeichens, ist dieses Theorem von Jacobi gefunden und auf S. 499 [der ersten Ausgabe] seiner »Dynamik«*) veröffentlicht. Die Bestimmung des Vorzeichens ist mir gelungen und zwar auf verschiedenen Wegen, zuerst und am einfachsten mit Hülfe der Differentialdeterminanten. Da die Theorie derselben mit mehreren neuen Untersuchungen in engem Zusammenhange steht, so will ich darauf bei einer anderen Gelegenheit zurückkommen und hier nur denjenigen Beweis geben, der diesen Satz als einen speciellen Fall der Verallgemeinerung der Poissonschen Störungsformeln erscheinen lässt.

8.

Verallgemeinerung der Poissonschen Störungsformeln.

In Artikel 10 der Abhandlung über die Hamilton-Jacobische Theorie**) habe ich aus den Jacobischen Störungsformeln und aus allgemeinen Sätzen über Differentiation die Poissonschen Störungsformeln abgeleitet und zu dem System von Gleichungen:

$$(75.)\qquad \sum_{l=1}^{l=n}\left(\frac{\partial\psi_h}{\partial q_l}\frac{\partial\psi_k}{\partial p_l} - \frac{\partial\psi_h}{\partial p_l}\frac{\partial\psi_k}{\partial q_l}\right) = 0$$

$$\begin{matrix}(76.)\\(77.)\end{matrix}\qquad \sum_{l=1}^{l=n}\left(\frac{\partial\psi_h}{\partial q_l}\frac{\partial\varphi_k}{\partial p_l} - \frac{\partial\psi_h}{\partial p_l}\frac{\partial\varphi_k}{\partial q_l}\right)\begin{cases} = 0 & \text{für } h \lessgtr k \\ = 1 & \text{für } h = k\end{cases}$$

---

*) [Jacobi, Gesammelte Werke, Bd. V, S. 428—430.]

**) [Siehe S. 237 dieses Bandes.]

$$(78.)\qquad \sum_{l=1}^{l=n}\left(\frac{\partial\varphi_h}{\partial q_l}\frac{\partial\varphi_k}{\partial p_l}-\frac{\partial\varphi_h}{\partial p_l}\frac{\partial\varphi_k}{\partial q_l}\right)=0$$

$$(79.)\qquad \sum_{l=1}^{l=n}\left(\frac{\partial E}{\partial q}\frac{\partial\psi_h}{\partial p_l}-\frac{\partial E}{\partial p_l}\frac{\partial\psi_h}{\partial q_l}\right)=\frac{\partial\psi_h}{\partial t}$$

$$(80.)\qquad \sum_{l=1}^{l=n}\left(\frac{\partial E}{\partial q_l}\frac{\partial\varphi_h}{\partial p_l}-\frac{\partial E}{\partial p_l}\frac{\partial\varphi_h}{\partial q_l}\right)=\frac{\partial\varphi_h}{\partial t}$$

vervollständigt, worin h und k irgend welche der Indices $1, 2, 3, \ldots, n$ sind. Wenn man unter Annahme einer positiven Zahl m

$$(81.)\quad \begin{cases} q_{-m}=-p_m, \quad p_{-m}=q_m \\ \psi_{-m}=-\varphi_m, \quad \varphi_{-m}=\psi_m, \quad \psi_0=t, \quad \varphi_0=E \\ \left\{\dfrac{\partial\varphi_k}{\partial\psi_h}\right\}=\dfrac{\partial\varphi_k}{\partial t} \quad \text{für } h=0 \\ \left\{\dfrac{\partial\varphi_k}{\partial\psi_h}\right\}=-1 \quad \text{für } h=-k \text{ und zugleich } h>0 \\ \left\{\dfrac{\partial\varphi_k}{\partial\psi_h}\right\}=+1 \quad \text{für } h=-k \text{ und zugleich } h<0 \\ \left\{\dfrac{\partial\varphi_k}{\partial\psi_h}\right\}=0 \quad \text{für alle von 0 und } -k \text{ verschiedenen Werthe des } h \end{cases}$$

setzt, so können diese sechs Formen von $n(2n+1)$ Gleichungen bei Benutzung des abgekürzten Zeichens für eine Functionaldeterminante in die gemeinsame Form

$$(82.)\qquad \sum_{l=1}^{l=n}\frac{\partial(\varphi_h,\varphi_k)}{\partial(q_{-l},q_{+l})}=\left\{\frac{\partial\varphi_k}{\partial\psi_h}\right\}$$

für

$$h=0, \pm 1, \pm 2, \pm 3, \ldots, \pm n \quad \text{und} \quad k=\pm 1, \pm 2, \pm 3, \ldots, \pm n$$

gebracht werden.

Zur Erweiterung der Poissonschen Störungsformeln auf höhere Grade dient der verallgemeinerte, nach Laplace benannte und auf Functionaldeterminanten angewandte Satz und zwar, unter Benutzung der oben (70.) festgesetzten Bezeichnung, in der Form der identischen Gleichung:

$$(83.)\quad \begin{cases} \displaystyle\sum_{\varkappa}\frac{\partial(\varphi|\varkappa_1,\varkappa_2)}{\partial(q|-l_1,+l_1)}\cdot\frac{\partial(\varphi|\varkappa_3,\varkappa_4)}{\partial(q|-l_2,+l_2)}\cdots\frac{\partial(\varphi|\varkappa_{2m-1},\varkappa_{2m})}{\partial(q|-l_m,+l_m)}\frac{\partial(\varphi|\varkappa_{2m+1},\varkappa_{2m+2},\ldots,\varkappa_\lambda)}{\partial(q|h_{2m+1},h_{2m+2},\ldots,h_\lambda)}\prod_{(\mu,\nu)}[\varkappa_\mu-\varkappa_\nu] \\ \displaystyle\qquad =\frac{\partial(\varphi|k_1,k_2,k_3,k_4,\ldots,k_{2m-1},k_{2m},k_{2m+1},k_{2m+2},\ldots,k_\lambda)}{\partial(q|-l_1,+l_1,-l_2,+l_2,\ldots,-l_m,+l_m,h_{2m+1},h_{2m+2},\ldots,h_\lambda)}\prod_{(\mu,\nu)}[k_\mu-k_\nu], \end{cases}$$

wo in der Summation über $\varkappa$ jedes der $\varkappa_1, \varkappa_2, \varkappa_3, \ldots, \varkappa_{2m}, \ldots, \varkappa_\lambda$ alle Werthe $k_1, k_2, k_3, \ldots, k_{2m}, \ldots, k_\lambda$ unter der Einschränkung

$$\varkappa_2,\ \varkappa_4,\ \varkappa_6,\ \ldots,\ \varkappa_{2m} \text{ von } 0 \text{ verschieden}$$

$$(84.)\quad \varkappa_1 < \varkappa_2 \text{ oder } \varkappa_1 = 0,\quad \varkappa_3 < \varkappa_4 \text{ oder } \varkappa_3 = 0,\quad \ldots,\quad \varkappa_{2m-1} < \varkappa_{2m} \text{ oder } \varkappa_{2m-1} = 0,$$
$$\varkappa_{2m+1} < \varkappa_{2m+2} < \cdots < \varkappa_\lambda$$

annimmt, wo ferner in jedem Gliede der Summation auf der linken Seite und in dem einzigen Gliede der rechten Seite das Product $\prod$ über alle Werthe $1, 2, 3, \ldots, \lambda$ für μ und ν unter der Voraussetzung $\nu \leqq \mu$ zu erstrecken ist, und wo endlich

$$(85.)\qquad \begin{cases} [k] = +1 & \text{für } k > 0 \\ [k] = -1 & \text{für } k < 0 \\ [k] = 0 & \text{für } k = 0 \end{cases}$$

bedeutet.

Summirt man die Gleichung (83.) in Bezug auf jedes der $l_1, l_2, l_3, \ldots, l_m$ über alle Werthe $1, 2, 3, \ldots, n$, wendet dabei die vervollständigten Poissonschen Störungsformeln (82.) an und beachtet, dass diejenigen auf der zweiten Seite der Gleichung (83.) stehenden Ausdrücke, welche sich nur durch die Reihenfolge der Werthe der $l_1, l_2, \ldots, l_m$ von einander unterscheiden, gleich gross sind, so erhält man:

$$(86.)\quad \sum_\varkappa \left\{\frac{\partial \varphi_{\varkappa_2}}{\partial \psi_{\varkappa_1}}\right\} \cdot \left\{\frac{\partial \varphi_{\varkappa_4}}{\partial \psi_{\varkappa_3}}\right\} \cdots \left\{\frac{\partial \varphi_{\varkappa_{2m}}}{\partial \psi_{\varkappa_{2m-1}}}\right\} \frac{\partial(\varphi \,|\, \varkappa_{2m+1}, \varkappa_{2m+2}, \ldots, \varkappa_\lambda)}{\partial(q \,|\, h_{2m+1}, h_{2m+2}, \ldots, h_\lambda)} \prod_{(\mu,\nu)} [\varkappa_\mu - \varkappa_\nu] =$$
$$1.2.3\ldots m \sum_l \frac{\partial(\varphi \,|\, k_1, k_2, k_3, k_4, \ldots, k_{2m-1}, k_{2m}, k_{2m+1}, k_{2m+2}, \ldots, k_\lambda)}{\partial(q \,|\, -l_1, +l_1, -l_2, +l_2, \ldots, -l_m, +l_m, h_{2m+1}, k_{2m+2}, \ldots, h_\lambda)} \prod_{(\mu,\nu)} [k_\mu - k_\nu],$$

worin unter Beibehaltung der übrigen Bezeichnungen wie in Gleichung (83.) die Summation in Bezug auf die l sich über die sämmtlichen Werthe $1, 2, 3, \ldots, n$ für jedes der $l_1, l_2, l_3, \ldots, l_m$ unter der Einschränkung $l_1 < l_2 < l_3 < \cdots < l_m$ erstreckt.

Beträgt die Anzahl der in der Reihe der absoluten Werthe der Zahlen $k_1, k_2, k_3, \ldots, k_\lambda$ vorkommenden, von 0 und von einander verschiedenen Werthe mehr als $\lambda - m$, so verschwindet offenbar die linke Seite der Gleichung (86.), und das Nullwerden der rechten Seite der Gleichung (86.) giebt die Verallgemeinerung der Poissonschen Gleichungen von der Form (75.), (76.) und (78).

Ist

$$k_1 = -k_2,\quad k_3 = -k_4,\quad \ldots,\quad k_{2m-1} = -k_{2m},$$

sind $k_2, k_4, \ldots, k_{2m}$ positiv, und sind die absoluten Werthe von

$$k_2,\ k_4,\ \ldots,\ k_{2m},\ k_{2m+1},\ k_{2m+2},\ \ldots,\ k_\lambda$$

alle von einander und von 0 verschieden, so vereinfacht sich (86.) zu

$$(87.)\quad \sum_l \frac{\partial(\varphi\,|-k_2,+k_2,-k_4,+k_4,\ldots,-k_{2m},+k_{2m},k_{2m+1},k_{2m+2},\ldots,k_\lambda)}{\partial(q\,|-l_1,\ +l_1,\ -l_2,\ +l_2,\ \ldots,-l_m,\ \ +l_m,\ \ h_{2m+1},h_{2m+2},\ldots,h_\lambda)}$$
$$= \frac{\partial(\varphi\,|\,k_{2m+1},k_{2m+2},\ldots,k_n)}{\partial(q\,|\,h_{2m+1},h_{2m+2},\ldots,h_n)}$$

und specieller für $\lambda = 2m$ zu

$$(88.)\quad \sum_l \frac{\partial(\varphi\,|-k_2,+k_2,-k_4,+k_4,\ldots,-k_{2m},+k_{2m})}{\partial(q\,|-l_1,\ +l_1,\ -l_2,\ +l_2,\ \ldots,-l_m,\ \ +l_m)} = 1;$$

endlich folgt für $\lambda = 2m = 2n$

$$(89.)\quad \frac{\partial(\psi_1,\psi_2,\ldots,\psi_n,\varphi_1,\varphi_2,\ldots,\varphi_n)}{\partial(q_1,q_2,\ldots,q_n,p_1,p_2,\ldots,p_n)} = +1,$$

welche Gleichung die genaue Bestimmung des Vorzeichens in dem von Jacobi gefundenen und im vorigen Artikel bewiesenen Lehrsatze enthält.

Ist

$$k_1 = -k_2,\quad k_3 = -k_4,\quad \ldots,\quad k_{2m-3} = -k_{2m-2},\quad k_{2m-1} = 0$$

sind $k_2, k_4, \ldots, k_{2m-2}$ positiv, und sind die absoluten Werthe der

$$k_2,\ k_4,\ \ldots,\ k_{2m-2},\quad k_{2m},\ \ldots,\ k_\lambda$$

alle von einander und von 0 verschieden, so wird

$$(90.)\quad \sum_l \frac{\partial(\varphi\,|-k_2,+k_2,-k_4,+k_4,\ldots,-k_{2m-2},+k_{2m-2},k_{2m-1},k_{2m},k_{2m+1},\ldots,k_\lambda)}{\partial(q\,|-l_1,\ +l_1,\ -l_2,\ +l_2,\ \ldots,-l_{m-1},\ \ +l_{m-1},\ \ -l_m,+l_m,h_{2m+1},\ldots,h_\lambda)}$$
$$= \sum_\varkappa \frac{\partial\varphi_{\varkappa_{2m}}}{\partial t}\,\frac{\partial(\varphi\,|\,\varkappa_{2m+1},\varkappa_{2m+2},\ldots,\varkappa_\lambda)}{\partial(q\,|\,h_{2m+1},h_{2m+2},\ldots,h_\lambda)}\prod_{(\mu,\nu)}[\varkappa_\mu-\varkappa_\nu],$$

worin unter Beibehaltung der übrigen Bezeichnungen die Summation in

Bezug auf $\varkappa$ sich über alle Werthe $k_{2m}, k_{2m+1}, k_{2m+2}, \ldots, k_\lambda$ für jedes $\varkappa_{2m}, \varkappa_{2m+1}, \varkappa_{2m+2}, \ldots, \varkappa_\lambda$ mit der Beschränkung

$$\varkappa_{2m+1} < \varkappa_{2m+2} < \varkappa_{2m+3} < \cdots < \varkappa_\lambda$$

und unter der gestatteten Voraussetzung

$$k_{2m} < k_{2m+1} < k_{2m+2} < \cdots < k_\lambda$$

erstreckt, während in dem Producte der Zeiger ν immer kleiner als μ ist, und jeder der beiden alle die dann noch zulässigen Werthe $2m, 2m+1, 2m+2, \ldots, \lambda$ annimmt.

Als specieller Fall folgt aus der letzten Gleichung (90.) noch

$$(91.)\quad \sum_l \frac{\partial(\varphi\,|-k_2, +k_2, -k_4, +k_4, \ldots, -k_{2m-2}, +k_{2m-2}, k_{2m-1}, k_{2m})}{\partial(q\,|-l_1, +l_1, -l_2, +l_2, \ldots, -l_{m-1}, +l_{m-1}, -l_m, +l_m)} = \frac{\partial \varphi_{k_{2m}}}{\partial t},$$

wenn $k_2, k_4, \ldots, k_{2m-2}$ alle positiv und von einander, so wie von dem absoluten Werthe des k_{2m} verschieden sind und $k_{2m-1} = 0$ ist. Für $m = n$ wird hieraus

$$(92.)\quad \frac{\partial(\psi_1, \varphi_1, \psi_2, \varphi_2, \ldots, \psi_{k-1}, \varphi_{k-1}, E, \varphi_k, \psi_{k+1}, \varphi_{k+1}, \ldots, \psi_n, \varphi_n)}{\partial(q_1, p_1, q_2, p_2, \ldots, q_{k-1}, p_{k-1}, q_k, p_k, q_{k+1}, p_{k+1}, \ldots, q_n, p_n)} = \frac{\partial \varphi_k}{\partial t}$$

$$(93.)\quad \frac{\partial(\psi_1, \varphi_1, \psi_2, \varphi_2, \ldots, \psi_{k-1}, \varphi_{k-1}, E, \psi_k, \psi_{k+1}, \varphi_{k+1}, \ldots, \psi_n, \varphi_n)}{\partial(q_1, p_1, q_2, p_2, \ldots, q_{k-1}, p_{k-1}, q_k, p_k, q_{k+1}, p_{k+1}, \ldots, q_n, p_n)} = \frac{\partial \psi_k}{\partial t},$$

worin k eine positive Zahl bedeutet.

Aus der obigen Fundamental-Gleichung (86.) folgt für den Fall, dass

$$\begin{array}{llll} \lambda = 2m+1, & k_{2m+1} = 0, & & h_{2m+1} = 0 \\ k_1 = -k_2, & k_3 = -k_4, & \ldots, & k_{2m-1} = -k_{2m} \\ k_2, \quad k_4, & k_6, & \ldots, & k_{2m} \text{ alle positiv,} \end{array}$$

ist, auch

$$(94.)\quad \sum_l \frac{\partial(\varphi\,|-k_2, +k_2, \ldots, -k_{2m}, +k_{2m}, 0)}{\partial(q\,|-l_1, +l_1, \ldots, -l_m, +l_m, 0)} = \frac{\partial E}{\partial t},$$

weil nämlich in der auf die Indices $\varkappa$ sich beziehenden Summe je zwei Glieder, welche sich nur in den Factoren

$$\left\{\frac{\partial \varphi_{\varkappa_{2\varepsilon}}}{\partial \psi_{\varkappa_{2\varepsilon-1}}}\right\} \frac{\partial \psi_{\varkappa_{2m+1}}}{\partial q_0} \prod_{(\mu,\nu)} [\varkappa_\mu - \varkappa_\nu]$$

für $\varkappa_{2\varepsilon} = -\varkappa_{2m+l}$, $\varkappa_{2\varepsilon-1} = 0$ und zwar durch wechselseitige Umtauschung der Werthe der Indices $\varkappa_{2\varepsilon}$ und $\varkappa_{2m+1}$ von einander unterscheiden, gleiche absolute Werthe, aber entgegengesetzte Vorzeichen haben.

Wird $m = n$, so entsteht

$$\text{(95.)}\qquad \frac{\partial(\psi_1, \psi_2, \ldots, \psi_n, \varphi_1, \varphi_2, \ldots, \varphi_n, E)}{\partial(q_1, q_2, \ldots, q_n, p_1, p_2, \ldots, p_n, t)} = \frac{\partial E}{\partial t}$$

welche Gleichung an Einfachheit der obigen (89.) entspricht.

Die Poissonschen Gleichungen und ihre Verallgemeinerungen sind allein aus der Fundamentalgleichung für die canonische Substitution, nämlich aus

$$\mathrm{D}S = -E\,\mathrm{D}t + \sum p_l\,\mathrm{D}q_l - \sum \varphi_l\,\mathrm{D}\psi_l$$

abgeleitet; diese bleibt aber ungeändert, wenn man die Grössen

$$+S,\ +E,\ t,\ q_1, q_2, \ldots, q_n, p_1, p_2, \ldots, p_n,\ \psi_1, \psi_2, \ldots, \psi_n,\ \varphi_1, \varphi_2, \ldots, \varphi_n$$

der Reihe nach mit

$$-S,\ -E,\ t,\ \psi_1, \psi_2, \ldots, \psi_n,\ \varphi_1, \varphi_2, \ldots, \varphi_n,\ q_1, q_2, \ldots, q_n,\ p_1, p_2, \ldots, p_n$$

und dementsprechend die ∂-Differentiation mit der ϑ-Differentiation vertauscht. Es lassen sich also aus den hier aufgestellten Gleichungen unmittelbar entsprechende ableiten, welche sich auf die Unabhängigen

$$t,\ \psi_1, \psi_2, \ldots, \psi_n,\ \varphi_1, \varphi_2, \ldots, \varphi_n$$

mit der ϑ-Differentiation beziehen. Unter diesen Gleichungen zeichnen sich die vier

$$\text{(96.)}\qquad \frac{\vartheta(q_1, q_2, \ldots, q_n, p_1, p_2, \ldots, p_n)}{\vartheta(\psi_1, \psi_2, \ldots, \psi_n, \varphi_1, \varphi_2, \ldots, \varphi_n)} = 1$$

$$\text{(97.)}\qquad \frac{\vartheta(q_1, q_2, \ldots, q_n, p_1, p_2, \ldots, p_n, E)}{\vartheta(\psi_1, \psi_2, \ldots, \psi_n, \varphi_1, \varphi_2, \ldots, \varphi_n, t)} = \frac{\vartheta E}{\vartheta t}$$

$$\text{(98.)}\qquad \frac{\vartheta(q_1, p_1, \ldots, q_{k-1}, p_{k-1}, q_k, E, q_{k+1}, p_{k+1}, \ldots, q_n, p_n)}{\vartheta(\psi_1, \varphi_1, \ldots, \psi_{k-1}, \varphi_{k-1}, \psi_k, \varphi_k, \psi_{k+1}, \varphi_{k+1}, \ldots, \psi_n, \varphi_n)} = \frac{\vartheta q_k}{\vartheta t}$$

$$\text{(99.)}\qquad \frac{\vartheta(q_1, p_1, \ldots, q_{k-1}, p_{k-1}, p_k, E, q_{k+1}, p_{k+1}, \ldots, q_n, p_n)}{\vartheta(\psi_1, \varphi_1, \ldots, \psi_{k-1}, \varphi_{k-1}, \psi_k, \varphi_k, \psi_{k+1}, \varphi_{k+1}, \ldots, \psi_n, \varphi_n)} = \frac{\vartheta p_k}{\vartheta t}$$

durch ihre Einfachheit aus.

Die hier zwischen Functionaldeterminanten aufgestellten Beziehungen bilden die Verallgemeinerung derjenigen Differentialgleichungen, welche Poisson bei seinen Untersuchungen in der Theorie der planetarischen Störungen*) zuerst gefunden hat, und zwar die Verallgemeinerung in derjenigen Form, die sich durch die Anwendung der canonischen Integrale ergiebt. Die Ausdehnung der verallgemeinerten Sätze auf beliebige Integrale ist nach dem der Gleichung (83.) zu Grunde liegenden Gedanken und mit Zuhülfenahme von Gleichung (59.) leicht durchzuführen.

*) [Poisson, Journal de l'École Polytechnique, 1809, Cah. 15, p. 266—344.]

XVII.

VERALLGEMEINERUNG DES GAUSSISCHEN CRITERIUM FÜR DEN QUADRATISCHEN REST-CHARAKTER EINER ZAHL IN BEZUG AUF EINE ANDERE.

[Vorgelegt von Herrn Kummer in der Gesammtsitzung der Königl. Akademie der Wissenschaften zu Berlin am 22. Juni 1876 und veröffentlicht in den »Monatsberichten« derselben, 1876, S. 330—331.]

Sehr merkwürdig ist es mir immer erschienen, dass Gauss (Disquisitiones Arithmeticae, Art. 133)*) von der Eigenschaft einer Zahl, ob sie quadratischer Rest oder nicht-quadratischer Rest für eine Primzahl als Theiler ist, übergeht zu der Untersuchung eines nicht ganz nahe liegenden Rest-Charakters der ersten Zahl für eine zusammengesetzte Zahl als Theiler, dass er nämlich diejenige Eigenschaft derselben betrachtet, die sie als nicht-quadratischer Rest zu einer geraden oder einer ungeraden Anzahl der gleichen und der verschiedenen Primtheiler der zusammengesetzen Zahl auftreten lässt. Der Nutzen dieser Betrachtung wird nämlich erst durch die Kenntniss des quadratischen Reciprocitäts-Gesetzes oder durch andere auf höherem Gebiete liegende Untersuchungen ersichtlich. Es bietet sich also die Frage dar, ob es zwischen den beiden Zahlen nicht eine einfachere Beziehung giebt, welche mit jener Eigenschaft eng verbunden ist. Eine solche besteht in der That

*) [Gauss' Werke, Bd. I, S. 101.]

und die dafür gefundene Form erscheint mir um so beachtenswerther, als sie eine Verallgemeinerung des von Gauss bei seinem dritten Beweise des quadratischen Reciprocitäts-Satzes (Theorematis arithmetici demonstratio nova*), Gottingae 1808) gegebenen Criterium für den quadratischen Rest-Charakter bildet.

Handelt es sich nämlich um den Rest A und den Theiler P, welcher eine Primzahl oder eine zusammengesetzte Zahl sein kann, aber zu $2A$ als relativ prim vorauszusetzen ist, und stellen wir die von Gauss betrachtete Eigenschaft nach der von Jacobi so zweckmässig eingeführten Verallgemeinerung des Legendreschen Zeichens durch den Werth $+1$ oder -1 dar, so wird

$$\left(\frac{A}{P}\right) = (-1)^{\mu},$$

worin μ die Anzahl der negativen Reste bedeutet, welche entstehen, wenn man von den Producten

$$1.A,\ 2.A,\ 3.A,\ \cdots,\ \frac{P-1}{2}\cdot A$$

die absolut kleinsten Reste für den Theiler P bildet.

*) [Gauss' Werke, Bd. II, S. 1—8.]

XVIII.

ANALYTISCHE THEORIE DER DETERMINANTEN.

Vorgelegt in der Sitzung der Königl. Gesellschaft der Wissenschaften zu Göttingen am 15. August 1877 [und veröffentlicht in den »Abhandlungen« derselben, Bd. XXII. Mathematische Classe, S. 3——41. Göttingen, 1877.]

INHALT.

Die von Leibniz im Jahre 1693 zuerst untersuchten, von Cramer im Jahre 1750 neu entdeckten, nach der von Gauss im Jahre 1801 für besondere Fälle gebrauchten Benennung jetzt als Determinanten bezeichneten Ausdrücke bilden in ihrer Anwendung auf die Algebra, Geometrie, Zahlentheorie und Analysis ein so wichtiges und nützliches Hülfsmittel, dass eine weniger mittelbare Bestimmung derselben als wünschenswerth erscheint.

Cramer, Bézout, Vandermonde, Lagrange, Laplace, Gauss, Cauchy, Binet, Jacobi und die meisten der jetzt lebenden Geometer haben dazu beigetragen, dieses Gebiet der Mathematik in einer bemerkenswerthen Grösse nach verschiedenen Richtungen hin auszubauen. Auch die gewählten Ausgangspunkte sind sehr mannigfaltig. Sie lassen sich im Wesentlichen etwa auf folgende fünf zurückführen. Entweder hat man für einen vorgegebenen bestimmten Grad, vorzugsweise für den zweiten und dritten Grad den Ausdruck vollständig aufgestellt, und diesen als Determinante der weiteren Untersuchung zu Grunde gelegt, oder man hat nach dem Vorbilde von bestimmten sogenannten alternirenden Functionen formal das Bildungsgesetz der Determinanten beliebig hohen Grades aufgestellt. Andere sind von dem Begriffe der geradzahligen und ungeradzahligen Inversionen oder Involutionen oder von der angenommenen Recursionsgleichung zwischen einer Determinante beliebig hohen Grades und den Determinanten niederen Grades ausgegangen. Hierneben mag die in den folgenden Blättern angewandte Definition ihren Platz finden. Sie beruht auf dem Begriffe der gleichartigen und ungleichartigen Folge von Elementen, zwischen denen eine zweifache Reihung vorausgesetzt ist.

Bei der von Pfaff entdeckten (der Berliner Academie der Wissenschaften am 11. Mai 1815 vorgelegten) und von Gauss in den Göttinger gelehrten Anzeigen am 1. Juli 1815 (Gauss Werke, Bd. III, S. 231—241) übersichtlich dargestellten Integrations-Methode treten lineare Gleichungen auf, welche in einer besonderen Beziehung zu einander stehen und deshalb im Allgemeinen nicht auflösbar sind, wenn die Anzahl der Gleichungen eine ungerade Zahl ist. Jacobi hat in seiner Abhandlung (vom 14. August 1827) »Über die Pfaff'sche Integrations-Methode*)« (Crelle's Journal, Bd. 2, S. 355) einen Ausdruck gefunden, mit dessen Hülfe diese Gleichungen für den Fall einer geraden Anzahl in einfacherer Weise als mit Anwendung von Determinanten aufgelöst werden können. Wegen der vielen jetzt schon bekannten merkwürdigen Eigenschaften verdienen diese Ausdrücke mit dem Namen Jacobi'sche Resolventen bezeichnet zu werden. Herr Cayley bemerkt und beweist in seiner Abhandlung »Sur les déterminants gauches«**) (Crelle's Journal, Bd. 38, S. 93 vom 1. April 1847), dass die Determinante der Factoren in einem solchen System von Gleichungen dem Quadrate jener Jacobi'schen Resolventen gleich wird.

Neben den so wichtigen Untersuchungen dieses Satzes von den Herrn Brioschi, Borchardt, Scheibner, Baltzer, Veltmann und Mertens dürfte der hier folgende Beweis nicht ganz überflüssig erscheinen. Gleiche Ansicht glaube ich hegen zu dürfen in Bezug auf den der Form nach neuen Beweis für den, von Leibniz in specieller Form gefundenen, von Vandermonde im Jahre 1771 und von Laplace verallgemeinerten Lehrsatz über die Zerlegung; so wie für den von Binet und Cauchy im Jahre 1812 verallgemeinerten Lagrange'schen Lehrsatz über die Zusammensetzung oder Multiplication der Determinanten.

---

*) [Jacobi, Gesammelte Werke, Bd. IV, S. 17—29.]

**) [Cayley, Mathematical Papers, T. I, p. 410—413.]

1.
Analytische Definition der Determinante.

Die Determinante eines Systems von n-mal n Grössen enthält nicht nur die Werthe derselben, sondern hängt auch von der Reihenfolge dieser ihrer Elemente ab. Das Bildungsgesetz der Determinante lässt sich am einfachsten aussprechen, wenn man sich eine zweifache Reihung der Elemente vorgenommen denkt. Eine solche wird sehr übersichtlich durch die geometrische Anschauung, indem man die Elemente in n (etwa horizontale) Zeilen und n (etwa vertical stehende) Spalten einreiht.

Dieser Anordnung entsprechend wenden wir doppelte Indices an und versehen jeden Index noch mit einem Index zweiter Ordnung, um die analytischen Ausdrücke für die Determinante in der erforderlichen Allgemeinheit darstellen zu können.

Das System der Elemente soll also auf die Form

$$(1.)\qquad \left\{\begin{array}{llll} E_{h_1 k_1} & E_{h_1 k_2} & \ldots & E_{h_1 k_n} \\ E_{h_2 k_1} & E_{h_2 k_2} & \ldots & E_{h_2 k_n} \\ \cdot & \cdot & \cdots & \cdot \\ \cdot & \cdot & \cdots & \cdot \\ \cdot & \cdot & \cdots & \cdot \\ E_{h_n k_1} & E_{h_n k_2} & \ldots & E_{h_n k_n} \end{array}\right.$$

gebracht sein. Die beiden Indices h_λ und k_μ wollen wir hier und in allen Fällen, wo kein Missverständniss befürchtet werden darf, nicht noch besonders durch ein Komma trennen. Die einzelne Zeile mag der Kürze halber nach ihrem sie bestimmenden Index h_λ und ebenso die einzelne Spalte nach ihrem sie bestimmenden Index k_μ benannt werden. In der Richtung, in welcher wir die Zeilen lesen, wollen wir den Fortschritt in der Reihenfolge der Spalten annehmen, so dass wir in diesem Sinne von Spalten sprechen, welche einer anderen vorangehen oder dieser folgen. Die entsprechende Ausdrucksweise wenden wir auf die einzelnen Zeilen an, deren Reihenfolge wir von oben nach unten fortschreitend annehmen.

Bei den hier durchzuführenden Untersuchungen kommt es in Bezug auf zwei Elemente wesentlich darauf an, ob die Zeile des einen Elementes der Zeile des anderen vorangeht oder derselben folgt, und ob die Spalte des einen Elementes der Spalte des anderen vorangeht oder derselben folgt. Insbesondere ist der Umstand von Wichtigkeit, ob ein solches Verhalten der Spalten zu einander mit dem Verhalten der Zeilen zu einander gleichartig oder ungleichartig ist. Wir werden dieses der Kürze halber so ausdrücken, dass wir die Reihenfolge der Zeilen der beiden Elemente mit der Reihenfolge ihrer Spalten als gleichartig oder als ungleichartig benennen.

Von dem vorgegebenen System werden n Elemente entnommen und in einander multiplicirt. Zu dem so erhaltenen Producte fügen wir den Factor -1 noch so oft hinzu, wie für irgend zwei dieser n Elemente die Reihenfolge ihrer Spalten mit der Reihenfolge ihrer Zeilen ungleichartig ist. Gehören zwei Elemente derselben Zeile oder derselben Spalte an, so tritt noch der Factor 0 hinzu.

Ein nach diesem Gesetze hergestellter Ausdruck ist ein Glied der Determinante. Wir wollen es ein eigentliches nennen, wenn aus jeder Spalte und aus jeder Zeile ein Element darin vorkommt. Ein uneigentliches Glied dagegen mag es heissen, wenn wenigstens zwei ihrer Elemente einer und derselben Zeile oder einer und derselben Spalte angehören.

Die Summe aller der verschiedenen Ausdrücke, welche sich auf je n Elemente des vorgegebenen Systems beziehen und nach der vorstehenden Regel gebildet sind, heisst die Determinante des Systems und soll durch

$$\mathrm{E}(h_1, h_2, \ldots, h_n \,|\, k_1, k_2, \ldots, k_n)$$

bezeichnet werden.

2.
Geometrische Definition der Determinante.

Bei der so eben durchgeführten Untersuchung wurden weiter keine räumlichen Begriffe vorausgesetzt als diejenigen, welche erforderlich sind, um zwei gleichzeitige Reihungen, nach Zeilen und nach Spalten, durchführen zu können. Da diese Begriffe durch ganz abstracte, wenn auch in einer weniger einfachen Ausdrucksweise, umgehbar sind, so dürfte die Bezeichnung als analytische Definition zulässig erscheinen.

Die Anschauung wird aber noch erleichtert, wenn man das geometrische Bild noch weiter beibehält. Besonders vortheilhaft ist es, wenn man die Richtung der Spalten nicht genau rechtwinklig zu der Richtung der Zeilen nimmt. Um uns in bestimmteren Worten ausdrücken zu können, wollen wir die Neigung der Spalten oben nach links und unten die Ausweichung der Spalten nach rechts gehen lassen, so dass wir ein System von der Form

$$(2.)\qquad \left\{\begin{array}{llllll} E_{h_1 k_1} & E_{h_1 k_2} & \dots & E_{h_1 k_{n-1}} & E_{h_1 k_n} & \\ \quad E_{h_2 k_1} & E_{h_2 k_2} & \dots & E_{h_2 k_{n-1}} & E_{h_2 k_n} & \\ \quad\; . & . & \dots & . & . & \\ \qquad . & . & \dots & . & . & \\ \qquad\; . & . & \dots & . & . & \\ \qquad\quad E_{h_{n-1} k_1} & E_{h_{n-1} k_2} & \dots & E_{h_{n-1} k_{n-1}} & E_{h_{n-1} k_n} & \\ \qquad\qquad E_{h_n k_1} & E_{h_n k_2} & \dots & E_{h_n k_{n-1}} & E_{h_n k_n} & \end{array}\right.$$

erhalten.

Die n Zeilen denken wir uns geometrisch durch n gerade zu einander parallele Linien und die n Spalten durch n gerade zu einander parallele Linien so dargestellt, dass diese beiden Systeme von Geraden einander in der zuvor angegebenen Weise unter spitzem Winkel schneiden. Die Durchschnittspunkte oder Knotenpunkte des hierdurch entstandenen rautenförmigen Netzes bezeichnen wir mit den auf den entsprechenden Stellen befindlichen $E_{h_\mu k_\nu}$, so dass diese Zeichen jetzt nicht nur bestimmte Werthe bedeuten, sondern auch noch bestimmte Orte angeben.

Aus je n Elementen des obigen Systems wird das Product der Werthe gebildet und dieses so oft mit -1 multiplicirt, wie eine gerade Verbindungslinie irgend zweier in dem Producte vorkommender $E_{h_\alpha k_\beta}$ und $E_{h_\mu k_\nu}$ an ihren beiden Enden die Knotenpunkte im stumpfen Winkel trifft. Fällt eine jener Verbindungslinien auf eine der parallelen geraden Linien des rautenförmigen Netzes, so tritt noch der Factor Null hinzu.

Die Summe aller verschiedenen Ausdrücke, welche auf solche Weise aus je n Elementen des vorgegebenen Systems gebildet sind, heisst die Determinante des Systems.

3.
Analytischer Ausdruck für die Determinante.

Die eigentlichen Glieder der Determinante haben die Form:

$$\varepsilon E_{\eta_1 \varkappa_1} \quad E_{\eta_2 \varkappa_2} \quad E_{\eta_3 \varkappa_3} \quad \ldots \quad E_{\eta_n \varkappa_n}$$

worin die $\eta_1, \eta_2, \eta_3, \ldots, \eta_n$ abgesehen von der Reihenfolge
mit $h_1, h_2, h_3, \ldots, h_n$,
ebenso die $\varkappa_1, \varkappa_2, \varkappa_3, \ldots, \varkappa_n$ abgesehen von der Reihenfolge
mit $k_1, k_2, k_3, \ldots, k_n$

übereinstimmen.

Zur Ermittelung des Vorzeichens $\varepsilon = \pm 1$ ist die Stellung jedes Elementes dieses Productes zu jedem anderen Elemente des Productes in der doppelten Reihung aller Elemente des ganzen Systems zu berücksichtigen.

Bezeichnen $E_{\eta_\mu \varkappa_\mu}$ und $E_{\eta_m \varkappa_m}$ zwei in diesem Producte vorkommende Elemente, so wird, wenn die $h_1, h_2, \ldots, h_n$ gleichzeitig mit ihren unteren Indices $1, 2, \ldots, n$ wachsende reelle Grössen darstellen, das Element $E_{\eta_\mu \varkappa_\mu}$ dem $E_{\eta_m \varkappa_m}$ in Bezug auf die Anordnung der Zeilen vorangehen oder nachfolgen, je nachdem $(\eta_m - \eta_\mu)$ positiv oder negativ ist.

Erfüllen die $h_1, h_2, \ldots, h_n$ aber nicht die eben vorausgesetzte Bedingung, so kommen noch die Werthe h_a und h_α, mit welchen η_m und η_μ ohne Rücksicht auf die Reihenfolge übereinstimmen, in Betracht. Entspricht nun dem grösseren der unteren Indices a und α auch der grössere der Werthe von h_a und h_α, so ist $(h_a - h_\alpha)(a - \alpha)$ positiv, und die Zeile η_μ wird der Zeile η_m vorangehen oder nachfolgen, je nachdem $(\eta_m - \eta_\mu)$ positiv oder negativ ist.

Entspricht aber umgekehrt dem grösseren der unteren Indices a und α der kleinere der Werthe von h_a und h_α, so ist $(h_a - h_\alpha)(a-\alpha)$ negativ, und die Zeile η_μ wird der Zeile η_m jetzt vorangehen oder nachfolgen, je nachdem $(\eta_m - \eta_\mu)$ negativ oder positiv ist.

Beide Fälle lassen sich vereinigt so aussprechen, dass die Zeile η_μ der Zeile η_m vorangeht oder nachfolgt, je nachdem das Product

$$(\eta_m - \eta_\mu)(h_a - h_\alpha)(a-\alpha)$$

einen positiven oder negativen Werth hat.

Auf gleiche Weise ergiebt sich, dass, wenn $\varkappa_m$ und $\varkappa_\mu$ ohne Rücksicht auf die Reihenfolge mit k_b und k_β übereinstimmen, allgemein die Spalte $\varkappa_\mu$ der Spalte $\varkappa_m$ vorangeht oder nachfolgt, je nachdem

$$(\varkappa_m - \varkappa_\mu)(k_b - k_\beta)(b-\beta)$$

einen positiven oder negativen Werth hat.

Die Elemente $E_{\eta_\mu \varkappa_\mu}$ und $E_{\eta_m \varkappa_m}$ werden also in Bezug auf die beiden Reihungen, nach Zeilen und nach Spalten, gleichartige oder ungleichartige Stellung zu einander einnehmen, jenachdem

$$(\eta_m - \eta_\mu)(h_a - h_\alpha)(a-\alpha)(\varkappa_m - \varkappa_\mu)(k_b - k_\beta)(b-\beta)$$

positiv oder negativ ist. Im ersteren Falle tritt der Factor $+1$, im anderen Falle der Factor -1 zu dem ursprünglichen Producte der n Elemente hinzu. Auf entsprechende Weise bedingt die gegenseitige Stellung je zweier Elemente des Productes das Hinzutreten der Factoren $+1$ oder -1. Würden für irgend zwei Elemente η_m und η_μ oder $\varkappa_m$ und $\varkappa_\mu$ einander gleich, so würde der Factor Null hinzukommen.

Um dieses in Formeln ausdrücken zu können, wollen wir das Functional-Zeichen $\mathfrak{Z}$ mit der Bedeutung gebrauchen, dass

$$\begin{aligned} \mathfrak{Z}(x) &= +1 \quad \text{für} \quad x > 0 \\ \mathfrak{Z}(x) &= 0 \quad \text{für} \quad x = 0 \\ \mathfrak{Z}(x) &= -1 \quad \text{für} \quad x < 0 \end{aligned}$$

ist, also

$$\mathfrak{Z}(xy) = \mathfrak{Z}(x) . \mathfrak{Z}(y)$$

wird.

Die beiden Elemente $E_{\eta_\mu \varkappa_\mu}$ und $E_{\eta_m \varkappa_m}$ bedingen nun durch ihre gegenseitige Stellung in einem Producte von n Elementen das Hinzutreten des Factors

$$\mathfrak{Z}\{(\eta_m - \eta_\mu)(h_a - h_\alpha)(a-\alpha)(\varkappa_m - \varkappa_\mu)(k_b - k_\beta)(b-\beta)\}.$$

Ein Glied der Determinante kann demnach immer in der Form

$$\prod_{\nu=1}^{\nu=n} E_{\eta_\nu \varkappa_\nu} \times \mathfrak{Z} \prod_{(m,\mu)} (\eta_m - \eta_\mu)(\varkappa_m - \varkappa_\mu) \times \mathfrak{Z} \prod_{(a,\alpha)} (h_a - h_\alpha)(a-\alpha) \times \mathfrak{Z} \prod_{(b,\beta)} (k_b - k_\beta)(b-\beta)$$

dargestellt werden. Die Bezeichnung des Productes $\prod$ und ebenso des Vorzeichens $\mathfrak{Z}$ soll sich immer auf alle darnach folgende, bis zum nächsten grossen Multiplications-Zeichen $\times$ auftretende Factoren beziehen.

In diesem Ausdrucke haben alle η_λ, welche gleichen unteren Index λ besitzen, denselben beliebig bestimmten Werth aus der Reihe $h_1, h_2, \ldots, h_n$. Ebenso bedeuten alle $\varkappa_\lambda$, welche gemeinsamen unteren Index λ besitzen, dasselbe beliebig bestimmte k_1 oder k_2 oder $\ldots k_n$.

Für ein eigentliches Glied der Determinante machen die $\eta_1, \eta_2, \ldots, \eta_n$ die ganze Reihe $h_1, h_2, \ldots, h_n$ in irgend einer Anordnung aus, ebenso die $\varkappa_1, \varkappa_2, \ldots, \varkappa_n$ die ganze Reihe $k_1, k_2, \ldots, k_n$ in irgend einer Ordnung.

Für ein uneigentliches Glied werden wenigstens zwei der $\eta_1, \eta_2, \ldots, \eta_n$, oder zwei der $\varkappa_1, \varkappa_2, \ldots, \varkappa_n$ einander gleich, also enthält das Product

$$\prod_{(m,\mu)} (\eta_m - \eta_\mu)(\varkappa_m - \varkappa_\mu),$$

welches sich über alle $\frac{1}{2}n(n-1)$ Verbindungen von zwei einander nicht gleichenden Zahlen $1, 2, 3, \ldots, n$ als Werthe der m und μ erstreckt, den Factor Null. In den uneigentlichen Gliedern können wir die übrigen Factoren daher beliebig wählen; der Einfachheit wegen wollen wir sie ebenso bestimmen, wie in den eigentlichen Gliedern. Ursprünglich standen die Werthe der a und α, b und β mit den Werthen m und μ in der besonderen Beziehung $\eta_m = h_a$, $\eta_\mu = h_\alpha$ oder $\eta_m = h_\alpha$, $\eta_\mu = h_a$, ferner $\varkappa_m = k_b$, $\varkappa_\mu = k_\beta$ oder $\varkappa_m = k_\beta$, $\varkappa_\mu = k_b$. In Folge des Umstandes, dass eine Umtauschung von m mit μ oder a mit α oder b mit β keinen Einfluss auf den Werth des Ausdrucks hat und in einem eigentlichen Gliede die

$$\eta_1, \eta_2, \ldots, \eta_n$$

abgesehen von der Reihenfolge mit

$$h_1,\ h_2,\ \ldots,\ h_n,$$

ebenso die

$$\varkappa_1,\ \varkappa_2,\ \ldots,\ \varkappa_n$$

abgesehen von der Reihenfolge mit

$$k_1,\ k_2,\ \ldots,\ k_n$$

übereinstimmen, fallen in den Producten jene Beziehungen ganz fort. In einem eigentlichen Gliede ist also das Product

$$\prod_{(a,\,\alpha)} (h_a - h_\alpha)(a-\alpha)$$

über alle $\frac{1}{2}n(n-1)$ Verbindungen von zwei einander nicht gleichen Zahlen der Reihe $1, 2, 3, \ldots, n$ als Werthe der a und α, ebenso

$$\prod_{(b,\,\beta)} (k_b - k_\beta)(b-\beta)$$

über alle $\frac{1}{2}n(n-1)$ Verbindungen von zwei einander nicht gleichen Zahlen der Reihe $1, 2, 3, \ldots, n$ als Werthe der b und β zu erstrecken. Nehmen wir immer $a = b$, $\alpha = \beta$, so wird:

$$\prod_{(a,\,\alpha)} (a-\alpha) = \prod_{(b,\,\beta)} (b-\beta),$$

also

$$\mathfrak{Z}\prod_{(a,\,\alpha)} (a-\alpha) \times \mathfrak{Z}\prod_{(b,\,\beta)} (b-\beta) = +1,$$

und wenn wir die Ordnung der Factoren geeignet wählen, erhalten wir das Glied der Determinante allgemein in der Form

$$(3.)\quad \prod_{\nu=1}^{\nu=n} \mathrm{E}_{\eta_\nu \varkappa_\nu} \times \mathfrak{Z} \prod_{m=2}^{m=n} \prod_{\mu=1}^{\mu=m-1} (\eta_m - \eta_\mu)(\varkappa_m - \varkappa_\mu) \times \mathfrak{Z} \prod_{b=2}^{b=n} \prod_{\beta=1}^{\beta=b-1} (h_b - h_\beta)(k_b - k_\beta).$$

Die Determinante ist nach der Definition die Summe aller nach der vorstehenden Form gebildeten, algebraisch verschiedenen Ausdrücke für

$$h_1,\ h_2,\ \ldots,\ h_n$$

als Werthe jedes

$$\eta_1,\ \eta_2,\ \ldots,\ \eta_n$$

und für

$$k_1,\ k_2,\ \ldots,\ k_n$$

als Werthe jedes

$$\varkappa_1,\ \varkappa_2,\ \ldots,\ \varkappa_n.$$

Die algebraisch verschiedenen Glieder können nach mancherlei Regeln ausgewählt werden. Drei der übersichtlichsten sind wohl diejenigen, welche für die Determinante je eine der drei Darstellungen ergeben:

$$(4.)\quad \left\{\begin{aligned} &\mathrm{E}(h_1, h_2, \ldots, h_n \mid k_1, k_2, \ldots, k_n) \\ &= \mathfrak{Z}\prod_{b=2}^{b=n}\prod_{\beta=1}^{\beta=b-1}(h_b-h_\beta)(k_b-k_\beta)(\varkappa_b-\varkappa_\beta)\times\sum_{\eta=h_1}^{\eta=h_{n_{(n)}}}\prod_{\nu=1}^{\nu=n}\mathrm{E}_{\eta_\nu\varkappa_\nu}\times\mathfrak{Z}\prod_{m=2}^{m=n}\prod_{\mu=1}^{\mu=m-1}(\eta_m-\eta_\mu) \end{aligned}\right.$$

worin die $\varkappa_1, \varkappa_2, \ldots, \varkappa_n$ abgesehen von der Reihenfolge mit den $k_1, k_2, \ldots, k_n$ übereinstimmen müssen.

$$(5.)\quad \left\{\begin{aligned} &\mathrm{E}(h_1, h_2, \ldots, h_n \mid k_1, k_2, \ldots, k_n) \\ &= \mathfrak{Z}\prod_{b=2}^{b=n}\prod_{\beta=1}^{\beta=b-1}(h_b-h_\beta)(k_b-k_\beta)(\eta_b-\eta_\beta)\times\sum_{\varkappa=k_1}^{\varkappa=k_{n_{(n)}}}\prod_{\nu=1}^{\nu=n}\mathrm{E}_{\eta_\nu\varkappa_\nu}\times\mathfrak{Z}\prod_{m=2}^{m=n}\prod_{\mu=1}^{\mu=m-1}(\varkappa_m-\varkappa_\mu) \end{aligned}\right.$$

worin die $\eta_1, \eta_2, \ldots, \eta_n$ abgesehen von der Reihenfolge mit den $h_1, h_2, \ldots, h_n$ übereinstimmen müssen.

$$(6.)\quad \left\{\begin{aligned} &\mathrm{E}(h_1, h_2, \ldots, h_n \mid k_1, k_2, \ldots, k_n) \\ &= \mathfrak{Z}\prod_{b=2}^{b=n}\prod_{\beta=1}^{\beta=b-1}(h_b-h_\beta)(k_b-k_\beta)\times\frac{1}{\Pi(n)}\sum_{\eta=h_1}^{\eta=h_{n_{(n)}}}\sum_{\varkappa=k_1}^{\varkappa=k_{n_{(n)}}}\prod_{\nu=1}^{\nu=n}\mathrm{E}_{\eta_\nu\varkappa_\nu}\times\mathfrak{Z}\prod_{m=2}^{m=n}\prod_{\mu=1}^{\mu=m-1}(\eta_m-\eta_\mu) \end{aligned}\right.$$

Hier bedeutet $\sum\limits_{\eta=h_1}^{\eta=h_{n_{(n)}}}$ die n-fache Summation, in welcher jedes $\eta_1, \eta_2, \ldots, \eta_n$ alle Werthe $h_1, h_2, \ldots, h_n$ durchläuft, ebenso $\sum\limits_{\varkappa=k_1}^{\varkappa=k_{n_{(n)}}}$ die n-fache Summation, in welcher jedes $\varkappa_1, \varkappa_2, \ldots, \varkappa_n$ alle Werthe $k_1, k_2, \ldots, k_n$ durchläuft.

Der erste Ausdruck enthält n^n Summations-Glieder, diese verschwinden aber bis auf die

$$1 . 2 . 3 \ldots n = \Pi(n)$$

eigentlichen Glieder, für welche die $\eta_1, \eta_2, \ldots, \eta_n$ den sämmtlichen $h_1, h_2, \ldots, h_n$ gleich werden. Das entsprechende gilt von dem zweiten Ausdrucke.

Der dritte Ausdruck enthält n^{2n} Summations-Glieder, welche bis auf

$$\Pi(n) \,.\, \Pi(n)$$

eigentliche mit dem Divisor $\Pi(n)$ versehene Glieder verschwinden. Für die letzteren werden die $\eta_1, \eta_2, \ldots, \eta_n$ den sämmtlichen $h_1, h_2, \ldots, h_n$ und die $\varkappa_1, \varkappa_2, \ldots, \varkappa_n$ den sämmtlichen $k_1, k_2, \ldots, k_n$ gleich. Von diesen bestehen bleibenden Gliedern sind immer diejenigen $\Pi(n)$ einander gleich, welche dieselben Factoren

$$\mathrm{E}_{\eta_1 \varkappa_1}\, \mathrm{E}_{\eta_2 \varkappa_2} \ldots \mathrm{E}_{\eta_\nu \varkappa_\nu},$$

aber in verschiedener Reihenfolge, enthalten.

Die Definition der Determinante berücksichtigt die Reihung der Elemente nach Zeilen in gleicher Weise wie die nach Spalten.

Die Determinante bleibt also ungeändert, wenn für ein System von Elementen die Reihung nach Zeilen mit der Reihung nach Spalten umgetauscht wird, oder die Determinante

$$\begin{array}{ccc} \mathrm{E}_{h_1 k_1} & \ldots & \mathrm{E}_{h_1 k_n} \\ \cdot & \ldots & \cdot \\ \cdot & \ldots & \cdot \\ \cdot & \ldots & \cdot \\ \mathrm{E}_{h_n k_1} & \ldots & \mathrm{E}_{h_n k_n} \end{array}$$

ist identisch mit der Determinante

$$\begin{array}{ccc} \mathrm{E}_{h_1 k_1} & \ldots & \mathrm{E}_{h_n k_1} \\ \cdot & \ldots & \cdot \\ \cdot & \ldots & \cdot \\ \cdot & \ldots & \cdot \\ \mathrm{E}_{h_1 k_n} & \ldots & \mathrm{E}_{h_n k_n}, \end{array}$$

was auch unmittelbar an den obigen analytischen Ausdrücken hervortritt. In der Bezeichnungsweise

$$\mathrm{E}(h_1, h_2, \ldots, h_n \mid k_1, k_2, \ldots, k_n)$$

unterscheiden wir deshalb im allgemeinen Falle jene beiden Formen nicht. Um aber den Ausdruck eine bestimmtere Vorstellung hervorrufen zu lassen, legen wir, wenn nicht das Gegentheil besonders hervorgehoben wird, die erstere Form zu Grunde.

Betrachten wir in einer Determinante zwei eigentliche Glieder, welche dadurch aus einander hervorgehen, dass man nur die ersten Indices zweier zu beliebig bestimmten Spalten k_q und k_ψ gehörenden Elemente mit einander umtauscht, so ist aus der Definition zunächst unmittelbar klar, dass man bei fest gewählten k_q und k_ψ eine bestimmte vollständig paarweise Anordnung aller eigentlichen Glieder der Determinante erhält. Die beiden zu einem Paare gehörenden, durch Umtauschung zum Beispiel der beiden ersten Indices h_p und h_φ aus einander ableitbaren Glieder erhalten durch die Vorzeichenbestimmung entgegengesetzte Vorzeichen. In der That sind in den beiden Gliedern alle Elemente dieselben bis auf $E_{h_p k_q}$ $E_{h_\varphi k_\psi}$, welche in dem einen, und $E_{h_\varphi k_q}$ $E_{h_p k_\psi}$, welche in dem anderen Gliede vorkommen. Jedes andere in den Gliedern vorkommende Element gehört nun entweder erstens zu einer den beiden Zeilen h_p und h_φ vorangehenden Zeile oder zweitens zu einer zwischenliegenden Zeile oder endlich drittens zu einer den beiden Zeilen h_p und h_φ nachfolgenden Zeile. Im ersten und dritten Falle hat das Element zu $E_{h_p k_q}$ und $E_{h_\varphi k_q}$ gleichnamige Stellung, ebenso zu $E_{h_p k_\psi}$ und $E_{h_\varphi k_\psi}$ gleichnamige Stellung. Im zweiten Falle hat das Element zu $E_{h_p k_q}$ und $E_{h_\varphi k_q}$ ungleichnamige Stellungen, ebenso zu $E_{h_p k_\psi}$ und $E_{h_\varphi k_\psi}$ ungleichnamige Stellungen. Das dem ersten oder dem dritten Falle angehörende Element liefert also in den beiden Gliedern eines Paares gleich viele Factoren -1. Jedes dem zweiten Falle angehörende Element liefert den Factor -1 in ungleicher, aber sich nur um eine gerade Zahl unterscheidender Anzahl für die beiden Glieder. Es bleibt daher nur noch die Stellung von $E_{h_p k_q}$ zu $E_{h_\varphi k_\psi}$ und die von $E_{h_\varphi k_q}$ zu $E_{h_p k_\psi}$ in Betracht zu ziehen; diese beiden sind aber einander entgegengesetzt, und daher liefert die Vorzeichenbestimmung für die beiden Glieder eines Paares das einander Entgegengesetzte.

Ist nun für zwei beliebig bestimmte q und ψ und für jedes $p = 1, 2, 3, \ldots, n$ immer

$$E_{h_p k_q} = E_{h_p k_\psi},$$

so annulirt sich jedes zuvor angegebene Gliederpaar. Die Determinante verschwindet also, wenn die entsprechenden Elemente zweier Spalten einander gleich werden, ebenso wenn die entsprechenden Elemente zweier Zeilen einander gleich werden. Wir können dieses auch in dem Satze aussprechen:

Die Ausdrücke auf den rechten Seiten der obigen Gleichungen (4.) (5.) (6.) stellen den richtigen Werth der Determinante auch dann dar, wenn unter den Indices $h_1, h_2, \ldots, h_n$ sich gleiche befinden, ebenso wenn einige der $k_1, k_2, \ldots, k_n$ einander gleich werden.

Oder in Formel ausgedrückt: Es wird

$$(7.)\qquad \mathrm{E}(h_1, h_2, \ldots, h_n \mid k_1, k_2, \ldots, k_n) = 0,$$

sowohl wenn in der Reihe der $h_1, h_2, \ldots, h_n$ oder in der Reihe der $k_1, k_2, \ldots, k_n$ gleiche Werthe auftreten, als auch wenn für zwei beliebig bestimmte p und φ

$$\mathrm{E}_{h_p k_q} = \mathrm{E}_{h_\varphi k_q} \quad \text{für} \quad q = 1, 2 \ldots, n,$$

oder wenn für zwei beliebig bestimmte q und ψ

$$\mathrm{E}_{h_p k_q} = \mathrm{E}_{h_p k_\psi} \quad \text{für} \quad p = 1, 2, \ldots, n \ \text{ist.}$$

Mit Hülfe der Gleichungen (4.) (5.) (6.) kann man, wenn man statt der beiden Werthesysteme $h_1, h_2, \ldots, h_n$ und $k_1, k_2, \ldots, k_n$ zwei andere, von jenen aber nur durch die Reihenfolge verschiedene Werthesysteme $\mathfrak{h}_1, \mathfrak{h}_2, \ldots, \mathfrak{h}_n$ und $\mathfrak{k}_1, \mathfrak{k}_2, \ldots, \mathfrak{k}_n$ anwendet, unmittelbar die Beziehung zwischen Determinanten, welche sich nur durch die Reihenfolge der Indices unterscheiden, in der Form

$$(8.)\quad \left\{ \begin{aligned} &\mathrm{E}(\mathfrak{h}_1, \ldots, \mathfrak{h}_n \mid \mathfrak{k}_1, \ldots, \mathfrak{k}_n) \\ &\quad = \mathrm{E}(h_1, \ldots, h_n \mid k_1, \ldots, k_n)\, \mathfrak{Z} \prod_{m=2}^{m=n} \prod_{\mu=1}^{\mu=m-1} (\mathfrak{h}_m - \mathfrak{h}_\mu)(\mathfrak{k}_m - \mathfrak{k}_\mu)(h_m - h_\mu)(k_m - k_\mu) \end{aligned} \right.$$

aufstellen. Mit Hinzuziehung des gefundenen Satzes über das Verschwinden von Determinanten ergiebt sich, dass die Gleichung (8.) auch richtig bleibt, wenn mehrere der $\mathfrak{h}$ oder mehrere der $\mathfrak{k}$ gleiche Werthe annehmen.

Die Gleichung (8.) gilt demnach unter der Voraussetzung, dass die

$$\mathfrak{h}_1, \mathfrak{h}_2, \ldots, \mathfrak{h}_n$$

keine anderen Werthe haben als solche, welche in der Reihe

$$h_1,\ h_2,\ \ldots,\ h_n$$

vorkommen, und ebenso dass die

$$\mathfrak{k}_1,\ \mathfrak{k}_2,\ \ldots,\ \mathfrak{k}_n$$

keine anderen Werthe haben als solche, welche in der Reihe

$$k_1,\ k_2,\ \ldots,\ k_n$$

vorkommen.

In den Gleichungen (4.), (5.), (6.) kann man die Vorzeichen-Factoren

$$\mathfrak{Z}\prod_{\mathfrak{b}=2}^{\mathfrak{b}=n}\prod_{\beta=1}^{\beta=\mathfrak{b}-1}(h_{\mathfrak{b}}-h_\beta)(k_{\mathfrak{b}}-k_\beta)(\varkappa_{\mathfrak{b}}-\varkappa_\beta)$$

$$\mathfrak{Z}\prod_{\mathfrak{b}=2}^{\mathfrak{b}=n}\prod_{\beta=1}^{\beta=\mathfrak{b}-1}(h_{\mathfrak{b}}-h_\beta)(k_{\mathfrak{b}}-k_\beta)(\eta_{\mathfrak{b}}-\eta_\beta)$$

$$\mathfrak{Z}\prod_{\mathfrak{b}=2}^{\mathfrak{b}=n}\prod_{\beta=1}^{\beta=\mathfrak{b}-1}(h_{\mathfrak{b}}-h_\beta)(k_{\mathfrak{b}}-k_\beta),$$

wenn $h_1, h_2, \ldots, h_n$ unter sich und auch $k_1, k_2, \ldots, k_n$ unter sich verschieden sind, durch die mit denselben beziehungsweise ausgeführte Multiplication von der rechten auf die linke Seite bringen. Wendet man dann auf die so gebildeten linken Seiten der aus (4.), (5.), (6.) entstandenen Gleichungen die Formel (8.) an, so werden diese linken Seiten der Reihe nach

$$\mathrm{E}(h_1, h_2, \ldots, h_n \mid \varkappa_1, \varkappa_2, \ldots, \varkappa_n)\,\mathfrak{Z}\prod_{\mathfrak{b}=2}^{\mathfrak{b}=n}\prod_{\beta=1}^{\beta=\mathfrak{b}-1}(h_{\mathfrak{b}}-h_\beta)$$

$$\mathrm{E}(\eta_1, \eta_2, \ldots, \eta_n \mid k_1, k_2, \ldots, k_n)\,\mathfrak{Z}\prod_{\mathfrak{b}=2}^{\mathfrak{b}=n}\prod_{\beta=1}^{\beta=\mathfrak{b}-1}(k_{\mathfrak{b}}-k_\beta)$$

$$\mathrm{E}(h_1, h_2, \ldots, h_n \mid k_1, k_2, \ldots, k_n)\,\mathfrak{Z}\prod_{\mathfrak{b}=2}^{\mathfrak{b}=n}\prod_{\beta=1}^{\beta=\mathfrak{b}-1}(h_{\mathfrak{b}}-h_\beta)(k_{\mathfrak{b}}-k_\beta).$$

Untersucht man hierfür die oben bei Gleichung (7.) betrachteten Fälle des Verschwindens von Determinanten, so erhält man den Lehrsatz:

Die Gleichung (4.) gilt, wenn die $\varkappa_1, \varkappa_2, \ldots, \varkappa_n$ abgesehen von der Reihenfolge mit den $k_1, k_2, \ldots, k_n$ gleiche Werthe haben. Nimmt man aber von der rechten Seite der Gleichung (4.) den Factor

$$3\prod_{b=2}^{b=n}\prod_{\beta=1}^{\beta=b-1}(h_b-h_\beta)(k_b-k_\beta)(\varkappa_b-\varkappa_\beta)$$

fort und fügt ihn auf der linken Seite hinzu, so entsteht eine Gleichung (4.*), welche immer dann gilt, wenn die $\varkappa_1, \varkappa_2, \dots, \varkappa_n$ keine anderen als die in der Reihe $k_1, k_2, \dots, k_n$ vorkommenden Werthe haben; es sind also auch gleiche Werthe in der Reihe $\varkappa_1, \varkappa_2, \dots, \varkappa_n$ zulässig, selbst wenn die $k_1, k_2, \dots, k_n$ sich alle von einander unterscheiden.

Die Gleichung (5.) gilt, wenn die $\eta_1, \eta_2, \dots, \eta_n$ abgesehen von der Reihenfolge mit den $h_1, h_2, \dots, h_n$ gleiche Werthe haben. Nimmt man aber von der rechten Seite der Gleichung (5.) den Factor

$$3\prod_{b=2}^{b=n}\prod_{\beta=1}^{\beta=b-1}(h_b-h_\beta)(k_b-k_\beta)(\eta_b-\eta_b)$$

fort und fügt ihn auf der linken Seite hinzu, so entsteht eine Gleichung (5.*), welche immer dann gilt, wenn die $\eta_1, \eta_2, \dots, \eta_n$ keine anderen als die in der Reihe $h_1, h_2, \dots, h_n$ vorkommenden Werthe haben; es sind also auch gleiche Werthe in der Reihe $\eta_1, \eta_2, \dots, \eta_n$ zulässig, selbst wenn die $h_1, h_2, \dots, h_n$ sich alle von einander unterscheiden.

Aus der Gleichung (6.) entsteht eine richtige Gleichung (6.*), wenn man den Factor

$$3\prod_{b=2}^{b=n}\prod_{\beta=1}^{\beta=b-1}(h_b-h_\beta)(k_b-k_\beta)$$

von der rechten Seite fortnimmt und ihn auf der linken Seite hinzufügt.

Alle Gleichungen (4.), (5.), (6.), (4.*), (5.*), (6.*) behalten ihre Gültigkeit, wenn in der Reihe $h_1, h_2, \dots, h_n$ gleiche Werthe vorkommen, ebenso wenn in der Reihe $k_1, k_2, \dots, k_n$ gleiche Werthe auftreten.

4.
Zerlegung der Determinante in Unterdeterminanten.

Hat man eine n-fache Summation, welche sich auf die reihenden Grössen $\varkappa_1, \varkappa_2, \ldots, \varkappa_n$, deren jede die sämmtlichen Werthe $k_1, k_2, \ldots, k_n$ durchlaufen soll, bezieht, so kann man die Summation zunächst über einen Theil $\mathfrak{k}_1, \mathfrak{k}_2, \ldots, \mathfrak{k}_\nu$ der Grössen $k_1, k_2, \ldots, k_n$ als Werthe für jedes $\varkappa_1, \varkappa_2, \ldots, \varkappa_\nu$ und zugleich ebenfalls über einen Theil $\mathfrak{k}_{\nu+1}, \mathfrak{k}_{\nu+2}, \ldots, \mathfrak{k}_n$ der Grössen $k_1, k_2, \ldots, k_n$ als Werthe für jedes $\varkappa_{\nu+1}, \varkappa_{\nu+2}, \ldots, \varkappa_n$ ausführen. Es bleiben dann nur noch zwei Summationen übrig. Die eine Summation bezieht sich auf die $\mathfrak{k}_1, \mathfrak{k}_2, \ldots, \mathfrak{k}_\nu$, welche alle Verbindungen von je ν verschiedenen und gleichen, der Reihe der Grössen $k_1, k_2, \ldots, k_n$ entnommenen und nach einem beliebig gewählten Gesetze, zum Beispiel nach der Grösse geordneten Werthen durchlaufen. Die andere Summation bezieht sich auf die $\mathfrak{k}_{\nu+1}, \mathfrak{k}_{\nu+2}, \ldots, \mathfrak{k}_n$, welche alle Verbindungen von je $n-\nu$ verschiedenen und gleichen, der Reihe der Grössen $k_1, k_2, \ldots, k_n$ entnommenen und nach einem beliebig gewählten Gesetze geordneten Werthen durchlaufen.

In dem vorliegenden Falle verschwinden alle Summations-Glieder, für welche zwei oder mehr der $\mathfrak{k}_1, \mathfrak{k}_2, \ldots, \mathfrak{k}_\nu$ einander gleich werden; es kann daher die vorletzte Summation über die nach beliebig gewähltem Gesetze geordneten $\mathfrak{k}_1, \mathfrak{k}_2, \ldots, \mathfrak{k}_\nu$ durch ν von einander unabhängige Summationen, deren jede über alle $k_1, k_2, \ldots, k_n$ zu erstrecken ist, ersetzt werden, wenn man dabei in Rechnung bringt, dass jedes zuvor einmal auftretende Glied jetzt $\Pi(\nu)$-mal vorkommt.

Die entsprechende Umformung verwandelt die Summation, welche sich auf die mit einander verbundenen $\mathfrak{k}_{\nu+1}, \ldots, \mathfrak{k}_n$ bezieht, in $n-\nu$ von einander unabhängige Summationen, deren jede über alle $k_1, k_2, \ldots, k_n$ auszudehnen ist, wenn man noch den Divisor $\Pi(n-\nu)$ hinzufügt. Auf diese Weise kann man in unserem für die Determinante gegebenen Ausdrucke (5.)

$$(9.)\quad \left\{ \begin{aligned} & \mathrm{E}(h_1, h_2, \ldots, h_n \mid k_1, k_2, \ldots, k_n) \\ & = \mathfrak{Z} \prod_{b=2}^{b=n} \prod_{\beta=1}^{\beta=b-1} (h_b - h_\beta)(k_b - k_\beta)(\eta_b - \eta_\beta) \times \sum_{\varkappa=k_1}^{\varkappa=k_{n_{(n)}}} \prod_{\lambda=1}^{\lambda=n} \mathrm{E}_{\eta_\lambda \varkappa_\lambda} \times \mathfrak{Z} \prod_{m=2}^{m=n} \prod_{\mu=1}^{\mu=m-1} (\varkappa_m - \end{aligned} \right.$$

die n-fache Summation

$$\sum_{\varkappa=k_1}^{\varkappa=k_{n_{(n)}}}$$

durch

$$\sum_{(\mathfrak{k}_1,\ldots,\mathfrak{k}_\nu)} \sum_{(\mathfrak{k}_{\nu+1},\ldots,\mathfrak{k}_n)} \sum_{\varkappa_c=\mathfrak{k}_1}^{\varkappa_c=\mathfrak{k}_{\nu_{(\nu)}}} \sum_{\varkappa_e=\mathfrak{k}_{\nu+1}}^{\varkappa_e=\mathfrak{k}_{n_{(n-\nu)}}}$$

oder, mit erforderlicher gleichzeitiger Hinzufügung des auf jedes Summationsglied sich beziehenden Factors $\frac{1}{\Pi(\nu)\Pi(n-\nu)}$, auch durch

$$\frac{1}{\Pi(\nu)\Pi(n-\nu)} \sum_{\mathfrak{k}=k_1}^{\mathfrak{k}=k_{n_{(n)}}} \sum_{\varkappa_c=\mathfrak{k}_1}^{\varkappa_c=\mathfrak{k}_{\nu_{(\nu)}}} \sum_{\varkappa_e=\mathfrak{k}_{\nu+1}}^{\varkappa_e=\mathfrak{k}_{n_{(n-\nu)}}}$$

für

$$c = 1, 2, \ldots, \nu, \qquad e = \nu+1, \nu+2, \ldots, n$$

ersetzen.

Um in den einzelnen Gliedern die Factoren, welche sich auf $\mathfrak{k}_1, \mathfrak{k}_2, \ldots, \mathfrak{k}_n$ beziehen, von den auf $\mathfrak{k}_{\nu+1}, \ldots, \mathfrak{k}_n$ bezüglichen zu trennen, bemerken wir, dass

$$\left\{\begin{aligned} &\prod_{\lambda=1}^{\lambda=n} \mathrm{E}_{\eta_\lambda \varkappa_\lambda} = \prod_{\gamma=1}^{\gamma=\nu} \mathrm{E}_{\eta_\gamma \varkappa_\gamma} \times \prod_{\varepsilon=\nu+1}^{\varepsilon=n} \mathrm{E}_{\eta_\varepsilon \varkappa_\varepsilon} \\ &\prod_{m=2}^{m=n} \prod_{\mu=1}^{\mu=m-1} (\varkappa_m-\varkappa_\mu) = \prod_{p=2}^{p=\nu} \prod_{\varphi=1}^{\varphi=p-1} (\varkappa_p-\varkappa_\varphi) \times \prod_{q=\nu+2}^{q=n} \prod_{\psi=\nu+1}^{\psi=q-1} (\varkappa_q-\varkappa_\psi) \times \prod_{u=\nu+1}^{u=n} \prod_{\upsilon=1}^{\upsilon=\nu} (\varkappa_u-\varkappa_\upsilon) \end{aligned}\right.$$

ist. In dem letzten zweifachen Producte durchlaufen u und υ ihre Werthe ganz unabhängig von einander; diese können also beliebig geordnet werden, und es ist auch

$$(11.) \qquad \prod_{u=\nu+1}^{u=n} \prod_{\upsilon=1}^{\upsilon=\nu} (\varkappa_u-\varkappa_\upsilon) = \prod_{u=\nu+1}^{u=n} \prod_{\upsilon=1}^{\upsilon=\nu} (\mathfrak{k}_u-\mathfrak{k}_\upsilon).$$

Wendet man diese Umformungen auf den für die Determinante oben gegebenen Ausdruck (9.) an und zieht bei den einzelnen Summationen die für dieselben gemeinsamen Factoren aus den Gliedern heraus, so entsteht

$$
(12.)\quad \left\{\begin{aligned}
&\mathrm{E}(h_1, \ldots, h_n \mid k_1, \ldots, k_n) \\
&= \mathfrak{Z}\prod_{b=2}^{b=n}\prod_{\beta=1}^{\beta=b-1}(h_b-h_\beta)(k_b-k_\beta)(\eta_b-\eta_\beta)\times\frac{1}{\Pi(\nu)}\,\frac{1}{\Pi(n-\nu)}\sum_{\mathfrak{k}=k_1}^{\mathfrak{k}=k_{n_{(n)}}}\mathfrak{Z}\prod_{u=\nu+1}^{u=n}\prod_{\upsilon=1}^{\upsilon=\nu}(\mathfrak{k}_u-\mathfrak{k}_\upsilon) \\
&\times\sum_{\varkappa_c=\mathfrak{k}_1}^{\varkappa_c=\mathfrak{k}_{\nu_{(\nu)}}}\prod_{\gamma=1}^{\gamma=\nu}\mathrm{E}_{\eta_\gamma\varkappa_\gamma}\times\mathfrak{Z}\prod_{p=2}^{p=\nu}\prod_{\varphi=1}^{\varphi=p-1}(\varkappa_p-\varkappa_\varphi) \\
&\times\sum_{\varkappa_e=\mathfrak{k}_{\nu+1}}^{\varkappa_e=\mathfrak{k}_{n_{(n-\nu)}}}\prod_{\varepsilon=\nu+1}^{\varepsilon=n}\mathrm{E}_{\eta_\varepsilon\varkappa_\varepsilon}\times\mathfrak{Z}\prod_{q=\nu+2}^{q=n}\prod_{\psi=\nu+1}^{\psi=q-1}(\varkappa_q-\varkappa_\psi).
\end{aligned}\right.
$$

Die letzten beiden hier auftretenden Summen, die ν-fache für $\varkappa_1, \ldots, \varkappa_c, \ldots, \varkappa_\nu$ und die $n-\nu$-fache für $\varkappa_{\nu+1}, \ldots, \varkappa_e, \ldots, \varkappa_n$ sind, wie leicht zu sehen, zufolge unseres für die Determinante gegebenen Ausdruckes (5.*) beziehungsweise gleich

$$\mathrm{E}(\eta_1, \ldots, \eta_\nu \mid \mathfrak{k}_1, \ldots, \mathfrak{k}_\nu)\,\mathfrak{Z}\prod_{p=2}^{p=\nu}\prod_{\varphi=1}^{\varphi=p-1}(\mathfrak{k}_p-\mathfrak{k}_\varphi)$$

und

$$\mathrm{E}(\eta_{\nu+1}, \ldots, \eta_n \mid \mathfrak{k}_{\nu+1}, \ldots, \mathfrak{k}_n)\,\mathfrak{Z}\prod_{q=\nu+2}^{q=n}\prod_{\psi=\nu+1}^{\psi=q-1}(\mathfrak{k}_q-\mathfrak{k}_\psi).$$

Führt man diese sogenannten Unterdeterminanten in obigen Ausdruck (12.) ein und zieht alle Factoren von der Form $(\mathfrak{k}_m-\mathfrak{k}_\mu)$ zusammen, so erhält man

$$
(13.)\quad \left\{\begin{aligned}
&\mathrm{E}(h_1, \ldots, h_n \mid k_1, \ldots, k_n) \\
&= \mathfrak{Z}\prod_{b=2}^{b=n}\prod_{\beta=1}^{\beta=b-1}(h_b-h_\beta)(k_b-k_\beta)(\eta_b-\eta_\beta)\times\frac{1}{\Pi(\nu)}\cdot\frac{1}{\Pi(n-\nu)} \\
&\times\sum_{\mathfrak{k}=k_1}^{\mathfrak{k}=k_{n_{(n)}}}\mathrm{E}(\eta_1, \ldots, \eta_\nu \mid \mathfrak{k}_1, \ldots, \mathfrak{k}_\nu)\,\mathrm{E}(\eta_{\nu+1}, \ldots, \eta_n \mid \mathfrak{k}_{\nu+1}, \ldots, \mathfrak{k}_n)\,\mathfrak{Z}\prod_{m=2}^{m=n}\prod_{\mu=1}^{\mu=m-1}(\mathfrak{k}_m-\mathfrak{k}_\mu)
\end{aligned}\right.
$$

für solche Werthe der η, welche abgesehen von der Reihenfolge mit den h übereinstimmen, was wir kürzer durch

$$|\,\eta_1, \eta_2, \ldots, \eta_n\,| = |\,h_1, h_2, \ldots, h_n\,|$$

ausdrücken wollen.

Die n-fache Summation ergiebt hier formal n^n Glieder, von welchen in Folge des Verschwindens des letzten Vorzeichen-Productes für gleiche $\mathfrak{k}_m$ und $\mathfrak{k}_\mu$ nur $\Pi(n)$ bestehen bleiben; von diesen sind wieder je $\Pi(\nu)$ Glieder, welche sich nur durch die Reihenfolge in den Werthen der $\mathfrak{k}_1, \mathfrak{k}_2, \ldots, \mathfrak{k}_\nu$ unterscheiden, und ferner wieder je $\Pi(n-\nu)$ Glieder, welche sich nur durch die Reihenfolge in den Werthen der $\mathfrak{k}_{\nu+1}, \mathfrak{k}_{\nu+2}, \ldots, \mathfrak{k}_n$ unterscheiden, einander gleich. Reducirt man diese einander gleichen Glieder mit Hülfe des Divisors $\Pi(\nu).\Pi(n-\nu)$, so bleiben $\frac{\Pi(n)}{\Pi(\nu)\,\Pi(n-\nu)}$ Glieder.

Die letzteren können auch für sich dargestellt werden, wenn man in

$$\left\{\begin{aligned} &\mathrm{E}(h_1, \ldots, h_n \mid k_1, \ldots, k_n) \\ &= 3\prod_{b=2}^{b=n}\prod_{\beta=1}^{\beta=b-1}(h_b-h_\beta)(k_b-k_\beta)(\eta_b-\eta_\beta) \\ &\qquad\times\sum_{\mathfrak{k}}\mathrm{E}(\eta_1, \ldots, \eta_\nu \mid \mathfrak{k}_1, \ldots, \mathfrak{k}_\nu)\,\mathrm{E}(\eta_{\nu+1}, \ldots, \eta_n \mid \mathfrak{k}_{\nu+1}, \ldots, \mathfrak{k}_n)\,3\prod_{m=\nu+1}^{m=n}\prod_{\mu=1}^{\mu=\nu}(\mathfrak{k}_m-\mathfrak{k}_\mu), \end{aligned}\right.$$

für

$$|\,\eta_1, \ldots, \eta_\nu, \ldots, \eta_n\,| = |\,h_1, \ldots, h_\nu, \ldots, h_n\,|, \quad |\,\mathfrak{k}_1, \ldots, \mathfrak{k}_\nu, \ldots, \mathfrak{k}_n\,| = |\,k_1, \ldots, k_\nu, \ldots, k_n\,|$$
$$\mathfrak{k}_1 < \mathfrak{k}_2 < \ldots < \mathfrak{k}_\nu, \quad \mathfrak{k}_{\nu+1} < \mathfrak{k}_{\nu+2} < \ldots < \mathfrak{k}_n,$$

die Summation über alle die mit den vorstehenden Bedingungen verträglichen Werthe $k_1, \ldots, k_n$ für die $\mathfrak{k}_1, \ldots, \mathfrak{k}_n$ ausdehnt.

Die entsprechende Behandlung des für die Determinante gegebenen Ausdruckes (4.) würde die Form

$$\left\{\begin{aligned} &\mathrm{E}(h_1, \ldots, h_n \mid k_1, \ldots, k_n) \\ &= 3\prod_{b=2}^{b=n}\prod_{\beta=1}^{\beta=b-1}(h_b-h_\beta)(k_b-k_\beta)(\varkappa_b-\varkappa_\beta)\times\frac{1}{\Pi(\nu)}\,\frac{1}{\Pi(n-\nu)} \\ &\times\sum_{\mathfrak{h}=h_1}^{\mathfrak{h}=h_{n(n)}}\mathrm{E}(\mathfrak{h}_1, \ldots, \mathfrak{h}_\nu \mid \varkappa_1, \ldots, \varkappa_\nu)\,\mathrm{E}(\mathfrak{h}_{\nu+1}, \ldots, \mathfrak{h}_n \mid \varkappa_{\nu+1}, \ldots, \varkappa_n)\,3\prod_{m=2}^{m=n}\prod_{\mu=1}^{\mu=m-1}(\mathfrak{h}_m-\mathfrak{h}_\mu), \end{aligned}\right.$$

für

$$|\,\varkappa_1, \varkappa_2, \ldots, \varkappa_n\,| = |\,k_1, k_2, \ldots, k_n\,|,$$

ergeben haben, zu welcher die reducirte Form auch leicht aufgestellt werden kann.

Die hier durchgeführte Zerlegung einer Determinante in eine Summe von Gliedern, welche die Producte von zwei zusammengehörigen Unterdeterminanten sind, lässt sich fortsetzen auf die einzelnen Unterdeterminanten, hätte sich aber ebenso leicht unmittelbar hierauf erstrecken können.

Um die allgemeine Form zu erkennen, wird es genügen, den Fall der Zerlegung in Producte von drei Unterdeterminanten der

Ordnungen ν, $\lambda-\nu$ und $n-\lambda$ anzugeben:

$$
(16.)\quad \left\{
\begin{aligned}
&E(h_1, \ldots, h_n \mid k_1, \ldots, k_n) \\
&= \mathfrak{Z} \prod_{\mathfrak{b}=2}^{\mathfrak{b}=n} \prod_{\beta=1}^{\beta=\mathfrak{b}-1} (h_\mathfrak{b}-h_\beta)(k_\mathfrak{b}-k_\beta)(\varkappa_\mathfrak{b}-\varkappa_\beta) \\
&\times \sum_{\mathfrak{h}} E(\mathfrak{h}_1, \ldots, \mathfrak{h}_\nu \mid \varkappa_1, \ldots, \varkappa_\nu)\, E(\mathfrak{h}_{\nu+1}, \ldots, \mathfrak{h}_\lambda \mid \varkappa_{\nu+1}, \ldots, \varkappa_\lambda)\, E(\mathfrak{h}_{\lambda+1}, \ldots, \mathfrak{h}_n \mid \varkappa_{\lambda+1}, \ldots, \varkappa_n) \\
&\qquad\qquad\qquad \times \mathfrak{Z} \prod_{m=2}^{m=n} \prod_{\mu=1}^{\mu=m-1} (\mathfrak{h}_m-\mathfrak{h}_\mu),
\end{aligned}
\right.
$$

für

$$
\begin{aligned}
&|\, \varkappa_1, \ldots, \varkappa_\nu, \ldots, \varkappa_\lambda, \ldots, \varkappa_n \,| = |\, k_1, \ldots, k_\nu, \ldots, k_\lambda, \ldots, k_n \,| \\
&|\, \mathfrak{h}_1, \ldots, \mathfrak{h}_\nu, \ldots, \mathfrak{h}_\lambda, \ldots, \mathfrak{h}_n \,| = |\, h_1, \ldots, h_\nu, \ldots, h_\lambda, \ldots, h_n \,| \\
&\mathfrak{h}_1 < \mathfrak{h}_2 < \ldots < \mathfrak{h}_{\nu-1} < \mathfrak{h}_\nu \\
&\mathfrak{h}_{\nu+1} < \mathfrak{h}_{\nu+2} < \ldots < \mathfrak{h}_{\lambda-1} < \mathfrak{h}_\lambda \\
&\mathfrak{h}_{\lambda+1} < \mathfrak{h}_{\lambda+2} < \ldots < \mathfrak{h}_{n-1} < \mathfrak{h}_n.
\end{aligned}
$$

Die Summation erstreckt sich über alle mit den letzten Bedingungen verträglichen Werthe $h_1, h_2, \ldots, h_\nu, \ldots, h_\lambda, \ldots, h_n$ für die reihenden Grössen $\mathfrak{h}_1, \mathfrak{h}_2, \ldots, \mathfrak{h}_\nu, \ldots, \mathfrak{h}_\lambda, \ldots, \mathfrak{h}_n$.

Nimmt man in der Gleichung (15.) für ν den Werth 2, ersetzt die Determinanten zweiten Grades durch ihre Ausdrücke und reducirt die rechte Seite der Gleichung auf die geringste Anzahl bestehen bleibender Glieder, so erhält man

$$
(17.)\quad \left\{
\begin{aligned}
&E(h_1, \ldots, h_n \mid k_1, \ldots, k_n) \\
&= \mathfrak{Z} \prod_{\mathfrak{b}=2}^{\mathfrak{b}=n} \prod_{\beta=1}^{\beta=\mathfrak{b}-1} (h_\mathfrak{b}-h_\beta)(k_\mathfrak{b}-k_\beta)(\varkappa_\mathfrak{b}-\varkappa_\beta) \times \sum_{\mathfrak{h}} (E_{\mathfrak{h}_1\varkappa_1} E_{\mathfrak{h}_2\varkappa_2} - E_{\mathfrak{h}_1\varkappa_2} E_{\mathfrak{h}_2\varkappa_1}) \\
&\qquad\qquad \times E(\mathfrak{h}_3, \mathfrak{h}_4, \ldots, \mathfrak{h}_n \mid \varkappa_3, \varkappa_4, \ldots, \varkappa_n)\, \mathfrak{Z} \prod_{m=2}^{m=n} \prod_{\mu=1}^{\mu=m-1} (\mathfrak{h}_m-\mathfrak{h}_\mu)
\end{aligned}
\right.
$$

worin $\varkappa_1, \varkappa_2, \varkappa_3, \varkappa_4, \ldots, \varkappa_n$ abgesehen von der Reihenfolge mit den Werthen $k_1, k_2, k_3, k_4, \ldots, k_n$ übereinstimmen und worin die Summation sich über alle diejenigen Werthesysteme für $\mathfrak{h}_1, \mathfrak{h}_2, \mathfrak{h}_3, \mathfrak{h}_4, \ldots, \mathfrak{h}_n$ erstreckt, welche abgesehen von der Reihenfolge mit $h_1, h_2, h_3, h_4, \ldots, h_n$ übereinstimmen und zum Beispiel die Bedingungen

$$
\begin{aligned}
&\mathfrak{h}_1 < \mathfrak{h}_2 \\
&\mathfrak{h}_3 < \mathfrak{h}_4 < \ldots < \mathfrak{h}_{n-1} < \mathfrak{h}_n
\end{aligned}
$$

erfüllen.

Die Formel (17.) bildet die Ausführung der zu Ende des Artikels 3 angegebenen paarweisen Zusammenstellung der eigentlichen Glieder der Determinante. Es folgt aus ihr, wie auch dort schon gefunden worden ist, dass die Determinante verschwindet, wenn für jedes $h_1, h_2, \ldots, h_n$ als Werth des $\mathfrak{h}$ die Gleichung

$$E_{\mathfrak{h}\varkappa_1} = E_{\mathfrak{h}\varkappa_2}$$

erfüllt ist, worin also $\varkappa_1, \varkappa_2$ zwei beliebig bestimmte Werthe aus der Reihe $k_1, k_2, \ldots, k_n$ bedeuten. Auf gleiche Weise, wie man hier das Nullwerden der Determinante erkennt, wenn die in zwei Spalten auftretenden einander entsprechenden Elemente einander gleich werden, schliesst man auch aus der für $\nu = 2$ durchgeführten Entwickelung der Formel (14.), dass die Determinante verschwindet, wenn die entsprechenden Elemente zweier Zeilen einander gleich werden.

Mit Hülfe dieses Satzes kann man ebenso, wie es in Artikel 3 mit den Gleichungen (4.), (5.), (6.) ausgeführt ist, die verallgemeinerten Umkehrungen der Formeln (13.) bis (16.) aufstellen, und erhält den folgenden Lehrsatz.

Nimmt man in den Gleichungen (13.) und (14.) den Factor

$$3\prod_{\mathfrak{b}=2}^{\mathfrak{b}=n}\prod_{\beta=1}^{\beta=\mathfrak{b}-1}(h_{\mathfrak{b}}-h_\beta)(k_{\mathfrak{b}}-k_\beta)(\eta_{\mathfrak{b}}-\eta_\beta)$$

von der rechten Seite fort und fügt ihn auf der linken Seite hinzu, so erhält man zwei Gleichungen (13*.) und (14*.), deren Gültigkeit nicht, wie bei (13.) und (14.), erfordert, dass die Werthe der $\eta_1, \eta_2, \ldots, \eta_n$ abgesehen von der Reihenfolge mit den $h_1, h_2, \ldots, h_n$ übereinstimmen, sondern nur voraussetzt, dass die $\eta_1, \eta_2, \ldots, \eta_n$ keine anderen Werthe haben als solche, welche in der Reihe $h_1, h_2, \ldots, h_n$ vorkommen; es können also auch beliebig viele der $\eta_1, \ldots, \eta_n$ einander gleich sein.

Nimmt man in den Gleichungen (15.), (16.), (17.) den Factor

$$3\prod_{\mathfrak{b}=2}^{\mathfrak{b}=n}\prod_{\beta=1}^{\beta=\mathfrak{b}-1}(h_{\mathfrak{b}}-h_\beta)(k_{\mathfrak{b}}-k_\beta)(\varkappa_{\mathfrak{b}}-\varkappa_\beta)$$

von der rechten Seite fort und fügt ihn auf der linken Seite hinzu, so erhält man drei Gleichungen (15*.), (16*.), (17*.), deren Gültigkeit nicht, wie bei (15.), (16.), (17.), erfordert, dass die Werthe der $\varkappa_1, \varkappa_2, \ldots, \varkappa_n$ abgesehen von der Reihenfolge mit den $k_1, k_2, \ldots, k_n$ übereinstimmen, sondern nur voraussetzt, dass die $\varkappa_1, \varkappa_2, \ldots, \varkappa_n$ keine anderen Werthe haben als solche, welche in der Reihe $k_1, k_2, \ldots, k_n$ vorkommen; es können also auch beliebig viele der $\varkappa_1, \varkappa_2, \ldots, \varkappa_n$ einander gleich sein.

Die Gleichungen (13.) bis (17.) und (13*.) bis (17*.) sind auch auf die Fälle theilweise einander gleicher $h_1, h_2, \ldots, h_n$ oder theilweise einander gleicher $k_1, k_2, \ldots, k_n$ anwendbar.

Die Ableitung der Formeln (13.) bis (16.) und (13*.) bis (16*.) zeigt, dass diese für $\nu = 1$ richtig bleiben, wenn man unter der Determinante eines Elementes das Element selbst versteht. Die Gleichung (15.) ergiebt auf solche Weise, wenn man sie, wie bei dem Uebergange von der Gleichung (13.) zu (14.), auch noch auf die geringste Zahl von Gliedern zurückführt,

$$(18.)\quad \left\{ \begin{aligned} & \mathrm{E}(h_1, \ldots, h_n \mid k_1, \ldots, k_n) \\ & \quad = \mathfrak{Z} \prod_{b=2}^{b=n} \prod_{\beta=1}^{\beta=b-1} (h_b - h_\beta)(k_b - k_\beta)(\varkappa_b - \varkappa_\beta) \\ & \quad \times \sum_{\mathfrak{h}_1 = h_1}^{\mathfrak{h}_1 = h_n} \mathrm{E}_{\mathfrak{h}_1 \varkappa_1}\, \mathrm{E}(\mathfrak{h}_2, \ldots, \mathfrak{h}_n \mid \varkappa_2, \ldots, \varkappa_n)\, \mathfrak{Z} \prod_{m=2}^{m=n} (\mathfrak{h}_m - \mathfrak{h}_1), \end{aligned} \right.$$

und diese liefert wieder durch die schon mehrfach behandelte Umkehrung

$$(18^*.)\quad \left\{ \begin{aligned} & \mathrm{E}(h_1, \ldots, h_n \mid k_1, \ldots, k_n)\, \mathfrak{Z} \prod_{b=2}^{b=n} \prod_{\beta=1}^{\beta=b-1} (h_b - h_\beta)(k_b - k_\beta)(\varkappa_b - \varkappa_\beta) \\ & \quad = \sum_{\mathfrak{h}_1 = h_1}^{\mathfrak{h}_1 = h_n} \mathrm{E}_{\mathfrak{h}_1 \varkappa_1}\, \mathrm{E}(\mathfrak{h}_2, \ldots, \mathfrak{h}_n \mid \varkappa_2, \ldots, \varkappa_n)\, \mathfrak{Z} \prod_{m=2}^{m=n} (\mathfrak{h}_m - \mathfrak{h}_1). \end{aligned} \right.$$

Die Gleichungen (18.) und (18*.) setzen

$$| \mathfrak{h}_1, \mathfrak{h}_2, \ldots, \mathfrak{h}_n | = | h_1, h_2, \ldots, h_n |, \quad \mathfrak{h}_2 < \mathfrak{h}_3 < \ldots < \mathfrak{h}_n$$

voraus; ferner muss für (18.) auch

$$| \varkappa_1, \varkappa_2, \ldots, \varkappa_n | = | k_1, k_2, \ldots, k_n |$$

sein, während für (18*.) genügt, dass die $\varkappa_1, \varkappa_2, \ldots, \varkappa_n$ keine anderen Werthe haben als solche, welche in der Reihe $k_1, k_2, \ldots, k_n$ vorkommen. Nimmt man nun

$\varkappa_1 = \varkappa_\lambda$, $2 \leqq \lambda \leqq n$, so geht (18*.) in

$$(18^{**}.)\qquad 0 = \sum_{\mathfrak{h}_1 = h_1}^{\mathfrak{h}_1 = h_n} \mathrm{E}_{\mathfrak{h}_1 \varkappa_\lambda} \mathrm{E}(\mathfrak{h}_2, \ldots, \mathfrak{h}_n \mid \varkappa_2, \ldots, \varkappa_n) \mathfrak{Z} \prod_{m=2}^{m=n} (\mathfrak{h}_m - \mathfrak{h}_1) \text{ für } 2 \leqq \lambda \leqq n$$

über.

Aus den Gleichungen (18*.) und (18**.) ergiebt sich unmittelbar die bekannte Anwendung der Determinanten zur Auflösung von n linearen Gleichungen, deren μ^{te} als Factor der ν^{ten} Unbekannten die Grösse $\mathrm{E}_{h_\mu k_\nu}$ enthält.

Multiplicirt man die Gleichung (18.) mit f_1, jede der $n-1$ Gleichungen (18**.) mit f_λ und mit einem geeigneten Vorzeichen-Factor und addirt dann die entstandenen Gleichungen, so erhält man:

$$(19.)\qquad \left\{\begin{aligned} &\mathrm{E}(h_1, \ldots, h_n \mid k_1, \ldots, k_n) f_1 \\ &\quad = \mathfrak{Z} \prod_{b=2}^{b=n} \prod_{\beta=1}^{\beta=b-1} (h_b - h_\beta)(k_b - k_\beta)(\varkappa_b - \varkappa_\beta) \\ &\quad\quad \times \sum_{\mathfrak{h}_1 = h_1}^{\mathfrak{h}_1 = h_n} \sum_{\lambda=1}^{\lambda=n} f_\lambda \mathrm{E}_{\mathfrak{h}_1 \varkappa_\lambda} \mathrm{E}(\mathfrak{h}_2, \ldots, \mathfrak{h}_n \mid \varkappa_2, \ldots, \varkappa_n) \mathfrak{Z} \prod_{m=2}^{m=n} (\mathfrak{h}_m - \mathfrak{h}_1) \end{aligned}\right.$$

für

$$\mathfrak{h}_2 < \mathfrak{h}_3 < \ldots < \mathfrak{h}_n$$
$$| \mathfrak{h}_1, \mathfrak{h}_2, \ldots, \mathfrak{h}_n | = | h_1, h_2, \ldots, h_n |$$
$$| \varkappa_1, \varkappa_2, \ldots, \varkappa_n | = | k_1, k_2, \ldots, k_n | .$$

Diese Gleichung (19.) stellt für $f_1 = 1$ den Satz dar, dass der Werth einer Determinante ungeändert bleibt, wenn man zu den Elementen in einer Spalte $\varkappa_1$ die mit einem gemeinsamen Factor multiplicirten entsprechenden Elemente in einer andern Spalte $\varkappa_\lambda$, für $\lambda > 1$, hinzufügt.

Besteht für die in je einer der Zeilen

$$\mathfrak{h} = h_1, h_2, \ldots, h_n$$

vorkommenden Elemente eine gemeinsame homogene lineare Gleichung

$$(20.)\qquad \sum_{\lambda=1}^{\lambda=n} f_\lambda \mathrm{E}_{\mathfrak{h} k_\lambda} = 0,$$

so ergiebt die Formel (19.), weil $\varkappa_1$ einen beliebigen der Werthe $k_1, k_2, \ldots, k_n$

bedeuten kann, den Satz, dass die Determinante des ganzen Systems der $n.n$ Elemente für diesen Fall zu Null wird.

Ebenso erhält man die entsprechenden Sätze, welche sich auf Zeilen und Spalten an den Stellen, wo hier Spalten und Zeilen in Betracht kamen, beziehen.

Der dem letzteren Satze entsprechende würde derjenige sein, der die Determinante eines Systems linearer Gleichung, welche von einander linear abhängen, zu Null werden lässt.

5.
Zusammensetzung der Determinanten.

Bei verschiedenen Anwendungen der Determinanten, namentlich bei der Zusammensetzung von linearen Transformationen, treten Determinanten von Elementen $G_{h,k}$ auf, welche für jeden Werth $1, 2, 3, \ldots, n$ des h und des k in der Form

$$(21.)\qquad G_{h,k} = \sum_{\lambda=1}^{\lambda=m} E_{h,\lambda} F_{\lambda,k}$$

dargestellt werden können.

Unser Determinanten-Ausdruck (6.) ergiebt für die aus den Elementen $G_{h,k}$ gebildete Determinante

$$(22.)\quad \begin{cases} G(1, 2, \ldots, n \mid 1, 2, \ldots, n) \\ \quad = \dfrac{1}{\Pi(n)} \sum\limits_{\eta=1}^{\eta=n_{(n)}} \sum\limits_{\varkappa=1}^{\varkappa=n_{(n)}} \prod\limits_{\nu=1}^{\nu=n} G_{\eta_\nu \varkappa_\nu} \times 3 \prod\limits_{b=2}^{b=n} \prod\limits_{\beta=1}^{\beta=b-1} (\eta_b - \eta_\beta)(\varkappa_b - \varkappa_\beta), \end{cases}$$

worin die eine n-fache Summation sich auf alle Zahlen $1, 2, \ldots, n$ als Werthe für jedes $\eta_1, \eta_2, \ldots, \eta_n$ und die andere n-fache Summation sich auf alle Zahlen $1, 2, \ldots, n$ als Werthe für jedes $\varkappa_1, \varkappa_2, \ldots, \varkappa_n$ bezieht.

Nach Einsetzung der obigen Summen (21.), welche je einen besonderen reihenden Buchstaben λ_ν erhalten sollen, wird

$$(23.)\quad \begin{cases} G(1, 2, \ldots, n \mid 1, 2, \ldots, n) \\ = \dfrac{1}{\Pi(n)} \sum\limits_{\eta=1}^{\eta=n_{(n)}} \sum\limits_{\varkappa=1}^{\varkappa=n_{(n)}} \prod\limits_{\nu=1}^{\nu=n} \left\{ \sum\limits_{\lambda=1}^{\lambda=m_{(n)}} E_{\eta_\nu \lambda_\nu} F_{\lambda_\nu \varkappa_\nu} \right\} \times 3 \prod\limits_{b=2}^{b=n} \prod\limits_{\beta=1}^{\beta=b-1} (\eta_b - \eta_\beta)(\varkappa_b - \varkappa_\beta). \end{cases}$$

Führt man zuletzt die n-fache, auf jedes $\lambda_1, \lambda_2, \ldots, \lambda_n$ mit den Werthen $1, 2, \ldots, m$ sich beziehende Summation aus und trennt die Factoren auf geeignete Weise von einander, so erhält man

$$(24.)\quad \left\{\begin{aligned} &G(1, 2, \ldots, n \mid 1, 2, \ldots, n)\\ &= \frac{1}{\Pi(n)} \sum_{\lambda=1}^{\lambda=m_{(n)}} \sum_{\eta=1}^{\eta=n_{(n)}} \prod_{\nu=1}^{\nu=n} E_{\eta_\nu \lambda_\nu} \times 8 \prod_{b=2}^{b=n} \prod_{\beta=1}^{\beta=b-1} (\eta_b - \eta_\beta)\\ &\qquad \times \sum_{\varkappa=1}^{\varkappa=n_{(n)}} \prod_{\nu=1}^{\nu=n} F_{\lambda_\nu \varkappa_\nu} \times 8 \prod_{b=2}^{b=n} \prod_{\beta=1}^{\beta=b-1} (\varkappa_b - \varkappa_\beta). \end{aligned}\right.$$

Hierin ist zufolge unserer beiden ersten Ausdrücke (4.), (5.) für die Determinante

$$\sum_{\eta=1}^{\eta=n_{(n)}} \prod_{\nu=1}^{\nu=n} E_{\eta_\nu \lambda_\nu} \times 8 \prod_{b=2}^{b=n} \prod_{\beta=1}^{\beta=b-1} (\eta_b - \eta_\beta) = E(1,\ 2,\ \ldots, n \mid \lambda_1, \lambda_2, \ldots, \lambda_n)$$

$$\sum_{\varkappa=1}^{\varkappa=n_{(n)}} \prod_{\nu=1}^{\nu=n} F_{\lambda_\nu \varkappa_\nu} \times 8 \prod_{b=2}^{b=n} \prod_{\beta=1}^{\beta=b-1} (\varkappa_b - \varkappa_\beta) = F(\lambda_1, \lambda_2, \ldots, \lambda_n \mid 1,\ 2,\ \ldots, n),$$

wenn wir die aus den Elementen F_{hk} gebildete Determinante auf analoge Weise bezeichnen wie die aus den Elementen E_{hk} gebildete Determinante. Diese Determinanten sind nur dann eigentliche, wenn m nicht kleiner als n ist; wird aber m kleiner als n, so sind die Seiten dieser beiden Gleichungen identisch Null.

Die obige Gleichung (24.) lässt sich also in der Form

$$(25.)\quad \left\{\begin{aligned} &G(1, 2, \ldots, n \mid 1, 2, \ldots, n)\\ &= \frac{1}{\Pi(n)} \sum_{\lambda=1}^{\lambda=m_{(n)}} E(1, 2, \ldots, n \mid \lambda_1, \lambda_2, \ldots, \lambda_n) F(\lambda_1, \lambda_2, \ldots, \lambda_n \mid 1, 2, \ldots, n) \end{aligned}\right.$$

darstellen, worin wie zuvor die n-fache Summation sich über die sämmtlichen ganzzahligen Werthe $1, 2, \ldots, m$ für jedes $\lambda_1, \lambda_2, \ldots, \lambda_n$ erstreckt.

Gehen die $\lambda_1, \lambda_2, \ldots, \lambda_n$ von einem Werthesystem zu einem anderen über, welches sich von dem ersteren nur in der Reihenfolge der Werthe unterscheidet, so können

$$E(1, 2, \ldots, n \mid \lambda_1, \lambda_2, \ldots, \lambda_n) \text{ und } F(\lambda_1, \lambda_2, \ldots, \lambda_n \mid 1, 2, \ldots, n)$$

nur ihre Vorzeichen ändern und nur beide gleichzeitig, so dass also das Product aus beiden Determinanten ungeändert bleibt.

Werden zwei oder mehrere der $\lambda_1, \lambda_2, \ldots, \lambda_n$ einander gleich, so verschwinden jene Determinanten. In der n-fachen Summe der Gleichung (25.) werden also immer $\Pi(n)$ solche Glieder einander gleich, welche sich nur durch die Reihenfolge der Werthe der $\lambda_1, \lambda_2, \ldots, \lambda_n$ von einander unterscheiden. Durch Ausführung der angedeuteten Division mit $\Pi(n)$ ergiebt sich also für die Zusammensetzung von Determinanten:

$$(26.)\quad G(1,2,\ldots,n\,|\,1,2,\ldots,n) = \sum_{(\lambda)} E(1,2,\ldots,n\,|\,\lambda_1,\lambda_2,\ldots,\lambda_n)\, F(\lambda_1,\lambda_2,\ldots,\lambda_n\,|\,1,2,\ldots,n),$$

worin die Summation sich in der Weise auf die von einander verschiedenen Verbindungen von je n verschiedenen Zahlen aus der Reihe $1, 2, 3, \ldots, m$ als Werthe für die $\lambda_1, \lambda_2, \ldots, \lambda_n$ bezieht, dass verschiedene Reihenfolgen nicht als verschiedene Verbindungen gerechnet werden. Zum Beispiel kann man, wenn n nicht grösser als m ist, immer $\lambda_1 < \lambda_2 < \ldots < \lambda_n$ voraussetzen.

Für $m = n$ vereinfacht sich diese Gleichung zu

$$(27.)\quad G(1,2,\ldots,n\,|\,1,2,\ldots,n) = E(1,2,\ldots,n\,|\,1,2,\ldots,n)\, F(1,2,\ldots,n\,|\,1,2,\ldots,n).$$

Hätte man statt (21.) die Gleichungen von der Form

$$(28.)\quad A_{h,k} = \sum_{\lambda=1}^{\lambda=m} E_{\lambda,h} F_{\lambda,k}$$

$$(29.)\quad B_{h,k} = \sum_{\lambda=1}^{\lambda=m} E_{h,\lambda} F_{k,\lambda}$$

$$(30.)\quad C_{h,k} = \sum_{\lambda=1}^{\lambda=m} E_{\lambda,h} F_{k,\lambda}$$

als Ausgangspunkte gewählt, so würde man statt (26.) die in demselben Sinne zu verstehenden Gleichungen

$$(31.)\quad A(1,\ldots,n\,|\,1,\ldots,n) = \sum_{(\lambda)} E(\lambda_1,\ldots,\lambda_n\,|\,1,\ldots,n)\, F(\lambda_1,\ldots,\lambda_n\,|\,1,\ldots,n)$$

$$(32.)\quad B(1,\ldots,n\,|\,1,\ldots,n) = \sum_{(\lambda)} E(1,\ldots,n\,|\,\lambda_1,\ldots,\lambda_n)\, F(1,\ldots,n\,|\,\lambda_1,\ldots,\lambda_n)$$

$$(33.)\quad C(1,\ldots,n\,|\,1,\ldots,n) = \sum_{(\lambda)} E(\lambda_1,\ldots,\lambda_n\,|\,1,\ldots,n)\, F(1,\ldots,n\,|\,\lambda_1,\ldots,\lambda_n)$$

für die drei aus den A, aus den B und aus den C als Elementen gebildeten

Determinanten erhalten haben. Für $m = n$ werden diese auch mit der aus den Elementen G gebildeten Determinante (27.) gleichen Werth annehmen.

6.

Umkehrung der Indices-Paare.

Durchlaufen in einem System von $n \cdot n$ Elementen $E_{h_\mu k_\nu}$, $\mu = 1, 2, \ldots, n$ und $\nu = 1, 2, \ldots, n$, die ersten Indices $h_1, h_2, \ldots, h_n$ der Reihe nach dieselben Werthe wie die zweiten Indices $k_1, k_2, \ldots, k_n$, ist also

$$h_\lambda = k_\lambda \text{ für } \lambda = 1, 2, \ldots, n, \tag{34.}$$

so bestehen zwischen den Producten, durch welche die Vorzeichen der einzelnen Glieder in der aus den gegebenen Elementen gebildeten Determinante bestimmt werden, mehrere sehr einfach erkennbare Identitäten.

Den sich selbst erledigenden Fall, dass in der Reihe der h und also auch in der Reihe der k unter sich Gleiche vorkommen, schliessen wir hier von der Untersuchung aus.

Das oben aufgestellte allgemeine Determinantenglied (3.)

$$\mathfrak{Z}\prod_{b=2}^{b=n}\prod_{\beta=1}^{\beta=b-1}(h_b-h_\beta)(k_b-k_\beta)\times\prod_{\varrho=1}^{\varrho=n}E_{\eta_\varrho\varkappa_\varrho}\times\mathfrak{Z}\prod_{m=2}^{m=n}\prod_{\mu=1}^{\mu=m-1}(\eta_m-\eta_\mu)(\varkappa_m-\varkappa_\mu)$$

vereinfacht sich bei der jetzt gemachten Annahme, weil das von der Reihenfolge der Werthe des h und k abhängige Vorzeichen-Product der positiven Einheit gleich wird, zu der Form

$$\prod_{\varrho=1}^{\varrho=n}E_{\eta_\varrho\varkappa_\varrho}\times\mathfrak{Z}\prod_{m=2}^{m=n}\prod_{\mu=1}^{\mu=m-1}(\eta_m-\eta_\mu)(\varkappa_m-\varkappa_\mu). \tag{35.}$$

Für nicht zu Null werdende Vorzeichen-Producte sind die $\eta_1, \ldots, \eta_n$ abgesehen von der Reihenfolge gleich den $h_1, \ldots, h_n$ und ebenso die $\varkappa_1, \ldots, \varkappa_n$ abgesehen von der Reihenfolge gleich den $k_1, \ldots, k_n$; nach der Voraussetzung der Gleichungen (34.) werden also die $\eta_1, \ldots, \eta_n$ abgesehen von der Reihenfolge gleich den $\varkappa_1, \ldots, \varkappa_n$. Mit Benutzung der oben bei Gleichung (13.) angewandten Bezeichnung können wir dies auch durch

$$|\eta_1, \ldots, \eta_n| = |h_1, \ldots, h_n|, \quad |\varkappa_1, \ldots, \varkappa_n| = |k_1, \ldots, k_n|, \quad |\eta_1, \ldots, \eta_n| = |\varkappa_1, \ldots, \varkappa_n| \tag{36.}$$

darstellen.

Steht nun zu dem obigen Ausdrucke (35.) der nach derselben Vorschrift gebildete Ausdruck

$$(37.)\qquad \prod_{\nu=1}^{\nu=n} \mathrm{E}_{\mathfrak{h}_\nu \mathfrak{k}_\nu} \times 8 \prod_{m=2}^{m=n} \prod_{\mu=1}^{\mu=m-1} (\mathfrak{h}_m - \mathfrak{h}_\mu)(\mathfrak{k}_m - \mathfrak{k}_\mu)$$

in der Beziehung, dass

$$(38.)\qquad \mathfrak{h}_\lambda = \varkappa_\lambda, \quad \mathfrak{k}_\lambda = \eta_\lambda \quad \text{für} \quad \lambda = 1, 2, \ldots, n$$

wird, so haben offenbar die Vorzeichen-Producte in den beiden Ausdrücken (35.) und (37.) einander gleiche Werthe.

Die beiden Ausdrücke werden aber nur dann algebraisch einander gleich, stellen also nur dann ein einziges eigentliches Glied der Determinante dar, wenn es zu jedem Indices-Paare $(\eta_\lambda, \varkappa_\lambda)$ ein ihm gleiches Indices-Paar $(\mathfrak{h}_\mu, \mathfrak{k}_\mu)$ giebt.

Mit Rücksicht auf die Voraussetzung (38.) müsste es dann also zu jedem Indices-Paare $(\eta_\lambda, \varkappa_\lambda)$ ein solches $(\eta_\mu, \varkappa_\mu)$ geben, dass $\eta_\lambda = \varkappa_\mu$ und $\varkappa_\lambda = \eta_\mu$ ist.

Ein solcher Umstand bildet einen besonderen Fall zu dem allgemeineren, dass eine Reihe von Werthe-Paaren

$$(39.)\qquad (\eta_{\lambda_1}, \varkappa_{\lambda_1}), (\eta_{\lambda_2}, \varkappa_{\lambda_2}), \ldots, (\eta_{\lambda_{p-1}}, \varkappa_{\lambda_{p-1}}), (\eta_{\lambda_p}, \varkappa_{\lambda_p}),$$

welche die Gleichungen

$$(40.)\qquad \varkappa_{\lambda_1} = \eta_{\lambda_2}, \quad \varkappa_{\lambda_2} = \eta_{\lambda_3}, \quad \ldots, \quad \varkappa_{\lambda_{p-1}} = \eta_{\lambda_p}, \quad \varkappa_{\lambda_p} = \eta_{\lambda_1}$$

erfüllen, auftritt.

Eine Reihe mit dieser Eigenschaft wollen wir einen Cyclus von Werthe- oder Indices-Paaren nennen.

Ist in jener Reihe p die kleinste Zahl, welche das zugehörige $\varkappa_{\lambda_p}$ gleich einem η_{λ_φ} für $\varphi \leqq p$ werden lässt, so mag der Cyclus ein einfacher heissen im Gegensatze zu einem zusammengesetzten.

Die Zahl p giebt an, aus wie viel Werthe-Paaren der Cyclus besteht, und mag zur Abkürzung die Ordnungs-Zahl des Cyclus genannt werden.

Den Fall, dass $\eta_\lambda = \varkappa_\lambda$ in $(\eta_\lambda, \varkappa_\lambda)$ wird, können wir als hierin begriffen denken und wollen solches $(\eta_\lambda, \varkappa_\lambda)$ als einen eingliedrigen Cyclus oder als einen Cyclus von der Ordnung 1 ansehen. Unter Voraussetzung dieser Bezeichnungsweise ergiebt sich leicht der folgende Lehrsatz.

Ein System von Werthe-Paaren

$$(41.)\qquad (\eta_1, \varkappa_1),\ (\eta_2, \varkappa_2),\ \ldots,\ (\eta_n, \varkappa_n),$$

worin die $\eta_1, \eta_2, \ldots, \eta_n$ unter sich verschieden und abgesehen von der Reihenfolge den $\varkappa_1, \varkappa_2, \ldots, \varkappa_n$ gleich sind, bildet entweder einen einzigen einfachen Cyclus oder besteht aus mehreren einfachen Cyclen.

Die Summe der Ordnungszahlen aller Cyclen des Systems (41.) ist gleich n.

Jedes Werthe-Paar gehört **einem** einfachen Cyclus an.

Betrachtet man die Reihenfolge in den Werthe-Paaren als unwesentlich, so kann man auch sagen: Das System (41.) kann wesentlich nur auf **eine** Weise in einfache Cyclen zerlegt werden.

Zwei Indices-Paare

$$(42.)\qquad (\eta_\lambda, \varkappa_\lambda) \text{ und } (\mathfrak{h}_\lambda, \mathfrak{k}_\lambda), \text{ für welche } \mathfrak{h}_\lambda = \varkappa_\lambda,\ \ \mathfrak{k}_\lambda = \eta_\lambda$$

ist, bilden einen Cyclus zweiter Ordnung. Das eine dieser beiden Indices-Paare wollen wir die Umkehrung des anderen nennen.

Das zuvor für die beiden Ausdrücke (35.) und (37.) mit der Voraussetzung (38.) gewonnene Resultat lässt sich hiernach auch so aussprechen:

Werden in dem Determinanten-Gliede

$$(43.)\qquad \prod_{\nu=1}^{\nu=n} E_{\eta_\nu \varkappa_\nu} \times \mathfrak{Z} \prod_{m=2}^{m=n} \prod_{\mu=1}^{\mu=m-1} (\eta_m - \eta_\mu)(\varkappa_m - \varkappa_\mu)$$

die n Indices-Paare

$$(44.)\qquad (\eta_1, \varkappa_1),\ (\eta_2, \varkappa_2),\ \ldots,\ (\eta_n, \varkappa_n)$$

umgekehrt, so entsteht nur dann ein jenem Gliede algebraisch gleicher Ausdruck, also wieder dasselbe Determinanten-Glied, wenn keiner der in der Reihe der Indices-Paare (44.) vorkommenden Cyclen eine Ordnungszahl hat, welche grösser als 2 ist.

Es entsteht aber ein von jenem Gliede (43.) algebraisch verschiedener Ausdruck, also ein anderes Determinanten-Glied, wenn wenigstens eine jener Ordnungszahlen grösser als 2 ist.

Mit Hülfe dieses Satzes lassen sich die Glieder einer Determinante, deren $n.n$ Elemente für jedes λ und $\varkappa$ die Bedingung

$$E_{\lambda,\varkappa}+E_{\varkappa,\lambda} = 0, \text{ also } E_{\lambda\lambda} = 0 \tag{45.}$$

erfüllen, erheblich zusammenziehen.

Jedes Glied, welches in der Reihe seiner Indices-Paare einen einfachen Cyclus erster Ordnung enthält, verschwindet in Folge der Voraussetzung $E_{\lambda,\lambda} = 0$.

Ist n ungerade, so heben sich die übrigen Determinanten-Glieder paarweise auf, nämlich immer zwei solche eigentlichen Glieder, von denen das eine aus dem anderen durch Umkehrung der Indices-Paare entsteht. In der That haben die Vorzeichen-Producte in zwei solchen Gliedern gleiche Werthe, und nach Absonderung derselben, als eines gemeinsamen Factors, bleibt

$$E_{\lambda_1\varkappa_1}\dots E_{\lambda_n\varkappa_n}+E_{\varkappa_1\lambda_1}\dots E_{\varkappa_n\lambda_n}, \tag{46.}$$

worin die beiden Theile, weil n ungerade ist, sich gegenseitig in Folge der Voraussetzung (45.) annulliren.

Ist n gerade, so entsteht durch die angegebene Umkehrung wieder dasselbe Determinanten-Glied, wenn die Cyclen für dessen n Indices-Paare (44.) alle von der Ordnung 2 sind. Mit Hülfe der Gleichungen (44.) lässt sich ein solches Glied als vollständiges Quadrat darstellen.

Besteht aber für das Determinanten-Glied ein Cyclus von höherer als der zweiten Ordnung, so ergiebt jene Umkehrung ein neues Determinanten-Glied, welches mit dem ursprünglichen, nach Anwendung der zwischen den Elementen vorausgesetzten Beziehung (45.), gleichen absoluten Werth erhält.

7.

Umkehrung einzelner Cyclen.

Werden nicht die sämmtlichen n Indices-Paare (44.) umgekehrt, sondern nur einige derselben $(\eta, \varkappa)$ in $(\mathfrak{h}, \mathfrak{k})$, und soll das hierdurch aus dem Determinanten-Gliede (35.) gebildete neue (37.) wieder ein eigentliches Determinanten-Glied sein, so dürfen keine der ersten Indices $\mathfrak{h}$ unter sich und keine der zweiten Indices $\mathfrak{k}$ unter sich gleich werden. Dieses wird aber, weil nach (36.) die Werthe der η abgesehen von der Reihenfolge mit den Werthen der $\varkappa$ übereinstimmen, immer und nur dann erreicht sein, wenn die Indices-Paare eines oder mehrerer ganzen Cyclen umgekehrt worden sind.

Um hierbei das Verhalten des Vorzeichenproductes in (35.) zu untersuchen, zerlegen wir das ursprüngliche Product

erstens in diejenigen Factoren-Paare $(\eta_a-\eta_\alpha)(\varkappa_a-\varkappa_\alpha)$, für welche die entsprechenden Indices-Paare $(\eta_a, \varkappa_a)$ und $(\eta_\alpha, \varkappa_\alpha)$ beide umgekehrt worden sind,

zweitens in diejenigen Factoren-Paare $(\eta_b-\eta_c)(\varkappa_b-\varkappa_c)$, für welche je ein Indices-Paar $(\eta_b, \varkappa_b)$ umgekehrt worden ist, während das andere $(\eta_c, \varkappa_c)$ ungeändert blieb,

drittens in diejenigen Factoren-Paare $(\eta_e-\eta_\varepsilon)(\varkappa_e-\varkappa_\varepsilon)$, für welche beide Indices-Paare $(\eta_e, \varkappa_e)$ und $(\eta_\varepsilon, \varkappa_\varepsilon)$ ungeändert geblieben sind.

Durch die Umkehrung wechseln die beiden Factoren der ersten Art nur ihre Plätze mit einander. In den Factoren der zweiten Art stimmt zufolge der Voraussetzung die Reihe der η_b abgesehen von der Anordnung mit der Reihe der $\varkappa_b$ überein, ebenso auch die η_c mit den $\varkappa_c$, weil die η_b mit den η_c, ebenso wie die $\varkappa_b$ mit den $\varkappa_c$ die ganze Reihe der h darstellen. Die Factoren der dritten Art bleiben ganz ungeändert. Jeder der drei Theile des Vorzeichen-Productes behält also seinen Werth bei.

Dieser Satz ist auch als besonderer Fall in dem Lehrsatze enthalten, welcher das Vorzeichen allein durch die Anzahl der Elemente und durch die Anzahl der einfachen Cyclen bestimmt.

Der hier bewiesene Satz zeigt, dass für eine Determinante, deren $n.n$ Elemente die Gleichungen (45.) erfüllen, im allgemeinen auch wenn n gerade ist, gegenseitig sich aufhebende Glieder vorkommen.

In der That bildet ein solches Determinanten-Glied (35.), dessen n Indices-Paare u Cyclen mit ungeraden die Einheit übertreffenden Ordnungs-Zahlen und ferner g Cyclen mit geraden die Zahl 2 übersteigenden Ordnungs-Zahlen enthalten, in Vereinigung mit denjenigen eigentlichen Determinanten-Gliedern, welche durch Umkehrung einer geraden Anzahl von Indices-Paaren entstehen, im Ganzen 2^{g+u-1} eigentliche, denselben Werth annehmende Determinanten-Glieder.

Diesen Gliedern werden in Folge der zwischen den Elementen vorausgesetzten Beziehung diejenigen eigentlichen 2^{g+u-1} Determinanten-Glieder, welche aus jenem Gliede (35.) durch Umkehrung einer ungeraden Anzahl von Indices-Paaren entstehen, dem absoluten Werthe nach gleich, aber dem Vorzeichen nach entgegengesetzt; sie heben sich also mit jenen in der Determinante auf.

Für eine Determinante, in welcher jedes Element durch Umkehrung seines Indices-Paares den entgegengesetzten Werth annimmt, bleiben allein solche Glieder bestehen, deren Indices-Paare nur einfache Cyclen gerader Ordnung enthalten.

8.
Halbirung der Cyclen.

In einem einfachen Cyclus (39.) haben die ersten Indices η in einer bestimmten Reihenfolge dieselben Werthe wie die zweiten Indices $\varkappa$, aber die η haben unter sich verschiedene Werthe.

Ist die Anzahl p der Werthe-Paare des Cyclus eine gerade Zahl, so haben bei der normalen Anordnung der Paare im Cyclus, das erste, das dritte, das fünfte, u. s. f., das $(p-1)^{\text{ste}}$ Paar zusammen auch unter den η und $\varkappa$ keine gleichen Werthe. Ebenso haben das zweite, das vierte, u. s. f. das p^{te} Paar zusammen auch unter den η und $\varkappa$ keine gleichen Werthe.

Die Paare auf den ungeradzahligen Plätzen haben für die η und $\varkappa$ dieselben Werthe wie beziehungsweise die $\varkappa$ und η in den Paaren auf den geradzahligen Plätzen. Deshalb wollen wir diese beiden Reihen von Paaren die beiden Hälften des Cyclus nennen.

Ein eigentliches Determinanten-Glied, dessen Indices-Paare nur einfache Cyclen gerader Ordnung enthält, kann, durch Halbirung der Cyclen in zwei Factoren zerlegt werden, deren jeder unter seinen sämmlichen n Indices η und $\varkappa$ keine zwei gleichwerthigen enthält.

Da in einer solchen Determinante die Anzahl n der Indices-Paare nur eine gerade sein kann, so wollen wir 2ν tsatt n setzen. Für das Determinanten-Glied (35.) erhalten wir hiernach auch die Form

$$(47.)\qquad \begin{aligned} &\prod_{\sigma} \mathrm{E}(\mathfrak{h}_\sigma, \mathfrak{k}_\sigma) \times \mathfrak{Z} \prod_{a,\alpha} (\mathfrak{h}_a - \mathfrak{h}_\alpha)(\mathfrak{k}_a - \mathfrak{k}_\alpha) \times \mathfrak{Z} \prod_{e} \prod_{\varepsilon} (\mathfrak{k}_e - \mathfrak{h}_\varepsilon)^2 \\ \times &\prod_{\tau} \mathrm{E}(\mathfrak{h}_\tau, \mathfrak{k}_\tau) \times \mathfrak{Z} \prod_{b,\beta} (\mathfrak{h}_b - \mathfrak{h}_\beta)(\mathfrak{k}_b - \mathfrak{k}_\beta) \times \mathfrak{Z} \prod_{c} \prod_{\gamma} (\mathfrak{k}_c - \mathfrak{h}_\gamma)^2 \\ \times &\mathfrak{Z} \prod_{\mathfrak{a}} \prod_{\mathfrak{b}} (\mathfrak{h}_{\mathfrak{b}} - \mathfrak{h}_{\mathfrak{a}})(\mathfrak{k}_{\mathfrak{b}} - \mathfrak{k}_{\mathfrak{a}}), \end{aligned}$$

worin jede der Grössen $\sigma, a, \alpha, e, \varepsilon, \mathfrak{a}$ die Werthe $1, 2, 3, \ldots, \nu$ und jede der Grössen $\tau, b, \beta, c, \gamma, \mathfrak{b}$ die Werthe $\nu+1, \nu+2, \ldots, 2\nu$ mit der Beschränkung $a > \alpha$, $b > \beta$ zu durchlaufen hat, und worin die Elemente mit $\mathrm{E}(\mathfrak{h}, \mathfrak{k})$ bezeichnet sind.

In der That, der Ausdruck (47.) unterscheidet sich von jenem (35.) nur durch Hinzufügung der auf die reihenden Grössen e, ε, c, γ sich beziehenden Producte. Diese Producte lassen den übrigen Theil des Ausdruckes ungeändert, wenn bei der zuvor angegebenen Halbirung der von den $(\eta, \varkappa)$ gebildeten Cyclen die Indices-Paare $(\mathfrak{h}, \mathfrak{k})$ der einen Hälften in die erste Zeile und die Indices-Paare $(\mathfrak{h}, \mathfrak{k})$ der anderen Hälften der Cyclen in die zweite Zeile der Formel (47.) gebracht sind.

Dieselben Vorzeichen-Producte lassen aber den Ausdruck verschwinden, wenn unter den $\mathfrak{h}$ und $\mathfrak{k}$ der ersten Zeile oder unter den $\mathfrak{h}$ und $\mathfrak{k}$ der zweiten Zeile gleiche Werthe auftreten, was aber nach Ausführung der Halbirung der Cyclen nicht vorkommen kann.

Umgekehrt folgt unmittelbar aus diesen Bemerkungen, dass, wenn die 2ν Grössen $\mathfrak{h}$, ebenso wie die 2ν Grössen $\mathfrak{k}$ keine anderen Werthe haben als die 2ν gegebenen Grössen h oder als die mit diesen identischen k, auch der Ausdruck (47.) entweder verschwindet oder ein eigentliches Determinanten-Glied mit Cyclen gerader Ordnung darstellt.

Um die Cyclen zu bilden, sind nämlich die Indices-Paare abwechselnd aus der ersten und aus der zweiten Zeile in Formel (47.) zu entnehmen, weil für den Fall des Nichtverschwindens

$$(48.)\qquad |\,\mathfrak{h}_1, \ldots, \mathfrak{h}_\nu\,| = |\,\mathfrak{k}_{\nu+1}, \ldots, \mathfrak{k}_{2\nu}\,|, \qquad |\,\mathfrak{k}_1, \ldots, \mathfrak{k}_\nu\,| = |\,\mathfrak{h}_{\nu+1}, \ldots, \mathfrak{h}_{2\nu}\,|$$

wird.

Die Summe aller Determinanten-Glieder, denen nur Cyclen gerader

Ordnung entsprechen, erhalten wir demnach, wenn wir die Ausdrücke von der Form (47.) für alle solchen aus den h als Werthen der $\mathfrak{h}$ und $\mathfrak{k}$ gebildeten Werthesysteme $(\mathfrak{h}, \mathfrak{k})$ summiren, welche algebraisch verschiedene Ausdrücke (47.) darstellen.

Mit einem bestimmten Werthesysteme der Indices-Paare ergeben alle diejenigen Werthesysteme, welche sich durch blosse Vertauschung der Reihenfolge aus jenem ableiten lassen, algebraisch gleiche Ausdrücke (47.).

Die Veränderung der Reihenfolge kann zunächst dadurch geschehen, dass eine der beiden Hälften eines Cyclus nach Belieben in die erste oder die zweite Zeile der Formel (47.) gebracht wird. Bezeichnet $\mathfrak{g}$ die Anzahl sämmtlicher Cyclen für das bestimmte Glied, so erhält man durch diese verschiedenartige Bildung der beiden Factoren, nämlich der ersten und zweiten Zeile in Formel (47.), zusammen $2^{\mathfrak{g}}$ algebraisch gleiche Ausdrücke. Jeder der beiden Factoren, d. i. jede der beiden Zeilen in (47.), kann nun noch formal verändert werden durch sämmtliche $\Pi(\nu)$ Umstellungen der Reihenfolge seiner ν Indices-Paare $(\mathfrak{h}, \mathfrak{k})$.

Im ganzen entstehen also $2^{\mathfrak{g}}\, \Pi(\nu)\, \Pi(\nu)$ algebraisch gleichwerthige Ausdrücke und

(49.) man erhält die Summe aller Determinanten-Glieder mit geradzahligen Cyclen, wenn man den Ausdruck (47.) durch $2^{\mathfrak{g}}\, \Pi(\nu)\, \Pi(\nu)$ dividirt und dann in Bezug auf jede der 4ν Grössen $\mathfrak{h}$ und $\mathfrak{k}$ über sämmtliche 2ν Werthe der h summirt. Es bezeichnet dabei $\mathfrak{g}$ die Anzahl der für je ein bestimmtes Werthesystem in den 2ν Indices-Paaren $(\mathfrak{h}, \mathfrak{k})$ vorkommenden Cyclen.

Ein eigentliches, nicht verschwindendes Glied enthält Indices-Paare, welche die Bedingungen (48.) erfüllen. Es ist also in (47.) auch

$$(50.)\quad \prod_{e}\prod_{\mathfrak{e}}(\mathfrak{k}_{e}-\mathfrak{h}_{\mathfrak{e}}) = \prod_{\mathfrak{a}}\prod_{\mathfrak{b}}(\mathfrak{h}_{\mathfrak{b}}-\mathfrak{h}_{\mathfrak{a}}),\quad \prod_{c}\prod_{\gamma}(\mathfrak{k}_{c}-\mathfrak{h}_{\gamma}) = \prod_{\mathfrak{a}}\prod_{\mathfrak{b}}(\mathfrak{k}_{\mathfrak{b}}-\mathfrak{k}_{\mathfrak{a}}),$$

und der Ausdruck (47.) kann durch

$$(51.)\quad \begin{aligned} &\prod_{\sigma} \mathrm{E}(\mathfrak{h}_{\sigma}, \mathfrak{k}_{\sigma}) \times \mathfrak{Z} \prod_{(a,\alpha)} (\mathfrak{h}_{a}-\mathfrak{h}_{\alpha})(\mathfrak{k}_{a}-\mathfrak{k}_{\alpha}) \times \mathfrak{Z} \prod_{e}\prod_{\mathfrak{e}} (\mathfrak{k}_{e}-\mathfrak{h}_{\mathfrak{e}}) \\ &\times \prod_{\tau} \mathrm{E}(\mathfrak{h}_{\tau}, \mathfrak{k}_{\tau}) \times \mathfrak{Z} \prod_{(b,\beta)} (\mathfrak{h}_{b}-\mathfrak{h}_{\beta})(\mathfrak{k}_{b}-\mathfrak{k}_{\beta}) \times \mathfrak{Z} \prod_{c}\prod_{\gamma} (\mathfrak{k}_{c}-\mathfrak{h}_{\gamma}) \\ &\times \mathfrak{Z} \prod_{\mathfrak{a}}\prod_{\mathfrak{b}} (\mathfrak{h}_{\mathfrak{b}}-\mathfrak{h}_{\mathfrak{a}})^2 (\mathfrak{k}_{\mathfrak{b}}-\mathfrak{k}_{\mathfrak{a}})^2 \end{aligned}$$

ersetzt werden, wenn sämmtliche Zeichen ihre obige Bedeutung beibehalten.

9.

Zurückführung auf Jacobi's Resolventen.

Gebrauchen wir in Formel (51.) statt $\mathfrak{h}_\sigma, \mathfrak{k}_\sigma, \mathfrak{h}_\tau, \mathfrak{k}_\tau$ jetzt beziehungsweise $s_{2\sigma-1}, s_{2\sigma}, t_{2\varrho-1}, t_{2\varrho}$, indem wir $\tau = \nu+\varrho$ setzen, und kehren unter den von e und ε, sowie unter den von c und γ abhängigen Differenzen diejenigen um, in welchen $e<\varepsilon$, $c<\gamma$ ist, so können wir die beiden ersten Zeilen in (51.), abgesehen von den beiden sich zu $+1$ ergänzenden Factoren $(-1)^{\frac{1}{2}\nu(\nu-1)}$, auch beziehungsweise in der Form

$$(52.)\qquad \prod_\sigma \mathrm{E}(s_{2\sigma-1}, s_{2\sigma}) \times \mathfrak{Z} \prod_{(m,\mu)} (s_m - s_\mu)$$
$$\times \prod_\varrho \mathrm{E}(t_{2\varrho-1}, t_{2\varrho}) \times \mathfrak{Z} \prod_{(m,\mu)} (t_m - t_\mu)$$

darstellen, wenn σ und ϱ die Zahlen $1, 2, \ldots, \nu$, aber m und μ die Zahlen $1, 2, 3, \ldots, 2\nu$ mit der Bedingung $m>\mu$ durchlaufen.

Hiervon unterscheidet sich der Ausdruck (51.) nur durch den in der dritten Zeile befindlichen Vorzeichen-Factor. Dieser drückt aber die Bedingung aus, dass kein $s_{2\sigma-1}$ einem $t_{2\varrho-1}$ und kein $s_{2\sigma}$ einem $t_{2\varrho}$ gleich werden soll.

Wenden wir die Darstellung (52.) auf Determinanten-Elemente an, deren jedes wie in (45.) mit Umkehrung seines Indices-Paares auch seinen Werth in den entgegengesetzten verwandeln lässt, so fällt durch eine solche Umkehrung der Indices-Paare die zuletzt genannte Bedingung fort, während die erste, wie auch die zweite Zeile in (51.) ihren Werth ungeändert beibehält.

Jedes nicht verschwindende und mit anderen Gliedern sich nicht annulirende Determinanten-Glied kann also auf die Form (52.) gebracht werden.

Haben in (52.) die 4ν Grössen s und t keinen andern Werth als die 2ν Grössen h, so ist der Ausdruck entweder gleich Null oder ein eigentliches Glied einer solchen Determinante.

In der That, der Ausdruck (52.) verschwindet nur dann nicht, wenn die s alle von einander und die t alle von einander verschieden sind. In diesem

Falle kann man aber die 2ν Werthe-Paare

$$(53.)\qquad (s_{2\sigma-1}, s_{2\sigma}) \text{ und } (t_{2\varrho-1}, t_{2\varrho})$$

entweder unmittelbar oder nach etwa erforderlicher Umkehrung einzelner Werthe-Paare, wobei der Ausdruck (52.) seinen Werth nicht ändert, in einfache Cyclen gerader Ordnung zerlegen. Es sind demnach alle für die in Rede stehenden Glieder erforderlichen Bedingungen, wie wir im Artikel 7 gesehen haben, erfüllt.

An jenem Orte haben wir auch gefunden, dass unter den im allgemeinen verschiedenen eigentlichen Determinanten-Gliedern für diese besondere Determinante noch 2^g einander algebraisch gleich werden durch Hinzunahme der Bedingungen $\mathrm{E}(\eta, \varkappa) = -\mathrm{E}(\varkappa, \eta)$.

(54.) Wir erhalten also die gesuchte Determinante, wenn wir (52.) mit 2^g multipliciren und über alle solchen Werthesysteme h für jedes s und t summiren, welche den Ausdruck mit Berücksichtigung der Gleichungen $\mathrm{E}(\eta, \varkappa) = -\mathrm{E}(\varkappa, \eta)$ algebraisch verschiedene Werthe annehmen lassen. Es bedeutet dabei g die Anzahl der Cyclen, welche von den 2ν Werthe-Paaren (53.) entweder unmittelbar oder durch etwa erforderliche Umkehrung einzelner Werthe-Paare gebildet werden und die zweite Ordnung übertreffen.

Nimmt man in (52.) für die s und t jedes aus den h zusammengesetzte Werthesystem, so erkennt man zunächst 2^g Ausdrücke als einander gleich. Diejenigen 2^g Cyclen, welche aus (53.) entweder schon unmittelbar oder nach erforderlichen Umkehrungen gebildet werden und von höherer als der zweiten Ordnung sind, können ihre beiden Hälften beliebig auf die beiden Zeilen in (52.) vertheilen. Zweitens werden immer diejenigen $2^{2\nu}$ Ausdrücke einander gleich, die durch Umkehrung der 2ν Werthe-Paare (52.) aus einander hervorgehen. Schliesslich werden noch jedesmal diejenigen $\Pi(\nu)\ \Pi(\nu)$ Ausdrücke einander gleich, welche durch Veränderung der Reihenfolge der aus den s gebildeten Werthe-Paaren unter sich und der aus den t gebildeten Werthe-Paaren unter sich hervorgehen.

Hiernach lässt sich der Lehrsatz (54.) auch so aussprechen: Die gesuchte Determinante entsteht, wenn man den Ausdruck (52.) durch $2^{2\nu}\ \Pi(\nu)\ \Pi(\nu)$

dividirt und über alle Werthe h für jedes s und t summirt; es ist also

$$
\begin{aligned}
(55.)\quad & \mathrm{E}(h_1, \ldots, h_{2\nu} \mid h_1, \ldots, h_{2\nu}) \\
& = \Big\{\frac{1}{2^\nu}\frac{1}{\Pi(\nu)}\sum_{\mathfrak{s}}^{(2\nu)}\prod_{\varrho}\mathrm{E}(\mathfrak{s}_{2\varrho-1}, \mathfrak{s}_{2\varrho}) \times \mathfrak{S}\prod_{(m,\mu)}(\mathfrak{s}_m - \mathfrak{s}_\mu)\Big\}^2 \\
& = \Big\{\sum_{\mathfrak{t}}\prod_{\varrho}\mathrm{E}(\mathfrak{t}_{2\varrho-1}, \mathfrak{t}_{2\varrho}) \times \mathfrak{S}\prod_{(m,\mu)}(\mathfrak{t}_m - \mathfrak{t}_\mu)\Big\}^2 \\
& = \sum_{(s,t)} 2^g \prod_{\varrho}\mathrm{E}(s_{2\varrho-1}, s_{2\varrho})\,\mathrm{E}(t_{2\varrho-1}, t_{2\varrho}) \times \mathfrak{S}\prod_{(m,\mu)}(s_m - s_\mu)(t_m - t_\mu)
\end{aligned}
$$

die aus den $2\nu.2\nu$ Elementen $\mathrm{E}(h_\sigma, h_\tau)$ gebildete Determinante, wenn für jedes σ und τ die Gleichung $\mathrm{E}(h_\sigma, h_\tau) = -\mathrm{E}(h_\tau, h_\sigma)$ erfüllt wird.

Die Producte in (55.) beziehen sich theils auf die ganzen Zahlen $1, 2, \ldots, \nu$ als Werthe der ϱ, theils auf die ganzen Zahlen $1, 2, 3, \ldots, 2\nu$ als Werthe der m und μ mit Erfüllung der Bedingung $m > \mu$.

In der 2ν-fachen Summation der ersten Darstellung durchläuft jedes der 2ν reihenden $\mathfrak{s}$ alle 2ν Werthe h.

Die Summation der zweiten Darstellung bezieht sich auf solche Wertheverbindungen der h für die $\mathfrak{t}$, welche algebraisch verschiedene Glieder geben, von welchen also ein Werthesystem weder durch Umänderung der Reihenfolge der ν Indices-Paare $(\mathfrak{t}_{2\varrho-1}, \mathfrak{t}_{2\varrho})$ noch durch Umkehrung innerhalb der einzelnen Paare aus einem anderen Werthesysteme abgeleitet werden kann. Der hier durch die Summation gebildete Ausdruck, dessen Quadrat der Determinante gleich wird, ist der von Jacobi bei seiner Ausführung der Pfaff'schen Integrations-Methode*) [Crelle's Journal, Band 2, Seite 355, 1827, August 14] in anderer Form zuerst dargestellte und nach seinen wichtigsten Eigenschaften untersuchte Ausdruck, der wohl verdiente Jacobi's Resolvente genannt zu werden.

Die Summation der dritten Darstellung bezieht sich auf solche Wertheverbindungen der h sowohl für die s als auch für die t, welche ein Werthesystem weder durch Umsetzung der Reihenfolge der 2ν Indices-Paare $(s_{2\varrho-1}, s_{2\varrho})$ und $(t_{2\varrho-1}, t_{2\varrho})$, noch durch Umkehrung innerhalb der einzelnen Paare aus einem anderen Werthesysteme hervorgehen lassen. Es bedeutet g die Anzahl der

*) [Jacobi, Gesammelte Werke, Bd. IV, S. 17—29.]

in den 2ν Indices-Paaren unmittelbar vorkommenden und der nach etwa erforderlichen Umkehrungen von Indices-Paaren noch herstellbaren einfachen Cyclen, deren Ordnung die zweite übertrifft.

Meine Untersuchungen über andere Eigenschaften der Jacobi'schen Resolventen, so wie über ihre Beziehungen zu den für die Theorie der quadratischen Reste so wichtigen Kronecker'schen Vorzeichen-Producten, werde ich bei nächster Gelegenheit der Oeffentlichkeit übergeben.

XIX.

THÉORIE ANALYTIQUE DES DÉTERMINANTS.

Extrait d'une lettre adressée à M. Hermite.
[Comptes rendus hebdomadaires des séances de l'Académie des Sciences, T. 86, p. 1387—1389.
Paris. 3 Juin 1878.]

Dans un travail que je viens de publier sur les déterminants (Mémoires de la Société royale de Gottingue, t. XXII)*), la définition est établie de cette nouvelle manière. Les éléments rangés en lignes et en colonnes étant

$$\begin{array}{cccccc} E_{h_1 k_1}, & E_{h_1 k_2}, & \ldots, & E_{h_1 k_{n-1}}, & E_{h_1 k_n}, \\ E_{h_2 k_1}, & E_{h_2 k_2}, & \ldots, & E_{h_2 k_{n-1}}, & E_{h_2 k_n}, \\ \cdot & \cdot & \ldots, & \cdot & \cdot \\ E_{h_n k_1}, & E_{h_n k_2}, & \ldots, & E_{h_n k_{n-1}}, & E_{h_n k_n}, \end{array}$$

j'introduis une fonction $\mathfrak{Z}(x)$ qui satisfait aux conditions

$$\begin{aligned} \mathfrak{Z}(x) &= +1 \text{ pour } x > 0, \\ \mathfrak{Z}(x) &= 0 \text{ pour } x = 0, \\ \mathfrak{Z}(x) &= -1 \text{ pour } x < 0. \end{aligned}$$

Cela étant, un terme quelconque du déterminant aura la forme

$$\begin{aligned} E_{\eta_1 \varkappa_1}, E_{\eta_2 \varkappa_2}, \ldots, E_{\eta_n \varkappa_n} &\times \mathfrak{Z} \prod_{m=2}^{m=n} \prod_{\mu=1}^{\mu=m-1} (\eta_m - \eta_\mu)(\varkappa_m - \varkappa_\mu) \\ &\times \mathfrak{Z} \prod_{\mathfrak{b}=2}^{\mathfrak{b}=n} \prod_{\beta=1}^{\beta=\mathfrak{b}-1} (h_\mathfrak{b} - h_\beta)(k_\mathfrak{b} - k_\beta), \end{aligned}$$

*) [Siehe S. 287—326 dieses Bandes.]

où les deux séries d'indices $\eta_1, \eta_2, \ldots, \eta_n$; $\varkappa_1, \varkappa_2, \ldots, \varkappa_n$ représentent respectivement $h_1, h_2, \ldots, h_n$ et $k_1, k_2, \ldots, k_n$ dans un ordre quelconque.

Désignons maintenant le déterminant par la relation

$$\mathrm{E}(h_1, h_2, \ldots, h_n \mid k_1, k_2, \ldots, k_n);$$

j'obtiens, parmi plusieurs expressions de formes très-différentes, la suivante

$$\begin{aligned}\mathrm{E}(h_1, h_2, \ldots, h_n \mid k_1, k_2, \ldots, k_n) \\ = \frac{1}{1.2\ldots n} \sum\nolimits_\eta^{(n)} \sum\nolimits_\varkappa^{(n)} \mathrm{E}_{\eta_1\varkappa_1} \mathrm{E}_{\eta_2\varkappa_2} \ldots \mathrm{E}_{\eta_n\varkappa_n} \\ \times 3 \prod_{m=2}^{m=n} \prod_{\mu=1}^{\mu=m-1} (\eta_m - \eta_\mu)(\varkappa_m - \varkappa_\mu) \times 3 \prod_{b=2}^{b=n} \prod_{\beta=1}^{\beta=b-1} (h_b - h_\beta)(k_b - k_\beta),\end{aligned}$$

où la sommation multiple $\sum_\eta^{(n)}$ s'applique, pour chacune des quantités η, à toutes les valeurs $h_1, h_2, \ldots, h_n$, et de même la sommation $\sum_\varkappa^{(n)}$ pour chacune des quantités $\varkappa$ à toutes les valeurs $k_1, k_2, \ldots, k_n$.

Mon Mémoire contient les démonstrations des théorèmes connus pour la décomposition d'un déterminant en déterminants des systèmes dérivés, ainsi que pour la multiplication de deux déterminants. Ces propositions, comme la décomposition du second déterminant de Pfaff*) en deux facteurs égaux entre eux (les deux résolvants de Jacobi**)), ne sont autre chose que des manières différentes d'effectuer la sommation dans l'expression que j'ai donnée du déterminant.

Comme théorème nouveau, je me permets de vous citer ici le dernier de mon Mémoire: Le déterminant dont les $2\nu \times 2\nu$ éléments remplissent les conditions $\mathrm{E}_{h_\sigma h_\tau} = -\mathrm{E}_{h_\tau h_\sigma}$ peut être réduit à la forme

$$\begin{aligned}\mathrm{E}(h_1, h_2, \ldots, h_{2\nu} \mid k_1, k_2, \ldots, k_{2\nu}) \\ = \sum_{(\eta, \varkappa)} 2^g \mathrm{E}_{\eta_1\eta_2} \mathrm{E}_{\eta_3\eta_4} \ldots \mathrm{E}_{\eta_{2\nu-1}\eta_{2\nu}} \times \mathrm{E}_{\varkappa_1\varkappa_2} \mathrm{E}_{\varkappa_3\varkappa_4} \ldots \mathrm{E}_{\varkappa_{2\nu-1}\varkappa_{2\nu}} \\ \times 3 \prod_{m=2}^{m=n} \prod_{\mu=1}^{\mu=m-1} (\eta_m - \eta_\mu)(\varkappa_m - \varkappa_\mu),\end{aligned}$$

où les indices $\eta_1, \eta_2, \ldots \eta_{2\nu}$ ainsi que $\varkappa_1, \varkappa_2, \ldots, \varkappa_{2\nu}$ ont les mêmes valeurs que $h_1, h_2, \ldots, h_{2\nu}$ et n'en diffèrent que par l'ordre de succession.

---

*) [Crelle's Journal f. d. r. u. a. Math., Bd. II, S. 355.]

**) [Jacobi, Gesammelte Werke, Bd. IV, S. 17—29.]

L'exposant g se détermine par le nombre des cycles que l'on peut former des 2ν paires d'indices

$$(\eta_1, \eta_2), (\eta_3, \eta_4), \ldots, (\eta_{2\nu-1}, \eta_{2\nu}), \quad (\varkappa_1, \varkappa_2), (\varkappa_3, \varkappa_4), , (\varkappa_{2\nu-1}, \varkappa_{2\nu}),$$

ou immédiatement ou en échangeant les deux indices dans quelques paires, par exemple, en mettant $(\eta_{2\varrho}, \eta_{2\varrho-1})$ pour $(\eta_{2\varrho-1}, \eta_{2\varrho})$. Une série de λ paires d'indices, par exemple,

$$(\sigma_1, \sigma_2), (\sigma_3, \sigma_4), \ldots, (\sigma_{2\lambda-3}, \sigma_{2\lambda-2}), (\sigma_{2\lambda-1}, \sigma_{2\lambda}),$$

forme un cycle en ordre canonique, quand les λ équations

$$\sigma_2 = \sigma_3, \quad \sigma_4 = \sigma_5, \quad \ldots, \quad \sigma_{2\lambda-2} = \sigma_{2\lambda-1}, \quad \sigma_{2\lambda} = \sigma_1$$

sont remplies. Le déterminant en question ne contient que de tels termes, pour lesquels le nombre de paires d'indices dans chaque cycle est divisible par 2, et l'exposant g s'obtient en restreignant l'énumération des cycles à ceux qui contiennent plus de deux paires. Enfin la sommation $\sum\limits_{(\eta, \varkappa)}$ s'étend aux quantités $h_1, h_2, \ldots, h_{2\nu}$, comme représentant les valeurs de $\eta_1, \eta_2, \ldots, \eta_{2\nu}$ et $\varkappa_1, \varkappa_2, \ldots, \varkappa_{2\nu}$, en admettant seulement de tels systèmes, qu'un d'eux ne puisse être dérivé d'un autre, en renversant l'ordre des 2ν paires désignées plus haut, ou en échangeant les deux indices, dans quelques paires.

XX.

NEUER BEWEIS DES RECIPROCITÄTS-SATZES FÜR DIE QUADRATISCHEN RESTE.

[Vorgelegt in der Sitzung der Königl. Gesellschaft der Wissenschaften zu Göttingen am 4. Januar 1879 und veröffentlicht in den »Nachrichten« derselben vom 26. März 1879, S. 217—224.]

Die Gauss'sche Bestimmung des quadratischen Rest-Characters einer Rest-Zahl in Bezug auf einen Primzahl-Modul bietet den Ausgangspunkt für eine Reihe von besonders einfachen und übersichtlichen arithmetischen Beweisen des Reciprocitäts-Satzes.

Diese Beweise können in zwei Classen getheilt werden. Die Einen, wie der dritte Beweis von Gauss (1808 Januar 15)*), der Beweis von Eisenstein (1844 Juli)**) und der von Herrn L. Kronecker (1876 Juni 22)***) zeigen, dass die Gauss'sche characteristische Zahl sich von einer anderen Zahl, welche die Eigenschaft der Reciprocität in einer leichter erkennbaren Form enthält, nur um eine gerade Zahl unterscheidet.

Die Beweise der anderen Art, wie der fünfte Beweis von Gauss (1817 Februar 10)†) und der von Herrn Chr. Zeller (1872 December 16)††) zeigen, dass die Summe der characteristischen Zahl einer ersten Zahl n als Rest zu

*) [Gauss' Werke, Bd. II, S. 1—8.]

**) [Crelle's Journal f. d. r. u. a. Math., Bd. XXVIII, S. 41—43.]

***) [Monatsber. d. Akad. d. Wiss. zu Berlin, 1876, S. 331—341.]

†) [Gauss' Werke, Bd. II, S. 51—54.]

††) [Monatsber. d. Akad. d. Wiss. zu Berlin, 1872, S. 846—847.]

einer zweiten m als Modul und der characteristischen Zahl der zweiten Zahl m als Rest zur ersten n als Modul sich von der die Eigenschaft der Reciprocität bestimmenden Zahl $\frac{m-1}{2}\cdot\frac{n-1}{2}$ um eine gerade Zahl unterscheidet.

Man kann nun wohl behaupten, dass die bei der zweiten Classe von Beweisen anzustellenden Betrachtungen zwar etwas einfacher sind als die bei der ersteren, dass aber bei ihnen bis jetzt eine grössere Anzahl von Schlüssen durchzuführen sind.

Der Leser wird daher nicht ungern einen Beweis kennen lernen, der auch in dieser Beziehung einfacher als die übrigen genannt werden dürfte.

Neuer Beweis.

In dieser Untersuchung wollen wir uns des Begriffes des absolut kleinsten Bruch-Restes $\mathfrak{AB}(x)$ einer reellen Grösse x bedienen und solchen zugleich mit der an x liegenden nächsten ganzen Zahl $\mathfrak{NG}(x)$ durch die Bedingungen

$$-\frac{1}{2} < x - \mathfrak{NG}(x) = \mathfrak{AB}(x) \leqq +\frac{1}{2}$$

definiren.

Ferner wollen wir allgemein für eine von einem Argumente oder von mehreren Argumenten $\mu, \nu, \ldots$ abhängige Function $\mathrm{F}(\mu, \nu, \ldots)$ die Anzahl der Nullwerthe, der positiven und der negativen Werthe, welche die Function F annimmt, während die Argumente μ, ν bestimmte Werthesysteme durchlaufen, der Reihe nach mit

$$\mathfrak{Anz}_{\mu,\nu,\ldots}\ \mathfrak{Null}\,\mathrm{F}(\mu, \nu, \ldots)$$
$$\mathfrak{Anz}_{\mu,\nu,\ldots}\ \mathfrak{Pos}\,\mathrm{F}(\mu, \nu, \ldots)$$
$$\mathfrak{Anz}_{\mu,\nu,\ldots}\ \mathfrak{Neg}\,\mathrm{F}(\mu, \nu, \ldots)$$

bezeichnen.

Definirt man die verallgemeinerte Gauss'sche characteristische Zahl für den Rest n und für den, mit ihr keinen gemeinsamen Theiler besitzenden, ungeraden positiven Modul m als die Anzahl der in den $\frac{m-1}{2}$ Brüchen

$$\frac{1.n}{m},\ \frac{2.n}{m},\ \frac{3.n}{m},\ \ldots,\ \frac{\frac{1}{2}(m-1)n}{m}$$

vorkommenden negativen absolut kleinsten Bruchresten, so wird die Gauss'-sche characteristische Zahl gleich

$$\mathfrak{Anz}_\mu \mathfrak{Neg}\,\mathfrak{AB}\frac{\mu n}{m}; \quad \mu = 1, 2, 3, \ldots, \frac{m-1}{2}.$$

Für ein beliebiges x wird nun allgemein $\mathfrak{AB}(x)$ negativ, wenn es eine ganze Zahl giebt, welche über x und unter $x+\frac{1}{2}$ liegt; giebt es aber keine solche ganze Zahl, so wird $\mathfrak{AB}(x)$ nicht negativ. Diese Bedingung lässt sich bei einem nicht negativen x auch in der Form aussprechen, dass

$$\text{für } \nu = 1, 2, 3, \ldots, +\infty$$

entweder zugleich

$$\mathfrak{Anz}_\nu \mathfrak{Pos}\left(x+\frac{1}{2}-\nu\right) - \mathfrak{Anz}_\nu \mathfrak{Pos}(x-\nu) = 1$$

$$\text{und } \mathfrak{AB}(x) < 0$$

oder zugleich

$$\mathfrak{Anz}_\nu \mathfrak{Pos}\left(x+\frac{1}{2}-\nu\right) - \mathfrak{Anz}_\nu \mathfrak{Pos}(x-\nu) = 0$$

$$\text{und } \mathfrak{AB}(x) > 0$$

wird, wenn nämlich weder x noch $x+\frac{1}{2}$ eine ganze Zahl ist.

Hiernach können wir für ein positives n, und für ein positives ungerades m, unter Beibehaltung der für μ und ν angenommenen Werthesysteme, zur Bestimmung der characteristischen Zahl die Gleichung

$$(1.)\quad \mathfrak{Anz}_\mu \mathfrak{Neg}\,\mathfrak{AB}\frac{\mu n}{m} = \mathfrak{Anz}_{\mu,\nu} \mathfrak{Pos}\left(\frac{\mu n}{m}+\frac{1}{2}-\nu\right) - \mathfrak{Anz}_{\mu,\nu} \mathfrak{Pos}\left(\frac{\mu n}{m}-\nu\right)$$

aufstellen.

Bei der wirklichen Berechnung der zweiten Seite dieser Gleichung braucht man jedenfalls diejenigen positiven Werthe des ν nicht zu berücksichtigen, für welche die Function

$$\frac{m-1}{2}\cdot\frac{n}{m}+\frac{1}{2}-\nu \quad \text{oder} \quad \frac{n+1}{2}-\frac{n}{2m}-\nu$$

als grösster Werth von

$$\frac{\mu n}{m}+\frac{1}{2}-\nu$$

allgemein negativ wird. Dieses findet aber für

$$\nu \geqq \frac{n+1}{2}$$

statt, weil m und n positiv vorausgesetzt sind.

Wir erhalten demnach als ein für die Gleichung (1) hinreichendes Werthesystem

$$(1^*.) \qquad \mu = 1, 2, 3, \ldots, \frac{m-1}{2}, \quad \nu = 1, 2, 3, \ldots, \frac{n-1}{2},$$

wenn auch n ungerade ist.

Beachtet man, dass die Anzahl der positiven Werthe einer Function unabhängig von der Reihenfolge ist, in welcher die Werthesysteme μ, ν zur Berechnung angewendet werden, und setzt

$$\nu = \frac{n+1}{2} - \nu' \text{ in } \frac{\mu n}{m} + \frac{1}{2} - \nu,$$

so wird Gleichung (1.) zu

$$\mathfrak{Anz}_\mu \, \mathfrak{Reg}\, \mathfrak{AB} \frac{\mu n}{m} = \mathfrak{Anz}_{\mu\nu} \, \mathfrak{Pos}\left(\frac{\mu n}{m} + \nu' - \frac{n}{2}\right) - \mathfrak{Anz}_{\mu\nu} \, \mathfrak{Pos}\left(\frac{\mu n}{m} - \nu\right)$$

für

$$\mu = 1, 2, 3, \ldots, \frac{m-1}{2}$$

$$\nu = 1, 2, 3, \ldots, \frac{n-1}{2}$$

$$\nu' = 1, 2, 3, \ldots, \frac{n-1}{2}.$$

Wenden wir ν auch statt ν' an und dividiren die nur mit ihren Vorzeichen in Betracht kommenden Functionen

$$\frac{\mu n}{m} + \nu - \frac{n}{2} \text{ und } \frac{\mu n}{m} - \nu$$

durch die positive Zahl n, so erhalten wir

$$(2.) \qquad \mathfrak{Anz}_\mu \, \mathfrak{Reg}\, \mathfrak{AB} \frac{\mu n}{m} = \mathfrak{Anz}_{\mu\nu} \, \mathfrak{Pos}\left(\frac{\mu}{m} + \frac{\nu}{n} - \frac{1}{2}\right) - \mathfrak{Anz}_{\mu\nu} \, \mathfrak{Pos}\left(\frac{\mu}{m} - \frac{\nu}{n}\right),$$

worin

$$\mu = 1, 2, 3, \ldots, \frac{m-1}{2}, \quad \nu = 1, 2, 3, \ldots, \frac{n-1}{2}$$

ist.

Der Umtausch von m und n in Gleichung (2.) ergiebt

$$(3.)\qquad \mathfrak{Anz}_\nu \mathfrak{Neg}\,\mathfrak{AB}\frac{\nu m}{n} = \mathfrak{Anz}_{\mu\nu}\mathfrak{Pos}\left(\frac{\mu}{m}+\frac{\nu}{n}-\frac{1}{2}\right) - \mathfrak{Anz}_{\mu\nu}\mathfrak{Pos}\left(\frac{\nu}{n}-\frac{\mu}{m}\right)$$

für

$$\mu = 1, 2, 3, \ldots, \frac{m-1}{2}, \quad \nu = 1, 2, 3, \ldots, \frac{n-1}{2}.$$

Haben nun m und n ausser der Einheit keinen gemeinsamen Theiler, so ist für jedes der

$$\frac{m-1}{2}\cdot\frac{n-1}{2}$$

hier in Betracht kommenden Werthesysteme μ, ν entweder

$$\frac{\mu}{m}-\frac{\nu}{n} \text{ oder } \frac{\nu}{n}-\frac{\mu}{m}$$

positiv, also

$$(4.)\qquad \mathfrak{Anz}_{\mu\nu}\mathfrak{Pos}\left(\frac{\mu}{m}-\frac{\nu}{n}\right) + \mathfrak{Anz}_{\mu\nu}\mathfrak{Pos}\left(\frac{\nu}{n}-\frac{\mu}{m}\right) = \frac{m-1}{2}\cdot\frac{n-1}{2}.$$

Die Vereinigung der Gleichungen (2.), (3.) und (4.) ergiebt, immer unter Voraussetzung des in (1*.) aufgestellten Werthesystems

$$(5.)\quad \mathfrak{Anz}_\mu \mathfrak{Neg}\,\mathfrak{AB}\frac{\mu n}{m} + \mathfrak{Anz}_\nu \mathfrak{Neg}\,\mathfrak{AB}\frac{\nu m}{n} = 2\,\mathfrak{Anz}_{\mu\nu}\mathfrak{Pos}\left(\frac{\mu}{m}+\frac{\nu}{n}-\frac{1}{2}\right) - \frac{m-1}{2}\cdot\frac{n-1}{2}.$$

Diese Gleichung spricht das Reciprocitäts-Gesetz in der Form aus:

Sind m und n ganze positive ungerade Zahlen ohne gemeinsamen Theiler,

so wird die verallgemeinerte Gauss'sche characteristische Zahl für den Rest n in Bezug auf den Modul m mit der Gauss'schen characteristischen Zahl für den Rest m in Bezug auf den Modul n

gleichzeitig gerade oder gleichzeitig ungerade, wenn

$$\frac{m-1}{2}\cdot\frac{n-1}{2}$$

gerade ist;

es wird aber die eine characteristische Zahl gerade und die andere ungerade, wenn

$$\frac{m-1}{2}\cdot\frac{n-1}{2}$$

ungerade ist.

Göttingen 1879 Januar 4.

XXI.

NOUVELLE DÉMONSTRATION DE LA LOI DE RÉCIPROCITÉ, DANS LA THÉORIE DES RÉSIDUS QUADRATIQUES.

Note présentée par M. Hermite.
[Comptes rendus hebdomadaires des séances de l'Académie des Sciences, T. 88, p. 1073—1075. Paris, 26 mai 1879.]

Désignons respectivement par

$$\mathrm{Nom}_{\mu,\nu} \mathrm{Pos}\, \varphi(\mu, \nu), \quad \mathrm{Nom}_{\mu,\nu} \mathrm{N\acute{e}g}\, \varphi(\mu, \nu)$$

le nombre des valeurs positives et le nombre des valeurs négatives de la fonction $\varphi(\mu, \nu)$ quand les variables μ et ν prennent des valeurs données. Selon le théorème de Gauss (Theorematis arithmetici demonstratio nova, Göttingue 1808; Oeuvres de Gauss, t. II, p. 4), pour un nombre premier impair m, un nombre n non divisible par m est résidu ou non résidu quadratique, suivant que les fractions en valeur absolue les plus petites contenues dans les $\frac{m-1}{2}$ nombres

$$\frac{1.n}{m}, \quad \frac{2.n}{m}, \quad \frac{3.n}{m}, \quad \ldots, \quad \frac{\frac{m-1}{2}n}{m}$$

comprennent un nombre pair ou impair de valeurs négatives. En désignant par $\mathrm{Fr\,Abs}(x)$ la fraction en valeur absolue la plus petite contenue dans x, c'est-à-dire, la différence entre x supposé réel et positif et le nombre entier qui en approche le plus par excès ou par défaut, on a, pour le symbole de

Legendre,

$$(1.)\qquad \left(\frac{n}{m}\right) = (-1)^{\text{Nom}_\mu \text{NégFrAbs}\left(\frac{n\mu}{m}\right)}$$

où

$$(2.)\qquad \mu = 1, 2, 3, \ldots, \frac{m-1}{2}.$$

On voit immédiatement que, si x n'est pas la moitié d'un nombre entier et si ν parcourt la série $\nu = 1, 2, 3, \ldots, \infty$, on a pour

$$\text{Nom}_\nu \text{Pos}\left(x + \frac{1}{2} - \nu\right) - \text{Nom}_\nu \text{Pos}(x - \nu)$$

la valeur zéro ou l'unité positive, selon que $\text{Fr Abs}(x)$ est positive ou négative; par conséquent,

$$(3.)\qquad \text{Nom}_\mu \text{Nég Fr Abs}\,\frac{n\mu}{m} = \text{Nom}_{\mu,\nu} \text{Pos}\left(\frac{n\mu}{m} + \frac{1}{2} - \nu\right) - \text{Nom}_{\mu,\nu} \text{Pos}\left(\frac{n\mu}{m} - \nu\right).$$

Les fonctions $\frac{n\mu}{m} + \frac{1}{2} - \nu$ et $\frac{n\mu}{m} - \nu$ deviennent négatives pour $\mu \leqq \frac{m-1}{2}$ et $\nu \geqq \frac{n+1}{2}$; ainsi, quand le nombre n est impair, on a, dans l'équation (3.), seulement les valeurs

$$(4.)\qquad \mu = 1, 2, 3, \ldots, \frac{m-1}{2}, \quad \nu = 1, 2, 3, \ldots, \frac{n-1}{2}.$$

En posant $\nu = \frac{n-1}{2} - \nu'$, on a pour ν' les mêmes valeurs que pour ν, prises seulement dans l'ordre inverse. Si l'on effectue cette substitution dans le premier terme du second membre de l'équation (3.), si l'on introduit ensuite ν au lieu de ν', et qu'on divise par un nombre positif les fonctions dont le nombre des valeurs positives est à compter, on obtient facilement

$$(5.)\qquad \text{Nom}_\mu \text{Nég Fr Abs}\,\frac{n\mu}{m} = \text{Nom}_{\mu,\nu} \text{Pos}\left(\frac{\mu}{m} + \frac{\nu}{n} - \frac{1}{2}\right) - \text{Nom}_{\mu,\nu} \text{Pos}\left(\frac{\mu}{m} - \frac{\nu}{n}\right),$$

où μ et ν prennent les valeurs indiquées dans l'équation (4.).

Par la permutation de m et n, l'équation précédente devient

$$(6.)\qquad \text{Nom}_\nu \text{Nég Fr Abs}\,\frac{m\nu}{n} = \text{Nom}_{\mu,\nu} \text{Pos}\left(\frac{\mu}{m} + \frac{\nu}{n} - \frac{1}{2}\right) - \text{Nom}_{\mu,\nu} \text{Pos}\left(\frac{\nu}{n} - \frac{\mu}{m}\right)$$

pour les mêmes valeurs, indiquées dans (4.), de μ et ν.

Chacune de ces $\frac{m-1}{2}\frac{n-1}{2}$ combinaisons de valeurs de μ et ν donne, pour une seule des fonctions $\frac{\mu}{m}-\frac{\nu}{n}$ et $\frac{\nu}{n}-\frac{\mu}{m}$, une valeur positive; on a donc

$$(7.)\qquad \text{Nom}_{\mu,\nu}\text{Pos}\left(\frac{\mu}{m}-\frac{\nu}{n}\right)+\text{Nom}_{\mu,\nu}\text{Pos}\left(\frac{\nu}{n}-\frac{\mu}{m}\right)=\frac{m-1}{2}\frac{n-1}{2}.$$

L'addition des équations (5.) et (6.) donne ensuite l'équation finale

$$(8.)\quad \left\{\begin{aligned} &\text{Nom}_{\mu}\,\text{Nég Fr Abs}\,\frac{n\mu}{m}+\text{Nom}_{\nu}\,\text{Nég Fr Abs}\,\frac{m\nu}{n}\\ &\qquad = 2\,\text{Nom}_{\mu,\nu}\text{Pos}\left(\frac{\mu}{m}+\frac{\nu}{n}-\frac{1}{2}\right)-\frac{m-1}{2}\frac{n-1}{2}.\end{aligned}\right.$$

Cette équation contient la loi de réciprocité pour les résidus quadratiques, si l'on a égard à l'équation (1.), et celle qui en résulte par la permutation de m et n quand n, ainsi que m, est un nombre premier positif impair.

XXII.

BESTIMMUNG DES QUADRATISCHEN REST-CHARACTERS.

Vorgelegt in der Sitzung der Königl. Gesellschaft der Wissenschaften zu Göttingen am 1 Februar 1879 [und veröffentlicht in den »Abhandlungen« derselben, Bd. XXIV. Mathematische Classe, S. 1—47. Göttingen, 1879.]

INHALT.

Für die Berechnung des quadratischen Rest-Characters einer gegebenen Zahl in Bezug auf einen gegebenen Modul hat Gauss zwei Methoden aufgestellt, welche beide den Euklidischen Algorithmus zwischen den gegebenen Zahlen benutzen.

Diese Methoden finden sich in dem Abschnitte »Algorithmus novus ad decidendum, utrum numerus integer positivus datus numeri primi positivi dati residuum quadraticum sit an non-residuum« der Abhandlung »Theorematis fundamentalis in doctrina de residuis quadraticis demonstrationes et ampliationes novae. Gottingae 1817 Febr. 10« (welche ich in Gauss Werken, Bd. II, Seite 47—64 aufgenommen habe).

Bei der ersten dieser Methoden wird wiederholt der Congruenz-Satz und der Multiplications-Satz für quadratische Rest-Charactere angewendet. Durch Benutzung des verallgemeinerten oder zusammengesetzten Rest-Characters, wie Gauss ihn in Artikel 134 der Disquisitiones Arithmeticae (G. W., Bd. I, Seite 103 und 104) definirt und Jacobi ihn durch Benutzung des Legendre'schen Zeichens*) dargestellt hat, lässt sich diese Methode formal vereinfachen, wie Dirichlet das Entsprechende für den ersten Gaussischen Beweis des quadratischen Reciprocitäts-Satzes (Disquisitiones Arithmeticae 1801, Art. 125—145; G. W., Bd. I, Seite 94—111) in seiner Abhandlung: »Ueber den ersten der von Gauss gegebenen Beweise des Reciprocitätsgesetzes in der Theorie der quadratischen Reste« (Crelle's Journal f. Math., Bd. 47, Seite 139—150 im Jahre 1854)**) ausgeführt hat.

---

*) [Jacobi, Ges. Werke, Bd. VI, S. 254—274.]

**) [Dirichlet, Ges. Werke, Bd. II, S. 121—138.]

Bei der anderen Methode (Artikel 3—6 jenes Abschnittes) wird vollständig die Summe der grössten Ganzen berechnet, welche in den Gliedern einer arithmetischen Reihe enthalten sind. Die Summe der grössten Ganzen bestimmt den quadratischen Rest-Character, wie Gauss bei seinem dritten Beweise 1808 Januar 15 (G. W., Bd. II, Seite 6) angegeben hat.

Die letztere Methode ist von Herrn Chr. Zeller als Ausgangs-Punkt benutzt für eine von ihm in den Nachrichten der Königlichen Gesellschaft der Wissenschaften zu Göttingen (1879, Seite 197—216) zur Berechnung des quadratischen Rest-Characters aufgestellte Regel, welche ein einfacheres Rechnungsverfahren als alle übrigen bis dahin bekannten Regeln darbietet. Bei der Methode des Herrn Zeller bestimmen sich auch in gleich einfacher Weise diejenigen Summen grösster Ganzen, welche mit dem quadratischen Rest-Character zwischen zwei ungeraden Zahlen in enger Beziehung stehen.

Die von Herrn Zeller gegebenen Andeutungen über die Auffindung und den Beweis seiner Regel erledigen den Fall, dass alle Reste in dem Euklidischen Algorithmus ungerade Zahlen sind.

Die Regel selbst beschränkt sich auf den Fall, dass alle Reste positive Vorzeichen haben. Es schien mir wünschenswerth zu sein, eine Regel aufzufinden, welche von dieser Voraussetzung frei ist.

Bei der in der vorliegenden Abhandlung mitzutheilenden Ableitung der neuen Lehrsätze ergab sich als specielle Anwendung ein Beweis, der alle Fälle der Zeller'schen Regel umfasst. Ausserdem lassen die neuen Sätze die Bedeutung derjenigen Zahl erkennen, welche für einen geraden Modul durch eine analoge Formel bestimmt wird, wie die verallgemeinerte Gaussische characteristische Zahl für einen ungeraden Modul.

Hiernach berechnen sich auch einfach die Summen der grössten ganzen Zahlen, welche mit dem quadratischen Rest-Character zwischen zwei ungeraden Zahlen oder zwischen einer geraden und einer ungeraden Zahl in naher Beziehung stehen; die Vorzeichen der Reste in dem Euklidischen Algorithmus können dabei ganz willkürlich genommen sein.

1.

Anzahl der Vorzeichen der Werthe einer Function.

Seit Gauss' drittem Beweise (aus dem Jahre 1808) für den Reciprocitäts-Satz bedient man sich vielfach des Begriffes des in einem Bruchwerthe enthaltenen grössten Ganzen. Für manche Zwecke, wie z. B. für einen neuen Beweis des Reciprocitäts-Satzes (Nachrichten d. K. Ges. d. W. zu Göttingen, 1879, Seite 217 bis 224)*) habe ich es vorteilhaft gefunden, statt der grössten Ganzen mich der Anzahl der bestimmten Vorzeichen einer Function zu bedienen.

Für irgend eine reelle Grösse x soll derjenige unter den drei Ausdrücken

$$\text{Anz Pos}(x), \quad \text{Anz Neg}(x), \quad \text{Anz Null}(x), \tag{1.}$$

welcher dem Vorzeichen des Werthes oder dem Werthe von x entspricht, gleich $+1$, die beiden anderen Ausdrücke aber gleich 0 sein.

Für eine von einem Argumente oder von mehreren Argumenten $\mu, \nu, \ldots$ abhängige Function $F(\mu, \nu, \ldots)$ sollen die Ausdrücke

$$\text{Anz}_{\mu,\nu,\ldots} \text{Null}\, F(\mu, \nu, \ldots), \quad \text{Anz}_{\mu,\nu,\ldots} \text{Pos}\, F(\mu, \nu, \ldots), \quad \text{Anz}_{\mu,\nu,\ldots} \text{Neg}\, F(\mu, \nu, \ldots) \tag{2.}$$

der Reihe nach die Anzahl der Nullwerthe, der positiven und der negativen Werthe der Function $F(\mu, \nu, \ldots)$ bezeichnen, wenn die Argumente $\mu, \nu, \ldots$ gegebene, in den meisten Fällen ganzzahlige Werthe durchlaufen.

Wenn es der Raum gestattet, werden die Grenzen für $\mu, \nu, \ldots$ in dem

---

*) [Siehe S. 331—336 dieses Bandes.]

Ausdrucke selbst, z. B. in der Form

$$\underset{\mu=1}{\overset{M}{\mathfrak{Anz}}}\ \underset{\nu=1}{\overset{\infty}{\mathfrak{Anz}}}\ \mathfrak{Pos}\,\mathrm{F}(\mu, \nu, \ldots)$$

angegeben.

Die in einem reellen Werthe x enthaltene grösste ganze Zahl $\mathfrak{GG}(x)$ so wie der darin enthaltene nicht negative Bruchrest $\mathfrak{B}(x)$ können durch die Bedingung

$$0 \leqq x - \mathfrak{GG}(x) = \mathfrak{B}(x) < +1 \tag{3.}$$

bestimmt werden. Es ist dann auch

$$\mathfrak{B}(x) = x - \underset{\nu=1}{\overset{\infty}{\mathfrak{Anz}}}\,\mathfrak{Pos}(x-\nu) + \underset{\nu=1}{\overset{\infty}{\mathfrak{Anz}}}\,\mathfrak{Neg}(x-1+\nu) - \underset{\nu=1}{\overset{\infty}{\mathfrak{Anz}}}\,\mathfrak{Null}(x-\nu). \tag{4.}$$

Wird die an x zunächst liegende ganze Zahl $\mathfrak{NG}(x)$ und der in x enthaltene absolut kleinste Bruchrest $\mathfrak{AB}(x)$ der Bedingung

$$-\frac{1}{2} < x - \mathfrak{NG}(x) = \mathfrak{AB}(x) \leqq +\frac{1}{2} \tag{5.}$$

unterworfen, so ist

$$\left\{\begin{aligned} \mathfrak{AB}(x) &= x - \underset{\nu=1}{\overset{\infty}{\mathfrak{Anz}}}\,\mathfrak{Pos}\left(x+\frac{1}{2}-\nu\right) \\ &\quad + \underset{\nu=1}{\overset{\infty}{\mathfrak{Anz}}}\,\mathfrak{Neg}\left(x-\frac{1}{2}+\nu\right) + \underset{\nu=1}{\overset{\infty}{\mathfrak{Anz}}}\,\mathfrak{Null}\left(x-\frac{1}{2}+\nu\right) \end{aligned}\right. \tag{6.}$$

$$\left\{\begin{aligned} \mathfrak{AB}(x) &= x - \underset{\nu=1}{\overset{\infty}{\mathfrak{Anz}}}\,\mathfrak{Pos}(x-\nu) \\ &\quad + \underset{\nu=1}{\overset{\infty}{\mathfrak{Anz}}}\,\mathfrak{Neg}(x-1+\nu) - \underset{\nu=1}{\overset{\infty}{\mathfrak{Anz}}}\,\mathfrak{Null}(x-\nu) - \mathfrak{Anz}\,\mathfrak{Neg}\,\mathfrak{AB}(x), \end{aligned}\right. \tag{7.}$$

worin also $\mathfrak{Anz}\,\mathfrak{Neg}\,\mathfrak{AB}(x)$ den Werth $+1$ oder 0 hat, je nachdem der absolut kleinste in x enthaltene Bruchrest negativ oder nicht negativ ist.

2.

Quadratischer Rest-Character.

Als die Zahl, welche den verallgemeinerten oder zusammengesetzten quadratischen Rest-Character einer Restzahl n in Bezug auf den positiven ungeraden, mit n keinen gemeinsamen Theiler besitzenden, Modul m bestimmt, können wir die Anzahl derjenigen in den $\frac{m-1}{2}$ Brüchen

$$\frac{n}{m},\ 2\frac{n}{m},\ 3\frac{n}{m},\ \ldots,\ \frac{m-1}{2}\frac{n}{m}$$

enthaltenen absolut kleinsten Bruchreste, welche negativ sind, betrachten. Die den zusammengesetzten quadratischen Rest-Character bestimmende Zahl wird also gleich

$$\text{(8.)}\qquad \mathfrak{Anz}_{\mu}\,\mathfrak{Neg}\,\mathfrak{AB}\,\frac{n\mu}{m},$$

worin $\mu = 1, 2, 3, \ldots, \frac{m-1}{2}$ zu setzen ist.

Für irgend welche positiven Grössen m und n und für ein aus positiven Grössen bestehendes Werthesystem von μ, welches weder $\frac{n\mu}{m}$ noch $\frac{n\mu}{m}+\frac{1}{2}$ eine ganze Zahl werden lässt, ergiebt sich aus den Gleichungen (6.) und (7.) des vorhergehenden Artikels

$$\text{(9.)}\qquad \begin{cases} \mathfrak{Anz}_{\mu}\,\mathfrak{Neg}\,\mathfrak{AB}\,\frac{n\mu}{m} \\ \quad = \mathop{\mathfrak{Anz}}_{\nu=1}^{\infty}\mathfrak{Anz}_{\mu}\,\mathfrak{Pos}\left(\frac{n\mu}{m}+\frac{1}{2}-\nu\right) - \mathop{\mathfrak{Anz}}_{\nu=1}^{\infty}\mathfrak{Anz}_{\mu}\,\mathfrak{Pos}\left(\frac{n\mu}{m}-\nu\right) \end{cases}$$

und

$$\mathfrak{Anz}_{\mu}\,\mathfrak{Neg}\,\mathfrak{AB}\,\frac{-n\mu}{m}$$
$$= \mathop{\mathfrak{Anz}}_{\nu=1}^{\infty}\mathfrak{Anz}_{\mu}\,\mathfrak{Neg}\left(-\frac{n\mu}{m}-1+\nu\right) - \mathop{\mathfrak{Anz}}_{\nu=1}^{\infty}\mathfrak{Anz}_{\mu}\,\mathfrak{Neg}\left(-\frac{n\mu}{m}-\frac{1}{2}+\nu\right)$$

oder

$$\mathfrak{Anz}_{\mu}\,\mathfrak{Neg}\,\mathfrak{AB}\,\frac{-n\mu}{m}$$
$$= \mathop{\mathfrak{Anz}}_{\nu=1}^{\infty}\mathfrak{Anz}_{\mu}\,\mathfrak{Pos}\left(\frac{n\mu}{m}+1-\nu\right) - \mathop{\mathfrak{Anz}}_{\nu=1}^{\infty}\mathfrak{Anz}_{\mu}\,\mathfrak{Pos}\left(\frac{n\mu}{m}+\frac{1}{2}-\nu\right)$$

oder

$$\text{(10.)}\qquad \begin{cases} \mathfrak{Anz}_{\mu}\,\mathfrak{Neg}\,\mathfrak{AB}\,\frac{-n\mu}{m} \\ \quad = \mathfrak{Anz}(\mu) + \mathop{\mathfrak{Anz}}_{\nu=1}^{\infty}\mathfrak{Anz}_{\mu}\,\mathfrak{Pos}\left(\frac{n\mu}{m}-\nu\right) - \mathop{\mathfrak{Anz}}_{\nu=1}^{\infty}\mathfrak{Anz}_{\mu}\,\mathfrak{Pos}\left(\frac{n\mu}{m}+\frac{1}{2}-\nu\right), \end{cases}$$

worin $\mathfrak{Anz}(\mu)$ die Anzahl der Werthe bezeichnet, welche μ durchlaufen soll.

Diese letzte Gleichung (10.) hätte man aus der obigen (9.) auch mit Hülfe des Satzes ableiten können, dass die absolut kleinsten Bruchreste von zwei Grössen, welche sich nur durch das Vorzeichen unterscheiden, entweder beide gleich 0 oder beide gleich $+\frac{1}{2}$ sind oder endlich sich nur durch das Vorzeichen unterscheiden.

Die Gleichungen (9.) und (10.) können wir, wenn wir

$$\mathfrak{n} = \pm 1 \tag{11.}$$

setzen, in

$$(12.)\quad \begin{cases} \mathfrak{Anz}_\mu\, \mathfrak{Neg}\, \mathfrak{AB}\, \dfrac{\mathfrak{n} n \mu}{m} = +\,\mathfrak{n} \overset{\infty}{\underset{\nu=1}{\mathfrak{Anz}}}\, \mathfrak{Anz}_\mu\, \mathfrak{Pos}\left(\dfrac{n\mu}{m} + \dfrac{1}{2} - \nu\right) \\ \qquad - \mathfrak{n} \overset{\infty}{\underset{\nu=1}{\mathfrak{Anz}}}\, \mathfrak{Anz}_\mu\, \mathfrak{Pos}\left(\dfrac{n\mu}{m} - \nu\right) + \dfrac{1}{2}(1-\mathfrak{n})\, \mathfrak{Anz}(\mu) \end{cases}$$

zusammenfassen, worin also m, n, μ positiv sind und keiner der Werthe $\frac{n\mu}{m}$, $\frac{n\mu}{m} + \frac{1}{2}$ eine ganze Zahl wird.

Wollte man die letzteren Beschränkungen vermeiden, so hätte man die Nullwerthe derjenigen Functionen mit zu berücksichtigen, welche in der Gleichung (12.) nur mit ihren Vorzeichen in Betracht kommen.

Durch die Gleichung (12.) bestimmt sich der zusammengesetzte quadratische Rest-Character der ganzen Zahl $\mathfrak{n} n$ in Bezug auf den ganzzahligen Modul m, wenn m relativ prim zu $2n$ ist und wenn man μ die Werthe

$$1,\ 2,\ 3,\ \ldots,\ \frac{m-1}{2}$$

durchlaufen lässt; hier wird also $\mathfrak{Anz}(\mu) = \frac{m-1}{2}$.

Setzen wir $\mu = \frac{m+1}{2} - \mu'$, so durchläuft μ' dieselben Werthe wie μ nur in entgegengesetzter Reihenfolge. Da solche aber auf die Anzahl der Vorzeichen der Werthe einer Function keinen Einfluss hat, so können wir diese Einsetzung z. B. bei dem ersten Gliede der zweiten Seite der obigen Gleichung (12.) ausführen und nachher statt μ' wieder μ anwenden; dadurch entsteht

$$(13.)\quad \begin{cases} \mathfrak{Anz}_\mu\, \mathfrak{Neg}\, \mathfrak{AB}\, \dfrac{\mathfrak{n} n \mu}{m} = +\,\mathfrak{n}\, \mathfrak{Anz}_\mu\, \mathfrak{Anz}_\nu\, \mathfrak{Pos}\left(\dfrac{1}{2} - \dfrac{\mu - \frac{1}{2}}{m} - \dfrac{\nu - \frac{1}{2}}{n}\right) \\ \qquad - \mathfrak{n}\, \mathfrak{Anz}_\mu\, \mathfrak{Anz}_\nu\, \mathfrak{Pos}\left(\dfrac{\mu}{m} - \dfrac{\nu}{n}\right) + \dfrac{1-\mathfrak{n}}{2} \cdot \dfrac{m-1}{2}. \end{cases}$$

Es hat hier ν alle ganze positive Zahlen zu durchlaufen; da aber für $\nu \geqq \frac{n+1}{2}$ die Glieder der zweiten Seite der Gleichung zu Null werden, so kann man für ein ungerades n die Werthe von ν auf die Zahlen

$$1,\ 2,\ 3,\ \ldots,\ \frac{n-1}{2}$$

beschränken.

Setzen wir

$$\mathfrak{m} = \pm 1 \tag{14.}$$

und führen den Umtausch von m mit n aus, so geht die Gleichung (13.) in

$$\left\{\begin{aligned} \mathfrak{Anz}_{\nu}\,\mathfrak{Reg}\,\mathfrak{AB}\,\frac{\mathfrak{m}m\nu}{n} &= +\mathfrak{m}\,\mathfrak{Anz}_{\mu,\nu}\,\mathfrak{Pos}\left(\frac{1}{2}-\frac{\mu-\frac{1}{2}}{m}-\frac{\nu-\frac{1}{2}}{n}\right) \\ &\quad -\mathfrak{m}\,\mathfrak{Anz}_{\mu,\nu}\,\mathfrak{Pos}\left(\frac{\nu}{n}-\frac{\mu}{m}\right)+\frac{1-\mathfrak{m}}{2}\cdot\frac{n-1}{2} \end{aligned}\right. \tag{15.}$$

über, wo wieder

$$\mu = 1,\ 2,\ 3,\ \ldots,\ \frac{m-1}{2};\quad \nu = 1,\ 2,\ 3,\ \ldots,\ \frac{n-1}{2} \tag{16.}$$

ist. Beachtet man, dass für jedes der $\frac{m-1}{2}\cdot\frac{n-1}{2}$ hier in Betracht kommenden Werthesysteme von μ und ν immer entweder $\frac{\mu}{m}-\frac{\nu}{n}$ oder $\frac{\nu}{n}-\frac{\mu}{m}$ positiv ist, so erhält man

$$\mathfrak{Anz}_{\mu,\nu}\,\mathfrak{Pos}\left(\frac{\mu}{m}-\frac{\nu}{n}\right)+\mathfrak{Anz}_{\mu,\nu}\,\mathfrak{Pos}\left(\frac{\nu}{n}-\frac{\mu}{m}\right) = \frac{m-1}{2}\cdot\frac{n-1}{2}. \tag{17.}$$

Die Vereinigung der Gleichungen (13.), (15.), (17.) giebt

$$\left\{\begin{aligned} &\mathfrak{n}\,\mathfrak{Anz}_{\mu}\,\mathfrak{Reg}\,\mathfrak{AB}\,\frac{\mathfrak{n}n\mu}{m}+\mathfrak{m}\,\mathfrak{Anz}_{\nu}\,\mathfrak{Reg}\,\mathfrak{AB}\,\frac{\mathfrak{m}m\nu}{n}-2\,\mathfrak{Anz}_{\mu,\nu}\,\mathfrak{Pos}\left(\frac{1}{2}-\frac{\mu-\frac{1}{2}}{m}-\frac{\nu-\frac{1}{2}}{n}\right) \\ &= -\frac{m-1}{2}\cdot\frac{n-1}{2}+\frac{m-1}{2}\cdot\frac{\mathfrak{n}-1}{2}+\frac{n-1}{2}\cdot\frac{\mathfrak{m}-1}{2} \\ &= -\left(\frac{\mathfrak{m}m-1}{2}-2\,\frac{m+1}{2}\cdot\frac{\mathfrak{m}-1}{2}\right)\left(\frac{\mathfrak{n}n-1}{2}-2\,\frac{n+1}{2}\cdot\frac{\mathfrak{n}-1}{2}\right)+\frac{\mathfrak{m}-1}{2}\cdot\frac{\mathfrak{n}-1}{2} \end{aligned}\right. \tag{18.}$$

als Darstellung des allgemeinen Reciprocitäts-Gesetzes der quadratischen Rest-Charactere für zwei beliebig positive oder negative Zahlen $\mathfrak{m}m$ und $\mathfrak{n}n$, welche ungerade und ohne gemeinsamen Theiler sind.

3.

Vorzeichen der Werthe der linearen Functionen.

Die mit zwei veränderlichen Argumenten versehenen Functionen, von deren Werthen wir hier die Vorzeichen in Rechnung gezogen haben, sind besondere lineare Functionen. Um für die allgemeinen linearen Functionen zweier Argumente die Anzahl der Vorzeichen ihrer Werthe in einer an den Euklidischen Algorithmus sich eng anschliessenden Form zu bestimmen, denken wir uns die Function durch geeignete Einführung der Veränderlichen auf die Form $\frac{\mu-a}{m}-\frac{\nu-c}{n}$ gebracht. Hierin sollen m und n positive Grössen, a und c aber beliebige reelle Grössen bedeuten. Es soll

μ die ganzen positiven Zahlen $1, 2, 3, \ldots, M$

und ν die ganzen positiven Zahlen $1, 2, 3, \ldots, N$

durchlaufen.

Für unsere Zwecke genügt es, die Allgemeinheit so zu beschränken, dass wir annehmen: der Ausdruck

$$\frac{\mu-a}{m}-\frac{\nu-c}{n}$$

werde für kein ganzzahliges ν zu Null, wenn das ganzzahlige μ nicht ausserhalb der Grenzen 1 und M liegt;

ebenso werde jener Ausdruck für kein ganzzahliges μ zu Null, wenn das ganzzahlige ν nicht ausserhalb der Grenzen 1 und N liegt.

Zur Ermittelung des Werthes von

$$\underset{\mu=1}{\overset{M}{\mathfrak{Anz}}}\ \underset{\nu=1}{\overset{N}{\mathfrak{Anz}}}\,\mathfrak{Pos}\left(\frac{\mu-a}{m}-\frac{\nu-c}{n}\right)$$

wenden wir von einem zwischen m und n aufgestellten Euklidischen Algorithmus die erste Gleichung

$$m = nh+\mathfrak{r}r \tag{19.}$$

an, worin h eine ganze Zahl oder Null, ferner

$$\mathfrak{r} = \pm 1 \tag{20.}$$

und r positiv sei.

Um zunächst die Abzählung in Bezug auf μ zu vereinfachen, setzen wir

$$(21.)\quad \left\{\begin{aligned} \frac{\mu-a}{m}-\frac{\nu-c}{n} &= \frac{1}{m}\left\{\mu-a-(nh+\mathfrak{r}r)\frac{\nu-c}{n}\right\} \\ &= \frac{1}{m}\left\{\mu-h\nu-\mathfrak{r}C-(a-hc-\mathfrak{r}e)-\mathfrak{r}\left(r\frac{\nu-c}{n}+e-C\right)\right\}, \end{aligned}\right.$$

worin e und C beliebige Werthe haben können.

Treffen wir die Bestimmung

$$(22.)\qquad e = \mathfrak{AB}\{(a-hc)\mathfrak{r}\},$$

so wird $\mathfrak{r}(a-hc)-e$, also auch $(a-hc)-\mathfrak{r}e$ eine ganze Zahl. Dann kann $r\frac{\nu-c}{n}+e$ keine ganze Zahl für ein nicht ausserhalb der Grenzen 1 und N liegendes ganzzahliges ν sein, denn sonst würde es für ein solches ν ein ganzzahliges μ geben, welches die rechte Seite und folglich auch die linke Seite der Gleichung (21.), unserer Voraussetzung entgegen, verschwinden liesse.

Es giebt daher immer einen positiven echten Bruch C, welcher den Ausdruck $r\frac{\nu-c}{n}+e-C$ einen ganzzahligen Werth und zwar den Werth

$$(23.)\qquad r\frac{\nu-c}{n}+e-C = \sum_{\varrho=1}^{\infty}\mathfrak{Anz}\,\mathfrak{Pos}\left(r\cdot\frac{\nu-c}{n}+e-\varrho\right)-\sum_{\varrho=1}^{\infty}\mathfrak{Anz}\,\mathfrak{Neg}\left(r\cdot\frac{\nu-c}{n}+e-1+\varrho\right)$$

annehmen lässt.

Die Functionen, deren positive oder negative Werthe auf der rechten Seite dieser Gleichung gezählt werden, können also für kein ganzzahliges ϱ verschwinden, wenn ν einen ganzzahligen, nicht ausserhalb der Grenzen 1 und N liegenden Werth annimmt. Dieselben Bedingungen bleiben erfüllt für diejenigen Functionen, welche man aus jenen durch Division mit der positiven Grösse r ableitet und welche mit den Vorzeichen ihrer Werthe in der Gleichung

$$(24.)\qquad r\cdot\frac{\nu-c}{n}+e-C = \sum_{\varrho=1}^{\infty}\mathfrak{Anz}\,\mathfrak{Pos}\left(\frac{\nu-c}{n}-\frac{\varrho-e}{r}\right)-\sum_{\varrho=1}^{\infty}\mathfrak{Anz}\,\mathfrak{Neg}\left(\frac{\nu-c}{n}-\frac{1-\varrho-e}{r}\right)$$

in Betracht kommen.

Setzen wir zur Abkürzung

$$(25.)\qquad M^{0} = h\nu+(a-hc-\mathfrak{r}e)+\mathfrak{r}\left(r\frac{\nu-c}{n}+e-C\right),$$

so wird also M^0 eine ganze Zahl und

$$\frac{\mu-a}{m}-\frac{\nu-c}{n}=\frac{1}{m}(\mu-\mathfrak{r}\,C-M^0), \tag{26.}$$

worin C einen positiven echten Bruch bedeutet.

Unter diesen Voraussetzungen besteht nun offenbar allgemein die Identität

$$\left\{\begin{aligned}\sum_{\mu=1}^{M}\mathrm{Anz}\,\mathrm{Pos}\,(\mu-\mathfrak{r}\,C-M^0) &= M+\tfrac{1}{2}-\tfrac{1}{2}\mathfrak{r}+\sum_{\mu=M+1}^{\infty}\mathrm{Anz}\,\mathrm{Neg}\,(\mu-\mathfrak{r}\,C-M^0)\\ &\quad -M^0-\sum_{\mu=1}^{\infty}\mathrm{Anz}\,\mathrm{Pos}\,(-\mu+1-\mathfrak{r}\,C-M^0).\end{aligned}\right. \tag{27.}$$

Dividirt man hier die Functionen, deren Werthe nur mit ihren Vorzeichen in Betracht kommen, durch die positive Grösse m und berücksichtigt die vorhergehende Gleichung (26.), so erhält man

$$\left\{\begin{aligned}\sum_{\mu=1}^{M}\mathrm{Anz}\,\mathrm{Pos}\left(\frac{\mu-a}{m}-\frac{\nu-c}{n}\right) &= M+\tfrac{1}{2}-\tfrac{1}{2}\mathfrak{r}+\sum_{\mu=M+1}^{\infty}\mathrm{Anz}\,\mathrm{Neg}\left(\frac{\mu-a}{m}-\frac{\nu-c}{n}\right)\\ &\quad -M^0-\sum_{\mu=1}^{\infty}\mathrm{Anz}\,\mathrm{Pos}\left(\frac{1-\mu-a}{m}-\frac{\nu-c}{n}\right).\end{aligned}\right. \tag{28.}$$

Führen wir nach den Gleichungen (24.) und (25.) den Werth von M^0 hier ein und ordnen die Glieder, so finden wir

$$\left\{\begin{aligned}&\sum_{\mu=1}^{M}\mathrm{Anz}\,\mathrm{Pos}\left(\frac{\mu-a}{m}-\frac{\nu-c}{n}\right)+\mathfrak{r}\sum_{\varrho=1}^{\infty}\mathrm{Anz}\,\mathrm{Pos}\left(\frac{\nu-c}{n}-\frac{\varrho-e}{r}\right)\\ &= M+\tfrac{1}{2}-\tfrac{1}{2}\mathfrak{r}-h\nu-(a-hc-\mathfrak{r}e)\\ &\quad+\sum_{\mu=M+1}^{\infty}\mathrm{Anz}\,\mathrm{Neg}\left(\frac{\mu-a}{m}-\frac{\nu-c}{n}\right)\\ &\quad-\sum_{\mu=1}^{\infty}\mathrm{Anz}\,\mathrm{Pos}\left(\frac{1-\mu-a}{m}-\frac{\nu-c}{n}\right)\\ &\quad+\mathfrak{r}\sum_{\varrho=1}^{\infty}\mathrm{Anz}\,\mathrm{Neg}\left(\frac{\nu-c}{n}-\frac{1-\varrho-e}{r}\right).\end{aligned}\right. \tag{29.}$$

Summiren wir diese Gleichung über die ganzzahligen positiven Werthe $\nu=1, 2, 3, \dots N$, fügen dann auf beiden Seiten das Glied

$$\sum_{\mu=1}^{M}\ \sum_{\nu=N+1}^{\infty}\mathrm{Anz}\,\mathrm{Pos}\left(\frac{\mu-a}{m}-\frac{\nu-c}{n}\right)$$

hinzu und benutzen die Identität

$$(30.)\quad \mathop{\mathfrak{Anz}}_{\mu=1}^{M}\mathop{\mathfrak{Anz}}_{\nu=1}^{\infty}\mathfrak{Pos}\,\psi(\mu,\nu) = \mathop{\mathfrak{Anz}}_{\mu=1}^{M}\mathop{\mathfrak{Anz}}_{\nu=1}^{N}\mathfrak{Pos}\,\psi(\mu,\nu) + \mathop{\mathfrak{Anz}}_{\mu=1}^{M}\mathop{\mathfrak{Anz}}_{\nu=N+1}^{\infty}\mathfrak{Pos}\,\psi(\mu,\nu),$$

so erhalten wir die Gleichung

$$(31.)\quad \left\{\begin{aligned} &\mathop{\mathfrak{Anz}}_{\mu=1}^{M}\mathop{\mathfrak{Anz}}_{\nu=1}^{\infty}\mathfrak{Pos}\left(\frac{\mu-a}{m}-\frac{\nu-c}{n}\right) + \mathfrak{r}\mathop{\mathfrak{Anz}}_{\nu=1}^{N}\mathop{\mathfrak{Anz}}_{\varrho=1}^{\infty}\mathfrak{Pos}\left(\frac{\nu-c}{n}-\frac{\varrho-e}{r}\right) \\ &= -\tfrac{1}{2}hN(1+N)+N(M+\tfrac{1}{2}-\tfrac{1}{2}\mathfrak{r})-N(a-hc-\mathfrak{r}e) \\ &\quad + \mathop{\mathfrak{Anz}}_{\mu=1}^{M}\mathop{\mathfrak{Anz}}_{\nu=N+1}^{\infty}\mathfrak{Pos}\left(\frac{\mu-a}{m}-\frac{\nu-c}{n}\right) \\ &\quad + \mathop{\mathfrak{Anz}}_{\mu=M+1}^{\infty}\mathop{\mathfrak{Anz}}_{\nu=1}^{N}\mathfrak{Neg}\left(\frac{\mu-a}{m}-\frac{\nu-c}{n}\right) \\ &\quad - \mathop{\mathfrak{Anz}}_{\mu=1}^{\infty}\mathop{\mathfrak{Anz}}_{\nu=1}^{N}\mathfrak{Pos}\left(\frac{1-\mu-a}{m}-\frac{\nu-c}{n}\right) \\ &\quad + \mathfrak{r}\mathop{\mathfrak{Anz}}_{\nu=1}^{N}\mathop{\mathfrak{Anz}}_{\varrho=1}^{\infty}\mathfrak{Neg}\left(\frac{\nu-c}{n}-\frac{1-\varrho-e}{r}\right). \end{aligned}\right.$$

Hierbei haben wir die Voraussetzungen gemacht:

$$m = nh+\mathfrak{r}r,\quad \mathfrak{r} = \pm 1,\quad e = \mathfrak{AB}\{(a-hc)\mathfrak{r}\},$$

wo m, n, r positive Grössen sind und h eine ganze Zahl oder Null ist; M, N sind positive Zahlen, welche die Bedingung erfüllen, dass der Ausdruck

$$\frac{\mu-a}{m}-\frac{\nu-c}{n}$$

für kein ganzzahliges ν verschwindet, wenn das ganzzahlige μ nicht ausserhalb der Grenzen 1 und M liegt, und dass derselbe Ausdruck auch für kein ganzzahliges μ verschwindet, wenn das ganzzahlige ν nicht ausserhalb der Grenzen 1 und N liegt.

Diese Bedingung ergab dann als nothwendige Folge, dass auch der Ausdruck

$$\frac{\nu-c}{n}-\frac{\varrho-e}{r}$$

für kein ganzzahliges ϱ verschwindet, wenn das ganzzahlige ν nicht ausserhalb der Grenzen 1 und N liegt.

Die Gleichung (31.) kann dazu dienen, das zu bestimmende erste Glied der linken Seite der Gleichung auf das zweite Glied zurückzuführen, wenn nämlich die M, N solche Werthe haben, dass die Werthe der Glieder der rechten Seite der Gleichung ermittelt werden können.

Ergiebt sich $\frac{n}{r}$ als ganze Zahl oder als eine von einer ganzen Zahl um eine im Verhältniss zu N genügend wenig verschiedene Grösse, so lässt sich das zweite Glied der linken Seite der Gleichung (31.) unmittelbar berechnen. Ist diese Bedingung aber noch nicht erfüllt, so wird unter Anwendung der folgenden, zwischen n und r gebildeten Gleichung des Euklidischen Algorithmus eine weitere Reduction mit Hülfe des durch die Gleichung (31.) dargestellten Lehrsatzes erforderlich.

4.

Anwendung der allgemeinen Reductionsformel.

Will man die allgemeine Reductions-Gleichung (31.) unmittelbar zur Berechnung der Anzahl der Vorzeichen der Werthe einer linearen Function anwenden, so verdient beachtet zu werden, dass man durch geeignete Wahl von N die zweite Seite jener Gleichung erheblich vereinfachen kann.

Setzt man nämlich zu diesem Zwecke

$$N = \underset{\nu=1}{\overset{\infty}{\mathfrak{Anz}}}\ \mathfrak{Pos}\left(\frac{M-a}{m} - \frac{\nu-c}{n}\right), \tag{32.}$$

also

$$\frac{M-a}{m} - \frac{N-c}{n} > 0 > \frac{M-a}{m} - \frac{N+1-c}{n}, \tag{33.}$$

so werden, weil m und n positiv sind, auf der rechten Seite der Gleichung (31.) das viertletzte und drittletzte Glied verschwinden.

Es war e als echter Bruch bestimmt; sind nun auch a und c echte Brüche, ist also

$$-1 < a < +1, \quad -1 < c < +1, \tag{34.}$$

so kann, wie unmittelbar zu ersehen, in der Gleichung (31.) auf der rechten Seite das vorletzte Glied für $\mu > 1$, so wie das letzte Glied für $\varrho > 1$ keinen Beitrag mehr liefern.

Die Gleichung selbst geht also in

$$
(35.)\quad \left\{\begin{array}{l|l}
\displaystyle \mathfrak{Anz}_{\mu=1}^{N}\,\mathfrak{Anz}_{\nu=1}^{\infty}\,\mathfrak{Pos}\left(\frac{\mu-a}{m}-\frac{\nu-c}{n}\right) & \displaystyle -\tfrac{1}{2}hN(1+N)+N(M+\tfrac{1}{2}-\tfrac{1}{2}\mathfrak{r})-N(a-hc-\mathfrak{r}e) \\
\displaystyle +\,\mathfrak{r}\,\mathfrak{Anz}_{\nu=1}^{N}\,\mathfrak{Anz}_{\varrho=1}^{\infty}\,\mathfrak{Pos}\left(\frac{\nu-c}{n}-\frac{\varrho-e}{r}\right) \quad = & \displaystyle -\,\mathfrak{Anz}_{\nu=1}^{N}\,\mathfrak{Pos}\left(-\frac{a}{m}-\frac{\nu-c}{n}\right) \\
 & \displaystyle +\,\mathfrak{r}\,\mathfrak{Anz}_{\nu=1}^{N}\,\mathfrak{Neg}\left(\frac{\nu-c}{n}+\frac{e}{r}\right)
\end{array}\right.
$$

über, wobei ausser den für die Gleichung (31.) bestehenden und bei ihr angegebenen Bedingungen noch die Voraussetzungen (32.) und (34.) gelten.

Beispiel. Es soll der Werth des Ausdruckes

$$\mathfrak{Anz}_{\mu=1}^{\infty}\,\mathfrak{Anz}_{\nu=1}^{\infty}\,\mathfrak{Pos}\left(\tfrac{1}{4}-\frac{\mu-\frac{1}{2}}{379}-\frac{\nu-\frac{1}{2}}{206}\right)$$

ermittelt werden.

Zunächst ist

$$\mathfrak{Anz}_{\mu=1}^{\infty}\,\mathfrak{Pos}\left(\tfrac{1}{4}-\frac{\mu-\frac{1}{2}}{379}-\frac{1-\frac{1}{2}}{206}\right) = 94;$$

wenn man also $\mu = 94+1-\mu'$ setzt und nachher μ statt μ' anwendet, ergiebt sich

$$
(36.)\quad \left\{\begin{aligned}
\mathfrak{Anz}_{\mu=1}^{\infty}\,\mathfrak{Anz}_{\nu=1}^{\infty}\,\mathfrak{Pos}\left(\tfrac{1}{4}-\frac{\mu-\frac{1}{2}}{379}-\frac{\nu-\frac{1}{2}}{206}\right) &= \mathfrak{Anz}_{\mu=1}^{94}\,\mathfrak{Anz}_{\nu=1}^{\infty}\,\mathfrak{Pos}\left(\tfrac{1}{4}-\frac{\mu-\frac{1}{2}}{379}-\frac{\nu-\frac{1}{2}}{206}\right) \\
&= \mathfrak{Anz}_{\mu=1}^{94}\,\mathfrak{Anz}_{\nu=1}^{\infty}\,\mathfrak{Pos}\left(\frac{\mu+\frac{1}{4}}{379}-\frac{\nu-\frac{1}{2}}{206}\right).
\end{aligned}\right.
$$

Um diesen Ausdruck mit Hülfe der Gleichung (35.) zu reduciren, setzen wir

$$379 = 206\,.\,2-33,$$

also

$$m = 379,\; n = 206,\; r = 33,\; \mathfrak{r} = -1,\; h = 2,\; M = 94,\; a = -\tfrac{1}{4},\; c = +\tfrac{1}{2}$$
$$a-hc = -\tfrac{5}{4},\; e = \mathfrak{AB}(a-hc)\mathfrak{r} = \mathfrak{AB}\tfrac{5}{4} = \tfrac{1}{4},\; a-hc-\mathfrak{r}e = -1.$$

Nach Gleichung (32.) wird

$$N = \mathfrak{Anz}_{\nu=1}^{\infty}\,\mathfrak{Pos}\left(\frac{94+\frac{1}{4}}{379}-\frac{\nu-\frac{1}{2}}{206}\right) = 51,$$

also

$$\mathfrak{Anz}_{\nu=1}^{N}\,\mathfrak{Pos}\left(-\frac{a}{m}-\frac{\nu-c}{m}\right) = \mathfrak{Anz}_{\nu=1}^{51}\,\mathfrak{Pos}\left(\frac{1}{4\,.\,379}-\frac{\nu-\frac{1}{2}}{206}\right) = 0.$$

Weil $e > 0$, $c < +1$ ist, wird in Gleichung (35.) das letzte Glied der rechten Seite zu 0, und die Gleichung geht also für dieses Beispiel in

$$(37.)\quad \left\{\begin{array}{l|l} \underset{\mu=1}{\overset{94}{\mathfrak{Anz}}}\ \underset{\nu=1}{\overset{\infty}{\mathfrak{Anz}}}\ \mathfrak{Pos}\left(\frac{\mu+\frac{1}{4}}{379}-\frac{\nu-\frac{1}{2}}{206}\right) & = -\tfrac{1}{2}.2.51.52+51.95+51.1 = 2244 \\ -\underset{\nu=1}{\overset{51}{\mathfrak{Anz}}}\ \underset{\varrho=1}{\overset{\infty}{\mathfrak{Anz}}}\ \mathfrak{Pos}\left(\frac{\nu-\frac{1}{2}}{206}-\frac{\varrho-\frac{1}{4}}{33}\right) & \end{array}\right.$$

über.

Zur Reduction des zweiten Gliedes der linken Seite dieser Gleichung setzen wir

$$206 = 33.6+8$$

und

$$M = 51,\ m = 206,\ n = 33,\ h = 6,\ r = 8,\ \mathfrak{r} = +1,\ a = \tfrac{1}{2},\ c = \tfrac{1}{4},$$

also

$$a-hc = -1,\ e = \mathfrak{AB}(a-hc)\mathfrak{r} = 0,\ a-hc-\mathfrak{r}e = -1.$$

Nach Gleichung (32.) wird

$$N = \underset{\nu=1}{\overset{\infty}{\mathfrak{Anz}}}\ \mathfrak{Pos}\left(\frac{51-\frac{1}{2}}{206}-\frac{\nu-\frac{1}{4}}{33}\right) = 8.$$

In der Gleichung (35.) verschwindet auf der rechten Seite das vorletzte Glied, weil $a > 0$, $c < +1$ ist, und das letzte Glied, weil $c < \mp 1$, $e = 0$ ist; die Gleichung giebt also für diesen Fall

$$(38.)\quad \left\{\begin{array}{l|l} \underset{\mu=1}{\overset{51}{\mathfrak{Anz}}}\ \underset{\nu=1}{\overset{\infty}{\mathfrak{Anz}}}\ \mathfrak{Pos}\left(\frac{\mu-\frac{1}{2}}{206}-\frac{\nu-\frac{1}{4}}{33}\right) & = -\tfrac{1}{2}.6.8.9+8(51+\tfrac{1}{2}-\tfrac{1}{2})+8 = 200. \\ +\underset{\nu=1}{\overset{8}{\mathfrak{Anz}}}\ \underset{\varrho=1}{\overset{\infty}{\mathfrak{Anz}}}\ \mathfrak{Pos}\left(\frac{\nu-\frac{1}{4}}{33}-\frac{\varrho}{8}\right) & \end{array}\right.$$

Das zweite Glied der linken Seite dieser Gleichung liesse sich mit Hülfe von

$$33 = 8.4+1$$

weiter reduciren, man sieht aber auch unmittelbar, dass

$$(39.)\quad \underset{\nu=1}{\overset{8}{\mathfrak{Anz}}}\ \underset{\varrho=1}{\overset{\infty}{\mathfrak{Anz}}}\ \mathfrak{Pos}\left(\frac{\nu-\frac{1}{4}}{33}-\frac{\varrho}{8}\right) = \underset{\nu=1}{\overset{8}{\mathfrak{Anz}}}\ \mathfrak{Pos}\left(\frac{\nu-\frac{1}{4}}{33}-\frac{1}{8}\right) = 4$$

ist. Die Verbindung der Gleichungen (36.), (37.), (38.), (39.) ergiebt

$$(40.)\qquad \underset{\mu=1}{\overset{\infty}{\mathfrak{Anz}}}\ \underset{\nu=1}{\overset{\infty}{\mathfrak{Anz}}}\ \mathfrak{Pos}\left(\tfrac{1}{4}-\frac{\mu-\frac{1}{2}}{379}-\frac{\nu-\frac{1}{2}}{206}\right) = 2244+200-4 = 2440$$

als Lösung der Aufgabe.

5.

Grenzwerthe mit einfacher Beziehung unter einander.

Die auf der rechten Seite der Reductions-Gleichung (31.) vorkommenden und unmittelbar zu bestimmenden Glieder vereinfachen sich auch, wenn man

$$(41.)\qquad M = tm-1+\mathfrak{AB}(-tm),\quad N = tn-1+\mathfrak{AB}(-tn)$$

setzt und für a und c dieselben Grenzen annimmt, welche sich für e durch seine Bestimmungsweise (22.) ergeben, nämlich

$$(42.)\qquad -\tfrac{1}{2}<a\leqq+\tfrac{1}{2},\quad -\tfrac{1}{2}<c\leqq+\tfrac{1}{2}.$$

Man erhält hier, wenn man auch die bei Gleichung (31.) angegebenen Voraussetzungen über das Nichtverschwinden der linearen Functionen beachtet:

$$\frac{\mu-a}{m}-\frac{\nu-c}{n}\leqq\frac{M-a}{m}-\frac{N+2-c}{n} = -\frac{1-\mathfrak{AB}(-tm)+a}{m}-\frac{1+\mathfrak{AB}(-tn)-c}{n}<0,$$

worin $\mu\leqq M$, $\nu\geqq N+2$ ist;

$$\frac{\mu-a}{m}-\frac{\nu-c}{n}\geqq\frac{M+2-a}{m}-\frac{N-c}{n} = \frac{1+\mathfrak{AB}(-tm)-a}{m}+\frac{1-\mathfrak{AB}(-tn)+c}{n}>0,$$

worin $\mu\geqq M+2$, $\nu\leqq N$ ist;

$$\frac{1-\mu-a}{m}-\frac{\nu-c}{n}\leqq\frac{1-2-a}{m}-\frac{1-c}{n}<0,\quad \text{für } \mu\geqq 2,\ \nu\geqq 1$$

$$\frac{\nu-c}{n}-\frac{1-\varrho-e}{r}\geqq\frac{1-c}{n}+\frac{1+e}{r}>0,\qquad \text{für } \nu\geqq 1,\ \varrho\geqq 2.$$

Aus diesen Beziehungen ergiebt sich unmittelbar, dass die Reductions-Gleichung (31.) die einfachere Form

$$(43.)\quad \left\{\begin{array}{l|l} \sum\limits_{\mu=1}^{M}\mathfrak{Anz}\sum\limits_{\nu=1}^{\infty}\mathfrak{Anz}\,\mathfrak{Pos}\left(\frac{\mu-a}{m}-\frac{\nu-c}{n}\right) & = -\tfrac{1}{2}hN(1+N)+N(M+\tfrac{1}{2}-\tfrac{1}{2}\mathfrak{r})-N(a-hc-\mathfrak{r}\,e) \\ +\mathfrak{r}\sum\limits_{\nu=1}^{N}\mathfrak{Anz}\sum\limits_{\varrho=1}^{\infty}\mathfrak{Anz}\,\mathfrak{Pos}\left(\frac{\nu-c}{n}-\frac{\varrho-e}{r}\right) & +\sum\limits_{\mu=1}^{M}\mathfrak{Anz}\,\mathfrak{Pos}\left(\frac{\mu-a}{m}-\frac{N+1-c}{n}\right) \\ & +\sum\limits_{\nu=1}^{N}\mathfrak{Anz}\,\mathfrak{Neg}\left(\frac{M+1-a}{m}-\frac{\nu-c}{n}\right) \\ & -\sum\limits_{\nu=1}^{N}\mathfrak{Anz}\,\mathfrak{Pos}\left(-\frac{a}{m}-\frac{\nu-c}{n}\right) \\ & +\mathfrak{r}\sum\limits_{\nu=1}^{N}\mathfrak{Anz}\,\mathfrak{Neg}\left(\frac{\nu-c}{n}+\frac{e}{r}\right) \end{array}\right.$$

annehmen kann. Ausser den bei (31.) angegebenen Bedingungen gelten hier auch noch (41.) und (42.).

Die Gleichung (43.) hat im allgemeinen Falle die Bedeutung einer Zurückführungs-Gleichung des ersten auf den zweiten Ausdruck in der linken Seite der Gleichung. Für den besonderen Fall

$$h = 0, \quad \mathfrak{r} = +1, \quad r = m, \quad e = a$$

stellt sie ein Reciprocitäts-Gesetz in der Form

$$(44.)\quad \left\{\begin{array}{l|l} \sum\limits_{\mu=1}^{M}\mathfrak{Anz}\sum\limits_{\nu=1}^{\infty}\mathfrak{Anz}\,\mathfrak{Pos}\left(\frac{\mu-a}{m}-\frac{\nu-c}{n}\right) & = +MN \\ +\sum\limits_{\nu=1}^{N}\mathfrak{Anz}\sum\limits_{\mu=1}^{\infty}\mathfrak{Anz}\,\mathfrak{Pos}\left(\frac{\nu-c}{n}-\frac{\mu-a}{m}\right) & +\sum\limits_{\mu=1}^{M}\mathfrak{Anz}\,\mathfrak{Pos}\left(\frac{\mu-a}{m}-\frac{N+1-c}{n}\right) \\ & +\sum\limits_{\nu=1}^{N}\mathfrak{Anz}\,\mathfrak{Pos}\left(\frac{\nu-c}{n}-\frac{M+1-a}{m}\right) \end{array}\right.$$

unter denselben Voraussetzungen, welche vorher angegeben sind, dar. Diese Gleichung hätte man auch, ohne Zuhülfenahme von (43.), aus der Identität (30.) und aus dem Satze, dass von zwei, mit entgegengesetzten Vorzeichen versehenen, nicht verschwindenden reellen Grössen eine positiv ist, ableiten können.

Besteht der anzuwendende Euklidische Algorithmus aus einer grossen Anzahl von Gleichungen, so würde der Lehrsatz (43.) für jene Gleichungen eine Reihe von grossen zu berechnenden Zahlen ergeben, welche in der schliesslichen Lösung bis auf eine einzige sich gegenseitig aufheben. Die betreffenden Theile erkennt man aber, wenn man

$$(41^*.)\qquad R = tr - 1 + \mathfrak{AB}(-tr)$$

setzt, unmittelbar aus den Gleichungen

$$(45.)\quad \left\{\begin{aligned} -\tfrac{1}{2}hN(1+N)+N(M+\tfrac{1}{2}-\tfrac{1}{2}\mathfrak{r}) = &+\tfrac{1}{2}\{M+\mathfrak{AB}(-tm)\}\{N-\mathfrak{AB}(-tn)\}\\ &+\tfrac{1}{2}\mathfrak{r}\{N+\mathfrak{AB}(-tn)\}\{R-\mathfrak{AB}(-tr)\}\\ &+\tfrac{1}{2}\mathfrak{AB}(-tm)+\tfrac{1}{2}\mathfrak{r}\,\mathfrak{AB}(-tn)\\ &+\{\tfrac{1}{2}-\mathfrak{AB}(-tm)\}\{\tfrac{1}{2}-\mathfrak{AB}(-tn)\}\\ &-\tfrac{1}{4}+\tfrac{1}{2}h\{1-\mathfrak{AB}(-tn)\}\mathfrak{AB}(-tn)\end{aligned}\right.$$

$$(46.)\quad -N(a-ch-\mathfrak{r}e) = t(cm-an)+\mathfrak{r}t(en-cr)-(hc-a+\mathfrak{r}e)\{1-\mathfrak{AB}(-tn)\}.$$

Die auf diese Glieder der rechten Seite der Gleichung (43.) folgenden beiden können in die für die Berechnung übersichtlicheren Ausdrücke

$$(47.)\quad \left\{\begin{aligned} &\underset{\mu=1}{\overset{M}{\mathfrak{Anz}}}\,\mathfrak{Pos}\left(\frac{\mu-a}{m}-\frac{N+1-c}{n}\right)\\ &= \underset{\mu=1}{\overset{M}{\mathfrak{Anz}}}\,\mathfrak{Pos}\left\{-\mu-a+\mathfrak{AB}(-tm)+h[c-\mathfrak{AB}(-tn)]+\mathfrak{r}r\frac{c-\mathfrak{AB}(-tn)}{n}\right\}\end{aligned}\right.$$

$$(48.)\quad \underset{\nu=1}{\overset{N}{\mathfrak{Anz}}}\,\mathfrak{Neg}\left(\frac{M+1-a}{m}-\frac{\nu-c}{n}\right) = \underset{\nu=1}{\overset{N}{\mathfrak{Anz}}}\,\mathfrak{Neg}\left\{\frac{\mathfrak{AB}(-tm)-a}{m}+\frac{\nu+c-\mathfrak{AB}(-tn)}{n}\right\}$$

umgewandelt werden.

6.

Einfache Formen der linearen Function.

Bei der Bestimmung des quadratischen Rest-Characters treten die linearen Functionen auf, in welchen a und c keine andere Werthe als 0 oder $+\frac{1}{2}$ haben. Auch die Grenzen M und N der Argumente μ und ν besitzen die einfachen Werthe, welche sich aus (41.) für $t=\frac{1}{2}$ ergeben. Die Grössen m und n sind dann ganze positive Zahlen ohne gemeinsamen Theiler und durch diese Eigenschaft werden die oben bei Gleichung (31.) ausgesprochenen Bedingungen über das Nichtverschwinden der linearen Functionen erfüllt.

Die Gleichung (43.) kann nur dann zur Reduction der zu berechnenden

Grösse dienen, wenn m grösser als n und n grösser als r ist. Wir machen also für die folgenden Untersuchungen die Voraussetzungen:

$$(49.)\quad \left\{\begin{array}{l} m \text{ und } n \text{ positive ganze Zahlen ohne gemeinsamen Theiler} \\ m > n > r > 0, \quad m = nh + \mathfrak{r}r, \quad \mathfrak{r} = \pm 1, \quad h \text{ ganze Zahl} \\ a = 0 \text{ oder } = +\tfrac{1}{2}, \quad c = 0 \text{ oder } = +\tfrac{1}{2}, \quad e = \mathfrak{B}(hc-a) \\ M = \tfrac{1}{2}m - 1 + \mathfrak{B}(\tfrac{1}{2}m), \quad N = \tfrac{1}{2}n - 1 + \mathfrak{B}(\tfrac{1}{2}n), \quad R = \tfrac{1}{2}r - 1 + \mathfrak{B}(\tfrac{1}{2}r). \end{array}\right.$$

Für $\nu \leqq N$ wird deshalb

$$\frac{M+1-a}{m} - \frac{\nu - c}{n} \geqq \frac{M+1-a}{m} - \frac{N-c}{n} = \frac{\mathfrak{B}(\frac{1}{2}m)-a}{m} + \frac{1-\mathfrak{B}(\frac{1}{2}n)+c}{n} \geqq \frac{0-\frac{1}{2}}{m} + \frac{1-\frac{1}{2}+0}{n} > 0$$

und daher

$$(50.)\quad \mathop{\mathfrak{Anz}\,\mathfrak{Neg}}_{\nu=1}^{N}\left(\frac{M+1-a}{m} - \frac{\nu-c}{n}\right) = \mathop{\mathfrak{Anz}\,\mathfrak{Pos}}_{\nu=1}^{N}\left(\frac{\nu-c}{n} - \frac{M+1-a}{m}\right) = 0.$$

Für $\nu \geqq 1$ wird

$$-\frac{a}{m} - \frac{\nu-c}{n} \leqq -\frac{a}{m} - \frac{1-c}{n} \leqq \frac{a}{m} - \frac{1-\frac{1}{2}}{n} < 0$$

und daher

$$(51.)\quad \mathop{\mathfrak{Anz}\,\mathfrak{Pos}}_{\nu=1}^{N}\left(-\frac{a}{m} - \frac{\nu-c}{n}\right) = 0.$$

Es ist:

$$\frac{\nu-c}{n} + \frac{e}{r} \geqq \frac{1-\frac{1}{2}}{n} + \frac{0}{r} > 0,$$

also

$$(52.)\quad \mathop{\mathfrak{Anz}\,\mathfrak{Neg}}_{\nu=1}^{N}\left(\frac{\nu-c}{n} + \frac{e}{r}\right) = 0.$$

Auf der rechten Seite der Reductions-Gleichung (43.) bleibt noch ein Glied zu bestimmen. Ersetzen wir darin die Veränderliche μ durch $M+1-\mu$, so entsteht

$$(53.)\quad \left\{\begin{aligned} \mathop{\mathfrak{Anz}\,\mathfrak{Pos}}_{\mu=1}^{M}\left(\frac{\mu-a}{m} - \frac{N+1-c}{n}\right) &= \mathop{\mathfrak{Anz}\,\mathfrak{Pos}}_{\mu=1}^{M}\left(\frac{M+1-\mu-a}{m} - \frac{N+1-c}{n}\right) \\ &= \mathop{\mathfrak{Anz}\,\mathfrak{Pos}}_{\mu=1}^{M}\left(-\frac{\mu-\mathfrak{B}(\frac{1}{2}m)+a}{m} - \frac{\mathfrak{B}(\frac{1}{2}n)-c}{n}\right). \end{aligned}\right.$$

Ist nun $\mathfrak{B}\left(\frac{1}{2}n\right) = \frac{1}{2}$, so wird für $\mu \geqq 1$ in Folge der Voraussetzungen über die Grenzwerthe von a und c

$$-\frac{\mu-\mathfrak{B}(\frac{1}{2}m)+a}{m} - \frac{\mathfrak{B}(\frac{1}{2}n)-c}{n} \leqq -\frac{1-\mathfrak{B}(\frac{1}{2}m)+a}{m} - \frac{\frac{1}{2}-c}{n} \leqq -\frac{1-\frac{1}{2}+0}{m} - \frac{\frac{1}{2}-\frac{1}{2}}{n} < 0$$

also nach Gleichung (53.) auch

$$(54.)\qquad \underset{\mu=1}{\overset{M}{\mathfrak{Anz}}}\,\mathfrak{Pos}\left(\frac{\mu-a}{m} - \frac{N+1-c}{n}\right) = 0,\quad \text{wenn } \mathfrak{B}(\tfrac{1}{2}n) = \tfrac{1}{2} \text{ ist.}$$

Für $c = 0$ und $\mu \geqq 1$ wird

$$-\frac{\mu-\mathfrak{B}(\frac{1}{2}m)+a}{m} - \frac{\mathfrak{B}(\frac{1}{2}n)-c}{n} \leqq -\frac{1-\mathfrak{B}(\frac{1}{2}m)+a}{m} - \frac{\mathfrak{B}(\frac{1}{2}n)-0}{n} \leqq -\frac{1-\frac{1}{2}+0}{m} - \frac{0-0}{n} < 0,$$

also nach (53.) auch

$$(55.)\qquad \underset{\mu=1}{\overset{M}{\mathfrak{Anz}}}\,\mathfrak{Pos}\left(\frac{\mu-a}{m} - \frac{N+1-c}{n}\right) = 0,\quad \text{wenn } c = 0 \text{ ist.}$$

Wir haben noch den Fall $\mathfrak{B}\left(\frac{1}{2}n\right) = 0$, $c = \frac{1}{2}$ zu betrachten. Da hier n gerade ist und m mit n keinen gemeinsamen Theiler besitzt, so wird $\mathfrak{B}\left(\frac{1}{2}m\right) = \frac{1}{2}$, also aus (53.) jetzt

$$(56.)\qquad \underset{\mu=1}{\overset{M}{\mathfrak{Anz}}}\,\mathfrak{Pos}\left(\frac{\mu-a}{m} - \frac{N+1-c}{n}\right) = \underset{\mu=1}{\overset{M}{\mathfrak{Anz}}}\,\mathfrak{Pos}\left(-\frac{\mu-\frac{1}{2}+a}{m} + \frac{1}{2n}\right).$$

Wegen der Gleichung $m = nh+\mathfrak{r}r$ kann man

$$(57.)\qquad -\frac{\mu-\frac{1}{2}+a}{m} + \frac{1}{2n} = \frac{1}{m}\left\{-\mu+(\tfrac{1}{2}h-a+\mathfrak{r}e)+\tfrac{1}{2}-\mathfrak{r}\left(e-\frac{r}{2n}\right)\right\}$$

setzen. Da $e = 0$ oder $= +\frac{1}{2}$ und $0 < r < n$ ist, so wird

$$0 < \tfrac{1}{2}-\mathfrak{r}\left(e-\frac{r}{2n}\right) < +1.$$

Im vorliegenden Falle ist $e = \mathfrak{B}(ch-a) = \mathfrak{B}\left(\frac{1}{2}h-a\right)$, also wird die Grösse

$$\tfrac{1}{2}h-a+\mathfrak{r}e \quad \text{oder} \quad ch-a+\mathfrak{r}e$$

gleich einer ganzen Zahl oder gleich Null. Sie kann daher nicht negativ sein, weil sie wegen $h>0$ und wegen der Werthe von a und e sonst gleich $-\frac{1}{2}$ sein müsste. Sie kann aber auch nicht grösser als M sein. In der That ist im gegenwärtigen Falle

$$M = \tfrac{1}{2}m-1+\mathfrak{B}(\tfrac{1}{2}m) = \tfrac{1}{2}m-1+\tfrac{1}{2} = \tfrac{1}{2}nh+\tfrac{1}{2}\mathfrak{r}r-\tfrac{1}{2},$$

also

$$M-(\tfrac{1}{2}h-a+\mathfrak{r}e) = \tfrac{1}{2}h(n-1)+\mathfrak{r}(\tfrac{1}{2}r-e)-\tfrac{1}{2}+a \geqq \tfrac{1}{2}(n-1)-\tfrac{1}{2}r-\tfrac{1}{2} \geqq \tfrac{1}{2}(n-r)-1 \geqq -\tfrac{1}{2}.$$

Da aber der Werth von $M-\left(\frac{1}{2}h-a+\mathfrak{r}e\right)$ sich zuvor als ganze Zahl ergab, so muss er, um der zuletzt gefundenen Beziehung genügen zu können, Null oder eine ganze positive Zahl sein. Es wird demnach

$$\mathop{\mathfrak{Anz}}_{\mu=1}^{M}\mathfrak{Pos}\left\{-\mu+(\tfrac{1}{2}h-a+\mathfrak{r}e)+\tfrac{1}{2}-\mathfrak{r}\left(e-\frac{r}{2n}\right)\right\} = \tfrac{1}{2}h-a+\mathfrak{r}e = ch-a+\mathfrak{r}e$$

und mit Rücksicht auf die Gleichung (57.) auch

$$(58.)\qquad \mathop{\mathfrak{Anz}}_{\mu=1}^{M}\mathfrak{Pos}\left(\frac{\mu-a}{m}-\frac{N+1-c}{n}\right) = ch-a+\mathfrak{r}e,\ \text{wenn}\ \mathfrak{B}(\tfrac{1}{2}n) = 0,\ c = \tfrac{1}{2}\ \text{ist.}$$

Die drei Gleichungen (54.), (55.), (58.) können wir gemeinsam durch die eine Gleichung

$$(59.)\qquad \mathop{\mathfrak{Anz}}_{\mu=1}^{M}\mathfrak{Pos}\left(\frac{\mu-a}{m}-\frac{N+1-c}{n}\right) = 2c\,(1-2\mathfrak{B}(\tfrac{1}{2}n))\,(ch-a+\mathfrak{r}e)$$

darstellen.

Mit Hülfe der vier Gleichungen (50.), (51.), (52.), (59.) erhalten wir die Reductions-Gleichung (43.) in der Gestalt

$$(60.)\quad \left\{\begin{array}{l|c|l} \displaystyle\mathop{\mathfrak{Anz}}_{\mu=1}^{M}\mathop{\mathfrak{Anz}}_{\nu=1}^{\infty}\mathfrak{Pos}\left(\frac{\mu-a}{m}-\frac{\nu-c}{n}\right) & = & -\tfrac{1}{2}hN(1+N)+N(M+\tfrac{1}{2}-\tfrac{1}{2}\mathfrak{r})-N(a-hc-\mathfrak{r}e) \\ & & +2c\,(1-2\mathfrak{B}(\tfrac{1}{2}n))\,(ch-a+\mathfrak{r}e) \\ \displaystyle+\mathfrak{r}\mathop{\mathfrak{Anz}}_{\nu=1}^{N}\mathop{\mathfrak{Anz}}_{\varrho=1}^{\infty}\mathfrak{Pos}\left(\frac{\nu-c}{n}-\frac{\varrho-e}{r}\right) & & -\tfrac{1}{2}hN(1+N)+N(M+\tfrac{1}{2}-\tfrac{1}{2}\mathfrak{r}) \\ & & +(hc-a+\mathfrak{r}e)\,(N+2c-4c\mathfrak{B}(\tfrac{1}{2}n)), \end{array}\right.$$

wobei die unter (49.) angegebenen Voraussetzungen gelten.

Für diese Voraussetzungen finden wir aus der allgemeineren Gleichung (44.), wenn wir die Gleichungen (50.) und (59.) berücksichtigen, als Reciprocitäts-Satz:

$$(61.)\quad \left\{\begin{array}{l} \underset{\mu=1}{\overset{M}{\mathfrak{Anz}}}\ \underset{\nu=1}{\overset{\infty}{\mathfrak{Anz}}}\,\mathfrak{Pos}\left(\dfrac{\mu-a}{m}-\dfrac{\nu-c}{n}\right) \\ +\underset{\nu=1}{\overset{N}{\mathfrak{Anz}}}\ \underset{\mu=1}{\overset{\infty}{\mathfrak{Anz}}}\,\mathfrak{Pos}\left(\dfrac{\nu-c}{n}-\dfrac{\mu-a}{m}\right) \end{array}\right| = MN+2c(1-2\mathfrak{B}(\tfrac{1}{2}n))(ch-a+\mathfrak{r}e).$$

7.

Einfache lineare Functionen der ersten Form.

Die in der Reductions-Gleichung (60.) auf der zweiten Seite vorkommenden von a, c und e unabhängigen Glieder kann man, wenn man die Werthe von M, N und R in (49.) berücksichtigt und Alles auf geeignete Weise anordnet, in

$$(62.)\quad \left\{\begin{array}{l} \quad -\tfrac{1}{2}hN(1+N)+N(M+\tfrac{1}{2}-\tfrac{1}{2}\mathfrak{r}) \\ = +\tfrac{1}{2}(M+\mathfrak{B}(\tfrac{1}{2}m))(N-\mathfrak{B}(\tfrac{1}{2}n))+\tfrac{1}{2}\mathfrak{r}(N+\mathfrak{B}(\tfrac{1}{2}n))(R-\mathfrak{B}(\tfrac{1}{2}r)) \\ \quad +\tfrac{1}{2}\mathfrak{B}(\tfrac{1}{2}m)+\tfrac{1}{2}\mathfrak{r}\mathfrak{B}(\tfrac{1}{2}n)-\tfrac{1}{4}+\tfrac{1}{4}h\mathfrak{B}(\tfrac{1}{2}n) \\ \quad -\tfrac{1}{4}(N+\mathfrak{B}(\tfrac{1}{2}n))(nh+\mathfrak{r}r-m)+\tfrac{1}{2}h(\tfrac{1}{2}-\mathfrak{B}(\tfrac{1}{2}n))\mathfrak{B}(\tfrac{1}{2}n)+(\tfrac{1}{2}-\mathfrak{B}(\tfrac{1}{2}m))(\tfrac{1}{2}-\mathfrak{B}(\tfrac{1}{2}n)) \end{array}\right.$$

umformen. Hier verschwinden die letzten drei Glieder; denn es ist der Voraussetzung nach

$$nh+\mathfrak{r}r-m = 0;$$

ferner hat $\mathfrak{B}\left(\frac{1}{2}n\right)$ den Werth 0 oder $+\frac{1}{2}$, also ist

$$(63.)\qquad (\tfrac{1}{2}-\mathfrak{B}(\tfrac{1}{2}n))\mathfrak{B}(\tfrac{1}{2}n) = 0.$$

Schliesslich können der Voraussetzung nach m und n nicht zugleich gerade sein, also ist

$$(64.)\qquad (\tfrac{1}{2}-\mathfrak{B}(\tfrac{1}{2}m))(\tfrac{1}{2}-\mathfrak{B}(\tfrac{1}{2}n)) = 0$$

und ebenso

$$(65.)\qquad (\tfrac{1}{2}-\mathfrak{B}\tfrac{1}{2}n)(\tfrac{1}{2}-\mathfrak{B}\tfrac{1}{2}r) = 0.$$

Die auf der zweiten Seite der Reductions-Gleichung (60.) noch vorkommenden übrigen Glieder verschwinden, wenn a und c den Werth Null haben, denn dann wird auch $\mathfrak{B}(hc-a)$, das ist e zu Null. Wir erhalten

also

$$(66.)\quad \left\{\begin{aligned} &\mathfrak{Anz}_{\mu=1}^{M}\,\mathfrak{Anz}_{\nu=1}^{\infty}\,\mathfrak{Pos}\left(\frac{\mu}{m}-\frac{\nu}{n}\right) \\ &+\mathfrak{r}\,\mathfrak{Anz}_{\nu=1}^{N}\,\mathfrak{Anz}_{\varrho=1}^{\infty}\,\mathfrak{Pos}\left(\frac{\nu}{n}-\frac{\varrho}{r}\right) \end{aligned}\right| \begin{aligned} &= -\tfrac{1}{2}hN(1+N)+N(M+\tfrac{1}{2}-\tfrac{1}{2}\mathfrak{r}) \\ &= \left| \begin{aligned} &\tfrac{1}{2}(M+\mathfrak{B}(\tfrac{1}{2}m))(N-\mathfrak{B}(\tfrac{1}{2}n))+\tfrac{1}{2}\mathfrak{r}(N+\mathfrak{B}(\tfrac{1}{2}n))(R-\mathfrak{B}(\tfrac{1}{2}r)) \\ &+\tfrac{1}{2}\mathfrak{B}(\tfrac{1}{2}m)+\tfrac{1}{2}\mathfrak{r}\mathfrak{B}(\tfrac{1}{2}n)-\tfrac{1}{4}+\tfrac{1}{4}h\mathfrak{B}(\tfrac{1}{2}n) \end{aligned}\right. \end{aligned}$$

bei den unter (49.) angegebenen Voraussetzungen, so weit diese nicht a, c und e betreffen. Die zu $a = 0 = c$ gehörige Form heisse die erste Form der linearen Function

$$(67.)\qquad \frac{\mu-a}{m}-\frac{\nu-c}{n}.$$

8.

Einfache lineare Functionen der zweiten Form.

Um die verschiedenen Formen der Gleichung (60.) für alle Werthesysteme der a und c übersichtlicher darzustellen, setzen wir

$$(68.)\qquad \mathrm{S}(a,c) = \mathfrak{Anz}_{\mu=1}^{M}\,\mathfrak{Anz}_{\nu=1}^{\infty}\,\mathfrak{Pos}\left(\frac{\mu-a}{m}-\frac{\nu-c}{n}\right)+\mathfrak{r}\,\mathfrak{Anz}_{\nu=1}^{N}\,\mathfrak{Anz}_{\varrho=1}^{\infty}\,\mathfrak{Pos}\left(\frac{\nu-c}{n}-\frac{\varrho-e}{r}\right).$$

Es ist also im vorigen Artikel der Werth von $\mathrm{S}(0,0)$ ermittelt, und wir haben nach (60.) noch

$$(69.)\qquad \mathrm{S}(a,c)-\mathrm{S}(0,0) = (ch-a+\mathfrak{r}e)(N+2c-4c\mathfrak{B}(\tfrac{1}{2}n))$$

zu bestimmen.

Für das der zweiten Form der Function (67.) entsprechende Werthensystem

$$(70.)\qquad a = \mathfrak{B}(\tfrac{1}{2}m),\quad c = \mathfrak{B}(\tfrac{1}{2}n)$$

ergiebt sich aus den Gleichungen $e = \mathfrak{B}(hc-a)$ und $-\mathfrak{r}r = nh-m$ unmittelbar, dass auch

$$(71.)\qquad e = \mathfrak{B}(\tfrac{1}{2}r)$$

wird. Zunächst lässt die Gleichung (63.) den zu untersuchenden Ausdruck sich vereinfachen, weil

$$2c-4c\mathfrak{B}(\tfrac{1}{2}n) = 4.(\tfrac{1}{2}-\mathfrak{B}(\tfrac{1}{2}n)).\mathfrak{B}(\tfrac{1}{2}n) = 0$$

wird. Setzt man die Werthe von a, c, e, N ein und ordnet Alles auf geeignete Weise, so erhält man

$$\begin{aligned}
&(ch-a+\mathfrak{r}e)(N+2c-4c\mathfrak{B}(\tfrac{1}{2}n))\\
&= \tfrac{1}{2}(m-1)\mathfrak{B}(\tfrac{1}{2}n)-\tfrac{1}{2}(n-1)\mathfrak{B}(\tfrac{1}{2}m)+\tfrac{1}{2}\mathfrak{r}(n-1)\mathfrak{B}(\tfrac{1}{2}r)-\tfrac{1}{2}\mathfrak{r}(r-1)\mathfrak{B}(\tfrac{1}{2}n)+\tfrac{1}{4}-\tfrac{1}{4}\mathfrak{r}-\tfrac{1}{2}h\mathfrak{B}(\tfrac{1}{2}n)\\
&\quad+\tfrac{1}{2}(hn+\mathfrak{r}r-m)\mathfrak{B}(\tfrac{1}{2}n)-h(\tfrac{1}{2}-\mathfrak{B}(\tfrac{1}{2}n))\mathfrak{B}(\tfrac{1}{2}n)\\
&\quad-(\tfrac{1}{2}-\mathfrak{B}(\tfrac{1}{2}m))(\tfrac{1}{2}-\mathfrak{B}(\tfrac{1}{2}n))\\
&\quad+\mathfrak{r}(\tfrac{1}{2}-\mathfrak{B}(\tfrac{1}{2}n))(\tfrac{1}{2}-\mathfrak{B}(\tfrac{1}{2}r)).
\end{aligned}$$

Die letzten vier Glieder verschwinden hier in Folge der Definitions-Gleichung für r (49.) und der Gleichungen (63.), (64.), (65.); wir erhalten also

$$(72.)\quad \left\{\begin{aligned}
\mathrm{S}(\mathfrak{B}(\tfrac{1}{2}m),\mathfrak{B}(\tfrac{1}{2}n))-\mathrm{S}(0,0) &= +\tfrac{1}{2}(m-1)\mathfrak{B}(\tfrac{1}{2}n)-\tfrac{1}{2}(n-1)\mathfrak{B}(\tfrac{1}{2}m)\\
&\quad+\tfrac{1}{2}\mathfrak{r}(n-1)\mathfrak{B}(\tfrac{1}{2}r)-\tfrac{1}{2}\mathfrak{r}(r-1)\mathfrak{B}(\tfrac{1}{2}n)\\
&\quad+\tfrac{1}{4}-\tfrac{1}{4}\mathfrak{r}-\tfrac{1}{2}h\mathfrak{B}(\tfrac{1}{2}n)
\end{aligned}\right.$$

unter den bei der Gleichung (66.) angegebenen Voraussetzungen.

9.

Einfache lineare Functionen der dritten und vierten Form.

Es bleibt noch die übersichtliche Anordnung der Glieder der Reductions-Gleichung auszuführen, wenn weder $a = 0 = c$ noch $a = \mathfrak{B}\left(\frac{1}{2}m\right)$, $c = \mathfrak{B}\left(\frac{1}{2}n\right)$ ist. Aus der Bestimmungsweise (49.) für e ergiebt sich, dass nicht zugleich $c = 0 = e$ sein kann, weil sonst auch $a = 0$ sein müsste, und dass ferner auch nicht zugleich $c = \mathfrak{B}\left(\frac{1}{2}n\right)$ und $e = \mathfrak{B}\left(\frac{1}{2}r\right)$ sein kann, weil sonst auch $a = \mathfrak{B}\left(\frac{1}{2}m\right)$ sein müsste.

Da also weder zugleich

$$\tfrac{1}{2} = a = c = \mathfrak{B}(\tfrac{1}{2}m) = \mathfrak{B}(\tfrac{1}{2}n)$$

noch zugleich

$$\tfrac{1}{2} = c = e = \mathfrak{B}(\tfrac{1}{2}n) = \mathfrak{B}(\tfrac{1}{2}r)$$

ist, so wird

$$(73.)\qquad ac\mathfrak{B}(\tfrac{1}{2}m).\mathfrak{B}(\tfrac{1}{2}n) = 0 = ce\mathfrak{B}(\tfrac{1}{2}n).\mathfrak{B}(\tfrac{1}{2}r).$$

Es kann nicht zugleich $a = 0 = \mathfrak{B}\left(\frac{1}{2}m\right)$ sein, weil sonst nach der Voraussetzung dieses Artikels $c = \frac{1}{2}$ und, wegen n relativ prim zu m, auch

$\mathfrak{B}\left(\frac{1}{2}n\right)=\frac{1}{2}$ sein müsste. Dieser Satz wird durch die Gleichungen

$$(74.)\quad (\tfrac{1}{2}-a)(\tfrac{1}{2}-\mathfrak{B}(\tfrac{1}{2}m)) = 0 = (\tfrac{1}{2}-c)(\tfrac{1}{2}-\mathfrak{B}(\tfrac{1}{2}n)) = (\tfrac{1}{2}-e)(\tfrac{1}{2}-\mathfrak{B}(\tfrac{1}{2}r))$$

dargestellt. Ist $a=0$, so muss also $c=\frac{1}{2}$, $\mathfrak{B}\left(\frac{1}{2}m\right)=\frac{1}{2}$ sein; ist $\mathfrak{B}\left(\frac{1}{2}n\right)=0$, so muss ebenfalls $c=\frac{1}{2}$, $\mathfrak{B}\left(\frac{1}{2}m\right)=\frac{1}{2}$ sein; das heisst, es ist

$$(75.)\quad (\tfrac{1}{4}-a\mathfrak{B}(\tfrac{1}{2}n))(\tfrac{1}{4}-c\mathfrak{B}(\tfrac{1}{2}m)) = 0 = (\tfrac{1}{4}-c\mathfrak{B}(\tfrac{1}{2}r))(\tfrac{1}{4}-e\mathfrak{B}(\tfrac{1}{2}n)).$$

Die Verbindung dieser Gleichung mit (73.) ergiebt noch

$$(76.)\quad a\mathfrak{B}(\tfrac{1}{2}n)+c\mathfrak{B}(\tfrac{1}{2}m) = \tfrac{1}{4},\qquad (76^*.)\quad c\mathfrak{B}(\tfrac{1}{2}r)+e\mathfrak{B}(\tfrac{1}{2}n) = \tfrac{1}{4}.$$

Die Gleichung (76.) unterscheidet, wie leicht zu sehen, die in diesem Artikel zu betrachtenden Werthe der a und c von den in den beiden vorhergehenden Artikeln für a und c vorausgesetzten Werthesystemen.

Nach Einführung des Werthes von N können wir den zu bestimmenden Ausdruck in

$$(77.)\quad \left\{\begin{aligned} &(hc-a+\mathfrak{r}e)(N+2c-4c\mathfrak{B}(\tfrac{1}{2}n))\\ &= \tfrac{1}{2}mc-a(\tfrac{1}{2}n-\mathfrak{B}(\tfrac{1}{2}n))+\tfrac{1}{2}\mathfrak{r}ne-\mathfrak{r}c(\tfrac{1}{2}r-\mathfrak{B}(\tfrac{1}{2}r))-\tfrac{1}{4}\mathfrak{r}-hc\mathfrak{B}(\tfrac{1}{2}n)\\ &\qquad -4(hc-a+\mathfrak{r}e)(\tfrac{1}{2}-c)(\tfrac{1}{2}-\mathfrak{B}(\tfrac{1}{2}n))\\ &\qquad +\tfrac{1}{2}c(nh+\mathfrak{r}r-m)+\mathfrak{r}(\tfrac{1}{4}-c\mathfrak{B}(\tfrac{1}{2}r)-e\mathfrak{B}(\tfrac{1}{2}n)) \end{aligned}\right.$$

umgestalten. Die letzten drei Glieder der zweiten Seite dieser Gleichung verschwinden in Folge von (74.), (49.) und (76*.).

Aus der Reductions-Gleichung (60.) oder (69.) erhalten wir daher

$$(78.)\quad \mathrm{S}(a,c)-\mathrm{S}(0,0) = \tfrac{1}{2}mc-a(\tfrac{1}{2}n-\mathfrak{B}(\tfrac{1}{2}n))+\tfrac{1}{2}\mathfrak{r}ne-\mathfrak{r}c(\tfrac{1}{2}r-\mathfrak{B}(\tfrac{1}{2}r))-\tfrac{1}{4}\mathfrak{r}-hc\mathfrak{B}(\tfrac{1}{2}n),$$

für welche Gleichung ausser den bei Gleichung (49.) angegebenen Voraussetzungen auch noch (76.) gilt.

In diesem und den beiden vorhergehenden Artikeln haben wir für a, c Werthesysteme betrachtet, welche aus 0 und $+\frac{1}{2}$ gebildet werden können. Die Anzahl dieser Werthesysteme beträgt vier, in welchen zusammen sowohl a wie auch c zweimal den Werth 0 und zweimal den Werth $+\frac{1}{2}$ annimmt; die Summe der vier Werthe von a beträgt also $+1$ und die Summe der vier Werthe von c ebenfalls $+1$.

Im Artikel 7 haben wir das Werthesystem $a = 0 = c$, im Artikel 8 das Werthesystem $a = \mathfrak{B}\left(\frac{1}{2}m\right)$, $c = \mathfrak{B}\left(\frac{1}{2}n\right)$ betrachtet. Beide Werthesysteme sind von einander verschieden, weil $\mathfrak{B}\left(\frac{1}{2}m\right)$ und $\mathfrak{B}\left(\frac{1}{2}n\right)$ nicht zugleich verschwinden können. In dem laufenden Artikel haben wir also zwei von jenen beiden und auch von einander verschiedene Werthesysteme, welche wir mit (a', c') und (a'', c'') bezeichnen wollen, erhalten.

Es wird dann also

$$a' + a'' + \mathfrak{B}(\tfrac{1}{2}m) = 1, \quad c' + c'' + \mathfrak{B}(\tfrac{1}{2}n) = 1 \tag{79.}$$

und durch dieselben Betrachtungen ergiebt sich

$$e' + e'' + \mathfrak{B}(\tfrac{1}{2}r) = 1. \tag{80.}$$

10.

Beziehungen zwischen den Vorzeichen der vier linearen Functionen.

Die Gleichung (66.) können wir mit Benutzung von (49.), (64.), (65.) und (68.) in der Form

$$\left\{\begin{aligned} \mathrm{S}(0,0) = &+\tfrac{1}{2}MN + \tfrac{1}{2}\mathfrak{r}NR - \tfrac{1}{4}(m-1)\mathfrak{B}(\tfrac{1}{2}n) + \tfrac{1}{4}(n-1)\mathfrak{B}(\tfrac{1}{2}m) \\ &-\tfrac{1}{4}\mathfrak{r}(n-1)\mathfrak{B}(\tfrac{1}{2}r) + \tfrac{1}{4}\mathfrak{r}(r-1)\mathfrak{B}(\tfrac{1}{2}n) - \tfrac{1}{8} + \tfrac{1}{8}\mathfrak{r} + \tfrac{1}{4}h\mathfrak{B}(\tfrac{1}{2}n) \end{aligned}\right. \tag{81.}$$

darstellen. Vergleichen wir diese mit (72.), so erhalten wir

$$\mathrm{S}(\mathfrak{B}(\tfrac{1}{2}m), \mathfrak{B}(\tfrac{1}{2}n)) + \mathrm{S}(0,0) = MN + \mathfrak{r}NR. \tag{82.}$$

Denken wir uns die Gleichung (78.) für die Werthesysteme (a', c') und (a'', c'') aufgestellt, addiren die beiden so entstandenen Gleichungen, fügen noch die mit 2 multiplicirte Gleichung (81.) hinzu und berücksichtigen (64.), (65.), (79.) und (80.) so finden wir

$$\left\{\begin{aligned} &\mathrm{S}(a', c') + \mathrm{S}(a'', c'') \\ = &+MN + \mathfrak{r}NR \\ &+(m-1)(\tfrac{1}{2} - \mathfrak{B}(\tfrac{1}{2}n)) - (n-1)(\tfrac{1}{2} - \mathfrak{B}(\tfrac{1}{2}m)) \\ &+\mathfrak{r}(n-1)(\tfrac{1}{2} - \mathfrak{B}(\tfrac{1}{2}r)) - \mathfrak{r}(r-1)(\tfrac{1}{2} - \mathfrak{B}(\tfrac{1}{2}n)) \\ = &+(M - 1 + 2\mathfrak{B}(\tfrac{1}{2}m))(N + 1 - 2\mathfrak{B}(\tfrac{1}{2}n)) + \mathfrak{r}(N - 1 + 2\mathfrak{B}(\tfrac{1}{2}n))(R + 1 - 2\mathfrak{B}(\tfrac{1}{2}r)). \end{aligned}\right. \tag{83.}$$

Die beiden Formeln (82.) und (83.) hätte man auch unmittelbar aus den für

$$M = \tfrac{1}{2}m-1+\mathfrak{B}(\tfrac{1}{2}m), \qquad N = \tfrac{1}{2}n-1+\mathfrak{B}(\tfrac{1}{2}n)$$

bestehenden Gleichungen

$$(84.)\quad \underset{\mu=1}{\overset{M}{\mathfrak{Anz}}}\ \underset{\nu=1}{\overset{\infty}{\mathfrak{Anz}}}\ \mathfrak{Pos}\left(\frac{\mu-\mathfrak{B}(\frac{1}{2}m)}{m}-\frac{\nu-\mathfrak{B}(\frac{1}{2}n)}{n}\right)+\underset{\mu=1}{\overset{M}{\mathfrak{Anz}}}\ \underset{\nu=1}{\overset{\infty}{\mathfrak{Anz}}}\ \mathfrak{Pos}\left(\frac{\mu}{m}-\frac{\nu}{n}\right) = MN$$

$$(85.)\quad \left\{\begin{array}{l} \underset{\mu=1}{\overset{M}{\mathfrak{Anz}}}\ \underset{\nu=1}{\overset{\infty}{\mathfrak{Anz}}}\ \mathfrak{Pos}\left(\frac{\mu-\frac{1}{2}}{m}-\frac{\nu-\frac{1}{2}+\mathfrak{B}(\frac{1}{2}n)}{n}\right) \\ +\underset{\mu=1}{\overset{M}{\mathfrak{Anz}}}\ \underset{\nu=1}{\overset{\infty}{\mathfrak{Anz}}}\ \mathfrak{Pos}\left(\frac{\mu-\frac{1}{2}+\mathfrak{B}(\frac{1}{2}m)}{m}-\frac{\nu-\frac{1}{2}}{n}\right) \end{array}\right| = (M-1+2\mathfrak{B}(\tfrac{1}{2}m))(N+1-2\mathfrak{B}(\tfrac{1}{2}n))$$

ableiten können. Die durch (84.) und (85.) dargestellten Lehrsätze ergeben sich aus der Betrachtung der einander zu $M+1$ und zu $N+1$ in (84.), bez. zu $M+2-2\mathfrak{B}\left(\frac{1}{2}m\right)$ und zu $N+2-2\mathfrak{B}\left(\frac{1}{2}n\right)$ in (85.) ergänzenden Argumentwerthe der beiden μ und der beiden ν.

Die Gleichungen (84.) und (85.) gelten, wenn m und n positive ganze Zahlen ohne gemeinsamen Theiler sind und wenn für den Fall

$$\mathfrak{B}(\tfrac{1}{2}m) = 0, \quad \mathfrak{B}(\tfrac{1}{2}n) = \tfrac{1}{2},$$

in Gleichung (85.) die Zahl m grösser als n ist.

11.

Summation für den Euklidischen Algorithmus.

Um die ganze Reihe von aufeinander folgenden Gleichungen eines Euklidischen Algorithmus untersuchen zu können, gehen wir von unserer bisherigen Bezeichnungsweise zu einer neuen durch die Gleichungen

$$(86.)\quad \left\{\begin{array}{l} m = m_{\sigma-1}, \quad n = m_\sigma, \quad h = h_\sigma, \quad r = m_{\sigma+1}, \\ \mathfrak{r} = \mathfrak{m}_{\sigma+1} = \pm 1, \quad M = M_{\sigma-1}, \quad N = M_\sigma, \quad R = M_{\sigma+1} \end{array}\right.$$

über, so dass also

$$(87.)\quad m_{\sigma-1} = m_\sigma h_\sigma + \mathfrak{m}_{\sigma+1} m_{\sigma+1}$$

$$(88.)\quad M_\sigma = \tfrac{1}{2}m_\sigma - 1 + \mathfrak{B}(\tfrac{1}{2}m_\sigma)$$

für jedes σ wird. Ferner wollen wir

$$(89.)\qquad a = \mathfrak{B}(\tfrac{1}{2}w_{\sigma-1}),\quad c = \mathfrak{B}(\tfrac{1}{2}w_\sigma),\quad e = \mathfrak{B}(\tfrac{1}{2}w_{\sigma+1})$$

setzen, worin $w_{\sigma-1}$, w_σ, $w_{\sigma+1}$ ganze Zahlen sind, für welche die Gleichung $e = \mathfrak{B}(hc-a)$ erfüllt sein muss. Diese Bedingung wird hergestellt und die gegebenen Werthe von a und c erleiden keine Beeinflussung, wenn wir die w durch die Gleichung

$$(90.)\qquad w_{\sigma-1} = w_\sigma h_\sigma + \mathfrak{m}_{\sigma+1} w_{\sigma+1}$$

verbinden. Es ist also entweder

erstens entsprechend den Annahmen des Artikels 7 jedes w_σ gerade

oder zweitens ensprechend den Annahmen des Artikels 8: $w_\sigma = m_\sigma$ für jedes σ

oder endlich drittens entsprechend dem Artikel 9

$$(91.)\qquad \mathfrak{B}(\tfrac{1}{2}w_{\sigma-1}).\mathfrak{B}(\tfrac{1}{2}m_\sigma) + \mathfrak{B}(\tfrac{1}{2}w_\sigma).\mathfrak{B}(\tfrac{1}{2}m_{\sigma-1}) = \tfrac{1}{4}$$

ebenfalls für jedes σ, und zwar giebt es für diesen letzteren Fall zwei Werthesysteme v und u von w, welche nach (79.) und (80.) für jedes σ die Gleichung

$$(92.)\qquad \mathfrak{B}(\tfrac{1}{2}v_\sigma) + \mathfrak{B}(\tfrac{1}{2}u_\sigma) + \mathfrak{B}(\tfrac{1}{2}m_\sigma) = 1$$

erfüllen.

Indem wir μ_σ die Zahlen $1, 2, 3, \ldots M_\sigma$

ferner $\mu_{\sigma-1}$ die Zahlen $1, 2, 3, \ldots M_{\sigma-1}$

und jedes ν_σ und $\nu_{\sigma-1}$ alle ganzen positiven Zahlen durchlaufen lassen, setzen wir

$$(93.)\quad \left\{\begin{aligned}
\mathrm{T}(\sigma, w) &= \mathfrak{Anz}_{\mu,\nu}\,\mathfrak{Pos}\left\{(\mu_{\sigma-1} - \mathfrak{B}(\tfrac{1}{2}w_{\sigma-1}))\frac{1}{m_{\sigma-1}} - (\nu_\sigma - \mathfrak{B}(\tfrac{1}{2}w_\sigma))\frac{1}{m_\sigma}\right\}\\
&= \mathfrak{Anz}_{\nu,\nu}\,\mathfrak{Pos}\left\{\tfrac{1}{2} - (\nu_{\sigma-1} + \mathfrak{B}(\tfrac{1}{2}w_{\sigma-1}) - \mathfrak{B}(\tfrac{1}{2}m_{\sigma-1}))\frac{1}{m_{\sigma-1}} - (\nu_\sigma - \mathfrak{B}(\tfrac{1}{2}w_\sigma))\frac{1}{m_\sigma}\right\}\\
\mathrm{T}'(\sigma, w) &= \mathfrak{Anz}_{\mu,\nu}\,\mathfrak{Pos}\left\{(\mu_\sigma - \mathfrak{B}(\tfrac{1}{2}w_\sigma))\frac{1}{m_\sigma} - (\nu_{\sigma-1} - \mathfrak{B}(\tfrac{1}{2}w_{\sigma-1}))\frac{1}{m_{\sigma-1}}\right\}\\
&= \mathfrak{Anz}_{\nu,\nu}\,\mathfrak{Pos}\left\{\tfrac{1}{2} - (\nu_\sigma + \mathfrak{B}(\tfrac{1}{2}w_\sigma) - \mathfrak{B}(\tfrac{1}{2}m_\sigma))\frac{1}{m_\sigma} - (\nu_{\sigma-1} - \mathfrak{B}(\tfrac{1}{2}w_{\sigma-1}))\frac{1}{m_{\sigma-1}}\right\}.
\end{aligned}\right.$$

Für jede dieser beiden Functionen kommen also vier Formen in Betracht, welche den zuvor angegebenen vier Werthesystemen der w entsprechen.

Indem wir für $\mathfrak{M}_\sigma$ keinen anderen Werth als ± 1 zulassen, setzen wir

$$\mathfrak{M}_{\sigma+1} = -\mathfrak{m}_{\sigma+1}\,\mathfrak{M}_\sigma. \tag{94.}$$

Haben wir nun eine Reihe von aufeinander folgenden Gleichungen (87.) des Euklidischen Algorithmus, stellen wir für jede derselben die einzelnen Reductions-Gleichungen (82.), (83.), (78.) auf, multipliciren diese mit $\mathfrak{M}_\sigma$ und summiren von $\sigma = \lambda$ bis $\sigma = \varkappa$, so erhalten wir nach Fortlassung der sich gegenseitig unmittelbar aufhebenden Theile

$$\tag{95.} \left\{ \begin{aligned} & \mathfrak{M}_\lambda \mathrm{T}(\lambda, 0) + \mathfrak{M}_\lambda \mathrm{T}(\lambda, m) - \mathfrak{M}_{\varkappa+1} \mathrm{T}(\varkappa+1, 0) - \mathfrak{M}_{\varkappa+1} \mathrm{T}(\varkappa+1, m) \\ & \qquad = \mathfrak{M}_\lambda M_{\lambda-1} M_\lambda - \mathfrak{M}_{\varkappa+1} M_\varkappa M_{\varkappa+1} \\ & \mathfrak{M}_\lambda \mathrm{T}(\lambda, v) + \mathfrak{M}_\lambda \mathrm{T}(\lambda, u) - \mathfrak{M}_{\varkappa+1} \mathrm{T}(\varkappa+1, v) - \mathfrak{M}_{\varkappa+1} \mathrm{T}(\varkappa+1, u) \\ & \qquad = \mathfrak{M}_\lambda \cdot (M_{\lambda-1} - 1 + 2\mathfrak{B}(\tfrac{1}{2} m_{\lambda-1}))(M_\lambda + 1 - 2\mathfrak{B}(\tfrac{1}{2} m_\lambda)) \\ & \qquad\quad - \mathfrak{M}_{\varkappa+1}(M_\varkappa - 1 + 2\mathfrak{B}(\tfrac{1}{2} m_\varkappa)) \cdot (M_{\varkappa+1} + 1 - 2\mathfrak{B}(\tfrac{1}{2} m_{\varkappa+1})) \\ & \mathfrak{M}_\lambda \mathrm{T}(\lambda, v) - \mathfrak{M}_\lambda \mathrm{T}(\lambda, 0) - \mathfrak{M}_{\varkappa+1} \mathrm{T}(\varkappa+1, v) + \mathfrak{M}_{\varkappa+1} \mathrm{T}(\varkappa+1, 0) \\ & \qquad = +\tfrac{1}{2}\mathfrak{M}_\lambda \cdot m_{\lambda-1} \mathfrak{B}(\tfrac{1}{2} v_\lambda) - \mathfrak{M}_\lambda \cdot (\tfrac{1}{2} m_\lambda - \mathfrak{B}(\tfrac{1}{2} m_\lambda)) \cdot \mathfrak{B}(\tfrac{1}{2} v_{\lambda-1}) \\ & \qquad\quad - \tfrac{1}{2}\mathfrak{M}_{\varkappa+1} m_\varkappa \cdot \mathfrak{B}(\tfrac{1}{2} v_{\varkappa+1}) + \mathfrak{M}_{\varkappa+1}(\tfrac{1}{2} m_{\varkappa+1} - \mathfrak{B}(\tfrac{1}{2} m_{\varkappa+1}))\mathfrak{B}(\tfrac{1}{2} v_\varkappa) \\ & \qquad\quad + \tfrac{1}{4}\sum_{\sigma=\lambda}^{\sigma=\varkappa} \mathfrak{M}_{\sigma+1} - \sum_{\sigma=\lambda}^{\sigma=\varkappa} \mathfrak{M}_\sigma . h_\sigma . \mathfrak{B}(\tfrac{1}{2} v_\sigma) . \mathfrak{B}(\tfrac{1}{2} m_\sigma) \end{aligned} \right.$$

und eine Gleichung, welche aus der letzteren dadurch hervorgeht, dass u überall an die Stelle von v tritt.

Diese Gleichungen können dazu verwendet werden, die gesuchten Zahlen T zu bestimmen, wenn man den Euklidischen Algorithmus so weit, bis der Rest 0 entsteht, fortsetzt; die vorhergehende Gleichung wird dann den Rest ± 1 enthalten. Es seien die beiden letzten Gleichungen

$$\tag{96.} \left\{ \begin{aligned} m_{\varkappa-1} &= m_\varkappa h_\varkappa + \mathfrak{m}_{\varkappa+1} m_{\varkappa+1} \\ m_\varkappa &= m_{\varkappa+1} h_{\varkappa+1}, \end{aligned} \right.$$

also

$$\mathfrak{m}_{\varkappa+1} = \pm 1, \quad m_{\varkappa+1} = 1, \quad h_{\varkappa+1} = m_\varkappa, \quad M_{\varkappa+1} = 0.$$

Aus den Definitions-Gleichungen (93.) ist unmittelbar zu ersehen, dass hier die acht Zahlen T, T', welche den Index $\varkappa+1$ haben, zu Null werden. Wir erhalten demnach zur Bestimmung der ersten vier Zahlen T die Gleichungen

$$(97.)\left\{\begin{aligned} \mathrm{T}(\lambda,0)+\mathrm{T}(\lambda,m) &= M_{\lambda-1}M_\lambda \\ \mathrm{T}(\lambda,v)+\mathrm{T}(\lambda,u) &= (M_{\lambda-1}-1+2\mathfrak{B}(\tfrac{1}{2}m_{\lambda-1}))(M_\lambda+1-2\mathfrak{B}(\tfrac{1}{2}m_\lambda)) \\ \mathfrak{M}_\lambda\mathrm{T}(\lambda,v)-\mathfrak{M}_\lambda\mathrm{T}(\lambda,0) &= \mathfrak{M}_\lambda\,.\,\tfrac{1}{2}m_{\lambda-1}\,.\,\mathfrak{B}(\tfrac{1}{2}v_\lambda)-\mathfrak{M}_\lambda(\tfrac{1}{2}m_\lambda-\mathfrak{B}(\tfrac{1}{2}m_\lambda))\mathfrak{B}(\tfrac{1}{2}v_{\lambda-1}) \\ &\quad+\tfrac{1}{4}\sum_{\sigma=\lambda+1}^{\varkappa+1}\mathfrak{M}_\sigma-\sum_{\sigma=\lambda}^{\varkappa+1}\mathfrak{M}_\sigma\,.\,h_\sigma\,.\,\mathfrak{B}(\tfrac{1}{2}v_\sigma)\,.\,\mathfrak{B}(\tfrac{1}{2}m_\sigma) \\ &= \mathfrak{M}_\lambda(\tfrac{1}{2}m_{\lambda-1}-\mathfrak{B}(\tfrac{1}{2}m_{\lambda-1}))\mathfrak{B}(\tfrac{1}{2}v_\lambda) \\ &\quad-\mathfrak{M}_\lambda\,.\,\tfrac{1}{2}m_\lambda\,.\,\mathfrak{B}(\tfrac{1}{2}v_{\lambda-1}) \\ &\quad+\tfrac{1}{4}\sum_{\sigma=\lambda}^{\varkappa+1}\mathfrak{M}_\sigma-\sum_{\sigma=\lambda}^{\varkappa+1}\mathfrak{M}_\sigma\,.\,h_\sigma\,.\,\mathfrak{B}(\tfrac{1}{2}v_\sigma)\,.\,\mathfrak{B}(\tfrac{1}{2}m_\sigma) \end{aligned}\right.$$

und noch eine vierte Gleichung, welche aus der letzten Doppelgleichung durch Umwandlung des v in u abgeleitet wird.

Lassen wir λ einen gegebenen Zahlenwerth annehmen und treffen die Bestimmungen:

$$(98.)\left\{\begin{aligned} &\mathfrak{M}_\lambda = +1, \quad \mathfrak{B}(\tfrac{1}{2}v_{\lambda-1}) = \tfrac{1}{2}-\mathfrak{B}(\tfrac{1}{2}m_{\lambda-1}), \quad \mathfrak{B}(\tfrac{1}{2}v_\lambda) = \tfrac{1}{2}, \\ &\qquad\qquad\quad \mathfrak{B}(\tfrac{1}{2}u_{\lambda-1}) = \tfrac{1}{2}, \qquad\qquad\quad \mathfrak{B}(\tfrac{1}{2}u_\lambda) = \tfrac{1}{2}-\mathfrak{B}(\tfrac{1}{2}m_\lambda), \end{aligned}\right.$$

so beschränken wir dadurch die Allgemeinheit nicht, erfüllen die Gleichung (92.) unmittelbar und die Bedingungsgleichung (91.), indem wir die v oder auch die u als die Werthe der w betrachten.

Setzen wir zur Abkürzung noch

$$(99.)\qquad N_{\lambda-1} = M_{\lambda-1}(1-2\mathfrak{B}(\tfrac{1}{2}m_\lambda)), \quad N_\lambda = M_\lambda(1-2\mathfrak{B}(\tfrac{1}{2}m_{\lambda-1}))$$

$$(100.)\left\{\begin{aligned} \mathrm{H}(\lambda,v) &= (1-2\mathfrak{B}(\tfrac{1}{2}m_\lambda))\{h_\lambda\mathfrak{B}(\tfrac{1}{2}v_\lambda)-\mathfrak{B}(\tfrac{1}{2}v_{\lambda-1})+\mathfrak{m}_{\lambda+1}\mathfrak{B}(\tfrac{1}{2}v_{\lambda+1})\}2\mathfrak{B}(\tfrac{1}{2}v_\lambda) \\ &= (1-2\mathfrak{B}(\tfrac{1}{2}m_\lambda))\{\tfrac{1}{2}h_\lambda+\mathfrak{m}_{\lambda+1}\mathfrak{B}(\tfrac{1}{2}h_\lambda)\} \\ \mathrm{H}(\lambda,u) &= (1-2\mathfrak{B}(\tfrac{1}{2}m_\lambda))\{h_\lambda\mathfrak{B}(\tfrac{1}{2}u_\lambda)-\mathfrak{B}(\tfrac{1}{2}u_{\lambda-1})+\mathfrak{m}_{\lambda+1}\mathfrak{B}(\tfrac{1}{2}u_{\lambda+1})\}2\mathfrak{B}(\tfrac{1}{2}u_\lambda) \\ &= (1-2\mathfrak{B}(\tfrac{1}{2}m_\lambda))\{\tfrac{1}{2}h_\lambda-\tfrac{1}{2}+\mathfrak{m}_{\lambda+1}\mathfrak{B}(\tfrac{1}{2}h_\lambda-\tfrac{1}{2})\} \end{aligned}\right.$$

$$(101.)\left\{\begin{aligned} +4V_\lambda &= -\sum_{\sigma=\lambda}^{\varkappa+1}\mathfrak{M}_\sigma\,.\,h_\sigma\,.\,2\mathfrak{B}(\tfrac{1}{2}v_\sigma)\,.\,2\mathfrak{B}(\tfrac{1}{2}m_\sigma)+\sum_{\sigma=\lambda+1}^{\varkappa+1}\mathfrak{M}_\sigma+m_{\lambda-1}+2N_\lambda \\ -4U_\lambda &= -\sum_{\sigma=\lambda}^{\varkappa+1}\mathfrak{M}_\sigma\,.\,h_\sigma\,.\,2\mathfrak{B}(\tfrac{1}{2}u_\sigma)\,.\,2\mathfrak{B}(\tfrac{1}{2}m_\sigma)+\sum_{\sigma=\lambda+1}^{\varkappa+1}\mathfrak{M}_\sigma+1-m_\lambda-2N_{\lambda-1}, \end{aligned}\right.$$

so erhalten wir aus den Gleichungen (97.) jetzt

$$(102.)\quad \begin{cases} \mathrm{T}(\lambda,0)+\mathrm{T}(\lambda,m) = M_{\lambda-1}M_\lambda \\ \mathrm{T}(\lambda,v)+\mathrm{T}(\lambda,u) = M_{\lambda-1}M_\lambda + N_{\lambda-1} - N_\lambda \\ \mathrm{T}(\lambda,v)-\mathrm{T}(\lambda,0) = -N_\lambda \quad + V_\lambda \\ \mathrm{T}(\lambda,u)-\mathrm{T}(\lambda,0) = +N_{\lambda-1} - U_\lambda \end{cases}$$

und aus (61.), (86.), (89.), (98.) zur Bestimmung der Zahlen T′ die Gleichungen

$$(103.)\quad \begin{cases} \mathrm{T}'(\lambda,0)+\mathrm{T}(\lambda,0) = M_{\lambda-1}M_\lambda \\ \mathrm{T}'(\lambda,m)+\mathrm{T}(\lambda,m) = M_{\lambda-1}M_\lambda \\ \mathrm{T}'(\lambda,v)+\mathrm{T}(\lambda,v) = M_{\lambda-1}M_\lambda + \mathrm{H}(\lambda,v) \\ \mathrm{T}'(\lambda,u)+\mathrm{T}(\lambda,u) = M_{\lambda-1}M_\lambda + \mathrm{H}(\lambda,u). \end{cases}$$

Die Auflösung der Gleichungen (102.) und (103.) hat die Form

$$(104.)\quad \begin{cases} 2\mathrm{T}(\lambda,0) = 2\mathrm{T}'(\lambda,m) = M_{\lambda-1}M_\lambda - V_\lambda + U_\lambda \\ 2\mathrm{T}(\lambda,m) = 2\mathrm{T}'(\lambda,0) = M_{\lambda-1}M_\lambda + V_\lambda - U_\lambda \\ 2\mathrm{T}(\lambda,v) = M_{\lambda-1}M_\lambda - 2N_\lambda \quad + V_\lambda + U_\lambda \\ 2\mathrm{T}(\lambda,u) = M_{\lambda-1}M_\lambda + 2N_{\lambda-1} - V_\lambda - U_\lambda \\ 2\mathrm{T}'(\lambda,v) = M_{\lambda-1}M_\lambda + 2\mathrm{H}(\lambda,v) + 2N_\lambda \quad - V_\lambda - U_\lambda \\ 2\mathrm{T}'(\lambda,u) = M_{\lambda-1}M_\lambda + 2\mathrm{H}(\lambda,u) - 2N_{\lambda-1} + V_\lambda + U_\lambda. \end{cases}$$

Die Definition (93.) der T und der T′ in Verbindung mit den Festsetzungen (98.) über die v und u ergiebt

$$\mathrm{T}(\lambda,v) = \mathfrak{Anz}_{\nu,\nu}\,\mathfrak{Pos}\left\{\tfrac{1}{2} - (\nu_{\lambda-1} + \tfrac{1}{2} - 2\mathfrak{B}(\tfrac{1}{2}m_{\lambda-1}))\frac{1}{m_{\lambda-1}} - (\nu_\lambda - \tfrac{1}{2})\frac{1}{m_\lambda}\right\}$$

$$\mathrm{T}(\lambda,u) = \mathfrak{Anz}_{\nu,\nu}\,\mathfrak{Pos}\left\{\tfrac{1}{2} - (\nu_{\lambda-1} + \tfrac{1}{2} - \mathfrak{B}(\tfrac{1}{2}m_{\lambda-1}))\frac{1}{m_{\lambda-1}} - (\nu_\lambda - \tfrac{1}{2} + \mathfrak{B}(\tfrac{1}{2}m_\lambda))\frac{1}{m_\lambda}\right\}$$

$$\mathrm{T}'(\lambda,v) = \mathfrak{Anz}_{\nu,\nu}\,\mathfrak{Pos}\left\{\tfrac{1}{2} - (\nu_\lambda + \tfrac{1}{2} - \mathfrak{B}(\tfrac{1}{2}m_\lambda))\cdot\frac{1}{m_\lambda} - (\nu_{\lambda-1} - \tfrac{1}{2} + \mathfrak{B}(\tfrac{1}{2}m_{\lambda-1}))\frac{1}{m_{\lambda-1}}\right\}$$

$$\mathrm{T}'(\lambda,u) = \mathfrak{Anz}_{\nu,\nu}\,\mathfrak{Pos}\left\{\tfrac{1}{2} - (\nu_\lambda + \tfrac{1}{2} - 2\mathfrak{B}(\tfrac{1}{2}m_\lambda))\cdot\frac{1}{m_\lambda} - (\nu_{\lambda-1} - \tfrac{1}{2})\frac{1}{m_{\lambda-1}}\right\},$$

worin $\nu_{\lambda-1}$ und ν_λ alle ganzen positiven Zahlen als Werthe anzunehmen haben. Durch die Betrachtung der verschiedenen Verbindungen von geraden und ungeraden Werthen für $m_{\lambda-1}$ und für m_λ findet man demnach

$$\mathfrak{Anz}_{\nu,v}\,\mathfrak{Pos}\left\{\tfrac{1}{2}-(\nu_{\lambda-1}-\tfrac{1}{2})\frac{1}{m_{\lambda-1}}-(\nu_\lambda-\tfrac{1}{2})\frac{1}{m_\lambda}\right\}$$
$$= 2\mathfrak{B}(\tfrac{1}{2}m_{\lambda-1}).(1-\mathfrak{B}(\tfrac{1}{2}m_\lambda)).\mathrm{T}(\lambda,v)+2\mathfrak{B}(\tfrac{1}{2}m_\lambda).(1-\mathfrak{B}(\tfrac{1}{2}m_{\lambda-1}))\mathrm{T}'(\lambda,u)$$

$$\mathfrak{Anz}_{\nu,v}\,\mathfrak{Pos}\left\{\tfrac{1}{2}-(\nu_{\lambda-1}-\tfrac{1}{2}+\mathfrak{B}(\tfrac{1}{2}m_{\lambda-1}))\frac{1}{m_{\lambda-1}}-(\nu_\lambda-\tfrac{1}{2}+\mathfrak{B}(\tfrac{1}{2}m_\lambda))\frac{1}{m_\lambda}\right\}$$
$$= 2\mathfrak{B}(\tfrac{1}{2}m_{\lambda-1}).(1-\mathfrak{B}(\tfrac{1}{2}m_\lambda))\mathrm{T}(\lambda,u)+2\mathfrak{B}(\tfrac{1}{2}m_\lambda).(1-\mathfrak{B}(\tfrac{1}{2}m_{\lambda-1}))\mathrm{T}'(\lambda,v).$$

Hieraus und aus der Bedeutung (93.) von $\mathrm{T}(\lambda,0)$, $\mathrm{T}(\lambda,m)$ erhält man, wenn man die in (104.) gefundenen Werthe benutzt:

$$(105.)\quad\begin{cases}
2\,\mathfrak{Anz}_{\nu,v}\,\mathfrak{Pos}\left\{\tfrac{1}{2}-(\nu_{\lambda-1}-\mathfrak{B}(\tfrac{1}{2}m_{\lambda-1}))\frac{1}{m_{\lambda-1}}-\nu_\lambda.\frac{1}{m_\lambda}\right\} = M_{\lambda-1}M_\lambda-V_\lambda+U_\lambda\\
2\,\mathfrak{Anz}_{\nu,v}\,\mathfrak{Pos}\left\{\tfrac{1}{2}-\nu_{\lambda-1}.\frac{1}{m_{\lambda-1}}-(\nu_\lambda-\mathfrak{B}(\tfrac{1}{2}m_\lambda))\frac{1}{m_\lambda}\right\} = M_{\lambda-1}M_\lambda+V_\lambda-U_\lambda\\
2\,\mathfrak{Anz}_{\nu,v}\,\mathfrak{Pos}\left\{\tfrac{1}{2}-(\nu_{\lambda-1}-\tfrac{1}{2})\frac{1}{m_{\lambda-1}}-(\nu_\lambda-\tfrac{1}{2})\frac{1}{m_\lambda}\right\} = M_{\lambda-1}M_\lambda+V_\lambda+U_\lambda\\
2\,\mathfrak{Anz}_{\nu,v}\,\mathfrak{Pos}\left\{\tfrac{1}{2}-(\nu_{\lambda-1}-\tfrac{1}{2}+\mathfrak{B}(\tfrac{1}{2}m_{\lambda-1}))\frac{1}{m_{\lambda-1}}-(\nu_\lambda-\tfrac{1}{2}+\mathfrak{B}(\tfrac{1}{2}m_\lambda))\frac{1}{m_\lambda}\right\}\\
\qquad = M_{\lambda-1}M_\lambda+2N_{\lambda-1}+2N_\lambda-V_\lambda-U_\lambda.
\end{cases}$$

Die Gleichung (12.) und die Definition (93.) der T und T′ ergiebt unmittelbar

$$(106.)\quad\begin{cases}
\mathfrak{Anz}_\mu\,\mathfrak{Reg}\,\mathfrak{AB}\left(\mathfrak{n}_\lambda m_\lambda \mu_{\lambda-1}.\frac{1}{m_{\lambda-1}}\right)\\
= \mathfrak{n}_\lambda\{\mathrm{T}(\lambda,v)-\mathrm{T}(\lambda,0)\}2\mathfrak{B}(\tfrac{1}{2}m_{\lambda-1})+\mathfrak{n}_\lambda\{\mathrm{T}(\lambda,m)-\mathrm{T}(\lambda,0)\}\{1-2\mathfrak{B}(\tfrac{1}{2}m_{\lambda-1})\}\\
\qquad +\tfrac{1}{2}(1-\mathfrak{n}_\lambda)M_{\lambda-1},\\
\mathfrak{Anz}_\mu\,\mathfrak{Reg}\,\mathfrak{AB}\left(\mathfrak{n}_{\lambda-1}m_{\lambda-1}\mu_\lambda.\frac{1}{m_\lambda}\right)\\
= \mathfrak{n}_{\lambda-1}\{\mathrm{T}'(\lambda,u)-\mathrm{T}'(\lambda,0)\}2\mathfrak{B}(\tfrac{1}{2}m_\lambda)+\mathfrak{n}_{\lambda-1}\{\mathrm{T}'(\lambda,m)-\mathrm{T}'(\lambda,0\}\{1-2\mathfrak{B}(\tfrac{1}{2}m_\lambda)\}\\
\qquad +\tfrac{1}{2}(1-\mathfrak{n}_{\lambda-1})M_\lambda,
\end{cases}$$

worin

$$M_{\lambda-1} = \tfrac{1}{2}m_{\lambda-1}-1+\mathfrak{B}(\tfrac{1}{2}m_{\lambda-1}),\quad M_\lambda = \tfrac{1}{2}m_\lambda-1+\mathfrak{B}(\tfrac{1}{2}m_\lambda),\quad \mathfrak{n}_{\lambda-1} = \pm 1,\quad \mathfrak{n}_\lambda = \pm 1$$
$$\mu_{\lambda-1} = 1,2,3,\ldots M_{\lambda-1},\quad \mu_\lambda = 1,2,3,\ldots M_\lambda$$

zu setzen ist.

Durch Einführung der Ausdrücke (102.) für die T und T' in die Gleichungen (106.) erhält man

$$(107.)\quad \begin{cases} \mathfrak{Anz}_\mu\, \mathfrak{Neg}\, \mathfrak{AB}\left(\mathfrak{n}_\lambda m_\lambda \mu_{\lambda-1}\cdot\frac{1}{m_{\lambda-1}}\right) \\ \qquad = \mathfrak{n}_\lambda\{V_\lambda - U_\lambda(1-2\mathfrak{B}(\tfrac{1}{2}m_{\lambda-1}))\} + \tfrac{1}{2}(1-\mathfrak{n}_\lambda)M_{\lambda-1} \end{cases}$$

$$(108.)\quad \begin{cases} \mathfrak{Anz}_\mu\, \mathfrak{Neg}\, \mathfrak{AB}\left(\mathfrak{n}_{\lambda-1} m_{\lambda-1} \mu_{\lambda}\cdot\frac{1}{m_{\lambda}}\right) \\ \qquad = \mathfrak{n}_{\lambda-1}\{U_\lambda - V_\lambda(1-2\mathfrak{B}(\tfrac{1}{2}m_{\lambda}))\} + \tfrac{1}{2}(1-\mathfrak{n}_{\lambda-1})M_{\lambda}. \end{cases}$$

Hierbei gelten also ausser den nach den Gleichungen (106.) angegebenen Voraussetzungen auch noch die folgenden:

$m_{\lambda-1}$ und m_λ ohne gemeinsamen Theiler, $m_{\lambda-1} > m_\lambda > 0$;

für $m_{\lambda-1}$ und m_λ ist ein Euklidischer Algorithmus mit beständig abnehmenden Resten durch Gleichungen von der Form (87.) bis zu den beiden Schlussgleichungen (96.) gebildet;

von den Anfangswerthen (98.) der v und u ausgehend, ist, so weit wir die Untersuchungen bis zu dieser Stelle geführt haben, die ganze Reihe der Werthe der v und u nach Vorschrift der für w angegebenen Gleichung (90.) bestimmt;

die Reihe der Grössen $\mathfrak{M}$ ist nach Vorschrift der Gleichung (94.) und mit Rücksicht auf die erste der Gleichungen (98.) ermittelt;

es sind $N_{\lambda-1}$ und N_λ nach (99.), V_λ und U_λ nach (101.) berechnet.

Die gesuchten Anzahlen der positiven Werthe der vier einfachen linearen Functionen ergeben sich dann aus (105.) und die gesuchten Anzahlen der negativen absolut kleinsten Bruchreste aus den Gleichungen (107.) und (108).

Für den Fall, dass der Nenner $m_{\lambda-1}$ gerade und $\mathfrak{n}_\sigma = +1$ ist, folgt aus (107.) und (105.)

$$\mathfrak{Anz}_\mu\, \mathfrak{Neg}\, \mathfrak{AB}\left(m_\lambda \mu_{\lambda-1}\cdot\frac{1}{m_{\lambda-1}}\right) = V_\lambda - U_\lambda \equiv M_{\lambda-1} M_\lambda = \tfrac{1}{2}(m_{\lambda-1}-2)\,.\,\tfrac{1}{2}(m_\lambda - 1) \pmod{2}.$$

Ist aber der Nenner m_λ gerade und $\mathfrak{n}_{\lambda-1} = +1$, so folgt aus (108.)

$$\mathfrak{Anz}_\mu\, \mathfrak{Neg}\, \mathfrak{AB}\left(m_{\lambda-1} \mu_{\lambda}\cdot\frac{1}{m_{\lambda}}\right) = U_\lambda - V_\lambda \equiv M_{\lambda-1} M_\lambda = \tfrac{1}{2}(m_{\lambda-1}-1)\,.\,\tfrac{1}{2}(m_\lambda - 2) \pmod{2}.$$

Die hier gefundene Eigenschaft der Anzahl der in den Brüchen

$$1\cdot\frac{n}{m},\quad 2\cdot\frac{n}{m},\quad 3\cdot\frac{n}{m},\quad \ldots,\quad \frac{m-2}{2}\cdot\frac{n}{m}$$

vorkommenden negativen absolut kleinsten Bruchreste, dass sie nämlich, wenn m gerade positiv und n positiv relativ prim zu m ist, gleichzeitig gerade oder ungerade mit der Zahl $\frac{m-2}{2}\cdot\frac{n-1}{2}$ wird, hätte man auch unmittelbar daraus ableiten können, dass die absolut kleinsten Bruchreste zweier zu der Hälfte einer ungeraden Zahl sich ergänzenden gebrochenen Grössen gleiche Vorzeichen haben.

Ist der Nenner $m_{\lambda-1}$ in (107.) oder der Nenner m_λ in (108.) ungerade, so bestimmt die durch die betreffende Gleichung gefundene Anzahl der negativen absolut kleinsten Bruchreste bekanntlich den zusammengesetzten quadratischen Restcharacter bez. der beliebigen Zahl $\mathfrak{n}_\lambda m_\lambda$ für den Modul $m_{\lambda-1}$ oder der beliebigen Zahl $\mathfrak{n}_{\lambda-1} m_{\lambda-1}$ für den Modul m_λ.

12.

Gerade und ungerade Reste im Euklidischen Algorithmus.

Bei der bis jetzt erhaltenen Bestimmungsweise (105.), (107.), (108.) der gesuchten Zahlen bedarf es noch der Ermittelung der Reihen der Grössen v, u und $\mathfrak{M}$ in den Summen, von welchen die V_λ, U_λ in (101.) abhängen. Es sind v und u die beiden Werthesysteme von w, welche die Gleichungen (90.) und (91.) erfüllen. Ist $\mathfrak{B}\left(\frac{1}{2}m_\sigma\right) = 0$, so wird $\mathfrak{B}\left(\frac{1}{2}w_\sigma\right) = \frac{1}{2}$.

Um $\mathfrak{B}\left(\frac{1}{2}w_\sigma\right)$ bei einem ungeraden m_σ kennen zu lernen, betrachten wir erstens den Fall

$$\mathfrak{m}_\psi \equiv 1 \equiv m_{\psi+1} \pmod{2};$$

hier muss

$$w_{\psi+1} - w_\psi \equiv 1 \equiv (\psi+1) - \psi + (1 + m_\psi) h_\psi \pmod{2}$$

sein, weil weder w_ψ und $w_{\psi+1}$ zugleich gerade noch zugleich ungerade sein können.

Zweitens sei

$$m_\psi \equiv 0 \pmod{2}.$$

Dann müssen also w_ψ, $w_{\psi-1}$ und $m_{\psi+1}$ ungerade und demnach

$$\begin{aligned} w_{\psi+1} - w_{\psi-1} &= -h_\psi w_\psi + (1-\mathfrak{m}_{\psi+1})\, w_{\psi+1} \equiv h_\psi \\ &\equiv (\psi+1)-(\psi-1)+(1+m_{\psi-1})\,h_{\psi-1}+(1+m_\psi)\,h_\psi \quad (\text{mod. } 2) \end{aligned}$$

werden.

Beide Fälle können wir in die eine Regel zusammenfassen: Wenn m_φ und m_σ ungerade sind, so wird

$$(109.) \qquad w_\sigma - w_\varphi \equiv \sigma - \varphi + \sum_{\psi=\varphi}^{\sigma-1} (1+m_\psi)\, h_\psi \quad (\text{mod. } 2).$$

Die Verallgemeinerung dieser Congruenz auf beliebig grosse Werthe von $\psi - \varphi$ ergiebt sich durch das Beweisverfahren der vollständigen Induction.

Beachtet man, dass $(1+m_\tau)\, h_\tau \equiv -1$ wird, wenn h_τ ungerade und m_τ gerade ist, so sieht man, dass dieser Satz (109.) sich in folgender Weise aussprechen lässt:

Sind in zwei Euklidischen Algorithmen mit ganzen Zahlen

$$\begin{array}{l} \cdots\cdots\cdots\cdots \\ m_{\psi-2} = m_{\psi-1}\, h_{\psi-1} + \mathfrak{m}_\psi\ m_\psi \\ m_{\psi-1} = m_\psi\ \ h_\psi\ \ + \mathfrak{m}_{\psi+1}\, m_{\psi+1} \\ \cdots\cdots\cdots\cdots \end{array}$$

und

$$\begin{array}{l} \cdots\cdots\cdots\cdots \\ w_{\psi-2} = w_{\psi-1}\, h_{\psi-1} + \mathfrak{m}_\psi\ w_\psi \\ w_{\psi-1} = w_\psi\ \ h_\psi\ \ + \mathfrak{m}_{\psi+1}\, w_{\psi+1} \\ \cdots\cdots\cdots\cdots \end{array}$$

die entsprechenden Quotienten $\ldots h_{\psi-1}, h_\psi \ldots$ identisch und weder die Reste in dem einen noch in dem anderen Algorithmus alle gerade, auch nicht die entsprechenden Reste der beiden Algorithmen sämmtlich zugleich gerade oder zugleich ungerade,

so entspricht einem geraden Reste m_ψ (beziehungweise w_ψ) des einen Algorithmus ein ungerader Rest w_ψ (beziehungsweise m_ψ) des anderen Algorithmus,

und entsprechen zwei ungeraden Resten z. B. m_φ, m_σ des einen Algorithmus in dem anderen Algorithmus zwei Reste w_φ, w_σ, deren

Unterschied $w_\sigma - w_\varphi$ gleichzeitig gerade oder ungerade ist mit der Anzahl der zwischen diesen beiden Resten vorkommenden Quotienten

$$h_\varphi,\quad h_{\varphi+1},\quad \ldots,\quad h_{\sigma-2},\quad h_{\sigma-1},$$

wobei jedoch diejenigen unter ihnen etwa vorkommenden ungeraden Quotienten h_τ, welchen gerade Divisoren m_τ in der Reihe

$$m_\varphi,\quad m_{\varphi+1},\quad \ldots,\quad m_{\sigma-2},\quad m_{\sigma-1}$$

zugehören, nicht mitzuzählen sind.

Beachten wir, dass in der Congruenz (109.) aus der Summe das Glied $(1+m_\varphi)h_\varphi$, weil m_φ ungerade ist, fortgelassen werden kann, und nehmen wir für m_φ eine ungerade unter den beiden Zahlen $m_{\lambda-1}$, m_λ, so erhalten wir nach den die Anfangswerthe $v_{\lambda-1}$, $u_{\lambda-1}$, v_λ, u_λ betreffenden Festsetzungen (98.) allgemein bei jedem σ, für welches m_σ ungerade ist,

$$v_\sigma \equiv 1 + \sigma - \lambda + \sum_{\psi=\lambda}^{\sigma-1} (1+m_\psi)h_\psi \pmod{2} \tag{110.}$$

$$u_\sigma \equiv \sigma - \lambda + \sum_{\psi=\lambda}^{\sigma-1} (1+m_\psi)h_\psi \pmod{2}. \tag{111.}$$

13.

Zeller's Vorschrift für die Ausrechnung.

Wenden wir die allgemeinen Sätze auf den besonderen Fall an, dass alle Reste im Euklidischen Algorithmus positiv, also die $\mathfrak{m}_\sigma = +1$ genommen sind und dass die erste Zahl $m_{\lambda-1}$ ungerade ist, so erhalten wir einen Beweis für die von Herrn Zeller aufgestellte Regel*) zur Bestimmung des quadratischen Rest-Characters.

Nach den Festsetzungen in (98.) wird hier

$$\mathfrak{B}(\tfrac{1}{2}m_{\lambda-1}) = \tfrac{1}{2},\quad \mathfrak{B}(\tfrac{1}{2}v_{\lambda-1}) = 0,\quad \mathfrak{B}(\tfrac{1}{2}v_\lambda) = \tfrac{1}{2}$$

und, wegen $\mathfrak{m}_\sigma = +1$ für jedes σ, nach (94.) noch

$$\mathfrak{M}_\sigma = (-1)^{\sigma-\lambda}\mathfrak{M}_\lambda = (-1)^{\sigma-\lambda},\quad \sum_{\sigma=\lambda+1}^{\varkappa+1} \mathfrak{M}_\sigma = -2\mathfrak{B}\left(\frac{1+\varkappa-\lambda}{2}\right).$$

*) [Nachrichten der Gesellschaft d. Wiss. zu Göttingen, 1879, S. 197—216.]

Setzen wir

$$(112.) \qquad \varrho' = \sum_{\sigma=\lambda}^{\varkappa+1}(-1)^{\sigma-\lambda} h_\sigma \,.\, 2\mathfrak{B}(\tfrac{1}{2}v_\sigma)\,.\,2\mathfrak{B}(\tfrac{1}{2}m_\sigma)+2\mathfrak{B}\left(\frac{1+\varkappa-\lambda}{2}\right),$$

so ergeben die Gleichungen (107.) und (101.) für diesen Fall

$$(113.) \qquad \mathfrak{Anz}_\mu\,\mathfrak{Neg}\,\mathfrak{AB}\left(m_\lambda\,\mu_{\lambda-1}\cdot\frac{1}{m_{\lambda-1}}\right) = V_\lambda = \tfrac{1}{4}(m_{\lambda-1}-\varrho').$$

Der Euklidische Algorithmus hat die Form

$$\begin{array}{lll}
m_{\lambda-1} = m_\lambda h_\lambda & + m_{\lambda+1} & \\
\cdots\cdots & & \\
m_{\sigma-1} = m_\sigma h_\sigma & + m_{\sigma+1} & \\
m_\sigma = m_{\sigma+1} h_{\sigma+1} & + m_{\sigma+2} & \\
\cdots\cdots & & \\
m_{\varkappa-1} = m_\varkappa h_\varkappa & + m_{\varkappa+1} & = m_\varkappa h_\varkappa + 1 \\
m_\varkappa = m_{\varkappa+1} h_{\varkappa+1} & & = h_{\varkappa+1}.
\end{array}$$

Mit Anwendung der Congruenz (110.) folgern wir aus (112.) und (113.) die von Herrn Zeller aufgestellte Regel:

»I) In der Reihe der Quotienten

$$h_\lambda,\; h_{\lambda+1},\; \ldots,\; h_\tau,\; \ldots,\; h_\sigma,\; \ldots,\; h_\psi,\; \ldots,\; h_{\varkappa+1}$$

wird jeder ungerade Quotient h_τ, dessen zugehöriger Divisor m_τ gerade ist, ausgetilgt und jedem folgenden Quotienten $\pm h_{\tau+1}, \pm h_{\tau+2}, \ldots, \pm h_{\varkappa+1}$ das entgegengesetzte Vorzeichen von seinem ursprünglichen positiven oder, wenn er durch ein solches Verfahren schon eine Vorzeichenänderung erlitten hatte, das entgegengesetzte Vorzeichen von demjenigen gegeben, welches er schon erlangt hatte;

II) jeder hiernach noch stehen gebliebene, mit dem angemessenen Vorzeichen versehene gerade Quotient $\pm h_\varrho$, dessen zugehöriger Divisor m_ϱ gerade ist, wird durch 0 ersetzt;

III) von der so erhaltenen Reihe der modificirten (rectificirten) Quotienten werden der erste, der dritte und alle übrigen an ungerader Stelle stehenden addirt;

IV) es wird noch die Einheit hinzugefügt, wenn die Anzahl $(\varkappa+1)-(\lambda-1)$ der Gleichungen in der Kettenbruch-Entwickelung von $\frac{m_{\lambda-1}}{m_\lambda}$ gerade ist.

Wird die so erhaltene Summe mit ϱ' bezeichnet, so ist $\frac{1}{4}(m_{\lambda-1}-\varrho')$

die Anzahl der in den $\frac{1}{2}(m_{\lambda-1}-1)$ Brüchen

$$1m_\lambda\cdot\frac{1}{m_{\lambda-1}},\quad 2m_\lambda\cdot\frac{1}{m_{\lambda-1}},\quad 3m_\lambda\cdot\frac{1}{m_{\lambda-1}},\quad \ldots,\quad \frac{m_{\lambda-1}-1}{2}m_\lambda\cdot\frac{1}{m_{\lambda-1}}$$

enthaltenen negativen absolut kleinsten Bruchreste«.

Ist nun ausser $m_{\lambda-1}$ auch m_λ ungerade, so wird nach (98.)

$$\mathfrak{B}(\tfrac{1}{2}u_{\lambda-1}) = \tfrac{1}{2},\quad \mathfrak{B}(\tfrac{1}{2}u_\lambda) = 0.$$

Berücksichtigen wir, dass

$$1+\sum_{\sigma=\lambda+1}^{\varkappa+1}\mathfrak{M} = 1+\sum_{\sigma=\lambda+1}^{\varkappa+1}(-1)^{\sigma-\lambda} = 2\mathfrak{B}\left(\frac{\varkappa-\lambda+2}{2}\right)$$

ist, und setzen wir

$$(114.)\qquad \varrho'' = \sum_{\sigma=\lambda}^{\varkappa+1}(-1)^{1+\sigma-\lambda}.h_\sigma.2\mathfrak{B}(\tfrac{1}{2}u_\sigma).2\mathfrak{B}(\tfrac{1}{2}m_\sigma)+2\mathfrak{B}\left(\frac{\varkappa-\lambda+2}{2}\right),$$

so erhalten wir aus (108.) und (101.) jetzt

$$(115.)\qquad \mathfrak{Anz}_\mu\,\mathfrak{Neg}\,\mathfrak{AB}\left(m_{\lambda-1}\cdot\mu_\lambda\cdot\frac{1}{m_\lambda}\right) = U_\lambda = \tfrac{1}{4}(m_\lambda-\varrho'')$$

und also mit Hülfe von (111.) die von Herrn Zeller aufgestellte Vorschrift:

»Die Quotienten

$$h_\lambda,\quad h_{\lambda+1},\quad h_\tau,\quad \ldots,\quad h_\sigma,\quad \ldots,\quad h_{\varkappa+1}$$

werden denselben Abänderungen unterworfen, die unter I) und II) der soeben ausgesprochenen Regel aufgestellt sind;

dann wird die Summe der zweiten, vierten und aller an gerader Stelle stehenden Glieder der auf die angegebene Weise modificirten Quotienten gebildet;

endlich wird noch die Einheit addirt, wenn die Anzahl $(\varkappa-\lambda+2)$ der Gleichungen des Euklidischen Algorithmus ungerade ist.

Aus der auf diese Weise erhaltenen Zahl ϱ'' ergiebt sich $\frac{1}{4}(m_\lambda-\varrho'')$ als die Anzahl der in den $\frac{1}{2}(m_\lambda-1)$ Brüchen

$$1m_{\lambda-1}\cdot\frac{1}{m_\lambda},\quad 2m_{\lambda-1}\cdot\frac{1}{m_\lambda},\quad 3m_{\lambda-1}\cdot\frac{1}{m_\lambda},\quad \ldots,\quad \frac{m_\lambda-1}{2}m_{\lambda-1}\cdot\frac{1}{m_\lambda}$$

enthaltenen negativen absolut kleinsten Bruchreste«.

Mit Hülfe der Gleichungen (113.), (115.), (104.) und der Definitionen

(93.) der T und T′ finden wir für ungerade $m_{\lambda-1}$ und m_λ, welche wir jetzt beziehungsweise durch m und n ersetzen wollen, die von Herrn Zeller aufgestellten Gleichungen

$$(116.)\quad\begin{cases} \frac{m-1}{2}\cdot\frac{n-1}{2}-\frac{m-\varrho'}{4}+\frac{n-\varrho''}{4} = 2\Sigma\left[\frac{n\mu}{m}\right] = 2\Sigma\left[\frac{m(\nu-\frac{1}{2})}{n}+\frac{1}{2}\right] \\ \frac{m-1}{2}\cdot\frac{n-1}{2}+\frac{m-\varrho'}{4}-\frac{n-\varrho''}{4} = 2\Sigma\left[n\frac{\mu-\frac{1}{2}}{m}+\frac{1}{2}\right] = 2\Sigma\left[\frac{m\nu}{n}\right] \\ \frac{m-1}{2}\cdot\frac{n-1}{2}+\frac{m-\varrho'}{4}+\frac{n-\varrho''}{4} = 2\Sigma\left[\frac{n\mu}{m}+\frac{1}{2}\right] = 2\Sigma\left[\frac{m\nu}{n}+\frac{1}{2}\right] \\ \frac{m-1}{2}\cdot\frac{n-1}{2}-\frac{m-\varrho'}{4}-\frac{n-\varrho''}{4} = 2\Sigma\left[n\frac{\mu-\frac{1}{2}}{m}\right] = 2\Sigma\left[m\frac{\nu-\frac{1}{2}}{n}\right], \end{cases}$$

worin die Summationen Σ sich auf die Zahlen $1, 2, 3, \ldots, \frac{m-1}{2}$ als Werthe von μ und auf die Zahlen $1, 2, 3, \ldots, \frac{n-1}{2}$ als Werthe von ν beziehen und $[x]$ die in x enthaltene grösste ganze Zahl bezeichnet.

Die Zellerschen Gleichungen (116.) gelten unter der Voraussetzung ungerader m und n. Die von dieser Voraussetzung unabhängigen allgemeinen Gleichungen sind die oben unter (105.) aufgestellten.

14.

Allgemeine Vorschriften für die Berechnung.

Um für den Fall, dass bei der Aufstellung der Gleichungen des Euklidischen Algorithmus nicht allen Resten das positive Vorzeichen gegeben worden ist, eine übersichtliche Regel zur Berechnung der Summen in den Formeln (101.) für V_λ und U_λ zu erhalten, wollen wir für jedes σ die Gleichung (87.), worin h_σ vorkommt, mit $-\mathfrak{M}_\sigma$ multipliciren; dadurch nimmt in Folge von (94.) der Euklidische Algorithmus die Form

$$(117.)\quad\begin{cases} -\mathfrak{M}_\lambda\, m_{\lambda-1} = -\mathfrak{M}_\lambda\, h_\lambda\,.\, m_\lambda + \mathfrak{M}_{\lambda+1}\,.\, m_{\lambda+1} = k_\lambda\,.\, m_\lambda + \mathfrak{M}_{\lambda+1}\,.\, m_{\lambda+1} \\ -\mathfrak{M}_{\lambda+1}\, m_\lambda = -\mathfrak{M}_{\lambda+1}\, h_{\lambda+1}\,.\, m_{\lambda+1} + \mathfrak{M}_{\lambda+2}\,.\, m_{\lambda+2} = k_{\lambda+1}\,.\, m_{\lambda+1} + \mathfrak{M}_{\lambda+2}\,.\, m_{\lambda+2} \\ \cdots\cdots\cdots\cdots\cdots\cdots \\ -\mathfrak{M}_{\sigma-1}\, m_{\sigma-2} = -\mathfrak{M}_{\sigma-1}\, h_{\sigma-1}\,.\, m_{\sigma-1} + \mathfrak{M}_\sigma\,.\, m_\sigma = k_{\sigma-1}\,.\, m_{\sigma-1} + \mathfrak{M}_\sigma\,.\, m_\sigma \\ -\mathfrak{M}_\sigma\, m_{\sigma-1} = -\mathfrak{M}_\sigma\, h_\sigma\,.\, m_\sigma + \mathfrak{M}_{\sigma+1}\,.\, m_{\sigma+1} = k_\sigma\,.\, m_\sigma + \mathfrak{M}_{\sigma+1}\,.\, m_{\sigma+1} \\ \cdots\cdots\cdots\cdots\cdots\cdots \\ -\mathfrak{M}_\varkappa\, m_{\varkappa-1} = -\mathfrak{M}_\varkappa\, h_\varkappa\,.\, m_\varkappa + \mathfrak{M}_{\varkappa+1}\,.\, m_{\varkappa+1} = k_\varkappa\,.\, m_\varkappa + \mathfrak{M}_{\varkappa+1}\,.\, 1 \\ -\mathfrak{M}_{\varkappa+1}\, m_\varkappa = -\mathfrak{M}_{\varkappa+1}\, h_{\varkappa+1}\,.\, m_{\varkappa+1} = k_{\varkappa+1}\,.\, 1 \end{cases}$$

an. Hierin ist zwar $\mathfrak{M}_\lambda$ noch beliebig $= \pm 1$, wir werden aber $\mathfrak{M}_\lambda = +1$ wie in (98.) annehmen.

Die hier befolgte Vorschrift kann man auch so aussprechen:

Für die negativ genommene, dem absoluten Werthe nach grössere Zahl $-m_{\lambda-1}$ und für die positiv genommene kleinere Zahl m_λ wird der Euklidische Algorithmus in der Weise gebildet, dass immer die zu zerlegende Zahl $m_{\sigma-1}$ mit demjenigen Vorzeichen $(-\mathfrak{M}_\sigma)$ versehen wird, welches dem Vorzeichen $(\mathfrak{M}_\sigma)$ des zuletzt entstandenen Restes $\mathfrak{M}_\sigma m_\sigma$ entgegengesetzt ist.

Der auf solche Weise erhaltene Quotient, nämlich der mit dem absoluten Werthe m_σ des letzten Restes multiplicirte Factor

$$-\mathfrak{M}_\sigma h_\sigma = k_\sigma \tag{118.}$$

hat dann immer schon das ihm in den Summen der Gleichungen (101.) zu ertheilende Vorzeichen.

Um ferner den Einfluss der Werthe von $(1+m_\psi)h_\psi$ in (110.) und (111.) auf $\mathfrak{B}\left(\frac{1}{2}v_\sigma\right)$, auf $\mathfrak{B}\left(\frac{1}{2}u_\sigma\right)$ und auf den in dem einzelnen Gliede der Summen der Gleichungen (101.) vorkommenden Factor $2\mathfrak{B}\left(\frac{1}{2}v_\sigma\right).2\mathfrak{B}\left(\frac{1}{2}m_\sigma\right)$ oder $2\mathfrak{B}\left(\frac{1}{2}u_\sigma\right).2\mathfrak{B}\left(\frac{1}{2}m_\sigma\right)$ zu berücksichtigen,

wird aus der Reihe Q der Quotienten

$$k_\lambda,\quad k_{\lambda+1},\quad \ldots,\quad k_\tau,\quad \ldots,\quad k_{\varkappa+1}$$

jeder ungerade k_τ, dessen zugehöriger Divisor m_τ gerade ist, fortgelassen.

Um schliesslich das Verschwinden des Factors $2\mathfrak{B}\left(\frac{1}{2}m_\sigma\right)$ an den noch übrigen Stellen zu berücksichtigen,

ersetzen wir jeden nach der eben getroffenen Auswahl übrig gebliebenen geraden Quotienten k_ϱ, dessen zugehöriger Divisor m_ϱ gerade ist, durch den Werth 0.

Die nach diesen Vorschriften modificirten Quotienten Q* seien

$$K_1,\quad K_2,\quad K_3,\quad \ldots,\quad K_{2\theta-1},\quad K_{2\theta},\quad \ldots; \tag{119.}$$

dann wird nach (110.)

$$(120.)\qquad -\sum_{\sigma=\lambda}^{\varkappa+1}\mathfrak{M}_\sigma\,.\,h_\sigma\,.\,2\mathfrak{B}(\tfrac{1}{2}v)\,.\,2\mathfrak{B}(\tfrac{1}{2}m_\sigma) = \mathfrak{M}_\lambda\,\Sigma K_{2\theta-1} = \Sigma K_{2\theta-1}$$
$$\text{für }\theta = 1, 2, 3, \ldots,$$

d. i. gleich der Summe der an ungerader Stelle stehenden Glieder in der Reihe Q* der modificirten Quotienten; ferner wird nach (111.):

$$(121.)\qquad -\sum_{\sigma=\lambda}^{\varkappa+1}\mathfrak{M}_\sigma\,.\,h_\sigma\,.\,2\mathfrak{B}(\tfrac{1}{2}u_\sigma)\,.\,2\mathfrak{B}(\tfrac{1}{2}m_\sigma) = \mathfrak{M}_\lambda\,\Sigma K_{2\theta} = \Sigma K_{2\theta}$$
$$\text{für }\theta = 1, 2, 3, \ldots,$$

d. i. gleich der Summe der an gerader Stelle stehenden Glieder in der Reihe Q* der modificirten Quotienten.

Die andere zu bildende Summe

$$(122.)\qquad +\sum_{\sigma=\lambda+1}^{\varkappa+1}\mathfrak{M}_\sigma$$

hat für den nach obiger Vorschrift (117.) gebildeten Euklidischen Algorithmus die einfache Bedeutung,

dass sie gleich der Anzahl der positiven Reste vermindert um die Anzahl der negativen Reste ist.

Die nach diesen Vorschriften ausgeführte Berechnung der Werthe der Summen ergeben eine sehr einfache Bestimmung (101.) der V_λ und U_λ und damit auch der in den Gleichungen (105.), (107.), (108.) gesuchten Zahlen.

15.

Beispiele.

I. (Gauss Werke, Bd. II, Seite 63 und 64) $m_{\lambda-1} = 379$, $m_\lambda = 103$.

Rechnung nach den allgemeinen Vorschriften:

Die Gleichungen (88.) und (99.) ergeben:

$$M_{\lambda-1} = 189,\quad M_\lambda = 51,\quad N_{\lambda-1} = 0,\quad N_\lambda = 0.$$

Der Algorithmus (117.) sei:

Q	$Div.$	$Rest$	Q^*	$K_{2\theta-1}$	$K_{2\theta}$
$-379 =$	$-4 . 103$	$+33$	-4	-4	
$-103 =$	$-3 . 33$	-4	-3		-3
$+33 =$	$+8 . 4$	$+1$	0	0	
$-4 =$	$-4 . 1$		-4		-4

$$\begin{array}{rrcr}
\Sigma K_{2\theta-1} = -4, & & \Sigma K_{2\theta} = & -7 \\
\Sigma \mathfrak{M}_\sigma = +2-1 = +1 & & = & +1 \\
m_{\lambda-1} = +379 & & & +1 \\
2N_\lambda = 0 & & -m_\lambda = & -103 \\
 & & -2N_{\lambda-1} = & 0 \\
\hline
\text{nach (101.):} \quad +4V_\lambda = +376 & & -4U_\lambda = & -108 \\
V_\lambda = +94 & & U_\lambda = & +27
\end{array}$$

nach (107.): $\displaystyle \mathop{\mathfrak{Anz}}_{\mu=1}^{189} \mathfrak{Neg}\,\mathfrak{AB}\, \frac{103}{379}\cdot\mu = V_\lambda = 94$

nach (108.): $\displaystyle \mathop{\mathfrak{Anz}}_{\nu=1}^{51} \mathfrak{Neg}\,\mathfrak{AB}\, \frac{379}{103}\cdot\nu = U_\lambda = 27.$

Aus den Gleichungen (105.) wird hier

$$2 . \mathfrak{Anz}_{\mu,\nu}\, \mathfrak{Pos}\left(\frac{1}{2} - \frac{\mu-\frac{1}{2}}{379} - \frac{\nu}{103}\right) = 189 . 51 - 94 + 27 = 2 . 4786$$

$$2 . \mathfrak{Anz}_{\mu,\nu}\, \mathfrak{Pos}\left(\frac{1}{2} - \frac{\mu}{379} - \frac{\nu-\frac{1}{2}}{103}\right) = 189 . 51 + 94 - 27 = 2 . 4853$$

$$2 . \mathfrak{Anz}_{\mu,\nu}\, \mathfrak{Pos}\left(\frac{1}{2} - \frac{\mu-\frac{1}{2}}{379} - \frac{\nu-\frac{1}{2}}{103}\right) = 189 . 51 + 94 + 27 = 2 . 4880$$

$$2 . \mathfrak{Anz}_{\mu,\nu}\, \mathfrak{Pos}\left(\frac{1}{2} - \frac{\mu}{379} - \frac{\nu}{103}\right) = 189 . 51 - 94 - 27 = 2 . 4759,$$

worin die μ und ν alle positiven ganzen Zahlen zu durchlaufen haben.

Vergleichen wir das hier gefundene Resultat

$$\mathfrak{Anz}_{\mu,\nu}\, \mathfrak{Pos}\left(\frac{1}{2} - \frac{\mu-\frac{1}{2}}{379} - \frac{\nu-\frac{1}{2}}{103}\right) = 4880$$

mit der obigen Gleichung (40.):

$$\mathfrak{Anz}_{\mu,\nu}\, \mathfrak{Pos}\left(\frac{1}{4} - \frac{\mu-\frac{1}{2}}{379} - \frac{\nu-\frac{1}{2}}{206}\right) = 2440,$$

so sehen wir an einem Beispiel, wie

$$\mathfrak{Anz}_{\mu,\nu}\, \mathfrak{Pos}\left(\frac{1}{2} - \frac{\mu-\frac{1}{2}}{m} - \frac{\nu-\frac{1}{2}}{n}\right) = 2 . \mathfrak{Anz}\, \mathfrak{Pos}\left(\frac{1}{4} - \frac{\mu-\frac{1}{2}}{m} - \frac{\nu-\frac{1}{2}}{2n}\right)$$

wird, wenn μ und ν wie zuvor alle positiven ganzen Zahlen durchlaufen.

Dieser Satz lässt sich aber für ungerade m und n unschwer allgemein ableiten und ergiebt für das Reciprocitäts-Gesetz der quadratischen Reste einen Beweis, welcher sich dem dritten Gaussischen, dem Eisensteinschen geometrischen und dem Kroneckerschen arithmetischen Beweise eng anschliesst.

II. $m_{\lambda-1} = 155\,006\,407 = m,\ m_\lambda = 14\,930\,352 = n.$

Erste Rechnung: nach Zellers Regeln.

		Q	Divis.		Rest	rect. Q	(ϱ')
155 006 407	=	10 .	14 930 352	+	5 702 887	0	0
14 930 352	=	2 .	5 702 887	+	3 524 578	2	
5 702 887	=	1 .	3 524 578	+	2 178 309		
3 524 578	=	1 .	2 178 309	+	1 346 269	−1	−1
2 178 309	=	1 .	1 346 269	+	832 040	−1	
1 346 269	=	1 .	832 040	+	514 229		
832 040	=	1 .	514 229	+	317 811	+1	+1
514 229	=	1 .	317 811	+	196 418	+1	
317 811	=	1 .	196 418	+	121 393		
196 418	=	1 .	121 393	+	75 025	−1	−1
121 393	=	1 .	75 025	+	46 368	−1	
75 025	=	1 .	46 368	+	28 657		
46 368	=	1 .	28 657	+	17 711	+1	+1
28 657	=	1 .	17 711	+	10 946	+1	
17 711	=	1 .	10 946	+	6 765		
10 946	=	1 .	6 765	+	4 181	−1	−1
6 765	=	1 .	4 181	+	2 584	−1	
4 181	=	1 .	2 584	+	1 597		
2 584	=	1 .	1 597	+	987	+1	+1
1 597	=	1 .	987	+	610	+1	
987	=	1 .	610	+	377		
610	=	1 .	377	+	233	−1	−1
377	=	1 .	233	+	144	−1	
233	=	1 .	144	+	89		
144	=	1 .	89	+	55	+1	+1
89	=	1 .	55	+	34	+1	
55	=	1 .	34	+	21		
34	=	1 .	21	+	13	−1	−1
21	=	1 .	13	+	8	−1	
13	=	1 .	8	+	5		
8	=	1 .	5	+	3	+1	+1
5	=	1 .	3	+	2	+1	
3	=	1 .	2	+	1		
2	=	2 .	1			−2	−2
Anzahl	=	34 . . .					+1
							$\varrho' = -1$

$$\tfrac{1}{2}(m - \varrho') = \tfrac{1}{2}(155\,006\,407 + 1) = 38\,751\,602 \equiv 0 \pmod{2}$$

also:

$$\left(\frac{14\,930\,352}{155\,006\,407}\right) = +1.$$

Die Summe der grössten Ganzen lassen sich für das vorliegende Beispiel nach diesen Regeln nicht bestimmen, weil die eine der beiden vorgegebenen Zahlen, 14 930 352 gerade ist.

Zweite Rechnung: mit Hülfe der vorhandenen Tafeln und mit Anwendung des Reciprocitäts-Satzes für quadratische Reste.

Es ist $155\,006\,407 = 23 \,.\, 6\,739\,409$ und $6\,739\,409$ nach Dase's Factoren-Tafeln eine Primzahl. Ferner ist $14\,930\,352 = 2^4 \,.\, 3^3 \,.\, 17 \,.\, 19 \,.\, 107$, also

$$\left(\frac{14\,930\,352}{155\,006\,407}\right) = \left(\frac{3 \,.\, 17 \,.\, 19 \,.\, 107}{155\,006\,407}\right) = \left(\frac{-155\,006\,407}{3 \,.\, 17 \,.\, 19 \,.\, 107}\right) = \left(\frac{-1}{3}\right)\cdot\left(\frac{+1}{17}\right)\cdot\left(\frac{+1}{19}\right)\cdot\left(\frac{-1}{107}\right)$$
$$= (-1)\,.\,(+1)\,.\,(+1)\,.\,(-1) = +1.$$

Es ist aber auch:

$$\left(\frac{14\,930\,352}{155\,006\,407}\right) = \left(\frac{14\,930\,352}{23}\right)\cdot\left(\frac{14\,930\,352}{6\,739\,409}\right) \text{ und}$$

$$\left(\frac{14\,930\,352}{23}\right) = \left(\frac{-6}{23}\right) = \left(\frac{2}{23}\right)\cdot\left(\frac{-3}{23}\right) = \left(\frac{2}{7}\right)\cdot\left(\frac{-3}{23}\right) = \left(\frac{-3}{23}\right) = \left(\frac{23}{3}\right) = -1$$

$$\left(\frac{14\,930\,352}{6\,739\,409}\right) = \left(\frac{3 \,.\, 17 \,.\, 19 \,.\, 107}{6\,739\,409}\right) = \left(\frac{6\,739\,409}{3 \,.\, 17 \,.\, 19 \,.\, 107}\right) = \left(\frac{-1}{3}\right)\cdot\left(\frac{-3}{17}\right)\cdot\left(\frac{-5}{19}\right)\cdot\left(\frac{2}{107}\right)\cdot\left(\frac{7}{107}\right)$$
$$= \left(\frac{-1}{3}\right)\cdot\left(\frac{17}{3}\right)\cdot\left(\frac{-1}{19}\right)\cdot\left(\frac{19}{5}\right)\cdot\left(\frac{2}{3}\right)\cdot\left(\frac{-107}{7}\right) = \left(\frac{-1}{3}\right)\cdot\left(\frac{2}{3}\right)\cdot\left(\frac{-1}{19}\right)\cdot\left(\frac{-1}{5}\right)\cdot\left(\frac{2}{3}\right)\cdot\left(\frac{-2}{7}\right) = -1.$$

Dritte Rechnung: nach den allgemeinen Vorschriften.

Die Gleichungen (88.) und (99.) ergeben

$$M_{\lambda-1} = 77\,503\,203 = N_{\lambda-1}, \quad M_\lambda = 7\,465\,175, \quad N_\lambda = 0$$
$$M_{\lambda-1} \,.\, M_\lambda = 578\,574\,973\,455\,525.$$

	Q	*Div.*	*Rest*	Q^*	$K_{2\theta-1}$	$K_{2\theta}$
− 155 006 407 =	− 10 .	14 930 352 −	5 702 887	0	0	
14 930 352 =	+ 3 .	5 702 887 −	2 178 309	+ 3		+ 3
5 702 887 =	+ 3 .	2 178 309 −	832 040	+ 3	+ 3	
2 178 309 =	+ 3 .	832 040 −	317 811			
832 040 =	+ 3 .	317 811 −	121 393	+ 3		+ 3
317 811 =	+ 3 .	121 393 −	46 368	+ 3	+ 3	
121 393 =	+ 3 .	46 368 −	17 711			
46 368 =	+ 3 .	17 711 −	6 765	+ 3		+ 3
17 711 =	+ 3 .	6 765 −	2 584	+ 3	+ 3	
6 765 =	+ 3 .	2 584 −	987			
2 584 =	+ 3 .	987 −	377	+ 3		+ 3
987 =	+ 3 .	377 −	144	+ 3	+ 3	
377 =	+ 3 .	144 −	55			
144 =	+ 3 .	55 −	21	+ 3		+ 3
55 =	+ 3 .	21 −	8	+ 3	+ 3	
21 =	+ 3 .	8 −	3			
8 =	+ 3 .	3 −	1	+ 3		+ 3
3 =	+ 3 .	1		+ 3	+ 3	
					$\Sigma K_{2\theta-1} = +18$	$\Sigma K_{2\theta} = +18$

	$\Sigma K_{2\theta-1} = \qquad + 18$	$\Sigma K_{2\theta} \quad = \quad + 18$
	$\Sigma \mathfrak{M}_\sigma = 0 - 17 = \qquad - 17$	$\Sigma \mathfrak{M}_\sigma \quad = \quad - 17$
		$+ 1 \quad = \quad + 1$
	$m_{\lambda-1} = + 155\,006\,407$	$- m_\lambda \quad = - \; 14\,930\,352$
		$- 2 N_{\lambda-1} \quad = - 155\,006\,406$
Nach (101.):	$4 V_\lambda = + 155\,006\,408$	$- 4 U_\lambda \quad = - 169\,936\,756$
	$V_\lambda = + \; 38\,751\,602$	$U_\lambda \quad = + \; 42\,484\,189$
	$V_\lambda + U_\lambda = + \; 81\,235\,791$	$V_\lambda \quad = + \; 38\,751\,602$
	$2 N_{\lambda-1} + 2 N_\lambda = + 155\,006\,406$	$V_\lambda + U_\lambda = + \; 81\,235\,791$
	$2 N_{\lambda-1} + 2 N_\lambda - V_\lambda - U_\lambda = + \; 73\,770\,615$	$V_\lambda - U_\lambda = - \; 3\,732\,587$

Nach (107.): $\mathop{\mathfrak{Anz}}_{\mu=1}^{77\,503\,203} \mathfrak{Reg}\,\mathfrak{AB}\,\frac{14\,930\,352}{155\,006\,407}\cdot\mu = \qquad V_\lambda = 38\,751\,602.$

Nach (108.): $\mathop{\mathfrak{Anz}}_{\nu=1}^{7\,465\,175} \mathfrak{Reg}\,\mathfrak{AB}\,\frac{155\,006\,407}{14\,930\,352}\cdot\nu = U_\lambda - V_\lambda = 3\,732\,587.$

Aus den vier Gleichungen (105.) folgt:

$$\mathfrak{Anz}_{\mu,\nu}\,\mathfrak{Pos}\left(\frac{1}{2} - \frac{\mu - \frac{1}{2}}{155\,006\,407} - \frac{\nu}{14\,930\,352}\right) = 289\,287\,488\,594\,056$$

$$\mathfrak{Anz}_{\mu,\nu}\,\mathfrak{Pos}\left(\frac{1}{2} - \frac{\mu}{155\,006\,407} - \frac{\nu}{14\,930\,352}\right) = 289\,287\,484\,861\,469$$

$$\mathfrak{Anz}_{\mu,\nu}\,\mathfrak{Pos}\left(\frac{1}{2} - \frac{\mu - \frac{1}{2}}{155\,006\,407} - \frac{\nu - \frac{1}{2}}{14\,930\,352}\right) = 289\,287\,527\,345\,658$$

$$\mathfrak{Anz}_{\mu,\nu}\,\mathfrak{Pos}\left(\frac{1}{2} - \frac{\mu}{155\,006\,407} - \frac{\nu - \frac{1}{2}}{14\,930\,352}\right) = 289\,287\,523\,613\,070,$$

worin μ und ν alle positive ganze Zahlen zu durchlaufen haben.

BEMERKUNGEN.

ZU I: ZUR MATHEMATISCHEN THEORIE ELECTRISCHER STRÖME (S. 1—35).

1) Von dem zeitigen Dekan der philosophischen Facultät der Universität Göttingen, Herrn Geh. Regierungsrath Prof. Dr. Dziatzko ist den Herausgebern aus den Akten der Facultät gütigst mitgetheilt, dass Wilhelm Weber die oben auf S. 1 angegebene Preisaufgabe im Jahre 1856 gestellt hat, dass ferner zuerst W. Weber die Preisaufgabe geprüft und dann an Lejeune Dirichlet mit dem Ersuchen um Begutachtung ihres mathematischen Theiles weitergegeben hat. Das oben auf S. 1 und 2 wieder abgedruckte »Urtheil der Facultät« enthält diese Gutachten von W. Weber und Dirichlet, und zwar ist der vierte Absatz auf S. 2 der Beurtheilung von Dirichlet entnommen.

2) Auf die obige Arbeit bezieht sich die Stelle in den »Nachrichten der Königl. Gesellschaft d. Wiss. zu Göttingen« 1857, Juni 22, S. 139:

»Die physikalische Preisaufgabe [ist] von Ernst Schering aus Scharnebeck in »Hannover bearbeitet und diese Arbeit des Preises würdig befunden worden. Die nähere »Beurtheilung der eingegangenen Preisschriften wird in gewohnter Weise mit der Fest- »rede zugleich veröffentlicht werden.

3) In den genannten »Nachrichten« Göttingen 1858, November 29, S. 311 heisst es:

»In dem mit dem 1. Julius 1858 abgelaufenen Decanatsjahre des Prof. Lejeune- »Dirichlet sind von der philosophischen Honorenfacultät die folgenden Doctor-Pro- »motionen vollzogen worden:

»Ernst Schering aus dem Lüneburgischen, den 22. Juli 1857. (Dissertation: »Die von der Facultät i. J. 1857 gekrönte physikalische Preisschrift) — — — —

4) Im Druck dieser Arbeit vom Jahre 1857 war an allen Stellen das Differentialzeichen d angewandt; hier im Abdrucke ist zwischen totalem (d) und partiellem Differentiale (∂) unterschieden.

5) Der folgende Satz (siehe S. 7 Zeile 13 von unten)

»Den besonderen Fall, dass die Fläche an dieser Stelle eine endliche zur Ebene ξ, ζ »parallele Gerade enthält und also kein Element ΔY Statt hätte, dürfen wir hier aus- »schliessen, — — — —

könnte in dieser Form unrichtig aufgefasst werden.

Wenn man aber nach dem Vorschlage von Herrn Prof. Dr. Haussner nach den Worten: »zur Ebene $\xi\zeta$ parallele Gerade" noch die Worte:

»und zu dH senkrechte Gerade«

hinzufügt, so wird der besondere Fall, den der Verfasser in jenem Satze aussprechen wollte, unzweideutig angegeben sein.

ZU III: ÜBER DIE CONFORME ABBILDUNG DES ELLIPSOIDS AUF DER EBENE (S. 49—85).

1) Lejeune Dirichlet hat die auf S. 49 angegebene Preisaufgabe gestellt und auch das auf S. 50 abgedruckte Urtheil über die von E. Schering eingereichte Bearbeitung derselben verfasst.

2) Auf diese Arbeit bezieht sich die Stelle in den »Nachrichten von der Königl. Gesellschaft d. Wiss. zu Göttingen«, 1858, Juni 14, S. 98:

»Den mathematischen Preis hat Ernst Schering aus Scharnebeck erhalten«.

3) Diese Preisarbeit hat als Habilitationsschrift gedient.

4) Dem (in dem letzten Abschnitte auf S. 50 wieder abgedruckten) Wunsche der Facultät nachkommend hat Ernst Schering durch vielfache textliche Kürzungen und Ausscheidung der mit der gestellten Preisfrage in nur losem Zusammenhange stehenden Entwickelungen seine Preisarbeit auf das festgesetzte Maass beschränkt. Die letzteren Entwickelungen betrafen die geodätische Linie auf dem Ellipsoide und die ähnliche Abwickelung zweier Ellipsoide auf einander. Diese bisher nicht veröffentlichten Untersuchungen sind der Vollständigkeit wegen im Folgenden abgedruckt; sie hatten ursprünglich ihren Platz hinter dem 6. Abschnitte der Preisarbeit.

Die geodätische Linie auf dem Ellipsoid.

Für das Quadrat des Längenelements auf dem Ellipsoid fanden wir [S. 57 (6.)]

$$(\psi\psi - \varphi\varphi)(dp^2 + dq^2) = n(dp^2 + dq^2);$$

also ist die Länge s einer Curve auf dem Ellipsoid

$$s = \int \sqrt{n}\sqrt{dp^2 + dq^2},$$

wenn diejenigen Werthe von p und q als Grenzen des Integrals genommen werden, die den Endpunkten der Curve entsprechen. Für die kürzeste Curve zwischen jenen Punkten verschwindet die Variation δ des Integrals; diese ist aber, wenn man q als Function von p betrachtet und zur Abkürzung

$$\sqrt{dp^2 + dq^2} = d\sigma$$

setzt,

$$\delta s = \int \frac{\partial \sqrt{n}}{\partial q} d\sigma \delta q + \int \frac{\sqrt{n}\, dq}{d\sigma} d\delta q.$$

Integriren wir das letzte Glied partiell und berücksichtigen, dass die Variation δq an den festen Grenzen verschwindet, so erhalten wir

$$\delta s = \int \left\{ \frac{\partial \sqrt{n}}{\partial q} d\sigma - d\frac{\sqrt{n}\, dq}{d\sigma} \right\} \delta q.$$

Also muss

$$\frac{\partial \sqrt{n}}{\partial q} d\sigma - d\frac{\sqrt{n}\, dq}{d\sigma}$$

oder

$$\frac{\partial \sqrt{n}}{\partial q} d\sigma - \frac{dq}{d\sigma} d\sqrt{n} - \tfrac{1}{2}\sqrt{n}\frac{d\sigma}{dq} d\left(\frac{dq^2}{d\sigma^2}\right)$$

zu Null werden, demnach muss sein

$$\frac{\partial \sqrt{n}}{\partial q} dq d\sigma^2 - dq^2 d\sqrt{n} = \tfrac{1}{2}\sqrt{n}\, d\sigma^2 d\left(\frac{dq^2}{d\sigma^2}\right)$$

$$= -\tfrac{1}{2}\sqrt{n}\, d\sigma^2 d\left(\frac{dp^2}{d\sigma^2}\right)$$

oder, weil

$$\frac{\partial \sqrt{n}}{\partial q} dq = \frac{1}{2\sqrt{n}} d(\psi\psi) \qquad \text{[Vgl. S. 57 (7.)]}$$

$$d\sqrt{n} = \frac{1}{2\sqrt{n}} \{d(\psi\psi) - d(\varphi\varphi)\}$$

ist,

$$\frac{1}{2\sqrt{n}} d(\psi\psi)\, dp^2 + \frac{1}{2\sqrt{n}} d(\varphi\varphi)\, dq^2 = \frac{\sqrt{n}}{2} d\sigma^2 d\left(\frac{dq^2}{d\sigma^2}\right) = -\frac{\sqrt{n}}{2} d\sigma^2 d\left(\frac{dp^2}{d\sigma^2}\right)$$

und

$$d(\psi\psi)\, dp^2 + d(\varphi\varphi)\, dq^2 = -\psi\psi\, d\sigma^2 d\left(\frac{dp^2}{d\sigma^2}\right) - \varphi\varphi\, d\sigma^2 d\left(\frac{dq^2}{d\sigma^2}\right).$$

Die Ausführung der Differentiation ergiebt

$$\begin{aligned} d(\psi\psi)\, dp^2 + d(\varphi\varphi)\, dq^2 &= -\psi\psi \,.\, d(dp^2) - \varphi\varphi \,.\, d(dq^2) \\ &\quad + (\psi\psi\, dp^2 + \varphi\varphi\, dq^2) \frac{d(d\sigma^2)}{d\sigma^2}; \end{aligned}$$

also ist

$$d(\psi\psi\, dp^2 + \varphi\varphi\, dq^2) = (\psi\psi\, dp^2 + \varphi\varphi\, dq^2) \frac{d(d\sigma^2)}{d\sigma^2}$$

und das erste Integral dieser Gleichung

$$\frac{\psi\psi\, dp^2 + \varphi\varphi\, dq^2}{d\sigma^2} = \frac{\psi\psi\, dp^2 + \varphi\varphi\, dq^2}{dp^2 + dq^2} = \text{const} = \beta_1\beta_1$$

oder

$$\frac{dq}{\sqrt{\psi\psi - \beta_1\beta_1}} \pm \frac{dp}{\sqrt{\beta_1\beta_1 - \varphi\varphi}} = 0.$$

Aus

$$\begin{aligned} ds &= \sqrt{\psi\psi - \varphi\varphi}\, \sqrt{dp^2 + dq^2} \\ &= \sqrt{(\psi\psi - \beta_1\beta_1)\, dq^2 + (\beta_1\beta_1 - \varphi\varphi)\, dq^2 + (\psi\psi - \beta_1\beta_1)\, dp^2 + (\beta_1\beta_1 - \varphi\varphi)\, dp^2} \end{aligned}$$

folgt, weil nach der letzten Integralgleichung

$$(\beta_1\beta_1 - \varphi\varphi)\, dq^2 = (\psi\psi - \beta_1\beta_1)\, dp^2 = \pm\sqrt{\beta_1\beta_1 - \varphi\varphi}\, \sqrt{\psi\psi - \beta_1\beta_1}\, dp\, dq$$

wird,

$$ds = \sqrt{\psi\psi - \beta_1\beta_1}\, dq \pm \sqrt{\beta_1\beta_1 - \varphi\varphi}\, dp.$$

Diese beiden Gleichungen, die Jacobi*) zuerst aufgestellt hat, enthalten die Veränderlichen getrennt. Die bei der Integration derselben auftretenden Quadraturen sind Abelsche oder specieller hyperelliptische Integrale, die zunächst den elliptischen folgen.

Bezeichnet t den Winkel, den das Element ds mit dem Elemente $\sqrt{\psi\psi-\varphi\varphi}\,dq$ einer Curve grösster Krümmung bildet, so ist

$$\cos t\, ds = \sqrt{\psi\psi-\varphi\varphi}\,dq$$
$$\sin t\, ds = \sqrt{\psi\psi-\varphi\varphi}\,dp,$$

also wird für das Element einer kürzesten Linie

$$\operatorname{tg} t^2 = \frac{\beta_1\beta_1-\varphi\varphi}{\psi\psi-\beta_1\beta_1}$$
$$\sin t^2 = \frac{\beta_1\beta_1-\varphi\varphi}{\psi\psi-\varphi\varphi}$$
$$\cos t^2 = \frac{\psi\psi-\beta_1\beta_1}{\psi\psi-\varphi\varphi}.$$

Die Krümmungen Φ und Ψ der Normalschnitte, welche die Curven $\varphi = \text{const.}$, bez. $\psi = \text{const.}$ tangiren, sind im Punkte (φ, ψ)

$$\Phi = \frac{abc}{\sqrt{aa-\varphi\varphi}\cdot\sqrt{(aa-\psi\psi)^3}}$$
$$\Psi = \frac{abc}{\sqrt{aa-\psi\psi}\cdot\sqrt{(aa-\varphi\varphi)^3}},$$

und das von Gauss eingeführte Krümmungsmaass k einer Fläche ist für das Ellipsoid im Punkte (φ, ψ)

$$k = \Psi\Phi = \frac{aabbcc}{(aa-\varphi\varphi)^2(aa-\psi\psi)^2},$$

also

$$\Phi = (aa-\varphi\varphi)\frac{1}{\sqrt{abc}}k^{\frac{3}{4}}$$
$$\Psi = (aa-\psi\psi)\frac{1}{\sqrt{abc}}k^{\frac{3}{4}}.$$

*) [Jacobi, Ges. Werke, Bd. IV, S. 527—528 und Supplementband: Vorlesungen über Dynamik, S. 212—221.]

Demnach ist das Verhältniss zwischen der vierten Potenz der Krümmung des Normalschnittes, welcher eine Curve grösster oder kleinster Krümmung tangirt, und der dritten Potenz der Krümmung der Fläche für alle Punkte einer solchen Curve constant.

Da Φ und Ψ, wie schon erwähnt, die grösste und die kleinste Krümmung darstellen, welche die Curven der durch den Punkt (φ, ψ) gehenden Normalschnitte in diesem Punkte selbst besitzen, so wird nach Euler's Satze die Krümmung s eines Normalschnittes, der mit dem Normalschnitte von der Krümmung Φ den Winkel t einschliesst, gleich

$$s = \Phi \cos t^2 + \Psi \sin t^2,$$

also die Krümmung des die geodätische Linie im Punkte (φ, ψ) tangirenden Normalschnittes

$$s = \{(\psi\psi - \beta_1\beta_1)(aa - \varphi\varphi) + (\beta_1\beta_1 - \varphi\varphi)(aa - \psi\psi)\} \frac{1}{\psi\psi - \varphi\varphi} \frac{k^{\frac{3}{4}}}{\sqrt{abc}}$$

oder

$$s = (aa - \beta_1\beta_1) \frac{1}{\sqrt{abc}} k^{\frac{3}{4}}.$$

Da die osculirende Ebene einer kürzesten Linie auf einer Fläche immer einen Normalschnitt der Fläche und zwar für denselben Punkt, für welchen sie osculirende Ebene der Linie ist, bildet, so folgt aus der letzten Gleichung, dass das Verhältniss zwischen der vierten Potenz der Krümmung der kürzesten Linie auf dem Ellipsoid und der dritten Potenz der Krümmung der Fläche für alle Punkte derselben kürzesten Linie constant ist.

Aehnliche Abbildung eines Ellipsoids auf einem anderen Ellipsoide.

Bei einer conformen Abbildung einer Fläche auf einer anderen werden die kleinsten Theile derselben einander ähnlich, also die entsprechenden Winkel in den aus unendlich kleinen, so wie aus beliebig langen Linien gebildeten Figuren einander gleich. Das Verhältniss zwischen den Längen der einander entsprechenden endlichen Linien ist im Allgemeinen veränderlich mit den Linien; es wird nur dann für alle dasselbe sein, wenn das Verhältniss zwischen den einander entsprechenden unendlich kleinen Längen für alle Punkte der beiden Flächen constant ist. Eine solche Abbildung heisse eine ähnliche.

Ersetzen wir die zweite Fläche durch eine ihr ähnliche dritte, deren Dimensionen zu den ihrigen dasselbe Verhältniss haben, welches zwischen den Längen auf der ersten Fläche und denen auf der zweiten besteht, so ergiebt sich aus einer ähnlichen Abbildung der ersten Fläche auf der zweiten eine Abbildung der ersten auf der dritten, bei welcher alle Längen ungeändert bleiben, also eine vollständige Abwickelung der ersten auf der dritten.

Gleich grosse Kugelflächen lassen sich offenbar in unendlich vielen verschiedenen Weisen auf einander abwickeln; ebenso congruente Rotationsflächen, jedoch mit der Beschränkung, dass im Allgemeinen die Rotationsaxen auf einander fallen.

Für dreiaxige Ellipsoide wird sich ergeben, dass nur gleiche Ellipsoide und zwar nur in acht verschiedenen Weisen auf einander abgewickelt werden können.

Behalten wir die Functionen p, q, n in der zuvor angewandten Bedeutung für das eine Ellipsoid bei und denken uns nach der Abwickelung dieser ersten Fläche auf der zweiten die Punkte dieser zweiten Fläche durch die entsprechenden Punkte der ersten Fläche, also auch durch Werthe der p, q bestimmt, so wird das Längenelement auf der zweiten Ellipsoidfläche, da es dem auf dem ersten gleich ist,

$$\sqrt{n}\,\sqrt{dp^2+dq^2}$$

sein. Alle Beziehungen, die allein von der Function n abhängen, sind demnach für beide Flächen dieselben. So wird jede kürzeste Linie auf der ersten Fläche nach der Abwickelung auf der zweiten auch eine kürzeste Linie auf dieser. Das von Gauss eingeführte Krümmungsmaass k der Flächen ist allein abhängig von den Coefficienten der Differentiale der beiden unabhängigen Veränderlichen p, q im Ausdrucke des Längenelements und nach Art. 19 der Disquisitiones generales circa superficies curvas auctore Gauss*) für unseren Fall

$$4n^4k = 2n\left(\frac{\partial n}{\partial q}\right)^2 + 2n\left(\frac{\partial n}{\partial p}\right)^2 - 2nn\frac{\partial\partial n}{\partial q^2} - 2nn\frac{\partial\partial n}{\partial p^2}$$

*) [Gauss' Werke, Bd. IV, S. 244. Das in dem Schering'schen Manuscripte auch für die partielle Differentiation gebrauchte Zeichen d ist im Folgenden durch das jetzt übliche ∂ ersetzt].

oder

$$k = -\frac{1}{2n}\frac{\partial\partial \log n}{\partial q^2} - \frac{1}{2n}\frac{\partial\partial \log n}{\partial p^2}.$$

Dieses Krümmungsmaass wird also für entsprechende Punkte der beiden Flächen dasselbe. Der oben dafür gefundene Ausdruck

$$k = \frac{aabbcc}{(aa-\varphi\varphi)^2\,(aa-\psi\psi)^2}$$

zeigt, dass es sein Maximum für die Endpunkte ($\varphi = \gamma$, $\psi = \beta$) der grossen Axe annimmt und dort gleich

$$\frac{aabbcc}{b^4\,c^4} = \frac{aa}{bbcc}$$

ist; das Minimum

$$\frac{aabbcc}{a^4\,b^4} = \frac{cc}{aabb}$$

gilt für die Endpunkte ($\varphi = 0$, $\psi = \gamma$) der kleinen Axe.

Bezeichnen wir mit a', b', c' die grosse, mittlere und kleine Axe des zweiten Ellipsoids, so ist

$$\frac{a'a'}{b'b'c'c'}$$

das Maximum und

$$\frac{c'c'}{a'a'b'b'}$$

das Minimum der Krümmung desselben.

Da die Krümmungen der einen Fläche denen der anderen gleich sein sollen, so müssen die Maxima und die Minima unter sich gleich sein, also

$$\frac{aa}{bbcc} = \frac{a'a'}{b'b'c'c'}$$

$$\frac{cc}{aabb} = \frac{c'c'}{a'a'b'b'}$$

und dem zu Folge

$$b = b'$$

$$\frac{a}{c} = \frac{a'}{c'}.$$

Die extremen Werthe des Krümmungsmaasses werden nur in den Endpunkten der grossen und kleinen Axe erreicht, also entsprechen sich diese Punkte der beiden Ellipsoide. Eine kürzeste Linie zwischen einem Endpunkte der kleinen Axe und einem Endpunkte der grossen Axe wird nach der Uebertragung eine kürzeste Linie zwischen den Endpunkten derselben Axen des zweiten Ellipsoids.

Zwischen einem Endpunkte der kleinen und einem Endpunkte der grossen Axe giebt es aber nur zwei kürzeste Linien. Zunächst folgt aus der Gleichung der kürzesten Linie

$$\frac{dq}{\sqrt{\psi\psi-\beta_1\beta_1}} \pm \frac{dp}{\sqrt{\beta_1\beta_1-\varphi\varphi}} = 0,$$

dass für die in Rede stehende kürzeste Linie β_1 nicht von γ verschieden sein kann, denn wäre $\beta_1 < \gamma$ so würde für den Endpunkt ($\varphi = \gamma$, $\psi = \beta$) der grossen Axe $\frac{dp}{\sqrt{\beta_1\beta_1-\varphi\varphi}}$ imaginär werden, aber $\frac{dq}{\sqrt{\psi\psi-\beta_1\beta_1}}$ reell bleiben, weil $\beta > \gamma$ ist. Ebenso ergiebt sich, dass β_1 nicht grösser als γ sein kann.

Für den Endpunkt der grossen Axe wird

$$\sin t^2 = \frac{\beta_1\beta_1-\varphi\varphi}{\psi\psi-\varphi\varphi} = 0,$$

das heisst die Richtung der kürzesten Linie ist dieselbe, wie die der Curve kleinster Krümmung, also wie die Richtung des zur mittleren Axe normalen Hauptschnittes. Da sämmtliche Grössen in der Differentialgleichung und die Endwerthe auf diese Weise vollkommen bestimmt sind, so ist es auch die Curve bis auf die durch die doppelten Zeichen noch freigelassene Wahl der beiden Theile der ganzen geschlossenen Curve.

Der zur mittleren Axe normale Hauptschnitt ist eine kürzeste Linie, da die Gleichung einer solchen für $\beta_1 = \gamma$

$$\frac{\sqrt{aa-\psi\psi}}{\sqrt{\beta\beta-\psi\psi}}\,\frac{1}{2\psi}\,d\log(\psi\psi-\gamma\gamma) \pm \frac{\sqrt{aa-\varphi\varphi}}{\sqrt{\beta\beta-\varphi\varphi}}\,\frac{-1}{2\varphi}\,d\log(\gamma\gamma-\varphi\varphi) = 0$$

sowohl durch $\psi = \text{const} = \gamma$, als auch durch $\varphi = \text{const} = \gamma$ erfüllt wird.

Der zur mittleren Axe normale Hauptschnitt ist also die einzige kürzeste Linie zwischen den Endpunkten der grossen und kleinen Axe. Bei der Abwickelung der einen Fläche auf der anderen müssen demnach diese Hauptschnitte auf einander fallen und zwar dem zuvor Bewiesenen gemäss so, dass die Endpunkte der entsprechenden Axen auf einander fallen. Da die Linien bei der Uebertragung ihre Länge nicht ändern, so können die mehrerwähnten Hauptschnitte nicht verschieden grosse Peripherien haben. Sie sind Ellipsen mit den Axen a, c einerseits und a', c' andererseits, und es ist

$$\frac{a}{a'} = \frac{c}{c'};$$

die Ellipsen sind also ähnlich und, da sie gleichen Umfang haben, auch einander congruent, folglich ist

$$a = a', \quad c = c'.$$

Die beiden Ellipsoide haben daher dieselben Axen und können nur so auf einander abgewickelt werden, dass die Punkte des zur mittleren Axe normalen Hauptschnittes des einen Ellipsoids auf die gleich oder symmetrisch liegenden Punkte des anderen Ellipsoids fallen.

Für die conforme Abbildung einer Fläche auf einer anderen gilt der leicht zu beweisende Satz, dass, wenn die Beziehung zwischen den Punkten einer bestimmten Curve der einen Fläche und den Punkten einer bestimmten Curve der anderen Fläche gegeben ist, auch die Abbildung der ganzen Fläche vollkommen bestimmt ist, sobald man eine Wahl getroffen hat, wie die beiden Seiten der einen Curve den Seiten der anderen entsprechen sollen.

Die Abwickelung der Flächen auf einander ist ein specieller Fall der conformen Abbildung, also sind für die Ellipsoide die acht Abwickelungen, bei welchen die gleich oder symmetrisch liegenden Punkte auf einander fallen, die einzig möglichen. Es können Ellipsoide nur dann auf einander ähnlich abgebildet werden, wenn sie selbst einander ähnlich sind.

ZU IV: THEOREMES RELATIFS AUX FORMES BINAIRES QUADRATIQUES QUI REPRÉSENTENT LES MÊMES NOMBRES (S. 87—102).

Aus einem Briefe von Ernst Schering an Liouville vom 11. Juni 1859 geht hervor, dass das Manuscript der obigen Arbeit IV im August 1858 an Liouville abgeschickt worden ist.

ZU V: ZAHLENTHEORETISCHE BEMERKUNG (S. 103—104).

Der Brief, welchem die obige zahlentheoretische Bemerkung entnommen ist, war ursprünglich nicht zur Publikation bestimmt; dieselbe ist erst später auf Kronecker's Wunsch gerade im 100. Bande von Crelle's Journal geschehen.

ZU VI: FORTSETZUNG DER UNTERSUCHUNGEN ÜBER DAS ARITHMETISCH-GEOMETRISCHE MITTEL (S. 105—134).

1) Zum Verständnisse dieser Abhandlung sei über den Inhalt der Gauss'schen Abhandlung über das arithmetisch-geometrische Mittel (Werke, Bd. III, S. 361—374) Folgendes hier bemerkt.

Gauss geht von der Betrachtung der beiden Reihen

$$(1.)\qquad a,\ a',\ a'',\ \ldots,\ a^{\mathrm{n}},\ a^{\mathrm{n}+1},\ \ldots$$

$$(2.)\qquad b,\ b',\ b'',\ \ldots,\ b^{\mathrm{n}},\ b^{\mathrm{n}+1},\ \ldots$$

aus, deren höhere Glieder durch die Beziehungen

$$(3.)\qquad \left\{\begin{aligned} a^{\mathrm{n}+1} &= \tfrac{1}{2}(a^{\mathrm{n}}+b^{\mathrm{n}}) \\ b^{\mathrm{n}+1} &= \underset{+}{\sqrt{a^{\mathrm{n}}b^{\mathrm{n}}}} \end{aligned}\right. \qquad \begin{pmatrix} \mathrm{n}=0,\ 1,\ 2,\ \ldots \\ a^0 = a,\ b^0 = b \end{pmatrix}$$

definirt und deren Anfangsglieder a, b als reelle und positive Grössen vorausgesetzt sind.

Sieht man von dem Falle $a = b$ ab, welcher kein weiteres Interesse zu bieten vermag, da dann die sämmtlichen Glieder beider Reihen einander gleich sind, so folgt aus der Gleichung

$$(4.)\qquad (a^{\mathrm{n}}-b^{\mathrm{n}})(a^{\mathrm{n}}+b^{\mathrm{n}}) = \tfrac{1}{4}(a^{\mathrm{n}-1}-b^{\mathrm{n}-1})^2,$$

wenn man n nacheinander die Werte 1, 2, ... beilegt, dass

I.) jedes Glied der Reihe (1.) grösser ist als das gleichnamige Glied der Reihe (2.):

$$a^{\mathrm{n}} > b^{\mathrm{n}} \qquad (\mathrm{n} = 1, 2, \ldots).$$

Deshalb setzt man auch noch $a > b$ voraus, wodurch die Allgemeinheit nicht beschränkt wird, und erkennt dann aus den Gleichungen (3.) leicht, dass

II.) von links nach rechts die Glieder der Reihe (1.) beständig ab, die der Reihe (2.) beständig zunehmen.

Beide Reihen müssen also endliche Grenzwerte, welche Gauss mit a^∞, b^∞ bezeichnet, besitzen. Aus (4.) folgt aber, dass $a-b$, $a'-b'$, $a''-b''$, ... eine beständig abnehmende Reihe mit der Grenze Null bilden. Folglich haben

III.) die Reihen (1.) und (2.) den gleichen Grenzwert: $a^\infty = b^\infty$. Diesen gemeinsamen Grenzwert, welchem die Glieder der Reihen (1.) und (2.) zustreben, nennt Gauss das arithmetisch-geometrische Mittel von a und b und bezeichnet es mit $\mathrm{M}(a, b)$.

Gauss setzt dann beide Reihen auch nach rückwärts fort, indem er mit

$$(5.)\qquad \left\{ \begin{array}{l} {}^{\mathrm{n}}a \text{ die grössere, mit } {}^{\mathrm{n}}b \text{ die kleinere Wurzel der Gleichung} \\ x^2 - 2\,.\,{}^{\mathrm{n}-1}a\,x + {}^{\mathrm{n}-1}b^2 = 0 \qquad (\mathrm{n} = 1, 2, \ldots) \end{array} \right.$$

bezeichnet. Infolge der Voraussetzungen über a und b sind alle diese Wurzeln reell und positiv. Es gelten für sie die den Gleichungen (3.) analogen Gleichungen

$$(3^*.)\qquad \left\{ \begin{array}{l} {}^{\mathrm{n}-1}a = \tfrac{1}{2}({}^{\mathrm{n}}a + {}^{\mathrm{n}}b) \\ {}^{\mathrm{n}-1}b = \sqrt{{}^{\mathrm{n}}a\,{}^{\mathrm{n}}b} \end{array} \right. \qquad (\mathrm{n} = 1, 2, \ldots),$$

und für die Reihen

$$(1^*.)\qquad \ldots\ {}^{\mathrm{n}}a,\ {}^{\mathrm{n}-1}a,\ \ldots,\ {}'a,\ a,\ a',\ \ldots,\ a^{\mathrm{n}-1},\ a^{\mathrm{n}},\ \ldots$$

$$(2^*.)\qquad \ldots\ {}^{\mathrm{n}}b,\ {}^{\mathrm{n}-1}b,\ \ldots,\ {}'b,\ b,\ b',\ \ldots,\ b^{\mathrm{n}-1},\ b^{\mathrm{n}},\ \ldots$$

noch die oben gefundenen Eigenschaften I—III. Die Glieder der Reihe (1*.) wachsen nach links über jede endliche Grenze, während die der Reihe (2*.) sich in derselben Richtung unbegrenzt der Null annähern. Offenbar kann man zwei beliebige, mit gleichem Index versehene Glieder beider Reihen statt a, b als Ausgangsglieder ansehen, woraus folgt, dass

$$(6.)\qquad \mathrm{M}({}^{\mathrm{n}}a, {}^{\mathrm{n}}b) = \mathrm{M}(a, b) = \mathrm{M}(a^{\mathrm{n}}, b^{\mathrm{n}}) = a^\infty = b^\infty$$

für jeden Wert von n ist.

Ersetzt man a, b durch ka, kb, wo k eine beliebige positive Zahl bezeichnet, so treten in den obigen Reihen an Stelle von ${}^{\mathrm{n}}a$, ${}^{\mathrm{n}}b$, bez. a^{n}, b^{n} die Produkte $k\,{}^{\mathrm{n}}a$, $k\,{}^{\mathrm{n}}b$, bez. ka^{n}, kb^{n}, und folglich ist

$$(7.)\qquad \left\{ \begin{array}{l} \mathrm{M}(ka, kb) = k\mathrm{M}(a, b) \text{ und} \\ \mathrm{M}(a, b) = a\mathrm{M}\left(1, \dfrac{b}{a}\right) = b\mathrm{M}\left(\dfrac{a}{b}, 1\right). \end{array} \right.$$

Aus der für $\dfrac{1}{\mathrm{M}(1+x, 1-x)}$ gefundenen Reihenentwickelung

$$(8.)\qquad \frac{1}{\mathrm{M}(1+x, 1-x)} = 1 + \left(\frac{1}{2}\right)^2 x^2 + \left(\frac{1}{2}\cdot\frac{3}{4}\right)^2 x^4 + \left(\frac{1}{2}\cdot\frac{3}{4}\cdot\frac{5}{6}\right)^2 x^6 + \cdots$$

leitet Gauss dann die auf S. 111, Z. 4 v. u., dieses Bandes erwähnte Differentialgleichung in der Form ab:

$$(9.)\qquad (x^3-x)\frac{d^2y}{dx^2}+(3x^2-1)\frac{dy}{dx}+xy = 0,$$

deren vollständiges Integral

$$y = \frac{\mathfrak{A}}{\mathrm{M}(1+x,\,1-x)}+\frac{\mathfrak{B}}{\mathrm{M}(1,\,x)}$$

(wo $\mathfrak{A}$, $\mathfrak{B}$ die Integrationsconstanten sind) ist.

Setzt man in der auf S. 110, Z. 11 v. o., dieses Bandes stehenden Gleichung $\mathrm{n} = 0$, $a = x$, $b = y$, so erhält man unmittelbar die von Gauss in dem Artikel 9 seiner Abhandlung, auf anderem Wege abgeleitete Differentialgleichung

$$d\mathrm{M}(x,y) = \frac{\mathrm{M}(x,y)}{2(x^2-y^2)}\left\{\frac{dx}{x}\left[x^2-y^2+2(x'^2-y'^2)+4(x''^2-y''^2)+\cdots\right]\right.$$
$$\left.+\frac{dy}{y}\left[x^2-y^2-2(x'^2-y'^2)-4(x''^2-y''^2)-\cdots\right]\right\}.$$

2) Als die Herausgeber den Abdruck der obigen Abhandlung VI in Band III der Gauss'schen Werke zu dem Zwecke des Wiederabdrucks in diesem Bande durchsahen, fielen ihnen eine Anzahl von Fehlern in den Gauss'schen Formeln auf. Herr Professor Dr. Brendel in Göttingen unterzog sich daraufhin der grossen Mühe, die fraglichen Formeln in den Gauss'schen Manuscripten aufzusuchen, und stellte fest, dass die gefundenen Fehler — mit einer Ausnahme — nicht Druckfehler sind, sondern sich in den handschriftlichen Aufzeichnungen von Gauss bereits finden. Es ist dies auch leicht erklärlich, da Gauss diese Resultate wohl nur flüchtig aufgezeichnet hatte. Diese Fehler sind Ernst Schering wohlbekannt gewesen, wie sich aus der folgenden Bemerkung ergiebt, die sich auf S. 492 des zweiten Abdruckes von Band III der Gauss'schen Werke (1876) findet:

»Die Rechnungsfehler, welche sich zuweilen in den letzten Formeln der einzelnen Bruchstücke befinden, habe ich stehen lassen, weil man daraus erkennt, dass Gauss die betreffende Untersuchung nicht wieder durchgerechnet hat und also wohl bei einer Bearbeitung zur Veröffentlichung einen anderen Weg einzuschlagen beabsichtigte«.

Bei dem Wiederabdrucke der obigen Arbeit fiel dieser Grund, welcher Ernst Schering bestimmt hatte, die Fehler stehen zu lassen, natürlich fort, und sie sind daher sämmtlich verbessert worden. In der folgenden Tafel finden sich die bei Gauss vorkommenden Fehler und ihre Berichtigungen zusammengestellt.

Gauss Werke, Bd. III		Dieser Band
S. 377, Z. 5 v. o.	für $\cdots = \frac{1}{2^{\mathrm{n}}}\log 2\,\frac{{}^{\mathrm{n}}a}{{}^{\mathrm{n}}b}$ lies $\cdots = \frac{1}{2^{\mathrm{n}}}\log 4\,\frac{{}^{\mathrm{n}}a}{{}^{\mathrm{n}}b}$	S. 107, Z. 7 v. o.
S. 379, Z. 13—15 v. o.	für 0.24699625 lies 0.24696625	S. 109, Z. 13—15 v. o.
Z. 16 v. o.	» $1.3728774i$ » $1.3728804i$	S. 109, Z. 16 v. o.
	und für $\frac{1}{M(a,b)}+\frac{4i}{M(a,c)}$ lies $\frac{1}{M(a,b)}-\frac{4i}{M(a,c)}$	

S. 386 Z. 15—18 v. o. S. 116, Z. 4—1 v. u.

Den beiden Fällen

	(Fall IV)	(Fall V)
$\alpha \equiv \cdots$	0	1
$\beta \equiv \cdots$	1	1
$\gamma \equiv \cdots$	1	1
$\delta \equiv \cdots$	1	0

entsprechend

für $h\mathfrak{P}(t') = \cdots \mathfrak{R}(t)\mathfrak{Q}(t)$ lies $h\mathfrak{P}(t') = \cdots \mathfrak{Q}(t)\mathfrak{R}(t)$

» $h\mathfrak{Q}(t') = \cdots \mathfrak{P}(t)\mathfrak{R}(t)$ » $h\mathfrak{Q}(t') = \cdots \mathfrak{R}(t)\mathfrak{P}(t)$

» $h\mathfrak{R}(t') = \cdots \mathfrak{Q}(t)\mathfrak{P}(t)$ » $h\mathfrak{R}(t') = \cdots \mathfrak{P}(t)\mathfrak{Q}(t)$

» $h = \sqrt{i^\lambda(\delta+\gamma t i)}$ » $\frac{1}{h} = \sqrt{i^\lambda(\delta+\gamma t i)}$

S. 395, Z. 9 v. o. für $S = \frac{p}{r} Q \frac{\sin U}{\Delta} i$ lies $S = \frac{pr}{qq} Q \frac{\sin U}{\Delta} i$ S. 126, Z. 11 v. o.

S. 400, Z. 5 v. u. für $\cdots = 1$ lies $\cdots = \frac{1}{2}$ S. 132, Z. 12 v. o.

S. 402, Z. 1 v. o. für $= \frac{1}{4}\{p(yy)^2 + r(yy)^2\}\{\cdots\}\times$

lies $= \frac{1}{4}\{p(yy)^2 + r(yy)^2\}^2\{\cdots\}\times$ S. 133, Z. 4 v. u.

S. 402, Z. 3 u. 4 v. o. für $\frac{1}{4}\{[p(yy)^2 - r(yy)^2]PP + 2p(yy)r(yy)SS\}\times$
$\times\{2p(yy)r(yy)PP - [p(yy)^2 - r(yy)^2]SS\}$

lies $= \frac{1}{4}\{[p(yy)^2 - r(yy)^2]PP - 2p(yy)r(yy)SS\}\times$
$\times\{2p(yy)r(yy)PP + [p(yy)^2 - r(yy)^2]SS\}$ S. 133, Z. 1 u. 2 v. u.

S. 402, Z. 9 v. o. für

$$d\varphi = \frac{2d\theta}{\sqrt{[p(yy)^2 - r(yy)^2]\cos\theta^2 + [p(yy)^2 + r(yy)^2]\sin\theta^2}}$$

lies

$$d\varphi = \frac{2d\theta}{\sqrt{[p(yy)^2 - r(yy)^2]^2\cos\theta^2 + [p(yy)^2 + r(yy)^2]^2\sin\theta^2}}.$$ S. 134, Z. 5 v. o.

Dieser letzte Fehler findet sich in den Gauss'schen handschriftlichen Aufzeichnungen nicht, sondern ist der oben erwähnte einzige Druckfehler.

4) Gelegentlich der Prüfung der Gaussschen Tafel auf S. 116 dieses Bandes sind von den Herausgebern die den einzelnen Fällen entsprechenden Werte von λ berechnet. Da diese Werte bisher nicht veröffentlicht sind, so seien sie hier mitgeteilt.

Den sechs Fällen

	I	II	III	IV	V	VI	
$\alpha \equiv$	1	1	1	0	1	0	
$\beta \equiv$	0	1	0	1	1	1	(mod. 2)
$\gamma \equiv$	0	0	1	1	1	1	
$\delta \equiv$	1	1	1	1	0	0	

entsprechend ist

$$\begin{aligned} h_1\mathfrak{P}(t') &= \mathfrak{P}(t)\ \mathfrak{Q}(t)\ \mathfrak{R}(t)\ \mathfrak{Q}(t)\ \mathfrak{R}(t)\ \mathfrak{P}(t) \\ h_2\mathfrak{Q}(t') &= \mathfrak{Q}(t)\ \mathfrak{P}(t)\ \mathfrak{Q}(t)\ \mathfrak{R}(t)\ \mathfrak{P}(t)\ \mathfrak{R}(t) \\ h_3\mathfrak{R}(t') &= \mathfrak{R}(t)\ \mathfrak{R}(t)\ \mathfrak{P}(t)\ \mathfrak{P}(t)\ \mathfrak{Q}(t)\ \mathfrak{Q}(t), \end{aligned}$$

wo

$$\frac{1}{h_\nu} = \sqrt{i^{\lambda_\nu}(\delta+\gamma t i)} \qquad (\nu = 1, 2, 3)$$

und λ_ν der folgenden Tafel zu entnehmen ist. Bei jedem der sechs Fälle I—VI sind 8 Unterfälle zu unterscheiden, je nach den Resten von $\alpha, \beta, \gamma, \delta$ modulo 4:

	I.								II.							
$\alpha \equiv$	1	1	1	1	3	3	3	3	1	1	1	1	3	3	3	3
$\beta \equiv$	0	2	0	2	2	0	2	0	1	3	1	3	1	3	1	3
$\gamma \equiv$	0	0	2	2	2	2	0	0	0	0	2	2	2	2	0	0
$\delta \equiv$	1	1	1	1	3	3	3	3	1	1	3	3	1	1	3	3
$\lambda_1 =$	0	0	0	0	2	2	2	2	0	0	0	0	2	2	2	2
$\lambda_2 =$	0	0	2	2	0	0	2	2	0	0	2	2	0	0	2	2
$\lambda_3 =$	0	2	0	2	0	2	0	2	1	3	1	3	1	3	1	3

	III.								IV.							
$\alpha \equiv$	1	3	1	3	1	3	1	3	0	2	0	2	2	0	2	0
$\beta \equiv$	0	2	0	2	2	0	2	0	1	3	1	3	1	3	1	3
$\gamma \equiv$	3	3	1	1	3	3	1	1	3	3	3	3	1	1	1	1
$\delta \equiv$	1	1	1	1	3	3	3	3	1	1	3	3	1	1	3	3
$\lambda_1 =$	0	0	0	0	2	2	2	2	1	1	1	1	3	3	3	3
$\lambda_2 =$	1	1	3	3	1	1	3	3	0	0	2	2	0	0	2	2
$\lambda_3 =$	0	2	0	2	0	2	0	2	1	3	1	3	1	3	1	3

	V.								VI.							
$\alpha \equiv$	1	3	1	3	1	3	1	3	0	2	0	2	2	0	2	0
$\beta \equiv$	1	1	1	1	3	3	3	3	1	1	1	1	3	3	3	3
$\gamma \equiv$	3	3	1	1	3	3	1	1	3	3	3	3	1	1	1	1
$\delta \equiv$	0	0	2	2	2	2	0	0	0	0	2	2	2	2	0	0
$\lambda_1 =$	1	1	1	1	3	3	3	3	1	1	1	1	3	3	3	3
$\lambda_2 =$	1	1	3	3	1	1	3	3	1	1	3	3	1	1	3	3
$\lambda_3 =$	0	2	0	2	0	2	0	2	1	3	1	3	1	3	1	3

Zu den Abhandlungen

XV: HAMILTON-JACOBISCHE THEORIE FÜR KRÄFTE, DEREN MAASS VON DER BEWEGUNG DER KÖRPER ABHÄNGT (S. 193—245)

und

XVI: VERALLGEMEINERUNG DER POISSON-JACOBISCHEN STÖRUNGSFORMELN (S. 247—283).

Kronecker hatte Ernst Schering gebeten, ihm eine Inhaltsangabe dieser beiden Abhandlungen zu übersenden und dabei besonderes Gewicht auf die Hervorhebung des in ihnen enthaltenen Neuen zu legen. Ernst Schering kam am 3. Mai 1875 diesem Wunsche Kronecker's nach. Da diese Inhaltsangabe das Studium der beiden obigen Abhandlungen sehr wesentlich zu erleichtern vermag, so sind sie im Folgenden zugleich mit dem Begleitbriefe Ernst Schering's abgedruckt. Eine Bemerkung in der Inhaltsangabe der Abhandlung XV zeigt zugleich, dass Ernst Schering im Besitze der wesentlichen Methoden derselben bereits im Sommer 1862 gewesen ist (vgl. die Anmerkung des Herausgebers auf S. 158 dieses Bandes).

Göttingen, 1875 Mai 3.

Sehr verehrter Herr Professor!

Ihrer gütigen Aufforderung, Ihnen eine Inhaltsangabe meiner beiden letzten Abhandlungen mit Hervorhebung des darin Neuen vorzulegen, komme ich mit grossem Danke nach. Entschuldigen Sie, bitte, dass es ein so eiliger Entwurf ist, aber in diesen ersten Tagen meines Hierseins haben vielerlei unaufschiebbare Geschäfte meine Zeit sehr in Anspruch genommen. Dieser Entwurf ist natürlich nur für einen mir wohlwollenden Freund bestimmt; Anderen gegenüber spreche ich nicht so frei von meinen eigenen Verdiensten, durchaus vermeide ich es, in Veröffentlichungen von den Mängeln Anderer zu sprechen.

Mit vorzüglichster Hochachtung

Ihr dankbarster

Ernst Schering.

Die Abhandlung

»**Hamilton-Jacobi**sche Theorie für Kräfte, deren Maass von der Bewegung der Körper abhängt«,

hat den Zweck, die bisherigen in der analytischen Mechanik angewandten Methoden zu vereinfachen und auch zu verallgemeinern. Den wesentlichen Inhalt dieser Abhandlung — ausgenommen die Anwendung des Princips vom kleinsten Zwange und die Verallgemeinerung des Planetenproblems — habe ich schon in meiner akademischen Vorlesung*) vom Sommer 1862 mitgetheilt, also vor dem Erscheinen von Jacobi's *Dynamik* **). Diejenigen Gegenstände, die von diesem Meister hier entlehnt sind, hatte ich aus seinen eigenen kurzen Veröffentlichungen der von ihm gefundenen Resultate abgeleitet.

Die Vereinfachung erstreckt sich zunächst auf die von Lagrange für die Bewegung abgeleitete Form der Fundamentalgleichung in der Art, dass man diese mit den Worten aussprechen kann: es muss die vollständige Variation eines Ausdruckes gleich der vollständigen, nach der Zeit genommenen Derivirten eines linearen homogenen Ausdruckes von Variationen sein [S. 209 (4.) dieses Bandes]. Es ist hier als Variation die der virtuellen Bewegung entsprechende Aenderung der Grössen bezeichnet. In der obigen Abhandlung wird gezeigt, dass die genannte Gleichung vollständig bestimmt ist, wenn man die Function angiebt, von welcher die vollständige Variation auftritt, nämlich eine der lebendigen Kraft proportionale Function vermehrt um das Potential. Jene allgemeine Form der Gleichung ist insofern von Wichtigkeit, als sie mit der Anwendbarkeit der Hamiltonschen Form für die Probleme der analytischen Mechanik gleichbedeutend ist. Diese meine Untersuchung erscheint nicht nur der Form nach, sondern auch dem Inhalte nach neu, da — soviel ich mich augenblicklich erinnere — alle bisherigen Ableitungen wesentlich voraussetzen, dass der Ausdruck für die lebendige Kraft homogen

---

*) [»Analytische Mechanik«, wöchentlich 4 Stunden.]

**) [Jacobi's *Vorlesungen über Dynamik*, herausgegeben von A. Clebsch, sind im Jahre 1866 erschienen. Das Vorwort von Clebsch trägt das Datum: Giessen, 19. März 1866. Diese Vorlesungen sind in zweiter Auflage als Supplementband zu Jacobi's *Gesammelten Werken* erschienen; die in der ersten Auflage den Vorlesungen angefügten fünf Abhandlungen aus Jacobi's Nachlasse haben aber in Band V der Gesammelten Werke ihren Platz gefunden.]

vom zweiten Grade in Bezug auf die Geschwindigkeiten ist und dass das Potential von den letzteren gar nicht abhängt, während sich die Hamiltonsche Form gar nicht auf solche Fälle beschränkt.

Die oben angegebene Form der Fundamentalgleichung ist nicht nur eine Vereinfachung der Lagrangeschen Fundamentalgleichung, sondern auch eine Verallgemeinerung, da sie sich auch auf Kräfte erstreckt, wie Gauss sie zuerst für die electrodynamischen Wirkungen angenommen hat, d. h. also auf Kräfte, welche nicht nur von der Lage der auf einander wirkenden Körper, sondern auch von ihrer Bewegung abhängen [S. 221—224, Art. 5].

Die bisher besprochene Form der Fundamentalgleichung leistet für die einfache Aufstellung der Hamiltonschen Gleichung schon viel; allein man gewinnt nicht nur für diese, sondern auch besonders für die Substitutionstheorie, für die Integration und Störungstheorie eine unmittelbare Quelle, wenn man noch den Begriff einer allgemeinen Differentiation einführt, welche sowohl die Variation als auch die nach der Zeit genommene vollständige Differentiation umfasst. Die so erhaltene Form ist analog der vorigen: das allgemeine Differential der Function, welche vorhin zu variiren war, ist gleich der vollständigen nach der Zeit genommenen Derivirten eines Ausdruckes, welcher in Bezug auf die allgemeinen Differentiale linear und homogen ist [S. 211 (5.)].

Diese neue Form der Fundamentalgleichung bietet das Hülfsmittel, um in wenigen Zeilen [von dem Anfange des Artikel 4 auf S. 214 bis zu der Gleichung (9.) auf S. 215] die allgemeinste Substitution neuer canonischen Veränderlichen φ, ψ auszuführen. Dieser Umstand ist nicht nur von formaler Bedeutung, da hierdurch die grossen Entwicklungen in Jacobi's *Dynamik* auf den Seiten 446—453*) vermieden werden, sondern auch von sachlich neuem Inhalte, weil die dort von Jacobi gegebenen Theoreme X, XI, XII nicht, wie auf S. 453 Zeile 11 von unten behauptet ist, alle möglichen Systeme enthalten.

Die allgemeine canonische Substitution ist gleichbedeutend mit der Hamiltonschen Form der Störungstheorie; sie ergiebt als speciellen Fall die

*) [Jacobi, Gesammelte Werke, Bd. V: »Ueber diejenigen Probleme der Mechanik, in welchen eine Kräftefunction existiert, und über die Theorie der Störungen«, S. 369—377.]

Integration und zwar in der Form des Pfaffschen Problems:

$$p_1 . Dq_1 + p_2 . Dq_2 + \cdots + p_n . Dq_n + \left(T + V - \sum_{l=1}^{l=n} p_l \frac{dq_l}{dt}\right) . Dt$$
$$= \varphi_1 . D\psi_1 + \varphi_2 . D\psi_2 + \cdots + \varphi_n . D\psi_n + DS.$$

In dieser Gleichung bedeutet D die oben erklärte allgemeine Differentiation, V das — möglicherweise auch von den Geschwindigkeiten abhängige — Potential, νT die lebendige Kraft in einem Raume, dessen lineares Element durch die ν^{te} Wurzel aus einem homogenen Differentialsausdrucke ν^{ten} Grades dargestellt wird, und S die Substitutionsfunktion; ferner bezeichnen $q_1, q_2, \ldots, q_n$ die von einander unabhängigen Coordinaten (im verallgemeinerten Sinne des Wortes) und $p_1, p_2, \ldots, p_n$ die bez. nach $\frac{dq_1}{dt}, \frac{dq_2}{dt}, \ldots, \frac{dq_n}{dt}$ genommenen partiellen Derivirten von $T+V$. Sind in dem Ausdrucke

$$T + V - \sum_{l=1}^{l=n} p_l \frac{dq_l}{dt}$$

alle $\frac{dq}{dt}$ mit Hülfe der Definitionsgleichungen für die p eliminirt, so stellt die rechte Seite der obigen Gleichung im Sinne von Gauss die vollständige Reduction der linken Seite dar, und die neue Form der Fundamentalgleichung zeigt, dass die Gleichungen für die ψ und φ — bei constanten Werten dieser ψ und φ — die Integralgleichungen des betreffenden mechanischen Problems sind [S. 218].

Wendet man auf die allgemeine Substitutionsgleichung (9.) [S. 215] die von mir bei dem Pfaffschen Problem gebrauchten Differentialdeterminanten zweiter Ordnung an [S. 230 (13.)], so erhält man einfach durch Specialisirung der Bedeutung der beiden darin vorkommenden Differentiationen (D und Δ-Differentiation) die nach Jacobi, Poisson, Lagrange und Hamilton benannten Störungsformeln [S. 235—245, Artikel 9—13]. Meine Abhandlung enthält hierauf bezüglich noch das Neue, dass sie diese einzelnen Systeme von Gleichungen in der Weise vervollständigt, dass aus ihnen auch wieder die ursprüngliche Fundamentalgleichung (9.) abgeleitet werden kann.

In Artikel 1 habe ich die Fundamentalgleichung der Bewegung für einen Raum, in welchem das Quadrat des Längenelementes allgemein durch einen homogenen Ausdruck zweiten Grades dargestellt wird, aus dem Gaussischen Principe des kleinsten Zwanges abgeleitet, weil für den Fall, dass die Bewegung nicht in einem ebenen Raume vor sich geht, das d'Alembertsche Princip in zu künstlicher Form erscheint, um noch als Princip gelten zu können.

In den Artikeln 1 bis 5 der Abhandlung

»Verallgemeinerung der **Poisson-Jacobischen** Störungsformeln«

wird der Satz bewiesen: Wenn von den durch die Veränderlichen

$$t, p_1, p_2, \dots, p_n, q_1, q_2, \dots, q_n$$

dargestellten Functionen

$$E, S, \varphi_1, \varphi_2, \dots, \varphi_n, \psi_1, \psi_2, \dots, \psi_n$$

beliebig viele so gegeben sind, dass die zwischen ihnen nach dem vervollständigten Systeme der Poissonschen Störungsformeln bestehenden Gleichungen erfüllt sind, so lassen sich auch die übrigen Functionen so bestimmen, dass

$$p_1.Dq_1+p_2.Dq_2+\cdots+p_n.Dq_n-E.Dt = \varphi_1.D\psi_1+\varphi_2.D\psi_2+\cdots+\varphi_n.D\psi_n+DS$$

wird; oder mit anderen Worten: Eine unvollständig gegebene Substitution lässt sich zu einer vollständigen ergänzen, sobald die in Betracht kommenden Poissonschen Gleichungen erfüllt sind.

Bei dieser Untersuchung zeigt sich, dass diejenigen Fälle, in welchen die Grössen $p_1, p_2, \dots, p_n, \varphi_1, \varphi_2, \dots, \varphi_n, E$ sich nicht als Functionen von $q_1, q_2, \dots, q_n, \psi_1, \psi_2, \dots, \psi_n, t$ darstellen lassen, einer besonderen, sehr weitläufigen Untersuchung unterworfen werden müssen. Es war mir daher wichtig zu finden, dass solche Fälle auf den allgemeinen und einfacheren Fall zurückgeführt werden können, in welchen eine solche Darstellung der Functionen p, φ, E möglich ist und für welchen ich wegen seiner vielfachen Bedeutung einen besonderen Namen, nämlich den einer Substitution von normaler Form gebraucht habe.

Diese Zurückführung geschieht durch eine Substitution, welche mit einer Vertauschung einiger p und der mit gleichen Indices versehenen q übereinstimmt. Der Beweis wird dadurch erschwert, dass er auch anwendbar bleiben muss, wenn die Substitution nur unvollständig gegeben ist; er nimmt fast den ganzen ersten Artikel ein und ist daselbst in indirekter Form geführt. Ich habe jetzt einige Andeutungen, welche mich vermuten lassen, dass sich mit Hülfe der Differentialdeterminanten ein Beweis in direkter Form geben lässt.

Von dem Satze über die Möglichkeit der Vervollständigung einer theilweis gegebenen Substitution habe ich in dieser Abhandlung nur eine Anwendung gemacht, für welche freilich jene grosse Zurüstung in erheblich einfacherer Form hätte ausgeführt werden können. Analog dem Poisson-Jacobischen Satze über die Herleitung neuer Integrale aus zwei bereits vorhandenen habe ich nämlich gefunden, dass für den Fall der Gültigkeit des Princips von der Erhaltung der lebendigen Kraft Integrale existiren, aus deren jedem man durch wiederholte partielle Differentiation nach der Zeit ein vollständiges System von Integralen für das betreffende mechanische Problem bilden kann.

Die den Schluss der Abhandlung bildenden Artikel 7 und 8 beziehen sich auf die Vervollständigung und Verallgemeinerung eines von Jacobi auf Seite 499 seiner *Dynamik**) gegebenen Satzes, nach welchem die Functionaldeterminante der Functionen ψ und φ nach den Veränderlichen q und p gleich ± 1 ist.

In dieser unbestimmten Form ergiebt sich der Satz, wenn man die Jacobischen Störungsgleichungen verallgemeinert zu Gleichungen zwischen Functionaldeterminanten und damit bis zum $2n^{\text{ten}}$ Grade fortschreitet.

Von dem Gedanken geleitet, dass, wenn man von den Poissonschen Störungsformeln — welche ja Functionaldeterminanten 2ten Grades sind — Verallgemeinerungen höheren Grades bilden könnte, in ihnen auch jene Jacobische Determinante wieder als spezieller extremer Fall enthalten sein müsste, habe ich mit Hülfe eines — soweit mir bekannt neuen — Determinantensatzes [S. 278, (83.)] die vollständige Verallgemeinerung der Poissonschen Störungsformel [S. 279—280] gefunden, wobei sich dann für jene Jacobische Functionaldeterminante der bestimmte Wert $+1$ ergab.

---

*) [Jacobi, Gesammelte Werke, Bd. V: »Ueber die vollständigen Lösungen einer partiellen Differentialgleichung erster Ordnung«, S. 428.]

Zu XVII: VERALLGEMEINERUNG DES GAUSSISCHEN CRITERIUM FÜR DEN QUADRATISCHEN RESTCHARAKTER EINER ZAHL IN BEZUG AUF EINE ANDERE (S. 285—286).

Kummer hatte diese Mitteilung, ehe er sie der Akademie der Wissenschaften zu Berlin vorlegte, gelegentlich Kronecker gezeigt. Letzterer teilte daraufhin Ernst Schering mit, dass er seinerseits bereits im Wintersemester 1869/70 die gleiche Verallgemeinerung des Gaussischen Lemma seinen Zuhörern der Vorlesung über Zahlentheorie mitgeteilt habe, und gab ferner eine Skizze seiner eignen diesbezüglichen Untersuchungen, welche das lebhafteste Interesse Schering's erregte. Kronecker fragte zugleich an, ob Schering damit einverstanden sei, dass er diese seine Untersuchungen im Anschlusse an die Scheringsche Mitteilung der Berliner Akademie vorlege. Schering gab durch den folgenden Brief gern seine Zustimmung*).

Göttingen, 1876 Juni 20.

Sehr geehrter Herr Professor!

Meinen verbindlichsten Dank für Ihren gütigen, inhaltsreichen Brief! Es ist natürlich eine grosse Ehre für mich, wenn Sie Bemerkungen und Zusätze Ihrer eignen so viel allgemeineren und transcendenteren Entdeckungen hinzufügen. Ich würde meine Notiz nicht einzusenden gewagt haben, wenn ich Kenntniss von dem Inhalte Ihrer Vorlesungshefte über Zahlentheorie gehabt hätte. Sie werden sich entsinnen, wie oft und dringend ich Sie gebeten habe, mir Gelegenheit zur Einsicht eines solchen zu geben. Wie aber die Sache steht, glaube ich, dass die Veröffentlichung meiner Notiz der Gefahr eines Missverständnisses nicht ausgesetzt ist. Da sie, wie ich aus Ihrem Briefe schliesse, in der Form etwas verschieden von Ihrer Darstellung ist, so möchte sie bei den Lesern einiges Interesse finden. Einen Werth schreibe ich ihr zu, weil sie durchaus elementar ist.

Mein Gedankengang ist folgender.

---

*) Diese Untersuchungen Kronecker's finden sich veröffentlicht in den Monatsberichten der Königl. Akademie der Wissenschaften zu Berlin vom Jahre 1876, S. 331—341 und sind in Kronecker's *Werken*, Band II, S. 11—23 wieder abgedruckt.

1) Aus der Definitionsgleichung

$$\left(\frac{Q}{P}\right) = (-1)^{\mu},$$

nach Analogie des Gaussischen quadratischen Rest-Charakters auch für zusammengesetzte P, ergiebt sich (entweder durch den Gaussischen dritten Beweis oder durch den Zellerschen directeren und elementareren Beweis) das Reciprocitätsgesetz

$$\left(\frac{Q}{P}\right)\left(\frac{P}{Q}\right) = (-1)^{\frac{P-1}{2}\cdot\frac{Q-1}{2}}.$$

2) Aus

$$1 \leqq r \leqq \frac{P-1}{2}$$

$$\left.\begin{aligned} A'r_h &\equiv (-1)^{\alpha'_h} r_k, \quad A''r_k \equiv (-1)^{\alpha''_k} r_l, \quad A'A'' = A \\ Ar_h &= A'A''r_h \equiv (-1)^{\alpha'_h+\alpha''_k} r_l \equiv (-1)^{\alpha_l} r_l \end{aligned}\right\} \pmod{P}$$

$$\left.\begin{aligned} \left(\frac{A'}{P}\right) &= (-1)^{\mu'}, \quad \mu' \equiv \sum_{h=1}^{h=\frac{P-1}{2}} \alpha'_h \\ \left(\frac{A''}{P}\right) &= (-1)^{\mu''}, \quad \mu'' \equiv \sum_{k=1}^{k=\frac{P-1}{2}} \alpha''_k \\ \left(\frac{A}{P}\right) &= (-1)^{\mu}, \quad \mu \equiv \sum_{l=1}^{l=\frac{P-1}{2}} \alpha_l \end{aligned}\right\} \pmod{2}$$

folgt

$$\mu \equiv \sum_l \alpha_l \equiv \sum_h \alpha'_h + \sum_k \alpha''_k \equiv \mu' + \mu'' \pmod{2},$$

also

$$\left(\frac{A'A''}{P}\right) = \left(\frac{A'}{P}\right)\left(\frac{A''}{P}\right).$$

3) Aus

$$Q \equiv A \pmod{P}, \quad Q \sim 2P, \quad P = P'P''$$

folgt

$$\left(\frac{A}{P'P''}\right) = \left(\frac{Q}{P'P''}\right) = \left(\frac{Q}{P}\right) = \left(\frac{P}{Q}\right)(-1)^{\frac{P-1}{2}\cdot\frac{Q-1}{2}},$$

also nach 2) weiter

$$\left(\frac{A}{P'P''}\right) = \left(\frac{P'P''}{Q}\right)(-1)^{\frac{P-1}{2}\cdot\frac{Q-1}{2}} = \left(\frac{P'}{Q}\right)\left(\frac{P''}{Q}\right)(-1)^{\frac{P-1}{2}\cdot\frac{Q-1}{2}}$$

$$= \left(\frac{Q}{P'}\right)\left(\frac{Q}{P''}\right)(-1)^{\frac{Q-1}{2}\left(\frac{P-1}{2}+\frac{P'-1}{2}+\frac{P''-1}{2}\right)}$$

$$= \left(\frac{Q}{P'}\right)\left(\frac{Q}{P''}\right) = \left(\frac{A}{P'}\right)\left(\frac{A}{P''}\right).$$

4) Durch Wiederholung von 2) und 3) ergiebt sich die Jacobische Definition für das Symbol $\left(\frac{Q}{P}\right)$.

— — — — — — — — — — — — — — — — —

Ihr dankbarer

Schering.

Von den Mitteilungen Kronecker's hatte Ernst Schering besonders lebhaft der Satz interessirt, dass das Zeichen des von Kronecker in die Zahlentheorie eingeführten Doppelproductes

$$\prod_{\varphi=1}^{\frac{P-1}{2}} \prod_{\psi=1}^{\frac{Q-1}{2}} \left(\frac{\psi}{Q} - \frac{\varphi}{P}\right)$$

übereinstimmt mit dem Werte von $\left(\frac{Q}{P}\right)$. Dies zeigt sehr deutlich der folgende Brief, den Schering einen Tag nach Absendung des obigen Briefes an Kronecker sandte und in welchem er unter Benutzung des verallgemeinerten Gaussischen Lemma eine einfache Herleitung des Kroneckerschen Satzes giebt. Diese Herleitung fand Kronecker's Beifall, und er wünschte deshalb, dass Schering sie gelegentlich veröffentliche, was aber unterblieben ist und jetzt erst nachträglich geschieht.

Göttingen, 1876 Juni 21.

Hochgeehrtester Herr Professor!

Ihr höchst merkwürdiges Doppelproduct bringt mich in so lebhafte Bewegung, dass ich nicht unterlassen kann, Ihnen meine Herleitung seines Zusammenhanges mit der elementarsten Definition des Jacobi-Legendreschen Zeichens vorzulegen.

Es seien P und Q zwei ungerade Zahlen ohne gemeinsamen Theiler, und $\left(\frac{Q}{P}\right)$ sei definirt durch die Gleichung

$$\left(\frac{Q}{P}\right) = (-1)^{\sum\limits_{\lambda=1}^{\frac{P-1}{2}} \eta_\lambda},$$

wenn nämlich

$$r_\lambda Q = t_\lambda P + (-1)^{\eta_\lambda} r'_\lambda$$

$$\left(1 \leqq r_\lambda \leqq \frac{P-1}{2};\quad 1 \leqq r'_\lambda \leqq \frac{P-1}{2};\quad \eta_\lambda = 0 \text{ oder } = +1;\quad \lambda = 1, 2, \ldots, \frac{P-1}{2}\right)$$

ist. Diese letzte Gleichung kann man mit Hinzufügung der Grenzwerthe auch in den beiden folgenden Formen schreiben:

$$1 > \frac{2r_\lambda Q}{P} - (2t_\lambda - \eta_\lambda) = \frac{\eta_\lambda P + 2(-1)^{\eta_\lambda} . r'_\lambda}{P} > 0,$$

$$1 > \frac{(P-2r_\lambda)Q}{P} - (Q - 1 - 2t_\lambda + \eta_\lambda) = \frac{(1-\eta_\lambda)P - 2(-1)^{\eta_\lambda} . r'_\lambda}{P} > 0.$$

Also ist

$$(-1)^{\eta_\lambda} \prod_{\psi=1} \left(\psi - \frac{2r_\lambda Q}{P}\right) > 0$$

und

$$(-1)^{\eta_\lambda} \prod_{\psi=1} \left(\psi - \frac{(P-2r_\lambda)Q}{P}\right) > 0,$$

wo in den beiden Producten die oberen Grenzen für die Zahlen ψ so gross zu nehmen sind, dass bei noch grösseren Werthen von ψ keine negativen Glieder mehr hinzukommen würden.

Wendet man das erste Product auf alle Reste r_λ an, für welche $2r_\lambda < \frac{P}{2}$ ist, und das zweite Product auf alle Reste r_λ, für welche $2r_\lambda > \frac{P}{2}$ ist, so genügt es, $\psi = \frac{Q-1}{2}$ als obere Grenze für ψ zu wählen, und nach wiederholter Division durch Q entsteht:

$$\left(\frac{Q}{P}\right) \prod_{\varphi=1}^{\frac{P-1}{2}} \prod_{\psi=1}^{\frac{Q-1}{2}} \left(\frac{\psi}{Q} - \frac{\varphi}{P}\right) = (-1)^{\sum\limits_{\lambda=1}^{\frac{P-1}{2}} \eta_\lambda} \prod_{\varphi=1}^{\frac{P-1}{2}} \prod_{\psi=1}^{\frac{Q-1}{2}} \left(\frac{\psi}{Q} - \frac{\varphi}{P}\right) > 0.$$

Das Doppelproduct wird gleich Null, wenn P und Q einen gemeinsamen Theiler haben.

Auf ganz analoge Weise findet man

$$\left(\frac{2A}{P}\right)(-1)^{\frac{P^2-1}{8}} \prod_{\alpha=1}^{A-1} \prod_{\varphi=1}^{\frac{P-1}{2}} \left(\frac{\alpha}{2A}-\frac{\varphi}{P}\right) > 0.$$

Auch dieses Doppelproduct wird gleich Null, wenn A und P einen gemeinsamen Theiler haben.

Für Ihre wichtigen Mittheilungen

den besten Dank.

Schering.

www.ingramcontent.com/pod-product-compliance
Lightning Source LLC
LaVergne TN
LVHW020559110826
845149LV00002B/309

* 9 7 8 1 4 1 8 1 8 3 8 9 9 *